黄彦　主编

孙文全集

公牍（下）

第十五册

SPM
南方出版传媒
广东人民出版社
·广州·

本 册 目 录

公牍（下）

严禁奸商瞒承各项税捐令（一九二四年四月一日） ·············· 3

批广东地方善后委员会请严禁奸商瞒承税捐呈（一九二四年四月一日） ·············· 4

批程潜拟议赔偿法商麻奢轮船船价呈（一九二四年四月二日） ·············· 4

批卢师谛为中央直辖第三军与桂军冲突呈候饬刘总司令妥为办理令

（一九二四年四月二日） ·············· 5

着财政部派员审核军政部经手军需数目令（一九二四年四月二日刊载） ·············· 5

制止宝安县各军冲突的指令（一九二四年四月二日） ·············· 6

着严拿赖世璜令（一九二四年四月二日） ·············· 6

饬郑洪年务望严责江门交足负担经费令（一九二四年四月三日） ·············· 7

饬李济深等发还收缴奉命移驻都城之刘玉山部枪枝人员具报令

（一九二四年四月三日刊载） ·············· 7

着财政委员会筹发朱培德所部开拔费令（一九二四年四月三日） ·············· 8

饬财政委员会拨给董福开新编军队饷项谕（一九二四年四月三日） ·············· 8

着财政委员会发刘觉民公费令（一九二四年四月三日） ·············· 8

命财政委员会筹拨豫鲁招抚使署伙食公费令（一九二四年四月三日） ·············· 9

着财政部筹给会计司经费令（一九二四年四月三日） ·············· 9

着财政委员会通饬各财政机关解交备款令（一九二四年四月三日） ·············· 9

饬各军禁止在电报线挂搭电话线令（一九二四年四月三日） ·············· 10

饬程潜向外交团交涉制止设省港水线及兵舰无线电传递省港电报令

（一九二四年四月三日） ·············· 11

饬赵士觐依式另造开办费等簿册报备令（一九二四年四月三日） ·············· 13

批张启荣用款未经核准所请报销拨还呈（一九二四年四月三日） ·············· 13

批林森呈请制止外人议设省港通电水线并通令各军勿在电报线上挂搭电话线令

（一九二四年四月三日）……………………………………………… 14

批林翔审核粮食管理处经费核销呈（一九二四年四月三日）……… 14

裁撤广东全省船民自治联防督办令（一九二四年四月四日）……… 15

着朱培德派队进驻连阳令（一九二四年四月四日）………………… 15

饬知大本营建设部财政部邓泽如呈建设部开办及经常费用表簿准予核销令

（一九二四年四月四日）……………………………………………… 15

饬各军一律禁止设卡抽费令（一九二四年四月四日）……………… 16

批林翔为邓泽如呈建设部经费报销案应照准呈（一九二四年四月四日）…… 17

批叶恭绰杨庶堪已录令通知鲁涤平解散水陆侦缉联合队呈

（一九二四年四月四日）……………………………………………… 17

着樊钟秀从速酌派所部增防南雄始兴一带令（一九二四年四月六日）…… 18

闽南部队一律向粤边进发令（一九二四年四月七日）……………… 18

着暂行停付湘军给养费令（一九二四年四月七日）………………… 18

着财政委员会发还冯肇铭垫款令（一九二四年四月七日）………… 19

着财政委员会筹给何雪竹部队军费令（一九二四年四月七日）…… 19

着财政委员会筹给李明扬给养费并出发费令（一九二四年四月七日）…… 19

着财政委员会筹给航空局飞机运费及飞机师旅费令（一九二四年四月七日）…… 20

饬财政委员会筹拨定购电机费令（一九二四年四月七日）………… 20

追赠萧学智令（一九二四年四月七日）……………………………… 20

饬收回缉私巡舰发还盐运使令（一九二四年四月七日）…………… 21

批赵士觐为西江巡舰舰队主任函请备款接收平南定海江平福海等缉私舰呈

（一九二四年四月七日）……………………………………………… 22

饬缉获烟犯应送由法院依法审判令（一九二四年四月八日）……… 23

批林云陔请饬禁烟督办以后鸦片烟犯应由法庭依法科断呈

（一九二四年四月八日）……………………………………………… 24

批李福林为解散新塘至大览尾一带私立勒收保护费机关情形呈

（一九二四年四月八日）……………………………………………… 24

着沈荣光将收缴钟明阶部枪械发送令（一九二四年四月八日）…… 25

着李明扬率部进扎新丰等方面兜剿败匪兼卫地方令（一九二四年四月八日）…… 25

饬将飞鲸轮扣留以便发还令（一九二四年四月九日）…… 26

批伍朝枢请电饬新会县古兜善后事务所长将截获之沙碧近轮船解省交原主德商呈

　　（一九二四年四月九日）…… 27

批程潜请饬令梧州关监督等将扣留之罗封轮船发还法商智利洋行具领呈

　　（一九二四年四月九日）…… 27

给军政府各税收机关的命令（一九二四年四月九日）…… 28

批刘培寿等快邮代电（一九二四年四月十日）…… 28

饬广州市政厅等筹款解交俾速复河源令（一九二四年四月十日）…… 28

着发永丰广北两舰陆战官兵饷项令（一九二四年四月十日）…… 29

着财政厅等先行筹垫各病院费用令（一九二四年四月十日）…… 29

着吴铁城发给定货费令（一九二四年四月十日）…… 29

批鲁涤平请取销前督办任内已拨未发之款呈（一九二四年四月十日）…… 30

批广东地方善后委员会请撤销广东全省船民自治联防督办呈

　　（一九二四年四月十日）…… 30

着杨庶堪呈复调查广东全省船民自治联防情形令（一九二四年四月十日）…… 31

批范石生请严令撤销护商机关呈（一九二四年四月十日）…… 31

追赠韩恢伏龙令（一九二四年四月十一日）…… 32

饬吴铁城解散各招抚使在省城所招之兵令（一九二四年四月十一日）…… 32

饬各招抚使遵即解散在省城所招之兵嗣后并不得在省城招兵令

　　（一九二四年四月十一日）…… 33

饬撤销中央直辖滇军独立第一旅小北江出入口货抽捐令

　　（一九二四年四月十一日）…… 33

批程潜为舒用之等请追赠陆军步兵上校并按级给恤呈（一九二四年四月十一日）…… 35

批叶恭绰严禁奸商瞒承税捐情形呈（一九二四年四月十一日）…… 35

批广东地方善后委员会请严令撤销小北江出入口货捐呈

　　（一九二四年四月十一日）…… 36

令豫军总司令樊钟秀迅率主力加入作战令（一九二四年四月十二日）…… 36

为李福林擒获劫匪依法枪决饬大本营军政部长程潜查照备案令

　　（一九二四年四月十二日）　···　37

着程潜转知广东兵工厂所报预算书等准予备案令（一九二四年四月十二日）　······　38

饬杨希闵等禁止在省城招兵令（一九二四年四月十二日）　······················　39

饬财政委员会酌予停提粤汉路款令（一九二四年四月十二日）　··················　39

批李福林枪决匪犯彭彦等日期乞察核备案呈（一九二四年四月十二日）　··········　40

批林翔审核广东兵工厂预算书乞核备呈（一九二四年四月十二日）　··············　41

批何家猷请饬财政委员会筹拨的款清偿债务呈（一九二四年四月十二日）　········　41

批程潜请准予追赠韩恢以陆军上将伏龙以陆军中将均照阵亡例给恤呈

　　（一九二四年四月十二日）　···　42

批陈兴汉不得再向粤汉铁路派担款项呈（一九二四年四月十二日）　··············　42

批叶恭绰杨庶堪解散禁烟督办署水陆侦缉联合队情形呈

　　（一九二四年四月十二日）　···　43

饬财政委员会对于西路讨贼军给养费务与各军同一看待令

　　（一九二四年四月十三日）　···　43

撤销沿河护商机关令（一九二四年四月十四日）　······························　44

饬李明扬率部开往新丰和平一带堵截陈军令（一九二四年四月十四日）　··········　46

饬赖天球率部开赴和平担任警戒令（一九二四年四月十四日）　··················　46

作战时期前方将领不得擅自旋省令（一九二四年四月十四日）　··················　46

批广东地方善后委员会为柴杉竹行商请严禁军队在西江设立护商机关呈

　　（一九二四年四月十四日）　···　47

批伍学熿报告撤署日期呈（一九二四年四月十四日）　··························　47

命速筹飞机出发费令（一九二四年四月十五日）　······························　48

着财政委员会发给会计司特别费令（一九二四年四月十五日）　··················　48

着财政委员会迅筹樊钟秀伙食费令（一九二四年四月十五日）　··················　48

着发福安广北两舰煤炭费令（一九二四年四月十五日）　························　49

着财政委员会统筹兼顾设法接济西路各军给养费令（一九二四年四月十五日）　····　49

饬将粤省一切司法收入留作维持司法及改良监狱令（一九二四年四月十五日）　····　49

批陈融请援旧案会同高检厅将粤省一切司法收入概作维持司法及改良监狱之需

    不准提作别用呈（一九二四年四月十五日）…………………… 51

饬制战斗奖惩旗令（一九二四年四月十五日）…………………… 51

批沈鸿英报捷来电（一九二四年四月十六日）…………………… 52

饬各军不得再有包揽货船抗纳厘税令（一九二四年四月十六日）…………… 52

着不得擅押民事犯令（一九二四年四月十六日）…………………… 53

批徐绍桢请褒扬寿妇邓苏氏呈（一九二四年四月十六日）…………… 53

重申严禁收编土匪令（一九二四年四月十七日）…………………… 54

着财政委员会每日筹给各军医药费令（一九二四年四月十七日）…………… 54

着财政委员会速筹汇孙本戎张贞军费令（一九二四年四月十七日）…………… 54

饬知大本营会计司呈报十二年九月份杂役工饷册据准予核销令

    （一九二四年四月十七日）…………………… 55

饬军政部通行各军保护承办老新城东南北关等处杂赌令

    （一九二四年四月十七日）…………………… 55

饬知大本营会计司呈送十二年九月二十日至十二月七日止计算书等件据核尚属

    相符准予核销令（一九二四年四月十七日）…………………… 56

批连县商会会长莫灿庭请再严令各机关军队撤销在小北江抽收货费呈

    （一九二四年四月十七日）…………………… 56

批林翔审核大本营会计司呈缴十二年九月份杂役工饷册据呈

    （一九二四年四月十七日）…………………… 57

批林翔审核大本营会计司庶务科十二年十月份经办各项数目册据情形呈

    （一九二四年四月十七日）…………………… 57

批卢兴原请增加诉讼状纸费并改收银币呈（一九二四年四月十七日）…………… 58

攻击惠州的命令（一九二四年四月十七日）…………………… 58

准大本营会计司所报十二年十月份经办各项数目册据情形令

    （一九二四年四月十八日）…………………… 58

着广东省长杨庶堪查办小北江一带自连县以达连江口擅行设卡苛捐扰民情形令

    （一九二四年四月十八日）…………………… 59

饬惩办省河骑劫轮船匪徒令（一九二四年四月十八日）　⋯⋯⋯⋯⋯⋯⋯⋯　61

批林翔审核会计司呈报十二年九十各月份计算书等件呈

　　（一九二四年四月十八日）　⋯⋯⋯⋯⋯⋯⋯⋯⋯⋯⋯⋯⋯⋯⋯⋯⋯　62

批财政委员会为军队提取沙捐款项嗣后不准抵解呈（一九二四年四月十八日）　⋯　62

批广东地方善后委员会请严令各军限日撤销小北江各重收机关呈

　　（一九二四年四月十八日）　⋯⋯⋯⋯⋯⋯⋯⋯⋯⋯⋯⋯⋯⋯⋯⋯⋯　63

批伍朝枢请令前方军官予英商符鲁士特放行呈（一九二四年四月十八日）　⋯⋯⋯　63

批财政委员会请更正第二十七次议决报告案第十二项记录呈

　　（一九二四年四月十八日）　⋯⋯⋯⋯⋯⋯⋯⋯⋯⋯⋯⋯⋯⋯⋯⋯⋯　64

批李福林请令行军政部立将著匪何瑶等尽法惩办呈（一九二四年四月十八日）　⋯　64

着黄明堂进攻南路令（一九二四年四月十九日）　⋯⋯⋯⋯⋯⋯⋯⋯⋯⋯⋯　65

着黄绍竑参加南路作战令（一九二四年四月十九日）　⋯⋯⋯⋯⋯⋯⋯⋯⋯　65

着何家猷迅予设法维持石龙电报局经费开支令（一九二四年四月十九日）　⋯⋯⋯　65

批程潜拟添设党务科管理党务函（一九二四年四月十九日）　⋯⋯⋯⋯⋯⋯⋯　66

　　附一：程潜原函（一九二四年四月十八日）　⋯⋯⋯⋯⋯⋯⋯⋯⋯⋯⋯　66

　　附二：中国国民党中央执行委员会致程潜函（一九二四年四月二十九日）　⋯　67

饬各招抚使不得在省设署办事令（一九二四年四月二十日）　⋯⋯⋯⋯⋯⋯⋯　68

命东江联军务于短期之内收束东江军事令（一九二四年四月二十日）　⋯⋯⋯⋯　68

通令各军在广九沿路部队须与李福林所派护路军联络令

　　（一九二四年四月二十一日）　⋯⋯⋯⋯⋯⋯⋯⋯⋯⋯⋯⋯⋯⋯⋯⋯　68

着财政委员会提前垫给无线电总局经费令（一九二四年四月二十一日）　⋯⋯⋯⋯　69

着财政委员会迅筹枪弹发给沈鸿英令（一九二四年四月二十一日）　⋯⋯⋯⋯⋯　69

着财政委员会发给会计司特别费令（一九二四年四月二十一日）　⋯⋯⋯⋯⋯⋯　69

着财政委员会发交孙科特别费令（一九二四年四月二十一日）　⋯⋯⋯⋯⋯⋯　70

着财政委员会筹给佟君旅费令（一九二四年四月二十一日）　⋯⋯⋯⋯⋯⋯⋯　70

着财政委员会每日酌量发给各机关经费令（一九二四年四月二十一日）　⋯⋯⋯⋯　70

着财政委员会迅速筹商拨付杨希闵公费令（一九二四年四月二十一日）　⋯⋯⋯⋯　71

着财政委员会发给黄骚特别费令（一九二四年四月二十一日）　⋯⋯⋯⋯⋯⋯　71

批徐绍桢请褒扬节妇陈钱氏呈（一九二四年四月二十一日）　……　71

饬查办卸任两广盐运使伍汝康补偿程船损失有无情弊令

　　（一九二四年四月二十二日）　……　72

着吴铁城派员严催租捐令（一九二四年四月二十二日）　……　73

通行各军一体保护承办什赌商人以裕饷源令（一九二四年四月二十二日）　……　73

通令除广东省警卫军及经大元帅特许者外其他所有军队不得驻扎广州市内令

　　（一九二四年四月二十三日）　……　74

着中央直辖第二师师长周之贞即将拘留乡民解省讯释令

　　（一九二四年四月二十四日）　……　75

批叶恭绰杨庶堪呈（一九二四年四月二十四日）　……　75

命迅筹方声涛经费令（一九二四年四月二十四日）　……　75

着财政委员会即筹给许卓然急用费令（一九二四年四月二十四日）　……　76

着财政委员会筹给东路军衣费令（一九二四年四月二十四日）　……　76

饬将土丝台炮经费拨交讲武学校令（一九二四年四月二十四日）　……　76

命廖湘芸撤销虎门护沙局长杨王超令（一九二四年四月二十四日）　……　78

批程潜请指定台炮经费为陆军讲武学校常费令呈（一九二四年四月二十四日）　……　78

批叶恭绰杨庶堪请撤销虎门护沙局呈（一九二四年四月二十四日）　……　79

批叶恭绰等呈报该会第三十一次会议函（一九二四年四月二十四日）　……　79

饬不得越权滥委护沙清佃局长令（一九二四年四月二十五日）　……　80

批财政委员会请令蒋军长停止抽收芳村花地等处筵席捐呈

　　（一九二四年四月二十五日）　……　81

通令各军将沿路官兵一律撤退令（一九二四年四月二十五日）　……　81

饬知杨希闵所有何克夫选拔之部队着即调赴东江受其指挥令

　　（一九二四年四月二十五日）　……　82

饬各军不得加抽盐斤附捐令（一九二四年四月二十六日）　……　82

　　附：原议案　……　83

准予核销王棠呈送十二年二至九月份计算书等件令

　　（一九二四年四月二十六日）　……　83

饬撤销坟山登记案令（一九二四年四月二十六日）················· 84

批财政委员会为赵士觐提议维持盐税办法呈（一九二四年四月二十六日）········· 85

批林翔审核王棠更正十二年四至七月份临时支出计算书等件呈

　　（一九二四年四月二十六日）················· 85

批叶恭绰杨庶堪请令饬大理院撤销坟山登记案呈（一九二四年四月二十六日）··· 86

饬知海防司令林若时非由帅令不准借舰令（一九二四年四月二十六日）········· 86

通令驻防恩开新台赤五邑各军切实保护德和公司以卫饷源令

　　（一九二四年四月二十六日）················· 86

批李福林报拿获匪徒讯供拟办情形呈（一九二四年四月二十六日）········· 87

饬大本营参谋处催促航空局长陈友仁率全队飞机移防博罗令

　　（一九二四年四月二十七日）················· 88

着广东无线电总局组织前敌无线电队令（一九二四年四月二十七日）········· 88

着兵工厂厂长马超俊航空局局长陈友仁运输轰炸弹药赴东江令

　　（一九二四年四月二十七日）················· 88

饬滇军廖行超部退离广州市区转赴西郊令（一九二四年四月二十八日）········· 89

批广东省财政厅为商人张志澄条陈军队擅办厘捐请再申禁令呈

　　（一九二四年四月二十八日）················· 89

着财政委员会每月拨陆军军官学校经费令（一九二四年四月二十九日）········· 90

着首先维持海防司令部经费令（一九二四年四月二十九日）········· 90

着财政委员会提前发给路孝忱所部给养费令（一九二四年四月二十九日）········· 90

着财政委员会发给杨希闵电话费令（一九二四年四月二十九日）········· 91

命广东财政厅拨发陆军讲武学校补助经费令（一九二四年四月二十九日）········· 91

着豫军总司令樊钟秀率部前往受其指导作战令（一九二四年四月三十日）········· 91

着李烈钧出发前方协同策画一切令（一九二四年四月三十日）········· 92

饬知广州市政厅请沙博士勷办市政令（一九二四年四月三十日）········· 92

致广州市公安局谦辞各团体举行总统就职庆祝活动令

　　（一九二四年四月三十日）················· 92

原驻广九铁路各处军队一律撤退所属不得干涉行车事宜令

（一九二四年四月三十日） …………………………………………………… 93
追赠王守愚令（一九二四年四月三十日） ……………………………………… 93
追赠蔡锐霆令（一九二四年四月三十日） ……………………………………… 94
批程潜拟请追赠王守愚陆军中将并照中将积劳病故例给恤呈
（一九二四年四月三十日） …………………………………………………… 94
批程潜因该部警卫团团附刘振寰积劳病故请以少将赠恤呈
（一九二四年四月三十日） …………………………………………………… 95
批鲁涤平请成立水陆巡缉队呈（一九二四年四月三十日） …………………… 95
派赵西山赴西北传谕各军令（一九二四年四月） ……………………………… 96
批孔绍尧荐蔡君请接见函（一九二四年四月） ………………………………… 96
附：孔绍尧原函（一九二四年四月十八日） ………………………………… 96
改审计局为审计处令（一九二四年五月一日） ………………………………… 97
着广东省立银行暂拨场所一部为建设部设立商标注册所暨权度检定所之用令
（一九二四年五月一日） ……………………………………………………… 97
批程潜拟定追赠萧学智等中将等等级并给恤办法呈（一九二四年五月一日） …… 98
批程潜复追赠湘军故团长黄钟珩上校并给恤呈（一九二四年五月一日） ………… 98
批朱世贵为严禁所部重征小北江货物情形呈（一九二四年五月一日） ………… 99
批程潜遵令议复已故滇军营长王春霖等应得恤典呈（一九二四年五月一日） …… 99
批林森请暂拨广东省立银行场所一部设立商标注册所权度检定所呈
（一九二四年五月一日） ……………………………………………………… 100
令周之贞限期肃清顺属海陆盗匪（一九二四年五月一日刊载） ………………… 100
令程潜通行各军转饬所属以重饷源（一九二四年五月二日） …………………… 101
批伍学熀垫支署局经费呈（一九二四年五月三日） ……………………………… 101
批程潜查核蔡锐霆等矢死殉国请明令追赠为陆军中将并给恤呈
（一九二四年五月三日） ……………………………………………………… 102
批叶恭绰奉令查明彭贞元债权轇轕未清一案呈（一九二四年五月三日） ………… 102
一律停发广东财政厅及广州市财政局筹拨之护路经费令
（一九二四年五月五日） ……………………………………………………… 103

批杨庶堪惠济义仓绅董已缴足报效军饷请明令准予永远营业呈

　　（一九二四年五月五日）…………………………………………………… 103

饬准惠济义仓番香两属沙田永远营业令（一九二四年五月五日）…………… 104

饬广东公立警监专门学校仍归广东高等检察厅管辖令（一九二四年五月五日）… 105

批李福林格毙著匪何声呈（一九二四年五月五日）…………………………… 106

批程潜请红花冈永济库上盖变卖价款拨充讲武学校及海珠修缮费呈

　　（一九二四年五月五日）…………………………………………………… 107

批李福林为枪决匪犯冯标黎咸日期呈（一九二四年五月五日）…………… 107

批杨庶堪为广东公立警监专门学校仍应归高等检察厅管辖办理呈

　　（一九二四年五月五日）…………………………………………………… 108

批杨庶堪为香山各界代表请收回广东沙田清理处派委东海十六沙局长成命呈

　　（一九二四年五月五日）…………………………………………………… 108

着大本营财政委员会筹拨沈鸿英军用款项令（一九二四年五月五日）………… 109

着蒋尊簋查照筹给赵连城等恤金令（一九二四年五月六日）………………… 109

批程潜请令饬中央军需处筹给滇军营长赵连城等恤金呈

　　（一九二四年五月六日）…………………………………………………… 110

批朱世贵撤销护商机关呈（一九二四年五月六日）………………………… 110

饬严拿陆领归案以肃军纪令（一九二四年五月七日）……………………… 111

批许崇智销假到部视事日期呈（一九二四年五月七日）…………………… 111

批李福林剿办马宁河面劫匪暨截获西盛东意两轮情形呈

　　（一九二四年五月七日）…………………………………………………… 112

着财政委员会筹济闽军经费令（一九二四年五月八日）…………………… 112

着财政委员会再发款给方声涛令（一九二四年五月八日）………………… 113

着财政委员会筹措沈鸿英子弹费十万元令（一九二四年五月八日）………… 113

着财政委员会筹拨沈鸿英子弹费一万五千元令（一九二四年五月八日）……… 113

着财政委员会筹发杨希闵电话费令（一九二四年五月八日）……………… 114

着发法制委员会开办费令（一九二四年五月八日）………………………… 114

追赠周朝宗令（一九二四年五月八日）……………………………………… 114

着叶恭绰照例每月拨给大理院经费七千元令（一九二四年五月八日）……………… 115

饬各军不得包庇开设杂赌令（一九二四年五月八日）……………………………… 116

批程潜请追赠东军讨贼军第一旅参谋长周朝宗陆军少将并从优抚恤呈

（一九二四年五月八日）………………………………………………………… 116

批许崇智撤销东江前敌总指挥呈（一九二四年五月八日）………………………… 117

批吕志伊请司法收入及登记费均以五成解交该院呈（一九二四年五月八日）…… 117

批吕志伊为接收前任交代实情并请饬财政部每月拨给经费呈

（一九二四年五月八日）………………………………………………………… 118

批范石生会办韦冠英请通令各军约束所部不得包庇开赌呈

（一九二四年五月八日）………………………………………………………… 118

批程潜遵核前兵站部经理局收发子弹数目相符请予核销呈

（一九二四年五月八日）………………………………………………………… 119

饬程潜查明威远沙角两炮台擅收往来船货费用饬将款项退还令

（一九二四年五月九日）………………………………………………………… 119

批杨庶堪请令威远沙角两炮台长官将收过款项交还呈（一九二四年五月九日）… 120

面谕冯启民护路司令专司保护往来车辆令（一九二四年五月上旬）…………… 121

令广东省长杨庶堪遴派妥员接收粤军驻各防地财政（一九二四年五月十一日）… 121

饬妥为保护接待法国飞行家令（一九二四年五月十二日）………………………… 122

饬严缉潜逃投敌团长欧阳洪烈令（一九二四年五月十二日）……………………… 122

批蒋光亮请通缉已撤第七师第二十七团团长欧阳洪烈呈

（一九二四年五月十二日）……………………………………………………… 123

谕知公安局长禁止何侠发起广东军官同志联盟社

（一九二四年五月十三日刊载）………………………………………………… 123

核复郑洪年着严查奸商串军擅截税款令（一九二四年五月十三日刊载）……… 124

着财政委员会由五月起每月拨给陆军军官学校经费三万元令

（一九二四年五月十三日刊载）………………………………………………… 124

派邹炳煌等分赴东江永湖等处办理安抚事宜令（一九二四年五月十三日）…… 125

批大本营内政部长徐绍桢请褒扬节妇李吴氏呈（一九二四年五月十四日）……… 125

批徐绍桢请褒扬节妇伍梁氏呈（一九二四年五月十四日）……………… 126

批李福林捕获著匪莫鬼王忠呈（一九二四年五月十四日）……………… 126

批叶恭绰撤销航运附加军费呈（一九二四年五月十四日）……………… 127

着广东省长转饬所属遵照协助禁烟令（一九二四年五月十四日刊载）………… 127

着中央直辖第一混成旅旅长何克夫协拿陆领令（一九二四年五月中上旬）……… 128

征收海关港口附加税拨充市政经费令（一九二四年五月十四日刊载）………… 128

各军将领克日遄返前敌令（一九二四年五月十四日）……………… 128

批李福林捕获要匪莫苏等三名请示处置办法呈（一九二四年五月十四至十五日）……… 129

批李福林枪决著匪莫朗洲莫苏二名乞备案呈（一九二四年五月十五日）……… 129

批李福林枪决著匪莫鬼王忠乞备案呈（一九二四年五月十五日）……………… 130

批吕志伊请将坟山登记仍准赓续办理呈（一九二四年五月十五日）……………… 130

着李济深将原西江善后督办舰务所辖各巡舰交张民达接管令

　　（一九二四年五月十五日）……………… 131

饬刘震寰严禁所部擅行加收铁路运费及干涉一切事宜令

　　（一九二四年五月十五日刊载）……………… 131

批赵成梁遵令提释田曦呈（一九二四年五月十六日）……………… 132

批财政委员会为台山县民产保证事宜呈（一九二四年五月十六日）……………… 132

批财政委员会请核示台山田土业佃保卫事宜应否移交县署接管呈

　　（一九二四年五月十六日）……………… 133

令广东电政监督何家猷维持石龙电报局（一九二四年五月十六日刊载）……… 133

令樊钟秀为东路作战右翼总指挥即日督率所部遵行前授各任务

　　（一九二四年五月十八日）……………… 134

粤军整理财政交由广东财政厅接收管理令（一九二四年五月十八日）………… 134

着通令各炮台遇有缉私巡舰免予检查或从速验放庶利缉私令

　　（一九二四年五月十九日）……………… 134

批邓泽如请通令各炮台免予检查缉私巡舰呈（一九二四年五月十九日）……… 135

饬各军申诚所部不得包庇私盐令（一九二四年五月二十日）……………… 136

批邓泽如请嗣后遇有军人包庇运私案件拟将人犯径送军政部军法处讯办呈

（一九二四年五月二十日）　……………………………………………137

批邓泽如为时局艰难拟将署内外经费分别暂行核减呈

　　（一九二四年五月二十日）　…………………………………………137

着李烈钧电催黄绍竑率所部往攻南宁令（一九二四年五月二十日）　………138

批蒋介石呈令兵工厂如数配足各枪发军校领用（一九二四年五月二十日）　………138

着广东省长转饬江防司令借拨兵舰供禁烟督办署检查烟土入口令

　　（一九二四年五月二十一日刊载）　…………………………………138

批叶恭绰请将广州市市政厅历次拨过军费列入临时军费统由国库负担呈

　　（一九二四年五月二十一日）　………………………………………139

着郑润琦进剿叛兵令（一九二四年五月二十一日）　………………………139

着财政委员会发给东路第七第八两旅出发费令（一九二四年五月二十一日）　………140

着财政委员会筹给许卓然经费令（一九二四年五月二十一日）　…………140

命迅拨杨子嘉制利器弹药研究费令（一九二四年五月二十一日）　………140

着将台山田土业佃保证事宜移交县署接管令（一九二四年五月二十一日）　………141

着财政委员会筹足会计司经费令（一九二四年五月二十一日）　…………141

着财政委员会发给谢远涵旅费令（一九二四年五月二十一日）　…………141

着财政委员会发给黄明堂出发费令（一九二四年五月二十一日）　………142

饬朱培德停收百货捐并查明抽收出口鸡鸭蛋捐情形令

　　（一九二四年五月二十二日）　………………………………………142

饬黄昌谷所报十二年十二月八日至十三年二月底止收支表册单据准予核销令

　　（一九二四年五月二十二日）　………………………………………143

批李福林枪决营长黄居正乞交军政部备案呈（一九二四年五月二十二日）　………143

批李福林省释陈保祥情形呈（一九二四年五月二十二日）　………………144

批财政委员会请饬中央直辖第一军军长朱培德取销百货捐暨出口鸡鸭蛋捐呈

　　（一九二四年五月二十二日）　………………………………………144

批林翔审核会计司十二年十二月八日起至十三年二月底止收支表册单据呈

　　（一九二四年五月二十二日）　………………………………………145

关于华人入籍他国的命令（一九二四年五月二十二日）　…………………145

饬廖湘芸协助虎门禁烟检查所查办鸦片令（一九二四年五月二十三日）············146

饬知刘纪文呈送收支书表请核销并请拨欠发之数令

　　（一九二四年五月二十三日）·······················146

饬杨庶堪查照革命纪念会原案筹拨的款令（一九二四年五月二十三日）·······147

批鲁涤平设立虎门检查所恳请令行驻防军队查照协助呈

　　（一九二四年五月二十三日）·······················148

批林森拟加收电话用费以供修造七十二烈士坟园呈

　　（一九二四年五月二十三日）·······················148

批杨庶堪已饬江防司令酌拨禁烟督办兵舰呈（一九二四年五月二十三日）·····149

批林翔审查卸审计局长刘纪文呈送十二年四月份起至九月份止收支各书表呈

　　（一九二四年五月二十三日）·······················149

批林森继续办理革命纪念会乞备案并饬广东省长拨款以资进行呈

　　（一九二四年五月二十三日）·······················150

命财政委员会迅筹恤金给洪锡龄家属令（一九二四年五月二十六日）·······150

饬罗翼群将有关各项流水簿据克日检呈凭转彻查核实弊案令

　　（一九二四年五月二十六日）·······················151

批杨希闵请迅颁洪锡龄恤金呈（一九二四年五月二十六日）···········152

批程潜请照少将积劳病故例给予韩贵庭恤金呈（一九二四年五月二十六日）···153

批令许崇智查办兵站情形请饬缴流水簿彻底查算呈复

　　（一九二四年五月二十六日）·······················153

批程潜请照少校积劳病故例给予钟汉荣恤金呈（一九二四年五月二十六日）···154

批大本营审计处处长林翔奉令查算前兵站总监罗翼群呈

　　（一九二四年五月二十六日）·······················154

着财政委员会拨黄绍竑军费令（一九二四年五月二十七日）··········155

着财政委员会发永丰等舰饷伙费令（一九二四年五月二十七日）········155

饬大本营审计处彻查兵站卫生局舞弊情形令（一九二四年五月二十七日）·····155

着广东兵工厂知照大本营审计处审核该厂十二年七八九等月份支出预算书

　　情形令（一九二四年五月二十七日）···················156

着财政委员会确切查明裕广银号发行兑换券令（一九二四年五月二十七日）······ 157

着财政委员会迅予筹给樊钟秀军服费谕（一九二四年五月二十七日）······ 157

批许崇智续查前兵站部卫生局舞弊情形呈（一九二四年五月二十七日）······ 158

批鲁涤平赍十三年四月份预算书暨前任本任职员名额薪饷比较表呈

　　（一九二四年五月二十七日）······ 158

批程潜请照少校阵亡例给予已故湘军营长尹忠义恤金呈

　　（一九二四年五月二十七日）······ 159

批林翔审核兵工厂长马超俊呈缴十二年七八九等月份支出预算书并附兵工厂

　　原呈预算书等件呈（一九二四年五月二十七日）······ 159

饬各军对禁烟督办署所委局长及承商认真维护协助进行令

　　（一九二四年五月二十七日）······ 160

批徐效师请领公费以济涸鲋函（一九二四年五月二十七日）······ 161

批程潜请给予已故西路讨贼军统领潘国熙等恤金呈

　　（一九二四年五月二十七日）······ 162

批程潜请照少校因公殒命例给予郑传瀛恤金呈（一九二四年五月二十七日）······ 162

饬顾忠琛组织军队以植党军之基础令（一九二四年五月二十八日）······ 163

批蒋光亮停收三五眼桥花地芳村等处筵席捐情形呈

　　（一九二四年五月二十八日）······ 163

批程潜请追赠故中央直辖广东讨贼军中校团附尹正揆陆军上校并照例给恤呈

　　（一九二四年五月二十八日）······ 164

批李安邦遵令结束及取消名义呈（一九二四年五月二十八日）······ 164

批崇智遵令遴员接办西江各属财政情形呈（一九二四年五月二十八日）······ 165

饬伍朝枢侨赠台山横湖乡电射灯准予免税放行令（一九二四年五月二十九日）······ 165

批叶恭绰请准予该部免筹大理院每月经费以轻负担呈

　　（一九二四年五月三十日）······ 166

谕饬李烈钧即令各军长官亟宜返赴前敌（一九二四年五月三十日）······ 167

谕饬胡汉民不便更发造枪新令（一九二四年五月三十日）······ 167

饬将福安飞鹰广海等三舰编为海军训练舰队归许崇智节制调遣令

（一九二四年五月三十一日）　··· 167

着舞凤舰归大本营差遣令（一九二四年五月三十一日）　········ 168

着各路军官克日分途进取东江令（一九二四年五月三十一日）　···· 168

着徐德派舰严查敌军利用外轮偷运接济令（一九二四年五月三十一日）　········ 169

批滇军赵成梁呈扣留田曦应免议释放（一九二四年五月三十一日刊载）　········ 169

着军政部加意保护铁路保卫人民令（一九二四年五月下旬）　········ 169

着各机关核实员额节省杂费训令（一九二四年六月三日）　········ 170

致何成濬着在翁源暂事休息待命电（一九二四年六月三日）　········ 170

致杨希闵赵成梁何成濬在翁源暂事休息待命电（一九二四年六月三日）　····· 171

饬广东省长杨庶堪克日裁减各机关预算限期呈核令

　　（一九二四年六月一至四日）　································ 171

饬转广九铁路护路司令协助禁烟缉私令（一九二四年六月四日）　···· 172

着许崇智节制由潘文治统率之舞凤舰令（一九二四年六月四日）　···· 172

着各收入机关赶筹军费令（一九二四年六月四日）　··············· 173

重申严禁收编土匪令（一九二四年六月四日）　····················· 173

批许崇智遵令派员覆核前福莆仙平善后处报销一案情形呈

　　（一九二四年六月四日）　································· 174

批鲁涤平请令饬广九铁路护路司令维护协助共策进行呈

　　（一九二四年六月四日）　································· 174

饬桂军总司令刘震寰等不得在广九路华段各站擅行加收各费令

　　（一九二四年六月五日）　································· 175

饬准核销兵工厂购买无烟药价款令（一九二四年六月五日）　········ 175

饬各军不准在南雄各属招募新兵令（一九二四年六月五日）　········ 176

批林翔请示核销广东兵工厂十二年五月份支出之无烟药费呈

　　（一九二四年六月五日）　································· 177

撤销军车管理处令（一九二四年六月五日）　························· 177

着许崇智接收西江督办在广东境内一切军政财政事宜并将财政转交财政厅

　　管理令（一九二四年六月六日）　························· 178

饬审核兵工厂追加岁出概算令（一九二四年六月七日）……………………178

饬将永济药库废址拨为天葬场所令（一九二四年六月九日）……………………179

批林森请将永济药库废址拨为天葬场所呈（一九二四年六月九日）……………180

着刘震寰等将留落石龙部队限期悉数调离令（一九二四年六月九日）…………180

着财政委员会迅速发给何成濬所部经费二万元（一九二四年六月十日）………181

着财政委员会先付何成濬所部经费五千元令（一九二四年六月十日）…………181

饬筹军政部经费令（一九二四年六月十日）………………………………………181

命发陈庆森恤金四百元令（一九二四年六月十日）………………………………182

饬田土业佃保证局及各县县长认真催收款项以维成立国立广东大学经费令

　　（一九二四年六月十日）……………………………………………………182

批邹鲁请令行广东省长转饬催收田土业佃保证费呈（一九二四年六月十日）…183

批徐绍桢为科长陈庆森积劳病故请给予恤金四百元呈（一九二四年六月十日）…184

着孙统纲部归湘军谭总司令节制调遣令（一九二四年六月十日）………………184

批杨庶堪遵办令行财政厅照案筹拨革命纪念会款项情形呈（一九二四年六月十日）

　　………………………………………………………………………………185

批上海大学需款五千元请速汇接济电呈（一九二四年六月十日）………………185

追赠蒋国斌令（一九二四年六月十一日）………………………………………185

追赠郑咏琛令（一九二四年六月十一日）………………………………………186

批程潜请照积劳病故例给予李奎仙少校恤金呈（一九二四年六月十一日）………186

批程潜称粤军总司令请将黄明堂等部伙饷改由该部请领转发呈

　　（一九二四年六月十二日）…………………………………………………187

批程潜议恤杨子明拟请援照陆军少将例给予一次恤金呈（一九二四年六月十二日）

　　………………………………………………………………………………187

黄明堂等部应领伙饷概由粤军总司令许崇智请领转发令（一九二四年六月十二日）

　　………………………………………………………………………………188

饬知林翔禁烟督办署经费每月减少办公费一千四百余元余准照表开支令

　　（一九二四年六月十二日）…………………………………………………188

批叶恭绰为赵前运使租赁澄清轮缉私系据实开支并无浮滥应准免予置议呈

（一九二四年六月十二日） ························ 190

批叶恭绰为造币厂开铸双毫银币日期等情乞鉴核备案呈

（一九二四年六月十二日） ·················· 190

批宋子文送东汇关程船配盐比较表乞鉴核备案呈（一九二四年六月十二日）····· 191

批程潜拟请追赠郑咏琛以陆军中将并照例给恤呈（一九二四年六月十二日）···· 191

批程潜复拟请追赠蒋国斌以陆军中将仍照积劳病故例给恤呈

（一九二四年六月十二日） ·················· 192

批程潜为廖有权因公殒命请照例给恤呈（一九二四年六月十二日）····· 192

批鲁涤平遵令切实节减开支缮具四月份预算及另造全年预算并陈明困难情形呈

（一九二四年六月十二日） ·················· 193

通令各军总司令重申各军限文到十日内一律迁出广州市区令

（一九二四年六月十三日） ·················· 193

饬张民达遣队查缉私盐手令（一九二四年六月十三日） ············· 194

饬裁撤交通局令（一九二四年六月十三日） ·················· 194

饬各军总司令诰诫所属切勿包庇贩私令（一九二四年六月十三日） ········ 194

批叶恭绰拟办糖类销场税等情呈（一九二四年六月十三日） ·········· 195

追赠李天霖令（一九二四年六月十四日） ·················· 195

批邹鲁请举行高师第十一届各部学生毕业试验呈（一九二四年六月十四日）··· 196

批徐绍桢请褒扬琼山县寿妇陈黄氏呈（一九二四年六月十四日）·········· 196

批刘震寰遵令取消抽收广九路附加军费等情呈（一九二四年六月十四日）····· 197

批蒋介石请颁校训呈（一九二四年六月十四日） ················ 197

批训词底稿（一九二四年六月十四日） ··················· 198

着财政委员会酌发何成濬部给养费令（一九二四年六月十五日）·········· 198

饬知宋子文无论何项军队机关一概不准迁驻妨害银行业务令

（一九二四年六月十六日） ·················· 198

仰粤军总司令广东省长分饬广东沙田清理处及该管各县征收沙田特别军费令

（一九二四年六月十六日） ·················· 199

批程潜复请准予追赠李天霖陆军少将呈（一九二四年六月十六日）········· 199

饬知沙田清理事宜归并经界局办理令（一九二四年六月十七日）……………………200

批邓泽如请示拨还缉私主任张民达垫款呈（一九二四年六月十七日）……………200

批收到停付支票一张收据（一九二四年六月十八日）……………………………201

所有北江方面及乐昌坪石等处新设水陆各卡着即一律撤销令

　　（一九二四年六月十八日）…………………………………………………201

谕知大本营各参议每周会议一次令（一九二四年六月十八日）……………………202

饬转各军发还封借轮渡以恤商艰令（一九二四年六月十九日）……………………202

着撤销乐昌等处新设水陆征收厂卡令（一九二四年六月十九日）…………………203

着许崇智查办罗翼群有无舞弊令（一九二四年六月十九日）………………………203

禁止私铸银币令（一九二四年六月二十日）……………………………………203

着林翔根据流水账簿彻查前兵站总监部有无舞弊令（一九二四年六月二十日）…203

饬胡谦等随时秉承军政财政部长之命妥为经理军需令（一九二四年六月二十日）…205

拟派员调查炮击新洲案（一九二四年六月二十日）…………………………………206

批罗翼群辩明并未舞弊并遵令呈缴流水账簿乞发审计处查算呈

　　（一九二四年六月二十日）……………………………………………………206

批程潜为滇军营长林鼎甲拟请照中校积劳病故例给予恤金呈

　　（一九二四年六月二十日）……………………………………………………207

谕顾忠琛应从编练入手以植党军基础令（一九二四年六月二十一日）……………207

饬驻军腾让番禺学宫堂屋作广东大学宿舍令（一九二四年六月二十一日）………208

饬黄昌谷核发参军处录事熊阳钰积薪俾得奔丧营葬令

　　（一九二四年六月二十一日）…………………………………………………209

批邹鲁请指拨番禺学宫堂屋为大学学生宿舍并令行驻在军队迁出呈

　　（一九二四年六月二十一日）…………………………………………………210

批张开儒称该处录事熊阳钰猝遭父丧乞令饬会计司清发积薪俾得奔丧营葬呈

　　（一九二四年六月二十一日）…………………………………………………210

着各机关裁减冗员令（一九二四年六月二十一日前）………………………………211

批萧萱请假养病函（一九二四年六月二十二日收到）………………………………211

　　附：萧萱原函（一九二四年六月十四日）………………………………………211

抚恤刘景双令（一九二四年六月二十三日）　············· 212

批赵士觐遵令依式编造支出计算书乞备案呈（一九二四年六月二十三日）········ 212

严令各军禁编民军（一九二四年六月二十三日）　············· 213

饬拿获之平南舰交缉私主任供缉私之用案内在逃人犯严缉究办令

　　（一九二四年六月二十四日）　············· 213

　　附：计发抄单一纸　············· 214

追赠夏尔玛令（一九二四年六月二十五日）　············· 214

饬转各军遵照兵工厂暂行停发枪枝令（一九二四年六月二十五日）　············· 214

县长考成应注意各县发生盗案令（一九二四年六月二十四日）　············· 215

着财政部依例月拨大理院经费七千元令（一九二四年六月二十四日刊载）　····· 216

着财政委员会迅速筹款交由广东兵工厂赶造子弹令（一九二四年六月二十四日）····· 217

着财政委员会迅拨十万元给第六军援桂令（一九二四年六月二十四日）　········ 217

着财政委员会迅将湘军所需修枪费如数筹付兵工令

　　（一九二四年六月二十四日）　············· 217

着财政委员会拨发积欠该军兵站部给养费令（一九二四年六月二十四日）　····· 218

着财政委员会按期如数支给滇军兵站部积欠运输费令

　　（一九二四年六月二十四日）　············· 218

批法国驻粤领事来函（一九二四年六月二十四日）　············· 219

批程潜请追赠孙之虑陆军上校并给予上校恤金呈（一九二四年六月二十四日）····· 219

批程潜复请援照陆军少将因公殒命例第三表给恤刘景双呈

　　（一九二四年六月二十四日）　············· 220

批徐树荣请枪决犯官陈翕文呈（一九二四年六月二十五日）　············· 220

批马超俊停发各军枪枝日期呈（一九二四年六月二十五日）　············· 221

饬财政委员会筹定的款兵工厂如数出弹令（一九二四年六月二十六日）　········ 221

着财政委员会兵工厂筹款造解核准发给各军子弹令（一九二四年六月二十六日）····· 222

着将应发海军练习舰队所属福安等舰及军乐队伙食饷项概行拨交粤军总司令部

　　转发令（一九二四年六月二十七日）　············· 222

批许崇智请分令财政部及财政厅将应发海军舰队及军乐队伙食饷项概交该部转发呈

（一九二四年六月二十七日） ·· 223

批邓泽如呈规复第四号扒船乞鉴核备案令（一九二四年六月二十七日） ·········· 223

批刘震寰谭延闿杨希闵请组织战时军需筹备处呈（一九二四年六月二十八日） ······ 224

叶恭绰查复盐运署与稽核所争执权限一案情形呈（一九二四年六月二十八日） ······ 224

批程潜核议抚恤欧阳镒等情形呈（一九二四年六月二十八日） ···················· 225

着财政委员会提前筹款手令（一九二四年六月二十九日） ························ 225

令杨希闵着滇军兵站部长张鉴藻向米行赊借军米（一九二四年六月三十日） ······ 226

裁撤广九铁路护路司令令（一九二四年七月一日） ······························ 226

着财政委员会火速筹给豫军出发费令（一九二四年七月一日） ···················· 227

着财政委员会火速筹何雪竹出发费令（一九二四年七月一日） ···················· 227

命筹还滇军兵站部赊借军米费令（一九二四年七月一日） ························ 227

批伍朝枢奉命裁减经费并请免裁交涉署员薪呈（一九二四年七月一日） ············ 228

批程潜裁减经费呈（一九二四年七月一日） ···································· 228

批林森裁减经费呈（一九二四年七月一日） ···································· 229

饬大本营军政部速拟草案呈候颁行以禁私铸而涤弊风令（一九二四年七月一日） ··· 229

批林翔裁减经费呈（一九二四年七月一日） ···································· 230

批范石生士敏土厂交还政府函（一九二四年七月一日） ·························· 230

着财政委员会即日派员接收士敏土厂令（一九二四年七月二日） ················ 231

批程潜请恢复粤汉铁路警备司令一职呈（一九二四年七月二日） ················ 231

批古应芬请令行广东省长转饬财政厅裁撤所属经界局及经界分局呈

（一九二四年七月二日） ·· 231

给林若时的指令（一九二四年七月二日） ······································ 232

饬朱培德勿截收省河筵席捐以维教育令（一九二四年七月三日） ················ 232

着卢师谛担任东江中右两路后方警戒令（一九二四年七月三日） ················ 234

着朱培德部开赴湘边令（一九二四年七月三日） ································ 234

命廖仲恺等通饬军政各机关不准录用吕梦熊令（一九二四年七月三日） ·········· 234

批孙科请令行朱军长勿再截收筵席捐呈（一九二四年七月三日） ················ 235

着李福林负责清剿顺德等属内之海盗令（一九二四年七月四日） ················ 236

着卢师谛率部进驻鸭仔埗一带令（一九二四年七月四日）……………… 236

饬朱培德停抽乐昌等地各种苛捐并将停抽日期报备令（一九二四年七月四日）… 236

命发滇军第三军雇伕经费令（一九二四年七月四日）…………………… 237

着财政委员会按日拨付湘军军医院经费令（一九二四年七月四日）…… 237

着财政委员会先行筹拨湘军第六军之援桂经费令（一九二四年七月四日）…… 237

批林翔核销庶务科十二年十月份经办各项数目册单据簿等件呈

　　（一九二四年七月四日）………………………………………… 238

批邹鲁请举行广东农业专门农学科四年级生毕业试验呈

　　（一九二四年七月四日）………………………………………… 238

饬各机关各军队不得向粤汉铁路摊派款项令（一九二四年七月五日）… 239

饬各机关直接支付之款解交军需处支给令（一九二四年七月五日）…… 240

批许崇灏沥陈财力枯竭情形请免再派各机关各军队款项呈

　　（一九二四年七月五日）………………………………………… 240

批张开儒拟发给特别出入证手折办法呈（一九二四年七月五日）……… 241

着杨希闵协助禁烟令（一九二四年七月五日刊载）…………………… 241

饬财政厅筹拨广东高等检察厅广州地检厅及两监一所经费令

　　（一九二四年七月七日）………………………………………… 242

批林云陔请饬令广东财政厅提前拨支该厅经费呈（一九二四年七月七日）… 243

饬各军不得驻兵九江令（一九二四年七月七日）……………………… 243

批财政委员会分配军费呈（一九二四年七月七日）…………………… 243

着会计司向财政委员会领给蒋作宾等人旅费令（一九二四年七月八日）…… 244

命按日发给兵工厂子弹费令（一九二四年七月八日刊载）…………… 244

由广东盐运使署照额支付给广东高等地方检察厅等经费令

　　（一九二四年七月八日）………………………………………… 245

饬准民团商团请领枪弹暂由省长填发护照令（一九二四年七月八日）… 245

饬朱培德积欠军费仍按月赴厅领取不得截留省河筵席捐令

　　（一九二四年七月八日）………………………………………… 246

给陈其瑗的训令（一九二四年七月八日）……………………………… 247

饬知财政部令内政部设法裁减力求撙节令（一九二四年七月八日）…………… 248

批马超俊为民团商团备价请领枪弹拟暂由该厂长请省长填发护照呈

　　（一九二四年七月八日）……………………………………………………… 249

批孙科拟委总办一员经理征收省河水陆酒菜筵席捐乞令朱军长勿再截留捐款呈

　　（一九二四年七月八日）……………………………………………………… 249

批程潜请准予查照《陆军战时恤赏章程》给予阵伤排长陈荣光恤金四百元

　　并令行广东财政厅提前发给呈（一九二四年七月八日）……………………… 250

批徐绍桢裁减经费呈（一九二四年七月八日）………………………………… 250

批张开儒请发给特别出入证手折办法呈（一九二四年七月八日刊载）……… 251

批财政委员分配军费呈（一九二四年七月八日）……………………………… 251

饬将谢愤生及有关人员解交军法审判令（一九二四年七月九日）………… 252

赠恤冯肇宪令（一九二四年七月九日）…………………………………………… 252

将官市产审查委员会第七次第二十八号决议案撤销仍照广州市政厅财政局

　　原案办理令（一九二四年七月九日）………………………………………… 253

批程潜为军械收发停止请暂免造日报表呈（一九二四年七月九日）……… 255

批徐绍桢会同军政部查明测量局局长吴宗民请予保留局校一案情形拟议办法呈

　　（一九二四年七月十日）……………………………………………………… 255

批林森称秘书俸给系据成案办理拟请仍准照给呈（一九二四年七月十日）…… 256

批廖仲恺为台山田土业佃保证局不能交县接管情形呈（一九二四年七月十日）… 256

饬北伐讨贼军第四军军长顾忠琛速办教导团大队以养下级干部基础令

　　（一九二四年七月十一日）…………………………………………………… 257

着财政委员会提前发给永丰舰饷伙费令（一九二四年七月十一日）……… 257

着财政委员会照旧发给海防司令部经费令（一九二四年七月十一日）…… 258

着财政委员会送蒋雨岩旅费令（一九二四年七月十一日）………………… 258

饬查明各该部处署局司会兼职人员兼职薪水应以二成发给令

　　（一九二四年七月十一日）…………………………………………………… 258

禁止兼职兼薪令（一九二四年七月十一日）…………………………………… 259

据范石生案查承办五邑事给财政委员会的训令（一九二四年七月十一日）……… 260

批程潜请照海军上校积劳病故例给恤已故永丰军舰副舰长梁文松呈

　　（一九二四年七月十一日）……………………………………………… 260

批程潜为湘军于河源新丰两役夺获敌人械弹拟请犒赏呈

　　（一九二四年七月十二日）……………………………………………… 261

批程潜请追赠故永丰舰长冯肇宪海军少将并照少将积劳病故例给恤呈

　　（一九二四年七月十二日）……………………………………………… 261

批鲁涤平为侦缉员被匪枪击毙命及被匪枪伤乞分别照章给以恤金及医药费呈

　　（一九二四年七月十二日）……………………………………………… 262

批财政委员会请饬朱军长撤销乐昌坪石重抽百货捐等款令

　　（一九二四年七月十二日）……………………………………………… 262

批叶恭绰称裕广银号已免其代理金库呈（一九二四年七月十二日） 263

批杨希闵为该军第二师惩办滋事官兵及赔偿中国国民党中央执行委员会屏门等物呈

　　（一九二四年七月十二日）……………………………………………… 263

批徐绍桢请褒扬贤妇徐李氏呈（一九二四年七月十二日） 264

批叶恭绰查明广东储蓄银行停业情形先行调查该行所负债务及查封其财产

　　以凭照章清理乞备案呈（一九二四年七月十四日）…………………… 264

令财政厅将十三年以前之式毫银币一律改铸（一九二四年七月十四日）………… 265

谕令陈友仁为俄国各军官预拨飞机（一九二四年七月十四日）………………… 265

饬知广东地方善后委员会候拨经费令（一九二四年七月十五日）……………… 265

着财政委员会提前筹还樊钟秀伙食费令（一九二四年七月十五日）…………… 266

着财政委员会筹拨何成濬部伙食费令（一九二四年七月十五日）……………… 266

着财政委员会筹拨许卓然公费令（一九二四年七月十五日）…………………… 266

着湘军总指挥部取消在增城县发行之二十万元抵借证并将取消情形具报令

　　（一九二四年七月十五日）……………………………………………… 267

饬谭延闿撤销拟在从化发行之抵借证令（一九二四年七月十五日）…………… 267

着财政委员会拨款补助程璧光铸像（一九二四年七月十五日）………………… 268

着财政委员会速定并指拨的款给海军练习舰队司令部暨所属各舰令

　　（一九二四年七月十五日）……………………………………………… 269

批广东省长廖仲恺为所属教育厅等机关核减经费呈（一九二四年七月十五日）　… 269

批财政委员会请令行湘军总指挥部将拟在增城县发行抵借证二十万一案

　　即行撤销呈（一九二四年七月十五日）　………………………………… 270

批陈其瑗将军乐队火食由粤军总司令部核给呈（一九二四年七月十五日）　… 270

着罗俊邹炳煌出发东江安抚民众令（一九二四年七月十六日）　…………… 271

饬程潜转行西江一带驻军勿碍赈灾令（一九二四年七月十六日）　………… 271

饬将士敏土厂归省署管理令（一九二四年七月十六日）　…………………… 272

批顾忠琛拟请将教导大队更名为讲武学校呈（一九二四年七月十六日）　… 273

批徐绍桢请将广东治河事宜处收归该部管辖等情乞察核呈

　　（一九二四年七月十六日）　…………………………………………… 273

批徐绍桢办理陈耀垣等函称有人到李玉渠家勒索屋税及黄滋等控告黄友笙

　　两案情形呈（一九二四年七月十六日）　……………………………… 274

批邹鲁请令行财政部广东省长将士敏土厂收归省署管理呈

　　（一九二四年七月十六日）　…………………………………………… 274

湘军总司令部筹办战时军需筹备处呈（一九二四年七月十六日）　………… 275

着大本营军政部检查原报金竹坝战役阵亡官兵人数表更正备案令

　　（一九二四年七月十七日）　…………………………………………… 275

批谭延闿为前呈报阵亡官兵人员表内有误请准予更正呈

　　（一九二四年七月十七日）　…………………………………………… 276

批范石生拟偿清承办五邑防务经费呈（一九二四年七月十八日）　………… 277

批谭延闿办理增城县公会会长刘巨良等电呈一案呈

　　（一九二四年七月十八日）　…………………………………………… 277

批廖仲恺遵将官市产审查委员会七次会议二十八号决案撤销呈

　　（一九二四年七月十八日）　…………………………………………… 278

通饬各军长官转知所属发还封借商人轮渡令（一九二四年七月十八日刊载）　…… 278

批董福开所请补给六月份公费伙食洋及维持现在伙食函

　　（一九二四年七月十八日）　…………………………………………… 279

着广东省长廖仲恺转饬拨给输送团饷项令（一九二四年七月十九日）　………… 279

着广东省长廖仲恺转饬广东财政厅将所设经界局及分局一律裁撤令

　　（一九二四年七月十九日）……………………………………………… 280

着黄桓迅予设法接济石龙电报局各项供应令（一九二四年七月十九日）………… 280

饬知廖仲恺广东电政监督兼广州电报局局长何家猷呈请辞职并请发经费令

　　（一九二四年七月十九日）……………………………………………… 281

批张开儒遵令派员点查江固官兵公物情形呈（一九二四年七月十九日）………… 285

批谭延闿请迅令电政监督设法接济石龙电报局经费材料呈

　　（一九二四年七月十九日）……………………………………………… 285

批林森请照案拨助电政经费并请任命陈润棠为广东电政监督兼广州电报局长呈

　　（一九二四年七月十九日）……………………………………………… 286

批谭延闿称已令增城知事暨筹饷分处释放林朗臣呈（一九二四年七月十九日）… 286

中国国民党中央执行委员会对于党员之训令（一九二四年七月二十一日）……… 287

转饬商团及九江绅民不得受人煽惑抵抗防军令（一九二四年七月二十一日）…… 289

饬取销九江抽收出口丝捐茧捐令（一九二四年七月二十一日）………………… 290

批杨希闵请饬九江商团撤退并派员查办令（一九二四年七月二十一日）………… 290

通缉王得庆令（一九二四年七月二十二日）…………………………………… 291

着财政委员会提前筹备特别军费令（一九二四年七月二十二日）……………… 291

饬公安局为高和罗夫开追悼会令（一九二四年七月二十一日）………………… 292

批财政委员会呈请迅令滇军保旅长撤销抽收九江出口土丝捐茧捐令

　　（一九二四年七月二十二日）…………………………………………… 292

着伍朝枢转饬梧州关监督兼外交部特派交涉员戴恩赛克日回署令

　　（一九二四年七月二十二日）…………………………………………… 293

批古应芬办理陈金人等呈称五邑业佃公会有带征沙田费存放港号请提充军用一案呈

　　（一九二四年七月二十二日）…………………………………………… 294

批李福林枪决匪犯吴锐日期乞备案呈（一九二四年七月二十二日）…………… 294

批邹鲁为该校法科学院学生修业期满请准举行毕业试验并造具学生一览表呈

　　（一九二四年七月二十三日）…………………………………………… 295

批黄桓奉令办理接济石龙电局情形呈（一九二四年七月二十三日）…………… 295

批廖仲恺遵令饬行广东财政厅再行减定经费呈（一九二四年七月二十三日）…… 296

批叶恭绰办理平南舰一案情形呈（一九二四年七月二十三日）………… 296

批朱培德转请取消连县县议会议长叶其森等通缉原案呈

（一九二四年七月二十三日）…………………………………… 297

追赠夏尔玙令（一九二四年七月二十四日）……………………………… 297

追赠吴斌令（一九二四年七月二十四日）………………………………… 298

给廖仲恺的训令（一九二四年七月二十四日）…………………………… 298

批叶恭绰请酌增员司指拨经费呈（一九二四年七月二十四日）……… 300

批徐绍桢请褒扬节妇李沈氏呈（一九二四年七月二十四日）………… 300

追赠张荣光令（一九二四年七月二十五日）……………………………… 301

追赠缪培堃令（一九二四年七月二十五日）……………………………… 301

着财政委员会筹拨焦易堂特别费令（一九二四年七月二十五日）…… 302

饬照规定减发各机关职员俸薪令（一九二四年七月二十五日）……… 302

通饬各机关自八月份起减成给俸令（一九二四年七月二十五日）…… 303

发下审计处预算书并饬大本营财政部长叶恭绰汇编十三年度总预算令

（一九二四年七月二十五日）…………………………………… 304

饬转何总指挥准支上将薪并点验该部核实发饷令（一九二四年七月二十五日）…… 304

令财政委员会迅予筹拨江固舰官兵薪饷（一九二四年七月二十五日）…… 305

令财政委员会迅即核实照数筹交江固舰应用器物经费

（一九二四年七月二十五日）…………………………………… 306

令财政委员会从速筹拨湘军给养费（一九二四年七月二十五日）…… 306

着保留安徽义地令（一九二四年七月二十五日）………………………… 307

批廖仲恺为所属广东图书馆等机关核减经费情形呈（一九二四年七月二十五日）…… 307

批程潜复拟请赠恤故中华革命军浙江司令长官夏尔玙呈

（一九二四年七月二十五日）…………………………………… 307

李济深为广西抚河招抚使署取销日期呈（一九二四年七月二十五日）…… 308

批程潜请追赠吴斌呈（一九二四年七月二十五日）…………………… 308

批林翔缴该处十三年度岁出经常费预算书呈（一九二四年七月二十五日）……… 309

批程潜遵批核议中央直辖福建总指挥处暨所辖部队官兵薪饷公费马干预算呈

　　（一九二四年七月二十五日）……………………………………… 309

批程潜复湘军正兵陈楚俊一名遵令更正呈（一九二四年七月二十六日）………… 310

批程潜复拟请追加粤军积劳病故团长缪培堃陆军少将衔呈

　　（一九二四年七月二十六日）……………………………………… 311

复程潜呈告已追赠给恤张荣光令（一九二四年七月二十六日）…………… 311

饬许崇灏赶筑小坪至兵工厂铁路令（一九二四年七月二十七日）………… 312

着黄昌谷转知审计处审核行营庶务科报请核销十二年九月至十二月份支出情形令

　　（一九二四年七月二十八日）……………………………………… 312

批程潜拟请优恤粤军故营长李时钦呈（一九二四年七月二十八日）……… 313

批林翔审核会计司转呈行营庶务科十二年九月份至十二月份支出计算书等

　　请准核销呈（一九二四年七月二十八日）………………………… 313

着总参议等会同审查李根生死因令（一九二四年七月二十九日）………… 314

饬各该机关呈报职员职务性质及俸给令（一九二四年七月二十九日）…… 314

准许崇智发行短期军需债券令（一九二四年七月二十九日刊载）………… 315

饬遴员兼管军车调用事宜令（一九二四年七月三十日）…………………… 315

批林森遵办兼职人员减薪情形呈（一九二四年七月三十日）……………… 316

批鲁涤平遵办兼差人员减薪情形呈（一九二四年七月三十日）…………… 316

批程潜办理兼职人员减薪情形呈（一九二四年七月三十日）……………… 317

批林翔遵办兼职人员减薪情形呈（一九二四年七月三十日）……………… 317

批财政委员会称该会兼职人员向不支领兼薪呈（一九二四年七月三十日）……… 318

批胡谦郑洪年遵办兼职人员减薪情形并造送职员名额俸薪表呈

　　（一九二四年七月三十日）………………………………………… 318

批叶恭绰遵办兼差人员减薪情形呈（一九二四年七月三十日）…………… 319

为黄桓请免支大本营技师薪水饬大本营会计司司长黄昌谷令

　　（一九二四年七月三十一日）……………………………………… 319

批黄桓称该署所属职员并无兼职呈（一九二四年七月三十一日）………… 320

批叶恭绰指拨印花税充军需库券本息基金情形乞备案呈

（一九二四年七月三十一日）·················· 320

批林森遵办兼差人员减薪情形呈（一九二四年七月三十一日）·········· 321

批法制委员会遵办兼差职员减薪情形呈（一九二四年七月三十一日）······ 321

批廖仲恺遵办兼差人员减薪情形呈（一九二四年七月三十一日）········ 322

批古应芬遵办职员减成发薪情形乞备案呈（一九二四年七月三十一日）····· 322

批当日《广州民国日报》版面并送国民党中执委（一九二四年八月一日）····· 323

　　附：国民党中执委致广州特别市执委函（一九二四年八月二日）····· 323

批廖仲恺遵办职员减成发薪情形呈（一九二四年八月一日）········ 323

批程潜复拟请将湘军阵亡副官漆兆追赠陆军少校并照例给恤呈

　　（一九二四年八月一日）·················· 324

给程潜等的训令（一九二四年八月二日）············ 324

批许崇智请取销徐汉臣通缉一案呈（一九二四年八月二日）········ 326

给李其芳的训令（一九二四年八月二日）············ 326

为古应芬呈报兼职减薪事饬大本营会计司长黄昌谷令（一九二四年八月四日）··· 326

批陈友仁就该局办理减成支薪情形呈（一九二四年八月四日）········ 327

批程潜就该部减薪情形呈（一九二四年八月四日）········· 328

批古应芬遵办兼职减薪情形呈（一九二四年八月四日）········· 328

批邓泽如遵令减薪情形呈（一九二四年八月四日）········· 329

批财政委员会遵令减薪情形呈（一九二四年八月四日）········· 329

批马超俊遵令减薪情形呈（一九二四年八月四日）········· 330

批林翔遵办减薪情形呈（一九二四年八月四日）·········· 330

批林森办理邮信减资经过情形呈（一九二四年八月四日）········ 331

批林森遵办广州市新范围内及省佛间等地来往邮件减费情形呈

　　（一九二四年八月四至六日）·················· 331

饬各军不得截留新增商捐加二专款令（一九二四年八月六日）········ 332

批许崇智转蒋中正详陈长洲应兴革时宜呈（一九二四年八月六日）····· 333

批马超俊就恩开台长塘峒联团总局局长司徒檠照章请领七九步枪三百杆呈

　　（一九二四年八月六日）·················· 333

批林森遵办减成发薪情形呈（一九二四年八月六日） …… 334
批法制委员会遵办职员减薪情形呈（一九二四年八月六日） …… 334
批廖仲恺呈请通令各军严饬所部不得截收财厅新增商捐加二专款呈（一九二四年八月六日） …… 335
批邓泽如林直勉请颁发筹饷得力人员嘉禾章暨金银各等奖章呈（一九二四年八月六日） …… 335
批古应芬就李蟠等呈请饬令经界局撤销加抽护沙费一案呈（一九二四年八月六日） …… 336
批林翔就该处职员兼差人数呈（一九二四年八月六日） …… 336
准韦荣熙所呈任内开办费及收支计算书核销令（一九二四年八月七日） …… 337
批林翔审核前北江商运局长韦荣熙呈送该局开办费及支付各计算书等尚属相符请准予核销呈（一九二四年八月七日） …… 337
批林森送兼职人员减薪表乞鉴核呈（一九二四年八月七日） …… 338
为广东陆军测量局准由粤军总司令部统属管理该局经费亦由该部领取转发饬大本营参谋长李烈钧令（一九二四年八月八日） …… 338
请拨款给虎门要塞伙食费令（一九二四年八月八日） …… 339
关于中央银行资本额的指令（一九二四年八月八日） …… 340
批许崇智请将广东陆军测量局准由该部统属管理该局经费亦由该部领取转发呈（一九二四年八月八日） …… 340
饬伍学熀严饬所属认真清理并编造开办经常费支出计算书及表册具报再核令（一九二四年八月九日） …… 340
饬派员接办邮电报纸检查令（一九二四年八月九日） …… 342
批程潜复拟请给予湘军制弹厂积劳病故之会计主任周道恤金呈（一九二四年八月九日） …… 342
批程潜复拟请赠恤湘军已故上尉连长刘慎呈（一九二四年八月九日） …… 343
批程潜因经费困难拟裁撤邮电报纸检查委员呈（一九二四年八月九日） …… 343
批林翔审核广东船民自治联防督办公署暨所属省河分局开办经常费支出计算书等件一案呈（一九二四年八月九日） …… 344

批兼盐务督办叶恭绰为盐运署暨稽核所裁减经费情形呈

　　（一九二四年八月九日） ························· 344

批许崇灏称粤汉路伕力工人经已批准和济公司续办呈（一九二四年八月九日） ··· 345

谕九江不准驻兵（一九二四年八月九日） ························· 345

着取消商团买枪护照手令（一九二四年八月十日） ··············· 346

令程潜取消前发军火入口护照（一九二四年八月十日） ··········· 346

着蒋介石即饬江固舰将哈佛号商船监押来省（一九二四年八月十日） ········· 346

谕大本营秘书处将广东水灾灾情邮电交广东省署令（一九二四年八月上旬） ··· 347

撤职查办蒋光亮令（一九二四年八月十一日） ··············· 347

追赠王维汉令（一九二四年八月十一日） ····················· 347

饬各军严禁私造枪枝令（一九二四年八月十一日） ··············· 348

批程潜复拟请准给故少校飞行员陆露斯恤金呈（一九二四年八月十一日） ······· 348

批许崇清报告该厅职员遵令减薪情形呈（一九二四年八月十一日） ········· 349

批叶恭绰遵办减成发薪情形呈（一九二四年八月十一日） ··········· 349

批法制委员会送兼职人员遵令减成支薪表呈（一九二四年八月十一日） ·········· 350

批张开儒送参军处参军副官曾否兼职表呈（一九二四年八月十一日） ········· 350

批黄昌谷称会计司职员并无兼差呈（一九二四年八月十一日） ········· 351

非奉帅令任何军队不得驻扎九江令（一九二四年八月十二日） ········· 351

批马超俊就该厂兼职人员减薪情形呈（一九二四年八月十二日） ········· 352

批林森遵办该部兼职人员减薪情形呈（一九二四年八月十二日） ········· 352

批林森陈明该处特种情形乞准予照旧支薪呈（一九二四年八月十二日） ······· 353

批伍朝枢送外交部兼职人员减薪表乞鉴核呈（一九二四年八月十二日） ······· 353

饬中央银行发行之货币一律通用令（一九二四年八月十三日） ········· 354

撤销政治委员会决议设立统一训练处案谕（一九二四年八月十三日） ········· 354

批李烈钧饬查职员兼差以各员多奉派出勤应俟声复到齐汇案呈

　　（一九二四年八月十三日） ························· 355

批廖仲恺为该署人员兼职情形呈（一九二四年八月十三日） ········· 355

批程潜请赠恤豫军阵亡将官兵士呈（一九二四年八月十三日） ········· 356

批马超俊报香山黄梁镇田心沙田新村三乡保卫团局长林善承等照章请领七九

　　步枪三十枝呈（一九二四年八月十三日） ················· 356

批徐绍桢请褒扬贤母刘王氏呈（一九二四年八月十三日） ········· 357

批程潜复拟请将湘军遇害团长刘志等照因公殒命例分别抚恤呈

　　（一九二四年八月十三日） ···················· 357

批吕志伊报大理院职员减成发薪情形呈（一九二四年八月十三日） ····· 358

批宋子文为该行定期发行货币乞令行财政部广东省长通饬各征收机关并布告

　　商民一律通用呈（一九二四年八月十三日） ············ 358

批财政委员会报该会兼职人员向未支领兼薪呈（一九二四年八月十三日） ··· 359

批吕志伊报大理院职员原兼各职薪额及实支数目简表呈

　　（一九二四年八月十三日） ···················· 359

饬褒扬彭素民谕（一九二四年八月十四日） ·············· 360

饬广东省署转饬所属并布告商民一体通用中央银行发行纸币令

　　（一九二四年八月十五日） ···················· 360

饬广东省署所属各机关应纯用中央银行纸币收支存款应转存该行令

　　（一九二四年八月十五日） ···················· 360

批邓泽如林直勉请所给奖章应否按章分别更正查核名册中有与筹奖章程之规定

　　相差过远者四十二员应否免奖呈（一九二四年八月十五日） ····· 361

批宋子文报暂行启用自刊木质印章日期附缴印章模型呈

　　（一九二四年八月十五日） ···················· 361

中央银行呈拟借款利息办法准立案令（一九二四年八月十六日） ····· 362

批宋子文拟请明令指拨造币厂余利为该行借款还本付息基金呈

　　（一九二四年八月十六日） ···················· 363

批吕志伊报潮汕非法设立高等审检分厅及经布告无效呈

　　（一九二四年八月十六日） ···················· 363

着军政长官转饬所属及人民陈炯明擅设非法法院之判决无效令

　　（一九二四年八月十六日刊载） ················· 364

着叶恭绰核发内政部总务厅病故科员谢揩恤金三百元令

（一九二四年八月十九日）……………………………………………… 364

批徐绍桢为该部总务厅科员谢揩积劳身故请准给予一次恤金三百元呈

　　（一九二四年八月十九日）………………………………………… 365

饬财政机关收入应解由中央银行存储提用令（一九二四年八月二十日）……… 366

批叶恭绰遵办前两广盐运使伍汝康办理补恤各程船损失一案情形呈

　　（一九二四年八月二十日）………………………………………… 366

批刘震寰请严令禁烟督办仍照拨给养费呈（一九二四年八月二十日）……… 367

饬遵行中央地方税收划分办法令（一九二四年八月二十一日）………… 367

饬谭延闿等查照并饬属迅行依式编造十三年度预算书送财政部汇呈候核令

　　（一九二四年八月二十一日）……………………………………… 368

批程潜遵办该部兼职人员减薪情形呈（一九二四年八月二十一日）……… 369

批叶恭绰遵办职员减薪情形呈（一九二四年八月二十一日）…………… 369

批廖仲恺遵令补列各员兼职情形呈（一九二四年八月二十一日）……… 370

批林森为广东电政电话各机关遵令减薪情形呈（一九二四年八月二十一日）…… 370

批林森遵令补叙兼职人员减薪情形呈（一九二四年八月二十一日）……… 371

批林翔请令行各机关依式编造十三年度预算书送部汇呈候核呈

　　（一九二四年八月二十一日）……………………………………… 371

中国国民党中央执行委员会有关容纳共产分子问题之训令

　　（一九二四年八月二十一日）……………………………………… 372

中国国民党中央执行委员会第二次全体会议决议（一九二四年八月二十一日）…… 375

饬蒋中正招募模范军令（一九二四年八月二十二日）………………… 376

批财政部盐务署请酌增员司指拨经费着无庸议呈

　　（一九二四年八月二十二日刊载）………………………………… 376

着蒋校长于扣留械内照指定械弹数拨交李縻将军使用令

　　（一九二四年八月二十三日）……………………………………… 376

追赠杨朝元令（一九二四年八月二十三日）…………………………… 377

饬广九铁路沿路防军保护直达客货车令（一九二四年八月二十三日）…… 377

饬所有收入机关限收央行纸币令（一九二四年八月二十三日）………… 378

批叶恭绰报库券付息事宜改归中央银行办理呈（一九二四年八月二十三日）……379

批蒋中正报办理减薪情形呈（一九二四年八月二十三日）…………………379

批蒋中正报该校人员兼职情形呈（一九二四年八月二十三日）……………380

饬知黄昌谷呈送十三年一月暨二月份收支情形经审核准予核销令

　　（一九二四年八月二十五日）……………………………………………380

饬发西路讨贼军由沪购运枪枝护照令（一九二四年八月二十五日）……381

批李福林枪毙著匪黎乃钧及交保省释黎桥伯等嫌疑犯请发交军政部备案呈

　　（一九二四年八月二十五日）……………………………………………382

批鲁涤平派兵驻所协助禁烟乞令李福林知照随时协助呈

　　（一九二四年八月二十五日）……………………………………………382

批林翔审查会计司长黄昌谷庶务科十三年一二两月份收支各项数目清册等件

　　一案情形呈（一九二四年八月二十五日）……………………………383

批刘震寰购办枪枝分期运省请饬部照给护照呈（一九二四年八月二十五日）……383

批卢善矩呈将该舰薪饷煤炭归粤军总司令部拨交呈（一九二四年八月二十五日）……384

饬许崇智江固舰所有薪饷煤炭归该部拨交令（一九二四年八月二十五日）……384

批廖仲恺就□坑堡叶族乡长叶鸣君等请价购密底五排枪五十枝等情呈

　　（一九二四年八月二十五日）……………………………………………385

批程潜覆请准将已故滇军参军杨朝元追赠陆军少将呈

　　（一九二四年八月二十五日）……………………………………………385

批徐绍桢报该部人员原兼各职并呈现支薪俸实数详表呈

　　（一九二四年八月二十六日）……………………………………………386

转饬南海县长代收九江烟酒两税解缴滇军第三军作为饷糈令

　　（一九二四年八月二十五至二十七日）………………………………386

饬晓谕商民照常复业令（一九二四年八月二十七日）……………………387

着吴铁城饬令警察侦缉散发诋毁政府传单奸人从严究办令

　　（一九二四年八月二十七日）……………………………………………387

转饬广九铁路军车处所拟维持广九铁路办法尚属可行仰即遵照办理令

　　（一九二四年八月二十七日）……………………………………………388

批叶恭绰遵办各征收机关收入解存中央银行呈（一九二四年八月二十七日）…… 388

批叶恭绰裁撤中央税捐整理处呈（一九二四年八月二十七日）………… 389

着军民长官严谕商人照常复业否则勒缴商团枪枝拿办首要令

（一九二四年八月二十八日）………………………………… 389

着中央银行所发纸币每百元加税一元令（一九二四年八月二十九日）………… 390

饬知财政委员会财政部将糖捐等交广东省财政厅后无力再拨付各机关经费

及其他军费令（一九二四年八月二十九日）………………… 390

批程潜复请追赠已故湘军所部队长岳云宾陆军少校并照例给予少校恤金呈

（一九二四年八月二十九日）………………………………… 392

批刘文锦请省释任鹤年交该部效力呈（一九二四年八月二十九日）………… 392

批徐绍桢征收中西医生照费数目分别列表请予备案并声明该款拨充部费情形呈

（一九二四年八月二十九日）………………………………… 393

批叶恭绰遵令将地方税捐分期移归广东财政厅直接管理暨声明部管财政情形呈

（一九二四年八月二十九日）………………………………… 393

批许崇智将大本营制弹厂改为粤军第一制弹厂以符名实呈

（一九二四年八月二十九日）………………………………… 394

裁撤大本营医官令（一九二四年八月）………………………………… 394

批徐绍桢请褒扬新会县耆绅李曜蓉呈（一九二四年九月一日）……… 394

批徐绍桢请褒扬文昌县节妇陈符氏呈（一九二四年九月一日）……… 395

着许崇智查核清查虎门要塞所属产业令（一九二四年九月二日）…… 395

批程潜复拟请准予追赠参谋蒋楚卿陆军上校呈（一九二四年九月二日）……… 396

着郑洪年将议决各事分告张作霖等手示（一九二四年九月三日）……… 397

附一：郑洪年将叶恭绰来电代呈孙文（一九二四年九月二日）……… 397

附二：郑洪年将叶恭绰来电代呈孙文（一九二四年九月三日）……… 397

给程潜的训令（一九二四年九月三日）………………………… 398

批谭延闿请优恤黄辉祖呈（一九二四年九月三日）……………… 399

批古应芬请将登录局改为沙田登记局呈（一九二四年九月四日）…… 399

宣告减轻监犯朱道孙等六十七名刑期令（一九二四年九月五日）…… 400

饬黄昌谷北伐在即所有薪俸一律停支令（一九二四年九月五日）⋯⋯⋯⋯⋯ 401

着陈融转饬广州地方审判厅十二年先后借与高雷绥靖处毫银一千元准予报销令

　　（一九二四年九月五日）⋯⋯⋯⋯⋯⋯⋯⋯⋯⋯⋯⋯⋯⋯⋯⋯⋯ 401

批程潜复请抚恤湘军已故军医正邓宇清呈（一九二四年九月五日）⋯⋯⋯⋯ 402

批林树巍请准令广州地方审判厅将借给该处款项报销呈

　　（一九二四年九月五日）⋯⋯⋯⋯⋯⋯⋯⋯⋯⋯⋯⋯⋯⋯⋯⋯⋯ 402

裁撤广东无线电报总局令（一九二四年九月六日）⋯⋯⋯⋯⋯⋯⋯⋯⋯⋯ 403

核议蠲免苛细捐税令（一九二四年九月六日）⋯⋯⋯⋯⋯⋯⋯⋯⋯⋯⋯⋯ 403

批程潜请赠恤西路阵亡连长余湘兰呈（一九二四年九月六日）⋯⋯⋯⋯⋯⋯ 404

批林云陔为监犯朱道孙等六十七名拟请分别减刑附呈减刑名表呈

　　（一九二四年九月六日）⋯⋯⋯⋯⋯⋯⋯⋯⋯⋯⋯⋯⋯⋯⋯⋯⋯ 404

批廖仲恺报粤路伕力应准集贤总工会承办请撤销前发许前总理备案指令呈

　　（一九二四年九月六日）⋯⋯⋯⋯⋯⋯⋯⋯⋯⋯⋯⋯⋯⋯⋯⋯⋯ 405

命北伐各军不得擅移懈弛防守令（一九二四年九月七日）⋯⋯⋯⋯⋯⋯⋯⋯ 405

裁撤法制委员会及经界局令（一九二四年九月八日）⋯⋯⋯⋯⋯⋯⋯⋯⋯⋯ 406

裁撤盐务署令（一九二四年九月八日）⋯⋯⋯⋯⋯⋯⋯⋯⋯⋯⋯⋯⋯⋯⋯ 406

着蒋介石发朱培德部步枪千枝令（一九二四年九月八日）⋯⋯⋯⋯⋯⋯⋯⋯ 406

批陈兴汉请赓续办理该路临时附加军费呈（一九二四年九月八日）⋯⋯⋯⋯ 407

批古应芬请撤销沙田自卫另组织党军改编团勇以扶助劳农呈

　　（一九二四年九月八日）⋯⋯⋯⋯⋯⋯⋯⋯⋯⋯⋯⋯⋯⋯⋯⋯⋯ 407

饬限期裁员减俸令（一九二四年九月九日）⋯⋯⋯⋯⋯⋯⋯⋯⋯⋯⋯⋯⋯ 408

饬各部裁员减薪并规定各部经费限额令（一九二四年九月九日）⋯⋯⋯⋯⋯ 408

饬禁烟督办裁员减俸令（一九二四年九月九日）⋯⋯⋯⋯⋯⋯⋯⋯⋯⋯⋯ 409

着逐案核议从前所有征收各项税捐及附加军费令（一九二四年九月九日）⋯ 409

着减张遵甫徒刑并回复公权令（一九二四年九月十日）⋯⋯⋯⋯⋯⋯⋯⋯⋯ 410

批叶恭绰报盐运使署暨稽核所遵令减薪情形呈（一九二四年九月十日）⋯⋯ 410

批徐绍桢呈复遵令编造十三年度预算情形令（一九二四年九月十日）⋯⋯ 411

批吕志伊请准予酌减前充卫士张遵甫徒刑并回复其公权呈

（一九二四年九月十日）……………………………………………411

批吴稚晖等电（一九二四年九月上旬）……………………………412

批古应芬遵办兼职人员减成支薪呈（一九二四年九月十一日）……412

批胡汉民等审查哈付轮船运载军火来粤一案情形请准将该轮放行呈

　　（一九二四年九月十一日）……………………………………413

着蒋中正取消前将长枪交范军长收管之令令（一九二四年九月十二日）………413

着蒋中正分配各学校军队枪枝令（一九二四年九月十二日）………414

饬知谢国光鲁涤平所呈十三年四月份收支计算书等件准予核销令

　　（一九二四年九月十二日）……………………………………414

审核兵工厂十二年四至六月份收支情形令（一九二四年九月十二日）………414

饬转保护铜鼓商埠测量及筑路令（一九二四年九月十二日）………415

饬知林森铜鼓开埠筹备会无庸刊发关防令（一九二四年九月十二日）………416

饬廖仲恺大本营财政部长叶恭绰规画统一财政机关令

　　（一九二四年九月十二日）……………………………………417

批林翔审查禁烟督办署十三年四月份收支计算书表等尚属相符请准核销呈

　　（一九二四年九月十二日）……………………………………417

批林翔审查前兵工厂厂长朱和中十二年四月至六月份收支计算书表等件分别

　　核销核减情形呈（一九二四年九月十二日）…………………418

批铜鼓埠筹备委员会呈报成立日期并请发给关防令（一九二四年九月十二日）…418

着东江叛军悔悟自新通令（一九二四年九月十三日）……………419

饬东江叛军悔悟自新并命征讨诸军撤惠州之围通令（一九二四年九月十三日）…419

饬程潜廖仲恺撤销火柴捐以维国货令（一九二四年九月十三日）…420

饬江固舰划归粤军总司令部节制调遣令（一九二四年九月十三日）…420

批陈其瑗请明令撤销火柴捐呈（一九二四年九月十三日）………421

谕吴铁城调警卫军随同北伐（一九二四年九月十三日）…………421

批叶恭绰为在容奇择地增设分口以防偷漏请鉴核备案呈

　　（一九二四年九月十三日）……………………………………422

批江固舰舰长卢善矩请仍归粤军总司令节制调遣呈（一九二四年九月十三日）…422

批叶恭绰报告广东造币厂停铸日期呈（一九二四年九月十三日）·················· 423

批马超俊称各部军官拟依照民团商团领枪价格缴价领枪以充军实呈

　　（一九二四年九月十三日）······················· 423

批程潜请追赠何才杰陆军上将并照中将阵亡例给恤呈

　　（一九二四年九月十三日）······················· 424

追赠何才杰令（一九二四年九月十五日）················· 424

批叶恭绰裁员减薪自应遵照办理俟裁减定后另行列表呈报呈

　　（一九二四年九月十六日）······················· 425

批叶恭绰遵令将盐务署裁撤归并财政部办理日期呈报呈

　　（一九二四年九月十六日）······················· 425

批林森遵令裁员减俸情形请备案呈（一九二四年九月十六日）······· 426

着陈友仁扩充航空局令（一九二四年九月十六日）············ 426

饬准盐运使所拟督运办法令（一九二四年九月十七日）·········· 426

饬各军信守军运时间勿任意延搁令（一九二四年九月十七日）······· 427

批陈兴汉请迅令调防及开拔各军务须信守军运时间勿再任意延搁俾利交通

　　而维路政呈（一九二四年九月十七日）················ 428

批邓泽如拟具北江盐务督运办法并令北路各军遵守及饬军政部颁给布告呈

　　（一九二四年九月十七日）······················· 428

批吕志伊遵令裁员减俸情形列表呈（一九二四年九月十七日）······· 429

批叶恭绰为准财政委员会议决征收税款凡收大洋以毫银缴纳者应加二五补水

　　征收已咨令各机关照办呈（一九二四年九月十七日）·········· 429

饬航空局调拨飞机赴韶令（一九二四年九月十八日）··········· 430

批叶恭绰遵令饬查伍汝康补恤程船一案呈（一九二四年九月十八日）···· 430

令胡汉民取消通缉陈廉伯陈恭受并发还财产令（一九二四年九月十九日）··· 431

咨请唐继尧即就副元帅职文（一九二四年九月二十日刊载）······· 431

颁给陈安仁一等银质奖章证明（一九二四年九月二十日）········ 431

颁给李庆标一等银质奖章证明（一九二四年九月二十日）········ 432

颁给高云山二等银质奖章证明（一九二四年九月二十日）········ 432

颁给谭进二等银质奖章证明（一九二四年九月二十日）…………………… 433

颁给郑受炳二等银质奖章证明（一九二四年九月二十日）…………………… 433

颁给怡昌隆二等银质奖章证明（一九二四年九月二十日）…………………… 434

颁给骆连焕二等银质奖章证明（一九二四年九月二十日）…………………… 434

颁给刘宗汉三等银质奖章证明（一九二四年九月二十日）…………………… 435

颁给曾纪孔三等银质奖章证明（一九二四年九月二十日）…………………… 435

颁给何石安三等银质奖章证明（一九二四年九月二十日）…………………… 436

颁给何荫三三等银质奖章证明（一九二四年九月二十日）…………………… 436

颁给陈再喜三等银质奖章证明（一九二四年九月二十日）…………………… 437

颁给许大经三等银质奖章证明（一九二四年九月二十日）…………………… 437

颁给朱伟民三等银质奖章证明（一九二四年九月二十日）…………………… 438

颁给朱普元三等银质奖章证明（一九二四年九月二十日）…………………… 438

颁给许寿民三等银质奖章证明（一九二四年九月二十日）…………………… 439

颁给陈德熹三等银质奖章证明（一九二四年九月二十日）…………………… 439

颁给李源水三等银质奖章证明（一九二四年九月二十日）…………………… 440

颁给朱定和三等银质奖章证明（一九二四年九月二十日）…………………… 440

发给郑永三等银质奖章奖凭（一九二四年九月二十日）……………………… 441

饬粤军总司令许崇智迅调黄明堂部克日出发参加北伐令

　（一九二四年九月二十日）………………………………………………… 441

饬谭延闿节制调遣循军严德明部令（一九二四年九月二十日）…………… 442

谕范石生等商团须依法改组再按手续发还军械令（一九二四年九月二十日）…… 442

给范石生等的手令（一九二四年九月二十日）………………………………… 443

限工团军及农人自卫军两部三日内赴韶训练令（一九二四年九月二十日）……… 443

批谢国光遵令裁员减薪先行呈（一九二四年九月二十日）………………… 443

批吕志伊送十三年度预算书请察核呈（一九二四年九月二十日）………… 444

批严德明报随同联军已抵石龙此后应调往何处及担负何种任务乞令遵呈

　（一九二四年九月二十日）………………………………………………… 444

批徐绍桢遵令裁员减薪情形呈（一九二四年九月二十日）………………… 445

着廖仲恺取消对陈廉伯陈恭受之通缉令（一九二四年九月二十一日）……………445

着各军需工厂速解械弹用品赴韶应用令（一九二四年九月二十一日）……………446

饬审议仍由省库摊还市产变价借出军费办法令（一九二四年九月二十二日）……446

批孙科请再令行广东省长转饬财厅将市产变价项下借出之军费仍由省库设法

　　分期摊还并准由财政局在代办税验契项下扣抵呈

　　（一九二四年九月二十二日）……………447

批叶恭绰报编造总预算书情形并请通令各军民机关务须依限造送不得仍前玩视呈

　　（一九二四年九月二十二日）……………448

给杨希闵等撤销面粉捐的命令（一九二四年九月二十二日）……………448

给姚雨平扩充部队的命令（一九二四年九月二十三日）……………449

转饬各军将十三年度收支预算分别依式造送以便汇编总预算令

　　（一九二四年九月二十三日）……………449

饬在省河盐税项下带征广东大学经费令（一九二四年九月二十四日）……………451

着谭延闿等会同保管商团私运之军械令（一九二四年九月二十五日）……………452

饬杨希闵将火柴捐停收具报令（一九二四年九月二十五日）……………452

批邹鲁拟援案在省河盐税项下每盐一包带收大洋四角拨充该校经费并拟具章程

　　请饬盐运使通令所属及分谕盐商照办呈（一九二四年九月二十五日）………453

批林森据广三铁路管理局局长陈兴汉呈报遵令减成发薪情形呈

　　（一九二四年九月二十五日）……………453

饬周伯甘迅将任内经手收支各款列册移交令（一九二四年九月二十六日）………454

批胡思舜称周伯甘在广三铁路局坐办任内经手收支各款一俟交代清楚再送请发

　　交军事裁判所审结呈（一九二四年九月二十六日）……………455

饬留守胡汉民精简大本营机构令（一九二四年九月二十八日）……………456

着李福林向商团提条件令（一九二四年九月二十八日）……………456

裁撤后方参谋处参军处令（一九二四年九月二十九日）……………456

饬知谢国光鲁涤平呈送十三年五月份收支表件准予核销令

　　（一九二四年九月二十九日）……………457

给广东省长的命令（一九二四年九月二十九日）……………457

给邓彦华的谕令（一九二四年九月二十九日） ·········· 458

饬知林翔财政部长叶恭绰卸西江财政整理处处长冯祝万呈报收支情形及单据

    表册准予备案令（一九二四年九月二十九日） ·········· 458

批孙科缴自十二年四月份起至十三年九月十五日止收支军费总表呈

    （一九二四年九月二十九日） ·········· 460

批林翔审查禁烟督办鲁涤平呈送十三年五月份收支计算书据等呈

    （一九二四年九月二十九日） ·········· 460

戡乱讨贼计划（一九二四年九月下旬） ·········· 461

发还商团扣械令（一九二四年九月底） ·········· 461

饬蒋光亮将所部集中淡水会攻潮汕令（一九二四年九月） ·········· 462

着代答谭总司令延闿报告湘军拟分三路经河源向老隆前进案

    （一九二四年九月） ·········· 463

颁给黄馥生一等金质奖章及奖凭令（一九二四年十月一日） ·········· 463

颁给黄德源一等金质奖章及奖凭令（一九二四年十月一日） ·········· 464

颁给郑螺生一等金质奖章及奖凭令（一九二四年十月一日） ·········· 464

颁给苏法聿二等金质奖章及奖凭令（一九二四年十月一日） ·········· 465

颁给陈东平三等金质奖章及奖凭令（一九二四年十月一日） ·········· 465

批许崇智于十月四日审理逆探罗检成届期乞派员会审呈

    （一九二四年十月二日） ·········· 466

着广东省署以礼炮欢迎俄国巡舰令（一九二四年十月二日） ·········· 466

命谭延闿等商办商人罢市问题（一九二四年十月二日报载） ·········· 467

    附：报载原文（一九二四年十月二日报载） ·········· 467

慎重民团私人领枪自卫手续令（一九二四年十月四日刊载） ·········· 467

给请缨北伐之北江农团的指示（一九二四年十月三日） ·········· 467

追赠黄辉祖令（一九二四年十月三日） ·········· 468

批程潜拟请追赠已故少将黄辉祖陆军中将及给予少将恤金呈

    （一九二四年十月三日） ·········· 468

着邓泽如购办毛毡令（一九二四年十月五日） ·········· 469

饬各军政机关不得挪移国立广东大学田赋附加经费令（一九二四年十月六日）　… 469

批邹鲁请将各田赋附加拨为国立广东大学经费并通令军民机关不得挪移截收

　　及抵解呈（一九二四年十月六日）　……………………………………… 470

批廖仲恺取消通缉黄伯耀案呈（一九二四年十月六日）　……………………… 471

批滇湘桂三军总司令裁撤战时军需筹备处呈（一九二四年十月七日）　……… 471

饬公安局查禁商团传单令（一九二四年十月八日）　…………………………… 472

批徐绍桢遵令将本部预算再加裁减并陈明经费困难呈（一九二四年十月八日）　… 472

批杨希闵遵令取销土造火柴捐并陈明其间复杂情形呈（一九二四年十月八日）　… 473

批古应芬变通减收沙田登录费办法请察核备案呈（一九二四年十月八日）　…… 473

饬蒋中正将所存团械交李福林发还商用令（一九二四年十月九日）　………… 474

批古应芬遵令切实裁员减薪重新改组该部情形附清折乙扣请鉴核施行呈

　　（一九二四年十月九日）　…………………………………………………… 474

饬胡汉民等如商团罢市应出示使西关佛山居民避开令（一九二四年十月十日）　… 475

批邓鼎封函（一九二四年十月十日）　…………………………………………… 475

批蒋介石责成胡许李严办商团电（一九二四年十月十日）　…………………… 475

　　附：蒋介石原电（一九二四年十月十日）　…………………………………… 476

着蒋介石悉运没收之商团子弹至韶关令（一九二四年十月十一日）　………… 476

着革命委员会以会长名义便宜行事令（一九二四年十月十一日）　…………… 476

饬谭延闿将陈纯侯等提案省释令（一九二四年十月十二日）　………………… 477

批林警魂报告香山治安如常电（一九二四年十月十二日）　…………………… 478

　　附：林警魂原电（一九二四年十月十二日）　………………………………… 478

给各军的训令（一九二四年十月十三日）　……………………………………… 478

复电胡汉民着即宣布戒严并全权付托革命委员会令（一九二四年十月十三日）　… 479

饬通缉卷款潜逃之周东屏令（一九二四年十月十四日）　……………………… 480

饬知邹鲁省河盐税附加大学经费暂缓实行令（一九二四年十月十四日）　…… 481

批邹鲁请明定校长薪额及筹办时交际费呈（一九二四年十月十四日）　……… 482

批余维谦为该处军事参议周东屏卷款潜逃请予通缉呈（一九二四年十月十四日）　… 482

批邓泽如称省河盐税附加大学经费目前办理颇多窒碍请示暂缓实行呈

（一九二四年十月十四日） …………………………………………………… 483

为平定商团叛乱着各军事武装统归蒋中正指挥令（一九二四年十月十四日） …… 483

批古应芬请通令将各项税款因大洋补水改加二五增收之一成专款解缴以充

　　北伐军费呈（一九二四年十月十五日） ………………………………… 484

批谭延闿遵令派军督运情形呈（一九二四年十月十五日） ……………… 484

批杨虎电着寄回胡汉民审查（一九二四年十月十六日） ………………… 485

批示杨虎来电着拿办杜邓二人（一九二四年十月十六日） ……………… 485

改讨贼靖国军为建国军令（一九二四年十月十六日） …………………… 486

批邓泽如送北江盐务督运处经费预算表呈（一九二四年十月十六日） … 486

饬详报诬陷归侨胡梓和案令（一九二四年十月十七日） ………………… 487

批张继来电（一九二四年十月十七日） …………………………………… 488

　　附：张继原电（一九二四年十月十四日） …………………………… 488

批程潜称鲁广厚刘德昌因公殒命拟请给少校恤金呈（一九二四年十月十七日） … 488

着胡汉民令兵工厂查办员限期查报案情令（一九二四年十月十九日） … 489

批邓泽如送运盐护照乞盖印呈（一九二四年十月十九日） ……………… 489

着林翔将禁烟督办署本署额活支及各检查所十月份支付预算书查收备案令

　　（一九二四年十月二十日） …………………………………………… 490

批谢国光送该署九月份及所属各检查所十月份支付预算书暨比较表呈

　　（一九二四年十月二十日） …………………………………………… 491

准邹鲁呈将各县田赋附加拨为国立广东大学经费令（一九二四年十月二十一日） … 492

关于收缴商团枪械令二则（一九二四年十月二十一日） ………………… 492

着财政委员会速筹款办冬衣令（一九二四年十月二十一日） …………… 493

饬约束士兵毋得滋扰市场令（一九二四年十月二十一日） ……………… 493

命财政委员会按月照拨内政部经费令（一九二四年十月二十一日） …… 494

着财政委员会迅于筹拨兵工厂制弹费（一九二四年十月二十一日） …… 494

着财政委员会刻日拨付湘军六七八九等月应拨子弹费令

　　（一九二四年十月二十一日） ………………………………………… 494

着财政委员会迅予筹拨裁员减薪费令（一九二四年十月二十一日） …… 495

批胡汉民为南海县长李宝祥钱粮加二搭收纸币情形请缓办呈

　　（一九二四年十月二十一日）……………………………………………… 495

着徐天深前赴大桥令（一九二四年十月二十二日）…………………………… 496

饬转林树巍即来大本营效力令（一九二四年十月二十二日）………………… 496

饬各军协缉蔡荣初令（一九二四年十月二十二日）…………………………… 496

批何成濬请令饬各军协缉在逃官兵呈（一九二四年十月二十二日）………… 497

批国民党中执委转呈沈定一报告浙江军事变动情形函

　　（一九二四年十月二十二日）……………………………………………… 498

　　附一：国民党中执委呈文（一九二四年十月二十日）…………………… 498

　　附二：国民党上海执行部致中执委函（一九二四年十月七日）………… 498

　　附三：沈定一致国民党上海执行部报告节略（一九二四年九月二十日）…… 499

优恤伍学煜令（一九二四年十月二十三日）…………………………………… 499

饬省河筵席捐由中上七校经费委员会直接办理令（一九二四年十月二十三日）…… 500

饬撤销沙田自卫局另组农民协会令（一九二四年十月二十三日）…………… 501

批柏文蔚遵令改编情形乞鉴核呈（一九二四年十月二十三日）……………… 502

批邹鲁请省河筵席捐由中上七校经费委员会直接办理呈

　　（一九二四年十月二十三日）……………………………………………… 503

批古应芬拟具撤销沙田自卫办法呈（一九二四年十月二十三日）…………… 503

批刘景新请回绥主持讨贼并发给欠薪函（一九二四年十月二十三、三十日）…… 504

　　附一：刘景新原函（一九二四年十月二十一日）………………………… 504

　　附二：刘景新致国民党中央执行委员会函（一九二四年十月二十三日）…… 505

　　附三：国民党绥远区执委致刘景新转孙文电（一九二四年九月十九日）…… 505

　　附四：国民党中执委致刘景新函（一九二四年十一月十五日）………… 505

饬军电官电酌收电费令（一九二四年十月二十四日）………………………… 506

饬免予处罚各属商团令（一九二四年十月二十四日）………………………… 507

饬保护未曾附乱各县商团令（一九二四年十月二十四日）…………………… 507

批黄桓拟所有收费请通令各军政机关遵照办理呈（一九二四年十月二十四日）…… 508

饬保护各处乡团令（一九二四年十月二十五日）……………………………… 508

批刘震寰已令饬滇桂湘战时军需处第五分处将抽收面粉捐一案迅即撤销呈

    （一九二四年十月二十五日） ·· 509

批胡汉民遵令转饬广州市公安局办理商团罚款情形呈

    （一九二四年十月二十五日） ·· 510

批徐绍桢褒扬烈妇庾常氏呈（一九二四年十月二十五日） ················· 510

派徐天深协同宋总指挥专员前往曲江提取开拔费等令

    （一九二四年十月二十六日） ·· 511

饬胡汉民转饬财政厅呈复何部防军截收新增税捐令

    （一九二四年十月二十六日） ·· 511

饬赵师长成梁不得截留加二捐款令（一九二四年十月二十七日） ········· 512

批胡汉民古应芬称滇军杨总司令转据赵师长呈请暂准截留财厅新增商捐加二

    专款经议决碍难准予截留呈（一九二四年十月二十七日） ············· 513

将旧模范监狱废址拨作展拓茔地之用令（一九二四年十月二十七日刊载） ········ 513

给大本营财政部的命令（一九二四年十月二十八日） ····················· 514

饬北伐军饷需统由军需总监核发令（一九二四年十月二十八日） ········· 514

饬一切款项由会计司收管军需总监支发令（一九二四年十月二十八日） ········ 514

饬发给方参谋长杂费手令（一九二四年十月二十八日） ··················· 515

专解省佛商团罚款令（一九二四年十月二十九日） ······················· 515

饬遵照公开路款议决案令（一九二四年十月二十九日） ··················· 515

    附：公开路款议决案 ·· 516

批陈兴汉救济养路办法公开路款议决案呈（一九二四年十月二十九日） ········ 517

批丘汉宗请派专员办理中国国民党江西支部函（一九二四年十月三十日） ········ 517

    附：丘汉宗原呈 ·· 517

着中央银行定期取消贵币百元加一之税令（一九二四年十月） ··········· 518

着各收入机关将北伐军伙食给养费等悉交大本营会计司令（一九二四年十月） ········ 518

广州商团事件后给各地乡团布告（一九二四年十月下旬） ················· 519

命胡汉民将缴枪罚款之事克日办妥以安善良令（一九二四年十月下旬） ········ 519

饬南番顺剿匪司令协同剿匪并即撤销护商机关令（一九二四年十一月一日） ········ 519

批胡汉民请严剿各江股匪严禁各军抽收货捐呈（一九二四年十一月一日）⋯⋯⋯ 521

批许崇智枪决逆探罗检成日期呈（一九二四年十一月一日）⋯⋯⋯⋯⋯ 521

各财政机关一元以上概收中央货币令（一九二四年十一月一日）⋯⋯⋯⋯ 522

批巴达维亚同志来电（一九二四年十一月一日收到电文）⋯⋯⋯⋯⋯ 522

　　附：国民党巴达维亚支部来电（一九二四年十月三十一日）⋯⋯⋯⋯ 522

饬厘定各种厘税底价开投令（一九二四年十一月三日）⋯⋯⋯⋯⋯ 523

饬由军需总监发给北伐各军饷项令（一九二四年十一月三日）⋯⋯⋯⋯ 523

批李卓峰等送组织条例乞核准呈（一九二四年十一月三日）⋯⋯⋯⋯ 524

谕黄昌谷随同北上（一九二四年十一月三日）⋯⋯⋯⋯⋯⋯ 524

给大本营副官处的命令（一九二四年十一月三日）⋯⋯⋯⋯⋯⋯ 525

着留守府秘书处将海图一箱交蒋校长令（一九二四年十一月四日）⋯⋯ 525

着范克将所部与北伐部队会合令（一九二四年十一月四日）⋯⋯⋯⋯ 525

北上前责成广东军民长官肃清余孽绥靖地方通令（一九二四年十一月四日）⋯⋯ 526

饬谭延闿全权办理北伐事宜令（一九二四年十一月四日）⋯⋯⋯⋯⋯ 526

命古应芬重申限收中央银行纸币令（一九二四年十一月四日）⋯⋯⋯⋯ 527

批徐绍桢请褒扬寿妇董姚氏呈（一九二四年十一月四日）⋯⋯⋯⋯⋯ 527

批沈鸿英着手遵编广西建国军情形呈（一九二四年十一月四日）⋯⋯⋯ 528

除逆迹昭著商团予以缴枪罚款外其他不事深究令（一九二四年十一月四日刊载）⋯⋯ 528

饬谭延闿秘书处呈送十二年十一月份至十三年九月份暨电报室收支表册单据
　　经核准予核销令（一九二四年十一月六日）⋯⋯⋯⋯⋯⋯ 529

批林翔审核大本营秘书处暨电报室收支表册单据相符请准予核销呈
　　（一九二四年十一月六日）⋯⋯⋯⋯⋯⋯⋯⋯ 530

批徐绍桢呈送征收医生照费数目表请予备案并声明该款拨充部费令
　　（一九二四年十一月七日）⋯⋯⋯⋯⋯⋯⋯ 530

北伐各军不得在省设立后方办事处令（一九二四年十一月七日）⋯⋯⋯ 531

着北伐各军前进令（一九二四年十一月七日）⋯⋯⋯⋯⋯⋯ 531

派李翊东前往赣州令（一九二四年十一月八日）⋯⋯⋯⋯⋯⋯ 531

裁撤前方参军处令（一九二四年十一月八日）⋯⋯⋯⋯⋯⋯ 532

着大本营会计司发给杂费手令（一九二四年十一月八日）…………………… 532

饬发伍学熀恤金及治丧费令（一九二四年十一月十日）…………………… 533

批徐绍桢遵拟故建设部次长伍学熀恤典请令施行呈（一九二四年十一月十日）… 534

批朱和中函着中央执行委员会严颁纪律约束党报（一九二四年十一月十日）…… 534

　　附：朱和中原函（一九二四年十一月十日）…………………………… 534

裁撤豫鲁招抚使令（一九二四年十一月十一日）………………………… 535

饬北伐各军不得在后方设立机关令（一九二四年十一月十一日）………… 535

谕中执委开会不足法定人数时应以常委会代行令（一九二四年十一月十一日）… 535

批陈铣曹浩森来电请求汇款接济谕（一九二四年十一月十一日）………… 536

命按月酌量支给豫军后方维持费谕（一九二四年十一月十一日）………… 536

批黄桓呈报电报费提价令（一九二四年十一月十一日）………………… 537

批胡汉民中央执行委员会函（一九二四年十一月十一日）……………… 537

批古应芬设立检查出口谷米总分局请鉴核施行呈（一九二四年十一月十二日）… 537

着胡汉民转饬广州公安局核办各军在省垣设办事处者令

　　（一九二四年十一月十二日）…………………………………… 538

饬黄骚广东兵工厂十二年七至九月份收支簿据经核相符准予核销令

　　（一九二四年十一月十三日）…………………………………… 538

批林翔为兵工厂长马超俊呈送十二年七月份至九月份收支等簿据数目相符

　　请准予核销呈（一九二四年十一月十三日）……………………… 539

批胡汉民转呈选举事务委员黄子聪等为市长选举依照暂行条例非一月不能蒇事

　　经公同会议决以最速期间举办呈（一九二四年十一月十四日）………… 539

饬令徐绍桢知照大本营财政部无法筹拨内政部欠薪一万元令

　　（一九二四年十一月十四日）…………………………………… 540

批古应芬称内政部欠薪实无款可拨呈（一九二四年十一月十四日）……… 541

裁撤内地侦探队令（一九二四年十一月十五日）………………………… 541

裁撤中央军需总监令（一九二四年十一月十五日）……………………… 542

批徐绍桢请褒扬广东番禺县捕属节妇张俞淑华呈（一九二四年十一月十五日）…… 542

批革命纪念会请拨给公地建设烈士孤儿院乞令广东省长转饬市政厅照章迅速妥办呈

（一九二四年十一月十七日）·······························543

饬速妥办烈士孤儿院地址及永远基金令（一九二四年十一月十七日）··········543

批程潜为该部印信被火焚毁暂行摹刊应用请饬另铸颁发呈

　　（一九二四年十一月十七日）·····························544

批中央执行委员会廖仲恺邹鲁函（一九二四年十一月十七日）··········544

饬各军毋得藉词截收各税捐厘费加二专款令（一九二四年十一月十八日）·····545

批古应芬请重颁禁令通饬各军总司令分行所属不得擅将轮渡封用呈令

　　（一九二四年十一月十八日）·····························546

饬各军不得擅封各江轮渡令（一九二四年十一月十八日）············546

饬将每日收支数目分款列表报告留守府备核令（一九二四年十一月十八日）·····547

批胡谦报该部副官余云卿办理残废官兵报销册及支销单据清册请予备案并饬发

　　登《大本营公报》及《广东公报》呈（一九二四年十一月十八日）·······548

批谢国光准予题颁匾额（一九二四年十一月十八日刊载）············548

裁撤建安督办令（一九二四年十一月十九日）·················549

饬各认饷机关按数筹缴令（一九二四年十一月十九日）·············549

饬北伐部队军饷统由军需总局支付令（一九二四年十一月十九日）········550

饬拨款建立倪烈士映典纪念碑令（一九二四年十一月十九日）··········550

饬胡汉民查复广州市长选举工界选举地点择定情形令

　　（一九二四年十一月十九日）·····························551

批谢国光为万益公司自愿将抵余按饷悉数报效军饷请予嘉奖呈

　　（一九二四年十一月十九日）·····························552

批革命纪念会请拨款六百元就倪烈士映典殉难地点建立纪念碑呈

　　（一九二四年十一月十九日）·····························553

批广州工人代表会执行委员会称市长选举总工会不能代表全体请改正条文呈

　　（一九二四年十一月十九日）·····························553

饬古应芬姑准两广盐运使邓泽如所拟俟合约期满另再续约时当遵以大洋加二五水

　　缴纳税款令（一九二四年十一月二十日）·················554

饬制止滇军第二师截收加二专款令（一九二四年十一月二十日）·········555

批刘震寰为遵令改称建国桂军日期请备案呈（一九二四年十一月二十日）………… 556

批邓泽如请于现届商人包缴盐税满约后即遵令以大洋加二五水饷缴税款呈

　　（一九二四年十一月二十日）……………………………………………… 556

批古应芬请令行滇军总司令制止第二师不得截收省河各捐税加二专款呈

　　（一九二四年十一月二十日）……………………………………………… 557

裁撤海军陆战队司令潮梅守备司令等职缺令（一九二四年十一月二十日刊载）… 557

饬广东省长迅令广州市政厅督饬公安局再在该市续征租捐一月令

　　（一九二四年十一月二十一日刊载）……………………………………… 558

饬知林直勉该司及庶务科十三年三月份收支计算书及附属表等准予核销令

　　（一九二四年十一月二十二日）…………………………………………… 558

批林翔审核会计司司长黄昌谷十三年三月份收支计算书暨附属表及证据粘存簿

　　等件数目相符请准予核销呈（一九二四年十一月二十二日）…………… 559

着广东财政厅粤汉铁路等如数将北伐军费解缴会计司令

　　（一九二四年十一月二十二日刊载）……………………………………… 560

饬水陆各军保护食米运输令（一九二四年十一月二十五日）…………………… 560

饬军政机关不得免缴筵席捐令（一九二四年十一月二十六日）………………… 561

批邹鲁请通令军政各机关一律维持筵席捐附加教育经费不得发用免捐字据呈

　　（一九二四年十一月二十六日）…………………………………………… 562

饬余辉照遵照改编具报令（一九二四年十一月二十七日）……………………… 562

给刘玉山的训令（一九二四年十一月二十七日）………………………………… 563

追赠沈寅宾令（一九二四年十一月二十八日）…………………………………… 564

批革命纪念会请准予投变旧模范监狱上盖充七十二烈士坟园建筑费呈

　　（一九二四年十一月二十八日）…………………………………………… 565

批胡汉民遵令饬财政厅拨款建立倪烈士映典纪念碑呈

　　（一九二四年十一月二十八日）…………………………………………… 565

批程潜请追加中央直辖赣军上校副官长沈寅宾以陆军少将衔仍照上校阵亡

　　例给恤呈（一九二四年十一月二十八日）………………………………… 566

批古应芬请令行粤军总司令制止截留新增专款呈（一九二四年十一月二十八日）… 566

批任应岐王之屏盗用关防捏造改隶豫鲁招抚使节制呈文请予注销呈

　　（一九二四年十一月二十九日）……………………………… 567

黄埔军官学校第一期学生潘学吟毕业证书（一九二四年十一月三十日）………… 567

批程潜辞职及恳拨偿还欠债呈（一九二四年十一月）……………………… 568

　　附：程潜原呈（一九二四年十一月）………………………… 568

裁撤赣军总指挥令（一九二四年十二月一日）…………………… 569

取消通缉李耀汉令（一九二四年十二月一日）…………………… 569

饬知柏文蔚遵令停止拆变令（一九二四年十二月一日）……………… 570

批柏文蔚遵令饬属停止拆变民业并分别查究呈（一九二四年十二月一日）…… 570

批许崇智遵令整理西江财政造送十三年九月份收支报告表请鉴核呈

　　（一九二四年十二月一日）…………………………………… 571

批宋子文送收支各款数目清册请察核备案呈（一九二四年十二月一日）………… 571

伍廷芳应予国葬令（一九二四年十二月三日）…………………… 572

追赠柳大训令（一九二四年十二月三日）………………………… 572

饬知谭延闿秘书处呈报十三年十月份收支表册单据审核相符准予核销令

　　（一九二四年十二月三日）…………………………………… 573

批程潜请追赠湘军第一军第一师军需处长成汉以陆军上校并给予上校恤金呈

　　（一九二四年十二月三日）…………………………………… 574

批程潜请追赠故湘军团长柳大训以陆军少将仍给予上校恤金呈

　　（一九二四年十二月三日）…………………………………… 574

批林翔审核大本营秘书处十三年十月份收支表册单据均属相符请准予核销呈

　　（一九二四年十二月三日）…………………………………… 575

饬知林直勉该司呈送十三年四月份收入表簿经核相符准予核销令

　　（一九二四年十二月四日）…………………………………… 575

批黄骚报告接收情形呈（一九二四年十二月四日）………………… 576

批林翔请准予核销会计司十三年四月份收支计算书等件呈

　　（一九二四年十二月四日）…………………………………… 576

裁撤禁烟督办令（一九二四年十二月五日）……………………… 577

裁撤筹饷总局督办会办令（一九二四年十二月五日）　·········· 577

着合并筹饷总局禁烟督办署为广东全省筹饷总局令（一九二四年十二月五日）　··· 578

特派胡汉民致祭伍廷芳之葬礼令（一九二四年十二月五日）　········· 578

饬知刘栽甫准予酌留国税拨充该县自治经费令（一九二四年十二月五日）　········ 578

批谢适群报故伍总长举行国葬期请特派大员前往致祭呈

　　（一九二四年十二月五日）　·········· 579

批程潜请各照原级给予湘军中校营长孙谋等恤金呈（一九二四年十二月五日）　··· 580

批古应芬核议台山县长刘栽甫呈请将台山收入国家税酌留半数充自治经费情形呈

　　（一九二四年十二月五日）　·········· 580

追赠盛延祺令（一九二四年十二月六日）　·········· 581

批程潜请追加盛延祺海军中将衔仍照海军少将例给恤呈

　　（一九二四年十二月六日）　·········· 581

批李福林送民产保证局收支数目表乞鉴核呈（一九二四年十二月六日）　··········· 582

饬各军事机关装设电话均应照章缴费令（一九二四年十二月八日）　·········· 582

批陆志云请通令各军嗣后装设电话必须照章缴纳装费及按月照交月费以维局务呈

　　（一九二四年十二月八日）　·········· 583

批程潜请追赠西路讨贼军警卫团代团长刘策以陆军上校仍给予中校恤金呈

　　（一九二四年十二月八至十日之间）　·········· 583

批邓泽如送《广东北江盐务督运处护运军队暂行章程》请备案呈

　　（一九二四年十二月十日）　·········· 584

饬驻防各军协助台山县自治令（一九二四年十二月十一日）　·········· 584

批程潜为郭兆龙等议恤呈（一九二四年十二月十一日）　·········· 585

通饬各军政机关不得提用洋布匹头厘费并着桂军总司令部派兵保护以重学款令

　　（一九二四年十二月十二日）　·········· 586

批邹鲁请派队保护全省进口洋布匹头厘局并通令各军政机关不得索借提用此项

　　厘费以重校款呈（一九二四年十二月十二日）　·········· 587

批代理部务谢适群拟就节妇张俞淑华褒词请核定加给由

　　（一九二四年十二月十三日）　·········· 587

批古应芬为广东印花分处长宋子文拟请改定凭折账簿税额应自十四年一月

　　二十五日起实行呈（一九二四年十二月十三日）　`················` 588

着中国国民党北京执行部及市党部通令党员共济时艰在宣传上不得措词失检令

　　（一九二四年十二月十四日）　`················` 588

饬知余和鸿该司呈送十三年五月份收支计算书等经核相符准予核销令

　　（一九二四年十二月十五日）　`················` 589

批胡汉民称准粤军总司令咨请将广东无线电报局拨归粤军总司令部管辖请核示呈

　　（一九二四年十二月十五日）　`················` 590

批吴铁城拟具残废官兵纪念章样式请鉴核示遵呈（一九二四年十二月十五日）　`······` 590

批胡汉民转据公安局局长所送办理资遣残废官兵表册乞鉴核令遵呈

　　（一九二四年十二月十五日）　`················` 591

批林翔称大本营会计司及庶务科十三年五月份收支册列各数相符拟请准予核销呈

　　（一九二四年十二月十五日）　`················` 591

批余和鸿为接收会计司卷宗款项情形请备案呈（一九二四年十二月十六日）　`······` 592

着郑润琦等办理广宁绥辑善后事宜令（一九二四年十二月十六日）　`······` 592

批李福林起获被掳之岭南大学学生并饬属踩缉逃匪情形呈

　　（一九二四年十二月十七日）　`················` 593

批谢国光遵令裁并定期移交请察核备案呈（一九二四年十二月十七日）　`······` 593

裁撤海军练习舰队司令及海军三舰整理事宜令（一九二四年十二月十八日）　`······` 594

饬伤废官兵应由各军自行体察办理令（一九二四年十二月十八日）　`······` 594

批伍朝枢为谢国葬故外交部总长伍廷芳典礼呈（一九二四年十二月十八日）　`······` 595

批吴铁城据残废官兵杨桂秋等呈请补验呈（一九二四年十二月十八日）　`············` 595

批程潜因滇军兵站部广九运输站上校站长赵国泰积劳病故请照《陆军战时恤

　　赏章程》例给予上校恤金呈（一九二四年十二月十八日）　`················` 596

饬知鲁涤平呈送十三年六七八月份收支清册及计算书表单据簿等经核相符

　　准予核销令（一九二四年十二月十九日）　`················` 596

饬限期呈报粤汉铁路经费人事详表令（一九二四年十二月十九日）　`················` 597

批林翔审核卸禁烟督办鲁涤平十三年六七八等月收支清册及计算书表单据簿

　　暨各检查所计算书簿据数目相符请准予核销呈

　　　（一九二四年十二月十九日）　……………………………………… 598

批程潜请照积劳病故例给予湘军第五军军部三等军需正陈洪蔚少校恤金呈

　　　（一九二四年十二月十九日）　……………………………………… 598

批古应芬奉令办理谷米出口接济华侨被税务司强牵条约擅行制止请饬交涉员

　　向税务司解释呈（一九二四年十二月十九日）　…………………… 599

批王棠请加收客货车费二成清理员司欠薪呈（一九二四年十二月十九日）　……… 599

饬准恩平县田赋附加免缴大学经费令（一九二四年十二月二十日）　……… 600

批许崇智为恩平县田赋加三已拨充团费有案不能拨解大学经费呈

　　　（一九二四年十二月二十日）　……………………………………… 601

由粤来京人员不得任官职令（一九二四年十二月中旬）　……………… 601

着许总司令派员接理飞鹰舰舰务令（一九二四年十二月二十三日）　……… 602

饬准加收车费二成令（一九二四年十二月二十三日）　………………… 602

批程潜请照积劳病故例给予湘军军务处少校处员邹光烈少校恤金呈

　　　（一九二四年十二月二十三日）　…………………………………… 603

批程潜请给予滇军干部学校同中校编修官陈见龙中校恤金呈

　　　（一九二四年十二月二十三日）　…………………………………… 603

批王棠送该路每月支出经费情形暨职员名额薪水折表呈

　　　（一九二四年十二月二十三日）　…………………………………… 604

批古应芬请注销政府与电力公司一切权利案呈（一九二四年十二月二十五日）　…… 605

饬知谭延闿秘书处呈送十三年十一月份印铸支出表册单据经核相符准予核销令

　　　（一九二四年十二月二十七日）　…………………………………… 605

饬转各军协助保护禁烟署运输令（一九二四年十二月二十七日）　……… 606

批林翔审核大本营秘书处十三年十一月份支出单据表册数目相符请准予核销呈

　　　（一九二四年十二月二十七日）　…………………………………… 607

批林翔审查兵工厂十二年十月份至十二月份书表册簿单据稍有不符请令饬将

　　核减之数列入新收项下余准核销呈（一九二四年十二月三十日）　……… 608

饬交涉谷米出口接济华侨令（一九二四年十二月）　…………………… 608

各部加设次长令（一九二四年） ·· 609

饬裁减机关撙节政费令（一九二四年） ·· 609

批廖仲恺书（一九二四年） ·· 610

饬各种厘税仍归财政厅厘定底价开投令（一九二五年一月九日） ········· 610

批卢振柳请准予该队少尉排长张宏远附葬陆军忠烈祠坟地呈

　　（一九二五年一月九日） ·· 612

批林直勉请将此次加收二成车利悉数支发截留员司欠薪以恤下情呈

　　（一九二五年一月九日） ·· 612

着胡汉民严饬所委专员会同驻军迅收佛山商团罚款报解令

　　（一九二五年一月十日） ·· 613

批程潜为湘军第三军军部书记谢其新应照积劳病故例给予少校恤金呈

　　（一九二五年一月十日） ·· 613

批程潜为已故湖南衡州金库出纳课主任廖达岳拟请照少校阶级给予恤金呈

　　（一九二五年一月十日） ·· 614

批古应芬拟将不动产典卖契据一律贴用印花呈（一九二五年一月十日） ····· 614

饬准湘军在曲江借款抵完田赋令（一九二五年一月十三日） ··········· 615

批胡汉民称小北郊外公地建设烈士孤儿院一案已令财政局会同沈委员复勘明确

　　妥为办理具报呈（一九二五年一月十三日） ······························· 615

批谢国光十三年九月一日接办起至十二月三十一日止收支四柱总册请鉴核备案呈

　　（一九二五年一月十三日） ·· 616

批黄桓一月七日将无线电局事务及公件移交杨少河接收清楚请察核备案呈

　　（一九二五年一月十三日） ·· 616

批邹鲁送该校前高师第十一届各科学生毕业成绩表报告表请察核准予毕业并准

　　由校印发毕业证书呈（一九二五年一月十三日） ························· 617

饬程潜等转饬所属限由十四年元月二十六日起一律实行军用手折令

　　（一九二五年一月十六日） ·· 617

饬知程潜残废官兵予以资遣如仍在医院逗留不得重复发给令

　　（一九二五年一月十六日） ·· 618

批吴铁城为中央陆军第一医院院长李济汶函请资遣残废兵回籍呈

　　（一九二五年一月十六日）·· 619

批杨希闵请通令各军限期一律实行军用手折呈（一九二五年一月十六日）········· 620

饬知胡汉民铜鼓开埠筹备委员会主席李卓峰等核议赤溪县绅商等对于开埠争执

　　情形令（一九二五年一月十七日）··· 621

饬广九铁路限期造报进支公款清册令（一九二五年一月十七日）················· 622

批李卓峰伍大光奉令核议赤溪县绅商等对于铜鼓开埠之争执情形呈

　　（一九二五年一月十七日）··· 623

给卫士队长及甲车队长的命令（一九二五年一月十九日）······················ 623

委派谢星继职务令（一九二五年一月十九日）································· 623

饬知林直勉转知前任补送欠缴表册嗣后造来并按清单签出各节更正以昭核实令

　　（一九二五年一月二十日）··· 624

饬北伐经费机关应统解军需总局令（一九二五年一月二十日）··················· 624

批余和鸿查核粤汉铁路收支表情形请鉴核呈（一九二五年一月二十日）··········· 625

批代理部务谢适群请褒扬寿民李能昭呈（一九二五年一月二十日）··············· 625

饬各军在市内逮捕人犯应有正式命令方得会警执行令

　　（一九二五年一月二十二日）··· 626

饬知范其务宏远堂商人陈其明呈称委实并无漏税尚属实情应撤销处罚原案

　　从宽免究令（一九二五年一月二十三日）··································· 627

将广州中国国民党中央执行委员会内之政治委员会移至北京之口谕

　　（一九二五年一月二十六日）··· 628

批胡汉民为南海九江镇各界呈保请予撤销通缉吴三镜案呈

　　（一九二五年一月二十七日）··· 628

批居正拟请冯玉祥拨给款额函（一九二五年一月二十八日来函）················· 629

批郑洪年所呈名单（□□□□年九月三日来呈）······························· 629

　　附：来呈名单··· 630

饬将周少棠赖铭光解送高检厅执行刑期令（一九二五年二月二日）··············· 630

批黄子聪会审周少棠赖铭光互控舞弊案情形请鉴核并令粤军总司令部遵照执行呈

（一九二五年二月二日）···631

对宋庆龄口谕（一九二五年二月二日）·······························631

饬知里昂中法大学海外部定为国立广东大学海外部令（一九二五年二月六日）···631

批邹鲁请明令将里昂中法大学海外部定为国立广东大学海外部之一及确定

　　管理权责呈（一九二五年二月六日）·····························633

饬东征讨逆各军严申纪律令（一九二五年二月十二日）···········634

饬知罗翼群朱培德着各机关迅解应行负担北伐军费已饬连阳乐昌四县遵办令

　　（一九二五年二月十三日）···634

批朱培德遵令转饬连阳乐昌四县将应行负担之解款统解大本营军需总局呈

　　（一九二五年二月十三日）···635

批许崇智送十三年十二月份收支报告表呈（一九二五年二月十六日）···636

批林云陔称奉省长令将五等以下有期徒刑及轻罪犯人编册送公安局拨充伕役

　　惟事关释放人犯呈（一九二五年二月十六日）···············636

批程潜将陆军第二医院归并第一医院办理及核减经费情形呈

　　（一九二五年二月十六日）···637

饬查复粤汉路被控舞弊案情形令（一九二五年二月十七日）·······637

批李福林围缴理教乡劫匪始末情形请饬该乡农会将劫匪霍九等解案并令滇军

　　保旅长查明罗布等匪曾否准予投效并将该匪所部缴械遣散呈

　　（一九二五年二月十七日）···638

饬知廖仲恺建国滇军总司令杨希闵分别饬令顺德理教乡农民协会将劫匪霍九等

　　解案究办滇军旅长保荣光查明罗布等匪曾否准予投效令

　　（一九二五年二月十八日）···638

着黄子聪审计处处长林翔清查财政部收支数目令（一九二五年二月十九日）···641

饬余和鸿从二月十一日起所有暂留前方参谋参军两处人员每月薪津暨军需总局

　　经费统由该司分别照案发给令（一九二五年二月十九日）···642

批罗翼群请将前方参军参谋两处薪津及该局经费饬会计司分别发给呈

　　（一九二五年二月十九日）···643

批胡汉民古应芬议决派员清查各机关收支数目请鉴核施行呈

（一九二五年二月十九日）·· 643

着杨希闵完全取消该军独立旅勒令商民黄奕楠所签字据并出示发贴黄祥华店内

以安商业令（一九二五年二月二十日）·· 644

着古应芬如数拨交建国桂军总司令部故代团长刘策应得恤金四百元转给该故员

亲属具领令（一九二五年二月二十一日）······································ 645

饬妥为办理维瑞商船枪击滇军士兵事件令（一九二五年二月二十一日）············ 646

批总司令刘震寰请发给已故代团长刘策恤金呈（一九二五年二月二十一日）······ 647

批古应芬奉令查核大理院长吕志伊呈请划拨大市街旗产抵充院费一案情形呈

（一九二五年二月二十一日）·· 647

批杨希闵枪决掳犯高秩可白云鹏请备案呈（一九二五年二月二十一日）·········· 648

批杨希闵请通缉维瑞船主并饬外交部向领事团交涉呈

（一九二五年二月二十一日）·· 648

命程潜将黄文高追赠给恤并崇祀湖南烈士祠令（一九二五年二月二十四日）······ 649

批程潜请追赠黄文高以陆军中校并给予中校恤金呈

（一九二五年二月二十四日）·· 651

批杨希闵请褒扬黄文高并崇奉湖南烈士祠呈（一九二五年二月二十四日）········ 651

饬迁让番禺学宫以备广东大学修整宿舍令（一九二五年二月二十五日）·········· 652

饬开用专车应遵照《军人乘车办法》规定办理令（一九二五年二月二十五日）··· 653

批邹鲁请迅令湘军总司令转饬湘军讲武堂遵照先将番禺学宫西边乡贤祠等处

让还该校修整以维教育呈（一九二五年二月二十五日）······················ 654

批林直勉请切实规定开用专车办法呈（一九二五年二月二十五日）·············· 655

批林直勉修理该路枕木等项需款甚巨请继续办理前准董事局议决加收二成车利

之期以此款拨作购料修路之用呈（一九二五年二月二十六日）················ 655

饬将占用电线归还嗣后务须遵照制定线路办理令（一九二五年二月二十七日）····· 656

饬撤销砖瓦炉泥运输保护处停止抽费以恤商艰令（一九二五年二月二十七日）····· 657

饬裁撤联军总指挥部及军政部所辖医院令（一九二五年二月二十七日）·········· 658

命程潜等将联军所辖医院一律裁撤令（一九二五年二月二十七日）·············· 659

饬所有机关人员因公乘车往来须先购票方准上车令

（一九二五年二月二十八日）···660

批林直勉请通令各行政机关人员乘车务须购票呈（一九二五年二月二十八日）······661

颁给陆军军官学校第一期学生贾伯涛卒业证书（一九二五年三月一日）··········662

嘉奖前敌将士务尽速清除残寇奠定粤疆令（一九二五年三月二日）·············662

批林森派员测勘东江河道情形呈（一九二五年三月二日）·······················663

批杨希闵枪决杀人犯罗灿云日期呈（一九二五年三月三日）·····················663

饬汪精卫劝阻胡汉民北上令（一九二五年三月三日）···························664

特派廖仲恺驰往东江慰劳前敌将士令（一九二五年三月五日）···············664

批范其务请将该署流交玉器移送慰劳会竞卖以为慰劳军人之用呈

（一九二五年三月五日）···665

饬潮汕所有案件应归广东高等审检两厅办理令（一九二五年三月七日）········665

批程潜请恤赠副官谷超群等呈（一九二五年三月九日）·······················666

饬各军将旧存废枪拨交广东大学备用令（一九二五年三月十日）···············666

饬取消水上区巡查费免滋扰累令（一九二五年三月十日）·····················667

批杨培椿杨名遂函（□□□□年□□月□□日）·······························668

　　附：杨培椿杨名遂原函（□□□□年一月十六日）·······················669

批钱铁权函（□□□□年□□月□□日）·······································669

　　附：钱铁权原函（□□□□年四月十四日）·······························669

批日人今井嘉幸函（□□□□年八月十二日）·································670

批答民国大学学生（□□□□年□□月□□日）·······························670

着分兵攻取赣南手谕（□□□□年□□月□□日）·····························670

批答审慎进剿勿贻累良民（□□□□年□□月□□日）·························671

批大本营兵站总监部函（□□□□年□□月□□日）···························671

批宋渊源函（□□□□年□□月□□日）·······································671

批东路讨贼军第三军军司令部函（□□□□年□□月□□日）···············671

批洪承德名片（□□□□年□□月□□日）·····································672

谕交杨友棠款带南京（□□□□年□□月□□日）·····························672

给邓愚公收据（□□□□年□□月□□日）·····································672

批三藩市民国维持总会寄转日本东京赤坂灵南坡头山满方请居觉生函

  （□□□□年□□月□□日）…………………………………… 673

批唐君勉呈（□□□□年□□月□□日）………………………………… 673

批陈家鼎函（□□□□年□□月□□日）………………………………… 674

批李希莲函（□□□□年□□月□□日）………………………………… 674

批安健荐人函（□□□□年□□月□□日）…………………………… 674

  附：安健原函（□□□□年九月四日）……………………………… 675

批唐继尧藉聆明教函（□□□□年□□月□□日）………………… 675

  附：唐继尧原函（□□□□年十月十三日）…………………………… 675

批秘书陈群为储存及借贷各款情形如何办理呈（□□□□年□□月□□日）…… 676

  附：陈群原呈（□□□□年□□月三日）…………………………… 676

批孙洪伊致徐谦廖仲恺请接济电（□□□□年□□月□□日）………… 676

  附：孙洪伊原电文（□□□□年□□月二十五日）………………… 676

批笹川洁来函（□□□□年□□月□□日）…………………………… 677

  附：笹川洁原函（□□□□年□□月□□日）……………………… 677

批《宗社党之布置》文（□□□□年□□月□□日）………………… 678

公 牍 （下）

韵目代日表

日　期	韵　目					日　期	韵　目			
	上平	下平	上声	去声	入声		上声	去声	入声	替代
一日	东	先	董	送	屋	十六日	铣	谏	叶	
二日	冬	萧	肿	宋	沃	十七日	篠	霰	洽	
三日	江	肴	讲	绛	觉	十八日	巧	啸		
四日	支	豪	纸	寘	质	十九日	皓	效		
五日	微	歌	尾	未	物	二十日	哿	号		
六日	鱼	麻	语	御	月	二十一日	马	箇		
七日	虞	阳	麌	遇	曷	二十二日	养	祃		
八日	齐	庚	荠	霁	黠	二十三日	梗	漾		
九日	佳	青	蟹	泰	屑	二十四日	迥	敬		
十日	灰	蒸	贿	卦	药	二十五日	有	径		
十一日	真	尤	轸	队	陌	二十六日	寝	宥		
十二日	文	侵	吻	震	锡	二十七日	感	沁		
十三日	元	覃	阮	问	职	二十八日	俭	勘		
十四日	寒	盐	旱	愿	缉	二十九日	豏	艳		
十五日	删	咸	潸	翰	合	三十日		陷		卅
						三十一日				世、引

严禁奸商瞒承各项税捐令

（一九二四年四月一日）

大元帅训令第一二九号

令大本营财政部长叶恭绰

为令饬事：案据广东地方善后委员会呈称："呈为奸商藐法，财政纠纷，吁请严令查拿以重职权而资统一事。窃自军兴以来，财政枯竭已达极点，幸赖我大元帅力谋统一，各军将领一致赞同，凡我人民同深盼祷。惟是统一本旨，贵求实效，不慕虚名，查近日各项税捐，仍有奸商混向别机关瞒请承办，紊乱财政，莫此为甚。委员等耳目所及，不敢壅于上闻，经于三月二十日第三十五次会期提出讨论，众议所有捐项属于中央者应由财政部主持，属于全省者应由财政厅主持，属于广州市者应由市政厅主持，倘有混向别机关瞒承者，我全粤人民决不公认。拟请帅座明令颁布，如有上项情事，即将该奸商尽法惩办，以符统一财政之本旨，全粤幸甚，大局幸甚"等情。据此，当经指令"呈悉。查军队擅抽杂捐，早经明令禁止，并声明奸商承办者应一体从重治罪在案。至原有各项税捐，自应由各主管机关主持，有奸商敢向别机关瞒承者，事与向军队承办杂捐无异，自应一律严惩，以免紊乱财政。候即令行财政部长布告禁止，并通行军政各机关遵照可也。此令"等语。除指令印发外，合行令仰该部即便遵照布告严禁，并由部分别咨令军政各机关一体遵照，仍将遵办情形报查。切切。此令。

（中华民国陆海军大元帅之印）

中华民国十三年四月一日

据《大元帅训令第一二九号》，载广州《陆海军大元帅大本营公报》第十号，一九二四年四月十日

批广东地方善后委员会请严禁奸商瞒承税捐呈

（一九二四年四月一日）

大元帅指令第三〇六号

令广东地方善后委员会

呈请明令禁止奸商瞒承税捐由。

呈悉。查军队擅抽杂捐，早经明令禁止，并声明奸商承办者应一体从重治罪在案。至原有各项税捐，自应由各主管机关主持，有奸商敢向别机关瞒承者，事与向军队承办杂捐无异，自应一律严惩，以免紊乱财政。候即令行财政部长布告禁止，并通行军政各机关遵照可也。此令。

（中华民国陆海军大元帅之印）

中华民国十三年四月一日

据《大元帅指令第三〇六号》，载广州《陆海军大元帅大本营公报》第十号，一九二四年四月十日

批程潜拟议赔偿法商麻奢轮船船价呈①

（一九二四年四月二日）

大元帅指令第三一〇号

令大本营军政部长程潜

呈拟议赔偿法商“麻奢”轮船船价办法，乞令遵由。

呈悉。应照准。此令。

（中华民国陆海军大元帅之印）

中华民国十三年四月二日

据《大元帅指令第三一〇号》，载广州《陆海军大元帅大本营公报》第十号，一九二四年四月十日

---

① 一九二三年九月，大本营兵站部曾因军事需要，租借法国志利洋行商船“麻奢”轮，十一月五日该轮在东莞石龙附近被焚，军政部呈议赔偿法商船价二万元。

批卢师谛为中央直辖第三军与桂军
冲突呈候饬刘总司令妥为办理令

（一九二四年四月二日）①

候饬刘总司令妥为办理，并惩办肇事之军官，抚恤伤亡，清还枪械。令饬廖司令将扣留枪枝暨所缴枪弹如数交还。

据《帅令交还卢部枪械》，载一九
二四年四月四日《广州民国日报》

着财政部派员审核军政部经手军需数目令

（一九二四年四月二日刊载）

为训令事：案据大本营军政部长程潜呈称："窃职部军需局奉令改组后，所有以前经手收支事项，业经饬前军需局长限期清理，并呈报在案。惟职部经手发给各军各机关伙食给养，自去年十月十六日起，至本年二月十九日止，约四月有奇，其中收支情形，若不彻底清理明白宣布，不足以昭大信而释责任。兹为特别慎重起见，拟请帅座指派财政部重要专员审查清理，俟清理完竣，即将收支总数刊册公布，事关军需要政，伏乞俯锡察核批准施行"等情。据此，除指令照准外，合行令仰该部长，即便遴派专员前往审案清理，以昭核实，仍将遵办情形报查。此令。

据《审核军需数目》，载一九二
四年四月二日《广州民国日报》

---

① 中央直辖第三军卢师谛部与桂军刘震寰部在宝安发生冲突，此为孙文处理善后之指令。该报称："昨二日帅座特指令，略云……"兹推定指令日期为四月二日。

制止宝安县各军冲突的指令

（一九二四年四月二日）

呈悉。卢军①骁旅此次出发宝安既系奉令前往，西路黎□谭旅暨所部民军曾、陈各部何得妄起衅端，自相残杀。虎门要塞司令亦不应无故扣留员兵，缴去枪弹。仰候令饬刘总司令②查明，将肇祸之军官从严惩办，责令抚恤伤亡，清还枪械，以肃军纪，并候令饬廖司令将所扣留官兵及所缴枪弹如数交还可也。此令。

据《粤省东江战局之近况》，载一
九二四年四月十五日长沙《大公报》

着严拿赖世璜令

（一九二四年四月二日）③

赖世璜党恶扰民，防阻义师，俶扰纲纪，曾饬褫夺官职。着各军各机关一体严拿，解省惩办，以昭炯戒。特令遵照。

据《通缉赖世璜之命令》，载一九
二四年四月三日《广州民国日报》

---

① 指卢师谛军队。
② 指刘震寰。
③ 四月三日《广州民国日报》称："昨广东省长公署训令各机关云：现奉大元帅第七一号令开。"据此推断时间。

饬郑洪年务望严责江门交足负担经费令

（一九二四年四月三日）①

江门向担任此责②，近日不知如何忽然短交。务望严责照数交足为要。

据《财厅催解江门海防费》，载一九二四年四月七日《广州民国日报》

饬李济深等发还收缴奉命移驻都城
之刘玉山部枪枝人员具报令

（一九二四年四月三日刊载）

肇庆李处长济深、梧州黄师长绍雄〔竑〕、郑师长润琦，抄送刘军长玉山均览：元密。前以整军经武，曾饬直辖第七军军长刘玉山将在省部队移驻三罗，协剿南路匪患。旋复由参谋处嘱暂驻都城，整顿待命，均经先后令达通知在案。乃迭据报告，该部到都城后被各该部包围、勒缴枪枝等情。该部移驻都城系政府命令，即有不是亦应呈候本大元帅核示办理，何得同类相残，自扰自治？着即各守原防，听候解决，毋得妄动干戈，致干宪典。所有收缴枪枝，拘留人员，并着悉数发还礼释。特此电达，仰即遵照，毋违干咎。仍着具报，毋延。切切。大元帅令。

据《帅令西江军队息争》，载一九二四年四月三日《广州民国日报》

---

① 原令未署日期。因郑洪年函江门财政处公布此令日期为江（三）日，据以酌定。

② 海防司令部（驻江门）经费每天约一千二百元，向由江门财政处拨给。

着财政委员会筹发朱培德所部开拔费令

（一九二四年四月三日）①

大元帅令

着财政委员会筹给朱培德所部开拔连阳费四千元。

据陈旭麓、郝盛潮主编，王耿雄等编：《孙中山集
外集》，上海，上海人民出版社一九九〇年七月出版

饬财政委员会拨给董福开新编军队饷项谕

（一九二四年四月三日）②

饬财政委员会速筹二万元拨给董福开新编军队饷项。

据陈旭麓、郝盛潮主编，王耿雄等编：《孙中山集
外集》，上海，上海人民出版社一九九〇年七月出版

着财政委员会发刘觉民公费令

（一九二四年四月三日）③

大元帅令

着财政委员会提前筹拨刘觉民公费一千元。

据陈旭麓、郝盛潮主编，王耿雄等编：《孙中山集
外集》，上海，上海人民出版社一九九〇年七月出版

---

① 时间为财政委员会第二十六次会议决案日期。
② 时间为财政委员会第二十六次会议决案日期。
③ 时间为财政委员会第二十六次会议决案日期。

命财政委员会筹拨豫鲁招抚使署伙食公费令

（一九二四年四月三日）①

大元帅令

　　豫鲁招抚使署每日需用伙食公费，准照表列数目支给，仰财政委员会知照筹拨。

据陈旭麓、郝盛潮主编，王耿雄等编：《孙中山集外集》，上海，上海人民出版社一九九〇年七月出版

着财政部筹给会计司经费令

（一九二四年四月三日）②

大元帅令

　　着财政部筹给会计司经费一万元。

据陈旭麓、郝盛潮主编，王耿雄等编：《孙中山集外集》，上海，上海人民出版社一九九〇年七月出版

着财政委员会通饬各财政机关解交备款令

（一九二四年四月三日）③

大元帅令

　　着财政委员会通饬各财政机关，自四月一日起，每日将所收备款悉数解交该会，公决分配。

据陈旭麓、郝盛潮主编，王耿雄等编：《孙中山集外集》，上海，上海人民出版社一九九〇年七月出版

---

①　时间为财政委员会第二十六次会议决案日期。
②　时间为财政委员会第二十六次会议决案日期。
③　时间为财政委员会第二十六次会议决案日期。

饬各军禁止在电报线挂搭电话线令

（一九二四年四月三日）

大元帅训令第一三三号

　　令中央直辖滇军总司令杨希闵、湘军总司令谭延闿、豫军讨贼军总司令樊钟秀、桂军总司令刘震寰、东路讨贼军总司令许崇智、中央直辖广东讨贼军第四军军长梁鸿楷、中央直辖第一军军长朱培德、中央直辖第二军军长黄明堂、中央直辖第七军军长刘玉山、中央直辖第三军军长卢师谛、中央直辖赣军司令李明扬、北伐讨贼军第二军军长柏文蔚、北伐讨贼军第三军军长胡谦、山陕讨贼军司令路孝忱

　　为令行事：据大本营建设部长林森呈称："现据广东电政监督兼广州电报局局长何家猷、现据沙面电报局局长李锡祥邮代电称：'职局办理洋账，各行交存按柜，近日纷到提取。虽因广港线阻过久，寄报转港太迟，以致外人啧有烦言。惟日来港中喧传西人议设省港水线及以彼国兵舰无线电传递省港电报事，未实施之前，原不敢谓必有其事，但证之各行，既非停止营业，忽有提回按柜之举，不为无因。如果成为事实，不独伤害国体，且与粤省电政前途绝大打击。而职局以亏累之余，又经各行提回按柜，如再纷至沓来，应付不易，势必连累水线，款项亦难汇拨，牵动更巨。锡祥伏查值兹修线通报之际，岂能任令外人创此提议，影响报务？应请将西人议设省港水线及以彼国兵监无线电传递省港电报一事呈报大元帅，饬令外交部预为交涉制止。一面并请通令各军，对于电报线路认真维持，及不得挂搭电话用线，以期报务通畅，兼资随时修理，俾免外人借端侵害，国权、电政幸甚等情。据此，查广港直达线路在深圳段内，前因军事阻断，所有港电均系交邮递转，外人啧有烦言。家猷因广港直达一时未易恢复，是以竭力经营，改由江香前山各局线路接转，港报由前山局送交澳门洋公司转由水线寄港，已定期于本月敬日通报，并经电陈钧鉴在案。讵我方竭力设法维持电报交通，而外人适有筹设省港水线及以彼国兵舰无线电传递省港电报之提议，现虽得之传闻，未敢据为事实。但各行商既有向沙面电局提回按柜之举，此事恐非无因，若不预为交涉防范，则影响电政前途关系实大。理合据情呈报钧部察核，俯赐转呈大元帅，

饬令外交部善为设①词，预向英领事官交涉，防患未然，以重国体而维电政。并请大元帅通令各军，嗣后对于电报线路，不得挂搭电话用线，俾电报传达得以灵通，庶免外人有所借口，实为公便'等情到部。除径咨外交部向英领事官询问阻止外，惟出师讨贼以来，各军为利便起见，随意挂搭电话等线，久成习惯，于电报传达殊有阻碍。该电政监督兼局长所请电报线路禁止挂搭电话，以期报务通畅，尚属必要情形，理合据情呈请钧帅下令制止，借资整顿。是否有当，伏乞训示祗遵"等情前来。除指令"呈悉。候分别令行外交部及各军长官遵照办理可也。此令"印发外，合行令仰该军长、总司令、司令即便遵照，转饬所属，嗣后各处电报线路禁止挂搭电话，以维电政而利交通。切切。此令。

（中华民国陆海军大元帅之印）

中华民国十三年四月三日

据《大元帅训令第一三三号》，载广州《陆海军大
元帅大本营公报》第十号，一九二四年四月十日

饬程潜向外交团交涉制止设省港水线
及兵舰无线电传递省港电报令

（一九二四年四月三日）

大元帅训令第一三四号

令大本营军政部长程潜

为令饬事：据大本营建设部长林森呈称："现据广东电政监督兼广州电报局局长何家猷、现据沙面电报局局长李锡祥邮代电称：'职局办理洋账，各行交存按柜，近日纷到提取。虽因广港线阻过久，寄报转港太迟，以致外人啧有烦言。惟日来港中喧传西人议设省港水线及以彼国兵舰无线电传递省港电报事，未实施之前，原不敢谓必有其事，但证之各行，既非停止营业，忽有提回按柜之举，不为无因。如果成为事实，不独伤害国体，且与粤省电政前途绝大打击。而职局以亏

---

①　与《大元帅训令第一三四号》对照，"设"字后删去一衍字"法"。

累之余，又经各行提回按柜，如再纷至沓来，应付不易，势必连累水线，款项亦难汇拨，牵动更巨。锡祥伏查值兹修线通报之际，岂能任令外人创此提议，影响报务？应请将西人议设省港水线及以彼国兵舰无线电传递省港电报一事呈报大元帅，饬令外交部预为交涉制止。一面并请通令各军，对于电报线路认真维持，及不得挂搭电话用线，以期报务通畅，兼资随时修理，俾免外人借端侵害，国权、电政幸甚等情。据此，查广港直达线路在深圳段内，前因军事阻断，所有港电均系交邮转递，外人啧有烦言。家猷因广港直达一时未易恢复，是以竭力经营，改由江香前山各局线路接转，港报由前山局送交澳门洋公司转由水线寄港，已定期于本月敬日通报，并经电陈钧鉴在案。讵我方竭力设法维持电报交通，而外人适有筹设省港水线及以彼国兵舰无线电传递省港电报之提议，现虽得之传闻，未敢据为事实。但各行商既有向沙面电局提回按柜之举，此事恐非无因，若不预为交涉防范，则影响电政前途实大。理合据情呈报钧部察核，俯赐转呈大元帅，饬令外交部善为设词，预向英领事官交涉，防患于未然，以重国体而维电政。并请大元帅通令各军，嗣后对于电报线路，不得挂搭电话用线，俾电报传达得以灵通，庶免外人有所借口，实为公便'等情。除径咨外交部向英领事官询问阻止外，惟出师讨贼以来，各军为利便起见，随意挂搭电话等线，久成习惯，于电报传达殊有阻碍。该电政监督兼局长所请电报线路禁止挂搭电话，以期报务通畅，尚属必要情形，理合据情呈请钧帅下令制止，借资整顿。是否有当，伏乞训示祗遵'等情前来。除指令"呈悉。候分别令行外交部及各军长官遵照办理可也。此令"印发外，合行令仰该部长即便遵照向外交团严重制止，仍将交涉情形具报核办为要。此令。

（中华民国陆海军大元帅之印）

中华民国十三年四月三日

据《大元帅训令第一三四号》，载广州《陆海军大元帅大本营公报》第十号，一九二四年四月十日

饬赵士觐依式另造开办费等簿册报备令

（一九二四年四月三日）

大元帅训令第一三六号

令前大本营粮食管理处督办赵士觐

为令知事：案查前据该前督办造送收支四柱总册一本、开办费报销分册一本、开办后一个月份支出分册一本暨单据粘存簿二本请予核销前来，当经发交大本营审计局审查去讫。兹据复称，审查数目尚无错误，核对支出单据亦属相符，应请准予核销。惟该督办所造各册均与定式不符，拟请令饬依式另造开办费，及经常、临时费支出计算书两份，呈送备案等情。据此，除指令照准外，合行令仰该前督办即便知照，并依式速造支出计算书两份补送备案。切切。此令。

（中华民国陆海军大元帅之印）

中华民国十三年四月三日

据《大元帅训令第一三六号》，载广州《陆海军大元帅大本营公报》第十号，一九二四年四月十日

批张启荣用款未经核准所请报销拨还呈

（一九二四年四月三日）

大元帅指令第三一二号

令卸钦廉高雷招抚使张启荣

呈为遵令卸职缴销关防并开列用款清册，乞准报销拨还由。

呈及清册均悉。查此项用款未经奉令核准，所请予报销拨还之处，碍难照准。清册发还。此令。

（中华民国陆海军大元帅之印）

中华民国十三年四月三日

据《大元帅指令第三一二号》，载广州《陆海军大元帅大本营公报》第十号，一九二四年四月十日

批林森呈请制止外人议设省港通电水线
并通令各军勿在电报线上挂搭电话线令

（一九二四年四月三日）

大元帅指令第三一七号

令大本营建设部长林森

呈请令饬外交部制止外人议设省港通电水线，并通令各军勿任意挂搭电话线于电报线上，致碍电报交通为外人藉口由。

呈悉。候分别令行外交部及各军长官遵照办理可也。此令。

（中华民国陆海军大元帅之印）

中华民国十三年四月三日

据《大元帅指令第三一七号》，载广州《陆海军大元帅大本营公报》第十号，一九二四年四月十日

批林翔审核粮食管理处经费核销呈

（一九二四年四月三日）

大元帅指令第三一八号

令大本营审计局局长林翔

呈覆审核粮食管理处开办费及自成立日起至裁撤日止开支经常临时各费，请予核销并饬照式补造支出计算书由。

呈悉。前大本营粮食管理处督办赵士觐造送开办费，及自该处成立日起至裁撤日止开支经常、临时各费数目清册，既经审查，尚无不合，自应准予核销。仰候令饬依式补造支出计算书二份呈送备案可也。原呈存。此令。

（中华民国陆海军大元帅之印）

中华民国十三年四月三日

据《大元帅指令第三一八号》，载广州《陆海军大元帅大本营公报》第十号，一九二四年四月十日

裁撤广东全省船民自治联防督办令

（一九二四年四月四日）

大元帅令

广东全省船民自治联防督办一职，着即裁撤。此令。

（中华民国陆海军大元帅之印）

中华民国十三年四月四日

据《大元帅令》，载广州《陆海军大元帅大本营公报》第十号，一九二四年四月十日

着朱培德派队进驻连阳令①

（一九二四年四月四日）

连阳防务，着由中央直辖第一军派队填防。

据《朱培德呈报接收连阳防务》，载一九二四年四月十五日《广州民国日报》

饬知大本营建设部财政部邓泽如呈建设部开办及经常费用表簿准予核销令

（一九二四年四月四日）

大元帅训令第一三八号

令大本营建设部、财政部

---

① 报道中称："朱培德呈报大元帅云，前奉帅座令开：连阳防务，着由本军派队填防等因……连县防务已于支日接收清楚……"按支为韵目代日之四日。连阳指广东连山、连县、阳山。

为令知事：据卸大本营建设部长兼代大本营财政部长邓泽如呈送建设部开办费计算书暨十二年四、五月份收支计算书附属表簿，又财政部开办费计算书暨十二年三、四、五、六月份收支计算书附属表簿，请饬局核销等情前来。经发交审计局审查，据覆称该卸部长册列各数尚无浮滥，计核销建设部开办费共一千二百九十六元八毫八仙，四月份经常费共一千九百八十四元一毫八仙，五月份经常费共四千三百七十七元六仙。又财政部开办费共一千零八十二元七仙，三月份经常费共八百七十一元七毫八仙，四月份经常费共四千五百二十三元三毫四仙，五月份经常费共五千一百三十八元二毫二仙，六月份经常费共四千七百十二元八仙。以上各数尚属核实，均应准予核销等情。据此，除指令照准并分令外，仰该部长查照，并行知该卸部长知照可也。此令。

（中华民国陆海军大元帅之印）

中华民国十三年四月四日

据《大元帅训令第一三八号》，载广州《陆海军大
元帅大本营公报》第十号，一九二四年四月十日

饬各军一律禁止设卡抽费令

（一九二四年四月四日）

大元帅训令第一三九号

　　令大本营军政部长程潜

　　为令遵事：前据广州各商埠柴行、竹行代电呈称："军队、土匪设卡抽费，民不堪命，乞令取销"等情。经交财政委员会查酌拟办，兹据呈覆："案经本会三月二十七日第二十四次特别会议决，录案呈请明令禁止。"等因前来。应予照准。合行令仰该部长查照，通令各军一律禁止，以苏民困。此令。

（中华民国陆海军大元帅之印）

中华民国十三年四月四日

据《大元帅训令第一三九号》，载广州《陆海军大
元帅大本营公报》第十号，一九二四年四月十日

批林翔为邓泽如呈建设部经费报销案应照准呈

（一九二四年四月四日）

大元帅指令第三二一号

令大本营审计局长林翔

呈覆审核卸建设部长兼代财政部长邓泽如呈送建设部开办费暨十二年四五月份收支各计算书，又财政部开办费暨十二年三、四、五、六月份收支各计算书，尚属核实，应准予核销由。

呈悉。应照准。候令行建设部、财政部分别遵照可也。此令。

（中华民国陆海军大元帅之印）

中华民国十三年四月四日

据《大元帅指令第三二一号》，载广州《陆海军大元帅大本营公报》第十号，一九二四年四月十日

批叶恭绰杨庶堪已录令通知鲁涤平
解散水陆侦缉联合队呈

（一九二四年四月四日）

大元帅指令第三二三号

令财政委员会主席叶恭绰、杨庶堪

呈覆经已录令送由鲁督办涤平遵照解散水陆侦缉联合队由。

呈悉。此令。

（中华民国陆海军大元帅之印）

中华民国十三年四月四日

据《大元帅指令第三二三号》，载广州《陆海军大元帅大本营公报》第十号，一九二四年四月十日

着樊钟秀从速酌派所部增防南雄始兴一带令

（一九二四年四月六日）

现以原驻南雄、始兴滇军兵力颇薄，且赣方屡思侵扰，为慎重该处防务起见，命令豫军总司令樊钟秀从速酌派所部增防南雄、始兴一带。

据《帅令豫军协防南、始》，载一
九二四年四月七日《广州民国日报》

闽南部队一律向粤边进发令

（一九二四年四月七日）

现以漳局已完全结束，亟须出兵潮汕，以收前后夹击东江陈军，早日结束粤局之效。命令闽南各部队，除闽军留为对付泉州方面之敌外，其余所有闽南各自治军及东路讨贼军均一律向粤边进发，限日攻取潮汕，以堵截东江叛军之后路。

据《帅令闽南军进军潮汕》，载一
九二四年四月七日《广州民国日报》

着暂行停付湘军给养费令

（一九二四年四月七日）①

大元帅令

着财厅、市厅、运使于本月十日以前，预发湘军十日经常给养六万元、特别给养三万元，该三机关每日所担任中央军需处之款，准自本月七日起暂行停付，仰〈财政委员〉会查照。

据陈旭麓、郝盛潮主编，王耿雄等编：《孙中山集
外集》，上海，上海人民出版社一九九〇年七月出版

---

① 时间为财政委员会第二十七次会议决案日期。

着财政委员会发还冯肇铭垫款令

（一九二四年四月七日）①

大元帅令

着财政委员会发还卸海防司令冯肇铭垫款一万二千四百四十九元六角。

据陈旭麓、郝盛潮主编，王耿雄等编：《孙中山集外集》，上海，上海人民出版社一九九〇年七月出版

着财政委员会筹给何雪竹部队军费令

（一九二四年四月七日）②

大元帅令

着财政委员会筹给何雪竹部队军费二万五千元。

据陈旭麓、郝盛潮主编，王耿雄等编：《孙中山集外集》，上海，上海人民出版社一九九〇年七月出版

着财政委员会筹给李明扬给养费并出发费令

（一九二四年四月七日）③

大元帅令

着财政委员会先筹给李明扬给养费十日，并出发费五千元。

据陈旭麓、郝盛潮主编，王耿雄等编：《孙中山集外集》，上海，上海人民出版社一九九〇年七月出版

---

①　时间为财政委员会第二十七次会议决案日期。
②　时间为财政委员会第二十七次会议决案日期。
③　时间为财政委员会第二十七次会议决案日期。

着财政委员会筹给航空局飞机运费
及飞机师旅费令

（一九二四年四月七日）①

大元帅令

着财政委员会筹给航空局飞机运费及飞机师旅费共八千元。

据陈旭麓、郝盛潮主编，王耿雄等编：《孙中山集外集》，上海，上海人民出版社一九九○年七月出版

饬财政委员会筹拨定购电机费令

（一九二四年四月七日）②

大元帅令

据谭总指挥报称：无线电报局长冯伟报称：电机不敷，曾定购三副，需找港币九千元方可取出等语。请迅饬如数筹拨，以利军用等情。交〈财政委员〉会筹拨。

据陈旭麓、郝盛潮主编，王耿雄等编：《孙中山集外集》，上海，上海人民出版社一九九○年七月出版

追赠萧学智令

（一九二四年四月七日）

大元帅令

据大本营军政部长程潜呈复：拟请将已故滇军第三军军部少将副官长萧学智

---

① 时间为财政委员会第二十七次会议决案日期。
② 时间为财政委员会第二十七次会议决案日期。

追赠陆军中将。萧学智着追赠陆军中将。此令。

（中华民国陆海军大元帅之印）

中华民国十三年四月七日

据《大元帅令》，载广州《陆海军大元帅大本营公报》第十号，一九二四年四月十日

饬收回缉私巡舰发还盐运使令

（一九二四年四月七日）

大元帅训令第一四〇号

令海防司令林若时、大本营参军长张开儒

为令遵事：据两广盐运使赵士觐呈称："呈为呈请核示事：窃查盐税为国家正供，所有军饷及行政费莫不赖此开支。粤省政变之后，盐税收入日形短绌，上年统计，较之民国十一年，不及十分之四，虽由西、北两江道途梗塞，运销未能畅旺，亦未始不由缉私巡舰被各军借用，不能查缉私盐有以致之。查运署原有缉私巡舰一十四艘，除沉没破坏不计外，现在所存寥寥无几。内有'平南'一艘，先被滇军第三军蒋军长光亮借用，又'定海'、'江平'、'福海'三艘，先后驶离省河，由西江善后李督办济琛收留差遣，业经邓、伍各前运使及运使任内，迭次呈请帅座令饬各军交还运署，以便派往缉私，而裕税收在案。嗣奉大本营参谋处函知：业已电饬各军克日交还，嘱即派员前往接收等因。遵即派员分投接洽，讵意滇军蒋军长则称请将'平南'舰暂留运兵，一俟驻扎九江军队运回省城，即行交还。西江善后督办则称'定海'、'江平'、'福海'三舰已饬舰队主任招桂章，令其刻日集中江门，与运署派员接洽交代，当经派员迭次磋商，现据西江巡舰舰队处招主任函称，前垫支接收各舰运动费，及购回舰内机件费，共约港纸银二千二百元，修理及起绞费约毫银五千四百元，购煤费约毫银八千六百元，伙食费约毫银二千元，士兵恤款毫银八百元，士兵购置棺木殓费毫银四百元，各项共计一万九千余元。目下交还缉舰消息传播，各债权人均向同人等陈请，金谓当时挪借

巨款，纯系友谊的互助。倘各舰交还之后，此项债务一旦移归政府，则归款势将延宕。似此情形，各舰长谅当负责，断无善始毁终等语。谆谆数四，词恻理长，揆理衡情，万难恝然不顾。因是对于兹事深感困难，用特函达，请早日派员携足款项来江接收，庶得以早卸仔肩，而清手续等情。查该主任函称虽非无因，惟所开各项有无浮滥，及各该舰在西江督办处服务时，曾否领过该款之处，无从查考。且运署每日所收盐款，业已奉饬拨支各军饷项，至该招主任函开各款，应否准发运使，未敢擅便，理合备文呈请帅座鉴核指令祇遵，并请派员将'平南'、'定海'、'江平'、'福海'各舰一并收回转发运使，以便派往缉私，实为公便。"等情前来。据此，除指令"呈悉。擅留运署巡舰，妨碍缉私，殊为不合，未予处罚，已属从宽。该舰队主任所称发给垫支之处，未便照准。所有'平南'及'定海'、'江平'、'福海'各舰，候令行参军处派员会同海防司令饬舰前往收回交该使接管可也"印发外，仰该司令、参军长即便遵照办理，此令。

（中华民国陆海军大元帅之印）

中华民国十三年四月七日

据《大元帅训令第一四〇号》，载广州《陆海军大
元帅大本营公报》第十号，一九二四年四月十日

批赵士觐为西江巡舰舰队主任函请备款
接收平南定海江平福海等缉私舰呈

（一九二四年四月七日）

大元帅指令第三二五号

　　令两广盐运使赵士觐

　　呈西江巡舰舰队主任函请备款接收"定海"、"江平"、"福海"等缉私舰应否准给，请令遵并请派员收回各舰由。

　　呈悉。擅留运署巡舰，妨碍缉私，殊为不合，未予处罚，已属从宽。该舰队主任所称发给垫款之处，未便照准。所有"平南"及"定海"、"江平"、"福海"

各舰，候令参军处派员会同海防司令饬舰前往收回交该使接管可也。此令。

（中华民国陆海军大元帅之印）

中华民国十三年四月七日

据《大元帅指令第三二五号》，载广州《陆海军大
元帅大本营公报》第十号，一九二四年四月十日

饬缉获烟犯应送由法院依法审判令

（一九二四年四月八日）

大元帅训令第一四一号

令禁烟督办鲁涤平、大理院长兼管司法行政事务赵士北

为令饬事：案据广东高等检察厅检察长林云陔呈称："呈为呈请事：窃查鸦片烟罪原属刑事范围，向来各机关对于此项犯罪人，一律均送由法院办理。自禁烟督办署成立后，既以实行烟禁涤除烟毒为宗旨，则发现此项犯罪人，当亦日见其多，若非陆续送由法院科断究办，恐不足以收禁烟之实效。职厅有见于此，理合具文呈请大元帅察核，伏乞饬令禁烟督办署嗣后对于犯鸦片烟罪人，务须随时照案送由法院办理，以重法权，而明统系。"等情。据此，当经指令"呈悉。禁烟督办之设，原为实行烟禁起见，所有缉获烟犯，自应送交法院依法审判，以重法权。仰候令饬该督办遵照办理。其原颁禁烟条例中，有与现行刑律抵触者，并候饬由该督办查明呈请修正可也。仍候令大理院长兼管司法行政事务转行各级法院一体知照。此令"。除指令印发并分令外，合行令仰该督办即行遵照办理，院长即便转行各级法院一体知照。切切。此令。

（中华民国陆海军大元帅之印）

中华民国十三年四月八日

据《大元帅训令第一四一号》，载广州《陆海军大
元帅大本营公报》第十号，一九二四年四月十日

批林云陔请饬禁烟督办以后鸦片烟犯
应由法庭依法科断呈

（一九二四年四月八日）

大元帅指令第三二六号

　　令广东高等检察厅检察长林云陔

　　呈请令饬禁烟督办以后犯鸦片烟罪人犯务须送由法庭依法科断由。

　　呈悉。禁烟督办之设，原为厉行禁烟起见，所有缉获烟犯，自应送交法院依法审判，以重法权。仰候令饬该督办遵照办理。其原颁禁烟条例中，有与现行刑律抵触者，并候饬由该督办查明呈请修正可也。仍候令大理院长兼管司法行政事务转行各级法院一体知照。此令。

（中华民国陆海军大元帅之印）

中华民国十三年四月八日

据《大元帅指令第三二六号》，载广州《陆海军大元帅大本营公报》第十号，一九二四年四月十日

批李福林为解散新塘至大览尾一带
私立勒收保护费机关情形呈

（一九二四年四月八日）

大元帅指令第三二七号

　　令东路讨贼军第三军军长李福林

　　呈报遵令解散新塘至大览尾一带私立勒收保护费机关情形由。

　　呈悉。该军长此次奉令解散新塘至大览尾一带私立勒收保护费机关，未及旬日即行办理完竣，具见办事认真，殊堪嘉尚。仰仍督饬所部，随时留心稽查，毋

任故态复萌，贻害商旅。是为至要。此令。

（中华民国陆海军大元帅之印）

中华民国十三年四月八日

据《大元帅指令第三二七号》，载广州《陆海军大
元帅大本营公报》第十号，一九二四年四月十日

着沈荣光将收缴钟明阶部枪械发送令①

（一九二四年四月八日）

令沈荣光着将收缴钟部枪械概予发还，以重友谊。

据《帅令发还钟明阶枪械》，载一九
二四年四月九日《广州民国日报》

着李明扬率部进扎新丰等方面
兜剿败匪兼卫地方令

（一九二四年四月八日）

肃清东江，业经联军攻击前进，逆军溃窜势所必至。即着李明扬迅率所部开赴新丰、连平、和平方面驻扎，分兵兜剿败窜之匪，兼卫地方。切切。此令。

据《令李明扬兜剿陈军》，载一九
二四年四月九日《广州民国日报》

---

① 钟明阶部在开建被沈荣光包围缴械。

饬将飞鲸轮扣留以便发还令

（一九二四年四月九日）①

大元帅训令第一四二号

令西路讨贼军第五师师长黄绍雄〔竑〕、梧州关监督戴恩赛

为令遵事：据大本营军政部长程潜呈报："现准法国领事函开：关于智利洋行'罗封'轮船海关注册第二千一百五十六号一事，经本领事曾屡次照会贵部长在案。顷据确实报告，该轮为军队强劫骑去，后改名为'飞鲸'，又名'飞捷'，现决意将该轮在梧州发卖等语。本领事闻悉之下，不胜骇异。盖此等行为，与强盗无异，因害及敝国商人，故特函声明，如三日内不能将该轮发还，则贵政府应完全负责，不特需赔偿该轮之价值，且本领事另提出要求该轮无理受封后之损失。恳请贵部长即日通电严令地方负责之官员，将行为如强盗之军队处以惩戒为荷等由。理合备文呈请帅座令饬广西讨贼军第一军黄总指挥及梧州海关监督一体知照，如遇有上列名号之轮船行驶，即予扣留，以便发还具领，免酿交涉。"等情。据此，除指令照准并分令外，合行令仰该师长、监督即便遵照。此令。

（中华民国陆海军大元帅之印）

中华民国十三年四月　日

据《大元帅训令第一四二号》，载广州《陆海军大元帅大本营公报》第十号，一九二四年四月十日

---

① 原令未署日。据《大元帅指令第三三一号》"核覆军政部长程潜令"酌定为四月九日。

批伍朝枢请电饬新会县古兜善后事务所长
将截获之沙碧近轮船解省交原主德商呈①

（一九二四年四月九日）

大元帅指令第三三〇号

　　令大本营外交部长伍朝枢

　　呈请电饬新会梁事务所长将"沙碧近"轮船解省交回德领转给德商管业由。

　　呈悉。已电新会县长查照，将该轮解省矣。此令。

（中华民国陆海军大元帅之印）

中华民国十三年四月九日

据《大元帅指令第三三〇号》，载广州《陆海军大
元帅大本营公报》第十号，一九二四年四月十日

批程潜请饬令梧州关监督等将扣留之罗封轮船
发还法商智利洋行具领呈

（一九二四年四月九日）

大元帅指令第三三一号

　　令大本营军政部长程潜

　　呈请令饬梧州关监督等扣留"罗封"轮船发还法商智利洋行具领。

　　呈悉。应照准。已令行黄师长及梧州关监督查照办理矣。仰即知照。此令。

（中华民国陆海军大元帅之印）

中华民国十三年四月九日

据《大元帅指令第三三一号》，载广州《陆海军大
元帅大本营公报》第十号，一九二四年四月十日

---

　　①　大本营外交部长伍朝枢四月三日据新会县古兜善后事务所长梁少琦等电称：该所截获
贼船一艘，查系原被匪徒劫去德商显利士洋行之"沙碧近"轮，乃呈请大元帅将该轮饬解到省
转交原主以重睦谊。

给军政府各税收机关的命令

（一九二四年四月九日）①

各收入机关，每日所收款项，向有解归军政部者，有解中央军需处者，有解大本营会计司者，纷歧不一，以致核计支配均难。大元帅以现在力谋统一财政，关于收入必先有统计，其于支出亦须妥为分配，方不致紊乱。特分令各征收机关，自本四月一日起，所有收入款项，须按日解交财政委员会，以便由该会统计支配。

据《帅令统一收入机关》，载一九二四年四月十日《广州民国日报》（三）

批刘培寿等快邮代电

（一九二四年四月十日）

往事不咎，只问明柏烈武今后对于联省主张如何，明白答覆。

文批

据原件，台北、中国国民党文化传播委员会党史馆藏

饬广州市政厅等筹款解交俾速复河源令

（一九二四年四月十日）

特着令市政厅筹九万元，盐运署筹六万元，财政厅筹五万元，合共二十万元。赶于日间凑足，完全解交湘军总部转发左路湘军，俾得速收复河源，解决东江军事。

据《帅令迅筹前敌军饷》，载一九二四年四月十一日《广州民国日报》

---

① 时间据报载"昨特分令"酌定。

着发永丰广北两舰陆战官兵饷项令

（一九二四年四月十日）①

大元帅令

　　着筹饷总局督办垫给"永丰"、"广北"两舰，并陆战官兵饷项一个月一万一千一百元。

据陈旭麓、郝盛潮主编，王耿雄等编：《孙中山集外集》，上海，上海人民出版社一九九〇年七月出版

着财政厅等先行筹垫各病院费用令

（一九二四年四月十日）②

大元帅令

　　着财政厅、市政厅、公安局先行筹垫各病院伙食、医药费每日一千元。

据陈旭麓、郝盛潮主编，王耿雄等编：《孙中山集外集》，上海，上海人民出版社一九九〇年七月出版

着吴铁城发给定货费令

（一九二四年四月十日）③

大元帅令

　　着吴铁城发给定货费沪洋五千元。

据陈旭麓、郝盛潮主编，王耿雄等编：《孙中山集外集》，上海，上海人民出版社一九九〇年七月出版

---

① 时间为财政委员会第二十八次会议决案日期。
② 时间为财政委员会第二十八次会议决案日期。
③ 时间为财政委员会第二十八次会议决案日期。

批鲁涤平请取销前督办任内已拨未发之款呈

（一九二四年四月十日）

大元帅指令第三三二号

　　令禁烟督办鲁涤平

　　呈请取销前督办任内已拨未发之款以便专心整理由。

　　呈悉。杨前督办①任内奉拨未发之款究尚若干，仰即咨催前任赶紧造册，连同各项交代，咨由该督办核明转报来府，以凭通令取销。在未通令以前，有持从前拨款命令向该督办署支款者，准其止付。所有该署收入，除留本署开支外，应悉数造报，听候指拨可也。此令。

（中华民国陆海军大元帅之印）
中华民国十三年四月十日

据《大元帅指令第三三二号》，载广州《陆海军大元
帅大本营公报》第十一号，一九二四年四月二十日

批广东地方善后委员会请撤销
广东全省船民自治联防督办呈

（一九二四年四月十日）

大元帅指令第三三三号

　　令广东地方善后委员会

　　呈请撤销广东全省船民联防以恤民艰由。

　　呈悉。广东全省船民自治联防督办已明令撤销矣。此令。

（中华民国陆海军大元帅之印）
中华民国十三年四月十日

据《大元帅指令第三三三号》，载广州《陆海军大元
帅大本营公报》第十一号，一九二四年四月二十日

---

①　即杨西岩。

着杨庶堪呈复调查广东全省船民自治联防情形令

（一九二四年四月十日）

大元帅指令第三三四号

令广东省长杨庶堪

呈复遵令调查广东全省船民自治联防情形，请察核由。

呈悉。广东全省船民自治联防督办业已明令裁撤矣。此令。

（中华民国陆海军大元帅之印）

中华民国十三年四月十日

据《大元帅指令第三三四号》，载广州《陆海军大元帅大本营公报》第十一号，一九二四年四月二十日

批范石生请严令撤销护商机关呈

（一九二四年四月十日）

大元帅指令第三三六号

令中央直辖滇军第二军军长范石生

呈据情转呈请严令撤销护商机关由。

呈悉。已令行军政部通令严切禁止矣。此令。

（中华民国陆海军大元帅之印）

中华民国十三年四月十日

据《大元帅指令第三三六号》，载广州《陆海军大元帅大本营公报》第十一号，一九二四年四月二十日

追赠韩恢伏龙令

（一九二四年四月十一日）

大元帅令

　　故江苏招讨使、讨贼军总司令韩恢，江苏陆军第六师师长兼参谋长伏龙，生立功勋，死极惨烈，经交由大本营军政部议复，请予赠恤。韩恢着追赠陆军上将，伏龙着追赠陆军中将，均照阵亡例给恤，以昭忠烈。此令。

（中华民国陆海军大元帅之印）

中华民国十三年四月十一日

据《大元帅令》，载广州《陆海军大元帅大本营公报》第十一号，一九二四年四月二十日

饬吴铁城解散各招抚使在省城所招之兵令

（一九二四年四月十一日）

大元帅训令第一四三号

　　令广州市公安局长吴铁城

　　现查有大本营任命之各招抚使等，往往有在省招兵情事，此种军队多属莠民，麇集省城，屡滋事端，殊堪痛恨。仰该局长即日查明，派出军队前往分别解散，以维治安。除分别令行各该招抚使等遵照解散，嗣后不得仍在省城招兵，致干撤究外，仰即遵照。此令。

（中华民国陆海军大元帅之印）

中华民国十三年四月十一日

据《大元帅训令第一四三号》，载广州《陆海军大元帅大本营公报》第十一号，一九二四年四月二十日

饬各招抚使遵即解散在省城所招之兵
嗣后并不得在省城招兵令

（一九二四年四月十一日）

大元帅训令第一四四号

令豫鲁招抚使赵杰、粤闽湘军招抚使刘毅、抚河招抚使马晓军

现查有大本营任命之各省招抚使，往往有在省招兵情事，此种军队多属莠民，麇集省城，屡滋事端，殊堪痛恨。除令行广州市公安局长吴铁城即日查明，派出军队前往分别解散以维治安外，仰该招抚使即遵照解散，嗣后不得仍在省城招兵，致干撤究。此令。

（中华民国陆海军大元帅之印）

中华民国十三年四月十一日

据《大元帅训令第一四四号》，载广州《陆海军大元帅大本营公报》第十一号，一九二四年四月二十日

饬撤销中央直辖滇军独立第一旅
小北江出入口货抽捐令

（一九二四年四月十一日）

大元帅训令第一四六号

令中央直辖滇军第三军军长蒋光亮、大本营财政部部长叶恭绰

为令饬事：案据广东地方善后委员会呈称："呈为案经议决，据情转达，乞请严令撤销小北江入口货捐以恤民艰事。窃委员等现据连阳小北江一带公民全体代表陈必正、杨汝威等呈称：窃公民等小北江一带地方，土瘠民贫，出产物少，向来觅食维难。近年以盗匪充斥，兵燹频加，种种生机，不绝如缕。其幸而苟延残喘者，只赖本地柴麦等物以有易无，博升斗以赡家室。不料此次军兴，各队之云

集连江口站者，语其名堂之不一，几于辨别之无从。一遇小北江货到，无论出口、入口，勒收费用，纷至沓来。甚有同一部分，而暗派多人分途抽收者，有公然勒抽至再至三者，明目张胆，商民敢怒而不敢言，稍与理论，非受痛击，即被将货抢夺。他不具论，即就出口柴根，已受种种损失。似此重重苛抽，商民裹足不前，百货已腾贵不堪矣。乃有中央直辖滇军第一独立旅旅部士兵，近竟借口军用紧急，复在连江口车站张贴布告设厂，委员硬将小北江出入口货每值百元勒抽军费五元，商民以其例外苛抽，变本加厉，纷纷集众议决停办停载，冀其稍念民艰，顿生觉悟。不谓迄今多日，停罢者自停罢，抽收者自抽收。呼吁无闻，商艰罔恤，各埠商畏威惧祸，哑忍自甘，惟相戒店不办货，运馆不运，渡船不载行，此因咽废食之策而已。独我小北江贫民，生斯，长斯，聚斯，受此莫大打击，欲耕无具，欲劳无工，欲用无物，势不至欲炊无米，欲死无所不止。呜呼！谁实为之，为之何哉。有此例外苛抽，害民病商，势迫沥情联呈贵会，俯念商民艰困已达极点，立赐据情转呈大元帅暨杨省长、蒋军长，准予分令独立旅长何克夫将抽收小北江出入口货捐厂撤销，以苏民困。"等情。据此，当经指令"呈悉。军队擅抽杂捐及沿途勒征货税，迭经严令禁止。据称何旅长克夫近在连江口车站设厂，对于小北江出入口货按值百抽五勒收军费，殊属不合。仰候令行蒋军长转饬立即撤销，并候行财政部转咨广东省长知照。此令"等语，除指令印发并分行外，合行令仰该军长立即转饬遵照撤销，仍将停收日期暨遵办情形报查该部长即便转咨广东省长知照。此令。

（中华民国陆海军大元帅之印）

中华民国十三年四月十一日

据《大元帅训令第一四六号》，载广州《陆海军大元帅大本营公报》第十一号，一九二四年四月二十日

批程潜为舒用之等请追赠陆军
步兵上校并按级给恤呈①

（一九二四年四月十一日）

大元帅指令第三三八号

令大本营军政部长程潜

呈覆已故湘车〔军〕所部支队长舒用之等，请追赠陆军步兵上校等，并按级给恤由。

呈悉。舒用之等均准如所请追赠给恤。仰即遵照办理。此令。

（中华民国陆海军大元帅之印）

中华民国十三年四月十一日

据《大元帅指令第三三八号》，载广州《陆海军大元帅大本营公报》第十一号，一九二四年四月二十日

批叶恭绰严禁奸商瞒承税捐情形呈

（一九二四年四月十一日）

大元帅指令第三三九号

令大本营财政部长叶恭绰

呈复遵令严禁奸商瞒承税捐情形由。

呈悉。此令。

（中华民国陆海军大元帅之印）

中华民国十三年四月十一日

据《大元帅指令第三三九号》，载广州《陆海军大元帅大本营公报》第十一号，一九二四年四月二十日

---

① 舒用之为湘军所部支队长。其他有关追赠者为张鲁才、李刚、祝鼎新、庄金榜。

批广东地方善后委员会请严令
撤销小北江出入口货捐呈

（一九二四年四月十一日）

大元帅指令第三四〇号

令广东地方善后委员会

呈请严令撤销小北江出入口货捐由。

呈悉。军队擅抽杂捐及沿途勒征货税，迭经严令禁止。据称何旅长克夫近在连江口车站设厂，对于小北江出入口货按值百抽五勒收军费，殊属不合。仰候令行蒋军长转饬立即撤销，并候行财政部转咨广东省长知照。此令。

（中华民国陆海军大元帅之印）

中华民国十三年四月十一日

据《大元帅指令第三四〇号》，载广州《陆海军大
帅大本营公报》第十一号，一九二四年四月二十日

令豫军总司令樊钟秀迅率主力加入作战令

（一九二四年四月十二日）

特令豫军樊总司令：迅率所部主力军加入作战，先行收复两阳①，进剿高雷②。

据《豫军加入南路作战》，载一九二
四年四月十四日《广州民国日报》

---

① 两阳指广东阳江、阳春二县。

② 高雷指广东高州、雷州。

为李福林擒获劫匪依法枪决饬大本营
军政部长程潜查照备案令

（一九二四年四月十二日）

大元帅训令第一四七号

令大本营军政部长程潜

为令行事：据东路讨贼军第三军军长李福林呈称："窃军长于本月八日遵奉帅令，派队凭线前赴长洲围捕，拿获著匪彭彦、简标、简锡（混名大针板）、简成（混名大旧成）、简普文（混名猪仔）、陈夭仔等六名，另嫌疑犯人屈为曾、纪成等一十六名。经将匪徒拒捕，伤亡职部兵士五名各情，据情呈报在案。提讯各匪，据供：是日兵匪交战之时，梁驹督率拒捕，当场伤毙并烧毙匪徒彭苏、屈仲二名等语。复据彭彦供称：前于民国十年充当职部排长，开驻韶关，因不愿北伐，唆摆士兵挟械同逃后，伙同简标、简锡、简普文、简成、彭昌、彭五、彭鸿、彭海、彭苏、彭体等，纠党骑劫江门'大利'轮船一次，截劫东圃鱼珠车渡二次，其余在水面行劫多次不能记忆。陈夭仔一犯供认：伙同彭昌、简标等匪骑劫东莞稍潭拖渡一次。此次'大利'轮船案内，劫匪彭昌、彭五、彭鸿、彭海、彭苏、彭体、彭志、彭同等多名，均由彭彦一人介绍前往长洲当差，暂时躲避，后因马司令①停发伙食已十余天，彭昌等匪已逃往他方等语。查各匪供词确凿，直认不辞。复因获犯简锡受伤已重，未便久延。除将各嫌疑犯人复提研讯外，谨于本月九日提出讯实匪犯彭彦、简标、简锡、简成、简普文、陈夭仔等六名，验明正身，派队押赴河南宝冈地方宣布罪状，依法枪决，以昭炯戒。理合将决犯日期备文呈报钧座察核，伏乞发交军政部备案，实为公便。"等情。据此，除指令外，合行令仰该部长即便查照备案。此令。

（中华民国陆海军大元帅之印）

中华民国十三年四月十二日

据《大元帅训令第一四七号》，载广州《陆海军大元帅大本营公报》第十一号，一九二四年四月二十日

---

①　马司令指长洲要塞司令马伯麟。

着程潜转知广东兵工厂所报预算书等准予备案令

（一九二四年四月十二日）

大元帅训令第一四九号

　　令大本营军政部长程潜

　　为令饬事：案查前据广东兵工厂长马超俊造呈该厂十二年四、五、六等月支出预算书前来，当经发交大本营审计局详加审核去讫。兹据覆称："为呈覆事：案奉大元帅发下广东兵工厂厂长马超俊呈缴十二年四、五、六等月份支出预算书各二件，查该厂预算书内官长薪水及厂长公费均未照军政部订定饷章计算，当经函请派员说明，并请具函证实，旋准函开：前准贵局大函以敝厂十二年四、五、六月份预算书有未甚明了之处，嘱派经办人员来局接洽，以便咨询一切等因。当即派敝厂三等军需正周梓骥、军需金彝光前赴贵局接洽。兹据该员等回厂面称：昨奉派赴大本营审计局，经将本厂大概情形陈述，惟预算书内厂长及各员司薪水未曾折扣，公费亦未免太多，须将缘由备函声明等情前来。查敝厂自厂长以及各员司之薪水照十足支给，此事系由朱前厂长①呈奉帅座面准。至公费一节，缘敝厂历任厂长凡因公晋省，向系开支旅费。朱前厂长接事之初，正当沈鸿英蹂躏本厂之后，规复伊始，头绪纷繁。又值军事倥偬，不时晋省。故每月总开报公费四百元，以免烦琐。此事亦经朱前厂长回明帅座在案。所有以上各缘由，相应据实函达，请烦查照等由。准此，官长薪水及厂长公费既经钧帅面准，自可作为预算之定额。又查包工工资栏内，照该书备考核算，少计八角八分，惟属预算，似无庸议。除将广东兵工厂十二年四、五、六等月份预算书各提一份留局存案外，理合备文连同原呈暨预算书呈请钧帅鉴核备案，实为公便。"等情。据此，当经指令"呈悉。准予核定备案，仰候令军政部转饬该厂知照可也。原呈暨预算书均存。此令"。除指令印发外，合行令仰该部即便转饬该厂知照。此令。

（中华民国陆海军大元帅之印）
中华民国十三年四月十二日
据《大元帅训令第一四九号》，载广州《陆海军大元帅大本营公报》第十一号，一九二四年四月二十日

---

　　①　朱前厂长即朱和中。

饬杨希闵等禁止在省城招兵令

（一九二四年四月十二日）

大元帅训令第一五〇号

令中央直辖滇军总司令杨希闵、湘军总司令谭延闿、豫军讨贼军总司令樊钟秀、桂军总司令刘震寰、东路讨贼军总司令许崇智、中央直辖广东讨贼军第四军军长梁鸿楷、中央直辖第一军军长朱培德、中央辖第二军军长黄明堂、中央直辖第七军军长刘玉山、中央直辖第三军军长卢师谛、北伐讨贼军第二军军长柏文蔚、北伐讨贼军第三军军长胡谦

现查有大本营任命之各招抚使、各军长，往往有在省招兵情事，此种军队多属莠民，麋集省城，屡滋事端，殊堪痛恨。除令行广州市公安局长吴铁城即日查明，派出军队前往将各该招抚使在省所招之军队分别解散以维治安外，仰该总司令、军长即便转饬所属一体遵照，嗣后不得在省城招兵，致干查究。切切。此令。

（中华民国陆海军大元帅之印）

中华民国十三年四月十二日

据《大元帅训令第一五〇号》，载广州《陆海军大元帅大本营公报》第十一号，一九二四年四月二十日

饬财政委员会酌予停提粤汉路款令

（一九二四年四月十二日）

大元帅训令第一五二号

令财政委员会

为令行事：据管理粤汉铁路事务陈兴汉呈称："案查职路前以机车损坏，枕木废烂，拟请停提路款三个月，俾资修理一案，呈奉钧座发交财政委员会议决暂缓从议等因，本应遵照。惟查职路机车损坏霉锈不能行驶者实居多数，现在虽有少数勉强可用者，机件亦多亏损，至沿路枕木日久未换，废烂尤多，以致脱钩出轨

之事迭见发生，此皆由职路负担过重，乏款修理有以致之。第收入无多，而支出日巨，所有积欠员司薪水与及各项账目为数虽巨，然犹属余事。但修路为目前要素，倘再延时日不予修理，不免危险迭生，势必成为废路而后已。职目睹危状，再四思维，舍暂停日提路款之策，则虽有巧妇亦难为无米之炊。职为维持现状免有贻误起见，谨再沥情具呈钧座鉴核，伏乞转发财政委员会仍照前案，酌予停提路款，俾得稍购材料，从速择要修理，免生危险。抑更有请者：职路负担之重已达极点，目下支持已形岌岌之势，应请并案饬下财政委员会，嗣后无论何项机关、何部军队，不得再向职路派担款项，俾得暂维路务，以利交通，是否有当，仍候指令祗遵"等情。据此，除指令"呈悉。仰候令行财政委员会遵照，嗣后无论何项机关、何部军队，暂均不得再向该路派担款项可也。此令"印发外，合行令仰该会即便遵照办理。此令。

（中华民国陆海军大元帅之印）

中华民国十三年四月十二日。

据《大元帅训令第一五二号》，载广州《陆海军大
元帅大本营公报》第十一号，一九二四年四月二十日

批李福林枪决匪犯彭彦等日期乞察核备案呈

（一九二四年四月十二日）

大元帅指令第三四一号

　　令东路讨贼军第三军军长李福林

　　呈报枪决匪犯彭彦等日期，乞察核发交军政部备案由。

　　呈悉。候令行军政部查照备案可也。此令。

（中华民国陆海军大元帅之印）

中华民国十三年四月十二日

据《大元帅指令第三四一号》，载广州《陆海军大
元帅大本营公报》第十一号，一九二四年四月二十日

批林翔审核广东兵工厂预算书乞核备呈

（一九二四年四月十二日）

大元帅指令第三四三号

令大本营审计局局长林翔

呈覆审核广东兵工厂十二年四、五、六、月份预算书、乞予鉴核备案由。

呈悉。准予核定备案，仰候令军政部转饬该厂知照可也。原呈暨预算书均存。此令。

（中华民国陆海军大元帅之印）

中华民国十三年四月十二日

据《大元帅指令第三四三号》，载广州《陆海军大元帅大本营公报》第十一号，一九二四年四月二十日

批何家猷请饬财政委员会筹拨的款清偿债务呈

（一九二四年四月十二日）

大元帅指令第三四四号

令广东电政监督兼广州电报局长何家猷

呈请令饬财政委员会筹拨的款清还大东、大北两公司电费，并永远维持电政，并附香港电局原函由。

呈函均悉。该局欠大东、大北两公司电费，应饬由沙面电报局拨款清偿，余俟财政充裕再行筹拨。仰即遵照。原函发还。此令。

（中华民国陆海军大元帅之印）

中华民国十三年四月十二日

据《大元帅指令第三四四号》，载广州《陆海军大元帅大本营公报》第十一号，一九二四年四月二十日

批程潜请准予追赠韩恢以陆军上将
伏龙以陆军中将均照阵亡例给恤呈

（一九二四年四月十二日）

大元帅指令第三四五号

令大本营军政部长程潜

呈覆请准予追赠韩恢以陆军上将、伏龙以陆军中将，均照阵亡例给恤由。

呈悉。韩恢等已明令准予赠恤矣。仰即遵照办理。此令。

（中华民国陆海军大元帅之印）

中华民国十三年四月十二日

据《大元帅指令第三四五号》，载广州《陆海军大元
帅大本营公报》第十一号，一九二四年四月二十日

批陈兴汉不得再向粤汉铁路派担款项呈

（一九二四年四月十二日）

大元帅指令第三四七号

令管理粤汉铁路事务陈兴汉

呈请饬下财政委员会，嗣后无论何项机关、何部军队不得再向该路派担款项，俾得暂维路务由。

呈悉。仰候令行财政委员会遵照，嗣后无论何项机关、何部军队，暂均不得再向该路派担款项可也。此令。

（中华民国陆海军大元帅之印）

中华民国十三年四月十二日

据《大元帅指令第三四七号》，载广州《陆海军大元
帅大本营公报》第十一号，一九二四年四月二十日

批叶恭绰杨庶堪解散禁烟督办署
水陆侦缉联合队情形呈

（一九二四年四月十二日）

大元帅指令第三四九号

令财政委员会主席委员叶恭绰、杨庶堪

呈报解散禁烟督办署水陆侦缉联合队情形由。

呈悉。此令。

（中华民国陆海军大元帅之印）

中华民国十三年四月十二日

据《大元帅指令第三四九号》，载广州《陆海军大元
帅大本营公报》第十一号，一九二四年四月二十日

饬财政委员会对于西路讨贼军给养费
务与各军同一看待令①

（一九二四年四月十三日）

无论如何，对于该军给养费务与各军同一看待，即日筹拨，以利戎行。

据《帅令筹拨西路军费》，载一九
二四年四月十五日《广州民国日报》

---

① 西路讨贼军为桂军刘震寰部。

撤销沿河护商机关令

（一九二四年四月十四日）

大元帅训令第一五四号

　　令广东省长杨庶堪

　　为令饬事：案据广东善后委员会呈："为案经议决据情代达，乞迅下明令撤销沿河护商强收保费各机关以利交通而维商业事。窃委员等现据广州各商埠柴杉竹行代表何德等呈称：'窃商等向在省城及附近商埠开设柴杉竹行生理，前赴西、北两江采办货物，尤以西江支流之广宁、四会为多，计由四会开排，经马房、河口、西南、紫洞一带，沿最近河流分埋附近各埠。近年以来，盗贼猖獗，河道梗塞，所有放运排张迭被掳勒打单，政府无力保护，商民饱受痛苦。曾经组织商团沿河自卫，军兴以来，秩序大乱，商团被强暴军队缴械解散，即以沿河防地为利薮，纷纷设立护商机关，扣留货物，勒收行水，而匪势猖獗，未闻剿办。去年春间，商等大帮货物行至紫洞，被匪抢劫，排伏凫水逃命，排张沿河流散，损失十余万元。夏间，商等大帮货物行至西南，因该处新设护商机关，缴费不及，即被放枪扣留。适遇西潦澎涨，水紧锚松，沿河漂没，损失二十余万元。商人望洋兴叹，致有雇船捞运、携资取赎及与收买赃物之败类在佛山警署暨广州地方审判厅发生讼案。本年初春，商等大帮货物行至河口西南奇石街等处，先后被匪掳去排伏五十七名，轰毙排伏一名，损失货物十余万元，护商队袖手旁观，不独不为援手，反在西南将商等流失之货扣留取赎，美其名曰煤银。既将货物扣留取赎矣，又被匪徒盗卖与西南杉街惯营收买赃物之黄某。迨商等贩运第二次货物沿河下行，所有各处护商费用均已如额缴纳，则又勒收更费，致与护排福军发生冲突，事后扣留货物勒补子弹费三百元。凡此经过事实，均彰彰在人耳目。月来驻防军队变本加厉，同一防地，分设护商机关数处，聚敛搜括，罔恤商艰。计由四会开排有粤军第一师护商队一处，第三师护商队四处，滇军第五师护商队四处，滇军第六师护商队十三处，福军护商队一处，狮山保卫团麦珍一处，其挂滇军旗号而由各姓收取护商费用者，上滘村则有梁姓、李姓、黎姓三处，下滘村则有黎姓二处，尚有沿河匪帮堂口十二处，兵匪合计共有四十处，每处最高定价来排一张收保护费一百二十元，最低议价则收十元或二三十元。民力有限，聚敛无穷〔穷〕，当经本月二十二日通电陈明，请予援照省城先例，撤销沿河保护费用，以苏民困，并请大元帅明令清乡，以除匪患。现在沿河贼匪均向各军长官领旗缴费，包收保护费用，军队借土匪以推广保护费，土匪借军队为护身符，每领一旗即分设保护卡口七八处，收保护费者在此，议被掳人价目者在此，赎被留柴杉竹排者在此，说行水者在此，商等财穷〔穷〕力尽，不得不集行停业，以待解决。惟念柴薪为民生日用之品，停业过久，即闹柴荒。今照上开四十处缴纳保护费，每元卖柴四十斤，尚须缺本，若再迁延不理，古人薪桂之喻即在目前。伏乞钧会体念民瘼，迅下明令撤销沿河护商机关，挽已去之人心，救将绝之民命，不胜屏营待命之至。除通呈外，谨呈'等情。据此，窃思军兴而后，河道梗塞，商旅戒途，究厥原因，无非各军队受人欺蒙，遍设机关，假护商之美名，行剥民之暴行。据呈各节，多属实情，当于四月三日第三十九次常会提出讨论，经众议决据情代达，理合备文呈请帅座迅下明令，将沿河护商强收保费各机关刻日撤销，以利交通而维商业"等情。据此，当经指令"呈悉。仰候令行广东省长查明何处护商机关系何项军队所设，传谕各该军官遵照迭次命令，即日一律裁撤，如敢违抗，即商请该管上级官或呈由本大元帅派队前往勒令撤销，并将违令之军官拿办，以肃军纪。其匪徒勒收行水，应如行〔何〕剿办以利交通，并候饬由省长督饬地方团警商同防军协力妥办可也。此令"等语。除指令印发外，合行令仰该省长即便遵照妥办，仍将办理情形报查。切切。此令。

（中华民国陆海军大元帅之印）

中华民国十三年四月十四日

据《大元帅训令第一五四号》，载广州《陆海军大元帅大本营公报》第十一号，一九二四年四月二十日

饬李明扬率部开往新丰和平一带堵截陈军令

（一九二四年四月十四日）①

令督率所部开往新丰、和平一带，堵截陈军北窜。

据《李明扬进驻新丰》，载一九二
四年四月二十一日《广州民国日报》

饬赖天球率部开赴和平担任警戒令

（一九二四年四月十四日）

以东江陈军现纷向后方退却，着该司令即率所部分驻澄江之第二、三旅，开赴和平警戒，相机兜剿，毋任窜扰。

据《帅令赖天球开赴和平警戒》，载一
九二四年四月十五日《广州民国日报》

作战时期前方将领不得擅自旋省令

（一九二四年四月十四日）

现方作战时期，凡在前方各将领不得搁置职务，擅自旋省。希即转饬一体遵照。

据《帅令各军注重职守》，载一九
二四年四月十四日《广州民国日报》

---

① 《广州民国日报》一九二四年四月二十一日"李明扬进驻新丰"称敌"遂于十五日星夜向惠州退却"，推定此令应在十四日之前，暂以十四日为命令日期。陈军系指陈炯明军队。

批广东地方善后委员会为柴杉竹行商请严禁军队在西江设立护商机关呈

（一九二四年四月十四日）

大元帅指令第三五一号

令广东地方善后委员会

呈为据情转呈柴杉竹行商请严禁军队在西江沿岸设立护商机关由。

呈悉。仰候令行广东省长查明何处护商机关系何项军队所设，传谕各该军官遵照迭次命令，即日一律裁撤，如敢违抗，即商请该管上级官或呈由本大元帅派队前往勒令撤销，并将违令之军官拿办，以肃军纪。其匪徒勒收行水，应如何剿办以利交通，并候饬由省长督饬地方团警商同防军协力妥办可也。此令。

（中华民国陆海军大元帅之印）

中华民国十三年四月十四日

据《大元帅指令第三五一号》，载广州《陆海军大元帅大本营公报》第十一号，一九二四年四月二十日

批伍学熀报告撤署日期呈

（一九二四年四月十四日）

大元帅指令第三五三号

令前广东全省船民自治联防督办伍学熀

呈报撤署日期由。

呈悉。此令。

中华民国十三年四月十四日

据《大元帅指令第三五三号》，载广州《陆海军大元帅大本营公报》第十一号，一九二四年四月二十日

命速筹飞机出发费令

（一九二四年四月十五日）①

大元帅令

　　着财政委员会速筹飞机出发博罗费二千元。

据陈旭麓、郝盛潮主编，王耿雄等编：《孙中山集
外集》，上海，上海人民出版社一九九〇年七月出版

着财政委员会发给会计司特别费令

（一九二四年四月十五日）②

大元帅令

　　着财政委员会发给会计司特别费七千元。

据陈旭麓、郝盛潮主编，王耿雄等编：《孙中山集
外集》，上海，上海人民出版社一九九〇年七月出版

着财政委员会迅筹樊钟秀伙食费令

（一九二四年四月十五日）③

大元帅令

　　着财政委员会迅筹豫军樊总司令伙食费用二万元。

据陈旭麓、郝盛潮主编，王耿雄等编：《孙中山集
外集》，上海，上海人民出版社一九九〇年七月出版

---

①　时间为财政委员会第二十九次会议决案日期。
②　时间为财政委员会第二十九次会议决案日期。
③　时间为财政委员会第二十九次会议决案日期。

着发福安广北两舰煤炭费令

（一九二四年四月十五日）①

大元帅令

　　着财政委员会筹给"福安"、"广北"两舰煤炭费各一千元。

据陈旭麓、郝盛潮主编，王耿雄等编：《孙中山集外集》，上海，上海人民出版社一九九〇年七月出版

着财政委员会统筹兼顾设法接济西路各军给养费令

（一九二四年四月十五日）②

大元帅令

　　以西路各军一齐前进，而给养尚未充分，着财政委员会统筹兼顾，设法接济。

据陈旭麓、郝盛潮主编，王耿雄等编：《孙中山集外集》，上海，上海人民出版社一九九〇年七月出版

饬将粤省一切司法收入留作
维持司法及改良监狱令

（一九二四年四月十五日）

大元帅训令第一五五号

　　令大理院长吕志伊、广东省长杨庶堪

　　为令饬事：案据广东高等审判厅厅长陈融会同广东高等检察厅检察长林云陔

---

① 时间为财政委员会第二十九次会议决案日期。
② 时间为财政委员会第二十九次会议决案日期。

呈称："为呈请事：窃职检察长前奉钧帅面谕，饬拟具改良粤省司法制度意见，呈候采择等因，经会同职审判厅长遵照办理，一俟筹拟妥协，再当另文详报。惟维持司法独立及进谋其改良，非有确定经费不为功。民国十年，职审判厅长奉令筹办全省司法，经数月筹备，全省司法厅庭完全成立。经费一项，除省库拨支外，不敷数十万元，原定计划系由全省司法收入项下分别弥补，惟不敷之数尚巨，而司法收入无多，因扩张全省登记事宜，期登记费收入稍资维持，当经呈请广东省长指定登记费及其他司法收入为拨补司法经费不敷及改良监狱之用，业奉令准在案。自援桂军与及陈逆背叛以迄今，兹粤库奇绌，财政厅积欠司法经费极巨，高地审检四厅仅藉讼费、登记费各项收入稍资维持而外，属厅、庭因厅县欠发经费，且有因而停顿之势，故维持现状已感困难。至吾国监狱不良，久已为世诟病，前者华盛顿会议议决撤销领事裁判权一案，尚须派员来华实地调查，若不亟图改良，不独贻笑邦交，且于撤去领事裁判权一案更属大有妨碍。职检察长对于改建广州监狱及看守所，刻正积极进行，故粤省司法收入即属稍有赢余，亦应留作此项改建之需。若进谋司法制度之改良，尤需费用。我大元帅维持司法宿有盛心，近对于司法之改良，尤复殷殷致意，钦仰莫铭〔名〕，用敢缮呈陈请，乞俯准查照旧案，将粤省一切司法收入概留作维持粤省司法及改良监狱等项之需，不准提作别用。如蒙令准，并请分行大理院及广东省长遵照，实为公便"等情。据此，当经指令"呈悉。准如所请办理。仰候令行大理院及广东省长查照备案可也。仍咨高检厅知照。此令"等语。除指令印发并分行外，合行令仰该院长、省长即便查照。此令。

（中华民国陆海军大元帅之印）

中华民国十三年四月十五日

据《大元帅训令第一五五号》，载广州《陆海军大元帅大本营公报》第十一号一九二四年四月二十日

批陈融请援旧案会同高检厅将粤省
一切司法收入概作维持司法及改良
监狱之需不准提作别用呈

（一九二四年四月十五日）

大元帅指令第三五四号

令广东高等审判厅厅长陈融

呈为会同高检厅请援照旧案将粤省一切司法收入概留作维持粤省司法及改良监狱狱需，不准提作别用由。

呈悉。准如所请办理。仰候令行大理院及广东省长查照备案可也。仍咨高检厅知照。此令。

（中华民国陆海军大元帅之印）

中华民国十三年四月十五日

据《大元帅指令第三五四号》，载广州《陆海军大元帅大本营公报》第十一号，一九二四年四月二十日

饬制战斗奖惩旗令

（一九二四年四月十五日）

孙文令制旗帜，上书："进者赏，退者枪决。"

据《各地要电》，载一九二四年四月十五日天津《大公报》

批沈鸿英报捷来电①

（一九二四年四月十六日）

发子弹二十万发。饬军政部转令兵工厂厂长马超俊即日配足，饬沈之驻省代表领去，派兵员转解韶关，交沈军自行输送入桂，以冀早日克复桂、柳②。

据《沈鸿英回桂逐陆报捷电》，载一九
二四年四月二十二日上海《民国日报》

饬各军不得再有包揽货船抗纳厘税令

（一九二四年四月十六日）

大元帅训令第一五七号

令中央直辖滇军总司令杨希闵、湘军总司令谭延闿、豫军讨贼军总司令樊钟秀、桂军总司令刘震寰、东路讨贼军总司令许崇智、中央直辖广东讨贼军第四军军长梁鸿楷、中央直辖第一军军长朱培德、中央直辖第二军军长黄明堂、中央直辖第七军军长刘玉山、中央直辖第三军军长卢师谛、北伐讨贼军第二军军长柏文蔚、北伐讨贼军第三军军长胡谦

为令行事：据中央直辖滇军第五师师长胡思舜代电称："前奉钧令，所有各护商机关着一律撤销等因。师长当将三水防区内无论何军所设征收护费卡所概行勒令解散，地方稍为安谧。乃现据芦苞厘厂总办谈继昌、河口厘厂总办曾省三等呈称：'近日西北江一带每有悬挂军队旗帜之小轮，强拖货船，勒收旗费，经过沿河厘卡，并敢恃强直驶，绝不遵章纳税。似此包揽把持，实属有碍饷源，应请设法维持'等情前来。师长覆查属实，除派拨部队随时严予禁止外，理合据情转呈

---

① 沈鸿英来电报告克复富川、平乐、全州、阳朔等二十县，现前队离桂林只五十里，恳求孙文发给大批子弹解桂，以济急用，而便达到逐陆肃桂的目的。

② 桂、柳即桂林、柳州。

钧座察核，恳乞俯赐通令各军严饬所部勿再包揽货船抗纳厘税，以维饷源而重军誉"等情。据此，应予照准，合行令仰该总司令、军长即便转饬所属一体遵照，嗣后无得再有包揽货船抗纳厘税情事，致碍饷源而干查究。切切。此令。

（中华民国陆海军大元帅之印）

中华民国十三年四月十六日

据《大元帅训令第一五七号》，载广州《陆海军大元帅大本营公报》第十一号，一九二四年四月二十日

着不得擅押民事犯令

（一九二四年四月十六日）

凡司法衙门对于民事人犯，如有相当保证，出外候讯者不得擅押。倘此后如查得胆敢违令作弊者，定当照律惩办。

据《毋擅押民事犯》，载一九二四年四月十七日《广州民国日报》

批徐绍桢请褒扬寿妇邓苏氏呈

（一九二四年四月十六日）

大元帅指令第三五六号

令大本营内政部长徐绍桢

呈请褒扬寿妇邓苏氏由。

呈悉。准予题颁"百龄人瑞"四字匾额，并给予银质褒章，以示褒扬。仰即转给承领可也。此令。

中华民国十三年四月十六日

据《大元帅指令第三五六号》，载广州《陆海军大元帅大本营公报》第十一号，一九二四年四月二十日

重申严禁收编土匪令

（一九二四年四月十七日）

大元帅令

　　收编土匪，迭经明令禁止在案。良以匪性难驯，其或迫于诛剿，勉托名义。既幸法网可逃，为恶遂愈见恣肆。军誉受其羞污，人民遭其荼毒。责以疆场之事，罔不临时变散，不足为用，比比可征。兹为整军除害计，合再重申禁令。自此次通令之后，其已奉政府核准给有名义者，姑准免其置议。所有各军对于土匪未收者，不得再收；已编者，缴械遣散，以重军纪而靖萑苻。除分令外，特令遵照。切切。此令。

据《重申禁编土匪之帅令》，载一九二四年四月十七日《广州民国日报》

着财政委员会每日筹给各军医药费令

（一九二四年四月十七日）

　　令财政委员会每日筹给各军医药费一千元。

据《筹给各军医院医药费》，载一九二四年四月十八日《广州民国日报》

着财政委员会速筹汇孙本戎张贞军费令

（一九二四年四月十七日）①

大元帅令

　　着财政委员会速筹汇孙本戎军费一万元、张贞军费五千元。

据陈旭麓、郝盛潮主编，王耿雄等编：《孙中山集外集》，上海，上海人民出版社一九九〇年七月出版

---

　　①　时间为财政委员会第三十次会议决案日期。

饬知大本营会计司呈报十二年九月份
杂役工饷册据准予核销令

（一九二四年四月十七日）

大元帅训令第一五九号

　　令大本营会计司

　　为令行事：据大本营审计局长林翔呈复："案奉钧帅发下大本营会计司司长黄隆生呈缴十二年九月份杂役工饷册及工饷收据到局。查该司续报九月份杂役工饷毛银一千三百三十五元零三分二厘，数目尚属核实，拟请照数准予核销。除册及收据留局备查外，理合备文连同原呈呈复钧座鉴核示遵，实为公便"等情。据此，应予照准。除指令外，合行令仰该司长遵照转知。此令。

（中华民国陆海军大元帅之印）

中华民国十三年四月十七日

据《大元帅训令第一五九号》，载广州《陆海军大元帅大本营公报》第十一号，一九二四年四月二十日

饬军政部通行各军保护承办老新
城东南北关等处杂赌令

（一九二四年四月十七日）

大元帅训令第一六一号

　　令大本营军政部长程潜

　　为令行事：据广东筹饷总局督办范石生呈称：案据承办老新城东、南、北关等处杂赌云叙至实为公便等情。据此。除指令"呈悉。准予备案，并候令饬军政部通行各军，一体保护可也。此令"印发外，合行令仰该部长即便遵照办理。此令。

孙文

据陈旭麓、郝盛潮主编，王耿雄等编：《孙中山集外集》，上海，上海人民出版社一九九〇年七月出版

饬知大本营会计司呈送十二年九月二十日至十二月七日止计算书等件据核尚属相符准予核销令

（一九二四年四月十七日）

大元帅训令第一六三号

令大本营会计司

为令知事：前据该司司长黄隆生先后呈送十二年九月二十日起至十二月七日止计算书等件，请予核销等情前来。经发交大本营审计局审核，兹据呈复审核尚属相符等情。据此，自应准予核销。除指令外，合行令仰该司长查照并行转知。此令。

（中华民国陆海军大元帅之印）

中华民国十三年四月十七日

据《大元帅训令第一六三号》，载广州《陆海军大元帅大本营公报》第十一号，一九二四年四月二十日

批连县商会会长莫灿庭请再严令各机关军队撤销在小北江抽收货费呈

（一九二四年四月十七日）

商运护商各机关，前经明令撤销。军队抽收货费，亦经迭令禁止。所呈各节，着军政部查明严行制止。

据《谕禁小北江勒索机关》，载一九二四年四月十七日《广州民国日报》

批林翔审核大本营会计司呈缴十二年九月份
杂役工饷册据呈

（一九二四年四月十七日）

大元帅指令第三五七号

令大本营审计局长林翔

呈复审核大本营会计司长黄隆生呈缴十二年九月份杂役工饷册据尚属相符，请予核销由。

呈悉。应照准。俟令行大本营会计司遵照转知。此令。

（中华民国陆海军大元帅之印）

中华民国十三年四月十七日

据《大元帅指令第三五七号》，载广州《陆海军大元帅大本营公报》第十一号，一九二四年四月二十日

批林翔审核大本营会计司庶务科十二年十月份
经办各项数目册据情形呈

（一九二四年四月十七日）

大元帅指令第三六一号

令大本营审计局长林翔

呈复审核大本营会计司庶务科十二年十月份经办各项数目册据情形，乞示遵由。

呈悉。照准。已令行大本营会计司遵照矣。此令。

（中华民国陆海军大元帅之印）

中华民国十三年四月十七日

据《大元帅指令第三六一号》，载广州《陆海军大元帅大本营公报》第十一号，一九二四年四月二十日

批卢兴原请增加诉讼状纸费并改收银币呈

（一九二四年四月十七日）

大元帅指令第三六二号

令总检察厅检察长卢兴原

呈请增加诉讼状纸费并改收银币，乞核准备案由。

呈悉。准予备案。此令。

（中华民国陆海军大元帅之印）

中华民国十三年四月十七日

据《大元帅指令第三六二号》，载广州《陆海军大元
帅大本营公报》第十一号，一九二四年四月二十日

攻击惠州的命令

（一九二四年四月十七日）

"江顺"等四舰赴惠州助攻。并令日人井上谦吉到东江桂榜放炮攻击。

据《快信摘要——香港要电》，载一九
二三年四月二十七日长沙《大公报》

准大本营会计司所报十二年十月份
经办各项数目册据情形令

（一九二四年四月十八日）

大元帅训令第一六六号

令大本营会计司长黄昌谷

为令遵事：据大本营审计局长林翔呈："为呈覆事：案奉钧帅发下代理大本营

会计司司长黄昌谷呈转该司庶务科十二年十月份经办各项数目册、单据簿等件到局。查该司庶务科十二年十月份共支出一万零七百三十二元四角二分五厘。惟购置物品栏内绒台布一张价银一元四角，交际栏内宴客上菜二十五分毫洋一百二十五元，原单上未有铺章，未便遽予核销外，计应销毫洋一万零六百零六元零二分五厘。核算数目单据尚无错误，拟请准予核销。又查庶务科为会计司所统辖，关于经常支出，应由该司按照计算书格式编造方符手续。兹既分开，暂予审计。嗣后应统由该司长汇编，俾免纷歧。除册及单据簿留局存查外，理合备文连同原呈呈覆钧帅鉴核示遵"等情。据此，应予准照。除指令外，仰该司即便遵照。此令。

（中华民国陆海军大元帅之印）

中华民国十三年四月十八日

据《大元帅训令第一六六号》，载广州《陆海军大元帅大本营公报》第十一号，一九二四年四月二十日

着广东省长杨庶堪查办小北江一带自连县以达连江口擅行设卡苛捐扰民情形令

（一九二四年四月十八日）①

大元帅训令第一六七号

令广东省长杨庶堪

为令饬事：案据广东地方善后委员会呈称："呈为案经议决据情转达，伏乞严令各军长官将各重收机关限日撤销，以苏民困事：窃委员等现据连县商会代理会长莫灿庭、阳山商会会董梁鹤龄、菁莲埠商会会董陈月藜、大湾商会分所长黄连土、含洸商会会长李建勋等联同呈称：'窃查护商护运各费种种病商害民，迭奉大元帅暨省长、军政部分令各军禁止、解散各在案。乃敝各商会复据沿江各埠商民纷到诉称：近来各种苛捐，禁止者虽三令五申，抽者愈明目张胆。他非所论，

---

① 原令未署日。按《大元帅训令第一六六号》、《大元帅指令第一六八号》，发令日期均为四月十八日，故推定此令亦为四月十八日。

即就我连阳小北江一带而论，计自连县以达连江口站，其中经过小江、阳山、菁莲、大湾、含洸、连江车站，除正式完纳关税、缴交护费不计外，无论大小出入口货船、空船，每到一埠必有数十次之多，勒收更钱每埠每次船多则六七十元，少亦三四十元。商民处此，应付几于无法矣。不谓近自令行禁止后，而菁莲、含洸、连江口站各部队，纷纷设卡重抽，有所谓商运、护运、放行、护商、特别军费、附加、保商、检查种种。更有自称商军司令部者，名堂复杂，征敛烦苛。统计出入口货，每值本银百元，必要加多七八十元之抽费。商民以血本攸关，稍与理论即被痛击，甚或将货掠去。群情愤激，至此已极。叩乞据情转达撤销，以救民命等情到会。当经敝各商会派员四出沿江各埠调查属实。似此显违命令，重征害民。商品莫奈，若竟罢工罢市，非类要挟亦类自杀。但至忍无可忍，恐不免由停办、停运、停载而联合罢工、罢市，以实行其因噎废食之下策者。素仰贵会体念民艰，无微不至，理合粘呈各重抽厂卡名堂，据情联恳转呈，严令各部队重征机关一律限日撤销，以申功令而救民命，实叨公便’等情。并粘呈各重抽机关名堂一纸前来。据此，当于本月四日发交第三十九次常会会议，金以勒护运机关迭经帅座严令解散有案。兹据呈开：竟以小北江一隅之地而勒抽重征者，至十数处之多，害商病民伊于胡底？委员等忝为人民代表，自应据情上达，藉伸民隐。经一致议决代予转达，理合具呈钧察，伏乞严令该处防军，立将重抽机关即日撤销，以恤商困而维民生。"等情。据此，当经指令"呈悉。查军队沿河设卡，藉名护商勒收费用，迭经严行禁止，北江商运局亦经明令裁撤。乃据称小北江一带，自连县以达连江口，此种苛敛机关犹有十余处之多，困商病民，孰甚于此？仰候钞单令行广东省长，迅即调查明确，何处机关系何项军队所设，传谕各该军官遵照迭次命令，即日一律裁撤。如敢违抗，即商该管上级官，或呈由本大元帅派队前往勒令撤销，并将违令之军官严行拿办，以肃军纪而恤商艰。其各埠勒收更钱系出何人所为，并候饬由省长查明禁止可也。单存。此令"等语。除指令印发外，合行照钞原单，令仰该省长即便遵照妥办，仍将办理情形报查。切切。此令。

（中华民国陆海军大元帅之印）

中华民国十三年四月　日

据《大元帅训令第一六七号》，载广州《陆海军大元帅大本营公报》第十一号，一九二四年四月二十日

饬惩办省河骑劫轮船匪徒令

（一九二四年四月十八日）

大元帅训令第一六八号

令大本营军政部长程潜

为训令事：据东路讨贼军第三军军长李福林呈称："呈为呈请严办著匪事。案查去年十二月二十五日，有匪首黄国在省河地面纠党骑劫法商'安澜泰'轮船，驶至坭塘海面，经职部军队截回，当场格毙黄国、黄明二名，拿获匪党何海山、周访、罗忠、马式四名，均经职部讯明惩办呈报军政部长在案。查本案同日由法国领事函解获匪何瑶、吕利达、黄沛、周球等四名，经由军政部军法处再三提讯，惟因各匪供词刁狡，以致日久稽诛。福林生长是乡，见闻最悉，何瑶即何堪改名，系石溪乡著匪，去年曾在南石头地方伙劫省河，补抽厘厂职员住宅有案。此次伙同吕利达、黄沛、周球等匪，因骑劫法商轮船获解在军政部。军法处慎重刑狱，自当不厌详求，惟在省河内地骑劫轮船，此等强盗行为，情形昭著，无可掩饰。况自此案发生以后，石溪乡附近一带顿形安靖，乡人额手称庆，方幸股匪多数就拿。福林目睹情形，惟有呈请帅座令行军政部军法处，立将劫匪何瑶即何堪及吕利达、黄沛、周球等四名尽法惩办，以重邦谊而靖地方，实为公便。"等情。据此，除指令已饬军政部按法惩办外，仰该部长即便遵照办理。此令。

（中华民国陆海军大元帅之印）

中华民国十三年四月十八日

据《大元帅训令第一六八号》，载广州《陆海军大元帅大本营公报》第十一号，一九二四年四月二十日

批林翔审核会计司呈报十二年九十各月份
计算书等件呈

（一九二四年四月十八日）

大元帅指令第三六六号

　　令大本营审计局长林翔

　　呈覆审大本营会计司长黄隆生呈报十二年九、十各月份计算书等件尚属相符由。

　　呈悉。已令行大本营会计司准予核销矣。此令。

（中华民国陆海军大元帅之印）

中华民国十三年四月十八日

据《大元帅指令第三六六号》，载广州《陆海军大元帅大本营公报》第十一号，一九二四年四月二十日

批财政委员会为军队提取沙捐款项嗣后不准抵解呈

（一九二四年四月十八日）

大元帅指令第三六八号

　　令财政委员会

　　呈为议决军队提取沙捐款项，嗣后不准抵解由。

　　呈悉。准如所议办理。此令。

（中华民国陆海军大元帅之印）

中华民国十三年四月十八日

据《大元帅指令第三六八号》，载广州《陆海军大元帅大本营公报》第十一号，一九二四年四月二十日

批广东地方善后委员会请严令各军
限日撤销小北江各重收机关呈

（一九二四年四月十八日）①

大元帅指令第三六九号

令广东地方善后委员会

呈请严令各军限日撤销小北江各重收机关以恤商困由。

呈悉。查军队沿河设卡，藉名护商勒收费用，迭经严令禁止，北江商运局亦经明令裁撤。乃据小北江一带，自连县以达连江口，此种苛敛机关犹有十余处之多，困商病民，孰甚于此？仰候钞单令行广东省长，迅即调查明确，何处机关系何项军队所设，传谕各该军官遵照迭次命令，即日一律裁撤。如敢违抗，即商该管上级官，或呈由本大元帅派队前往勒令撤销，并将违令之军官严行拿办，以肃军纪而恤商艰。其各埠勒收更钱系出何人所为，并候饬由省长查明禁止可也。单存。此令。

（中华民国陆海军大元帅之印）

中华民国十三年四月　日

据《大元帅指令第三六九号》，载广州《陆海军大元帅大本营公报》第十一号，一九二四年四月二十日

批伍朝枢请令前方军官予英商符鲁士特放行呈

（一九二四年四月十八日）

大元帅指令第三七〇号

令大本营外交部长伍朝枢

---

① 原令未署日。查《大元帅指令第三六八号》及《大元帅指令第三七〇号》均为四月十八日公布，酌置于四月十八日。

呈请电令前方军官即予放行英商符鲁士特由。

呈悉。候电令前方各军长官遵照放行可也。此令。

（中华民国陆海军大元帅之印）

中华民国十三年四月十八日

据《大元帅指令第三七〇号》，载广州《陆海军大元帅大本营公报》第十一号，一九二四年四月二十日

批财政委员会请更正第二十七次议决
报告案第十二项记录呈

（一九二四年四月十八日）

大元帅指令第三七一号

令财政委员会

呈称第二十七次议决报告案内第十二项记录错误，请赐更正由。

呈悉。准予更正备案。此令。

（中华民国陆海军大元帅之印）

中华民国十三年四月十八日

据《大元帅指令第三七一号》，载广州《陆海军大元帅大本营公报》第十一号，一九二四年四月二十日

批李福林请令行军政部立将
著匪何瑶等尽法惩办呈

（一九二四年四月十八日）

大元帅指令第三七二号

令东路讨贼军第三军军长李福林

呈请令行军政部立将著匪何瑶等尽法惩办由。

呈悉。已另行军政部按法惩办矣。此令。

（中华民国陆海军大元帅之印）

中华民国十三年四月十八日

据《大元帅指令第三七二号》，载广州《陆海军大元帅大本营公报》第十一号，一九二四年四月二十日

着黄明堂进攻南路令

（一九二四年四月十九日）

协同豫军进攻南路。

据《准备南征之忙迫》，载一九二四年四月十九日《广州民国日报》

着黄绍竑参加南路作战令

（一九二四年四月十九日）

派队参加南路作战。

据《准备南征之忙迫》，载一九二四年四月十九日《广州民国日报》

着何家猷迅予设法维持石龙电报局经费开支令

（一九二四年四月十九日）

大元帅训令第一六九号

令广东电政监督何家猷

据石龙电报局局长卢崇章电称："窃以东江战事重开，石龙为前敌中枢，接转军电经译日夜无休，是同人等之职责所在，未敢告劳。惟是军事旁午之秋，欲期

各勉力前途，为我西南政府效忠致果，必须各得瞻仰。查职局自东江军兴以来，积欠经费千五百余元，月望电政监督之接济未及半数，仅能维持伙食、修理线路及局用等费用而已。目下东江战事重张，商电报费收入比前更少，似此情形无难有绝粒之虞，各员生工役等睹此情形，神意颓然。局长一人之力微，平日之消息灵敏，路线通畅，惟员生工役奋力之果。深恐该员生工役等瞻仰困难而致神意不存，影响战事，前途实足为虑。又我军得胜节节，前各处线路多被毁，继迭接各方函电催促修理杆线，经屡问电政监督，请领款项修理杆线及接济经费，而每次发给不过二三十元，即员生工役伙食几且不敷。值此大敌当前，各项消息全赖电报传递，若不发款修理各线及各员生工役薪饷，殊难维持。在局长一人撤差事微，贻误军情事大。迫得电恳钧座拨款维持，以利戎机，伏乞电令遵行。临电不胜待命之至"等情前来。查该局长所陈各节尚属实情，合行令仰该监督迅予设法维持，免误戎机。切切。此令。

（中华民国陆海军大元帅之印）

中华民国十三年四月十九日

据《大元帅训令第一六九号》，载广州《陆海军大元帅大本营公报》第十一号，一九二四年四月二十日

批程潜拟添设党务科管理党务函

（一九二四年四月十九日）

交中央执行委员会酌量办理。文批。

附一：程潜原函

（一九二四年四月十八日）

大元帅钧鉴

　　自钧座提倡党治以来，凡政府所辖之各机关职员皆同隶于一党籍之下，因之党务进行随在与各机关有密切之关系，而各机关对于党部乃益觉有联络之必要。

惟查各机关职员类皆各有职责，往往对于党员与党部应生关系或应负责任之处多苦无暇顾及，此其弊害，近之阻党部扩展党务之谋，远之启党员忽视党务之渐，急应有法以资防止。职部现拟于总务厅添设党务科，派一熟谙党务之员专管关于部中与党务有关之一切事项，以期免去前项弊害而与党务进行以莫大之利益。职再三筹度，以为实不可缓之举，并恳帅座俯纳愚见，令行各机关一律查照前项办法，特委专员管理党务，庶几责有专归事无留误，于以贯彻党治之精神，实国家前途之至幸也。谨贡区区，敬祈裁督施行，毋任待命之至。恭叩崇安。

大本营军政部长（印）

程潜谨呈

四月十八日

附二：中国国民党中央执行委员会致程潜函

（一九二四年四月二十九日）

径启者：奉总理发下台函一件，内开请放总务厅添设党务科专管党务，并请令行各机关一律照办等由，经提出本会第二十四次会议决议照谭委员修正案办理，全文如下："谭委员平山修正案：查程同志所陈各机关职员因职务上关系不能兼理党务自是实情，但于各机关总务厅设专员办理党务实际上生出两种弊病，即（一）党务变成政务之一小部分，（二）办党务者变成行政机关之一个属吏，因此遂生如下结果，完全受政治上支配，而党不能支配政治，故所陈办法不能采纳。但为救济上起见，在各机关内如有党员五人以上，可就该机关组织一个区分部，仍然隶属于所在地之区党部，如此非尽善，但可减轻弊病，同时亦可解决现在困难。"奉转前因相应录案，函请查照办理，是为至盼。此致。

军政部长程潜同志

中央执行委员会

戴季陶、廖仲恺（签名）

据原件，台北、中国国民党

文化传播委员会党史馆藏

饬各招抚使不得在省设署办事令

（一九二四年四月二十日）

特令各招抚使：不得在省设署办事，藉势招摇。

据《两招抚署将改办事处》，载一九
二四年四月二十日《广州民国日报》

命东江联军务于短期之内收束东江军事令

（一九二四年四月二十日）

令迅速前进，务于短促时间收束东江军事。

据《帅令市区驻军赴前敌》，载一九
二四年四月二十日《广州民国日报》

通令各军在广九沿路部队须与
李福林所派护路军联络令

（一九二四年四月二十一日）

通令各军请饬所属遵照：在广九沿路部队，须与李军长福林所派护路军联络，协同保护，以固交通。

据《帅座关心广九路运输》，载一九二
四年四月二十三日《广州民国日报》

着财政委员会提前垫给无线电总局经费令

（一九二四年四月二十一日）①

大元帅令

着财政委员会提前垫给无线电总局经费三千元。

据陈旭麓、郝盛潮主编，王耿雄等编：《孙中山集外集》，上海，上海人民出版社一九九〇年七月出版

着财政委员会迅筹枪弹发给沈鸿英令

（一九二四年四月二十一日）②

大元帅令

广西沈总司令请领枪弹，着财政委员会迅筹五千元交军政部转饬兵工厂先制五万颗发给。

据陈旭麓、郝盛潮主编，王耿雄等编：《孙中山集外集》，上海，上海人民出版社一九九〇年七月出版

着财政委员会发给会计司特别费令

（一九二四年四月二十一日）③

大元帅令

着财政委员会发给会计司特别费七千元。

据陈旭麓、郝盛潮主编，王耿雄等编：《孙中山集外集》，上海，上海人民出版社一九九〇年七月出版

---

① 时间为财政委员会第三十一次会议决案日期。
② 时间为财政委员会第三十一次会议决案日期。
③ 时间为财政委员会第三十一次会议决案日期。

着财政委员会发交孙科特别费令

（一九二四年四月二十一日）①

大元帅令

着财政委员会发给特别费一千二百元，交孙科支给。

据陈旭麓、郝盛潮主编，王耿雄等编：《孙中山集外集》，上海，上海人民出版社一九九〇年七月出版

着财政委员会筹给佟君旅费令

（一九二四年四月二十一日）②

大元帅令

着财政委员会筹给佟君旅费五百元。

据陈旭麓、郝盛潮主编，王耿雄等编：《孙中山集外集》，上海，上海人民出版社一九九〇年七月出版

着财政委员会每日酌量发给各机关经费令

（一九二四年四月二十一日）③

大元帅令

各机关停发甚久，着财政委员会每日酌量接济，以示体恤。

据陈旭麓、郝盛潮主编，王耿雄等编：《孙中山集外集》，上海，上海人民出版社一九九〇年七月出版

---

① 时间为财政委员会第三十一次会议决案日期。
② 时间为财政委员会第三十一次会议决案日期。
③ 时间为财政委员会第三十一次会议决案日期。

着财政委员会迅速筹商拨付杨希闵公费令

（一九二四年四月二十一日）①

大元帅令

　　着财政委员会迅速筹商，指定收款机关，按日担任拨付杨总指挥行营公用杂费一千元。

据陈旭麓、郝盛潮主编，王耿雄等编：《孙中山集外集》，上海，上海人民出版社一九九〇年七月出版

着财政委员会发给黄骚特别费令

（一九二四年四月二十一日）②

大元帅令

　　着财政委员会发给黄骚特别费一千元。

据陈旭麓、郝盛潮主编，王耿雄等编：《孙中山集外集》，上海，上海人民出版社一九九〇年七月出版

批徐绍桢请褒扬节妇陈钱氏呈

（一九二四年四月二十一日）

大元帅指令第三七六号

　　令大本营内政部部长徐绍桢

　　呈请褒扬节妇陈钱氏由。

　　如呈，题颁"懿德贞型"四字，并给予银质褒章，以示褒扬。仰即转给承

---

① 时间为财政委员会第三十一次会议决案日期。
② 时间为财政委员会第三十一次会议决案日期。

领。至恳加给褒辞，以示优异一节，亦应照准，并即由部代撰给领可也。此令。

（中华民国陆海军大元帅之印）

中华民国十三年四月廿一日

据《大元帅指令第三七六号》，载广州《陆海军大元帅大本营公报》第十二号，一九二四年四月三十日

饬查办卸任两广盐运使伍汝康
补偿程船损失有无情弊令

（一九二四年四月二十二日）

大元帅训令第一七一号

令盐务督办叶恭绰

为令遵事：前据卸两广盐使伍汝康呈："办理补恤各程船损失一案，经先后交由稽核所宋经理暨赵运使查明呈覆，窒碍甚多。该商所缴一万三千元，有无另发准单未准移交等情，复经指令查明妥速议结去后，旋据覆称：遵查所缴现饷仍另发减折准单，并声明此案有违例章。"等情前来。据此，查该卸运使伍汝康办理补偿程船损失一案，并未查确，轻率补偿，有违向章，碍难照准。所有折发二万零六百二十元准单，着由盐务署责成该卸运使负责如数缴还，以重公款。至该卸运使藉词恤商，擅抵公款，办理含混，其中有无情弊，并由盐务署令饬两广盐运使严行查办，呈候核夺。仰该督办即便遵照，并转饬办理。原呈二件随发，办结仍缴存。此令。

（中华民国陆海军大元帅之印）

中华民国十三年四月二十二日

据《大元帅训令第一七一号》，载广州《陆海军大元帅大本营公报》第十二号，一九二四年四月三十日

着吴铁城派员严催租捐令

（一九二四年四月二十二日）

着即派出委员协同警兵沿门催收，限日解缴，毋得故事疲玩，妨碍要需。

据《帅令严催租捐》，载一九二四
年四月二十二日《广州民国日报》

通行各军一体保护承办什赌商人以裕饷源令

（一九二四年四月二十二日）

为令行事：据广东筹饷总局督办范石生呈称："案据承办老新城东、南、北关等处什赌合德公司商人陈必有等呈称：'窃现因军饷紧急，所有广州市河北一带、西关水陆警界范围内一切什赌，招商承办，征收饷项，以济军需。同人等集合资本，组织合德公司名目，呈请承办广州市河北一带警界范围内一切什赌，以一年为期，期内如无欠饷，别商不得加饷搀承。每天缴纳正饷银一千元，公礼一百元，另缴按饷五千元正，请给谕开办，所有承办事件，恳照附呈节略各款办理。为此具呈请求钧局察核，迅批准给谕开办，实为公便。呈附承办节略一折'等情。据此，查核所拟节略大致尚洽，认饷亦属核实，除批准给示由本月十一日起饷开办，暨函报财政委员会将饷款支配指定拨付外，理合呈报钧府察核备案，并乞通令各军一体切实保护，以卫饷源，实为公便"等情。据此，除指令"呈悉。准予备案。并候令饬军政部通行各军一体保护可也。此令"除印发外，合行令仰该部长即便遵照办理。此令。

据《帅令保护杂赌》，载一九二四
年四月二十三日《广州民国日报》

通令除广东省警卫军及经大元帅特许者外
其他所有军队不得驻扎广州市内令

（一九二四年四月二十三日）

近日广州市内劫杀之案层见叠出，据报多系不肖军人所为，殊堪痛恨。查军民杂居，易滋纷扰，况复机关林立，名目繁多，携械横行，流弊丛生，势所必至。亟应从严取缔，以肃军纪，而保公安。自今以后，凡有防地之军队，着即各回原防，不得在广州市内设立司令部或办事处、留守处。原驻市内滇军第二师各旅、团、营，着移驻西郊之西村及江村、新街一带。滇军第二军各部，着移驻东郊燕塘、石牌、东浦一带驻扎。若未有指定防地之军队，凡军师以上者，准在市上设立司令部或办事处、留守处，所辖部队亦应自行择地迁驻郊外。其他一切游击、别动、先锋、警卫、警备、梯团、支队、某路某纵队等非正式编制之军队，除广东省警卫军及经本大元帅特许者外，无论所属何军，永远不准驻扎市内设立机关。其向驻市内者，限于奉令十日内一律迁出，撤销机关。逾限即责卫戍总司令部、公安局长会同分别缴械解散。事关整军卫民，各统兵将领务宜认真办理。广州卫戍总司令、公安局长有维持市内治安之责，仍着随时查察，永保治安，仰军政部通令遵照。切切。此令。

据《限期各军移郊之帅令》，载一九二四年四月二十四日《广州民国日报》

着中央直辖第二师师长周之贞
即将拘留乡民解省讯释令①

（一九二四年四月二十四日）

特令周师长之贞，着即将拘留乡民提解来省，以凭分别讯释。

据《帅令提解桑麻乡民来省》，载一九二四年四月二十四日《广州民国日报》

批叶恭绰杨庶堪呈

（一九二四年四月二十四日）②

准如所拟办理，仍由中央军需处分别缓急，妥为分配。此批。

文

据陈旭麓、郝盛潮主编，王耿雄等编：《孙中山集外集》，上海，上海人民出版社一九九〇年七月出版

命迅筹方声涛经费令

（一九二四年四月二十四日）③

大元帅令

着财政委员会迅筹二万元，交福建省长方声涛代表苏苍具领转汇。

据陈旭麓、郝盛潮主编，王耿雄等编：《孙中山集外集》，上海，上海人民出版社一九九〇年七月出版

---

①　中央直辖第二师周之贞部于四月中与顺德县桑麻乡发生冲突，拘留乡民数十人，孙文派员调查，并着将所拘乡民解省讯释。

②　财政委员会主席委员叶恭绰、杨庶堪呈为议决担任每日解交中央军需处款项数目。

③　时间为财政委员会第三十二次会议决案日期。

着财政委员会即筹给许卓然急用费令

（一九二四年四月二十四日）①

大元帅令

　　着财政委员会即筹给许卓然急用费二千元。

据陈旭麓、郝盛潮主编，王耿雄等编：《孙中山集
外集》，上海，上海人民出版社一九九〇年七月出版

着财政委员会筹给东路军衣费令

（一九二四年四月二十四日）②

大元帅令

　　着财政委员会筹给东路军衣五千套价值。

据陈旭麓、郝盛潮主编，王耿雄等编：《孙中山集
外集》，上海，上海人民出版社一九九〇年七月出版

饬将土丝台炮经费拨交讲武学校令

（一九二四年四月二十四日）

大元帅训令第一七七号

　　令财政委员会

　　为令饬事：案据大本营军政部部长程潜呈称："呈为呈请事：窃部长鉴于历次革命迄无圆满成功之事实，尝推求其故，虽其中直接间接之原因不一，而真正服

---

　　①　时间为财政委员会第三十二次会议决案日期。
　　②　时间为财政委员会第三十二次会议决案日期。

膺革命之军事干部人材过于缺乏，以致不能组成纯粹革命军之干部军队，实为至大原因。部长为补救前项缺点起见，曾呈请组设中央陆军教导团，以为培养军事干部人材，备他日效命国家之用，业奉钧令准予照办，并经部长遵照招选合格员生，于上年十月间开办，并经呈报各在案。嗣因本党创办陆军军官学校，奉令腾出黄埔陆军学校地址，因此感于种种困难，遂改计缩小范围，将陆军教导团名义取销，改为陆军讲武学校，就原招之学生中挑选优等生约二百余名，及由滇、粤、桂、湘各军挑送考取者约百余名（在教导团时期内，各军送请收录者甚多，因额限未收）合组一校，即就原中央陆军医院为校址。其教职各员大半由东西洋留学及本国军官学校毕业就中之优秀者，于帅座之三民主义、五权宪法尤能绝对服从，充分了解。部长并拟将该校课程于军事上应有学科外，兼授以较浅之政治、经济、社会诸学科，以期能得充分之常识。又于每星期日请各名人讲演本党主义，此讲演虽不拘题，而于现代思潮、本国情势及钧座提倡革命之原理与夫三民、五权之主张尤当特别注重。此部长前后办理教导团及陆军讲武学校之经过情形及其主张之大概也。惟查自奉令准办理教导团以来，一切招募设备、枪枝、伙食等等开办费用，皆苦无着，除由部长设法借垫外，仅就邹前财政厅长内拨归职部之土丝、台炮经费项下每月平均约九千元左右一款稍资挹注（此款原系拨充军政部经费），实在不敷甚巨。现在战事未息，国储奇绌，筹款自属不易，拟恳钧座暂将上项土丝、台炮经费俯赐明令指定作为该校常费，其不足者仍由部长另行筹补。似此办理，于政府收入所关甚微，而培养人材之效益不可计量，部长实已筹之再三，非敢冒昧渎听也。除造具预算另文赍呈外，所有职部前后办理陆军教导团及陆军讲武学校并恳指定土丝台炮经费月计九千元为校经费各缘由，理合呈请钧座俯赐察核，指令祗遵，不胜惶恐待命之至。"等情。据此，当经指令"呈悉。该校经费准予由广东土丝、台炮经费项下每月拨九千元，至该校归并军官学校之日为止。候即令行财政委员会转行广东财政厅遵照办理可也。此令"等语。除指令印发外，合行令仰该委员会即便转行广东财政厅遵照办理。切切。此令。

（中华民国陆海军大元帅之印）

中华民国十三年四月二十四日

据《大元帅训令第一七七号》，载广州《陆海军大元帅大本营公报》第十二号，一九二四年四月三十日

命廖湘芸撤销虎门护沙局长杨王超令

（一九二四年四月二十四日）

大元帅训令第一八〇号

令虎门要塞司令廖湘芸

为令遵事：案据财政委员会主席委员叶恭绰等呈称："本会本月十五日第二十九次常会会议，准沙田清理处许处长文日邮电：'请将廖司令湘芸所委虎门护沙局长杨王超撤锁〔销〕，仍由本处东莞护沙费征收委员照案收拨，乞核示。'遵案议决，由本会呈请大元帅令饬廖司令，将所委虎门护沙局撤销等因在案，理合录案呈请大元帅鉴核施行"等情前来。据此，除指令照准外，合行令仰该司令即便遵照，将前委护沙局长杨王超迅即撤销毋违。许崇灏原电抄发。此令。

（中华民国陆海军大元帅之印）

中华民国十三年四月廿四日

据《大元帅训令第一八〇号》，载广州《陆海军大元帅大本营公报》第十二号，一九二四年四月三十日

批程潜请指定台炮经费为陆军讲武学校常费令呈

（一九二四年四月二十四日）①

大元帅指令第三八五号

令大本营军政部部长程潜

呈报该部前后办理陆军教导团及改名陆军讲武学校情形，并恳指定台炮经费为该校常费由。

呈悉。该校经费准予由广东土丝、台炮经费项下每月拨九千元，至该校归并

---

① 原令未署日。《大元帅训令第一七七号》与本令内容一致，故依其日期。

军官学校之日为止。候即令行财政委员会转行广东财政厅遵照办理可也。此令。

（中华民国陆海军大元帅之印）

中华民国十三年四月　　日

据《大元帅指令第三八五号》，载广州《陆海军大元
帅大本营公报》第十二号，一九二四年四月三十日

批叶恭绰杨庶堪请撤销虎门护沙局呈

（一九二四年四月二十四日）

大元帅指令第三八八号

令财政委员会主席委员叶恭绰、杨庶堪

呈请令饬廖司令①撤销虎门护沙局由。

呈悉。照准。已令行廖司令遵照矣。此令。

（中华民国陆海军大元帅之印）

中华民国十三年四月二十四日

据《大元帅指令第三八八号》，载广州《陆海军大元
帅大本营公报》第十二号，一九二四年四月三十日

批叶恭绰等呈报该会第三十一次会议函

（一九二四年四月二十四日）②

大元帅指令第三八九号

令财政委员会主席委员叶恭绰、杨庶堪

呈报该会第三十一次会议，决定每日由各机关担任解交中央军需处款数，并开具清单二纸，请鉴核示遵，并令行军需处查照由。呈及清单均悉。准如所拟办

---

①　廖司令即虎门要塞司令廖湘芸。

②　此件为指令稿。

理。候令行军需处分别缓急，妥为分配可也。此令。

据陈旭麓、郝盛潮主编，王耿雄等编：《孙中山集
外集》，上海，上海人民出版社一九九〇年七月出版

饬不得越权滥委护沙清佃局长令

（一九二四年四月二十五日）

大元帅训令第一八三号

令西路讨贼军总司令刘震寰

为令遵事：据广东全省沙田清理处处长许崇灏电呈称："据宝安清佃局总办兼护沙局主任陈强报称：'职奉委兼办护沙，当于县属沙井地方设局开办，遵章收费。讵被土豪陈炳南狡串防军，瞒请西路讨贼军第三师长黎鼎鉴委充护沙局长，以筹饷为名，霸收沙费，且扬言不论何处委员均予拿解等语，请示办法。'前来。正核办间，又据西路讨贼军第三路启民寒日电称：'敝部文日克复宝安县城，宝安全属沙捐兼清佃局长，经委李佩剑接充，除饬遵章办理外，仍请贵处加委。'等由。查派各局清佃护沙，均属本处职权，宝安总办陈强原为林前处长所委，崇灏接事后，以其熟悉情形，故予加委，实为筹饷紧急因事择人起见。乃西路第三师既委护沙局，第三路又占委清佃局，不外藉口筹济军食。伏思统一财政，早奉明令切实进行，无论何军给养，均由财政委员会暨中央军需处分别支配，本处收入款项亦系照案支拨。如果驻防军纷纷将征收机关占据，不特本处按月负担二十余万之饷项将归无着，更何统一之可言？且查西路军队前此进驻东莞时，占委该县清佃总办，迨经照准加委之后，所有收款分文未据解处，嗣是虎门一带应征护沙费，先经与虎门廖司令湘芸、谭司令启秀商定，拨给五成为防军伙食，而廖司令旋复派委征收，往复磋商，迄无解决。现在占据宝安清佃护沙者，又复出于第三师所部，相率效尤，大碍征收。惟有仰恳大元帅明令制止，并请刘总司令严令该管长官，将所派人员克日撤销，以重权限而维统一。仍乞大元帅、省长、刘总司令分电祗遵"等情前来。查财政统一，早经明令切实进行，该宝安县护沙局长，及全属沙捐兼清佃局长等职，既属沙田范围，应由广东沙田清理处处长委充，

方符定制。该西路讨贼军第三师长黎鼎鉴等逾越职权，滥委各局长，不独累乱章制，并且破坏财政统一，殊属不合。仰该总司令即转饬该师长等，将所派人员克日撤委，并令行所属，嗣后勿得再侵夺各行政机关，致干究办。切切。此令。

（中华民国陆海军大元帅之印）

中华民国十三年四月二十五日

据《大元帅训令第一八三号》，载广州《陆海军大元帅大本营公报》第十二号，一九二四年四月三十日

批财政委员会请令蒋军长停止抽收芳村花地等处筵席捐呈

（一九二四年四月二十五日）

大元帅指令第三九一号

　　令财政委员会

　　呈请令行蒋军长转饬军需筹备处停止抽收芳村花地等处筵席捐由。

　　呈悉。省河水陆筵席捐，既经指定全数拨充省市教育经费，而芳村、花地等处，均在永春公司原定承抽区域之内，自不能另由滇军招商挽收，致妨教育。仰候令行蒋军长，将核准福利公司承收三五眼桥、花地上下芳村崇文二十四乡等处筵席捐之案即日撤销可也。附件存。此令。

（中华民国陆海军大元帅之印）

中华民国十三年四月二十五日

据《大元帅指令第三九一号》，载广州《陆海军大元帅大本营公报》第十二号，一九二四年四月三十日

通令各军将沿路官兵一律撤退令

（一九二四年四月二十五日）

　　过〔通〕令各军将住在沿路车站各官兵一概撤退，并严禁各官兵不得干涉行

车事宜。此令。

孙文

中华民国十三年四月二十五日

据原件影印件，载谭延闿编：《总理遗墨》第三辑，出版时间不详①

饬知杨希闵所有何克夫选拔之部队
着即调赴东江受其指挥令

（一九二四年四月二十五日）

所有何克夫选拔之部队，着即调赴东江，受杨总司令指挥服务。其直辖第一军在东江部队，着即调赴连阳，遵照前命部署，并仰转行遵照。

据《军队陆续出发助战》，载一九二四年四月二十五日《广州民国日报》

饬各军不得加抽盐斤附捐令

（一九二四年四月二十六日）

大元帅训令第一八六号

令大本营军政部长程潜

为令饬事：案据财政委员会呈称："为呈请事：本会本月十五日第二十九次常会会议赵运使士觐提议维持盐税办法请会公决案，议决由本会呈请大元帅明令维持等因在案。理合录案呈请钧座鉴核施行"等情。据此，当经指令"呈悉。仰候令军政部转令中央直辖第一军朱军长所部王师，立将在北江一带所设抽收盐斤费用之机关悉予撤销，并通行各军不得加抽盐斤附捐及保护查验等费，以恤商艰而

---

①　估计于二十世纪三十年代出版。

维正税可也。附件存。此令"等语。除指令印发外，合行钞录原议案，令仰该部即便转令朱军长所部王师，并通行各军一体遵照可也。此令。

（中华民国陆海军大元帅之印）

中华民国十三年四月二十六日

附：原议案

查盐税收入之多寡，恒视运销之畅滞而定。自军兴以来，地方多故，河道梗塞，运销既感困难，收税自然短绌，前此驻防各地军队，加抽盐斤附捐及保护查验等费，益令商人成本增重，销售为艰，迭经分别呈报帅座暨咨行各军取销在案。现在梧州运商因刘、李各军冲突影响，暂行停运。连阳运商则因朱军长所部王师沿途抽收盐斤费用凡十三处，以至商人筹缴无从。坪石各处现正酝酿停运，将成事实。若不即予设法维持，西北两江饷盐绝迹，固属有碍民食。际此东江战事重开，筹缴饷糈，必因此亦更无把握。影响大局，诚不浅也。究应如何设法维持之处，谨提出议案，敬请公决。两广盐运使赵士觐。

据《大元帅训令第一八六号》，载广州《陆海军大元帅大本营公报》第十二号，一九二四年四月三十日

准予核销王棠呈送十二年二至九月份计算书等件令

（一九二四年四月二十六日）

大元帅训令第一八七号

令大本营会计司

为令知事：前据卸大本营会计司长王棠呈送十二年二月份起至九月二十日止计算书等件，又更正十二年四、五、六、七等月份临时支出计算书等件，请予核销各等情前来，当经发交大本营审计局审核。兹据呈覆："审核该司长任内，除收入各款，各机关解款数目尚未完全编送，无从核对，俟编送齐全再行核销外，

共各月支出经常费赏恤伤兵各费，共应乙百二十八万二千乙百九十八元七角二分四厘，核对尚属相符。又十二年四、五、六、七等月份临时支出共乙百七十四万二千八百九十七元二角六分七厘，核数尚属相符，分别请予核销"等情。据此，除指令外，合行分〔令〕仰该司长查照转知该卸司长知照，并分别另缮各月份计算书、收支对照表各一份呈候备案。此令。

（中华民国陆海军大元帅之印）

中华民国十三年四月二十六日

据《大元帅训令第一八七号》，载广州《陆海军大元帅大本营公报》第十二号，一九二四年四月三十日

饬撤销坟山登记案令

（一九二四年四月二十六日）

大元帅训令第一八八号

令大理院院长兼管司法行政事务吕志伊

为令行事：据财政委员会主席叶恭绰等呈称："呈为呈请事：本会本月七日第二十七次常会会议，孙委员科提议：坟山税契奉帅谕着令撤销，业已遵照停办。兹查坟山登记事同一律，请由本会公决呈请大元帅，令大理院并将坟山登记案撤销，以符取销坟山税契之本旨一案，议决由会呈请大元帅令饬大理院将坟山登记案撤销等因在案。理合录案呈请大元帅鉴核施行"等情前来。除指令"呈悉。应照准。候令行大理院遵照办理可也。此令"印发外，合行令仰该院长即便遵照。此令。

（中华民国陆海军大元帅之印）

中华民国十三年四月二十六日

据《大元帅训令第一八八号》，载广州《陆海军大元帅大本营公报》第十二号，一九二四年四月三十日

批财政委员会为赵士觐提议维持盐税办法呈

（一九二四年四月二十六日）

大元帅指令第三九八号

令财政委员会

呈为赵远运使提议维持盐税办法由会议决，请明令施行由。

呈悉。仰候令军政部转令中央直辖第一军朱军长所部王师，立将在北江一带所设抽收盐斤费用之机关悉收〈予〉撤销，并通行各军不得加抽盐斤附捐及保护查验等费，以恤商艰而维正税可也。附件存。此令。

（中华民国陆海军大元帅之印）

中华民国十三年四月二十六日

据《大元帅指令第三九八号》，载广州《陆海军大元帅大本营公报》第十二号，一九二四年四月三十日

批林翔审核王棠更正十二年四至七月份
临时支出计算书等件呈

（一九二四年四月二十六日）

大元帅指令第三九九号

令大本营审计局长林翔

呈覆审核卸大本营会计司长王棠呈更正十二年四、五、六、七等月份临时支出计算书等件尚属相符由。

呈悉。已令行大本营会计司查照转知矣。此令。

（中华民国陆海军大元帅之印）

中华民国十三年四月二十六日

据《大元帅指令第三九九号》，载广州《陆海军大元帅大本营公报》第十二号，一九二四年四月三十日

批叶恭绰杨庶堪请令饬大理院撤销坟山登记案呈

（一九二四年四月二十六日）

大元帅指令第四〇〇号

令财政委员主席叶恭绰、杨庶堪

呈请令饬大理院撤销坟山登记案由。

呈悉。应照准。候令行大理院遵照办理可也。此令。

（中华民国陆海军大元帅之印）

中华民国十三年四月二十六日

据《大元帅指令第四〇〇号》，载广州《陆海军大元
帅大本营公报》第十二号，一九二四年四月三十日

饬知海防司令林若时非由帅令不准借舰令

（一九二四年四月二十六日）

自后各军借用巡舰，非由帅座下令不得擅借。

据《非由帅令不准借舰》，载一九二
四年四月二十六日《广州民国日报》

通令驻防恩开新台赤五邑各军
切实保护德和公司以卫饷源令

（一九二四年四月二十六日）

案据广东筹饷总局督办范石生呈称："呈为呈请事：案据德和公司商人张敬三呈称：'窃敝公司遵照筹饷署法令，承办恩、开、新、台、赤五邑①防务经费（中

---

① 恩、开、新、台、赤五邑即广东省之恩平、开平、新会、台山、赤溪五县。

略）'等情前来。查核所拟章程大致尚洽，论饷亦比从前每日增加一千元，当经批准承办，（中略）理合备文呈请鉴核，俯赐令饬五邑财政整理处处长，迅将从前拨付各军案饷数目列册呈筹饷局，核定令发下局，俾得照案拨付，并通令驻防五邑各军将领，饬属切实保护，以卫饷源"等情。据此，当经指令"呈悉。恩、开、新、台、赤五邑防务经费，既经该总局批准德和公司承办，仰候令饬广东财政整理处按日由防务经费项下拨付各军军饷数目，查明列表呈报，以凭核定饬局照拨。并候令行军政部通行驻防五邑各军切实保护可也。此令"等语。除指令印发并分行外，合行令仰该部长即便遵照，通行各军切实保护。切切。此令。

据《令保护五邑赌商》，载一九二四
年四月二十六日《广州民国日报》

批李福林报拿获匪徒讯供拟办情形呈

（一九二四年四月二十六日）

大元帅指令第四〇一号

令东路讨贼军第三军军长李福林

呈报拿获匪徒讯供拟办情形，请示遵办由。

呈悉。匪犯冯标、黎咸二名，胆敢伙党行劫并敢拒捕，实属不法，自应按照军法处以枪决，以昭炯戒。仰即遵照执行可也。此令。

（中华民国陆海军大元帅之印）

中华民国十三年四月二十六日

据《大元帅指令第四〇一号》，载广州《陆海军大元
帅大本营公报》第十二号，一九二四年四月三十日

饬大本营参谋处催促航空局长陈友仁
率全队飞机移防博罗令

（一九二四年四月二十七日）

再函航空局长陈友仁，催促进行。所需款项，另饬财政委员会赶筹。

据《飞机队积极助战》，载一九二
四年四月二十八日《广州民国日报》

着广东无线电总局组织前敌无线电队令

（一九二四年四月二十七日）

特着广东无线电总局组织前敌无线电队，赶速出发。

据《无线电队今日出发》，载一九二
四年四月二十八日《广州民国日报》

着兵工厂厂长马超俊航空局局长陈友仁
运输轰炸弹药赴东江令

（一九二四年四月二十七日）

刻日运输炸爆轰烈战品赴东江。

据《实行轰炸惠州城》，载一九二
四年四月二十九日《广州民国日报》

饬滇军廖行超部退离广州市区转赴西郊令

（一九二四年四月二十八日）

一律退离广州市，转赴西郊一带，择要扼守。

据《滇军准备移郊》，载一九二四
年四月二十八日《广州民国日报》

批广东省财政厅为商人张志澄条陈军队
擅办厘捐请再申禁令呈

（一九二四年四月二十八日）

呈悉。商人张志澄条陈各节，固属切中时弊。惟军队擅办厘捐，迭经严令禁止，不啻三令五申，其奸商瞒承者，亦饬没收家财，从重惩办，立法可谓甚严。目前办法，应由该厅随时查明，如何处厘捐尚为防军占据，即商请该军长官饬令交还，或查有何项军队在何处擅征什捐，即商请该管长官勒令停收，以期令出惟行，财政渐就整理。所请再申禁令，暨予市公安局以惩治奸棍之权之处，均无庸议。此令。

据《令财厅请各军交还厘捐》，载一九
二四年四月二十九日《广州民国日报》

着财政委员会每月拨陆军军官学校经费令

（一九二四年四月二十九日）①

大元帅令

　　着财政委员会由五月起，每月拨陆军军官学校经费三万元。

据陈旭麓、郝盛潮主编，王耿雄等编：《孙中山集
外集》，上海，上海人民出版社一九九〇年七月出版

着首先维持海防司令部经费令

（一九二四年四月二十九日）②

大元帅令

　　着财政委员会首先维持海防司令部每日经费。不得一日欠缺。

据陈旭麓、郝盛潮主编，王耿雄等编：《孙中山集
外集》，上海，上海人民出版社一九九〇年七月出版

着财政委员会提前发给路孝忱所部给养费令

（一九二四年四月二十九日）③

大元帅令

　　着财政委员会提前发给路孝忱所部给养十五日，以备出发前方。

据陈旭麓、郝盛潮主编，王耿雄等编：《孙中山集
外集》，上海，上海人民出版社一九九〇年七月出版

---

　　①　财政委员会议决："陆军军官学校每月经费三万元，由公安局租捐项下，筹拨一万五千元，财政厅筹拨五千元，市政厅筹拨五千元，筹饷局筹拨五千元。"时间为财政委员会第三十四次会议决案日期。

　　②　时间为财政委员会第三十四次会议决案日期。

　　③　时间为财政委员会第三十四次会议决案日期。

着财政委员会发给杨希闵电话费令

（一九二四年四月二十九日）①

大元帅令

据杨总司令希闵请给架设电话等费二千元，着财政委员会筹拨。

据陈旭麓、郝盛潮主编，王耿雄等编：《孙中山集外集》，上海，上海人民出版社一九九〇年七月出版

命广东财政厅拨发陆军讲武学校补助经费令②

（一九二四年四月二十九日）

大元帅令

由土丝台炮经费项下，每月拨解九千元，请迅转广东财政厅查照饬拨。

据陈旭麓、郝盛潮主编，王耿雄等编：《孙中山集外集》，上海，上海人民出版社一九九〇年七月出版

着豫军总司令樊钟秀率部前往受其指导作战令

（一九二四年四月三十日）

大元帅令

肃清东江，业饬两路联军协力进行，节节均获胜利。前进渐远，部署宜周，残敌负隅，并应同时剿办。即着豫军总司令樊钟秀迅率所部协同第一路联军，前往肃清海陆丰沿海地区。关于作战，受第一路联军总指挥杨希闵之指导。至南路匪患，仍着南路各军会剿办理可也。除分行外，特此令达。此令第一路联军总指

---

① 时间为财政委员会第三十四次会议决案日期。

② 财政委员会议决："财政厅另筹，不必由土丝台炮经费项下拨。"时间为财政委员会第三十四次会议决案日期。

挥杨希闵。

孙文

据《豫军东调之明令》，载一九二
四年五月五日《广州民国日报》

着李烈钧出发前方协同策画一切令

（一九二四年四月三十日）

出发前方，协同策画一切。

据《李烈钧运筹决胜》，载一九二
四年四月三十日《广州民国日报》

饬知广州市政厅请沙博士勷办市政令①

（一九二四年四月三十日）

请沙博士勷办市政。

据《洋员勷办市政》，载一九二
四年四月三十日《广州民国日报》

致广州市公安局谦辞各团体
举行总统就职庆祝活动令

（一九二四年四月三十日）

报载五月五日广州各团体举行总统就职庆祝。现粤境逆贼尚待肃清，人民困苦颠连，拯救莫及。抚躬自问，良用恻然。方今时局艰危，敌氛未靖，凡我同志，

---

① 沙博士即德国沙美博士。

亟宜实心实力，共济时艰。其举行纪念庆祝典礼，徒饰耳目，无裨远大，应无庸议。着广州市公安局转饬各团体社会一体知照。

据《帅座不尚虚文》，载一九二

四年四月三十日《广州民国日报》

原驻广九铁路各处军队一律撤退
所属不得干涉行车事宜令

（一九二四年四月三十日）

大元帅令

　　广九铁路为东路作战军基路所在，交通保护应策周详。前以责无专员，各军分兵驻守，致多疏漏。兹经任周自德①为广九铁路护路司令，所有该铁路全线及其附近，统责成周自德负责保护，以利输运。其原驻广九铁路各处军队，除关于作战各军办理后方勤务事宜，得于交通辐辏点酌驻军队办理要公外，应着一律撤退。其各该军队撤退时期，由护路司令通报办理，并仰各军长官转饬所属不得干涉行车事宜，免碍交通。切切。此令。

据《周自德负铁路全责》，载一九二

四年四月三十日《广州民国日报》

追赠王守愚令

（一九二四年四月三十日）

大元帅令

　　据大本营军政部长程潜呈：议复故东路讨贼军前敌总指挥部参议王守愚、前代鄂西总司令剧战宜施，去年讨贼军由闽回粤，尤多尽力，积劳致疾，遽以不起，拟请追赠陆军中将，并从优抚恤等情。王守愚着追赠陆军中将，并照中将积劳病

---

　　①　周自德应为周自得。

故例给恤，以彰忠荩，而示来兹。此令。

（中华民国陆海军大元帅之印）

中华民国十三年四月三十日

据《大元帅令》，载广州《陆海军大元帅大本营公报》第十二号，一九二四年四月三十日

追赠蔡锐霆令

（一九二四年四月三十日）

大元帅令

　　大本营军政部长程潜呈：查核故前赣军独立旅长蔡锐霆，矢死殉国，事实相符，请追赠陆军中将。蔡锐霆着追赠陆军中将，并照阵亡例议恤，以慰英灵。此令。

（中华民国陆海军大元帅之印）

中华民国十三年四月三十日

据《大元帅令》，载广州《陆海军大元帅大本营公报》第十二号，一九二四年四月三十日

批程潜拟请追赠王守愚陆军中将
并照中将积劳病故例给恤呈

（一九二四年四月三十日）

大元帅指令第四〇五号

　　令大本营军政部长程潜

　　呈为核议拟请追赠王守愚陆军中将并照中将积劳病故例给恤由。

　　呈悉。已有明令追赠给恤矣。仰即知照。此令。

（中华民国陆海军大元帅之印）

中华民国十三年四月三十日

据《大元帅指令第四〇五号》，载广州《陆海军大元帅大本营公报》第十二号，一九二四年四月三十日

批程潜因该部警卫团团附刘振寰
积劳病故请以少将赠恤呈

（一九二四年四月三十日）

大元帅指令第四〇七号

令大本营军政部部长程潜

呈该部警卫团团附刘振寰积劳病故，拟请照章以少校赠恤，乞核示祗遵由。

呈悉。照准。此令。

（中华民国陆海军大元帅之印）

中华民国十三年四月三十日

据《大元帅指令第四〇七号》，载广州《陆海军大元
帅大本营公报》第十二号，一九二四年四月三十日

批鲁涤平请成立水陆巡缉队呈

（一九二四年四月三十日）

大元帅指令第四一〇号

令禁烟督办鲁涤平

呈为成立水陆巡缉队并送编制饷章表，乞鉴核由。

呈、表均悉。准如所拟办理。表存。此令。

（中华民国陆海军大元帅之印）

中华民国十三年四月三十日

据《大元帅指令第四一〇号》，载广州《陆海军大元
帅大本营公报》第十二号，一九二四年四月三十日

派赵西山赴西北传谕各军令

（一九二四年四月）

派大本营出勤委员赵西山前赴西北，传谕陕军、同志、各军将领，迅速协同一致，讨贼救国。此令。

据台北、中国国民党文化传播
委员会党史馆编：《史料汇编》

批孔绍尧荐蔡君请接见函

（一九二四年四月）

着秘书长代见。

附：孔绍尧原函

（一九二四年四月十八日）

先生钧鉴：敬呈者，绍尧前奉命携款五千元接济上海同志议员，业于上月到沪，将款交国会议员通讯处按照人数分配，已有公函，请王君宾带上，想呈钧鉴。绍尧因前年赣事失败至于破产，所有旧部无款召集，钧座财政困难万分，绍尧□□知故，亦未便启齿。兹设法移交友人蔡君舒，系旧部第七路司令，前年统兵数营入赣助战，兹由南昌来粤，对于北方计划面有所陈，敬请赐予接见，俾尽悃忱，实为至感。专此敬颂。勋安。

孔绍尧谨呈

四月十八日

据原件，台北、中国国民党文化传播委员会党史馆藏

改审计局为审计处令

（一九二四年五月一日）

大元帅令

　　大本营审计局着改为大本营审计处。此令。

（中华民国陆海军大元帅之印）

中华民国十三年五月一日

据《大元帅令》，载广州《陆海军大元帅大
本营公报》第十三号，一九二四年五月十日

着广东省立银行暂拨场所一部为建设部
设立商标注册所暨权度检定所之用令

（一九二四年五月一日）

大元帅训令第一九五号

　　令大本营财政部长叶恭绰

　　为令行事：据大本营建设部长林森呈称："窃据职部工商局长兼商标注册所总办、权度检定所所长称：'职所业经依法成立，惟尚无适当地方以资办公，于进行殊有阻碍。查广东省立银行停办后，该行场所经为航空局、东江商运局等各机关借用。现东江商运局取消，剧有场所，请转呈帅府将该局原用后楼一所拨供商标注册所暨权度检定所，以资进行'等情。查商标注册、权度检定两项，均奉钧座核准施行，自应急觅相当地方设立机关，奉行职务，以副钧座保护商业、整顿地方盛意。广东省立银行地点适中，交通便利，于施行权度检查及商人注册颇见适宜。该银行后楼地方，原系东江商运局所用，现在该局既经取消，移供使用似属尚无窒碍。理合据情呈请钧座察核，俯准所请，实为公便"等情。据此，除指令照准外，合行令仰该部长即便转饬广东省立银行遵照，暂拨该行场所一部为建设部设立商标注册所暨权度检定所之用。此令。

（中华民国陆海军大元帅之印）

中华民国十三年五月一日

据《大元帅训令第一九五号》，载广州《陆海军大元帅大本营公报》第十三号，一九二四年五月十日

批程潜拟定追赠萧学智等中将等
等级并给恤办法呈

（一九二四年五月一日）

大元帅指令第四一四号

令大本营军政部部长程潜

呈拟定追赠滇军第三军军部阵亡副官长萧学智等中将等等级并给恤办法，乞令遵由。

呈悉。萧学智已明令追赠矣，余均如所拟办理。此令。

（中华民国陆海军大元帅之印）

中华民国十三年五月一日

据《大元帅指令第四一四号》，载广州《陆海军大元帅大本营公报》第十三号，一九二四年五月十日

批程潜复追赠湘军故团长黄钟珩上校并给恤呈

（一九二四年五月一日）

大元帅指令第四一五号

令大本营军政部部长程潜

呈覆追赠湘军故团长黄钟珩上校并给恤由。

呈悉。准如所请赠恤。仰即遵照办理。此令。

（中华民国陆海军大元帅之印）

中华民国十三年五月一日

据《大元帅指令第四一五号》，载广州《陆海军大
元帅大本营公报》第十三号，一九二四年五月十日

批朱世贵为严禁所部重征小北江货物情形呈

（一九二四年五月一日）

大元帅指令第四一六号

令中央直辖滇军第四师师长朱世贵

呈报严禁所部重征小北江货物情形由。

呈悉。该师长服从命令，体恤商艰，将所属防地各种勒抽机关撤销严禁，殊堪嘉许。仰仍随时饬属认真办理，毋使日久玩生，有碍商业可也。此令。

（中华民国陆海军大元帅之印）

中华民国十三年五月一日

据《大元帅指令第四一六号》，载广州《陆海军大
元帅大本营公报》第十三号，一九二四年五月十日

批程潜遵令议复已故滇军营长
王春霖等应得恤典呈

（一九二四年五月一日）

大元帅指令第四一七号

令大本营军政部部长程潜

呈为遵令议覆已故滇军营长王春霖等应得恤典由。

呈悉。准如所议，追赠王春霖为陆军中校、李春和为陆军中尉。各照阵亡例

给恤，用示矜恤。仰即由部转行知照。此令。

（中华民国陆海军大元帅之印）

中华民国十三年五月一日

据《大元帅指令第四一七号》，载广州《陆海军大元帅大本营公报》第十三号，一九二四年五月十日

批林森请暂拨广东省立银行场所一部
设立商标注册所权度检定所呈

（一九二四年五月一日）

大元帅指令第四二〇号

令大本营建设部长林森

呈请暂拨广东省立银行场所一部设立商标注册所权度检定所等情由。呈悉。准予拨用。候令行财政部转饬广东省立银行知照可也。此令。

（中华民国陆海军大元帅之印）

中华民国十三年五月一日

据《大元帅指令第四二〇号》，载广州《陆海军大元帅大本营公报》第十三号，一九二四年五月十日

令周之贞限期肃清顺属海陆盗匪

（一九二四年五月一日刊载）

大元帅训令

令顺德县县长周之贞

查近来马宁一带劫案迭出，来友邦之责言，滋人民之痛苦，非限期严办，不足迅扫贼氛。为此，令饬该县长于文到后一星期内，将顺属海陆盗匪剿办肃清，并将经过情形随时呈核，毋得延误，至干未便。切切。此令。

据《限期肃清顺属盗匪》，载一九二四年五月一日《广州民国日报》

令程潜通行各军转饬所属以重饷源

（一九二四年五月二日）①

大元帅训令

令大本营军长部长程潜

为令行事：据广东筹饷总局督办范石生、会办韦冠英呈称：案据裕成公司商人李福棠呈称云云叙至实为德便等情。据此。除指令照准外，合行令仰该部即便通行现驻省城各军，转饬所属一体保护，以重饷源。此令。

孙文

据陈旭麓、郝盛潮主编，王耿雄等编：《孙中山集外集》，上海，上海人民出版社一九九〇年七月出版

批伍学熀垫支署局经费呈

（一九二四年五月三日）

大元帅指令第四二一号

令卸兼广东船民自治联防督办伍学熀。

呈报垫支署局经费，乞察核令遵由。

呈悉。所有该卸督办垫支各款，应俟将该署报销案审核后再行筹还。仰即知照。此令。

（中华民国陆海军大元帅之印）

中华民国十三年五月三日

据《大元帅指令第四二一号》，载广州《陆海军大元帅大本营公报》第十三号，一九二四年五月十日

① 此为拟稿日期。五月五日发稿。

批程潜查核蔡锐霆等矢死殉国请明令
追赠为陆军中将并给恤呈

（一九二四年五月三日）

大元帅指令第四二二号

令大本营军政部长程潜

呈覆查核故前赣军独立旅长蔡锐霆等矢死殉国事实相符，请明令追赠为陆军中将等，并给恤由。

呈悉。蔡锐霆已明令追赠陆军中将矣，余并准如所议追赠给恤。仰即遵照办理。此令。

（中华民国陆海军大元帅之印）

中华民国十三年五月三日

据《大元帅指令第四二二号》，载广州《陆海军大元帅大本营公报》第十三号，一九二四年五月十日

批叶恭绰奉令查明彭贞元债权辒辖未清一案呈

（一九二四年五月三日）

大元帅指令第四二六号

令大本营财政部长叶恭绰

呈复办理彭贞元以债权辒辖未清，呈请令饬财政部长查明秉公核办一案情形由。

呈悉。令此。

（中华民国陆海军大元帅之印）

中华民国十三年五月三日

据《大元帅指令第四二六号》，载广州《陆海军大元帅大本营公报》第十三号，一九二四年五月十日

一律停发广东财政厅及广州市财政局
筹拨之护路经费令

（一九二四年五月五日）

大元帅令

令广九铁路护路司令周自得

为令饬事：业查广九铁路护路司令一职，昨已明令裁撤，应即赶办结束。所有原由广东财政厅及广州市财政局担任筹拨之护路经费各二百元，应截至七月十四日止，一律停发，以节经费。除分令外，合亟令仰该司令即便遵照。此令。

据《广州国民政府档案》，载中国第二历史档案馆编：《中华民国史档案资料汇编》第四辑，南京，江苏古籍出版社一九八六年九月出版

批杨庶堪惠济义仓绅董已缴足报效军饷
请明令准予永远营业呈

（一九二四年五月五日）

大元帅指令第四二八号

令广东省长杨庶堪

呈为惠济义仓绅董业已缴足报效军饷，请明令准予永远管业，并饬内政部立案由。

呈悉。惠济义仓绅董既将认缴军费十五万四千元如数缴足，其原有番、香两属各沙田自应准予永远营业，以维公产，候即令行内政部立案可也。此令。

（中华民国陆海军大元帅之印）

中华民国十三年五月五日

据《大元帅指令第四二八号》，载广州《陆海军大元帅大本营公报》第十三号，一九二四年五月十日

饬准惠济义仓番香两属沙田永远营业令

（一九二四年五月五日）

大元帅训令第一九八号

　　令大本营内政部长徐绍桢

　　为令知事：案据广东省长杨庶堪呈称："呈为呈请事：政务厅长陈树人案呈：惠济义仓原为备荒而设，创始于前清道光中叶，迄今垂八十年，凡水旱偏灾，无论本省、外省，莫不竭力施济，诚为粤省善团之嚆矢。历年积存款项购置产业，坐落于番禺、香山两属者，计有沙田六十余顷，亦为地方上共有之财团。上年粤省军兴，饷糈奇绌，当由广东全省官产清理处处长梅光培悉将仓产收归官有，变充军饷。乃一再编投，无人过问，不惜贬价求售，仅有萧永利堂、朱兴业堂等户领得香山县属大浪网、尔家环、马前沙及浪网尾等处围田水坦约十五顷，所余田坦尚多。迨十二月间，树人代行省长职务，窃见此案久悬莫结，军费亟待筹维，因思前人建设义仓，薄有积产，本属不易，一旦消灭，非所以维持善举。况夫贱价而沽，徒为资本家谋附益，与其利归一户，何如还诸众人。再四思维，总以国家军饷、地方公产两能顾全为宗旨，爰与该仓绅董商酌，属令报效军饷一十五万元，即将该仓原有田产连同已卖出之浪网等沙，亦一并收回发还营业。幸该绅董等深明大义，情愿以政府发还各产抵押款项如数具缴。其时官产已归并财政厅管理，树人商之该厅长梅光培，亦得同意，随着该仓绅董分期措缴。嗣因不敷收赎变产，再饬加缴四千元，亦愿遵办。业据该绅董等陆续缴足报效军费毫银一十五万四千元，当将已变之浪网、尔家环、马前沙及浪网尾各围田坦悉数赎回，连同未变之香、番两属各沙田坦契照，一并给还该惠济义仓永远管业，此案经已完全结束。伏念案悬半载，解决末由，今既遵谕具缴十五万元有奇，连前备价领回仓厂地址及官厅收过上年晚季田租约共银八万余元，是该仓先后筹缴各款不下二十四万余元，似于饷需不无少补。所有该仓报效军费数目及将原产发还管业各缘由，请转呈帅座饬部立案等情前来。省长复查该绅董等既遵劝谕筹缴巨款，以纾政府之急，尚属好义急公。其原有番、香两属各沙田产经已悉数发还，理合备文呈请大元帅明令准予永远管业。嗣后无论何项机关不得藉端没收，以维地方公产。并饬内政部立案施行”等情前来。据此，当经指令“呈悉。惠济义仓绅董既将认缴军费十五万四千元如数缴足，其原有番、香两属各沙田自应准予永远营业，以维公产，候即令行内政部立案可也。此令”。除指令印发外，合行令仰该部即便遵照立案。此令。

（中华民国陆海军大元帅之印）

中华民国十三年五月五日

据《大元帅训令第一九八号》，载广州《陆海军大元帅大本营公报》第十三号，一九二四年五月十日

饬广东公立警监专门学校仍归
广东高等检察厅管辖令

（一九二四年五月五日）

大元帅训令第二〇一号

令总检察厅检察长卢兴原、广东高等检察厅检察长林云陔

为令遵事：据广东省长杨庶堪呈称：“呈为呈复事：案准大本营秘书处转到奉帅谕交办总检察厅检察长卢兴原，请将广东公立警监专门学校拨归该厅直接管理等情呈文一件，正在核办间，又奉帅令据高等检察厅检察长林云陔呈请将公立警监专门学校校长仍归该厅任免等情，令饬并案核议具复酌夺等因。奉此，核阅两呈，在总检察厅方面，以为该校办理不得其人，实为改良监狱之障碍，是以有拨归该厅直接管理之请；在高等检察厅方面，以为关于监狱教育事项，依照部令应归该厅办理。现任校长系由大理院委任，办理不善，未便处理，是以有查照成例，该校校长仍由该厅任免之请。伏查该校设立之始，原名‘公立监狱学校’，于民国二年十月由前广东司法筹备处拨款开办，常年经费则以收入学费开支。如仍不敷，再由处拨助。嗣司法筹备处裁撤后，即由高等检察厅照案办理。十年八月间，该校校长伍岳以广东高等警察学校久已停办，拟将监狱学校改为警监学校，以宏造就。随即拟具章程办法，报由高等检察厅转呈前大理院徐院长核准，改定章程，并因警务关系，由院咨送前内务部查核备案。其一切校长任免、学生毕业各项，

仍由高等检察厅核办转报查核，有案可稽。此该校设立之沿革及其办理经过之情形也。本省长详加察核，窃以该校系属省立，由高等检察厅管辖已逾十年，根据成案，似无移转管辖之必要。所有任免校长、整顿校务之事，自可照案仍归高等检察厅办理。至于总检察厅系全国最高校察机关，对于狱务既负积极改良之责，即对于该校亦有间接监督之权，似无须拨归管理始可实行监督。所有遵令核议缘由，理合备文呈请鉴核。是否有当，伏乞指令祗遵"等情前来。除指令"呈悉。所称广东公立警监专门学校应照成案仍归广东高等检察厅管辖办理各节，应予照准。候分别令行总检察厅、广东高等检察厅遵照可也。此令"印发外，合行令仰该检察长即行遵照办理。毋再争执，致碍校务。切切。此令。

（中华民国陆海军大元帅之印）

中华民国十三年五月五日

据《大元帅训令第二〇一号》，载广州《陆海军大
元帅大本营公报》第十三号，一九二四年五月十日

批李福林格毙著匪何声呈

（一九二四年五月五日）

大元帅指令第四二九号

令东路讨贼军第三军军长李福林

呈报格毙著名匪首何声，请予备案由。

呈悉。准予备案。此令。

（中华民国陆海军大元帅之印）

中华民国十三年五月五日

据《大元帅指令第四二九号》，载广州《陆海军大
元帅大本营公报》第十三号，一九二四年五月十日

批程潜请红花冈永济库上盖变卖价款拨充
讲武学校及海珠修缮费呈

（一九二四年五月五日）

大元帅指令第四三〇号

令大本营军政部长程潜

呈请将市东红花冈之永济库上盖变卖，准将价款拨充讲武学校及海珠修缮费由。

呈悉。准如所请办理，仰即遵照。此令。

（中华民国陆海军大元帅之印）

中华民国十三年五月五日

据《大元帅指令第四三〇号》，载广州《陆海军大元帅大本营公报》第十三号，一九二四年五月十日

批李福林为枪决匪犯冯标黎咸日期呈

（一九二四年五月五日）

大元帅指令第四三一号

令东路讨贼军第三军军长李福林

呈报枪决匪犯冯标、黎咸日期由。

呈悉。此令。

（中华民国陆海军大元帅之印）

中华民国十三年五月五日

据《大元帅指令第四三一号》，载广州《陆海军大元帅大本营公报》第十三号，一九二四年五月十日

批杨庶堪为广东公立警监专门学校
仍应归高等检察厅管辖办理呈

（一九二四年五月五日）

大元帅指令第四三四号

令广东省长杨庶堪

呈复核议广东公立警监专门学校仍应归高等检察厅管辖办理由。

呈悉。所称广东公立警监专门学校应照成案仍归广东高等检察厅管辖办理各节，应予照准。候分别令行总检察厅、广东高等检察厅遵照可也。此令。

（中华民国陆海军大元帅之印）

中华民国十三年五月五日

据《大元帅指令第四三四号》，载广州《陆海军大元帅大本营公报》第十三号，一九二四年五月十日

批杨庶堪为香山各界代表请收回广东沙田
清理处派委东海十六沙局长成命呈

（一九二四年五月五日）

沙田清理处要旨在清理漏税而裕饷源。至于前已定案而办有成效之自护团体，诚不必多事改更，而滋流弊。着省长饬该处长慎之为要。文批。

据《大元帅指令第四百五十一号》，载广州《陆海军大元帅大本营公报》第十三号，一九二四年五月十日

着大本营财政委员会筹拨沈鸿英军用款项令

（一九二四年五月五日）

广西总司令沈鸿英缺乏子弹款项，迭据来电吁请，曾经令饬军政部拨发子弹二十万在案。兹着财政委员会筹措毫银十万元，陆续拨汇济用。切切。此令。

据《广西战局之最近趋势》，载一九
二四年五月十九日天津《大公报》

着蒋尊簋查照筹给赵连城等恤金令

（一九二四年五月六日）

大元帅训令第二○三号

令中央军需总监蒋尊簋

为令行事：据大本营军政部长程潜呈称："案奉钧座发下滇军总司令杨希闵呈以所部第一军第二师步七团第一营中校营长赵连城，讨沈①之役在银盏坳阵亡，请予追赠陆军上校，并照上校阵亡例提前给恤。又第二师警卫队少校队长赵商民，江防会议时值沈军逞凶，从场制止，弹穿两目，竟至失明，并请提前从优给恤，俾资回籍等情。并呈缴调查表各一份，军医诊断书一份到部。查该已故中校营长赵连城身先士卒，为国捐躯，核与陆军战时恤赏章程第七章第十八条事实相符；该少校队长赵商民因公受伤，竟成残废，核与陆军战时恤赏章程第四章第八条事实相符，似应均予照准，以示矜恤而昭激劝。至所请提前发给阵亡赵连城一次恤金一千元、阵伤赵商民年金四百五十元俾资回籍一节，如蒙俞允，敬恳令饬中央军需处筹拨发给，以清手续。是否有当，伏乞训示祗遵"等情。据此，除指令照

---

① 沈即沈鸿英。

准外，合行令仰该总监即便查照筹给，以示矜恤。此令。

（中华民国陆海军大元帅之印）

中华民国十三年五月六日

据《大元帅训令第二〇三号》，载广州《陆海军大
元帅大本营公报》第十三号，一九二四年五月十日

批程潜请令饬中央军需处筹给滇军营长
赵连城等恤金呈

（一九二四年五月六日）

大元帅指令第四三六号

　　令大本营军政部长程潜

　　呈请令饬中央军需处筹给滇军营长赵连城恤金、队长赵育民年金由。

　　呈悉。准如所请，已令行中央军需处查照筹给矣。此令。

（中华民国陆海军大元帅之印）

中华民国十三年五月六日

据《大元帅指令第四三六号》，载广州《陆海军大
元帅大本营公报》第十三号，一九二四年五月十日

批朱世贵撤销护商机关呈

（一九二四年五月六日）

大元帅指令第四三七号

　　令中央直辖滇军第四师师长朱世贵。

　　呈报经已撤销护商机关由。

　　呈悉。此令。

（中华民国陆海军大元帅之印）

中华民国十三年五月六日。

据《大元帅指令第四三七号》，载广州《陆海军大
元帅大本营公报》第十三号，一九二四年五月十日

饬严拿陆领归案以肃军纪令

（一九二四年五月七日）

大元帅训令第二〇四号

令番东顺剿匪司令李福林

为令遵事：据广东筹饷总局督办范石生呈称："据承办南海县江浦属赌饷永福公司商人报称：上月二十九日，忽有陆领所部队伍到官山墟，将原驻防滇军第七师蔡旅完全缴械，并将公司捣毁，声言无论何人，不得在此收取赌饷，如不遵行，定必杀毙，请予维持等语。经派员调查属实，并查悉陆领队伍在官山行同盗贼，贻害地方。此次捣毁承饷公司，擅将驻防军队缴械，实属目无法纪，应请令饬番东顺剿匪司令迅派队伍驰往剿办，以安商民而维功令"等情。据此，应予准照办理，合行令仰该司令即便遵照协同范督办办理，务将陆领拿获究办，其部众悉行缴械，以儆凶顽而肃军纪。切切。此令。

（中华民国陆海军大元帅之印）

中华民国十三年五月七日

据《大元帅训令第二〇四号》，载广州《陆海军大元帅大本营公报》第十三号，一九二四年五月十日

批许崇智销假到部视事日期呈

（一九二四年五月七日）

大元帅指令第四三八号

令东路讨贼军总司令许崇智

呈请销假并到部视事日期由。

呈悉。此令。

（中华民国陆海军大元帅之印）

中华民国十三年五月七日

据《大元帅指令第四三八号》，载广州《陆海军大元帅大本营公报》第十三号，一九二四年五月十日

批李福林剿办马宁河面劫匪暨
截获西盛东意两轮情形呈

（一九二四年五月七日）

大元帅指令第四三九号

令东路讨贼军第三军军长李福林

呈报剿办马宁河面劫匪暨截获"西盛"、"东意"两轮情形，乞交部备案由。

呈悉。准予交部备案。此令。

（中华民国陆海军大元帅之印）

中华民国十三年五月七日

据《大元帅指令第四三九号》，载广州《陆海军大
元帅大本营公报》第十三号，一九二四年五月十日

着财政委员会筹济闽军经费令

（一九二四年五月八日）①

大元帅令

着财政委员会筹济闽军总司令臧致平毫银一万元，由党务委员江董琴具领
转汇。

据陈旭麓、郝盛潮主编，王耿雄等编：《孙中山集
外集》，上海，上海人民出版社一九九○年七月出版

---

① 时间为财政委员会第三十六次会议决案日期。

着财政委员会再发款给方声涛令

（一九二四年五月八日）①

大元帅令

　　福建省长兼民军总司令方声涛迭电请款，着财政委员会再发二万元交该省代表苏苍转汇。

据陈旭麓、郝盛潮主编，王耿雄等编：《孙中山集
外集》，上海，上海人民出版社一九九〇年七月出版

着财政委员会筹措沈鸿英子弹费十万元令

（一九二四年五月八日）②

大元帅令

　　广西总司令沈鸿英请发子弹款项，着〈财政委员〉会筹措毫银十万元，陆续汇挤。

据陈旭麓、郝盛潮主编，王耿雄等编：《孙中山集
外集》，上海，上海人民出版社一九九〇年七月出版

着财政委员会筹拨沈鸿英子弹费一万五千元令

（一九二四年五月八日）③

大元帅令

　　着财政委员会筹拨沈总司令子弹费一万五千元，交兵工厂长。

据陈旭麓、郝盛潮主编，王耿雄等编：《孙中山集
外集》，上海，上海人民出版社一九九〇年七月出版

---

①　时间为财政委员会第三十六次会议决案日期。
②　时间为财政委员会第三十六次会议决案日期。
③　时间为财政委员会第三十六次会议决案日期。

着财政委员会筹发杨希闵电话费令

（一九二四年五月八日）①

大元帅令

据杨总司令希闵请给架设电话等费，兹定发二千元，着财政委员会筹发。

据陈旭麓、郝盛潮主编，王耿雄等编：《孙中山集外集》，上海，上海人民出版社一九九〇年七月出版

着发法制委员会开办费令

（一九二四年五月八日）②

大元帅令

着发给法制委员会开办费二千元。

据陈旭麓、郝盛潮主编，王耿雄等编：《孙中山集外集》，上海，上海人民出版社一九九〇年七月出版

追赠周朝宗令

（一九二四年五月八日）

大元帅令

据东路讨贼军总司令许崇智呈：所部第一旅参谋长周朝宗，护法诸役，卓著战功。前次白芒花一役，亲赴前敌阵亡，请予赠恤。经交部议复，请照陆军少将阵亡例赠恤。该故参谋长周朝宗着追赠陆军少将，并照例从优给恤，以昭忠荩。

---

① 时间为财政委员会第三十六次会议决案日期。
② 时间为财政委员会第三十六次会议决案日期。

此令。

中华民国十三年五月八日

据《大元帅令》，载广州《陆海军大元帅大本营公报》第十三号，一九二四年五月十日

着叶恭绰照例每月拨给大理院经费七千元令

（一九二四年五月八日）

大元帅训令第二〇六号

令大本营财政部长叶恭绰

为令饬事：据大理院院长兼管司法行政事务吕志伊呈称："呈为呈报事：窃查接管卷载赵前院长任内，经管款项册列收支数目总结尚多不敷，故并无分文移交过院。而职院每月预算经费，原额共应支银一万八千六百六十六元，即照前任减成给发员薪办法，每月亦须实支银九千三百余元。近来司法收入，如制发各种状纸一项，前经总检察厅呈奉令准划归该厅办理；广东坟山登记一项，复经财政委员会呈奉令准撤销；所余仅有讼费及律师请领证书费两项收入，又异常短绌，以之拨充支款，不敷殊巨。查赵前任曾援徐前大理院院长兼管司法行政事务时成例，呈请按月由财政部拨款七千元以资补助，蒙赐批交财政部酌拨在案。窃以职院属中央司法机关，为维持法律，保障人民生命财产计，不可一日停顿。合无仰恳帅恩再颁明令，责成财政部如数照拨，俾得按月具领，撙节支销，俾资维持，实为公便。所有接收前任交代实情并请饬财政部每月拨给经费缘由，理合备文具报，呈请鉴核，伏乞指示祗遵"等情前来。除指令"呈悉。所请令饬财政部依照成例每月拨给该院经费七千元各节，应予照准。候令行财政部遵照筹拨可也。此令"印发外，合行令仰该部长即遵照办理。切切。此令。

（中华民国陆海军大元帅之印）

中华民国十三年五月八日

据《大元帅训令第二〇六号》，载广州《陆海军大元帅大本营公报》第十三号，一九二四年五月十日

饬各军不得包庇开设杂赌令

（一九二四年五月八日）

大元帅训令第二〇七号

　　令中央直辖滇军总司令杨希闵、湘军总司令谭延闿、粤军总司令许崇智、桂军总司令刘震寰、豫军讨贼军总司令樊钟秀、中央直辖第一军长朱培德、中央直辖第二军军长黄明堂、中央直辖第三军军长卢师谛、中央直辖第七军军长刘玉山、北伐讨贼军第二军军长柏文蔚、北伐讨贼军第三军军长胡谦、山陕讨贼军司令路孝忱

　　为令遵事：据广东筹饷总局总办范石生、会办韦冠英呈称："窃以军需急迫，弛及赌禁，实属万不得已之举。但杂赌一端，祸人至烈，似宜严行厉禁，以顺民情。当于本月五日由职局拟定布告严禁在案。谨将原文恭缮呈报，以凭察核。仍乞钧座俯赐通令各军，约束所部，不得包庇开设，以清赌祸，实为德便"等情。据此，除指令"呈悉。查杂赌为害甚于洪水猛兽，亟应严行禁止，务绝根株。据呈前情，仰候令行各军长官严约所部，不得包庇开设，以清赌祸可也。此令"印发外，合亟令仰该总司令即便转饬所部一体遵照，嗣后不得有包庇开设杂赌情事，倘敢故违，定干严究。切切。此令。

（中华民国陆海军大元帅之印）

中华民国十三年五月八日

据《大元帅训令第二〇七号》，载广州《陆海军大
元帅大本营公报》第十三号，一九二四年五月十日

批程潜请追赠东军讨贼军第一旅参谋长
周朝宗陆军少将并从优抚恤呈

（一九二四年五月八日）

大元帅指令第四四四号

　　令大本营军政部长程潜

呈覆请追赠故东路讨贼军第一旅参谋长周朝宗陆军少校并从优抚恤由。

呈悉。准如所拟。周朝宗已明令追赠陆军少将，并照例从优抚恤矣。仰即遵照办理。此令。

中华民国十三年五月八日

据《大元帅指令第四四四号》，载广州《陆海军大元帅大本营公报》第十三号，一九二四年五月十日

批许崇智撤销东江前敌总指挥呈

（一九二四年五月八日）

大元帅指令第四四六号

令东路讨贼军总司令许崇智

呈报撤销东江前敌总指挥缘由，请察核备案由。

呈悉。准予备案。此令。

（中华民国陆海军大元帅之印）

中华民国十三年五月八日

据《大元帅指令第四四六号》，载广州《陆海军大元帅大本营公报》第十三号，一九二四年五月十日

批吕志伊请司法收入及登记费均以五成解交该院呈

（一九二四年五月八日）

大元帅指令第四四七号

令大理院长兼管司法行政事务吕志伊

呈请将广东高等审检厅等机关司法收入以及登记费均以五成解交该院等情由。

呈悉。粤省司法收入各款，前经令准广东高等审判厅高等检察厅全数留作维持粤省司法及改良监狱等项之需，并令行该院及广东省长查照在案。所请将广东高等审检厅、广州地方审检厅司法收入及登记费均以五成解交该院各节，应毋庸

议。至该院不敷经费，业据另呈令行财政部照数按月筹拨矣，仰即知照。此令。

（中华民国陆海军大元帅之印）

中华民国十三年五月八日

据《大元帅指令第四四七号》，载广州《陆海军大
元帅大本营公报》第十三号，一九二四年五月十日

批吕志伊为接收前任交代实情并请饬
财政部每月拨给经费呈

（一九二四年五月八日）

大元帅指令第四四八号

令大理院长兼管司法行政事务吕志伊

呈报接收前任交代实情并请饬财政部每月拨给经费以资维持由。

呈悉。所请令饬财政部依照成例每月拨给该院经费七千元各节，应予照准。候令行财政部遵照筹拨可也。此令。

（中华民国陆海军大元帅之印）

中华民国十三年五月八日

据《大元帅指令第四四八号》，载广州《陆海军大
元帅大本营公报》第十三号，一九二四年五月十日

批范石生会办韦冠英请通令各军
约束所部不得包庇开赌呈

（一九二四年五月八日）

大元帅指令第四四九号

令广东筹饷总局督办范石生、会办韦冠英

呈报于五月五日严禁杂赌，请通令各军约束所部不得包庇开设由。

呈悉。查杂赌为害甚于洪水猛兽，亟应严行禁止，务绝根株。据呈前情，仰

候令行各军长官严约所部，不得包庇开设，以清赌祸可也。此令。

（中华民国陆海军大元帅之印）

中华民国十三年五月八日

据《大元帅指令第四四九号》，载广州《陆海军大元帅大本营公报》第十三号，一九二四年五月十日

批程潜遵核前兵站部经理局收发子弹
数目相符请予核销呈

（一九二四年五月八日）

大元帅指令第四五七号

令大本营军政部部长程潜

呈为遵核前兵站部经理局收发子弹数目相符，请予核销由。

呈悉。前兵站部经理局十二年四月至十月收发械弹数目，既经该部长核明尚无不符，自应准予核销。仰即转行知照。原册暨统计表均存。此令。

（中华民国陆海军大元帅之印）

中华民国十三年五月八日

据《大元帅指令第四五七号》，载广州《陆海军大元帅大本营公报》第十三号，一九二四年五月十日

饬程潜查明威远沙角两炮台擅收往来船货费用
饬将款项退还令

（一九二四年五月九日）

大元帅训令第二〇八号

令大本营军政部长程潜

为令饬事：据广东省长杨庶堪呈称："为呈请事：现据粤海关税务司巴尔函

称：据常关副税务司呈转'兴台'、'利商'两渡商分词呈称：'窃民渡等于本月十四日由港启行返省，行至沙角地面，忽被威远炮台驻兵着照原纳厘税减半收费，方准开行。计兴合渡缴纳毫洋二十八元，利商渡缴纳毫洋二十四元，均有收据。查额外征税，系属非法，历经帅令禁止。今复巧立名目征收伙食费，不特显违禁令，即税收亦蒙影响。除照案函请军政部查禁外，合将原呈二件、收据一纸、照录一折函送察核，立行禁止并饬该炮台驻兵将所收之费，交由本关转给该渡船等收领，实为公便'等情。据此，查威远、沙角两炮台对于船渡滥行征费，殊属显违禁令，妨碍税务，亟应严禁。据函前情，除函复外，理合抄具原折转呈察核，伏冀令行各该炮台长官历行查禁，并饬将收过款项交还具领，以符明令，而维税收"等情。据此，当经指令"呈悉。威远、沙角两炮台胆敢藉口伙食不足，擅向往来船货勒收费用，实属显违禁令，贻害商旅。仰候令行军政部查明，饬将收过款项退还，并严禁以后不得再行滥征。如违即予拿办，以肃军纪可也，此令"等语。除指令印发外，合行令仰该部长即便遵照查明严禁，仍将办理情形报查。切切。此令。

（中华民国陆海军大元帅之印）

中华民国十三年五月九日

据《大元帅训令第二〇八号》，载广州《陆海军大元帅大本营公报》第十三号，一九二四年五月十日

批杨庶堪请令威远沙角两炮台长官将收过款项交还呈

（一九二四年五月九日）

大元帅指令第四五九号

令广东省长杨庶堪

呈请令行威远、沙角两炮台长官查禁勒收船费，并饬将收过款项交还由。

呈悉。威远、沙角两炮台胆敢藉口伙食不足，擅向往来船货勒抽费用，实属显违禁令，贻害商旅。仰候令行军政部查明，饬将收过款项退还，并严禁以后不

得再行滥征。如违即予拿办，以肃军纪可也。折存。此令。

（中华民国陆海军大元帅之印）

中华民国十三年五月

据《大元帅指令第四五九号》，载广州《陆海军大
元帅大本营公报》第十三号，一九二四年五月十日

面谕冯启民护路司令专司保护往来车辆令①

（一九二四年五月上旬）

护路司令专司保护往来车辆。车站以外沿路附近地方防务，仍由各该驻防军队照常负责维持，是护路警备，各有专司。

据《冯启民任广九路警备》，载一九
二四年五月十二日《广州民国日报》

令广东省长杨庶堪遴派妥员
接收粤军驻各防地财政

（一九二四年五月十一日）②

查粤军各部队亟宜切实改编整顿。应令粤军总司令许崇智克日就总司令职，遴派妥员接收粤军现驻各防地财政，彻底整理，以裕粮糈。俟整理就绪后，听候明令转交财政厅接收，以符财政统一本旨。除令许总司令崇智遵照外，仰即知照。此令。

据《整理粤军防地财务》，载一九
二四年五月十九日《广州民国日报》

---

① 冯启民时任西路讨贼军第三师第六旅旅长。五月九日在深圳兼任广九铁路警备司令官职。

② 五月十九日《广州民国日报》所载之令有"业于本月十一日分令该省长遵令在案"字样，故定时间为五月十一日。

饬妥为保护接待法国飞行家令

（一九二四年五月十二日）

大元帅训令第二一〇号

令广东省长杨庶堪、大本营军政部长程潜、大本营外交部长伍朝枢、航空局局长陈友仁

为令行事：查法国飞行家拟来广州，前由驻粤法领事函致该广东省长请予保护。现据该外交部长呈称：该飞行家已由印度起程，不日抵粤，应由军政部长迅速转知各军队，于该飞机经过防地时妥为保护，并由外交部航空局分别查照，妥予接待。此令。

（中华民国陆海军大元帅之印）

中华民国十三年五月十二日

据《大元帅训令第二一〇号》，载广州《陆海军大元帅大本营公报》第十四号，一九二四年五月二十日

饬严缉潜逃投敌团长欧阳洪烈令

（一九二四年五月十二日）

大元帅训令第二一一号

令大本营军政部长程潜

为令饬事：案据中央直辖滇军第三军军长蒋光亮呈称："案据职部第七师长李根云呈称：为呈请通缉以肃军纪而弭隐患事。窃职部二十七团团长欧阳洪烈，前以临阵潜逃呈报撤差拿办在案。嗣查该团长缺额蚀饷几及百名之多，并将团部伙食公款席卷而逃，当即一面派员四出踩缉，一面饬新委团长黄子荣切实查报去后。兹据探报称：该撤团长欧阳洪烈由粤逃港，投效北敌，潜谋不轨等情。查该撤团长欧阳洪烈临阵潜逃，缺额蚀饷，投效北敌，图谋不轨，实属有意为恶，不法已极，应请钧长分别转呈咨令一体上紧协缉，务获解办，以肃军纪而弭隐患等情。

据此，查该团长身膺重职，临阵潜逃，拐带公款，已属罪大恶极，乃不知革面洗心，竟敢投效北敌，谋为不轨，实属罪无可逭。除分令所属各部队从严侦缉外，理合备文呈请帅座转令各军饬属严缉，务获究办"等情。据此，除指令照准外，合行令仰该部即便遵照通行各军，一体严缉，该欧阳洪烈务获究办。切切。此令。

（中华民国陆海军大元帅之印）

中华民国十三年五月十二日

据《大元帅训令第二一一号》，载广州《陆海军大元帅大本营公报》第十四号，一九二四年五月二十日

批蒋光亮请通缉已撤第七师第二十七团团长欧阳洪烈呈

（一九二四年五月十二日）

大元帅指令第四六三号

令中央直辖滇军第三军军长蒋光亮

呈请通缉已撤第七师第二十七团团长欧阳洪烈由。

呈悉。据称已撤该军第七师第二十七团团长欧阳洪烈临阵卷款潜逃，复敢降附北敌，实属不法。仰严令饬军政部通行各军，一体严缉，务获究办可也。此令。

（中华民国陆海军大元帅之印）

中华民国十三年五月十二日

据《大元帅指令第四六三号》，载广州《陆海军大元帅大本营公报》第十四号，一九二四年五月二十日

谕知公安局长禁止何侠发起广东军官同志联盟社

（一九二四年五月十三日刊载）

何侠发起广东军官同志联盟社，迹近招摇，着公安局长速行禁止，并儆告以

党谊联络外，不准再有此等举动，如违则严办之。

据《令解散联盟社》，载一九二
四年五月十三日《广州民国日报》

核复郑洪年着严查奸商串军擅截税款令

（一九二四年五月十三日刊载）

令广东省财政厅长郑洪年

　　呈称奸商图利串军提取税款，拟以军法惩处由。呈悉。刻正力谋财政统一，嗣后该厅经管各项税款，除核准留充军饷外，自应一律解厅，以供支拨。如有奸商贪图折扣，擅将税收拨交军队，该厅自可严加查察，随时呈请惩办，以昭儆戒。此令。

据《禁奸商截饷之帅令》，载一九二四
年五月十三日《广州民国日报》（三）

着财政委员会由五月起每月拨给
陆军军官学校经费三万元令

（一九二四年五月十三日刊载）①

　　着财政委员会由五月起，每月拨陆军军官学校经费三万元，议决由公安局在租捐项下筹拨一万五千元，财政厅筹拨五千元，市政厅筹拨五千元，筹饷总局筹拨五千元。

据《帅令分担陆军校费》，载一九
二四年五月十三日《广州民国日报》

---

　　①　报道称"大本营财政委员会第三十四次会议奉大元帅令"，并函达市政厅令行财政局知照云。

派邹炳煌等分赴东江永湖等处办理安抚事宜令

（一九二四年五月十三日）①

　　为令行事：现在东江方面次第戡定，亟宜派员分途安抚，以靖地方。着派邹炳煌前往永湖方面，罗俊、张槐青前往鸭仔步，何友逊前往平山一带，曾西盛前往河源，办理安抚事宜。除分别派往外，仰该省长总司令转饬所属知照。此令。

据《派员办理东江安抚》，载一九二四年五月十四日《广州民国日报》

批大本营内政部长徐绍桢请褒扬节妇李吴氏呈

（一九二四年五月十四日）

大元帅指令第四六七号

　　令大本营内政部长徐绍桢

　　呈请褒扬节妇李吴氏由。

　　呈悉。准予题颁"节媲松筠"四字，并给予银质褒章。仰转给承领。此令。

（中华民国陆海军大元帅之印）

中华民国十三年五月十四日

据《大元帅指令第四六七号》，载广州《陆海军大元帅大本营公报》第十四号，一九二四年五月二十日

---

　　①　据一九二四年五月十四日《广州民国日报》"派员办理东江安抚"条称"昨……"酌定时间为五月十三日。

批徐绍桢请褒扬节妇伍梁氏呈

（一九二四年五月十四日）

大元帅指令第四六八号

令大本营内政部长徐绍桢

呈请褒扬节妇伍梁氏由。

呈悉。准予题颁"节孝可风"四字，并给予银质褒章。仰转给承领。此令。

（中华民国陆海军大元帅之印）

中华民国十三年五月十四日

据《大元帅指令第四六八号》，载广州《陆海军大元
帅大本营公报》第十四号，一九二四年五月二十日

批李福林捕获著匪莫鬼王忠呈

（一九二四年五月十四日）

大元帅指令第四七〇号

令番、东、顺三邑剿匪司令李福林

呈报捕获著匪莫鬼王忠，请交军政部备案由。

呈悉。据呈该部旅长王若周捕获行劫日本"大图丸"、瑞典"斯兰"等轮案内著匪莫鬼王忠等情，缉捕勤能，至堪嘉慰。所请交部备案，应予照准。获匪即严鞠重办。仍饬所部将在逃余匪，紧缉务获，以清萑苻而靖地方。此令。

（中华民国陆海军大元帅之印）

中华民国十三年五月十四日

据《大元帅指令第四七〇号》，载广州《陆海军大元
帅大本营公报》第十四号，一九二四年五月二十日

批叶恭绰撤销航运附加军费呈

（一九二四年五月十四日）

大元帅指令第四七二号

　　令大本营财政部长叶恭绰

　　呈报撤销航运附加军费由。

　　呈悉。此令。

（中华民国陆海军大元帅之印）

中华民国十三年五月十四日

据《大元帅指令第四七二号》，载广州《陆海军大元帅大本营公报》第十四号，一九二四年五月二十日

着广东省长转饬所属遵照协助禁烟令

（一九二四年五月十四日刊载）

　　据禁烟督办鲁涤平呈称："窃鸦片一物，流毒无穷，禁种禁吸，虽具科条，而渔利奸人往往阳奉阴违，乘间偷运，甚或勾引兵士，护运为名，以至毒物充盈，无可稽考。涤平受事以来，督率员司，悉心筹画，佥以为廓清烟害，惟在杜绝来源，斟酌情形，拟于各交通孔道，设立检查所各一所，遇有鸦片经过，查明确系为配制戒烟药之用，限制数量，得收相当之检验证费，准予通过，仍一面按月勾稽，以期递次减少。推行经日，似不难逐渐澌除。惟兹事繁重，非策群力，无以利进行，伏恳大元帅通令水陆军民长官，凡本署设立检查所地方，并严禁包揽护运，以一事权而重公令，所有设立检查所及请通令协助并严禁护运各缘由，是否有当，理合具文呈请，伏乞鉴核，训示祇遵"等情。据此，除指令照准并分令外，合行令仰该省长遵照，并转饬所属一体遵照。对于该督办署设立检查所地方，务须随时加以协助，并严禁奸商勾串兵士，包揽护运，以重烟禁，而祛弊害。

据《省令各县协助禁烟》，载一九二四年五月十四日《广州民国日报》

着中央直辖第一混成旅旅长何克夫协拿陆领令

（一九二四年五月中上旬）

据广东筹饷总局督办范石生呈称：上月二十九日，忽有陆领部队，到官山墟将驻防滇军第七师蔡旅完全缴械，并将永福承饷公司捣毁，请令饬剿办，以安商民而维功令等情。据此，应予照准办理，合行令仰该旅旅长，即便协同番、东、顺①剿匪李司令，务将陆领协拿究办，其部众悉行缴械，以儆凶顽而肃军纪。除分令外，仰即遵照。切切。此令。

据《派何克夫协拿陆领》，载一九二四年五月十六日《广州民国日报》

征收海关港口附加税拨充市政经费令②

（一九二四年五月十四日刊载）

着向粤海关监督磋商，援照上海、福州、烟台各口先例，由粤海关监督署咨行粤海关税务司，即行征收海关港口附加税，拨充该市市政经费。

据《加征关税充市政经费》，载一九二四年五月十四日《广州民国日报》

各军将领克日遄返前敌令

（一九二四年五月十四日）

谕大本营参谋处，即饬知各军将领克日遄返前敌，以资督率部队破敌。

据《帅令各将领速返前敌》，载一九二四年五月十四日《广州民国日报》

---

① 即广东番禺、东莞、顺德等县。
② 《广州民国日报》该日载："广州市政厅前因改良市政，经费浩繁……曾呈奉大元帅面谕。"

批李福林捕获要匪莫苏等三名请示处置办法呈

（一九二四年五月十四至十五日）①

大元帅指令第四七五号

令剿匪司令李福林

呈报捕获要匪莫苏、莫朗洲暨匪党陈保祥共三名请示遵办由。

呈悉。莫苏、莫朗洲二名既系著名要匪，并敢开枪拒捕，伤毙官军，实属不法。该司令按照军法处以枪决，办理甚是，已于另呈内令准备案矣。其陈保祥一名，究系胁从抑系首要，并应由该司令查明，详慎处断，期无枉纵。仰即分别知照。此令。

（中华民国陆海军大元帅之印）

中华民国十三年五月　日

据《大元帅指令第四七五号》，载广州《陆海军大元帅大本营公报》第十四号，一九二四年五月二十日

批李福林枪决著匪莫朗洲莫苏二名乞备案呈

（一九二四年五月十五日）

大元帅指令第四七六号

令剿匪司令李福林

呈报枪决著匪莫朗洲、莫苏二名，乞备案由。

呈悉。准予备案。此令。

（中华民国陆海军大元帅之印）

中华民国十三年五月十五日

据《大元帅指令四七六号》，载广州《陆海军大元帅大本营公报》第十四号，一九二四年五月二十日

---

① 原令未署日。据《大元帅指令第四七二号》、《大元帅指令第四七六号》定。

批李福林枪决著匪莫鬼王忠乞备案呈

（一九二四年五月十五日）

大元帅指令第四七七号

令剿匪司令李福林

呈报枪决著匪莫鬼王忠，乞备案由。

呈悉。准予备案。此令。

（中华民国陆海军大元帅之印）

中华民国十三年五月十五日

据《大元帅指令第四七七号》，载广州《陆海军大元帅大本营公报》第十四号，一九二四年五月二十日

批吕志伊请将坟山登记仍准赓续办理呈

（一九二四年五月十五日）

大元帅指令第四七八号

令大理院长兼管司法行政事务吕志伊

呈请将坟山登记仍准赓续办理由。

呈悉。坟山登记性质既与税契有别，且开办已久，人民尚属乐从，应准如呈赓续办理，即以所收登记费拨充该院经费，藉资补助。仰即知照。此令。

（中华民国陆海军大元帅之印）

中华民国十三年五月十五日

据《大元帅指令第四七八号》，载广州《陆海军大元帅大本营公报》第十四号，一九二四年五月二十日

着李济深将原西江善后督办舰务
所辖各巡舰交张民达接管令①

（一九二四年五月十五日）

指令梧州善后处处长李济深，着将原西江善后督办舰务所辖各巡舰，交由盐运使署缉私主任张民达接管。

据《李济深辖舰移交盐署》，载一九二四年五月十五日《广州民国日报》

饬刘震寰严禁所部擅行加收铁路运费
及干涉一切事宜令

（一九二四年五月十五日刊载）

令桂军总司令刘震寰

为令饬事：据广九铁路总工程师蒲柏函称："接石龙站十一日电称：有军官叶贡球持桂军三师师长黎鼎鉴命令到站，嘱令由即日起，无论出售客票、货票均应加收附费二成，尽数交伊，以充军费。又接樟木头站同日电称：桂军第三师除派军官在彼处自行发售客票、货票取其售资外，并令一律加收附捐二成交伊。此等举动实足妨害交通，应请严令禁止"等情。据此，合行令仰该总司令即便遵照严行制止，不得擅行加收铁路运费及干涉一切事宜，致碍通车，是为至要，仍将遵办情形报查。切切。此令。

据《帅令严禁干涉铁路》，载一九二四年五月十五日《现象报》

① 张民达时任盐运使署缉私主任。

批赵成梁遵令提释田曦呈

（一九二四年五月十六日）

大元帅指令第四八六号

令中央直辖滇军第一师师长赵成梁

呈复遵令提释田曦日期由。

呈悉。此令。

中华民国十三年五月十六日

据《大元帅指令第四八六号》，载广州《陆海军大元帅大本营公报》第十四号，一九二四年五月二十日

批财政委员会为台山县民产保证事宜呈

（一九二四年五月十六日）

大元帅指令第四八七号

令财政委员会

呈为李处长纪堂提议台山自治办法第三条录案呈乞核示由。

呈悉。查国税与地方税虽应划分清楚，而为事实上便利计，国税固亦无妨委托地方代收。前据台山县县长刘裁甫拟呈整顿自治办法，虽将国税省税征收之权划归县署掌管，而所收税款，仍应分别照解。原文第三条规定尚属明晰，果能明定考成，责令妥办，则于国库省库之收入并无所损，而于该县自治裨益实多。案经特允，自应暂令试办，以观成效。仰即咨由广东省长转饬全省民产保证处李处长，按照特许《台山自治办法》第三条，将该县民产保证事宜移交县署接办可也。此令。

（中华民国陆海军大元帅之印）

中华民国十三年五月十六日

据《大元帅指令第四八七号》，载广州《陆海军大元帅大本营公报》第十四号，一九二四年五月二十日

批财政委员会请核示台山田土业佃
保卫事宜应否移交县署接管呈

（一九二四年五月十六日）

大元帅指令第四八八号

令财政委员会

呈为台山田土业佃保卫事宜应否移交县署接管，请示遵办由。

呈悉。查此案，昨据该委员会因广东全省民产保证处处长李纪堂提议取消《台山自治办法》第三条录案呈请核示前来，当经明白指令在案。兹复据呈各情，核与前案事同一律，仰仍咨由广东省长转饬全省田土业佃保证总局，将台〈山〉田土业佃保证事宜，迅即按照特许该县试办自治办法第三条移交县署接管可也。此令。

（中华民国陆海军大元帅之印）

中华民国十三年五月十六日

据《大元帅指令第四八八号》，载广州《陆海军大元帅大本营公报》第十四号，一九二四年五月二十日

令广东电政监督何家猷维持石龙电报局

（一九二四年五月十六日刊载）

令广东电政监督何家猷，即便维持石龙电报局，免误戎机。

据《帅令维持石龙电局》，载一九二四年五月十六日《广州民国日报》

令樊钟秀为东路作战右翼总指挥即日
督率所部遵行前授各任务

（一九二四年五月十八日）

肃清东江，曾饬大举，并令豫军全部加入作战在案。兹令豫军总司令樊钟秀为东路作战右翼总指挥，即日督率所部遵行前授各任务，早奏肤功。其关于作战中之指导隶属，由参谋处妥定，通知查照外，特令。

据《豫军指导由参谋处定》，载一九二四年五月十八日《广州民国日报》

粤军整理财政交由广东财政厅接收管理令

（一九二四年五月十八日）

关于粤军现驻各防地财政整理事宜，业于本月十一日分令该省长遵照在案，应责成粤军总司令切实规画，迅速办理。限本令到达后两个月以内，一律整理就绪，交由广东财政厅接收管理，庶整理可期敏捷统一，及早完成，有厚望焉。除分令外，仰即遵照办理。此令。

据《整理粤军防地财政》，载一九二四年五月十九日《广州民国日报》

着通令各炮台遇有缉私巡舰免予检查
或从速验放庶利缉私令

（一九二四年五月十九日）

大元帅训令第二二一号

令大本营军政部部长程潜

为令饬事：据两广盐运使邓泽如呈称："查盐税为国家正供，即为军饷来源。欲求饷源充裕，必先整顿税收，非认真缉私，无从着手。近日盐税收入寥寥无几，推原其故，虽由西、北两江运途梗塞，未始不由中柜所属私盐充斥有以致之。运署原有缉私巡舰一十四艘，现在所存只有'安北'、'江顺'、'横海'、'操江'、'福海'、'定海'、'江平'、'隼捷'等舰及缉私主任拨用之'飞鹏'一艘而已，实属不敷分布。当此私销泛滥、缉舰缺乏之际，各舰按段梭巡，来往出入，最贵神速，一有阻滞，则走私船只难免稍纵即逝。再四思维，合无仰恳恩施，俯准通令各炮台嗣后遇有运署缉私巡舰经过，炮台一律免予检查。如遇戒严时期必须查验，并请从速验放，庶利缉私，而免贻误"等情。据此，当经指令"呈悉。准如所请办理。仰候令行军政部通令各炮台一体遵照可也。此令"等语。除指令印发外，合行令仰该部即便通令遵照。此令。

（中华民国陆海军大元帅之印）

中华民国十三年五月十九日

据《大元帅训令第二二一号》，载广州《陆海军大元帅大本营公报》第十四号，一九二四年五月二十日

批邓泽如请通令各炮台免予检查缉私巡舰呈

（一九二四年五月十九日）

大元帅指令第四九二号

令两广盐运使邓泽如

呈请通令各炮台免予检查缉私巡舰由。

呈悉。准如所请办理。仰候令行军政部通令各炮台一体遵照可也。此令。

（中华民国陆海军大元帅之印）

中华民国十三年五月十九日

据《大元帅指令第四九二号》，载广州《陆海军大元帅大本营公报》第十四号，一九二四年五月二十日

饬各军申诫所部不得包庇私盐令

（一九二四年五月二十日）

大元帅训令第二二四号

　　令大本营军政部部长程潜

　　为令饬事：据两广盐运使邓泽如呈称："窃维整顿盐务，首在疏通正销，欲求疏通正销，非严办走私无从着手。查私盐之种类不一而足，有所谓洋私者，有所谓场私者，有所谓邻私者，而以洋私为最，场私次之，邻私则近日来者甚少。至走私船只亦觉名目繁多，有轮船、拖渡之夹带者，有渔船、帆船之贩运者，有兵轮、差遣船之包庇者。轮船、拖渡之夹带可由缉私厂、卡查验之，渔船、帆船之贩运可由缉私舰队截缉之，惟兵轮、差遣船之包庇，非仰仗帅座威严，令饬各军帮同整饬，实属防不胜防。查向来缉获私盐案件，先由运署执法官提案审讯，如果赃证确凿，除将私盐船只照章没收交仓秤收投变分别充公充赏外，并将人犯函送法庭惩办。间有私盐无多，案情细微，由执法官酌拟罚金，呈请从宽发落者。惟近日缉获私盐数起，多系军队包庇，若照寻常私盐办法，诚恐不足以资整顿。昨准两广盐务缉私张主任民达来署面商，嗣后如有此等重大案件，除将案内私盐船只仍照章没收办理外，所有人犯拟即径送军政部军法处从严讯办，俾资折服而昭炯戒。运使细查所商办法，原为整理缉务、维持军饷起见，是否有当，未敢擅专，理合具文呈请帅座鉴核，指令饬遵。如蒙俯如所请，并恳通饬各军一体知照"等情。据此，当经指令"呈悉。军人包庇贩私，大为盐法之害，自非严行惩办，不足以儆效尤而资整顿。嗣后遇有此等案件，应准如请，除将案内所有私盐暨船只照章没收外，所有人犯即解交军政部军法处从严讯办，用昭炯戒。候令军政部知照，并通行各军申诫所部，慎勿以身试法可也。此令"等语。除指令印发外，合行令仰该部即便知照，并通行各军一体知照。切切。此令。

　　　　　　　　　　　　　　　　（中华民国陆海军大元帅之印）

　　　　　　　　　　　　　　　　中华民国十三年五月二十日

据《大元帅训令第二二四号》，载广州《陆海军大元帅大本营公报》第十四号，一九二四年五月二十日

批邓泽如请嗣后遇有军人包庇运私案件拟将人犯
径送军政部军法处讯办呈

（一九二四年五月二十日）

大元帅指令第四九五号

令两广盐运使邓泽如

呈请嗣后遇有军人包庇运私案件，拟将人犯径送军政部军法处讯办由。

呈悉。军人包庇贩私，大为盐法之害，自非严行惩办，不足以儆效尤而资整顿。嗣后遇有此等案件，应准如请，除将案内所有私盐暨船只照章没收外，所有人犯即解交军政部军法处从严讯办，用昭炯戒。候令军政部知照，并通行各军申诚所部，慎勿以身试法可也。此令。

（中华民国陆海军大元帅之印）

中华民国十三年五月二十日

据《大元帅指令第四九五号》，载广州《陆海军大元帅大本营公报》第十四号，一九二四年五月二十日

批邓泽如为时局艰难拟将署内外经费
分别暂行核减呈

（一九二四年五月二十日）

大元帅指令第四九七号

令两广盐运使邓泽如

呈为时局艰难。拟将署内外经费分别暂行核减，以期撙节度支稍资军饷，具呈仰恳备案由。

呈悉。该运使到任未久，即将署内外经费大加核减，比较原额，月可节省四千余元之巨，洵能体念时艰、实心任事，至堪嘉许。所谓备案之处，应予照准，

将来地方平靖，仍准由该运使体察情形，随时呈明规复，以符旧制。仰即知照。表存。此令。

（中华民国陆海军大元帅之印）

中华民国十三年五月二十日

据《大元帅指令第四九七号》，载广州《陆海军大元
帅大本营公报》第十四号，一九二四年五月二十日

着李烈钧电催黄绍竑率所部往攻南宁令

（一九二四年五月二十日）

着大本营参谋长李烈钧，电催黄绍竑即行督率所部往攻南宁，肃清西江上游各地。

据《帅令黄绍竑进攻南宁》，载一九二
四年五月二十一日《广州民国日报》

批蒋介石呈令兵工厂如数配足各枪发军校领用

（一九二四年五月二十日）

批准。并令行兵工厂马超俊，着即赶速将上述各枪如数配足，提前发军校领用。

据《军官〈学〉校请领械》，载一九二
四年五月二十一日《广州民国日报》

着广东省长转饬江防司令借拨兵舰供
禁烟督办署检查烟土入口令

（一九二四年五月二十一日刊载）

据禁烟督办鲁涤平呈称："窃烟禁要义，首在杜绝来源，即拟于各处交通要

路，设立检查所，认真查缉，前曾备文呈请仰荷指令准行在案。惟查广州市水路，西自梧州，南自广州湾，皆为烟土输入要地，欲于各要隘施以检查，不有兵舰协助，实难从事。理合呈请帅座，令行江防司令暂拨兵舰数艘，协助职署办理检查事宜。是否有当，伏乞鉴核，指令祗遵"等情。据此，除指令照准外，合行令仰该省长即便转饬江防司令酌量借拨，俾资应用。

据《拨兵舰检查烟土入口》，载一九二四年五月二十一日《广州民国日报》

批叶恭绰请将广州市市政厅历次拨过军费列入临时军费统由国库负担呈

（一九二四年五月二十一日）①

令大本营财政部长叶恭绰

　　呈请将广州市市政厅历次拨过军费，列入临时军费，统由国库负担，以昭公允由。呈悉。准予所请办理，仰即分别转行知照。此令。

据《市厅拨过军费之处置》，载一九二四年五月二十二日《广州民国日报》

着郑润琦进剿叛兵令

（一九二四年五月二十一日）②

　　谕饬大本营参谋处，电令粤军第三师师长郑润琦分兵进剿罗定县境内之叛兵吕春荣残部，务绝根株。

据《帅令郑润琦进剿逆军》，载一九二四年五月二十二日《广州民国日报》（三）

---

　　①　一九二四年五月二十二日《广州民国日报》"市厅拨过军费之处置"称"昨大元帅指令云"，故定时间为五月二十一日。

　　②　日期据报载"昨特谕饬参谋处电令"酌定。

着财政委员会发给东路第七第八两旅出发费令

（一九二四年五月二十一日）①

大元帅令

着财政委员会发给东路第七、第八两旅出发费五万元。

据陈旭麓、郝盛潮主编，王耿雄等编：《孙中山集
外集》，上海，上海人民出版社一九九〇年七月出版

着财政委员会筹给许卓然经费令

（一九二四年五月二十一日）②

大元帅训令

着会③筹给许卓然三千元，交江董琴收领转寄。

据陈旭麓、郝盛潮主编，王耿雄等编：《孙中山集
外集》，上海，上海人民出版社一九九〇年七月出版

命迅拨杨子嘉制利器弹药研究费令

（一九二四年五月二十一日）④

大元帅令

迅拨大本营技师杨子嘉毫洋二千元，俾制利器弹药以备攻惠洲。

据陈旭麓、郝盛潮主编，王耿雄等编：《孙中山集
外集》，上海，上海人民出版社一九九〇年七月出版

---

① 时间为财政委员会第四十次会议决案日期。
② 时间为财政委员会第四十次会议决案日期。
③ 指财政委员会。
④ 时间为财政委员会第四十次会议决案日期。

着将台山田土业佃保证事宜移交县署接管令

（一九二四年五月二十一日）①

大元帅指令

着会②咨广东省长转饬全省田土业佃保证总局，将台山田土业佃保证事宜，移交县署接管。

据陈旭麓、郝盛潮主编，王耿雄等编：《孙中山集外集》，上海，上海人民出版社一九九〇年七月出版

着财政委员会筹足会计司经费令

（一九二四年五月二十一日）③

大元帅令

着财政委员会由五月起，务要每日筹足大本营会计司经费三千五百元，不得短少。

据陈旭麓、郝盛潮主编，王耿雄等编：《孙中山集外集》，上海，上海人民出版社一九九〇年七月出版

着财政委员会发给谢远涵旅费令

（一九二四年五月二十一日）④

大元帅令

着财政委员会发给谢远涵旅费一千元。

据陈旭麓、郝盛潮主编，王耿雄等编：《孙中山集外集》，上海，上海人民出版社一九九〇年七月出版

---

① 时间为财政委员会第四十次会议决案日期。
② 指财政委员会。
③ 时间为财政委员会第四十次会议决案日期。
④ 时间为财政委员会第四十次会议决案日期。

着财政委员会发给黄明堂出发费令

（一九二四年五月二十一日）①

大元帅五十号手令

着财政委员会发给黄军长明堂出发费二千元。

据陈旭麓、郝盛潮主编，王耿雄等编：《孙中山集
外集》，上海，上海人民出版社一九九〇年七月出版

饬朱培德停收百货捐并查明抽收
出口鸡鸭蛋捐情形令

（一九二四年五月二十二日）

大元帅训令第二二八号

令中央直辖第一军军长朱培德

为令饬事：据财政委员会呈称："呈为呈请事：本月十二日第三十七次常会会议，准财政厅函请提议取销百货捐并鸡鸭蛋捐附请议书案，议决由会呈请大元帅饬滇军第一军朱军长查案取销等因在案。理合录案备文呈请钧座鉴核施行"等情。据此，当经指令"呈悉。查此案，昨据坪石商会副会长周汉勋等暨邓运使电呈前来，当饬朱军长查明办理去讫。兹复据呈各情，候即令行朱军长转饬王师长均即遵迭令，将百货捐停收，捐卡一律裁撤，以恤商艰。至裕源公司在韶州车站设卡抽收出口鸡鸭蛋捐，究系由该军核准，抑系向其他军队瞒承，并候饬由朱军长查明禁收可也。附件存。此令"。除指令印发外，合行抄发原请议书，令仰该军长即便遵照办理，仍将遵办情形报查。切切。此令。

（中华民国陆海军大元帅之印）
中华民国十三年五月二十二日

据《大元帅训令第二二八号》，载广州《陆海军大元
帅大本营公报》第十五号，一九二四年五月三十日

---

① 时间为财政委员会第四十次会议决案日期。

饬黄昌谷所报十二年十二月八日至十三年二月底止收支表册单据准予核销令

（一九二四年五月二十二日）

大元帅训令第二二九号

令大本营会计司长黄昌谷

为令遵事：前据该司长先后呈报十二年十二月八日起至十三年二月底止收支各表册单据，请予核销各等情。经发交审计处审核，据覆尚属相符，自应准予核销。嗣后该司收支款项应照计算书格式编造，以资划一。仰即知照。此令。

（中华民国陆海军大元帅之印）

中华民国十三年五月二十二日

据《大元帅训令第二二九号》，载广州《陆海军大元帅大本营公报》第十五号，一九二四年五月三十日

批李福林枪决营长黄居正乞交军政部备案呈

（一九二四年五月二十二日）

大元帅指令第四九九号

令东路讨贼军第三军军长李福林

呈报枪决营长黄居正乞交军政部备案由。

呈悉。准予交部备案。此令。

（中华民国陆海军大元帅之印）

中华民国十三年五月二十二日

据《大元帅指令第四九九号》，载广州《陆海军大元帅大本营公报》第十五号，一九二四年五月三十日

批李福林省释陈保祥情形呈①

（一九二四年五月二十二日）

大元帅指令第五〇〇号

　　令东路讨贼军第三军军长李福林

　　呈复省释陈保祥情形由。

　　呈悉。此令。

（中华民国陆海军大元帅之印）

中华民国十三年五月二十二日

据《大元帅指令第五〇〇号》，载广州《陆海军大元
帅大本营公报》第十五号，一九二四年五月三十日

批财政委员会请饬中央直辖第一军军长
朱培德取销百货捐暨出口鸡鸭蛋捐呈

（一九二四年五月二十二日）

大元帅指令第五〇四号

　　令财政委员会

　　呈请令饬中央直辖第一军朱军长取销百货捐暨鸡鸭蛋捐由。

　　呈悉。查此案，昨据坪石商会副会长周汉勋等暨邓运使电呈前来，当饬朱军长查明办理去讫。兹复据呈各情，候令行朱军长转饬王师长均即遵迭令，将百货捐停收，捐卡一律裁撤，以恤商艰。至裕源公司在韶州车站设卡抽收出口鸡鸭〈蛋〉捐，究系由该军核准，抑系向其他军队瞒承，并候饬由朱军长查明禁收，

---

　　①　五月十九日，李福林呈称："经查明陈保祥向未为匪，已发交该军王若周旅充当线兵，以观后效，请察核。"

呈报查核可也。附件存。此令。

（中华民国陆海军大元帅之印）

中华民国十三年五月二十二日

据《大元帅指令第五〇四号》，载广州《陆海军大元

帅大本营公报》第十五号，一九二四年五月三十日

批林翔审核会计司十二年十二月八日起至十三年二月底止收支表册单据呈

（一九二四年五月二十二日）

大元帅指令第五〇五号

　　令大本营审计处处长林翔

　　呈覆审核会计司十二年十二月八日起至十三年二月底止收支表册单据尚属相符，请准核销由。

　　呈悉。已如呈令行会计司知照矣。此令。

（中华民国陆海军大元帅之印）

中华民国十三年五月二十二日

据《大元帅指令第五〇五号》，载广州《陆海军大元

帅大本营公报》第十五号，一九二四年五月三十日

关于华人入籍他国的命令

（一九二四年五月二十二日）

　　以后凡中国人欲入他国国籍者，须先依法取得中国政府之准许。入籍后，并须于六个月内呈报中国政府，否则其人将仍被视为中国公民。

据《帅令限制出籍》，载一九二

四年五月二十日上海《民国日报》

饬廖湘芸协助虎门禁烟检查所查办鸦片令

（一九二四年五月二十三日）

大元帅训令第二三〇号

令虎门要塞司令廖湘芸

为令遵事：据禁烟督办鲁涤平呈称："呈为设立虎门检查所，恳乞令行驻防军队查照协助，恭呈仰祈睿鉴事：窃职署拟在各交通要道设所检查鸦片，业经呈奉指令照准在案。查虎门为港澳必经要道，自应从速设立着手检查，以期杜绝私运，早清流毒。兹特选派干员前往虎门地方设所开办，为此呈请钧座俯赐令行虎门要塞司令官廖湘芸查照，认真协助，俾策进行。理合具呈，伏乞鉴核训示祗遵"等情前来。除指令"呈悉。候令行虎门要塞司令饬属查照协助以利进行可也。此令"印发外，合行令仰该司令即饬所属一体遵照办理。切切。此令。

（中华民国陆海军大元帅之印）

中华民国十三年五月二十三日

据《大元帅训令第二三〇号》，载广州《陆海军大元帅大本营公报》第十五号，一九二四年五月三十日

饬知刘纪文呈送收支书表请核销
并请拨欠发之数令

（一九二四年五月二十三日）

大元帅训令第二三一号

令卸大本营审计局局长刘纪文

为令知事：前据该卸局长呈送审计局十二年四月份起至九月份止收支各书表请核销，并请将欠发之数清发等情。经交审查，据覆核数相符，自应准予核销。

其欠发各款，着俟财政稍裕再行拨发。仰即知照。此令。

（中华民国陆海军大元帅之印）

中华民国十三年五月二十三日

据《大元帅训令第二三一号》，载广州《陆海军大元
帅大本营公报》第十五号，一九二四年五月三十日

饬杨庶堪查照革命纪念会原案筹拨的款令

（一九二四年五月二十三日）

大元帅训令第二三二号

令广东省长杨庶堪

为令遵事：据革命纪念会临时干事主任林森呈称："呈为呈请备案事：窃查民国贰年邓慕韩、孙寿屏、邓泽如、潘达微、陆秋露、邓子瑜、何克夫、陆文辉等缅怀先烈义勋，发起革命纪念会，拟具章程，向广东省议会请议，经将案表决，咨请广东都督兼民政长核准，同时复径呈奉批准拨款开办，并拨旧官纸局为会地各在案。嗣以政变纷繁，进行见阻，十载于兹，深抱内疚。项值中国国民党改组，广东支部结束，森与诸同志筹议，即借支部地址设办事处，并接收其器具，重兴会务。现根据原案继续办理，期竟前功，以扬先烈。理合备文并检具原案，呈请大元帅察核，恳准备案，并饬广东省长拨给款项，俾资进行，实为德便"等情前来。除指令"呈及章程均悉。应准予备案。候令行广东省长查照原案筹拨的款继续办理可也。此令"印发外，合行令仰该省长即遵照办理。此令。

（中华民国陆海军大元帅之印）

中华民国十三年五月二十三日

据《大元帅训令第二三二号》，载广州《陆海军大元
帅大本营公报》第十五号，一九二四年五月三十日

批鲁涤平设立虎门检查所恳请
令行驻防军队查照协助呈

（一九二四年五月二十三日）

大元帅指令第五〇六号

令禁烟督办鲁涤平

呈为设立虎门检查所恳请令行驻防军队查照协助由。

呈悉。候令行虎门要塞司令饬属查照协助，以利进行可也。此令。

（中华民国陆海军大元帅之印）

中华民国十三年五月二十三日

据《大元帅指令第五〇六号》，载广州《陆海军大元帅大本营公报》第十五号，一九二四年五月三十日

批林森拟加收电话用费以供修造七十二烈士坟园呈

（一九二四年五月二十三日）

大元帅指令第五〇七号

令大本营建设部部长林森

呈拟加收电话用费以供修造七十二烈士坟园由。

呈悉。准如所请办理。仰即知照。此令。

（中华民国陆海军大元帅之印）

中华民国十三年五月二十三日

据《大元帅指令第五〇七号》，载广州《陆海军大元帅大本营公报》第十五号，一九二四年五月三十日

批杨庶堪已饬江防司令酌拨禁烟督办兵舰呈

（一九二四年五月二十三日）

大元帅指令第五〇八号

令广东省长杨庶堪

呈复已饬江防司令酌拨禁烟督办兵舰由。

呈悉。此令。

（中华民国陆海军大元帅之印）

中华民国十三年五月二十三日

据《大元帅指令第五〇八号》，载广州《陆海军大元帅大本营公报》第十五号，一九二四年五月三十日

批林翔审查卸审计局长刘纪文呈送十二年四月份起至九月份止收支各书表呈

（一九二四年五月二十三日）

大元帅指令第五一〇号

令大本营审计处处长林翔

呈覆审查卸审计局长刘纪文呈送十二年四月份起至九月份止收支各书表尚属相符，请准核销由。

呈悉。已如呈令行该卸局长知照矣。此令。

（中华民国陆海军大元帅之印）

中华民国十三年五月二十三日

据《大元帅指令第五一〇号》，载广州《陆海军大元帅大本营公报》第十五号，一九二四年五月三十日

批林森继续办理革命纪念会乞备案
并饬广东省长拨款以资进行呈

（一九二四年五月二十三日）

大元帅指令第五一一号

　　令革命纪念会临时干事主任林森

　　呈为继续办理革命纪念会乞备案，并饬广东省长拨款以资进行等情，并附章程一扣由。

　　呈及章程均悉。应准予备案。候令行广东省长查照原案筹拨的款继续办理可也。章程存。此令。

　　　　　　　　　　　　　　　　（中华民国陆海军大元帅之印）

　　　　　　　　　　　　　　中华民国十三年五月二十三日

　　　　　　　　　据《大元帅指令第五一一号》，载广州《陆海军大元
　　　　　　　　　帅大本营公报》第十五号，一九二四年五月三十日

命财政委员会迅筹恤金给洪锡龄家属令

（一九二四年五月二十六日）

大元帅训令第二三五号

　　令财政委员会

　　为令饬事：据广州卫戍总司令杨希闵呈称："呈为恳请迅颁恤金以安故员家属事：本年三月十九日准大本营军政部咨开：奉大元帅令开：'据大本营军政部长程潜呈称：已故广州卫戍总司令部副官长洪锡龄，上年随征东江，博罗之役不幸惨死。据杨总司令希闵呈请给恤，交部核议，拟予追赠陆军中将，照阵亡例给恤等语。洪锡龄着追赠陆军中将，并照中将例给恤，以彰忠烈。此令'等因。奉此，相应咨行查照为荷等由。准此。窃查该故员洪锡龄为国捐躯，身后萧条。其

老父亦去岁病殁，停枢家庭，无资殡葬；其老母年近古稀，尚在倚闾而望；所遗寡妻弱子，无所依倚，情实堪怜。现该故员叔父及寡妻闻耗到粤，静候月余，其情甚属可悯。理合备文呈请钧帅饬部照中将阵亡例，迅颁恤金给该故员家属具领，俾赡孤寡而慰忠魂"等情。据此，除指令外，合行令仰该委员会迅予照数筹交杨总司令转给承领，俾赡遗族。仍将筹拨情形报查。切切。此令。

（中华民国陆海军大元帅之印）

中华民国十三年五月廿六日

据《大元帅训令第二三五号》，载广州《陆海军大元帅大本营公报》第十五号，一九二四年五月三十日

饬罗翼群将有关各项流水簿据克日检呈
凭转彻查核实弊案令

（一九二四年五月二十六日）

大元帅训令第二三六号

　　令前兵站总监罗翼群

　　为令饬事：据许总司令崇智呈称："窃职前奉钧令查办前兵站总监罗翼群有无舞弊等因。奉此，经委许崇灏等查办委员组织委员会详细查核，业经呈报在案。兹据委员长许崇灏呈称：'呈为查明前兵站舞弊情形报请察核事：窃崇灏等奉令查办大本营前兵站总监部暨所属各局有无舞弊，查明据实呈报等因。奉此，经即函请各军派员会同查核，嗣因东江战事方殷，而该兵站部造送报销各表册又迟迟不行送会，无从查核，各军所派委员亦不继续到会。延至本年二月，始由大本营秘书处陆续将前兵站总监罗翼群造送各局表册函送钧部转发到会，崇灏即交各核算员详细查核。惟因表册繁多，至今始将米、煤两项查核完竣，另造清查表册加具说明送请察阅。惟查该兵站部舞弊之端，其荦荦大者，则收据不实、伪造铺号、羼杂低货、短发斤数、伸缩价格，不一而足。即购米一项，伪造铺号至四五间之多，经调查米铺，并查获伪造发单一纸。所以伪造铺号，则因可以随意伸缩价格，使无从调查其抬高时价之证据。煤炭一项，亦复伪造铺号数间，所造报销发出煤

斤，又不注明用途。凡此数种，皆兵站舞弊之端者。证之前次第三师郑师长来函附送供给数条，尤可为该兵站舞弊之实据。其中所述短发斤数凿凿可据，断非凭空捏造者。综之该前兵站舞弊情形，其端不一，迨至查办，任意报销。经崇灏等屡向该兵站各局提取流水，总部始终不允交出，实因该流水簿于崇灏奉令查办时业已派员加盖图记，不能伪造之故。如须彻底清查，则非调集各种簿据未可证明。兹先将查明米、煤两项造册随文呈请察核，俯赐指令祗遵，实为公便'等情。并据附送清查兵站各表册十三件及说明书一扣到部。据此，查该兵站舞弊即经查有确据，应请转令该前总监罗翼群迅将前经查办委员加盖图记、久延未缴之各种流水簿据，全数呈缴，转发审计局彻底审核，以儆官邪而振颓风。今所有查办兵站委员会查出米、煤两项舞弊情形及请调集该兵站久延未缴簿据彻底审核各缘由，理合具文连同查办兵站委员会清查各表册十三件、说明书一扣，送请察核，分别令饬施行"等情。据此，除指令外，合行令仰该前总监即便遵照，将前经许委员长崇灏派员加盖图记之各项流水簿据克日检齐呈缴来府，以凭转发审计处彻底查算，俾昭核实，勿得违延。切切。此令。

（中华民国陆海军大元帅之印）

中华民国十三年五月二十六日

据《大元帅训令第二三六号》，载广州《陆海军大元帅大本营公报》第十五号，一九二四年五月三十日

批杨希闵请迅颁洪锡龄恤金呈

（一九二四年五月二十六日）

大元帅指令第五一五号

令广州卫戍总司令杨希闵

呈请迅颁已故副官长洪锡龄应得恤金由。

呈悉。候令财政委员会迅予筹发，俾赡遗族可也。此令。

（中华民国陆海军大元帅之印）

中华民国十三年五月廿六日

据《大元帅指令第五一五号》，载广州《陆海军大元帅大本营公报》第十五号，一九二四年五月三十日

批程潜请照少将积劳病故例给予韩贵庭恤金呈

（一九二四年五月二十六日）

大元帅指令第五一七号

令大本营军政部长程潜

呈请照少校积劳病故例给予已故西路讨贼军营长韩贵庭恤金由。

呈悉。准如所议给恤。仰即转行知照。此令。

（中华民国陆海军大元帅之印）

中华民国十三年五月廿六日

据《大元帅指令第五一七号》，载广州《陆海军大元帅大本营公报》第十五号，一九二四年五月三十日

批令许崇智查办兵站情形请饬缴流水簿彻底查算呈复

（一九二四年五月二十六日）

大元帅指令第五一八号

令东路讨贼军总司令许崇智

呈复查办兵站情形请饬呈缴流水簿彻底查算由。

呈表暨说明书均悉。仰候令饬罗前总监翼群迅将前经查办员加盖图记之各种流水簿据全数呈缴，转发审计处彻底清算，以昭核实可也。各件均存。此令。

（中华民国陆海军大元帅之印）

中华民国十三年五月二十六日

据《大元帅指令第五一八号》，载广州《陆海军大元帅大本营公报》第十五号，一九二四年五月三十日

批程潜请照少校积劳病故例给予钟汉荣恤金呈

（一九二四年五月二十六日）

大元帅指令第五二〇号

令大本营军政部部长程潜

呈请照少校积劳病故例给予已故西路讨贼军营长钟汉荣恤金由。

如呈给恤。仰即转行知照。此令。

中华民国十三年五月廿六日

据《大元帅指令第五二〇号》，载广州《陆海军大元帅大本营公报》第十五号，一九二四年五月三十日

批大本营审计处处长林翔奉令
查算前兵站总监罗翼群呈

（一九二四年五月二十六日）

大元帅指令第五二三号

令大本营审计处处长林翔

呈复奉令查算前兵站总监罗翼群俟许总司令将此项表册移送到处时，谨当遵照办理由。

呈悉。此令。

（中华民国陆海军大元帅之印）

中华民国十三年五月二十六日

据《大元帅指令第五二三号》，载广州《陆海军大元帅大本营公报》第十五号，一九二四年五月三十日

着财政委员会拨黄绍竑军费令

（一九二四年五月二十七日）①

大元帅令

着会拨黄总指挥绍纮〔竑〕军费二万元。

据陈旭麓、郝盛潮主编，王耿雄等编：《孙中山集外集》，上海，上海人民出版社一九九〇年七月出版

着财政委员会发永丰等舰饷伙费令

（一九二四年五月二十七日）②

大元帅令

着财政委员会每月发给"永丰"等舰饷伙总额一万五千二百零一元，以三十日计，每月〔日〕匀发洋五百六十七元，交该舰长按日具领转发，藉资接济。

据陈旭麓、郝盛潮主编，王耿雄等编：《孙中山集外集》，上海，上海人民出版社一九九〇年七月出版

饬大本营审计处彻查兵站卫生局舞弊情形令

（一九二四年五月二十七日）

大元帅训令第二三九号

令大本营审计处处长林翔

为令饬事：据许总司令崇智呈称："窃查查核兵站部米、煤舞弊各情，业经连

---

① 时间为财政委员会第四十一次会议决案日期。
② 时间为财政委员会第四十一次会议决案日期。

同表册呈送饬核在案。兹据查办兵站委员会委员长许崇灏呈称："现查前兵站卫生局购入卫生材料，价目既多浮冒，数量又复参差。其发给各军卫生药品，本已啧有烦言，则昭昭在人耳目，而对各项开支，殊多弊窦。该卫生局于兵站收束仍继续办理，而当日情形究不可掩，合将调查各情缮具清册，连同调查复文呈送察核等情。并附送调查表册五本，呈复文一扣到部。据此，查该兵站卫生局购货价目既多浮冒，各项开支，复生弊窦，朋比为奸，尤应迅饬审计局严行查究，以儆官邪。所有续查卫生局舞弊情形，理合将表册五本、查复原文一扣送呈察核施行"等情。据此，当经指令"呈悉。前兵站卫生局报销，经该总司令派员查算，既多可疑之点，候令审计处继续彻查明确，据实呈覆，以凭究办可也。备件存。此令"等语。除指令印发外，合行检同原呈表册，令仰该处长即便遵照彻查呈覆，勿稍徇隐。切切。此令。

计发原呈一件、表册五本。

（中华民国陆海军大元帅之印）

中华民国十三年五月二十七日

据《大元帅训令第二三九号》，载广州《陆海军大元帅大本营公报》第十五号，一九二四年五月三十日

着广东兵工厂知照大本营审计处审核该厂十二年七八九等月份支出预算书情形令

（一九二四年五月二十七日）

大元帅训令第二四一号

令大本营军政部长程潜

为令行事：据大本营审计处处长林翔呈称："呈为呈复事：案奉钧帅发下广东兵工厂厂长马超俊呈缴十二年七、八、九等月份支出预算书到处审核。遵查该厂各月预算书包工工资一节，照备考栏核算少计八角八分，惟属预算，似无庸议。其余均与旧案相符，拟请准予备案。除该厂十二年七、八、九各月份支出预算书各提一份留处外，理合连同原呈并该厂预算书呈请钧帅鉴核示遵，实为公便"等

情。并附呈广东兵工厂长马超俊原呈二件，十二年七、八、九各月份支出预算书三份前来。除指令"呈悉。既据审计与旧案相符，应准备案。候令行军政部转令广东兵工厂长知照可也。此令"印发外，合行令仰该部长即遵照办理。此令。

（中华民国陆海军大元帅之印）

中华民国十三年五月二十七日

据《大元帅训令第二四一号》，载广州《陆海军大元帅大本营公报》第十五号，一九二四年五月三十日

着财政委员会确切查明裕广银号发行兑换券令

（一九二四年五月二十七日）①

大元帅训令

据中央银行行长宋子文呈，以财政部准予裕广银号发行兑换券，及代理金库特权有抵触，暨侵夺该行权限，请察核令遵等情。令会确切查明呈复核夺。

据陈旭麓、郝盛潮主编，王耿雄等编：《孙中山集外集》，上海，上海人民出版社一九九〇年七月出版

着财政委员会迅予筹给樊钟秀军服费谕②

（一九二四年五月二十七日）③

着财政委员会迅予筹给价银，俾得自行购制。

据陈旭麓、郝盛潮主编，王耿雄等编：《孙中山集外集》，上海，上海人民出版社一九九〇年七月出版

---

① 时间为财政委员会第四十一次会议决案日期。
② 豫军总司令樊钟秀请发豫军灰色单军服八千套。
③ 时间为财政委员会第四十一次会议决案日期。

批许崇智续查前兵站部卫生局舞弊情形呈

（一九二四年五月二十七日）

大元帅指令第五二四号

令东路讨贼军总司令许崇智

呈为续查前兵站部卫生局舞弊情形呈，乞鉴核由。

呈悉。前兵站卫生局报销，经该总司令派员查算，既多可疑之点，候令审计处继续彻查明确，据实呈覆，以凭究办可也。各件存。此令。

（中华民国陆海军大元帅之印）

中华民国十三年五月二十七日

据《大元帅指令第五二四号》，载广州《陆海军大元帅大本营公报》第十五号，一九二四年五月三十日

批鲁涤平赍十三年四月份预算书暨前任本任职员名额薪饷比较表呈

（一九二四年五月二十七日）

大元帅指令第五二五号

令禁烟督办鲁涤平

呈赍本年四月份预算书暨前任本任职员名额薪饷比较表，仰乞鉴核由。

呈悉。查所赍预算此之杨前督办任内开支之数每月减少一万余元，具征核实，殊堪嘉许。惟刻当财政困难之时，一切支出，不能不减益求减。查内、财两部，每月开支经费均不过万元之谱，该督办署规模不能比之更大，查表列办公费一项，月支八千余元，亦觉稍多。兹将预算表发还，仰再自行酌减，以薪饷、办公费合计，每月不超过一万五千元为度，另造全年预算表呈候核定，按月照支可也。比

较表存。此令。

（中华民国陆海军大元帅之印）

中华民国十三年五月二十七日

据《大元帅指令第五二五号》，载广州《陆海军大元帅大本营公报》第十五号，一九二四年五月三十日

批程潜请照少校阵亡例给予已故
湘军营长尹忠义恤金呈

（一九二四年五月二十七日）

大元帅指令第五二七号

令大本营军政部长程潜

呈请照少校阵亡例给予已故湘军营长尹忠义恤金由。

如呈给恤。仰即转行知照。此令。

（中华民国陆海军大元帅之印）

中华民国十三年五月廿七日

据《大元帅指令第五二七号》，载广州《陆海军大元帅大本营公报》第十五号，一九二四年五月三十日

批林翔审核兵工厂长马超俊呈缴十二年
七八九等月份支出预算书并附
兵工厂原呈预算书等件呈

（一九二四年五月二十七日）

大元帅指令第五二九号

令大本营审计处处长林翔

呈复审核兵工厂长马超俊呈缴十二年七、八、九等月份支出预算书等情，乞备案示遵，并附兵工厂原呈预算书等件由。

呈悉。既据审核与旧案相符，应准备案。候令行军政部转令广东兵工厂长知照可也。预算书存。此令。

（中华民国陆海军大元帅之印）

中华民国十三年五月二十七日

据《大元帅指令第五二九号》，载广州《陆海军大元帅大本营公报》第十五号，一九二四年五月三十日

饬各军对禁烟督办署所委局长
及承商认真维护协助进行令

（一九二四年五月二十七日）①

为令行事：据禁烟督办鲁涤平呈称："为呈报办理各属禁烟窒碍情形，乞明令各军长官互相维护，以利进行，恭呈仰祈睿鉴事：窃督办奉令督办禁烟，视事以来，对内则力求撙节，对外则亟思扩充，良以军饷浩繁，量沙术竭。惟此禁烟收入，果使认真整理，当能补苴罅漏，上纾钧座之忧。如广州市区，业经招商承办，具有头绪，自应向各县镇次第推行，局势既不限于一隅，饷源亦因兹不竭，即以烟禁统一论，亦为必要之进行也。乃职署所属各分局，经承商人，经奉委前往，动为防军所阻碍，如石龙分局长李耀本，职署所委，西路讨贼军刘司令，指为自称局长，更委雷荣甲办理，函致职署，语多激烈。又据清远县委员熊爵一报称，该县现由中央直辖滇军第四师第七旅十三团叶团长照阳，委其团部军需正和彦彩兼任，并布告烟户销领药膏，至为严厉。又据东莞县分局长黎庭辅报称，该县现由西路讨贼第二师委任熊羆办理，前往接洽数次，概被拒绝，并大张告示，勒令人民承领牌照，售销药膏。又据花县分局长钟奇梅报称，该县现由中央直辖第七

---

① 一九二四年五月二十八日《广州民国日报》"统一禁烟权之帅令"称"昨大元帅指令……"，故时间定为五月二十七日。

军第二师第二旅司令部，包与利益公司商人刘鉴文承办，出示保护。又据高要县分局黄梦梁呈报，中央直辖□□第一师第一游击司令，率兵占□□□，一切文卷什物，概已散失。□□□□县，均系各分局能开办之□□□□，至其他□□□□□□□□□□□员前往被拒绝者，尤不胜枚举。经督办一再函请撤销，或由职署所委各分局长，就近与之交涉，卒不邀谅解。夫事权不一，则职责难专，似此各相争据，用人既不操柄，拨款更无从问津，徒拥虚名，有何起色。况此种寓禁于征之办法，原以饷需关系重大，不得已之所为。倘各县镇不能一律开办，仅此广州市面，所入几何，禁烟饷源，两无效力。合无仰恳大元帅俯赐察核，准予明令各属各军长官，于职署所委分局长各承包商人，办理烟禁事宜，互相维护，毋碍进行。烟禁既能统一，军饷实利赖之。是否有当，伏侯指令祗遵"等情前来。除指令"呈悉。候令行各军长官遵照办理可也。此令"印发外，合行令仰该总司令，即转饬所属一律遵照，嗣后对于禁烟督办署所委之局长及承商，均须认真维护，协助进行。切切。此令。

据《统一禁烟权之帅令》，载一九二四年五月二十八日《广州民国日报》

批徐效师请领公费以济涸鲋函

（一九二四年五月二十七日）[1]

据北伐第一军参谋长徐效师函呈，为该军将士北归困苦情形，请准仍赴财厅领取五月公费以济涸鲋等情。着财政部酌给解散费。

据陈旭麓、郝盛潮主编，王耿雄等编：《孙中山集外集》，上海，上海人民出版社一九九〇年七月出版

---

[1]　时间为财政委员会第四十一次会议决案日期。

批程潜请给予已故西路讨贼军统领
潘国熙等恤金呈

（一九二四年五月二十七日）

大元帅指令第五三〇号

令大本营军政部长程潜

呈请给予已故西路讨贼军统领潘国熙等恤金由。

呈悉。潘国熙准照积劳病故例，给予中校恤金。除陈桂廷准照阵亡例，给予上校恤金。刘震模准照阵亡例，给予少校恤金，以示矜恤。仰即分别转行知照。此令。

（中华民国陆海军大元帅之印）

中华民国十三年五月廿七日

据《大元帅指令第五三〇号》，载广州《陆海军大元帅大本营公报》第十五号，一九二四年五月三十日

批程潜请照少校因公殒命例给予郑传瀛恤金呈

（一九二四年五月二十七日）

大元帅指令第五三一号

令大本营军政部长程潜

呈请照少校因公殒命例给予已故湘军总司令部军务处少校处员郑传瀛恤金由。

呈悉。准如所议给恤。仰即转行知照。此令。

（中华民国陆海军大元帅之印）

中华民国十三年五月廿七日

据《大元帅指令第五三一号》，载广州《陆海军大元帅大本营公报》第十五号，一九二四年五月三十日

饬顾忠琛组织军队以植党军之基础令①

（一九二四年五月二十八日）

大元帅训令第二四四号

令北伐讨贼军第四军军长顾忠琛

查该军长为国服务，久著勋劳，本大元帅期望至厚。此次授以重任，尤望力加振厉，以赴事功。惟近来组织军队每务铺张，徒有虚名，毫无实际，甚或破坏社会秩序，影响国家纪律。至现在大军云集，国帑支绌，给养无出，犹其次者。该军长受任伊始，应力矫此弊，除筹有切实办法详陈核准外，不得广招军队，徒事虚浮，应从切实编练入手，先于都市以外之地设一教练大队，次第扩充，以植党军之基础。所有一切设施，仍应随时呈候核夺。切切。此令。

（中华民国陆海军大元帅之印）

中华民国十三年五月二十八日

据《大元帅训令第二四四号》，载广州《陆海军大元帅大本营公报》第十五号，一九二四年五月三十日

批蒋光亮停收三五眼桥花地芳村
等处筵席捐情形呈

（一九二四年五月二十八日）

大元帅指令第五三五号

令中央直辖滇军第三军军长蒋光亮

呈复停收三五眼桥花地、芳村等处筵席捐情形由。

---

①　继上年十月成立中央陆军教导团（是年四月改为陆军讲武学校）之后，孙文委派国民党本部军事委员会委员顾忠琛组织第四军，训令中指示设置"教练大队"，其性质与教导团相似，拟以此为基础而成立党军。

呈悉。此令。

（中华民国陆海军大元帅之印）

中华民国十三年五月二十八日

据《大元帅指令第五三五号》，载广州《陆海军大元

帅大本营公报》第十五号，一九二四年五月三十日

批程潜请追赠故中央直辖广东讨贼军中校团附
尹正揆陆军上校并照例给恤呈

（一九二四年五月二十八日）

大元帅指令第五三七号

令大本营军政部长程潜

呈请追赠故中央直辖广东讨贼军中校团附尹正揆陆军上校，并照例给恤由。

呈悉。准如所请。故团附尹正揆着追赠陆军上校，并照例给恤。仰即遵照办

理。此令。

（中华民国陆海军大元帅之印）

中华民国十三年五月廿八日

据《大元帅指令第五三七号》，载广州《陆海军大元

帅大本营公报》第十五号，一九二四年五月三十日

批李安邦遵令结束及取消名义呈

（一九二四年五月二十八日）

大元帅指令第五三八号

令前大本营游击司令李安邦

呈报遵令结束及取销名义由。

呈悉。此令。

（中华民国陆海军大元帅之印）

中华民国十三年五月二十八日

据《大元帅指令第五三八号》，载广州《陆海军大元
帅大本营公报》第十五号，一九二四年五月三十日

批崇智遵令遴员接办西江各属财政情形呈

（一九二四年五月二十八日）

大元帅指令第五三九号

令粤军总司令许崇智

呈报遵令遴员接办西江各属财政情形由。

呈悉。仍应随时严饬各该员认真整理。此令。

（中华民国陆海军大元帅之印）

中华民国十三年五月二十八日

据《大元帅指令第五三九号》，载广州《陆海军大元
帅大本营公报》第十五号，一九二四年五月三十日

饬伍朝枢侨赠台山横湖乡电射灯准予免税放行令

（一九二四年五月二十九日）

大元帅训令第二四五号

令大本营外交部长伍朝枢

为令饬事：据台山县县长刘栽甫呈称："窃职县盗贼滋多，办团最为急务。现县属横湖乡建筑碉楼，设置团兵，该乡华侨特由外国购买电射灯一盏付回，以为碉楼瞭望之用，尚知爱国爱乡。现据称：经将电射灯一盏分装二箱运到新会北街，由北街转运台城。惟路经关卡须受查验，即由县长咨会江门税务司查验放行。随准咨覆开：查电射灯乃系应税之军用物品，上年五月曾准粤海关监督咨开：奉大

元帅训令，无论应税、免税各军用物品，概凭大本营驻江办事处护照放行，相应咨请查照等因。本关经已按照办理，此次横湖乡筹办团防购运电射灯，自应仍以大本营护照为凭等因。该税务司尊重帅令，无可非议。惟念该电射灯系由热心华侨购自外洋，转运已需时日，现又为团务之急需，素仰帅座注重团务，优待华侨，理合沥情上陈，伏乞饬属给发免税护照，以示奖劝"等情。据此，查此项电射灯，既系以作办团自卫之用，自应予免税，以示奖劝。据呈前情，合行令仰该部即便饬知该管税务司查验放行可也。此令。

（中华民国陆海军大元帅之印）

中华民国十三年五月二十九日

据《大元帅训令第二四五号》，载广州《陆海军大元帅大本营公报》第十五号，一九二四年五月三十日

批叶恭绰请准予该部免筹大理院
每月经费以轻负担呈

（一九二四年五月三十日）

大元帅指令第五四四号

令大本营财政部长叶恭绰

呈请准予免筹大理院每月经费，以轻负担由。

呈悉。仍应酌核情形筹拨，以维司法。此令。

（中华民国陆海军大元帅之印）

中华民国十三年五月三十日

据《大元帅指令第五四四号》，载广州《陆海军大元帅大本营公报》第十五号，一九二四年五月三十日

谕饬李烈钧即令各军长官亟宜返赴前敌

（一九二四年五月三十日）

谕饬大本营参谋长李烈钧，即令各军总司令、军长亟宜返赴前敌，指挥各军乘时大举反攻，以免敌军久延残喘。

据《高级将领之联席会议》，载一九二四年五月三十一日《广州民国日报》

谕饬胡汉民不便更发造枪新令

（一九二四年五月三十日）

从前各军纷请造枪，供不应求。又有军官学校等，需用攻北，赶行配置新机，而且定有新计划不可。此种计划未定之前，各军造枪均需暂时停止。其小批已交额定造者，造毕即停。第二军闻已造好二千余枝，以各军比较，鲜有及第二军之半额者，故不便更发新令，以为独停第二军，实是误解。

据李殿元：《对胡汉民两组信函的研究》，载成都《四川文物》一九九三年第二期

饬将福安飞鹰广海等三舰编为海军训练舰队归许崇智节制调遣令

（一九二四年五月三十一日）

大元帅训令第二五〇号

令粤军总司令许崇智

为令知事：现将"福安"、"飞鹰"、"广海"三舰编为海军练习舰队，由潘文

治统带，着归该总司令节制调遣，仰即知照。此令。

（中华民国陆海军大元帅之印）

中华民国十三年五月三十一日

据《大元帅训令第二五〇号》，载广州《陆海军大元

帅大本营公报》第十五号，一九二四年五月三十日

着舞凤舰归大本营差遣令

（一九二四年五月三十一日）

大元帅训令第二五一号

令"舞凤"舰舰长伍自立

着"舞凤"舰归大本营差遣。此令。

（中华民国陆海军大元帅之印）

中华民国十三年五月三十一日

据《大元帅训令第二五一号》，载广州《陆海军大元

帅大本营公报》第十五号，一九二四年五月三十日

着各路军官克日分途进取东江令[①]

（一九二四年五月三十一日）

克日督率所部，分途进取。

据《联军三路并进之声势》，载一九

二四年六月一日《广州民国日报》

---

① 各路军官系指谭延闿、杨希闵、刘震寰、刘玉山、范石生、蒋光亮、樊钟秀等。

着徐德派舰严查敌军利用外轮偷运接济令

（一九二四年五月三十一日）

据前敌滇军报告，敌军有利用外轮偷运接济，亟应照约实行监察，杜绝其来往。因特令饬徐司令加派浅水炮舰两艘，克日驶赴东江河面认真监察。如查明系冒外商轮来往，希图侦我军情及接济敌军有据者，应予将轮扣留，人则拿解究办。

据《派遣炮舰监察敌轮》，载一九二四年六月一日《广州民国日报》

批滇军赵成梁呈扣留田曦应免议释放①

（一九二四年五月三十一日刊载）

呈悉。田曦既奉有柏军长委任，又查无招募土匪确证，自应免予置议，仰即遵照释放可也。此令。

据《帅令释放翁源检察官田曦》，载一九二四年五月三十一日《广州民国日报》

着军政部加意保护铁路保卫人民令

（一九二四年五月下旬）

大元帅训令

令大本营军政部部长程潜

广九铁路，曾经令派周自得为护路司令，责成保护路政及沿铁路附近一切治

---

① 赵成梁时任中央直辖滇军第一师师长。

安。旋据西路总司令刘震寰呈称：权派冯启民为广九铁路警备司令，并乞准予备案各在案。乃近据报告，驻在铁路附近之军队，有任意售卖客票，并加征二成之事。比年广九沿线以东江作战之故，地方咸感痛苦，驻防军队宜如何加意保护，以卫人民而利交通。若任意加征，既妨路政，尤苦人民，应着严行制止，以昭至公。嗣后关于路政事宜，即由广九路局办理。除两司令权限任务，着由军政部拟定转行遵守外，并着分行驻扎广九沿路附近军队一体遵照毋违。切切。此令。

据《广州国民政府档案》，载中国第二历史档案馆编：《中华民国史档案资料汇编》第四辑，南京，江苏古籍出版社一九八六年九月出版

着各机关核实员额节省杂费训令

（一九二四年六月三日）

依照民国十年总统府规定官制条例，核实员额及支给员司薪俸。新设机关亦应由该长官从细核减，一切冗繁杂费，均须略为减少，以省靡费。

据《帅令各机关减政条》，载一九二四年六月四日《广州民国日报》

致何成濬着在翁源暂事休息待命电

（一九二四年六月三日）

翁源县转送何总指挥成濬鉴：所部间关远道，至为劳瘁，着在翁源县属暂事休息待命。此令。大元帅。江。

据《帅令何军在翁源待命》，载一九二四年六月四日《广州民国日报》（二）

致杨希闵赵成梁何成濬在翁源暂事休息待命电

（一九二四年六月三日）

广州杨总司令、韶州赵师长云〔鉴〕：何总指挥所部现抵翁源，业令即在该地暂事休息待命。仰饬驻在军队一体知照。大元帅。江。

据《帅令何军在翁源待命》，载一九二四年六月四日《广州民国日报》（三）

饬广东省长杨庶堪克日裁减
各机关预算限期呈核令

（一九二四年六月一至四日）①

查整理财政，当求收支适合。况现在前方作战，需款正殷，罗掘俱穷，尚不足以资供养，自非将各行政机关竭力撙节，以裕度支不可。查自军兴以后，各行政机关一切开支视前倍蓰，其冗员之多，不问可知，仰即克日裁减。其民国十年已成立之机关，应参照该年度预算，切实减除，不得超过；其成立于十年以后者，亦应力加节省。限本月十日以前，将所拟定减省之数呈报核夺，不得玩延。此令。

据《减政裁员之功令》，载一九二四年六月十一日《广州民国日报》

---

① 日期据《大元帅训令第二五〇号》、《大元帅训令第二六三号》日期推定。

饬转广九铁路护路司令协助禁烟缉私令

（一九二四年六月四日）

大元帅训令第二六一号

令大本营军政部部长程潜

为令饬事：据禁烟督办鲁涤平呈称："窃查广九车站为港粤往来要道，业经设置检查所派委员兵实力检查，以期杜绝私运，廓清流毒在案。但该处时有商人携带戒烟药原料附车返乡，现广九铁路护路司令周自得已在车站设有稽查处，搜查一切违禁物品。诚恐署部同时检查，发生误会，为此呈请钧座俯赐令行广九铁路护路司令周自得转饬所属知照，如在车站查有戒烟药原料，经粘贴职署检验证或检查所已征收检验费，应即验明放行，毋得留难拦阻，别生轇轕，并令就近维护协助，共策进行，禁烟前途，裨益不鲜"等情。当经指令"呈悉。准如所请办理。候令军政部转饬广九铁路护路司令遵照可也。此令"等语，除指令印发外，合行令仰该部即便转饬遵照。此令。

（中华民国陆海军大元帅之印）

中华民国十三年六月四日

据《大元帅训令第二六一号》，载广州《陆海军大元帅大本营公报》第十六号，一九二四年六月十日

着许崇智节制由潘文治统率之舞凤舰令

（一九二四年六月四日）

大元帅训令第二六四号

令粤军总司令许崇智

前经拨归大本营差遣之"舞凤"舰，现尚在整理时期，着仍由潘文治统率，

听该总司令节制，仰即知照。此令。

（中华民国陆海军大元帅之印）

中华民国十三年六月四日

据《大元帅训令第二六四号》，载广州《陆海军大元帅大本营公报》第十六号，一九二四年六月十日

着各收入机关赶筹军费令

（一九二四年六月四日）

预日赶筹，源源报解，俾得转发前方，庶使行者、居者得各展其能力，迅奏肤功。

据《帅令赶筹东江军费》，载一九二四年六月五日《广州民国日报》

重申严禁收编土匪令①

（一九二四年六月四日）

自后一律严禁收编土匪，如被查出，概行解散。倘有组织而未成军者，准先行设立一教练大队于都市外从事训练，以植基础，而备效用。概禁止滥编匪队，贻患闾阎。

据《再申禁编土匪之帅令》，载一九二四年六月五日《广州民国日报》

---

① 本件分发柏文蔚、胡谦、顾忠琛等。

批许崇智遵令派员覆核前福莆仙平
善后处报销一案情形呈

（一九二四年六月四日）

大元帅指令第五五二号

令粤军总司令许崇智

呈覆遵令派员覆核前福莆仙平善后处报销一案情形由。

呈悉。此令。

（中华民国陆海军大元帅之印）

中华民国十三年六月四日

据《大元帅指令第五五二号》，载广州《陆海军大元帅大本营公报》第十六号，一九二四年六月十日

批鲁涤平请令饬广九铁路护路司令
维护协助共策进行呈

（一九二四年六月四日）

大元帅指令第五五七号

令禁烟督办鲁涤平

呈请令饬广九铁路护路司令维护协助，共策进行由。

呈悉。准如所请办理。候令军政部转饬广九铁路护路司令遵照可也。此令。

（中华民国陆海军大元帅之印）

中华民国十三年六月四日

据《大元帅指令第五五七号》，载广州《陆海军大元帅大本营公报》第十六号，一九二四年六月十日

饬桂军总司令刘震寰等不得在广九路华段
各站擅行加收各费令

（一九二四年六月五日）

大元帅训令第二六五号

令桂军总司令刘震寰、广九铁路护路司令周自得

为令饬事：前据广九铁路总工程师函报：广九路华段各站有军人勒收附加运费、军费等情，当经令行该桂军总司令严行制止在案。顷复据军车管理处报告：各站仍有勒加运费、军费情事，殊属妨碍交通，合亟令仰该总司令即严饬所属克日将广九路附加运费、军费等名目取销，该司令严查所属有无在各站加收附捐并勒加运费情事。嗣后无论何项军队，均不得擅行加收各费，以利商旅而维路政。除分令外，仰即遵照办理。切切。此令。

（中华民国陆海军大元帅之印）

中华民国十三年六月五日

据《大元帅训令第二六五号》，载广州《陆海军大元帅大本营公报》第十六号，一九二四年六月十日

饬准核销兵工厂购买无烟药价款令

（一九二四年六月五日）

大元帅训令第二六六号

令大本营军政部长程潜

为令遵事：据大本营审计处处长林翔呈称："呈为呈请示遵事：案奉钧帅发下广东兵工厂十二年五月份收支计算书单据簿到处审核等因。奉此，窃查该厂五月份支出计算书零星材料栏内购买无烟药二百二十五斤十五两，应价银三千一百六十三元一角二分五厘，未缴原铺单据。当经询，据该厂函答开：查敝厂去年四月

规复之初，适经兵燹之后，所有造存枪枝、子弹及已成将成之零件，并一切器具样板、家私等项，均被盗窃捣毁无遗，敝厂附属之无烟药厂，其破坏为尤甚，一时不能制药。当日战事吃紧，各军催造子弹急如星火，不得不设法购到，以救眉急。当由朱前厂长派员四处访查，不知几费经营、几多转折，始陆续购到无烟药二百二十五斤十五两，价银三千一百六十余元。因此种无烟药系违禁物品，不但卖者不使买者见面，连姓名住址亦不使人知，但凭中人议价交易，时在荒野地方收银交货，既无店铺，又无单据，是以十二年五月份计算书，只开报无烟药若干，价银若干，并无单据粘存。敝厂料械处毁弹厂均有收发簿据及领单可查，如果当日非购此帮无烟药，断无子弹解兵站转发各军，事实具在，并无虚伪，相应将当日购买无烟药经过之情形，据实函达，请烦查照等因。准此，查审计以单据为凭，该厂声明各节，虽系实情，但与审计手续，不甚符合，应否准其核销，职处未便擅拟，理合备文呈请钧帅察核示遵，实为公便"等情前来。除指令"呈悉。应准其核销。候令行军政部转饬该厂长知照可也。此令"印发外，合行令仰该部长即便遵照，转饬知照。切切。此令。

（中华民国陆海军大元帅之印）

中华民国十三年六月五日

据《大元帅训令第二六六号》，载广州《陆海军大元帅大本营公报》第十六号，一九二四年六月十日

饬各军不准在南雄各属招募新兵令

（一九二四年六月五日）

大元帅训令第二六七号

令大本营军政部长程潜

为令饬事：查南雄一带接近敌境，防范亟宜严密。查近来每有藉补充新兵之名赴南雄各边界招募者，难保无敌人乘间阑入，土匪藉军滋事，于防务关系极大，亟应严行禁止。着由该部长通令各军，嗣后无论何军不准在南雄各属招募，以重

防务，并令行该地防军知照。此令。

（中华民国陆海军大元帅之印）

中华民国十三年六月五日

据《大元帅训令第二六七号》，载广州《陆海军大
元帅大本营公报》第十六号，一九二四年六月十日

批林翔请示核销广东兵工厂十二年五月份
支出之无烟药费呈

（一九二四年六月五日）

大元帅指令第五五九号

　　令大本营审计处处长林翔

　　呈为请示核销广东兵工厂十二年五月份支出之无烟药费用由。

　　呈悉。应准其核销。候令行军政部转饬该厂长知照可也。此令。

（中华民国陆海军大元帅之印）

中华民国十三年六月五日

据《大元帅指令第五五九号》，载广州《陆海军大
元帅大本营公报》第十六号，一九二四年六月十日

撤销军车管理处令

（一九二四年六月五日）

　　着广九军车管理处撤销。此令。

据《帅令撤销军车管理处》，载一九
二四年六月九日《广州民国日报》

着许崇智接收西江督办在广东境内一切军政财政事宜并将财政转交财政厅管理令

（一九二四年六月六日）

着许总司令崇智接收西江督办之广东境内一切军政、财政事宜，即将财政转交财政厅管理，以归统一。此令。

据《李济深电告卸督办职》，载一九
二四年六月十日《广州民国日报》

饬审核兵工厂追加岁出概算令

（一九二四年六月七日）

大元帅训令第二七二号

　　令大本营军政部长程潜

　　据广东兵工厂厂长马超俊呈称："职厂十二年度岁入、岁出预算，当经朱前厂长和中编造书表两份，呈请财政部汇呈钧座察核在案。查朱前厂长系于去年十二月一日卸差，超俊于十二月二日接任后，将职员略为编改，所以月薪与朱前厂长任内亦略有不同，计薪水一项添设洋工程师、制药技师二名，经奉准帅令办理炸药事宜，故每月增多一千八百七十九元，由民国十二年十二月起，至十三年六月底止，计七个月，共一万三千一百五十三元，作为追加之数。至于包工、点工、工食、材料、杂支等项，皆未增减，一仍其旧，理合编造追加岁出概算书呈缴察核"等情。据此，合行令交该部长仰即审核呈覆。概算书随发。此令。

（中华民国陆海军大元帅之印）

中华民国十三年六月七日

据《大元帅训令第二七二号》，载广州《陆海军大
元帅大本营公报》第十六号，一九二四年六月十日

饬将永济药库废址拨为天葬场所令

（一九二四年六月九日）

大元帅训令第二七四号

令大本营军政部长程潜、广东省长杨庶堪

为令遵事：据大本营建设部长林森呈称："呈为请将永济药库废址拨为天葬场所，恭呈仰祈睿鉴事：窃惟吾国葬埋之俗，误解慎终报本之义，于殓饰务求其厚，于坟场务尚其阔。耗有用之财，夺生产之地，合全国积年而计，不知敜损国力若干。尤其甚者，惑于风水之说，停棺浅葬，尸骸暴露，风日蒸扬，则秽恶尸气漫于空气之内；雨潦浸润，则腐化尸质混入饮料之泉。小则妨碍健康，大则酿成疫疬，在常人每多不察，而其害实无比伦。从前伍老博士谋救其弊，曾经力倡天葬，即俗所称火葬。查火葬在吾国宋元间本有流行，现在世界各国更成为共同倾向，洵属裨益民生，相当可行，当时明白事理以及注重公共卫生之人，均表赞同，第以场所难觅，未及举行。盖火葬场所，须择深奥无人居住地方，而倡始之际，更须交通稍便，方得人人乐从。而在今日省垣附近，求合此条件之地颇为不易，森窃以为憾。近因往来黄花冈计划烈士坟园，查悉永济药库业由军政部呈奉钧准撤废。该库旧址，深奥、交通二者俱备，拟请拨为天葬场所之用，如蒙俞允，关于火葬设备以及建筑骨塔，安藏骨灰等项，再由森招集地方热心此事之人提倡经营，务期转移风化，实现良规。所有请将永济药库废址拨为天葬场所缘由，是否有当，理合呈请钧座察核，伏乞训示祗遵"等情前来。除指令"呈悉。照准。候令行军政部、广东省长遵照移拨备案可也。此令"印发外，合行令仰该部长、省长即遵照办理。此令。

（中华民国陆海军大元帅之印）

中华民国十三年六月九日

据《大元帅训令第二七四号》，载广州《陆海军大元帅大本营公报》第十六号，一九二四年六月十日

批林森请将永济药库废址拨为天葬场所呈

（一九二四年六月九日）

大元帅指令第五六四号

令大本营建设部长林森

呈请将永济药库废址拨为天葬场所，乞训示祗遵由。

呈悉。照准。候令行军政部、广东省长遵照移拨备案可也。此令。

（中华民国陆海军大元帅之印）

中华民国十三年六月九日

据《大元帅指令第五六四号》，载广州《陆海军大
元帅大本营公报》第十六号，一九二四年六月十日

着刘震寰等将留落石龙部队限期悉数调离令

（一九二四年六月九日）

着刘震寰（新塘厘厂）、卢师谛（新塘）、周之贞（中堂）将留落石龙省城沿途之部队，限五日悉数调离该处，免滋事端。此令。

孙文

民国十三年六月十日

据原件，台北、中国国民党
文化传播委员会党史馆藏

着财政委员会迅速发给何成濬所部经费二万元

（一九二四年六月十日）①

大元帅令

着财政委员会迅速发给何成濬所部给养二万元，于三日内给领，不得延误。

载中国第二历史档案馆编：《中华民国史档案资料汇
编》第四辑，南京，江苏古籍出版社一九八六年九月出版

着财政委员会先付何成濬所部经费五千元令

（一九二四年六月十日）②

大元帅令

着财政委员会于本月十一日午前先付何总指挥成濬五千元，其余一万五千元，亦于三日内全数交付，勿得迟延。

据《广州国民政府档案》，载中国第二历史档
案馆编：《中华民国史档案资料汇编》第四
辑，南京，江苏古籍出版社一九八六年九月出版

饬筹军政部经费令

（一九二四年六月十日）③

大元帅令

饬筹军政部一万五千元，以度节关，并自六月起，遵照拟定二万元之数实足

---

① 时间为财政委员会第四十四次会议决案日期。
② 时间为财政委员会第四十四次会议决案日期。
③ 时间为财政委员会第四十四次会议决案日期。

发给。

据《广州国民政府档案》，载中国第二历史档案馆编：《中华民国史档案资料汇编》第四辑，南京，江苏古籍出版社一九八六年九月出版

命发陈庆森恤金四百元令

（一九二四年六月十日）

大元帅训令第二七五号

　　令大本营财政部部长叶恭绰

　　为令饬事：案据大本营内政部部长徐绍桢呈称："窃职部科长陈庆森学识优长，办事勤慎。部长前任广东省长派充秘书之职，旋调充职部科长，随同规划部务，极资得力，昕力从公，积劳成疾，于本年四月二十六日身故。查去年七月财政部书记官谢俊廷在职病故，曾由财政部呈蒙大元帅批准颁发恤金二百四十元。该陈故员现任科科长系荐任职，且其身后萧条，情殊可悯。该故员月俸二百元，可否给与一次过两个月俸额恤金四百元，以示体恤之处。理合具文呈请钧座察核，俯赐照准饬下财政部照发，俾得颁给，早日殡葬，以昭激劝"等情。据此，除指令照准外，合行令仰该部长即便遵照，如数发给可也。此令。

（中华民国陆海军大元帅之印）

中华民国十三年六月十日

据《大元帅训令第二七五号》，载广州《陆海军大元帅大本营公报》第十六号，一九二四年六月十日

饬田土业佃保证局及各县县长认真催收款项
以维成立国立广东大学经费令

（一九二四年六月十日）

大元帅训令第二七六号

　　令广东省长杨庶堪

为令行事：据国立广东大学筹备主任邹鲁呈称："窃查前奉钧令，指定广东全省田土业佃保证局收入为国立高等师范学校经费等因，曾经主任呈奉令行军政部、广东省长，通饬各县军警、地方官认真协助，并禁提借在案。现查该局收拨款项为数不多，虽缘青黄不接，暂时愆期，究属催收不力，有误要需。且开办伊始，全赖地方官实心协助，设或意存敷衍，必致滞碍进行。比者高师、法大、农专合并改组大学，成立在即，需款綦殷。适本年早稻收获期近，农有余裕，措缴匪难，亟应及时催收，用资接济。拟恳钧座俯赐令行广东省长转饬该局认真进行，并令各县县长极力协助。如有办理懈弛，协助不力，即予分别撤惩，并由省署布告全省田土业佃一体遵照，务尽早稻登场扫数缴纳，倘有疲玩仍前观望，应由该管县局从严罚办，以示警戒，而维学款。理合具文恭请鉴核施行"等情。据此，应予照准。除指令外，仰该省长即便查照办理。此令。

（中华民国陆海军大元帅之印）

中华民国十三年六月十日

据《大元帅训令第二七六号》，载广州《陆海军大元帅大本营公报》第十六号，一九二四年六月十日

批邹鲁请令行广东省长转饬催收田土业佃保证费呈

（一九二四年六月十日）

大元帅指令第五六五号

　　令国立广东大学筹备主任邹鲁

　　呈请令行广东省长转饬催收田土业佃保证费等情由。

　　呈悉。准予令行广东省长查照办理。此令。

（中华民国陆海军大元帅之印）

中华民国十三年六月十日

据《大元帅指令第五六五号》，载广州《陆海军大元帅大本营公报》第十六号，一九二四年六月十日

批徐绍桢为科长陈庆森积劳病故
请给予恤金四百元呈

（一九二四年六月十日）

大元帅指令第五六六号

　　令大本营内政部部长徐绍桢

　　呈为科长陈庆森积劳病故，请给予恤金四百元由。

　　如呈给恤。候令财政部照发可也。此令。

（中华民国陆海军大元帅之印）

中华民国十三年六月十日

据《大元帅指令第五六六号》，载广州《陆海军大
元帅大本营公报》第十六号，一九二四年六月十日

着孙统纲部归湘军谭总司令节制调遣令

（一九二四年六月十日）

　　查东江逆军迭经我联军痛剿，其势已穷，该司令所部卒伍均生长惠属，历战经年，地形熟悉。着即统率全部归湘军谭总司令节制调遣，协助我左翼军作战，努力杀贼，以建奇勋。切切。此令。

据《孙统纲归湘军节制》，载一九
二四年六月十日《广州民国日报》

批杨庶堪遵办令行财政厅照案
筹拨革命纪念会款项情形呈

（一九二四年六月十日）

大元帅指令第五六七号

　　令广东省长杨庶堪

　　呈复遵办令行财政厅照案筹拨革命纪念会款项情形由。

　　呈悉。此令。

（中华民国陆海军大元帅之印）

中华民国十三年六月十日

据《大元帅指令第五六七号》，载广州《陆海军大元帅大本营公报》第十六号，一九二四年六月十日

批上海大学需款五千元请速汇接济电呈

（一九二四年六月十日）①

上海大学需款五千元，请速汇接济电呈一件。着会酌量设法。

据《广州国民政府档案》，据中国第二历史档案馆编：《中华民国史档案资料汇编》第四辑，南京，江苏古籍出版社一九八六年九月出版

追赠蒋国斌令

（一九二四年六月十一日）

大元帅令

　　大本营军政部长程潜呈：议复故东路讨贼军总参议蒋国斌，于北伐援闽诸役，

---

　　①　时间为财政委员会第四十四次会议决案日期。

迭著战功，积劳病故，拟请追赠陆军中将，仍照积劳病故例给恤等语。蒋国斌着追赠陆军中将，并照中将积劳病故例给予恤金，以彰忠荩。此令。

（中华民国陆海军大元帅之印）

中华民国十三年六月十一日

据《大元帅令》，载广州《陆海军大元帅大本营公报》第十七号，一九二四年六月二十日

追赠郑咏琛令

（一九二四年六月十一日）

大元帅令

大本营军政部长程潜呈：议复东路讨贼军故旅长兼前敌总指挥郑咏琛，前于东江之役指挥作战，驰骋疆场，卓著辛勤，积劳病故，拟请追赠陆军中将，并照例给恤。郑咏琛着追赠陆军中将，并照积劳病故例给恤，以酬劳勋，而慰英灵。此令。

（中华民国陆海军大元帅之印）

中华民国十三年六月十一日

据《大元帅令》，载广州《陆海军大元帅大本营公报》第十七号，一九二四年六月二十日

批程潜请照积劳病故例给予李奎仙少校恤金呈

（一九二四年六月十一日）

大元帅指令第五七〇号

令大本营军政部部长程潜

呈请照积劳病故例给予已故东路讨贼军营长李奎仙少校恤金由。

如呈给恤。仰即转行知照。此令。

（中华民国陆海军大元帅之印）

中华民国十二年六月十一日

据《大元帅指令第五七〇号》，载广州《陆海军大元帅大本营公报》第十七号，一九二四年六月二十日

批程潜称粤军总司令请将黄明堂等部伙饷
改由该部请领转发呈

（一九二四年六月十二日）

大元帅指令第五七一号

令大本营军政部部长程潜

呈为遵令议覆粤军总司令请将黄军长明堂等部伙饷改由该部请领转发，事属可行由。

既据议覆，事属可行。候令粤军总司令即自奉命日起，将第二军长黄明堂、虎门要塞司令廖湘芸、长洲要塞司令马伯麟、海防司令林若时、东江缉匪司令徐树荣等部应领伙饷，概行改由该部请领转发，以归划一可也。原呈存。此令。

（中华民国陆海军大元帅之印）

中华民国十三年六月十二日

据《大元帅指令第五七一号》，载广州《陆海军大元帅大本营公报》第十七号，一九二四年六月二十日

批程潜议恤杨子明拟请援照陆军少将例
给予一次恤金呈

（一九二四年六月十二日）

大元帅指令第五七二号

令大本营军政部长程潜

呈覆议恤东路讨贼军故参谋处长杨子明，拟请援照陆军少将例给予一次恤金由。呈悉。准如所议给恤。仰即由部转行知照。此令。

（中华民国陆海军大元帅之印）

中华民国十三年六月十二日

据《大元帅指令第五七二号》，载广州《陆海军大元帅大本营公报》第十七号，一九二四年六月二十日

黄明堂等部应领伙饷概由粤军总司令
许崇智请领转发令

（一九二四年六月十二日）

大元帅训令第二七八号

　　令粤军总司令许崇智

　　为令饬事：查前据该总司令呈请：自六月一日起，将黄军长明堂等部应领伙饷，改由该部请领转发前来，当交军政部核议去讫。兹据覆称：查统一饷糈，为整军经武之要图，粤军总司令许崇智呈请将第二军军长黄明堂、虎门要塞司令廖湘芸、长洲要塞司令马伯麟、海防司令林若时、东江缉匪司令徐树荣各部向由大本营所领伙食，概由该部请领转发，自属可行等情。据此，除指令外，合行令仰该总司令即便遵照，自奉令日起，将黄明堂、廖湘芸、马伯麟、林若时、徐树荣等部应领伙饷，概行改由该总司令请领转发，以归划一可也。此令。

（中华民国陆海军大元帅之印）

中华民国十三年六月十二日

据《大元帅训令第二七八号》，载广州《陆海军大元帅大本营公报》第十七号，一九二四年六月二十日

饬知林翔禁烟督办署经费每月减少办公费
一千四百余元余准照表开支令

（一九二四年六月十二日）

大元帅训令第二八〇号

　　令大本营审计处处长林翔

　　为令发事：据禁烟督办鲁涤平呈称："呈为遵令切实节减开支，缮具四月份预算及另造全年预算，并陈明困难情形，仰祈睿核事：窃奉钧府第五二五号指令内

开：呈赍本年四月份预算书暨前任本任职员名额薪饷比较表，仰乞鉴核由一案，除原文有案邀免冗录外，尾开：'仰再自行酌减，以薪饷、办公费合计每月不超过一万五千元为度，另造全年预算书呈候核定，按月照支可也。比较表存。此令'等因。奉此，伏维职谬领军符兼管烟禁，自应上体帅座节用爱人之盛意，下解人民水深火热之倒悬。对于用人行政、开源节流，无不审慎周详，考虑至再。所有前呈四月份支付预算数目虽属稍多，实则减无可减。其中困难情形，不得不为我帅座陈之。查杨前督办以地方人办地方事，因革损益，无不斟酌至当，署内开支尚复如是之多，且属着手之初，仅及广州一市。现在，东、西、北三江均皆逐渐推行，预算又复锐减，若再缩小用度，势所难能。至内、财两部为行政最高机关，每月开支各不过万元者，以其均就各属旧有之机关为之骈枝，兼有省署财厅从中辅助，以总其成。部务仅处最高裁核地位，性质既不相同，情形又复各别，故开支少。若禁烟事属创举，举凡一切署务均须从新规画，不能就已设之机关混合代办，署务因之而繁，开销亦随之而巨。此必然之势也。现当军需孔亟之秋，烟禁厉行之际，尤不能因陋就简，断颈续足，致虞贻误。苟有可以涤除烟毒、扩充饷源之处，即开支略多，亦所不计。若徒事敷衍，因小失大，则非职所敢为，亦非我帅座所乐闻也。兹奉前因，遵于减无可减之中，将办公费酌减一千四百余元。此外，再无搏节之余地。除临时增设局所及特别发生事故等费专案另行呈请核销外，理合检同四月份支出预算书并按照会计年度另造全年支出预算书表，备文恭呈鉴核施行"等情。据此，当经指令"呈暨预算书均悉。既据陈明该署经费除将办公费每月遵令减少一千四百余元外，其余碍难减少，应准照表开支。除将全年预算书及四月份支付预算书各提存一份外，候将其余一份令发审计处备查可也。此令"等语。除指令印发后，合行令仰该处即将发下预算书存案备查。此令。

　　计发禁烟督办署十二年度岁出预算书一份、十三年四月份支付预算书一份

（中华民国陆海军大元帅之印）

中华民国十三年六月十二日

据《大元帅训令第二八〇号》，载广州《陆海军大元帅大本营公报》第十七号，一九二四年六月二十日

批叶恭绰为赵前运使租赁澄清轮缉私系据实开支并无浮滥应准免予置议呈

（一九二四年六月十二日）

大元帅指令第五七四号

　　令大本营财政部长叶恭绰

　　呈复赵前运使租赁"澄清"轮缉私系据实开支，并无浮滥，应准免予置议，仍候示祗遵由。

　　呈悉。既据查明并非捏饰，又无浮滥，应准免予置议。此令。

（中华民国陆海军大元帅之印）

中华民国十三年六月十二日

据《大元帅指令第五七四号》，载广州《陆海军大元帅大本营公报》第十七号，一九二四年六月二十日

批叶恭绰为造币厂开铸双毫银币日期等情乞鉴核备案呈

（一九二四年六月十二日）

大元帅指令第五七五号

　　令大本营财政部长叶恭绰

　　呈报造币厂开铸双毫银币日期等情，乞鉴核备案由。

　　呈悉。准予备案。此令。

（中华民国陆海军大元帅之印）

中华民国十三年六月十二日

据《大元帅指令第五七五号》，载广州《陆海军大元帅大本营公报》第十七号，一九二四年六月二十日

批宋子文送东汇关程船配盐比较表乞鉴核备案呈

（一九二四年六月十二日）

大元帅指令第五七七号

令两广盐务稽核所经理宋子文

呈送东汇关程船配盐比较表，乞鉴核备案由。

呈、表均悉。准予备案。表存。此令。

（中华民国陆海军大元帅之印）

中华民国十三年六月十二日

据《大元帅指令第五七七号》，载广州《陆海军大元
帅大本营公报》第十七号，一九二四年六月二十日

批程潜拟请追赠郑咏琛以陆军中将并照例给恤呈

（一九二四年六月十二日）

大元帅指令第五七八号

令大本营军政部长程潜

呈复拟请追赠东路讨贼军故旅长兼前敌总指挥郑咏琛陆军中将，并照例给恤由。

呈悉，准如所议，郑咏琛已明令追赠矣。仰即遵照办理。此令。

（中华民国陆海军大元帅之印）

中华民国十三年六月十二日

据《大元帅指令第五七八号》，载广州《陆海军大元
帅大本营公报》第十七号，一九二四年六月二十日

批程潜复拟请追赠蒋国斌以陆军中将
仍照积劳病故例给恤呈

（一九二四年六月十二日）

大元帅指令第五七九号

令大本营军政部长程潜

呈覆拟请追赠故东路讨贼军总参议蒋国斌以陆军中将，仍照积劳病故例给恤由。

呈悉。已有明令追赠给恤矣。仰即知照。此令。

（中华民国陆海军大元帅之印）

中华民国十三年六月十二日

据《大元帅指令第五七九号》，载广州《陆海军大元帅大本营公报》第十七号，一九二四年六月二十日

批程潜为廖有权因公殒命请照例给恤呈

（一九二四年六月十二日）

大元帅指令第五八〇号

令大本营军政部长程潜

呈中央直辖广东讨贼军第四军副官兼少校团附廖有权，因公殒命，请照例给恤由。

呈悉。准如所请办理。此令。

（中华民国陆海军大元帅之印）

中华民国十三年六月十二日

据《大元帅指令第五八〇号》，载广州《陆海军大元帅大本营公报》第十七号，一九二四年六月二十日

批鲁涤平遵令切实节减开支缮具四月份预算
及另造全年预算并陈明困难情形呈

（一九二四年六月十二日）

大元帅指令第五八三号

令禁烟督办鲁涤平

呈为遵令切实节减开支，缮具四月份预算及另造全年预算，并陈明困难情形，仰祈睿核由。

呈暨预算书均悉。既据陈明该署经费除将办公费每月遵令减半一千四百余元外，其余碍难减少，应准照表开支。除将全年预算书及四月份支付预算书各提存一份外，候将其余一份令发审计处备查可也。此令。

（中华民国陆海军大元帅之印）

中华民国十三年六月十二日

据《大元帅指令第五八三号》，载广州《陆海军大元帅大本营公报》第十七号，一九二四年六月二十日

通令各军总司令重申各军限文到十日内
一律迁出广州市区令

（一九二四年六月十三日）

前以广州市内劫杀频仍，其中土匪潜藏，乘机骚扰者固多。而军民杂处，间有不肖军人借端扰累亦所不免。当经饬部通令各军队机关严加取缔，并饬限于文到十日内，一律迁出郊外在案。乃迄今逾月，市内各军虽间有迁移，而玩视法令、横行如故者，仍复不少。似此弁髦法令，何以肃纪纲而保安宁？合亟重申前令，并规定各军迁驻或解散办法随令附达，限于文到十日内，会同军政部、各军总司令、卫戍司令、公安局分别妥慎办理。倘再宕延，即着分别缴械解散，决不再事

宽容。各统军将领久服军职，当知整军卫民之旨，该总司令有维持治安之责，并宜随时认真查察，期保公局。特再令达，仰即遵照迅速办理具报。此令。

孙文

据《重申军队移郊之帅令》，载一九
二四年六月十四日《广州民国日报》

饬张民达遣队查缉私盐手令

（一九二四年六月十三日）

饬张民达立遣营队驻赴九江登陆搜查，务获究办。

据《筹饷讨逆先缉私盐》，载一九二
四年六月十五日《广州民国日报》

饬裁撤交通局令

（一九二四年六月十三日）

交通局应即裁撤，所有输送船只，交滇军兵站接收。

据《帅令裁交通局》，载一九二四
年六月十四日《广州民国日报》①

饬各军总司令诰诫所属切勿包庇贩私令

（一九二四年六月十三日）

着饬诰诫所部一体知照，切勿有此不法行为。否则，一经查出，从严处办。

据《查禁军队包私》，载一九二四
年六月十四日《广州民国日报》

---

①　六月二十日《广州民国日报》之《令交通局交管船只》称"奉大元帅第一〇九号令开"。

批叶恭绰拟办糖类销场税等情呈

（一九二四年六月十三日）

大元帅指令第五八六号

　　令大本营财政部长叶恭绰

　　呈报拟办糖类销场税等情，乞察核备案由。

　　呈悉。准予备案。此令。

（中华民国陆海军大元帅之印）

中华民国十三年六月十三日

据《大元帅指令第五八六号》，载广州《陆海军大元帅大本营公报》第十七号，一九二四年六月二十日

追赠李天霖令

（一九二四年六月十四日）

大元帅令

　　据大本营军政部长程潜呈：议复故东路讨贼军总司令部参议兼第四军驻江行营主任李天霖，转战东江，积劳病故，拟请追赠陆军少将，并优予给恤等情。李天霖着追赠陆军少将，并照积劳病故例第四表给恤，以彰忠荩，而励来兹。此令。

（中华民国陆海军大元帅之印）

中华民国十三年六月十四日

据《大元帅令》，载广州《陆海军大元帅大本营公报》第十七号，一九二四年六月二十日

批邹鲁请举行高师第十一届各部学生毕业试验呈

（一九二四年六月十四日）

大元帅指令第五九〇号

令国立广东大学筹备主任邹鲁

呈请举行高师第十一届各部学生毕业试验由。

呈悉。该校高师第十一届各部学生既经修业期满，所有学科，均已教授完竣，应准举行毕业试验。仰即知照。名册存。此令。

（中华民国陆海军大元帅之印）

中华民国十三年六月十四日

据《大元帅指令第五九〇号》，载广州《陆海军大元帅大本营公报》第十七号，一九二四年六月二十日

批徐绍桢请褒扬琼山县寿妇陈黄氏呈

（一九二四年六月十四日）

大元帅指令第五九一号

令大本营内政部长徐绍桢

呈请褒扬琼山县寿妇陈黄氏由。

呈悉。准予题颁"共和人瑞"四字，余如所议办理。仰即知照。此令。

（中华民国陆海军大元帅之印）

中华民国十三年六月十四日

据《大元帅指令第五九一号》，载广州《陆海军大元帅大本营公报》第十七号，一九二四年六月二十日

批刘震寰遵令取消抽收广九路附加军费等情呈

（一九二四年六月十四日）

大元帅指令第五九二号

令西路讨贼军总司令刘震寰

呈复遵令取消抽收广九路附加军费等情由。

呈悉。此令。

（中华民国陆海军大元帅之印）

中华民国十三年六月十四日

据《大元帅指令五九二号》，载广州《陆海军大元帅大本营公报》第十七号，一九二四年六月二十日

批蒋介石请颁校训呈[①]

（一九二四年六月十四日）

陆军军官学校校训为"亲爱精诚"四字。

大本营总参议[②]拟定黄埔军校开学典礼之"总理训词"呈核。

据罗刚编：《中华民国国父实录》第六集，台北，财团法人罗刚先生三民主义奖学金基金会一九八八年出版

---

① 陆军军官学校筹备就绪后，校长蒋介石呈报孙文择定广州蒙难三周年纪念日，即六月十六日举行开学典礼，恭请其届时莅临主持，并颁发校训。

② 即胡汉民。

批训词底稿

（一九二四年六月十四日）

交大本营秘书长用红纸楷书缮正交我备用。

据罗刚编：《中华民国国父实录》第六集，台北，财团
法人罗刚先生三民主义奖学金基金会一九八八年出版

着财政委员会酌发何成濬部给养费令

（一九二四年六月十五日）

着即酌议发给何总指挥成濬所部给养费。

据《指拨何成濬部给养费》，载一九
二四年六月十六日《广州民国日报》

饬知宋子文无论何项军队机关一概不准迁驻
妨害银行业务令

（一九二四年六月十六日）

嗣后无论何项军队或何种机关，一概不准迁入驻扎，妨害银行业务。倘敢故
违，呈准请令行广州卫戍总司令部及广州市公安局驱逐。

据《中央银行筹备开办》，载一九二
四年六月十六日《广州民国日报》

仰粤军总司令广东省长分饬广东沙田清理处及该管各县征收沙田特别军费令

（一九二四年六月十六日）

查香山县属护沙事宜，前经该县绅民等呈请自筹自卫，此事有关人民自治起点，自应准其试办，以观后效。至东海十六沙地隶香山，亦应准其统筹办理。惟现在用兵之际，军需孔亟，当饬该属业佃依照前案，于民国十三年缴纳特别军费，每亩四毫，分上下两造征收，其他有沙田之县分亦照案征缴，以济军需。仰粤军总司令、广东省长分饬广东沙田清理处及该管各县长遵照办理。至香山属沙田，既听人民自筹自卫，其每年应缴之沙捐，即责令该属护沙自卫局，帮同清佃局切实督催，勿令短欠。所有护沙事宜，并责该属县长监督整理，务使农民得所，军需有赖，是为至要。此令。

据《照案征收沙田特别军费》，载一九二四年六月十六日《广州民国日报》

批程潜复请准予追赠李天霖陆军少将呈

（一九二四年六月十六日）

大元帅指令第五九七号

令大本营军政部长程潜

呈复拟请准予追赠病故东路讨贼军参议李天霖陆军少将，并照积劳病故例给恤由。

呈悉。已有明令追赠给恤矣。仰即知照。此令。

（中华民国陆海军大元帅之印）

中华民国十三年六月十六日

据《大元帅指令第五九七号》，载广州《陆海军大元帅大本营公报》第十七号，一九二四年六月二十日

饬知沙田清理事宜归并经界局办理令

（一九二四年六月十七日）

大元帅训令第二八八号

　　令广东省长杨庶堪

　　为令饬事：查现已设立经界局，掌管厘正全国经界事宜，所有广东沙田清理处，应即归并该局，以一事权，而便整顿。除令派经界局督办古应芬兼办广东沙田清理事宜外，合行令仰该省长即便转饬遵照。此令。

（中华民国陆海军大元帅之印）

中华民国十三年六月十七日

据《大元帅训令第二八八号》，载广州《陆海军大元帅大本营公报》第十七号，一九二四年六月二十日

批邓泽如请示拨还缉私主任张民达垫款呈

（一九二四年六月十七日）

大元帅指令第六〇一号

　　令两广盐运使邓泽如

　　呈为请示拨还缉私主任张民达垫款由。

　　呈悉。准如所请，即于盐税项下拨还归垫可也。此令。

（中华民国陆海军大元帅之印）

中华民国十三年六月十七日

据《大元帅指令第六〇一号》，载广州《陆海军大元帅大本营公报》第十七号，一九二四年六月二十日

批收到停付支票一张收据

（一九二四年六月十八日）

收到停付支票一张，该毫银六千一百八十元。此据。孙文。民国十一年十月三日。着市政厅长发还。

文批

十三年六月十八日

据照片，台北、中国国民党
文化传播委员会党史馆藏

所有北江方面及乐昌坪石等处新设
水陆各卡着即一律撤销令

（一九二四年六月十八日）

迳据兼广东财政厅长郑洪年、两广盐运使邓泽如转据北江坪石盐业公所及旅粤、湘、闽、赣三省商民暨湘省各行商等，联派代表吁恳令饬北江驻军取销增设之水陆各卡，以恤商艰等情。查北江毗连数省，水陆交通，商旅纳捐，自有旧例。若苛细征敛，病商累民，商旅不前，贻误滋大。所有北江方面及乐昌坪石等处新设之水陆各卡，着即一律撤销，以恤民艰，而利商旅。特此令达，仰即遵照办理具报为要。此令。

据《北江水陆各卡已一律取销》，载一
九二四年六月十八日《广州民国日报》

谕知大本营各参议每周会议一次令

（一九二四年六月十八日）

大元帅谕

　　大本营各参议，着于每星期在大本营会议一次，由胡总参议主席，商议政略，及各参议与各方接洽重要事宜。

据《大本营参议之会议期》，载一九二四年六月十九日《广州民国日报》

饬转各军发还封借轮渡以恤商艰令

（一九二四年六月十九日）

大元帅训令第二九二号

　　令中央直辖滇军总司令杨希闵、湘军总司令谭延闿、豫军讨贼军总司令樊钟秀、桂军总司令刘震寰、粤军总司令许崇智、中央直辖第一军军长朱培德、中央直辖第三军军长卢师谛、中央直辖第七军军长刘玉山、北伐讨贼军第二军军长柏文蔚、北伐讨贼军第三军军长胡谦、山陕讨贼军司令路孝忱

　　为令遵事：查军兴以来，各军借商人轮渡运输兵械，逼迫之际，情非得已，至运输完竣，应即将轮渡交还原商，以利交通。嗣闻有少数轮渡，为军队霸占久不发还者，殊非大元帅体恤商艰之意。仰该总司令即转饬所属各军知照，如有封借商人轮渡尚未发还者，应即克期发还，如敢抗违，准该原商来府呈控，本大元帅定饬海防司令将原有轮渡查起发还，以恤商艰。此令。

（中华民国陆海军大元帅之印）

中华民国十三年六月十九日

据《大元帅训令第二九二号》，载广州《陆海军大元帅大本营公报》第十七号，一九二四年六月二十日

着撤销乐昌等处新设水陆征收厂卡令

（一九二四年六月十九日）

着将乐昌、坪石、田头、虎口湾、九峰等处新设之水陆征收厂、卡撤销。

据《乐昌加抽厂卡分别撤留》，载一九
二四年六月十九日《广州民国日报》

着许崇智查办罗翼群有无舞弊令

（一九二四年六月十九日）

查办前兵站总监罗翼群有无舞弊。

据《兵站查办后之帅令》，载一九二
四年六月十九日《广州民国日报》

禁止私铸银币令

（一九二四年六月二十日）

着财政部会同军政部布告禁止私铸银币。

据《严拿私铸之认真》，载一九二
四年六月二十日《广州民国日报》

着林翔根据流水账簿彻查前兵站总监部有无舞弊令

（一九二四年六月二十日）

大元帅训令第二九四号

令大本营审计处处长林翔

　　为令饬事：据前兵站总监罗翼群呈称："呈为呈复事：案奉钧府第二三六号训令开：据许总司令崇智呈称：除原文有案邀免冗叙外，后开：仰该前总监即便遵照将前经许委员长崇灏派员加盖图记之各项流水簿据，克日检齐呈缴来府，以凭转发审计处彻底查算，俾昭核实，勿得违延。切切，此令。等因。奉此，伏查兵站所属全部各表册经于十二年十一月二日陆续分别函送东路总部及呈缴钧府转发在案。惟该委员会延搁数月，不予查明，迨至许总司令此次回粤始行赶办呈复。兹就其所举兵站舞弊各端略加辩明，以免淆惑钧听。现逐条各举驳如左：一、收据不实。查经理局收发军品，收入有各商号单据，发出有各部队机关人员收据为凭。所称收据不实，不知所指何局、何部及何项物名而言。即有领取军品人员未携正式印据，然因军情紧急，一时从权起见，书立临时收据，亦必有经手人员签名负责，似不能遽加以收据不实之断定也。一、伪造铺号。查经理局购买米、煤两项，先向省城原有米、煤各号购买及与米行订约购米。迨至赊欠过多，原日交易各号以兵站不能履行契约，多以本少不能周转为辞，不肯再行赊货。而未经与兵站交易之商号，则更闻风逃避，不肯与兵站交易。事机紧急，惟有由兵站人员向各省港友人店铺请其设法办货接济，故非向日在省设立商号而为临时设肆采办者间亦有之。至现各该号商尚有货价未清时来索取，其因公负累，已属可悯可嘉。而反加以伪造铺号之恶名，岂不令急公好义者歔欷叹泣耶。一、羼杂低货。查经理局收货物，派委员数人照办验收，间有商号不依货办，查出立即退回。但因前方催迫接济，以致漏夜赶付多量粮食，商人因以少数次货羼入图利，检验委员限于时间匆促，不及逐件检出，或所未免。然此项发现之事极少，即属有之，亦因一时忙迫之故，非局员有意作弊也。一、短发斤数。查经理局收发粮秣均有监磅，非一二人所得而舞弊。若辗转运至前方，间有损耗，在所不免。然亦依解单或收据为准，在本部发出断无短少斤数也。一、伸缩价格。查原文所谓可以随意伸缩价格，极使无从调查，其抬高时价之证据系以伪造铺号为根据，其所谓伪造铺号一项，经于第二条办〔辨〕明，若不穷其原而竟其委，而遽加以臆度之辞，则未免公道不彰矣。总之，兵站报销概以收发单据为准，其有意外损失如被风灾、盗劫及前方军队间有不给收据者，亦事出有因，经加注说明，不能任意伪造。其有任意伪造者，自应严办，翼群绝不为所属曲庇。但只意气用事，不调查事实真相，而遽加以武断诬捏，则翼群为本身名誉计，为所属名誉计，则不可以不辩。至各种流水簿，系据以为造报销之一要件，应妥为保存，报销未办竣以前更不能抽缴。迨去年石牌之役，该委员会尚将已送查之单据交回兵站办事处，虑其有失，故此项流水簿经理局亦恐其散失，不敢率缴，至报销办竣，该委员会对于此事亦搁置不理，并非经理局苟延不缴也。兹谨遵令饬局检缴前经该委员会派员加盖图记之各种流水簿二十本，随文呈缴钧府转发审计处查算，实为公便"等情。据此，当经指令"呈悉。候将所缴流水账簿发交审计处彻底查算，则前此兵站有无舞弊情事，自不难剖白矣。仰即知照。此令"等情。除指令印发外，合将缴到流水账簿二十本发还该处，仰即遵照先令饬彻底查算呈报，勿稍徇隐。切切。此令。

（中华民国陆海军大元帅之印）

中华民国十三年六月二十日

据《大元帅训令第二九四号》，载广州《陆海军大元帅大本营公报》第十七号，一九二四年六月二十日

饬胡谦等随时秉承军政财政部长之命妥为经理军需令

（一九二四年六月二十日）

大元帅训令第二九六号

令经理大本营军需事宜胡谦、郑洪年

为训令事：现当作战时间，军需所关至重，该员等或久历戎行，或才擅度支，仰即随时秉承军政部长、财政部长之命，妥为经理，以利戎机。切切。此令。

（中华民国陆海军大元帅之印）

中华民国十三年六月二十日

据《大元帅训令第二九六号》，载广州《陆海军大元帅大本营公报》第十七号，一九二四年六月二十日

拟派员调查炮击新洲案

（一九二四年六月二十日）

此次"飞鹰"军舰，十九日炮击新洲，虽为示威举动，然人民已吃惊不少，"飞鹰"实不能辞责。赌徒何敢猖獗至此，枪毙水兵，难保无人包纵，另有别情，亟须严行查究，以明真相，因拟派员赴新洲调查一切，具复候办。

据《帅座查究炮击新洲案》，载一九二四年六月二十一日《广州民国日报》

批罗翼群辩明并未舞弊并遵令呈缴流水账簿
乞发审计处查算呈

（一九二四年六月二十日）

大元帅指令第六〇九号

令前兵站总监罗翼群

呈为辩明并未舞弊，并遵令呈缴流水账簿，乞发审计处查算由。

呈悉。候将所缴流水账簿发交审计处彻底查算，则前此兵站有无舞弊情事，自不难剖白矣。仰即知照。此令。

（中华民国陆海军大元帅之印）

中华民国十三年六月二十日

据《大元帅指令第六〇九号》，载广州《陆海军大元帅大本营公报》第十七号，一九二四年六月二十日

批程潜为滇军营长林鼎甲拟请照
中校积劳病故例给予恤金呈

（一九二四年六月二十日）

大元帅指令第六一四号

　　令大本营军政部长程潜

　　呈复故滇军营长林鼎甲拟请照中校积劳病故例给予恤金由。

　　呈悉。准如所拟给恤。仰即转行知照。此令。

　　　　　　　　　　　　　（中华民国陆海军大元帅之印）

　　　　　　　　　　　　　中华民国十三年六月二十日

　　　　　　　　　据《大元帅指令第六一四号》，载广州《陆海军大元
　　　　　　　　　帅大本营公报》第十七号，一九二四年六月二十日

谕顾忠琛应从编练入手以植党军基础令

（一九二四年六月二十一日）①

　　查该军长为国服务，久著勋劳，本大元帅期望至厚，此次授以重任，尤望力加振厉，以赴事功。惟近来组织军队，每务铺张，徒有虚名，毫无实际，甚或破坏社会秩序，影响国家纪律，至现在大军云集，国币支绌，给养无出。尤其次者，该军长受任伊始，应力矫此弊，除筹有切实办法详陈核准外，不得广招军队，徒事虚浮。应从切实编练入手，先于都市以外之地，设一教练大队，次第扩充，以植党军之基础。所有一切设施，仍应随时呈候核夺。切切。此令。

　　　　　　　　　据《帅令顾忠琛扩充党军》，载一九二四
　　　　　　　　　年六月二十二日《广州民国日报》（二）

---

　　①　据报载"大元帅昨令北伐讨贼军……"酌定。

饬驻军腾让番禺学宫堂屋作广东大学宿舍令

（一九二四年六月二十一日）

大元帅训令第二九八号

令广东省长廖仲恺、湘军总司令谭延闿、中央直辖第三军军长卢师谛

为令遵事：据国立广东大学筹备主任邹鲁呈称："呈为呈请事：窃职校于本年暑假招考预科学生，计文科一百二十名，理、法、农、工四科各一百名，共五百二十名，业经呈报大元帅察核，并奉指令准如所拟办理在案。现因原有宿舍，除为原有学生及添聘教员居住外，所有新招学生，竟无宿舍可住，若任其在外散居，以目前广州旅舍价值高昂，习染恶劣，妨碍学生，实非浅鲜，是非急为筹备不可。但一时建筑财力固有不能，时日亦恐不及，筹觅再四，查校舍后门对面有番禺学宫，尚有宽大堂屋，现为第三军卢军长所部及湘军病院驻扎，除应移驻郊外之军队所腾出堂屋请定为广大宿舍之用外，其有不在移驻郊外之军队，亦请令该军另觅地点移驻，庶几莘莘学子有所托足，而学校管理亦易奏效。谨拟将令第三军卢军长所部及湘军病院驻扎番禺学宫之堂屋腾出，及将其他所部军队移驻郊外所腾出之堂屋，一并拨定为国立广东大学宿舍各缘由，理合备文呈请钧座察核准照办理，仍候指令祗遵"等情前来。除指令"呈悉。照准。候令广东省长转饬广州市政厅、番禺县分别遵照备案，并令行谭总司令、卢军长即将各该部所驻堂屋让移，以备各生寄宿可也。此令"印发外，合行令仰该省长、总司令、军长即便分别遵照办理。切切。此令。

（中华民国陆海军大元帅之印）

中华民国十三年六月二十一日

据《大元帅训令第二九八号》，载广州《陆海军大元帅大本营公报》第十八号，一九二四年六月三十日

饬黄昌谷核发参军处录事熊阳钰
积薪俾得奔丧营葬令

（一九二四年六月二十一日）

大元帅训令第三〇〇号

令大本营会计司长黄昌谷

为训令事：据大本营参军长张开儒呈称："职处录事猝遭父丧，恳给薪水以资营葬，恭呈仰祈睿鉴事：窃据职处录事熊阳钰呈称：'呈为迫切陈词恳请给假奔丧，以全子职事：窃职顷接家慈手谕云：家父于阴历五月初二日卯时身逝，促速归家料理一切等因。捧读之余，寸心惨断，呼天抢地，痛不欲生。只缘既无叔伯，终鲜兄弟，势不能不勉抑哀怀，以襄大事。拟遵慈命，即日束装旋里，为此迫切陈词恳请钧座察核，给予丧假三十天，俾得丧葬之后返处供职。惟思国步艰难，原可夺情任职，然究不足以敦庞国俗，复不足以慰我良知。区区之情，当蒙洞察。再有恳者：职家贫，亲老担石无储，频年万里驰驱，亦谋甘旨之奉。即今惨遭大故，当祭葬之资，且远道奔丧，川资不少，囊空如洗，五内如煎，拟恳我钧座大发慈悲，推情格外，将职所有欠薪函知会计司迅赐，如数发给，则蛇珠环雀图报将来，高厚鸿施殁存均感。苫块余生，语无伦次，伏候示遵'"等情。并附呈家属报丧信一件。据此，查该员系出寒儒奉公勤慎，离乡数千里，猝遭父丧而囊空如洗，情实堪怜。综计该录事自十二年尾至十三年五月份止，共存薪金一百八十四元，拟恳逾格恩施，令行会计司将该录事积薪特予清发，俾得奔丧营葬，以济寒儒而全孝道。所有职处录事恳恩给薪缘由，连同原信粘呈，仰祈睿察，伏候指示祗遵"等情。据此，除指令照准外，合行令仰该司长即便查照发给。此令。

（中华民国陆海军大元帅之印）

中华民国十三年六月二十一日

据《大元帅训令第三〇〇号》，载广州《陆海军大元帅大本营公报》第十八号，一九二四年六月三十日

批邹鲁请指拨番禺学宫堂屋为大学学生
宿舍并令行驻在军队迁出呈

（一九二四年六月二十一日）

大元帅指令第六一六号

令国立广东大学筹备主任邹鲁

呈请指拨番禺学宫堂屋为大学学生宿舍，并令行驻在军队迁出等语由。

呈悉。照准。候令行广东省长转饬广州市政厅、番禺县遵照备案，并令行谭总司令、卢军长即将各该部所驻堂屋让移，以备各生寄宿可也。此令。

（中华民国陆海军大元帅之印）

中华民国十三年六月二十一日

据《大元帅指令第六一六号》，载广州《陆海军大元帅大本营公报》第十八号，一九二四年六月三十日

批张开儒称该处录事熊阳钰猝遭父丧乞令饬
会计司清发积薪俾得奔丧营葬呈

（一九二四年六月二十一日）

大元帅指令第六一九号

令大本营参军长张开儒

呈为该处录事熊阳钰猝遭丧父，乞令饬会计司清发积薪，俾得奔丧营葬由。

呈悉。照准。已令行会计司查照发给矣。此令。

（中华民国陆海军大元帅之印）

中华民国十三年六月二十一日

据《大元帅指令第六一九号》，载广州《陆海军大元帅大本营公报》第十八号，一九二四年六月三十日

着各机关裁减冗员令

（一九二四年六月二十一日前）①

各机关裁减冗员，以裕度支，限文到三日内呈复。此令。

据《令局速办裁员》，载一九二四
年六月二十一日《广州民国日报》

批萧萱请假养病函

（一九二四年六月二十二日收到）

着秘书长酌量办理。文批。

附：萧萱原函

（一九二四年六月十四日）

先生钧鉴：萱自返上海即患脑痛，近复加以烧热之疾。今晨见之报章已有钧令准沧白辞职，萱去年入粤，珥笔营中未离左右，今春钧座特任沧白为广东省长，沧白欲得萱为之助，又明知其事不长，故陈明钧座，请简任萱为省署秘书长，复保留萱大本营秘书原缺。今沧白已解任，萱以惯例谨当辞去省署秘书长职务，伏乞钧座明令照准施行，实为公便。至于营中秘书并乞恩准给假三月，俾得在沪就医诊视调养，幸得早日平复，即为遄往粤中销假供职，合并呈明，伏乞鉴察。

萧萱谨呈

六月十四日

据原件，台北、中国国民党文化传播委员会党史馆藏

① 时间系以报纸刊出日期计，因报道内容为广州市政厅催令各局按《大元帅训令第三五六号》速办具报，故此令发表之日期必然较六月二十一日为早。

抚恤刘景双令

（一九二四年六月二十三日）

大元帅令

据大本营军政部长程潜呈复：已故陆军少将刘景双，矢志杀贼，遇害身亡，情殊可悯，拟请给恤等情。刘景双着照陆军少将因公殒命例第三表给予少将恤金，以彰义烈，而励来兹。此令。

（中华民国陆海军大元帅之印）

中华民国十三年六月廿三日

据《大元帅令》，载广州《陆海军大元帅大本营公报》第十八号，一九二四年六月三十日

批赵士觐遵令依式编造支出计算书乞备案呈

（一九二四年六月二十三日）

大元帅指令第六二一号

令卸大本营粮食管理处督办赵士觐

呈为遵令依式编造支出计算书，乞备案等情由。

呈悉。准予备案。此令。

（中华民国陆海军大元帅之印）

中华民国十三年六月二十三日

据《大元帅指令第六二一号》，载广州《陆海军大元帅大本营公报》第十八号，一九二四年六月三十日

严令各军禁编民军

（一九二四年六月二十三日）

严令各军，不准私自招编民军。

据《许崇智通令禁编民军》，载一九二
四年六月二十三日《广州民国日报》

饬拿获之平南舰交缉私主任供缉私之用
案内在逃人犯严缉究办令

（一九二四年六月二十四日）

大元帅训令第三〇三号

令盐务督办叶恭绰

为令行事：据两广盐务缉私主任张民达呈称："窃职前奉帅令：着张民达即将
'平南'舰拿获。此令等因。奉此，当即派遣缉私副主任兼'飞鹏'舰长宋绍殷，
于本月十三日赴九江河面截缉。去后顷据该舰长呈称：'窃职舰奉钧令前赴九江
河面缉拿'平南'舰，职于十三日率同'安北'、'定海'二舰，十四早驶抵九
江，即将'平南'舰拿获。不料该舰胆敢开枪拒抗，相战二十分钟，击伤职舰水
兵陈树根一名，职即将'平南'舰拿获。所有舰上枪枝子弹及勒收行水口据理合
开单一并呈解钧处察核办理，实为公便'等情。据此，查'平南'舰向系盐务缉
私巡舰，久未归队。现既因湾泊九江勒收行水，且敢扣留迫勒福海舰护送之盐船，
以致获案，应请帅座从严核究，以儆效尤。并请先将该舰拨还职处，俾得派出各
段协同缉私。所有遵令获解'平南'舰各缘由，理合照录清单呈请帅座鉴核"
等情。据此，查"平南"舰既据呈称向系盐务缉私巡舰，现经拿获，自应拨交
该主任，以供缉私之用，合行照钞清单，令仰该督办即便转饬遵照。至案内在
逃人犯，应由该督办通行各军及地方官一体严缉，务获究办，以肃法纪。合并

饬知。此令。

（中华民国陆海军大元帅之印）

中华民国十三年六月二十四日

附：计发抄单一纸

计缴："平南"舰一艘；单响快枪共一十八枝（内废坏七枝），子弹三百颗；四生半炮二门；连枝炮二枝，子弹二百三十颗（弹梳四条）；七生五炮一门；勒收行水单纸部据一大包。谨呈师长兼缉私处主任张。舰长宋绍殷呈。

据《大元帅训令第三○三号》，载广州《陆海军大元帅大本营公报》第十八号，一九二四年六月三十日

追赠夏尔玙令

（一九二四年六月二十五日）

大元帅令

故浙江讨袁军司令夏尔玙，戮力国事，迭著勋劳，遇害身亡，良堪惋悼。经交由大本营军政部议复请予赠恤。夏尔玙追赠陆军中将，并照阵亡例第一表给予中将恤金，以彰义烈。此令。

（中华民国陆海军大元帅之印）

中华民国十三年六月廿五日

据《大元帅令》，载广州《陆海军大元帅大本营公报》第十八号，一九二四年六月三十日

饬转各军遵照兵工厂暂行停发枪枝令

（一九二四年六月二十五日）

大元帅训令第三○五号

令中央直辖滇军总司令杨希闵、湘军总司令谭延闿、粤军总司令许崇智、桂

军总司令刘震寰、豫军讨贼军总司令樊钟秀、中央直辖第一军军长朱培德、中央直辖第三军军长卢师谛、中央直辖第七军军长刘玉山、北伐讨贼军第二军军长柏文蔚、北伐讨贼军第三军军长胡谦、山陕讨贼军司令路孝忱、中央直辖赣军司令李明扬

为令遵事：据广东兵工厂厂长马超俊呈称："呈为呈请事：本月十五日奉钧座面谕：查兵工厂与罗拔洋行提取机器一案，当经本府一再派专员交涉妥协。惟提取机器之款在一百七十余万之多，将来增设新厂及运输机器、购办材料等费又需数十万，虽经各团体担认垫借，而不敷尚巨，自非赶紧设法筹措，难收速效。仰该厂长将现在每日所制出枪枝，一律照民团领枪条例拨归民团出具县结备价请领，所得之枪款专拨作提取机器及增建工厂之用。至各军日前定造各枪枝，一律暂行停发，已缴过之枪价，由该厂陆续交还。如各军需用枪枝，一俟新厂成立，再行继续发给。此次提回机器增设新厂，关系西南大局实非浅鲜，仰即妥为办理，勿稍玩忽等谕。旋奉钧座第一一三号手令开：'着兵工厂长将各军所定各枪枝一律停止发给。此令'各等因。奉此，除遵照办理于本月二十二日一律停止外，用特具呈恳请钧座通饬各军一体遵照，以昭郑重，实为公便"等情前来。除指令"呈悉。照准。候令行各军事长官一体遵照可也。此令"印发外，合行令仰该总司令、军长、司令即便转饬所部遵照。切切。此令。

（中华民国陆海军大元帅之印）

中华民国十三年六月二十五日

据《大元帅训令第三〇五号》，载广州《陆海军大元帅大本营公报》第十八号，一九二四年六月三十日

县长考成应注意各县发生盗案令

（一九二四年六月二十四日）

注意各县县长考成，而考成中尤应注意各县发生盗案。如各县长有蔑视盗案，放弃职守者，即行撤职查办。

据《大元帅注意治盗》，载一九二四年六月二十四日《广州民国日报》

着财政部依例月拨大理院经费七千元令

（一九二四年六月二十四日刊载）

据大理院长兼管司法行政事务吕志伊呈称："呈为呈报事。窃查接管卷载，赵前院长任内经管款项，册列收支数目总结，尚多不敷，并无分文移交过院，而职院每月预算经费，原额共应支银一万八千六十六元，即照前任经减成给发员薪办法，每月亦须实支银九千三百余元。近来司法收入，如制发各种状纸一项，前经总检厅呈奉令准划归该厅办理。广东坟山登记一项，复经财政委员会呈奉令准撤销，所余仅有讼费及律师请领证书费两项收入，又异常短绌，以之拨充支款，不敷殊巨。查赵前任曾援徐前大理院院长兼管司法行政事务时成例，呈请按月由财政部拨款七千元，以资补助，蒙赐批交财政部酌拨在案。窃以职院属中央司法机关，为维持法律、保障人民生命财产计，不可一日停顿，合无仰恳帅恩，再颁明令，责成财政部如数照拨，俾得按月具领，撙节支销，俾资维持，实为公便。所有接收前任交代实情，并请饬财政部每月拨给经费缘由，理合备文具报呈请鉴核，伏乞指示祇遵"等情前来。除指令"呈悉，所请令饬财政部依照成例每月拨给该院经费七千元各节，应予照准，候行令财政部遵照筹拨可也。此令"印发外，合行令仰该部长，即便遵照办理。切切。此令。

据《财部请免筹拨司法费》[1]，载一九二四年六月二十四日《广州民国日报》

---

[1] 报载财政部案奉大元帅第二〇六号令办理。

着财政委员会迅速筹款交由广东兵工厂赶造子弹令

（一九二四年六月二十四日）①

大元帅训令

　　着会②迅速筹款，交由广东兵工厂赶造子弹，解交沈鸿英军，以资接济。

据《广州国民政府档案》，载中国第二历史档案馆编：《中华民国史档案资料汇编》第四辑，南京，江苏古籍出版社一九八六年九月出版

着财政委员会迅拨十万元给第六军援桂令

（一九二四年六月二十四日）

大元帅训令

　　据湘军总司令谭延闿呈称，该部第六军拟率队援桂，请饬迅拨十万元等情。着会筹拨。

据《广州国民政府档案》，载中国第二历史档案馆编：《中华民国史档案资料汇编》第四辑，南京，江苏古籍出版社一九八六年九月出版

着财政委员会迅将湘军所需
修枪费如数筹付兵工令

（一九二四年六月二十四日）

大元帅训令

　　着会迅将湘军所需修枪费毫洋一千三百七十九元，如数筹付兵工，以便该军

---

①　此五件时间均为财政委员会第四十五次会议决案日期。

②　指财政委员会。下同。

将原修枪支领回，藉资应敌。

据《广州国民政府档案》，载中国第二历史档
案馆编：《中华民国史档案资料汇编》第四辑，
南京，江苏古籍出版社一九八六年九月出版

着财政委员会拨发积欠该军兵站部给养费令

（一九二四年六月二十四日）

大元帅训令

　　据总司令杨希闵呈，请饬财政机关迅将积欠该军兵站部给养费一十一万一千六百零四元四角，克日清发等情。着会遵照拨发。

据《广州国民政府档案》，载中国第二历史档
案馆编：《中华民国史档案资料汇编》第四辑，
南京，江苏古籍出版社一九八六年九月出版

着财政委员会按期如数支给滇军兵站部
积欠运输费令

（一九二四年六月二十四日）

大元帅训令

　　前经令拨各部子弹费每月三万元，滇军兵站部运输费每月二万元。兹据联军杨总指挥等呈报，积欠已巨，特令按期如数支给。

据《广州国民政府档案》，载中国第二历史档
案馆编：《中华民国史档案资料汇编》第四辑，
南京，江苏古籍出版社一九八六年九月出版

批法国驻粤领事来函①

（一九二四年六月二十四日）②

着军政部、财政委员会从速办理。

据《广州国民政府档案》，载中国第二历史档
案馆编：《中华民国史档案资料汇编》第四辑，
南京，江苏古籍出版社一九八六年九月出版

批程潜请追赠孙之虑陆军上校并给予上校恤金呈③

（一九二四年六月二十四日）

大元帅指令第六二五号

　　令大本营军政部长程潜

　　呈请追赠已故司令孙之虑陆军上校，并照《陆军战时恤赏章程》第一表给予
上校恤金，以彰忠荩而慰英灵由。

　　呈悉。准如所拟给恤。此令。

中华民国十三年六月二十四日

据《大元帅指令第六二五号》，载广州《陆海军大元
帅大本营公报》第十八号，一九二四年六月三十日

---

　　①　法国驻粤领事来函，请饬将所欠韬美医院之留医伤兵费用广毫三千二百二一八元二角
五分，从速清交。

　　②　时间为财政委员会第四十五次会议决案日期。

　　③　孙之虑曾任广东讨贼军别动队第一路司令。

批程潜复请援照陆军少将因公殒命例
第三表给恤刘景双呈

（一九二四年六月二十四日）

大元帅指令第六二六号

令大本营军政部长程潜

呈复拟请援照陆军少将因公殒命例第三表给恤刘烈士景双由。

呈悉。已有明令给恤矣。仰即知照。此令。

中华民国十三年六月二十四日

据《大元帅指令第六二六号》，载广州《陆海军大元帅大本营公报》第十八号，一九二四年六月三十日

批徐树荣请枪决犯官陈翕文呈

（一九二四年六月二十五日）

大元帅指令第六二九号

令东江缉匪司令徐树荣

呈请枪决犯官陈翕文由。

呈悉。陈翕文果有不法，亦应由该司令呈请粤军总司令交军法处讯明究办，不得越级妄渎。所请着不准行。此令。

（中华民国陆海军大元帅之印）

中华民国十三年六月二十五日

据《大元帅指令第六二九号》，载广州《陆海军大元帅大本营公报》第十八号，一九二四年六月三十日

批马超俊停发各军枪枝日期呈

（一九二四年六月二十五日）

大元帅指令第六三〇号

令广东兵工厂厂长马超俊

呈报停发各军枪枝日期，乞通饬各军一体遵照由。

呈悉。照准。候令行各军事长官一体遵照可也。此令。

（中华民国陆海军大元帅之印）

中华民国十三年六月二十五日

据《大元帅指令第六三〇号》，载广州《陆海军大元帅大本营公报》第十八号，一九二四年六月三十日

饬财政委员会筹定的款兵工厂如数出弹令

（一九二四年六月二十六日）

大元帅令

查行军之要，首重军实。刻值联军并力肃清东江之际，前敌各军所需子弹均赖兵工厂制造供给，而雇工购料在在非款莫办。嗣后凡经本大元帅核准发给各军子弹，财政委员会务须迅即筹定的款，拨交兵工厂加工赶制，源源解往前方，以资补充。付款愆期责在筹款之人，出弹短少则责在工厂。此为军事利钝所关，务须特加注意，各负责成，勿稍玩忽干咎。除分令外，合行令仰遵照。切切。此令。

据《接济各军子弹之权责》，载一九二四年六月二十六日《广州民国日报》

着财政委员会兵工厂筹款造解核准发给各军子弹令

（一九二四年六月二十六日）

大元帅令

　　凡经核准发给各军子弹，应责成财政委员会兵工厂筹款造解，事关军事，毋稍玩忽。

据《大元帅令催送解子弹》，载一九二
四年六月二十八日上海《民国日报》

着将应发海军练习舰队所属福安等舰及军乐队
伙食饷项概行拨交粤军总司令部转发令

（一九二四年六月二十七日）

大元帅训令第三〇八号

　　令大本营财政部长叶恭绰、广东财政厅长郑洪年

　　为令行事：据粤军总司令许崇智呈称："窃照职部呈请，自六月一日起，将黄军长明堂等部应领伙食饷项改由职部请领转发一案，业奉令复遵照。兹查尚有海军练习舰队司令潘文治所属'福安'、'飞鹰'、'广海'及'舞凤'等舰，所有按月伙食，向由财政部给领，自七月一日起，改归职部。又军乐队长吕定国伙食，向由财政厅给领，自六月十六日起，改归职部。则前项伙食饷项应请饬令概发，交职部具领，以便分别令饬财政部及广东财政厅，将应发海军舰队及军乐队伙食饷项照发，以便领给，至叨公便。伏候指令祗遵"等情。据此，除指令照准并分令外，合行令仰该部长、厅长即便遵照，将应发该项海军舰队、军乐队伙食饷项，概行拨交粤军总司令部转发，以归划一。此令。

（中华民国陆海军大元帅之印）

中华民国十三年六月二十七日

据《大元帅训令第三〇八号》，载广州《陆海军大元
帅大本营公报》第十八号，一九二四年六月三十日

批许崇智请分令财政部及财政厅将应发海军舰队及军乐队伙食饷项概交该部转发呈

（一九二四年六月二十七日）

大元帅指令第六三九号

令粤军总司令许崇智

呈请分令财政部及财政厅将应发海军舰队及军乐队伙食饷项概交该部转发由。

呈悉。照准。候分令概行拨交该部转发可也。此令。

（中华民国陆海军大元帅之印）

中华民国十三年六月二十七日

据《大元帅指令第六三九号》，载广州《陆海军大元帅大本营公报》第十八号，一九二四年六月三十日

批邓泽如呈规复第四号扒船乞鉴核备案令

（一九二四年六月二十七日）

大元帅指令第六四四号

令两广盐运使邓泽如

呈为规复第四号扒船，乞鉴核备案由。

呈悉。准予备案。此令。

（中华民国陆海军大元帅之印）

中华民国十三年六月二十七日

据《大元帅指令第六四四号》，载广州《陆海军大元帅大本营公报》第十八号，一九二四年六月三十日

批刘震寰谭延闿杨希闵请组织
战时军需筹备处呈①

（一九二四年六月二十八日）

大元帅指令第六五〇号

令桂军总司令刘震寰、湘军总司令谭延闿、滇军总司令杨希闵

呈请组织战时军需筹备处举办劝捐由。

呈悉。战事方殷，饷需困绌，政府朝夕焦劳，百方筹画。关于筹款方法，无不集思广益，竭力进行。该总司令等久历艰辛，共图补救，自具不得已之苦衷。惟举事当期有参考核，不厌求详。核阅来呈及劝捐简章，范围达于内江外海，征取及于航客渔船，事涉烦苛，必多窒碍。且从前沿江军队抽收各项捐费，业经通令一律停止，今复更张，在政府既为反汗，在人民未必乐从，若操切行之，于劝捐本旨已属乖违，于财政前途更滋纷扰，利未著而害已形，此不得不郑重考虑者。该总司令等公忠体国，对于财政统一，夙具热忱，宜即取消此议，另策良图，但期事属可行，无不虚衷采纳也。此次所请备案之□，□□准行。简章并发。此令。

（中华民国陆海军大元帅之印）

中华民国十三年六月二十八日

据《大元帅指令第六五〇号》，载广州《陆海军大元帅大本营公报》第十八号，一九二四年六月三十日

叶恭绰查复盐运署与稽核所争执权限一案情形呈

（一九二四年六月二十八日）

大元帅指令第六五一号

令大本营财政部长兼盐务督办叶恭绰

---

① 刘震寰、谭延闿、杨希闵三人分别时任桂军、湘军、滇军总司令。

呈为查复盐运署与稽核所争执权限一案情形由。

呈及附件均悉。应准如议办理。附件存。此令。

（中华民国陆海军大元帅之印）

中华民国十三年六月二十八日

据《大元帅指令第六五一号》，载广州《陆海军大元帅大本营公报》第十八号，一九二四年六月三十日

批程潜核议抚恤欧阳鎐等情形呈

（一九二四年六月二十八日）

大元帅指令第六五四号

令大本营军政部长程潜

呈复核议抚恤已故三等军需正欧阳鎐等情形，乞令遵由。

呈悉。准如所拟办理。此令。

中华民国十三年六月廿八日

据《大元帅指令第六五四号》，载广州《陆海军大元帅大本营公报》第十九号，一九二四年七月十日

着财政委员会提前筹款手令

（一九二四年六月二十九日）①

着财政委员会提前筹款二万元，以济军用。

据《董福开部领饷二万元》，载一九二四年七月一日《广州民国日报》

---

① 孙文应赣军总指挥董福开要求拨发给养，所标时间为赣军领款日期。

令杨希闵着滇军兵站部长
张鉴藻向米行赊借军米

（一九二四年六月三十日）

令滇军总司令杨希闵

　　当此赶急备战时期，军食万难任令缺乏致误戎机，除令财厅先行酌予拨款以资接济外，并指令杨总司令着滇军兵站部长张鉴藻向米行赊借军米，以六万元为限。该款由财政厅负责于七月一日起分期付交。

据《大元帅关心前方军食》，载一九二四年六月三十日《广州民国日报》

裁撤广九铁路护路司令令

（一九二四年七月一日）

大元帅令

　　广九铁路护路司令着即裁撤。此令。

（中华民国陆海军大元帅之印）

中华民国十三年七月一日

据《大元帅令》，载广州《陆海军大元帅大本营公报》第十九号，一九二四年七月十日

着财政委员会火速筹给豫军出发费令

（一九二四年七月一日）①

大元帅令

着财政委员会火速将豫军出发费三万元及军衣费一万二千五百元筹给勿延。

据《广州国民政府档案》，载中国第二历史档案馆编：《中华民国史档案资料汇编》第四辑，南京，江苏古籍出版社一九八六年九月出版

着财政委员会火速筹何雪竹出发费令

（一九二四年七月一日）②

大元帅令

着财政委员会火速筹款三万五千元，为何总指挥雪竹出发费，连一个月伙食在内，不得延误。

据《广州国民政府档案》，载中国第二历史档案馆编：《中华民国史档案资料汇编》第四辑，南京，江苏古籍出版社一九八六年九月出版

命筹还滇军兵站部赊借军米费令

（一九二四年七月一日）③

大元帅令

滇军兵站部赊借军米以六万元为限，由财政厅签字，负责于七月内如数筹还。

据原件，台北、中国国民党文化传播委员会党史馆藏

---

① 时间为财政委员会第四十七次会议决案日期。
② 时间为财政委员会第四十七次会议决案日期。
③ 时间为财政委员会第四十七次会议决案日期。

批伍朝枢奉命裁减经费并请免裁交涉署员薪呈

（一九二四年七月一日）

大元帅指令第六六二号

令大本营外交部部长伍朝枢

呈复奉令裁减经费，并请免裁交涉署员薪由。

呈悉。据称该部及所属广东交涉署月支各项经费并未超过预算。应准仍照现在实支数目支给可也。此令。

（中华民国陆海军大元帅之印）

中华民国十三年七月一日

据《大元帅指令第六六二号》，载广州《陆海军大元帅大本营公报》第十八号，一九二四年六月三十日

批程潜裁减经费呈

（一九二四年七月一日）

大元帅指令第六六三号

令大本营军政部长程潜

呈复裁减经费由。

呈悉。该部月支经费应准仍照财政委员会减定数目支给可也。此令。

（中华民国陆海军大元帅之印）

中华民国十三年七月一日

据《大元帅指令第六六三号》，载广州《陆海军大元帅大本营公报》第十八号，一九二四年六月三十日

批林森裁减经费呈

（一九二四年七月一日）

大元帅指令第六六四号

　　令大本营建设部部长林森

　　呈复裁减经费由。

　　呈悉。该部原定经费及现在实支数目，并已裁员薪，未据报明详细数目，无凭备案，应再分别声叙呈候核办。仰即遵照。此令。

（中华民国陆海军大元帅之印）

中华民国十三年七月一日

据《大元帅指令第六六四号》，载广州《陆海军大元
帅大本营公报》第十八号，一九二四年六月三十日

饬大本营军政部速拟草案呈候颁行
以禁私铸而涤弊风令

（一九二四年七月一日）①

　　呈悉。查禁止私铸，刑律虽有明条，但值此金融紧迫、伪币充斥之际，揆以治乱用重之义，允宜特定专律加重治罪，庶足以示惩创而涤弊风。仰即由部从速妥拟草案，呈候核定颁行可也。仍咨财政部知照。此令。

据《特定私铸专律之咨文》，载一九
二四年七月八日《广州民国日报》

---

　　①　日期据《大元帅指令第六六四号》与《大元帅指令第六六八号》发令时间推定。

批林翔裁减经费呈

（一九二四年七月一日）

大元帅指令第六六八号

　　令大本营审计处处长林翔

　　呈复裁减经费由。

　　呈悉。据称该处月支经费三千四百一十七元，现在遵令裁撤协审官、核算各一员，共减薪俸一百六十五元。以后应准按照此次减定数目支给可也。此令。

　　　　　　　　　　　　　　　　　（中华民国陆海军大元帅之印）

　　　　　　　　　　　　　　　　　中华民国十三年七月一日

　　　　　　　　据《大元帅指令第六六八号》，载广州《陆海军大元帅大本营公报》第十八号，一九二四年六月三十日

批范石生士敏土厂交还政府函①

（一九二四年七月一日）

　　着财政委员会派员接收，酌量办法。前香港士敏土厂有承买灰石之意，较之自制士敏土之利加倍。可着陈友仁再向港厂磋商。如港厂仍有意承买灰石，即将此厂停办，而另设新厂于北江。否则另议办法。并作答嘉奖

　　　　　　　　　　　　　　　　　　　　　　　　　　　文批

　　　　　　　　据《广州国民政府档案》，载中国第二历史档案馆编：《中华民国史档案资料汇编》第四辑，南京，江苏古籍出版社一九八六年九月出版

---

　　① 七月一日范石生致孙文函称：士敏土厂交还政府。

着财政委员会即日派员接收士敏土厂令

（一九二四年七月二日）①

大元帅训令第三一七号

　　据滇军第二军长范石生呈：为促进财政统一，谨先将士敏土厂奉还政府，请核办等情。着财政委员会即日派员接收该厂，并妥拟办法呈候核夺。

据《广州国民政府档案》，载中国第二历史档
案馆编：《中华民国史档案资料汇编》第四辑，
南京，江苏古籍出版社一九八六年九月出版

批程潜请恢复粤汉铁路警备司令一职呈

（一九二四年七月二日）

　　呈请恢复粤汉铁路警备司令一职，久经虚悬，仓猝召募，难收实效。现财政奇绌，经费尤不易筹，所请应从缓议。此令。

七月二日

据《粤路警备队暂缓恢复》，载一九
二四年七月四日《广州民国日报》

批古应芬请令行广东省长转饬财政厅
裁撤所属经界局及经界分局呈

（一九二四年七月二日）

　　呈悉。候令行广东省长转饬广东财政厅遵照裁撤可也。此令。

据《裁撤财厅所属经界局》，载一九
二四年七月三日《广州民国日报》

---

①　日期据《大元帅训令第三一七号》、七月二日孙文批范石生函以及原注定。

给林若时的指令

（一九二四年七月二日）

孙中山令林若时限期捕回"江大"舰串匪目兵，否则褫林海防司令职。

据《快信摘要——广州电》，载一
九二四年七月二日长沙《大公报》

饬朱培德勿截收省河筵席捐以维教育令

（一九二四年七月三日）

大元帅训令第三一六号

令中央直辖第一军军长朱培德

为令行事：据广州市市长孙科呈称："窃查省河筵席捐，前由财政委员会议决呈奉钧令照准由职厅办理，经将核准永春公司商人张希明认饷承办，及将该公司饷项划拨朱军长积欠军费暨省市教育经费各情形呈报鉴核在案。查永春公司原认年饷九十万元，内以三十万元拨给中央直辖第一军朱军长培德积欠军费，其余六十万元分拨省市教育经费各占半数。嗣据该公司以办理困难，呈请核减饷项，当经职厅函请财政委员会提议见复。旋准函复：经于第三十五次常会议决，减定年饷为六十万元，计照原认饷额减去三十万元，应由省市教育经费各减支十一万元，朱军长摊还所欠军费减支八万元，均经分函朱军长、教育厅、七校经费委员会，暨令行教育局查照办理各在案，此永春公司承办省河筵席捐原认饷额暨核减饷项之经过情形也。计该公司自起饷承办迄今，将及四阅月，只缴过一次饷项三万八千三百三十三元四毫，又抵缴朱军长印收十一万一千六百六十六元六毫，共计十五万元，其时系以年饷九十万元计算作为解缴，按预饷各一月恰以上数，此后分文未缴。职厅迭次严令催促，均置弗恤，当经令行公安局，将该公司总理张希明拘案押追。又准朱军长来函，以该公司亏累极多，迭呈退办，请将该总理先行释出等由。职厅以该公司所欠饷项，亟应扫数清理收缴。姑准该总理备具保结先行省释，限五日内将欠饷清缴，逾限仍拘押严追，令局遵照办理在案。是该公司只缴过饷项十五万元，照章未经核减以前，饷项应照原额九十万元计算。又承捐通例所缴按饷一月，须办至尾月始准扣除，若半途退办，该按饷应没收充公。现在永春公司办理筵席捐中途退办，自当照章办理。惟查朱军长迭次来函，代述该公司亏累情形，不为无因，姑准通融办理，概以年饷六十万伸算，复准将缴过按饷一月扣作月饷，使所缴过十五万元足抵三个月月饷之数，但核算尚欠饷项三万余元，业经函请朱军长饬令如数清缴，并令局严缉该总理押追，此永春公司积欠饷项之实在情形也。职厅以该公司既积欠饷项，自本月十二日起，乃派催饷委员前往监收捐项。旋据委员张孝植复称：到该公司待至夜候始由各征收员收齐，汇计共收得九百余元，但每日朱军长须提缴军费八百元，又以二成为公司办公费用，昨日所收尚未足数，只将印收抵解前来，并无现款解缴。嗣经职厅根据原案函请朱军长勿再任意截提，务请将该公司每日收入扫数解厅，以便按照原额将军费、教育费分配匀拨。旋准朱军长函复以前抵印收十一万元，该款实未收到，不得不按日提取等由。又攘委员呈复：自本月十八日起，朱军长每日提收四百元，因之职厅于数日内仅收过该项约一千元，讵昨两日朱军长又复每日提收五百元。似此任意先提，诚恐省市教育经费终归无着，此又派员监收筵席捐项之实在情形也。综核永春公司承办省河筵席捐务，朱军长以划拨积欠军饷关系，介绍该公司商人张希明认饷承办，以第一军军部印收抵缴该公司应缴按预饷十一万余元，查抵缴军费议决原案，系按月指拨朱军长，一次过先提缴十一万余元，已与原案歧异。至来函所云该款实未收到，更与发出印收及职厅抵销饷额手续不符，职厅惟有根据印收划抵，计第一军积欠军费，前经财政委员会议决定拨二十二万元，除收过十一万余元外，只欠十万余元，照案似应由职厅在该捐项下月拨一万元，其余悉数分拨省市教育经费，以免摧残教育，而符原案。除一面另行招商承办，并函请财政委员会切实维持外，谨将办理此案情形备文呈请鉴核，俯赐令行中央直辖第一军朱军长勿再截收，以维教育。是否有当，伏候指令祗遵，实为公便"等情。据此，除指令"呈悉。准如所请。候令行朱军长勿再截收该项筵席捐可也。此令"印发外，合行令仰该军长即便遵照办理。此令。

（中华民国陆海军大元帅之印）

中华民国十三年七月三日

据《大元帅训令第三一六号》，载广州《陆海军大元帅大本营公报》第十九号，一九二四年七月十日

着卢师谛担任东江中右两路后方警戒令

（一九二四年七月三日）

担任东江中、右两路后方警戒，俾前方部队向前进攻时，免得后顾之患。

据《卢师谛部出发东江》，载一九二四年七月三日《广州民国日报》

着朱培德部开赴湘边令

（一九二四年七月三日）

令调中央直辖第一军朱培德部开赴湘边某处，拦击马济部，协定桂局。

据《朱培德部出防湘边》，载一九二四年七月四日《广州民国日报》

命廖仲恺等通饬军政各机关不准录用吕梦熊令

（一九二四年七月三日）

大元帅训令第三一八号

令广东省长廖仲恺、中央直辖滇军总司令杨希闵、湘军总司令谭延闿、粤军总司令许崇智、桂军总司令刘震寰、豫军讨贼军总司令樊钟秀、中央直辖第一军军长朱培德、中央直辖第三军军长卢师谛、中央直辖第七军军长刘玉山、北伐讨

贼军第二军军长柏文蔚、北伐讨贼军第三军军长胡谦、山陕讨贼军司令路孝忱、赣军司令李明扬

　　为令行事：据陆军军官学校校长蒋中正、驻校党代表廖仲恺呈称："窃职校学生队各队长前经呈请加委，以资鼓励，业蒙照准在案。兹有第一队队长吕梦熊，不知奋勉，反敢私开会议，要求加薪，并欲联名要胁，引起同盟罢职之举动，实属不遵命令，违犯纪律。且查吕梦熊学术平庸，性情跋扈，如再姑容，难免滋生事端。现在已将该队长吕梦熊看守，拟即免其职务，永除党籍，并请大元帅通饬军、政各机关不准录用，驱逐出境，以做效尤而肃军纪。是否有当，伏乞指令祗遵"等情。据此，除指令照准并分令外，合行令仰该总司令、省长、军长、司令遵照，并转饬所属一体遵照，嗣后勿得录用吕梦熊，以肃纪纲而昭儆戒。此令。

（中华民国陆海军大元帅之印）

中华民国十三年七月三日

据《大元帅训令第三一八号》，载广州《陆海军大
元帅大本营公报》第十九号，一九二四年七月十日

批孙科请令行朱军长勿再截收筵席捐呈

（一九二四年七月三日）

大元帅指令第六七四号

　　令广州市市长孙科

　　呈请令行朱军长勿再截收筵席捐等情由。

　　呈悉。准如所请。候令行朱军长勿再截收该项筵席捐可也。此令。

（中华民国陆海军大元帅之印）

中华民国十三年七月三日

据《大元帅指令第六七四号》，载广州《陆海军大
元帅大本营公报》第十九号，一九二四年七月十日

着李福林负责清剿顺德等属内之海盗令

（一九二四年七月四日）

　　兹令李军长福林清剿顺德、香山、南海属内之海盗，着即负完全责任，速即督队前往。所到地方，无论防军、乡团，不得有阻抗行为，违者以通匪论，准其严行剿办。此令。

据《令李福林剿南顺香土匪》，载一
九二四年七月五日《广州民国日报》

着卢师谛率部进驻鸭仔埗一带令

（一九二四年七月四日）

　　进驻鸭仔埗、黎村一带，保护惠石交通①，绥靖地方，严防匪徒滋扰。

据《卢师谛防守鸭仔埗》，载一九
二四年七月四日《广州民国日报》

饬朱培德停抽乐昌等地各种苛捐
并将停抽日期报备令②

（一九二四年七月四日）

　　饬令遵照停收，并将实行停抽日期具报查考。

据《帅令朱培德停抽各捐》，载一九
二四年七月四日《广州民国日报》

---

　　①　"惠石交通"指惠州、石龙间之交通。

　　②　乐昌及坪石两地盐业公所、茶叶帮、麻行、蛋行等联名呈请孙文速命朱培德转饬所部，将各种苛捐一律取消，以苏民困。乃有此令。

命发滇军第三军雇伕经费令

（一九二四年七月四日）①

大元帅令

令发滇军第三军雇伕经费每月二千五百元。

据《广州国民政府档案》，载中国第二历史档
案馆编：《中华民国史档案资料汇编》第四辑，
南京，江苏古籍出版社一九八六年九月出版

着财政委员会按日拨付湘军军医院经费令

（一九二四年七月四日）②

大元帅训令

自七月一日起，按日拨付湘军军医院经费五百元。

据《广州国民政府档案》，载中国第二历史档
案馆编：《中华民国史档案资料汇编》第四辑，
南京，江苏古籍出版社一九八六年九月出版

着财政委员会先行筹拨湘军第六军之援桂经费令

（一九二四年七月四日）③

大元帅训令

着财政委员会将认筹湘军第六军之援桂经费毫洋三万元，先行筹拨，以便早

---

① 时间为财政委员会第四十八次会议决案日期。
② 时间为财政委员会第四十八次会议决案日期。
③ 时间为财政委员会第四十八次会议决案日期。

日开拔。

据《广州国民政府档案》，载中国第二历史档案馆编：《中华民国史档案资料汇编》第四辑，南京，江苏古籍出版社一九八六年九月出版

批林翔核销庶务科十二年十月份
经办各项数目册单据簿等件呈

（一九二四年七月四日）

大元帅指令第六八○号

令大本营审计处处长林翔

呈报核销庶务科十二年十月份经办各项数目册单据簿等件一案情形由。

呈悉。准予核销矣。此令。

（中华民国陆海军大元帅之印）

中华民国十三年七月四日

据《大元帅指令第六八○号》，载广州《陆海军大元帅大本营公报》第十九号，一九二四年七月十日

批邹鲁请举行广东农业专门农学科
四年级生毕业试验呈

（一九二四年七月四日）

大元帅指令第六八一号

令国立广东大学校长邹鲁

呈请举行广东农业专门农学科四年级生毕业试验，乞核准令遵由。

呈、表均悉。准予举行毕业试验。表存。此令。

（中华民国陆海军大元帅之印）

中华民国十三年七月四日

据《大元帅指令第六八一号》，载广州《陆海军大元帅大本营公报》第十九号，一九二四年七月十日

饬各机关各军队不得向粤汉铁路摊派款项令

（一九二四年七月五日）

大元帅训令第三二○号

令财政委员会

为令遵事：据管理粤汉铁路事务许崇灏呈称："窃职路为省会咽喉，关系北伐大计及北路防务，最为重要。现查最近五月内之收入，只得二十二万四千零一十余元，而合计每月本路应支薪工、警饷、煤炭、物料、息项及各杂费，共银一十七万八千五百余元。军兴以来，各机关提借每月八万四千元，又湘军、滇军每月提附加军费，以最近五月所提计算四万二千六百元，合计月支三十万零五百余元，出入比较，每月不敷八万一千余元。加以路轨、枕木、机车、物件两年失修，大半废坏，非亟行修理，全路将成废弃，于兵事运输，必蒙影响。此崇灏接事以来所朝夕旁徨既忧无已者也。伏查本年四月间，由前任陈总理呈明粤路困乏情形，奉钧座令开：'呈悉。候令行财政委员会遵照，嗣后无论何项机关、何项军队，暂均不得再向该路派担款项可也，此令'等因。是职路竭蹶情形，早邀洞鉴。现值淡月，收入愈微，财力愈窘，积欠员司薪水，数月未清，崇灏对于职员及用料稍涉冗滥者，已即裁撤，对于营业收入，亦厘剔整顿，不遗余力。惟是节省无多，不敷甚巨，车薪杯水，补救维艰。目前最要者，为修理机车、换装枕木，而款项尚无所出，又难坐视倾危，致防大计之进行，生运输之阻碍，迫得将现在职路收支及负担款项各数目据实沥陈，并开具清折，除函送财政委员会查照外，理合备文连同清折一份呈报钧座核鉴。伏乞仍照前案，令行各机关、各军队一体知照，嗣后勿再向职路派担款项，庶使暂得维持，徐图整理。是否有当，伏候指令祗遵"等情。据此，除指令"呈及清折均悉。据称财力枯竭，自属实情。除仍遵前令担任西路每日五百元外，仰候再令财政委员会，嗣后无论何项机关、何项军队，均不得再向该路派担款项可也。清折存。此令"印发外，合行令仰该委员会即便遵照办理，并分行各机关、各军队一体知照。此令。

（中华民国陆海军大元帅之印）

中华民国十三年七月五日

据《大元帅训令第三二〇号》，载广州《陆海军大元帅大本营公报》第十九号，一九二四年七月十日

饬各机关直接支付之款解交军需处支给令

（一九二四年七月五日）

大元帅训令第三二一号

　　令禁烟督办鲁涤平、广东省长廖仲恺、桂军总司令刘震寰、滇军总司令杨希闵、湘军总司令谭延闿、粤军总司令许崇智、豫军总司令樊钟秀、广东财政厅长陈其瑗、两广盐运使邓泽如、广州市政厅市长孙科、公安局长吴铁城、大本营军政部长程潜、财政委员会

　　为令行事：现在大本营军需处定于七月七日成立，所有前令各机关直接支付之款，着各机关按照前令指拨数目解交军需经理处，按数支配给领。至以前所欠各军给养等款，责成军需处另行设法清理，呈候核办。除分行外，仰即遵照。此令。

（中华民国陆海军大元帅之印）

中华民国十三年七月五日

据《大元帅训令第三二一号》，载广州《陆海军大元帅大本营公报》第十九号，一九二四年七月十日

批许崇灏沥陈财力枯竭情形请免
再派各机关各军队款项呈

（一九二四年七月五日）

大元帅指令第六八六号

　　令管理粤汉铁路事务许崇灏

呈为沥陈财力枯竭情形，请免再派各机关各军队款项由。

呈及清折均悉。据称财力枯竭，自属实情。除仍遵前令担任西路每日五百元外，仰候再令财政委员会，嗣后无论何项机关、何项军队，均不得再向该路派担款项可也。清折存。此令。

（中华民国陆海军大元帅之印）

中华民国十三年七月五日

据《大元帅指令第六八六号》，载广州《陆海军大元帅大本营公报》第十九号，一九二四年七月十日

批张开儒拟发给特别出入证手折办法呈

（一九二四年七月五日）

大元帅指令第六九一号

令大本营参军长张开儒

呈为拟具发给特别出入证手折办法，乞令遵由。

呈及手折均悉。准如所拟办理。折存。此令。

（中华民国陆海军大元帅之印）

中华民国十三年七月五日

据《大元帅指令第六九一号》，载广州《陆海军大元帅大本营公报》第十九号，一九二四年七月十日

着杨希闵协助禁烟令

（一九二四年七月五日刊载）

仰饬所属嗣后对于禁烟督办设施禁烟事宜，务须协助进行，毋得侵越权责，致干究办。

据《帅令协助禁烟事宜》，载一九二四年七月五日《广州民国日报》

饬财政厅筹拨广东高等检察厅广州地检厅
及两监一所经费令

（一九二四年七月七日）

大元帅训令第三二六号

　　令广东省长廖仲恺

　　为令行事：据广东高等检察厅检察长林云陔呈称："为经费无着，据实陈明，仰祈睿鉴，乞饬广东财政厅长提前拨支，以维司法而恤狱囚事：窃查职厅暨所辖广州地检厅及广州监狱、广州分监、广州看守所等每月额支经费，共毫银一万一千五百四十二元六毫。内由广东财政厅拨支九千六百八十七元六毫，由职厅司法收入坐支毫银一千八百五十五元。自军兴以来，职厅司法收入如状纸已划归总检察厅办理，此外如烟赌罚金亦毫无收入。此项坐支之款既属无着，而财政厅拨支之款积欠甚巨，在邹、梅两厅长①任内尚有半数支给，迨郑厅长②继任，月仅支职厅三二千元或千余元甚至数百元不等。微特职厅员役俸薪工食无可给发，即监所因亦几绝食。迫得据实上陈，恳请饬令新任广东财政厅长陈其瑗，务将职厅与广州地检厅及两监一所经费每月额支毫银九千六百八十七元六毫，提前拨支。俾得经费有着，以资维持，实为德便"等情前来。除指令"呈悉。候令行广东省长转饬广东财政厅遵照筹拨可也。此令"印发外，合行令仰该省长即便遵照办理。此令。

（中华民国陆海军大元帅之印）

中华民国十三年七月七日

据《大元帅训令第三二六号》，载广州《陆海军大元帅大本营公报》第十九号，一九二四年七月十日

---

① 邹、梅两厅长即邹鲁、梅光培。
② 郑厅长即郑洪年。

批林云陔请饬令广东财政厅提前拨支该厅经费呈

（一九二四年七月七日）

大元帅指令第六九八号

令广东高等检察厅检察长林云陔

呈请饬令广东财政厅提前拨支该厅经费由。

呈悉。候令行广东省长转饬广东财政厅遵照筹拨可也。此令。

（中华民国陆海军大元帅之印）

中华民国十三年七月七日

据《大元帅指令第六九八号》，载广州《陆海军大元帅大本营公报》第十九号，一九二四年七月十日

饬各军不得驻兵九江令①

（一九二四年七月七日）

令饬滇军退出九江。以后无论何项军队，均不得在九江驻扎。

据《九江军团风潮近讯》，载一九二四年七月七日《广州民国日报》

批财政委员会分配军费呈

（一九二四年七月七日）

大元帅指令第七〇一号

令财政委员会

---

① 南海九江旅省公会李卓峰等呈：滇军保荣光旅驻扎九江，违法苛抽，扰商病民，导致全镇罢业。孙文为饬该军全数撤防，乃有此令。

呈报分配军费，乞核令饬遵由。

呈悉。据称军需收支每日相差过巨，拟自本月七日起，除有防地各军队令其自行维持给养外，其无防地各军队，一律按照现在收入数目假如支配，暂期收支适合，以便徐图整理。自系为救济财政、平均军需起见，应准照办。仰即径行分咨各军队知照可也。此令。

（中华民国陆海军大元帅之印）

中华民国十三年七月七日

据《大元帅指令第七〇一号》，载广州《陆海军大
元帅大本营公报》第十九号，一九二四年七月十日

着会计司向财政委员会领给蒋作宾等人旅费令

（一九二四年七月八日）①

大元帅令

令发蒋作宾旅费一千元、蔡济民运枢费一千元，该款着会计司向财政委员会领给。

据《广州国民政府档案》，载中国第二历史档
案馆编：《中华民国史档案资料汇编》第四辑，
南京，江苏古籍出版社一九八六年九月出版

命按日发给兵工厂子弹费令

（一九二四年七月八日刊载）②

大元帅令

现在军事紧急，关于兵工厂制造子弹经费□□拨定的款，按日发给该厂应用，

---

① 时间为财政委员会第四十九次会议决案日期。
② 时间为财政委员会第四十九次会议决案日期。

以免贻误戎机。

据《广州国民政府档案》，载中国第二历史档
案馆编：《中华民国史档案资料汇编》第四辑，
南京，江苏古籍出版社一九八六年九月出版

由广东盐运使署照额支付给广东高等
地方检察厅等经费令

（一九二四年七月八日）①

大元帅令

　　拟将广东高等检察、地方检察两厅经费及监狱看守所囚粮，改由广东盐运使
署照额支付，仰即查照办理。

据《广州国民政府档案》，载中国第二历史档
案馆编：《中华民国史档案资料汇编》第四辑，
南京，江苏古籍出版社一九八六年九月出版

饬准民团商团请领枪弹暂由省长填发护照令

（一九二四年七月八日）

大元帅训令第三三一号

　　令广东省长廖仲恺

　　为令行事：据广东兵工厂厂长马超俊呈称："呈为呈请事：窃查职厂与罗拔洋
行因机器辏轕一案，经奉钧座派委专员交涉妥协，并着将现在每日所制出枪枝，
一律依照《民团、商团备价请领枪弹暂行章程暨暂行细则》，拨归民团、商团，
由县出具印结备价请领，所得价格，以作提取机器及建筑新厂之用等因，业经遵
照办理，并呈请通令在案。惟查民团、商团备价请领枪弹细则第一条，有凡民团、

----

①　时间为财政委员会第四十九次会议决案日期。

商团在本厂具领枪弹，须由该民团、商团长呈请该管县长转呈省署发给护照之规定，际此需款提取机器万分紧急之时，倘仍依照该细则规定办理，辗转需时，诚恐有缓不济急之虞。厂长为筹款迅速起见，现拟变通办法，在筹款赎机委员会未确定办法以前，如各县民团、商团有备价请领枪弹直接由厂长呈奉钧座核准者，暂由厂长呈请省长填发护照，连同请领枪弹，径发交各该县长转发领用，以期敏捷而省手续。其余一切办法，仍按照章程及细则办理。所有民团、商团备价请领枪弹，拟暂由厂长呈请省长填发护照缘由，理合具文呈请察核。是否可行，伏候指令祗遵，实为公便"等情前来。除指令"呈悉。照准。候令行广东省长查照办理可也。此令"印发外，合行令仰该省长即便遵照。此令。

（中华民国陆海军大元帅之印）

中华民国十三年七月八日

据《大元帅训令第三三一号》，载广州《陆海军大

元帅大本营公报》第十九号，一九二四年七月十日

饬朱培德积欠军费仍按月赴厅领取
不得截留省河筵席捐令

（一九二四年七月八日）

大元帅训令第三三二号

令中央直辖第一军军长朱培德

为令遵事：据广州市市长孙科呈称："窃职厅办理省河水陆酒菜筵席捐，核准永春公司商人认饷承办，嗣因该公司积欠饷项，派员监收，前经将朱军长培德截留军费情形，呈请鉴核在案。现查该永春公司因积欠饷项，迭呈退办，经由我厅招商接办，亦无商人认饷包承，自应派员经理征收，以维教育经费。兹拟由职厅派委征收省河水陆酒菜筵席捐总办一员经理其事，嗣后如未有商人认饷包承以前，应责成该总办遵照征收筵席捐原定章程代收、代缴，准在收入项下提二成为办公经费。除遴委暨分别咨行查照并呈报备案外，理合备文呈请鉴核，俯赐令行中央直辖第一军朱军长查照。嗣后积欠该军军费，应依照原案，按月匀摊收缴赴厅领

收，勿再截留，以维教育经费。是否有当，伏候指令祗遵，实为公便"等情。据此，除指令照准外，合行令仰该军长即便遵照，嗣后毋得截留此项捐款，所有积欠该军军费，仍照原案按月匀摊收缴赴厅领取可也。此令。

（中华民国陆海军大元帅之印）

中华民国十三年七月八日

据《大元帅训令第三三二号》，载广州《陆海军大元帅大本营公报》第十九号，一九二四年七月十日

给陈其瑗的训令

（一九二四年七月八日）①

大元帅训令第三三三号

令广东财政厅长陈其瑗

为令饬事：据大本营军政部长程潜呈称："为呈请事：案奉钧座发下中央直辖第一军军长朱培德呈一件，以所部第三混成旅第六团第三营第十连上尉排长陈荣光，前于赣州之役，在狮子岭地方枪伤右足，腿骨伤断，已成残废，并赍呈负伤调查表一纸，请提前酌予抚恤等情。查上尉排长陈荣光临阵受伤，已成残废，核与《陆军战时恤赏章程》第四章第八条事实相符，拟请钧座准予查照第二表给予上尉一等伤恤金，以示体恤。至该废员恤金四百元，并乞令饬广东财政厅提前拨给，以清手续。是否有当，理合具文呈请鉴核指令祗遵"等情前来。除指令"呈悉。准如所请给恤。候令行广东财政厅提前筹拨可也。此令"印发外，合行令仰该厅长即便遵照。切切。此令。

（中华民国陆海军大元帅之印）

中华民国十三年七月日

据《大元帅训令第三三三号》，载广州《陆海军大元帅大本营公报》第十九号，一九二四年七月十日

---

① 日期据《大元帅训令第三三二号》和《大元帅训令第三三五号》发令时间（均为七月八日）确定。

饬知财政部令内政部设法裁减力求撙节令

（一九二四年七月八日）

大元帅训令第三三五号

令大本营财政部长叶恭绰

为令行事：据内政部长呈称："为呈复事：本年六月四日案奉第二五六号训令开：'查整理财政，当求收支适合。况现在前方作战，需款正殷，罗掘俱穷，尚不足以资供养，自非将各行政机关竭力撙节，以裕度支不可。查自军兴以后，各行政机关一切开支，视前倍蓰，其冗员之多，不问可知。仰即克日裁减，其民国十年已成立之机关，应参照该年度预算切实减除，不得超过；其成立于十年以后者，亦应力加节省，限本月十日以前，将所拟定减省之数呈报核夺，不得玩延，此令'等因。奉此，查职部经费，前经额定每月九千六百三十八元，编造预算表呈奉指令准予备案，一切开支，已极撙节，即各职员薪俸，较之各部，亦从未减，而每月均无的款指拨，无时不在困难之中。本年一月，虽奉令由财政部照拨，惟财政部收入有限，军饷为先，实际仍未能按月支付。现各员薪俸，仅发至十二年年底，积欠至今已将六个月，无米为炊，正拟百计维持。查职部全部人员，除办事员、书记外，分设一厅二局，不过二十余人，科长每员月薪不过二百元，科员每员月薪由一百元至一百六十元，办事员月薪则仅五十元，书记月薪只三十五元耳，此外并无特别闲员。各员司以职务上之繁简，薪水虽稍有厚薄之分，然处兹生活程度日高、百物腾贵之时，即每月清发，亦恐不敷。况积欠之巨，为各机关所无，以致各员甚至典当俱穷无以为生者。职部为全国内政最高机关，兼司教育行政，百端待理，以少数员司分职任事，仅足支配。部长明知现值军事时期，库储支绌，未尝不欲略为裁汰，从事撙节。惟已积欠各员司薪俸为数甚巨，事实上已成不减之减，如须裁汰之员，此项欠薪，自不能不为清发。况员司中薪水微薄者占大多数，即略为裁汰，为数亦属有限，凡此种种困难，实属减无可减。奉令前因，惟有仰恳钧座令行财政部每月按照本部额支经费，如数支拨，俾维现状而资办公。是否有当，理合备文呈请察核，伏候指令祗遵，实为公便"等情，除指令"呈悉。该部当此财政艰绌之时，自应力求撙节，以符通令。仰仍设法裁减，呈候核定。据称前情，候予令行财政部知照可也。此令"印发外，仰即知照。此令。

（中华民国陆海军大元帅之印）

中华民国十三年七月八日

据《大元帅训令第三三五号》，载广州《陆海军大元帅大本营公报》第十九号，一九二四年七月十日

批马超俊为民团商团备价请领枪弹拟
暂由该厂长请省长填发护照呈

（一九二四年七月八日）

大元帅指令第七〇三号

令广东兵工厂厂长马超俊

呈为民团商团备价请领枪弹拟暂由该厂长呈请省长填发护照，乞察核令遵由。

呈悉。照准。候令行广东省长查照办理可也。此令。

（中华民国陆海军大元帅之印）

中华民国十三年七月八日

据《大元帅指令第七〇三号》，载广州《陆海军大元帅大本营公报》第十九号，一九二四年七月十日

批孙科拟委总办一员经理征收省河水陆酒菜筵席捐
乞令朱军长勿再截留捐款呈

（一九二四年七月八日）

大元帅指令第七〇五号

令广州市市长孙科

呈为拟委总办一员经理征收省河水陆酒菜筵席捐，乞令朱军长勿再截留捐款

等情由。

呈悉。照准。候令行朱军长勿再截留此项捐款可也。此令。

（中华民国陆海军大元帅之印）

中华民国十三年七月八日

据《大元帅指令第七〇五号》，载广州《陆海军大元帅大本营公报》第十九号，一九二四年七月十日

批程潜请准予查照《陆军战时恤赏章程》给予阵伤排长陈荣光恤金四百元并令行广东财政厅提前发给呈

（一九二四年七月八日）

大元帅指令第七〇六号

令大本营军政部长程潜

呈请准予查照《陆军战时恤赏章程》第二表给予阵伤排长陈荣光恤金四百元，并令行广东财政厅提前发给，以示矜恤由。

呈悉。准如所请给恤。候令行广东财政厅提前筹拨可也。此令。

（中华民国陆海军大元帅之印）

中华民国十三年七月八日

据《大元帅指令第七〇六号》，载广州《陆海军大元帅大本营公报》第十九号，一九二四年七月十日

批徐绍桢裁减经费呈

（一九二四年七月八日）

大元帅指令第七〇八号

令大本营内政部长徐绍桢

呈复裁减经费由。

呈悉。该部当此财政艰绌之时，自应力求撙节，以符通令。仰仍设法裁减，呈候核定。据称前情，候予令行财政部知照可也。此令。

（中华民国陆海军大元帅之印）

中华民国十三年七月八日

据《大元帅指令第七〇八号》，载广州《陆海军大元帅大本营公报》第十九号，一九二四年七月十日

批张开儒请发给特别出入证手折办法呈

（一九二四年七月八日刊载）

呈及手折均悉，准如所拟办理，折存。此令。

据《帅府改换特别证办法》，载一九二四年七月八日《广州民国日报》

批财政委员分配军费呈

（一九二四年七月八日）

呈悉。据称军需收支，每日相差过巨，拟自本月七日起，除有防地各军队令其自行维持给养外，其无防地各军队，一律按照现收入数目尽数支配，暂期收支适合，以便徐图整理，自系为救济财政平均军需起见，应准照办。仰即径行分咨各军队知照可也。此令。

据《分配军费之帅令》，载一九二四年七月九日《广州民国日报》

饬将谢愤生及有关人员解交军法审判令①

（一九二四年七月九日）

　　特令滇军总司令转饬第三军长，将谢愤生及于案有关人员解交军部，组织临时高等军法处会审裁判，以明是非而肃军纪。

据《审讯谢旅长案之慎重》，载一九
二四年七月九日《广州民国日报》

赠恤冯肇宪令

（一九二四年七月九日）

大元帅令

　　故"永丰"舰舰长冯肇宪，宣力海军，颇著勋绩。上年陈逆叛变，本大元帅避居兵舰，该舰长督属防护，备极勤劳。白鹅潭之役，力战拒敌，卒至疮发殒命，殊堪矜恻。据前广东海防司令陈策呈请给恤，当经交部核议。兹据军政部长程潜呈请追赠陆军少将，并照少将积劳病故例给恤前来。冯肇宪着追赠陆军少将，并准照少将积劳病故例给予恤金，以彰忠勤。此令。

（中华民国陆海军大元帅之印）

中华民国十三年七月九日

据《大元帅令》，载广州《陆海军大元帅大本
营公报》第二十号，一九二四年七月二十日

---

　　① 一九二三年，滇军第三军旅长谢愤生部在增城县惨杀西路军旅长王兴中部官兵邹振武等多人，孙文审阅该案呈文后，乃有此令。

将官市产审查委员会第七次第二十八号决议案
撤销仍照广州市政厅财政局原案办理令

（一九二四年七月九日）

大元帅训令第三三七号

　　令广东省长廖仲恺

　　为令遵事：据南越公司呈称："呈为官、市产审查委员会决议，维持双山寺僧敬慈挽领旧案，勒销市厅正式给领新案，绝无理由，谨陈原委，请令省署立将该会决案撤销，以卫业权而维政府威信事：缘广州市北区郊外有租人停棺之僧寺，名双山寺。该寺内容向分四部：一曰东庄，系僧鉴明主持；二曰西庄，系僧存善主持；三曰北庄，系僧敬慈主持；四曰大殿，系全寺僧人共同供奉。此该寺内部原日分房主管之大略情形也。嗣政府收变寺产，十二年五月间，敬慈以个人名义缴价银六千元统承全寺，经市财政局给照管业至八月间，西庄主持存善、经理人吴文川，东庄主持经理人吕守慈等谓：敬慈不应以北庄主持一部分之资格挽领全寺，呈局请予划分承领。相持数月，由财局呈奉市厅核销敬慈全领原案，另行竞投。经一再定期招投，均无人投票，乃于十三年一月间，先核准鉴明经理人吕守慈、存善经理人吴文川分领东、西两庄，其北庄仍准敬慈照东、西庄底价优先承领，经由财局一再布告催缴，惟敬慈迄未遵办。乃准由敝公司缴价承领北庄，随复核准敝公司缴价承领大殿部分，财局同时布令敬慈将前发执照缴销，职候发还缴过产价，敬慈亦未遵办。此敝公司等先后分承东、西、北三庄及大殿经过之事实也。敝公司以敬慈统承之案经鉴明、存善等呈控挽承，胜诉取消。复经财局一再招投，又经吕、吴等先领东、西两庄，复经财局一再布催，敬慈价领不遵，然后缴领北庄及大殿等，似此案情磊落，手续完全，窃谓无可疵议。不料十三年六月二十日《广东公报》附录官、市产审查委员会第七次会议报告书内载第二十八号：僧人敬慈，因双山寺产，呈为产价确缴，乞提案执行发还原契管业由。其议决内开：'照吕守慈等三起承价加五补缴，先准敬慈承领，如敬慈不愿补价，即准吕守慈、吴文川南越公司照加五数目补缴到局，发还敬慈具领'等语，竟将市厅财局办结各案悉予推翻。谨按审查会如此议决，简言之，即维持敬慈统领全寺之原案而已。该会所以维持敬慈统领全寺原案之故，就其报告书内载理由全文观之，不外两节：一则谓敬慈统承原案本无不合，至八月吴文川等始以挽领为词，此一节也；再则谓敬慈以寺僧资格，且核准承领在前，此又一节也。词虽两橛，事实一串。所以维持敬慈全领原案之原因在此，所以取消敝公司等分承各在案之原因亦在此。此审查会议决本案之主文及理由也。今欲评判该会议决本案是否公平，须考核该会决案所依据之两节理由是否充分。关于前一节，敬慈以北庄主持之资格而统承全寺，对于东、西两庄明明挽领亦谓其本无不合，则天壤间可以不必复有公理。至谓吴文川等至八月始以挽领为词，呈局分承，遂认为已逾时效，亦殊无根据，敬慈五月缴价领照，官厅并未规定时效，通告鉴明、存善知照。吴文川等于八月呈控请予分承，何谓逾时？敝公司等系一月缴价领照，敬慈至六月乃向该会呈控，该会何不以逾时却之？前一节之所谓理由者如此。关于后一节，敬慈之寺僧资格，视鉴明、存善何异？该会何独认之而取消鉴明、存善之承案？至核准承领，在前一语更无聊赖。统承一案，虽经市厅核准，嗣经挽承控诉，即奉市厅核销，此曾奉原官厅复核注销之准案，亦可引为优先之一种资格，恐古今中外无此先例。后一节之所谓理由者又如此。该会据此两节理由，即为如上之议决，是否公平，有目者当共见之，此辨正审查会所据理由之理由也。抑该会议决之办法尤有不可解者，夫维持统承原案，取消分承各案，非理之理，犹有所依据。至若加五补价，实不知其何所根据而定此数，若谓原价过低，则该会理由栏内明明有较敬慈所缴加高两倍有奇之语，若谓虽已加多仍未核实，该会究竟以何地比较为标准？而且已经承领之官、市产，该会是否有改价勒补之权？又如敝公司等补价，主文内有发还敬慈具领之规定矣。惟敬慈补价，应否发还敝公司等具领，何以绝无明文？而且发还敬慈是否限于六千之数，抑尽发加五全数？凡此无根挂漏之议决，竟出自高级终决之审查会，人民之从官、市产取得业权者，岂不各怀危惧？敝公司为自保业权计，固不甘认此决案，政府为保存威信计，亦不宜准此决案。用特钞粘案据，附呈察核，本案是非均可从书面判决，伏乞明令广东省长立将审查会第七次会议第二十八号决案全案撤销，仍照市厅财局原案办理，实叨恩便"等情。并抄粘该案卷宗各件前来。查核卷宗，该南越公司所称各节均属实情，合行令仰该省长即将该官、市产审查委员会第七次第二十八号决案全案撤销，仍照广州市政厅财政局原案办理，以保私人业权，而存政府威信。切切。此令。

（中华民国陆海军大元帅之印）

中华民国十三年七月九日

据《大元帅训令第三三七号》，载广州《陆海军大元帅大本营公报》第十九号，一九二四年七月十日

批程潜为军械收发停止请暂免造日报表呈

（一九二四年七月九日）

大元帅指令第七一一号

令大本营军政部长程潜

呈为军械收发停止，请暂免造日报表由。

呈悉。应照准。此令。

（中华民国陆海军大元帅之印）

中华民国十三年七月九日

据《大元帅指令第七一一号》，载广州《陆海军大元帅大本营公报》第十九号，一九二四年七月十日

批徐绍桢会同军政部查明测量局局长吴宗民
请予保留局校一案情形拟议办法呈

（一九二四年七月十日）

大元帅指令第七一三号

令大本营内政部长徐绍桢

呈为会同军政部遵批查明测量局局长吴宗民请予保留局校一案情形，拟议办法，呈乞核示由。

呈悉。应将测量局地址保留，广东财政厅另择相当地段拨给林成德堂抵偿借款，以期兼顾。仰即分别转饬遵照可也，仍咨军政部知照。此令。

（中华民国陆海军大元帅之印）

中华民国十三年七月十日

据《大元帅指令第七一三号》，载广州《陆海军大
元帅大本营公报》第十九号，一九二四年七月十日

批林森称秘书俸给系据成案办理拟请仍准照给呈

（一九二四年七月十日）

大元帅指令第七一四号

　　令大本营建设部长林森

　　呈为呈明秘书俸给系据成案办理，拟请仍准照给由。

　　呈悉。既据声明该部秘书俸给系依据历任成案办理，应准暂行照旧开支。仰即知照。此令。

（中华民国陆海军大元帅之印）

中华民国十三年七月十日

据《大元帅指令第七一四号》，载广州《陆海军大
元帅大本营公报》第十九号，一九二四年七月十日

批廖仲恺为台山田土业佃保证局
不能交县接管情形呈

（一九二四年七月十日）

大元帅指令第七一六号

　　令广东省长廖仲恺

　　呈报台山田土业佃保证局不能交县接管情形，乞鉴核示遵由。

呈悉。照准。此令。

（中华民国陆海军大元帅之印）

中华民国十三年七月十日

据《大元帅指令第七一六号》，载广州《陆海军大元帅大本营公报》第十九号，一九二四年七月十日

饬北伐讨贼军第四军军长顾忠琛速办
教导团大队以养下级干部基础令

（一九二四年七月十一日）

令饬北伐讨贼军第四军顾军长忠琛，从速赶办该军部教导团大队，以养下级干部基础。

据《北伐第四军拟办讲武学校》，载一九二四年七月十二日《广州民国日报》

着财政委员会提前发给永丰舰饷伙费令

（一九二四年七月十一日）[1]

大元帅令

以"永丰"舰饷项、伙食与别种军队不同，着会照原定之数[2]提前发给，毋得延欠。

据《广州国民政府档案》，载中国第二历史档案馆编：《中华民国史档案资料汇编》第四辑，南京，江苏古籍出版社一九八六年九月出版

---

① 时间为财政委员会第五十次会议决案日期。

② "永丰"舰给养费每日五百六十元。

着财政委员会照旧发给海防司令部经费令

（一九二四年七月十一日）①

大元帅令

着财政委员会对于海防司令部之经费，应照旧发给，不得照有防地相待。

据《广州国民政府档案》，载中国第二历史档案馆编：《中华民国史档案资料汇编》第四辑，南京，江苏古籍出版社一九八六年九月出版

着财政委员会送蒋雨岩旅费令

（一九二四年七月十一日）②

大元帅令

着财政委员会送蒋雨岩旅费一千元。

据《广州国民政府档案》，载中国第二历史档案馆编：《中华民国史档案资料汇编》第四辑，南京，江苏古籍出版社一九八六年九月出版

饬查明各该部处署局司会兼职人员
兼职薪水应以二成发给令

（一九二四年七月十一日）

大元帅训令第三三八号

令大本营军政部长程潜、大本营建设部长林森、大本营内政部长徐绍桢、大

---

① 时间为财政委员会第五十次会议决案日期。
② 时间为财政委员会第五十一次会议决案日期。

本营外交部长伍朝枢、大本营财政部长叶恭绰、大本营参谋长李烈钧、大本营参军长张开儒、大本营秘书长谭延闿、大元帅行营秘书长古应芬、大本营审计处长林翔、禁烟督办鲁涤平、国立广东大学校长邹鲁、陆军军官学校校长蒋中正、中央执行委员会、广东省长廖仲恺、大理院长兼管司法行政事务吕志伊、广东电政监督黄桓、盐务督办叶恭绰、广东治河督办林森、大本营航空局长陈友仁、经界局督办古应芬、大本营会计司长黄昌谷、管理粤汉铁路事务许崇灏、经理大本营军需处事宜胡谦、郑洪年、广东兵工厂长马超俊、财政委员会、法制委员会

为令遵事：查兼差不兼薪向有规定，即必不得已而为事择人。凡兼差人员亦只酌给津贴，或只领兼差薪水之若干成，所以重公帑、节糜费，用意至善。诚恐日久玩生，用特重申诰令，限文到之日起，所有大本营直辖各部、处、署、局、司、会，应即查明该部、处、署、局、司、会有无在大本营及在大本营直辖各部、处、署、局、司、会兼职人员。如有上项兼职人员，除原职仍照现支额数支薪外，其所兼职之薪水，应即以二成发给，庶于为事择人之中，仍寓节省公帑之意。除分令外，合行令仰该部长、参谋长、参军长、秘书长、处长、督办、省长、院长、监督、局长、司长、管理、经理即便遵照办理，仍将遵办情形报核。切切。此令。

（中华民国陆海军大元帅之印）

中华民国十三年七月十一日

据《大元帅训令第三三八号》，载广州《陆海军大元帅大本营公报》第二十号，一九二四年七月二十日

禁止兼职兼薪令

（一九二四年七月十一日）

令禁止兼职兼薪。

据罗家伦主编，黄季陆增订：《国父年谱（增订本）》下册，台北，中国国民党中央委员会党史史料编纂委员会一九六九年十一月出版

据范石生案查承办五邑事给财政委员会的训令

（一九二四年七月十一日）①

大元帅训令第三五一号

令财政委员会

为令饬事：据广东筹饷总局督办范石生呈称："案查承办五邑云云。指令祗遵"等情。据此，查所拟办法究竟是否可行，事关财政分配，合行令仰该委员即便遵照受议具复奉核。此令。民国十三年七月十一日。

大元帅

汉民代行

据《广州国民政府档案》，载中国第二历史档案馆编：《中华民国史档案资料汇编》第四辑，南京，江苏古籍出版社一九八六年九月出版

批程潜请照海军上校积劳病故例给恤
已故永丰军舰副舰长梁文松呈

（一九二四年七月十一日）

大元帅指令第七一八号

令大本营军政部长程潜

呈复拟请照海军上校积劳病病故例给恤已故"永丰"军舰副舰长梁文松，以示矜恤而慰幽魂由。

呈悉。准如所请给恤。此令。

（中华民国陆海军大元帅之印）

中华民国十三年七月十一日

据《大元帅指令第七一八号》，载广州《陆海军大元帅大本营公报》第二十号，一九二四年七月二十日

---

① 此为拟稿日期。

批程潜为湘军于河源新丰两役
夺获敌人械弹拟请犒赏呈

（一九二四年七月十二日）

大元帅指令第七二二号

令大本营军政部部长程潜

呈为湘军于河源、新丰两役夺获敌人械弹，拟请犒赏毫洋式千元以示鼓励由。

呈悉。准予犒赏毫洋二千元，以示鼓励。仰即由部提出，财政会议迅即筹款，拨交湘军总司令转给承领可也。仍先录令咨知湘军总司令。此令。

（中华民国陆海军大元帅之印）

中华民国十三年七月十二日

据《大元帅指令第七二二号》，载广州《陆海军大元帅大本营公报》第二十号，一九二四年七月二十日

批程潜请追赠故永丰舰长冯肇宪海军少将
并照少将积劳病故例给恤呈

（一九二四年七月十二日）

大元帅指令第七二三号

令大本营军政部长程潜

呈请追赠故"永丰"舰长冯肇宪海军少将，并照少将积劳病故例给恤由。

呈悉。冯肇宪已明令追赠海军少将，并准照少将积劳病故例给予恤金，以彰忠勤矣。仰即转行知照。此令。

（中华民国陆海军大元帅之印）

中华民国十三年七月十二日

据《大元帅指令第七二三号》，载广州《陆海军大元帅大本营公报》第二十号，一九二四年七月二十日

批鲁涤平为侦缉员被匪枪击毙命及被匪枪伤乞分别照章给以恤金及医药费呈

（一九二四年七月十二日）

大元帅指令第七二五号

令禁烟督办鲁涤平

呈为侦缉员毛协丞因缉拿私烟被匪枪击毙命及侦缉员谈锡达同时被匪枪伤，乞分别照章给以恤金及医药费由。

呈悉。准如所请，分别给以恤金及医药费，以昭激劝而示体恤。此令。

（中华民国陆海军大元帅之印）

中华民国十三年七月十二日

据《大元帅指令第七二五号》，载广州《陆海军大元帅大本营公报》第二十号，一九二四年七月二十日

批财政委员会请饬朱军长撤销乐昌坪石重抽百货捐等款令

（一九二四年七月十二日）

大元帅指令第七二八号

令财政委员会

呈请令饬朱军长撤销乐昌坪石重抽百货捐等款由。

呈悉。查此案昨据两广盐运使暨广东商会联合会据乐昌坪石各行商皓电转呈前来，当经令饬驻防该处部队，立将重抽之百货捐及盐捐取销，以纾商困而维正税。至警署抽收猪牛捐，事属地方行政范围，已饬商联会呈请广东省长查明核办

矣。仰即知照。抄件存。此令。

（中华民国陆海军大元帅之印）

华民国十三年七月十二日

据《大元帅指令第七二八号》，载广州《陆海军大元帅大本营公报》第二十号，一九二四年七月二十日

批叶恭绰称裕广银号已免其代理金库呈

（一九二四年七月十二日）

大元帅指令第七二九号

　　令大本营财政部长叶恭绰

　　呈报裕广银号已免其代理金库等情，乞察核备案由。

　　呈悉。准予备案。此令。

（中华民国陆海军大元帅之印）

中华民国十三年七月十二日

据《大元帅指令第七二九号》，载广州《陆海军大元帅大本营公报》第二十号，一九二四年七月二十日

批杨希闵为该军第二师惩办滋事官兵及赔偿中国国民党中央执行委员会屏门等物呈

（一九二四年七月十二日）

大元帅指令第七三四号

　　令中央直辖滇军总司令杨希闵

　　呈报该军第二师惩办滋事官兵蒋复生等，及赔偿中国国民党中央执行委员会屏门等物情形，乞令遵由。

呈悉。准如所请办理。此令。

　　　　　　　　　　　　（中华民国陆海军大元帅之印）

　　　　　　　　　　　　中华民国十三年七月十二日

　　　　　　据《大元帅指令第七三四号》，载广州《陆海军大元帅大本营公报》第二十号，一九二四年七月二十日

批徐绍桢请褒扬贤妇徐李氏呈

（一九二四年七月十二日）

大元帅指令第七三五号

　　令大本营内政部长徐绍桢

　　呈请褒扬贤妇徐李氏由。

　　呈悉。准予题颁"懿行可风"四字，余着照所议办理可也。此令。

　　　　　　　　　　　　（中华民国陆海军大元帅之印）

　　　　　　　　　　　　中华民国十三年七月十二日

　　　　　　据《大元帅指令第七三五号》，载广州《陆海军大元帅大本营公报》第二十号，一九二四年七月二十日

批叶恭绰查明广东储蓄银行停业情形先行调查该行所负债务及查封其财产以凭照章清理乞备案呈

（一九二四年七月十四日）

大元帅指令第七三七号

　　令大本营财政部长叶恭绰

　　呈为查明广东储蓄银行停业情形，先行调查该行所负债务及查封其财产，以凭照章清理，乞备案由。

呈悉。准予备案。此令。

（中华民国陆海军大元帅之印）

中华民国十三年七月十四日

据《大元帅指令第七三七号》，载广州《陆海军大元帅大本营公报》第二十号，一九二四年七月二十日

令财政厅将十三年以前之式毫银币一律改铸

（一九二四年七月十四日）

令将十三年以前之式毫银币一律改铸，限八月一号后，所有征收一概不用旧毫，以期划一而杜私铸。

据《划一银币流通之办法》，载一九二四年七月十四日《广州民国日报》

谕令陈友仁为俄国各军官预拨飞机

（一九二四年七月十四日）

谕航空局长陈友仁：预拨飞机为俄国各军官凌空巡视惠州、东江各处。

据《俄国军官拟巡视东江》，载一九二四年七月十五日《广州民国日报》

饬知广东地方善后委员会候拨经费令①

（一九二四年七月十五日）

呈悉。候令行广东省长转饬民产保证局、公安局照数清给可也。此令。

据《帅令拨给输送团经费》，载一九二四年七月十六日《广州民国日报》

---

① 广东地方善后委员会因输送团饷项无着，被迫停办，呈请孙文令行民产保证局、公安局照数拨款，以资维持。乃有此令。

着财政委员会提前筹还樊钟秀伙食费令

（一九二四年七月十五日）①

大元帅令

着财政委员会提前筹还樊钟秀旧欠伙食三万元，并加给伙食费一万元。

据《广州国民政府档案》，载中国第二历史档案馆编：《中华民国史档案资料汇编》第四辑，南京，江苏古籍出版社一九八六年九月出版

着财政委员会筹拨何成濬部伙食费令

（一九二四年七月十五日）②

大元帅令

着财政委员会筹拨何成濬部，截至七月十五日止，不敷伙食一万一千八百元。

据《广州国民政府档案》，载中国第二历史档案馆编：《中华民国史档案资料汇编》第四辑，南京，江苏古籍出版社一九八六年九月出版

着财政委员会筹拨许卓然公费令

（一九二四年七月十五日）③

大元帅令

每月给许卓然公费五百元，着会筹拨。

据《广州国民政府档案》，载中国第二历史档案馆编：《中华民国史档案资料汇编》第四辑，南京，江苏古籍出版社一九八六年九月出版

---

① 时间为财政委员会第五十一次会议决案日期。
② 时间为财政委员会第五十一次会议决案日期。
③ 时间为财政委员会第五十一次会议决案日期。

着湘军总指挥部取消在增城县发行之二十万元抵借证并将取消情形具报令

（一九二四年七月十五日）

大元帅训令第三四六号

　　令湘军总司令谭延闿

　　为令遵事：据财政委员会主席委员叶恭绰、廖仲恺呈称："呈为呈请事：案据增城县公会长刘巨良来电：'请迅赐转咨湘军总指挥部，将在该县发行之抵借证二十万元准免发行'等情到会。查湘军总指挥部所拟发行抵借证一案，前经职会于六月二十四日第四十五次常会议决：以该总指挥部所拟发行之抵借证与广东财政厅已发者性质相同，应由财政厅办理，以一事权，业经呈请鉴核在案。现据该会长电呈：当由职会于七月四日第四十八次特别会提出，会议签以事同一律，应由职会录案呈请钧座令行湘军总司令部转饬该总指挥部照案取消等因。除函复该会长刘巨良外，理合备文呈请钧座鉴核，俯赐令行湘军总司令转饬该部，拟在增城县发行抵借证二十万元一案即行取消，以恤民艰，并乞指令祗遵"等情前来。当经指令"呈悉。候令行湘军谭总司令转饬遵照，即行取消可也。此令"等语。除指令印发外，合行令仰该总司令即便转饬遵照，将取消情形具报为要。切切。此令。

（中华民国陆海军大元帅之印）

中华民国十三年七月十五日

据《大元帅训令第三四六号》，载广州《陆海军大元帅大本营公报》第二十号，一九二四年七月二十日

饬谭延闿撤销拟在从化发行之抵借证令

（一九二四年七月十五日）

大元帅训令第三四七号

　　令湘军总司令谭延闿

为令饬事：据从化县议会议长谢杜衡等呈请：令饬湘军迅将抵借证及各种苛捐撤销等情到府。查湘军前拟在增城发行抵借证，业经交由财政委员会议复湘军拟发行之抵借证，与广东财政厅已发行之抵借证性质相同，应改归财政厅办理。所有湘军饷项，统由委员会担任筹给，以一事权，令饬照议取销在案。兹复据呈称：湘军总指挥派员到从化设立临时筹饷处，发行抵借证，事同一律，自应一并撤销。至各军自由抽取杂捐，迭经明令禁止，尤不应违令擅抽，致紊财政。据呈前情，令行检同原呈，令仰该总司令即便转饬概行撤销，如该军在别县尚有此种行动，并应由该总司令查明一律禁止。切切。此令。

计发谢杜衡等原呈一件。

（中华民国陆海军大元帅之印）

中华民国十三年七月十五日

据《大元帅训令第三四七号》，载广州《陆海军大元帅大本营公报》第二十号，一九二四年七月二十日

着财政委员会拨款补助程璧光铸像

（一九二四年七月十五日）①

大元帅训令

据广东省长廖仲恺呈称：伍公纪念会需款甚巨，拟请援案酌拨公帑等情。着会查明前军政府暨广东督军署拨款补助程故总长璧光铸像成案，照数筹拨。

据《广州国民政府档案》，载中国第二历史档案馆编：《中华民国史档案资料汇编》第四辑，南京，江苏古籍出版社一九八六年九月出版

---

① 时间为财政委员会第五十一次会议决案日期。

着财政委员会速定并指拨的款给海军
练习舰队司令部暨所属各舰令

（一九二四年七月十五日）①

大元帅训令

发下海军练习舰队司令部暨所属各舰及海军练营经费，每月大洋一万八千五百二十一元。附原预算书两本，着会速行议定，并指拨的款。

据《广州国民政府档案》，载中国第二历史档案馆编：《中华民国史档案资料汇编》第四辑，南京，江苏古籍出版社一九八六年九月出版

批广东省长廖仲恺为所属教育厅
等机关核减经费呈

（一九二四年七月十五日）

大元帅指令第七三九号

令广东省长廖仲恺

呈复所属教育厅等机关核减经费由。

呈暨另表均悉。准予备案。此令。

（中华民国陆海军大元帅之印）

中华民国十三年七月十五日

据《大元帅指令第七三九号》，载广州《陆海军大元帅大本营公报》第二十号，一九二四年七月二十日

---

① 时间为财政委员会第五十一次会议决案日期。

批财政委员会请令行湘军总指挥部将拟在增城县发行抵借证二十万一案即行撤销呈

（一九二四年七月十五日）

大元帅指令第七四〇号

令财政委员会

呈请令行湘军总司令转饬该军总指挥部，将拟在增城县发行抵借证二十万一案，即行撤销等情由。

呈悉。候令行湘军谭总司令转饬遵照，即行取消可也。此令。

（中华民国陆海军大元帅之印）

中华民国十三年七月十五日

据《大元帅指令第七四〇号》，载广州《陆海军大元帅大本营公报》第二十号，一九二四年七月二十日

批陈其瑗将军乐队火食由粤军总司令部核给呈

（一九二四年七月十五日）

大元帅指令第七四四号

令广东财政厅厅长陈其瑗

呈将军乐队火食由粤军总司令部核给由。

呈悉。候令行粤军总司令知照。此令。

（中华民国陆海军大元帅之印）

中华民国十三年七月十五日

据《大元帅指令第七四四号》，载广州《陆海军大元帅大本营公报》第二十号，一九二四年七月二十日

着罗俊邹炳煌出发东江安抚民众令①

（一九二四年七月十六日）

出发东江，安抚民众，俾军民绥洽，以助联军之进行。

据《东江之安抚情形》，载一九二
四年七月十六日《广州民国日报》

饬程潜转行西江一带驻军勿碍赈灾令

（一九二四年七月十六日）

令北伐讨贼军第四军军长顾忠琛

　　呈为拟请将教导大队更名为讲武学校，乞示遵由。

　　据广东全省商团军联防总部总团长陈廉伯等代电称："此次东、西、北三江同时水涨，哀鸿遍野，待哺嗷嗷，灾情极惨。敝部拟先行前往西江各乡散赈，定期七月十三日出发，每帮派团军八十名，配备全副武装，随船保护。用特具函肃请钧座，伏乞分别转饬沿途各部军队知照，勿得误会，以维善举，实为公便"等情。据此，除批候令行军政部转行西江一带驻军知照外，合行令仰该部长即便遵照办理。此令。

七月十六日

据《帅令军队保护散赈员》，载一九
二四年七月十八日《广州民国日报》

---

① 罗、邹二人时任大本营特派东江安抚委员。

饬将士敏土厂归省署管理令

（一九二四年七月十六日）

大元帅训令第三五七号

令大本营财政部长叶恭绰、广东省长廖仲恺

为令遵事：据国立广东大学校长邹鲁呈称："查士敏土厂系岑春煊在两广总督任内奉办，并声明所有收入余利指拨办学，故该厂初办时，以提学使兼任总办。光复后隶属省署，至民国三年始改隶财政部，不隶教育部，非设厂本旨也。校长前以国立广东大学开办经费无着，请为指拨专款，当由郑前厅长陈述北江矿石可以指拨，即蒙面准。惟矿石与士敏土厂有密切关系，其时该厂由范军长在厂开工，包办矿石一时未能觅得承商，故先函经省署批准，将原属该厂之北江花县、英德各县石矿照费拨回。现范军长已将该厂交出，自应查照设厂原案及钧座面准之件，恳请帅座俯赐令行财政部长、广东省长即将该厂所得余利，连同前据之北江各处石矿收入全数拨充大学经费，俾裕基金而宏造就。理合呈请察核照准令遵，实为公便"等情。据此，除指令照准并令行广东省长、财政部长遵照外，合行令仰该部长、省长即便遵照办理，将士敏土厂拨收归省署管理，以所得余利连同前拨北江石矿收入悉数拨充大学经费，以宏教育。切切。此令。

（中华民国陆海军大元帅之印）

中华民国十三年七月十六日

据《大元帅训令第三五七号》，载广州《陆海军大元帅大本营公报》第二十号，一九二四年七月二十日

批顾忠琛拟请将教导大队更名为讲武学校呈

（一九二四年七月十六日）

大元帅指令第七五三号

　　呈悉。所请应予照准。仰即将该校编制及办理程序详细条呈核夺可也。此令。

（中华民国陆海军大元帅之印）

中华民国十三年七月十六日

据《大元帅指令第七五三号》，载广州《陆海军大元帅大本营公报》第二十号，一九二四年七月二十日

批徐绍桢请将广东治河事宜处收归
该部管辖等情乞察核呈

（一九二四年七月十六日）

大元帅指令第七五四号

　　令大本营内政部长徐绍桢

　　呈请将广东治河事宜处收归该部管辖等情，乞察核令遵由。

　　呈悉。广东治河事宜处业明令派大本营建设部长林森兼理在案，所请收归该部管辖应从缓议。此令。

（中华民国陆海军大元帅之印）

中华民国十三年七月十六日

据《大元帅指令第七五四号》，载广州《陆海军大元帅大本营公报》第二十号，一九二四年七月二十日

批徐绍桢办理陈耀垣等函称有人到李玉渠家勒索屋税及黄滋等控告黄友笙两案情形呈

（一九二四年七月十六日）

大元帅指令第七五六号

　　令内政部长徐绍桢

　　呈复办理陈耀垣等函称有人到李玉渠家勒索屋税及黄滋等控告黄友笙两案情形由。呈悉。此令。

（中华民国陆海军大元帅之印）

中华民国十三年七月十六日

　　　　据《大元帅指令第七五六号》，载广州《陆海军大元帅大本营公报》第二十号，一九二四年七月二十日

批邹鲁请令行财政部广东省长将士敏土厂收归省署管理呈

（一九二四年七月十六日）

大元帅指令第七五八号

　　令国立广东大学校长邹鲁

　　呈请令行财政部、广东省长将士敏土厂收归省署管理，即以所得余利，连同前拨之北江各处石矿收入全数拨充大学经费由。

　　呈悉。准如所请。仰候令行财政部、广东省长遵照办理可也。此令。

（中华民国陆海军大元帅之印）

中华民国十三年七月十六日

　　　　据《大元帅指令第七五八号》，载广州《陆海军大元帅大本营公报》第二十号，一九二四年七月二十日

湘军总司令部筹办战时军需筹备处呈①

（一九二四年七月十六日）

呈及《章程》、《简章》均悉。所拟办法果确无妨碍纷扰等情，应准予试办。仰仍将办理情形随时布告财政委员会稽核，并咨行杨、刘两总司令查照可也。《章程》、《简章》存。此令。

据《战时军需筹备处准开办》，载一九
二四年七月十九日《广州民国日报》

着大本营军政部检查原报金竹坝战役
阵亡官兵人数表更正备案令

（一九二四年七月十七日）

大元帅训令第三六〇号

令大本营军政部长程潜

为令遵事：据湘军总司令谭延闿呈称："呈为呈请更正事：案据职部第三军军长谢国光转据该军第三师长谭道源转据该师五旅旅长易绍英里称：'为呈报受伤得救恳请核正事：案据团长陈积庆报称：前次呈报金竹坝战役阵亡官兵人员表内，有二营七连正兵陈楚俊一名。该正兵被敌击伤落水，顺水浮流至五军防地得救，并承送广州医院疗治。昨该兵由院函告，始知幸未殒命。其枪枝、子弹、皮带等缴存五军三十二团二营营部，恳钧座函请将枪弹发还'等情前来。窃该兵奋勇杀贼，中弹溺水，虽邀天幸，死中得活。然能于随波浮流之际拼命护枪，实为人所难能。除由职将该兵所寄存五军枪枝函请发还外，理合将该兵幸而生还情形呈报

_____

①　湘军总司令部拟开办战时军需筹备处，检附章程、简章，呈请核示，乃有此令。所称杨、刘两总司令指杨希闵及刘震寰。

钧座俯赐鉴核，发给慰劳奖金，借以激劝而资调养，并恳转呈核正，至为公便等情。据此，理合据情转呈钧座察核发给奖金，借以激劝而资调养，并恳核正，至为公便等情。据此，经职查核属实，除由职酌给慰劳奖金，以示激励，俾资调养。理合备文呈请察核更正，至为公便等情。据此。除指令准予更正，并转呈备案更正外，理合备文呈请钧座察核更正，实为公便等情。据此，理合呈请帅座准予更正，实为公便"等情前来。除指令"呈悉。令行军政部检查原表更正备案可也。此令"印发外，合行令仰该部长即便遵照。此令。

（中华民国陆海军大元帅之印）

中华民国十三年七月十七日

据《大元帅训令第三六〇号》，载广州《陆海军大元帅大本营公报》第二十号，一九二四年七月二十日

批谭延闿为前呈报阵亡官兵人员表内有误请准予更正呈

（一九二四年七月十七日）

大元帅指令第七六二号

令湘军总司令谭延闿

呈报前该军第三师呈报于金竹坝战役阵亡官兵人员表内有二营七连正兵陈楚俊一名，奋勇杀贼，能于中弹时凫水护枪，后实遇救未死，请准予更正由。

呈悉。候令行军政部检查原表更正备案可也。此令。

（中华民国陆海军大元帅之印）

中华民国十三年七月十七日

据《大元帅指令第七六二号》，载广州《陆海军大元帅大本营公报》第二十号，一九二四年七月二十日

批范石生拟偿清承办五邑防务经费呈

（一九二四年七月十八日）①

大元帅训令

据筹饷总局督办范石生呈称：拟在该局代偿还商会欠滇军总部之款项内，每月扣出六千六百六十六元，以还承办五邑防务经费德和公司预缴公礼四万元款，计六个月偿清，其所缴之按饷一万七千元，仍由该局负责另筹等情。着会妥议具复。

据《广州国民政府档案》，载中国第二历史档案馆编：《中华民国史档案资料汇编》第四辑，南京，江苏古籍出版社一九八六年九月出版

批谭延闿办理增城县公会会长刘巨良等电呈一案呈

（一九二四年七月十八日）

大元帅指令第七六六号

令湘军总司令谭延闿

呈报办理增城县公会会长刘巨良等电呈各节一案情形由。

呈悉。此令。

（中华民国陆海军大元帅之印）

中华民国十三年七月十八日

据《大元帅指令第七六六号》，载广州《陆海军大元帅大本营公报》第二十号，一九二四年七月二十日

---

① 时间为财政委员会第五十二次会议决案日期。

批廖仲恺遵将官市产审查委员会
七次会议二十八号决案撤销呈

（一九二四年七月十八日）

大元帅指令第七六七号

　　令广东省长廖仲恺

　　呈复遵将官市产审查委员会七次会议廿八号决案撤销由。

　　呈悉。此令。

　　　　　　　　　　　　　　　　（中华民国陆海军大元帅之印）

　　　　　　　　　　　　　　　　中华民国十三年七月十八日

　　　　　　　　　　据《大元帅指令第七六七号》，载广州《陆海军大元
　　　　　　　　　　帅大本营公报》第二十号，一九二四年七月二十日

通饬各军长官转知所属发还封借商人轮渡令

（一九二四年七月十八日刊载）

　　如有封借商人轮渡尚未发还者，应即克期发还。如敢抗违，准该原商来府呈控，本大元帅定饬海防司令将原有轮渡查照发还，以恤商艰。

　　　　　　　　　　据《帅令发还所封轮渡》，载一九二
　　　　　　　　　　四年七月十八日《广州民国日报》

批董福开所请补给六月份公费
伙食洋及维持现在伙食函

（一九二四年七月十八日）①

董总指挥福开所请补给六月份公费伙食洋五千九百五十元及维持现在伙食两项，着财政委员会速议办法。

据陈旭麓、郝盛潮主编，王耿雄等编：《孙中山集外集》，上海，上海人民出版社一九九〇年七月出版

着广东省长廖仲恺转饬拨给输送团饷项令

（一九二四年七月十九日）

据广东地方善后委员会呈称："呈为输送伕役饿毙堪虞，吁请帅座迅令各机关如数给饷或另行指拨的款，以重民命而维威信事（上略）：前于五月下旬，核计积欠薪饷已达五千余元，今已历月余，统计前后积欠共一万六千余元。窃思本会并非收入机关，所有该团经费全赖各处补助，今一旦概行截止，本会名誉在所不计，其如数百之生命何？迫将目下窘迫情形缮具呈词，联谒帅座，吁请迅令上列各机关，即日如数发给，并不停得止②拨付，或另行指拨的款，俾饷项不至无着，庶有以维政府之信用而济前敌之急需，实为德便"等情前来。除指令"呈悉。候令行广东省长转饬广东民产保证处、广州市公安局遵照如数发给可也。此令"印发外，合行令仰该省长即便遵照办理。切切。此令。

据《帅令拨款供给输送团》，载一九二四年七月十九日《广州民国日报》

---

① 时间为财政委员会第五十二次会议决案日期。
② 应为"并不得停止"。

着广东省长廖仲恺转饬广东财政厅
将所设经界局及分局一律裁撤令

（一九二四年七月十九日）

据经界局督办兼办广东沙田清理事宜古应芬呈称："呈为呈请事：窃督办奉帅座任命，办理经界局事宜，遵经就职任事，并呈报在案。自应积极进行，以资整理。惟查广东财政厅内设有经界局，开办未久，名称既属相同，察阅该局暂行条例、职权亦无差异。虽广东省分亦应设经界分局，但职局开办伊始，所有广东经界事宜，暂由职局直接办理，至财政厅所设之经界局，自应裁撤，该局所设之各县分局亦宜一并裁撤，庶以一事权而免窒碍。理合呈请帅座察核，令行广东省长转令裁撤，仍候指令祗遵"等情前来。除指令"呈悉。候行广东省长转饬广东财政厅遵照裁撤可也。此令"印发外，合行令仰该省长即便遵照，饬令广东财政厅将所设经界局、经界分局一律裁撤，其有未完事件，统交由经界局督办继续办理，仍将裁撤情形具报。此令。

据《帅令统一经界事权》，载一九二
四年七月十九日《广州民国日报》

着黄桓迅予设法接济石龙电报局各项供应令

（一九二四年七月十九日）

大元帅训令第三六七号

　　令广东电政监督黄桓

　　为训令事：据湘军总司令谭延闿呈称："案据石龙电报局长卢崇章电称：'职局自崇章接理八月于兹，何监督①任内积欠公费及员役、工役等薪水共一千七百

---

① 何监督即广东电政监督何家猷。

余元。函电催发均无接济，尤以五、六两月为甚，所领仅小洋百四十元，支出火食及公费、修线费已不敷支。崇章迫于六月十三日躬自赴省请示电政处，只以无款可拨一语了之。当时各员司听闻之下，以希望已绝，全体呈请辞职，何监督阅电亦置不答复。崇章以石龙电局为前方军事传达之中枢，劝谕各员司顾全大局，听候解决。又于六月十九日赴省为最后之请示，亦如前拒绝，即请领二十元以维持火食，亦不发给。尤可异者，电报材料为办公之要素，迭电请领扎线修理石龙至广州湘军专线及飞鹅岭之线路，亦延不发给，迫于就近向滇军行营及西路行营暂借得电线十余斤，先行饬工修理飞鹅岭线路。前方电局关系军事进行，崇章既负有此重责，不能不口口陈词，若因上项非人力所能补救之原因，贻误事机，实难甘受其咎。目下工丁已星散一半，各员司亦暂自筹火食，迫得电呈钧处。伏乞垂念下艰，俯赐据呈大元帅令行监督对于职局经费、薪水、材料各项，源源接济，以资办公而利戎行'等情。据此，查战时电报，至关重要。石龙地属要冲，尤宜维持电局，方资军讯敏捷，无虞致误。兹据代电，理合具文转请钧座迅令电政监督，对于该局所请必要费料，应予设法接济，以维电务而利军戎"等情。据此，除指令照准外，合行令仰该监督即便遵照，迅予设法接济为要。此令。

（中华民国陆海军大元帅之印）

中华民国十三年七月十九日

据《大元帅训令第三六七号》，载广州《陆海军大元帅大本营公报》第二十号，一九二四年七月二十日

饬知廖仲恺广东电政监督兼广州电报局局长何家猷呈请辞职并请发经费令

（一九二四年七月十九日）

大元帅训令第三六八号

令广东省长廖仲恺

为令行事：据大本营建设部长林森呈称："呈为据情转呈仰祈鉴核示遵事：现据广东电政监督兼广州电报局局长何家猷呈称：现据广局暨各行营电务处全体员

生卢菊墀等呈称：窃员生等洁己奉公，风雨无间，昼不敢以时食，夜不敢以时寝，频年鞅掌，不遑他顾，在平昔依期发薪，亦不过仅以供菽水，本非充裕。况近来百物昂贵，倍蓰于前，生活艰难，匪可言喻。自欠薪以来，倏经四月，家无斗米之蓄，亲有冻馁之虞，腹可枵以从公，家待炊而仰屋，室人交谪，譬慰无辞。稚子牵衣，索饴有泪。况债主之环迫，国税之负担，此岂员生等减衣缩食可能应付者？目下水尽山穷，势难持久。伏查大元帅饬令财厅按月拨助五千元，足见关怀我劳工者艰苦，不可谓不至矣。无如屡次到领，未蒙照给。似此有名无实，等若具文，画饼未可疗饥，话梅空言止渴，敢恳转呈大元帅令行省长转饬照案拨给五千元，俾得接济以解倒悬。员生等幸甚，电政幸甚等情。据此，查核该员生等现陈困难各节，确系实在情形，所请照案饬拨清发欠薪。家猷主持电政，自应负责赴厅具领核发，以免积欠薪水，令各员生感受艰苦，无如力与心违。前项补助费一款，财厅久未照案拨给，以致上下交困，日甚一日。而所以累积欠发员生薪水至四个月者，不得不将家猷在任七个月经过情形为钧部缕晰陈之：窃查上年十二月五日，家猷接理电政之始，范前监督其务欠发员生薪水数千元，并值省港线路不通，收入短绌，年关逼近，电政前途，危机四伏。经家猷竭力设法筹措，于年内酌量发给，以挽危局。复以省港线路一日不通，即电费收入一日短少，筹划至再，不得不张罗挪垫，修理香前线路改由澳门接转省港报务，以期补救。嗣以前方克复，广九路线又经一番修理，省港电报方能直达。现在线路尚属完好通畅，惟是家猷经先后三次筹挪之后，统计赔累不下六七千。至财厅按月应拨职署补助费五千元一案，在军事停顿之时，尚有些少陆续接济；然月中拨给者亦不及原案十分之二。迨至今年三月间，东江战事重开以来，不但拨款逐渐减少，甚至分文无领。盖前方军需紧要，财厅纵有收入，早经移缓就急，悉数供给前方，岂复顾及电政机关。故职署虽有补助经费之名，饩羊告朔久已，夫无补助经费之实矣。电报本为国家营业机关，惟以粤中连年椒扰，工商交困，货物停滞。日中商报，收入寥寥。其余概属官军电报，不给现费，平均全月收入报费只多不过三千余元。此项收入，家猷早经公开摊分，其中以五成拨给广局员生，二成拨各行营报生，二成拨给工巡各员役，一成拨充购材料，十分摊匀。分派之后，不仅涓滴无余，而区区之数尚不足给发各方面薪额之半。他如临时附加电费，因时局不靖，兼之各行商发生罢工风潮，遂致商报日少，收入亦无起色。此项收入分作三分支销：

一解钧部；一发驻局滇军及守卫警士伙食暨补助各外局经费；一发职署员役各薪工。计算亦属不敷甚巨。值滋军事方殷，收入固属锐减，支出迭有增加。缘各军分设行营及各机关设置电务处以来，频请添派报生暨给领材料者，日凡多起，殊不知添多一人、增发一料，即属职署多一负担。若不承认行营增加报生薪伙及不给发各机关请领材料，则一纸公文，责备用至，几乎'万一贻误，咎在家猷'之语气。此外，尤其甚者，各局请求接济，如果依照请求，则有不胜负担之难。倘或酌予补助未能全满意者，不曰拒绝接济，即云置之不问，毫不谅公家之困难、办事之艰辛，抑若家猷尸位素餐，不足以尽瘁国事者也。现在该员生卢菊墀等呈请清发欠薪，在财厅一日不依原案拨给补助经费，家猷自问罗掘俱尽，智能已竭，难应各生之请。展转思维，迫得将该员生等原呈及家猷任内经过情形据实呈请钧部设法维持，迅赐转呈大元帅令行广东饬下财政厅，按月照案拨足补助费五千元，并将从前历欠未发之款概予清给，以便具领，核发清理积欠员生等薪水，而资维持。如果财厅仍无实济上之补助，各员生等既不明了公帑支绌，反以家猷为请领不力，丛脞积嫌在家猷。因公负咎，原不足惜，但此后对于整顿电政上更难着手，所以不避晓渎，呈请钧部拨款接济，以维电政。否则，家猷虽欲为国效力，终属于事无补。而家猷在任七个月，苦心孤诣，尤不获电界同人所谅，才智之伦，尚思引退，况以驽骀，敢不让贤。倘复老马恋栈，不独无裨时艰，益恐增滋咎戾。再四思量，惟有呈请钧部准予家猷辞去广东电政监督及广州电报局兼职，迅赐另简贤能接替，以免贻误。所有员生等请发欠薪及家猷任内经过情形暨恳准辞职各缘由，理合备文呈请钧部察核，转呈大元帅俯准，一面仍请明令财厅照案拨给，以免员生解体。电政幸甚！如何之处，伏乞指令祗遵，实为德便。又据该监督兼局长呈称，窃家猷奉职电政七月于滋，自维樗材，无补时艰。查自财厅无款拨给补助经费以来，加之报费收款寥寥，入不敷支，先后积欠各员生薪水至三个月以上。昨据员生卢菊墀等具陈困难，请发欠薪前来，当经转请钧部设法维持，转呈大元帅令饬财厅照案拨给补助经费，以资清理。一面恳准另简贤能接替各在案。伏念现在电政情形已陷于危机四伏、千钧一发之际，推求其故，盖由平时无一定之预算，不能量入为出。又复漫无限制率行，添派冗员愈多，经费愈艰，致主持电政者纵有才能，亦苦无从着手。家猷在职七阅月，考察所得，知非撙节财力、淘汰人员不为功。故接任之始，本此宗旨，嗣经阻力横梗，未能实现，觉此时欲言整理，仍须根本解决。仿照财厅破除情面，严行裁汰在职员生，方能支持而维现状。即以广州一局而论，往时统计约需四十人，已足办事而有余。现查自民国十一年起多至六十余人，且其中滥竽充数及办事不力约计可裁减者，总在二十人以上。值兹军事方殷，饷需浩繁，苟能裁减一人，即为公家撙节一分财力。以收入之多寡为支出之匀配，在职办事者，亦可希望得足一份薪水，免致僧多粥薄，当必欣然乐从，踊跃办事。弟此项治法，必先贵有治人，否则仍恐未能整理妥善。兹特举贤自代，查有前充汕头电报局长、现充钧部交通局长陈润棠，留学奥国，实习电报电话，并历充交通司司长、汕头潮州电报局长，学问优长，经验宏富。又现充沙面局长李锡祥，老成练达，办事公忠。且办理沙面局务一年有余，情形熟悉。二员均为电界前辈，拟请钧部择一，转请大元帅任命，则电政前途实利赖之。所有家猷再请辞职暨保据贤能及条陈管见各缘由，理合备文呈请钧部察核。是否有当，伏乞指令祗遵，无任待命之至等情，先后到部。据此，查该监督兼局长呈称各节均系实情，既为经济所困，又受群众攻击（如近日电报工会以及广局暨各行营电务处全体员生、石龙电报局局长卢崇章等迭电控告），已近于才力竭蹶，舆望损失，与其责令支持终致偾事，不如另简干员整理较有裨益，至其所首荐之陈润棠，职将其资格、经验、学识暨平素在部之勤务详为稽考，尚堪任用。据呈前情，除指令外，理合缮折转呈帅座鉴核，并准予所请。一面令广东省长转饬广东财政厅遵照接济；一面将该监督底缺及兼职一并开去，另简陈润棠速即前往接代视事，切实整顿，藉维电政，实为德便。是否有当，俯祈鉴核示遵"等情。据此，当经指令"呈悉。据称刻因商报减少，广州电报局所收电费不敷开支，自属实情。仰候令行广东省长转饬财政厅，以后务将补助费五千元按月拨足，以维电政。至何家猷辞职，所遗广东电政监督兼广州电报局长一缺，已另简黄桓继任矣，代呈以陈润棠接替之处，应无庸议。履历存。此令"等语。除指令印发外，合行令仰该省长即便转饬财政厅遵照筹拨，以重电政。切切。此令。

（中华民国陆海军大元帅之印）

中华民国十三年七月十九日

据《大元帅训令第三六八号》，载广州《陆海军大元帅大本营公报》第二十号，一九二四年七月二十日

批张开儒遵令派员点查江固官兵公物情形呈

（一九二四年七月十九日）

大元帅指令第七六八号

令大本营参军长张开儒

呈覆遵令派员点查江固官兵公物情形，缴还原呈及清册由。

呈悉。"江固"舰所有人员、军械、服装、器物，既据派员分别点验清楚，官兵均无缺额。候将所造薪饷清册令发财政委员会照数筹拨的款，由大本营军需处提前发给可也，其余各册及原呈分别归档。此令。

（中华民国陆海军大元帅之印）

中华民国十三年七月十九日

据《大元帅指令第七六八号》，载广州《陆海军大元帅大本营公报》第二十号，一九二四年七月二十日

批谭延闿请迅令电政监督设法接济
石龙电报局经费材料呈

（一九二四年七月十九日）

大元帅指令第柒柒〇号

令湘军总司令谭延闿

呈请迅令电政监督设法接济石龙电报局经费材料等情由。

呈悉。照准。候令行广东电政监督遵照办理可也。此令。

（中华民国陆海军大元帅之印）

中华民国十三年七月十九日

据《大元帅指令第柒柒〇号》，载广州《陆海军大元帅大本营公报》第二十号，一九二四年七月二十日

批林森请照案拨助电政经费并请任命陈润棠
为广东电政监督兼广州电报局长呈

（一九二四年七月十九日）

大元帅指令第七七一号

令大本营建设部长林森

呈请令饬广东省长转饬财厅照案拨助电政经费，并请任命陈润棠为广东电政监督兼广州电报局长由。

呈悉。据称刻因商报减少，广州电报局所收电费不敷开支，自属实情。仰候令行广东省长转饬财政厅，以后务将补助费五千元按月拨足，以维电政。至何家猷辞职，所遗广东电政监督兼广州电报局长一缺，已另简黄桓继任矣。代呈以陈润棠接替之处，应无庸议。履历存。此令。

（中华民国陆海军大元帅之印）

中华民国十三年七月十九日

据《大元帅指令第七七一号》，载广州《陆海军大元帅大本营公报》第二十号，一九二四年七月二十日

批谭延闿称已令增城知事暨筹饷分处释放林朗臣呈

（一九二四年七月十九日）

大元帅指令第七七二号

令湘军总司令谭延闿

呈报已令增城知事暨筹饷分处释放林朗臣由。

呈悉。此令。

（中华民国陆海军大元帅之印）

中华民国十三年七月十九日

据《大元帅指令第七七二号》，载广州《陆海军大元帅大本营公报》第二十号，一九二四年七月二十日

中国国民党中央执行委员会对于党员之训令

（一九二四年七月二十一日）

　　顷接上海党员报告，七月三日上海公共租界工部局公报载有工部局总董费信惇六月二十日覆领袖领事意总领事罗西公函，其中辞意显系欲应伪北京政府之请求，以加危害于本党。本党党员非常愤激，至有主张要求本党取消历来禁止排外之命令，放任青红帮等自由回复庚子以前之活动者；又有主张要求本党鼓励在租界内为总罢工之运动者。本党对于此等要求，不能许可。爰发训令如左：

　　本党之职务，在根据三民主义以实现独立平等的国家，对于狭隘酷烈的排外思想，认为于世界及人道有害，于国家及民族之独立平等，亦有害而无利，故常努力防止之。当庚子之岁，满洲太后及其王公大臣提倡义和拳，揭扶清灭洋之旗帜，以实行虐杀外国人，其时本党起革命军于惠州，则依照国际公法，对于居留境内之外国人民生命财产加以保护，证明满洲政府野蛮排外之行为为本党所反对。自是以后，凡各处崛起之革命军，莫不对于外国人民生命财产加意保护。辛亥之役革命军遍于各行省，而外国人民生命财产秋毫无犯，此皆本党主张足以转移国人之心理，而党员能受本党约束之明效大验也。元年一月一日，本党总理孙先生就职临时大总统宣言谓：“当尽文明国应尽之义务，以享文明国应享之权利。”本党正大之主义与态度，久已昭著于世界矣。

　　十三年来，北洋军阀窃据北京政府，此辈为营私罔利见，不恤与帝国主义者相勾结，以售其卖国之谋，国人常以其媚外而诟病之。然此辈脑中满贮复古帝制迷信诸思想，此诸思想与排外思想深相胶附。其媚外行动，适有思想与手段相矛盾之象，证之近来北方秘密结社到处流行，皆以北洋军阀为中坚，而腐败官僚从而依附之。其最大之结社，奉唐代神仙吕纯阳为正会长，曹锟为副，王怀庆等为干事，发号施令，依于扶乩，副会长以下，奉事维谨，谓“吕纯阳能运飞剑尽刈敌人”云云。此等结社，其目的及性质，皆与庚子义和拳相同，本党对之正谋从事芟夷。因此等结社为复古帝制迷信诸思想所寄托，危及国本，不独排外思想有妨国际已也，凡本党势力所及之地，此等思想自然绝迹；反之，本党势力所不及之地，此等思想即潜滋暗长。例如安徽为本党势力所不及，即有大刀会之发生；四川甫脱离本党之势力，即有神打会之发生，皆可以类推者，故本党今日当自知其历史的使命，有指导全国从事革命活动之责任，对于革命军向来约束及本党向来宣传宗旨，不宜抛弃，宜继续禁止一切不文明之排外举动，所有党员皆当本此意旨，以指导国民，使勿入于歧途。即使外国人方面不能深知本党主义所在，至于扶助伪北京政府以加危害于本党，对于本党为以怨报德之举动，对予伪北京政府承认敌为友之错误，致使本党不能不采用种种自卫手段，而本党终欲放弃其禁止排外之主张，以保其对于国际始终一致之态度。

至于运动租界以内总罢工之提议，本党认为过为已甚，亦不能许可。

且核阅费信惇①覆罗西之函，其中所云“反抗中国政府之徒”，未必即指本党。本党固为始终反抗伪北京政府之最力者，然去岁以来，曹锟以非法行贿窃据北京政府，惹起全国人民之反对，除其淫威所及之地方，人民敢怒而不敢言外，西南各省及东三省、浙江、淞沪皆明白反对，不承认其政府地位。即如上海总商会固曾公然发否认北京政府之通电，上海护军使亦即为反抗北京政府之重要方镇。上海公共租界工部局对予国民意向所在，安能熟视无睹？亦安能悍然不顾扶助伪北京政府以与公理与民意为敌？即使果尔，公共租界之工部局亦当得领事团之允许，公使团之同意，及各该外国政府之承诺。而此种反于文明所采中立态度之举动，逆料领事团、公使团及各该外国政府必不能容许也。

如上所论，工部局总董覆函所言，并未明指本党。即使解释为隐指本党，而本党亦不以为意。故本党党员应以忍耐镇静之态度处之，一切躁急举动皆当禁止，以静待本党继续之训令。

据《中国国民党第一届中执会第四十五次
会议录》（一九二四年七月二十一日），
台北、中国国民党文化传播委员会党史馆藏

---

① 费信惇时任上海公共租界工部局总董。

转饬商团及九江绅民不得受人煽惑抵抗防军令

（一九二四年七月二十一日）

大元帅训令第三六九号

　　令广东省长廖仲恺

　　为令饬事：据滇军总司令杨希闵呈称："案据滇军第三军总指挥胡思舜电称：'近日九江匪首吴三镜等，利用商团抵抗防军，相持多日，迄未解决。窃查保旅长荣光在九江防地以内，一切处置，间有不合舆情之处，地方人士，尽可诉诸本军高级长官，则军法具在，决无偏徇。乃昧于大义，借土匪以抗军队，假使地方糜烂，谁尸其咎？拟恳帅座迅赐令饬商团立时撤退，恢复秩序，并请派员查办，如敢再违钧令，恃强顽抗，即请下令剿办。此事关系军队威严及地方治安，不容漠视，用敢电呈，伏维察夺。滇军第三军总指挥胡思舜叩。佳。印'等情。据此，理合据情转呈帅座，迅赐令饬商团立即撤退，并请派员查办，以明曲直，而保治安"等情。据此，当经指令"呈悉。查此案自发生之初，即经谕交廖省长、该总司令及蒋军长秉公查办。昨据蒋军长报称：'已饬胡师长体察情形妥为处理，先将所抽鱼、茧、丝捐暨水陆保护等费概行取销，以顺舆情；并饬保旅静候解决，不得妄启衅端。'处理甚合机宜。兹复据呈各情，候再令行广东省长转饬商团，务须严守自卫范围，不得稍有越轨之举。尤不得援助土匪以抗军队，致干究办。一面仍应由该总司令转饬蒋军长、胡师长，严约所属部队，不得扰害地方，将所抽一切苛捐实行停收，屏绝谣言，勿生疑虑，则舆情既相安洽，奸人无所借口，自不致酿成变故。想该总司令等深识大体，必能办理得宜，消患无形也。此令"等语。除指令印发外，合行令仰该省长，即便转饬商团遵照，仍一面开导该地绅民，驻军果有骚扰，只宜诉诸军民长官，听候解决，不宜受人煽惑，妄思利用团军、土匪，以图一逞，致酿变故，自取损害，是为至要。切切。此令。

　　　　　　　　　　　　　　　　（中华民国陆海军大元帅之印）

　　　　　　　　　　　　中华民国十三年七月二十一日

　　　　据《大元帅训令第三六九号》，载广州《陆海军大元帅大本营公报》第二十一号，一九二四年七月三十日

饬取销九江抽收出口丝捐茧捐令

（一九二四年七月二十一日）

大元帅训令第三七〇号

　　命中央直辖滇军第三军军长蒋光亮

　　为令遵事：据财政委员会呈称："呈为呈请事：窃于本月九日，准大本营财政部公函，据粤海关监督呈以税务司函称：九江滇军第三军第六师第十二旅旅长保荣光饬抽土丝捐、茧捐，呈请取销等因，函请提出会议撤销一案。经于本月十一日第五十次特别会议议决，由职会录案呈请帅座令饬该旅长，将抽收出口丝捐、茧捐一案取销等因在案。除汇案呈报外，理合具呈，仰恳钧座迅赐明令该旅长，将抽九江出口土丝捐、茧捐撤销，以维统一而恤丝商，实为公便"等情前来。除指令"呈悉。此案前据蒋军长报称已饬撤销。兹复据呈各情，候令行蒋军长迅予转饬实行，遵令撤销，以顺舆情可也。此令"印发外，合行令仰该军长即便遵照。切切。此令。

（中华民国陆海军大元帅之印）

中华民国十三年七月二十一日

据《大元帅训令第三七〇号》，载广州《陆海军大元
帅大本营公报》第二十一号，一九二四年七月三十日

批杨希闵请饬九江商团撤退并派员查办令

（一九二四年七月二十一日）

大元帅指令第七七七号

　　令中央直辖滇军总司令杨希闵

　　呈请令饬九江商团撤退并派员查办以明曲直由。

　　呈悉。查此案自发生之初，即经谕交廖省长、该总司令及蒋军长秉公查办。昨据蒋军长报称："已饬胡师长体察情形妥为处理，先将所抽鱼、茧、丝捐暨水陆保护等费概行取销，以顺舆情；并饬保旅静候解决，不得妄启衅端。"处理甚合机宜。兹复据呈各情，候再令行广东省长转饬商团，务须严守自卫范围，不得

稍有越轨之举。尤不得援助土匪以抗军队，致干究办。一面仍应由该总司令转饬蒋军长，严约部队，不得扰害地方，将所抽一切苛捐实行停收，屏绝谣言，勿生疑虑，则舆情既相安洽，奸人无所借口，自不致酿成变故。想该总司令等深识大体，必能办理得宜，消患无形也。此令。

（中华民国陆海军大元帅之印）

中华民国十三年七月二十一日

据《大元帅指令第七七七号》，载广州《陆海军大元帅大本营公报》第二十一号，一九二四年七月三十日

通缉王得庆令

（一九二四年七月二十二日）

大元帅令

据湘军总司令谭延闿呈："湘军第六师师长王得庆率部降敌，请缉拿究办"等语。王得庆甘心背叛，罪无可逭。着各军民长官饬属一体严缉，务获解办，以伸国法，而儆叛逆。此令。

（中华民国陆海军大元帅之印）

中华民国十三年七月廿二日

据《大元帅令》，载广州《陆海军大元帅大本营公报》第二十一号，一九二四年七月三十日

着财政委员会提前筹备特别军费令

（一九二四年七月二十二日）①

大元帅令

着财政委员会提前筹备特别军费五万元，限三日内缴交大本营。

据《广州国民政府档案》，载中国第二历史档案馆编：《中华民国史档案资料汇编》第四辑，南京，江苏古籍出版社一九八六年九月出版

---

① 时间为财政委员会第五十三次会议决案日期。

饬公安局为高和罗夫开追悼会令[①]

（一九二四年七月二十一日）

通知各军政机关于二十三日上午十时在东郊场开追悼大会，并下半旗。

据《帅府俄顾问溺毙后之哀荣》，载一九
二四年七月二十九日上海《民国日报》

批财政委员会呈请迅令滇军保旅长
撤销抽收九江出口土丝捐茧捐令

（一九二四年七月二十二日）

大元帅指令第七七九号

令财政委员会

呈请迅令滇军保旅长撤销抽收九江出口土丝捐茧捐等情由。

呈悉。此案前据蒋军长报称已饬撤销。兹复据呈各情，候令行蒋军长迅予转饬实行，遵令撤销，以顺舆情可也。此令。

（中华民国陆海军大元帅之印）

中华民国十三年七月二十二日

据《大元帅指令第七七九号》，载广州《陆海军大元
帅大本营公报》第二十一号，一九二四年七月三十日

---

① 俄人高和罗夫（曾译巴富罗夫），为大元帅府高等军事顾问，于一九二四年七月十八日晚在石龙河中溺毙，二十一日成殓。

着伍朝枢转饬梧州关监督兼外交部特派交涉员戴恩赛克日回署令

（一九二四年七月二十二日）

大元帅训令第三七一号

令大本营外交部长伍朝枢

为令遵事：据梧州善后处长李济深电称："前以梧州关监督兼外交部特派交涉员戴恩赛久未回署办公，对外事件无人负责，曾于六月俭日电陈外交部伍部长、财政部叶部长文曰：'广州外交部伍部长、财政部叶部长勋鉴：府密。查梧州一埠为广西通商口岸，对外事件备极烦多。梧州关监督兼外交部特派交涉员一职责任至重，戴监督恩赛自就任以后即离职守，迄今数月仍未回署办公，所称代拆代行之科长华承澐又复一事不办，甚至署内员司无一人能当通译者，遇有应与领署或税司接洽之事，辄以受雇洋行之商人左右其间，否则不知所措。似此荒职，实属形同虚设，贻笑邦交。济深为尊重国体起见，拟请大部转饬戴监督恩赛克日回梧整理署务，否则应请大部转呈帅座，将该监督兼交涉员戴恩赛即行更换，另简干员接任该缺，以重要公。外交幸甚！关务幸甚！临电不胜屏营待命之至。李济深叩。俭。印'等语。现已多日，戴监督仍未回梧，倘遇要件发生，处理无人，殊于国体邦交均有关碍。用再电呈钧座察核，伏乞迅赐令部查明戴恩赛能否即回梧署办公，抑请钧座另简干员接任，以重关务，而顾邦交之处，统候核夺施行"等情前来。查梧州地当要冲，华洋交涉事件时有发生，该监督兼交涉员久不到署，殊属不合。合行令仰该部长即便转饬该员克日回署，毋荒职守，贻误外交为要。切切。此令。

（中华民国陆海军大元帅之印）

中华民国十三年七月二十二月

据《大元帅训令第三七一号》，载广州《陆海军大元帅大本营公报》第二十一号，一九二四年七月三十日

批古应芬办理陈金人等呈称五邑业佃公会有带征沙田费存放港号请提充军用一案呈

（一九二四年七月二十二日）

大元帅指令第七八〇号

令经界局督办兼办广东沙田清理事宜古应芬

呈复办理陈金人等呈称五邑业佃公会有带征沙田费存放港号，请提充军用一案情形由。

呈悉。此令。

（中华民国陆海军大元帅之印）

中华民国十三年七月二十二日

据《大元帅指令第七八〇号》，载广州《陆海军大元
帅大本营公报》第二十一号，一九二四年七月三十日

批李福林枪决匪犯吴锐日期乞备案呈

（一九二四年七月二十二日）

大元帅指令第七八三号

令粤军第三军军长李福林

呈报枪决匪犯吴锐日期，乞备案由。

呈悉。准予备案。此令。

（中华民国陆海军大元帅之印）

中华民国十三年七月二十二日

据《大元帅指令第七八三号》，载广州《陆海军大元
帅大本营公报》第二十一号，一九二四年七月三十日

批邹鲁为该校法科学院学生修业期满请准
举行毕业试验并造具学生一览表呈

（一九二四年七月二十三日）

大元帅指令第七八六号

　　令国立广东大学校长邹鲁

　　呈报该校法科学院法律本科十六班暨政治经济各科丁班各学生修业期满，请准举行毕业试验，并造具学生一览表，呈请鉴核令遵由。

　　呈悉。准予举行毕业试验。表存。此令。

（中华民国陆海军大元帅之印）

中华民国十三年七月二十三日

据《大元帅指令第七八六号》，载广州《陆海军大元
帅大本营公报》第二十一号，一九二四年七月三十日

批黄桓奉令办理接济石龙电局情形呈

（一九二四年七月二十三日）

大元帅指令第七八七号

　　令广东电政监督兼广州电报局局长黄桓

　　呈复奉令办理接济石龙电局情形由。

　　呈悉。石龙电局通报各军讯息，关系极为重要。仰仍遵照前令将该局经费先行筹拨，以利戎机可也。此令。

（中华民国陆海军大元帅之印）

中华民国十三年七月二十三日

据《大元帅指令第七八七号》，载广州《陆海军大元
帅大本营公报》第二十一号，一九二四年七月三十日

批廖仲恺遵令饬行广东财政厅再行减定经费呈

（一九二四年七月二十三日）

大元帅指令第七八八号

令广东省长廖仲恺

呈为遵令饬行广东财政厅再行减定经费，乞鉴核示遵由。

呈悉。照准。此令。

（中华民国陆海军大元帅之印）

中华民国十三年七月二十三日

据《大元帅指令第七八八号》，载广州《陆海军大元帅大本营公报》第二十一号，一九二四年七月三十日

批叶恭绰办理平南舰一案情形呈①

（一九二四年七月二十三日）

大元帅指令第七八九号

令大本营财政部长兼盐务督办叶恭绰

呈报办理"平南"舰一案情形，乞察核备案由。

呈悉。准予备案。此令。

（中华民国陆海军大元帅之印）

中华民国十三年七月二十三日

据《大元帅指令第七八九号》，载广州《陆海军大元帅大本营公报》第二十一号，一九二四年七月三十日

---

① 六月二十四日曾有《大元帅训令第三○三号》饬叶恭绰将拿获之"平南"舰移交缉私之用，并严缉究办在逃人犯。

批朱培德转请取消连县县议会议长
叶其森等通缉原案呈

（一九二四年七月二十三日）

大元帅指令第七九四号

令中央直辖第一军军长朱培德

呈据情转请取销连县县议会议长叶其森等通缉原案由。

呈悉。叶其森等准予取销通缉，候令行广东省长通行知照可也。此令。

（中华民国陆海军大元帅之印）

中华民国十三年七月二十三日

据《大元帅指令第七九四号》，载广州《陆海军大元帅大本营公报》第二十一号，一九二四年七月三十日

追赠夏尔玛令

（一九二四年七月二十四日）

大元帅令

故中华革命军浙江司令长官夏尔玛，戮力国事，迭著勋劳，遇害身亡，良堪愦悼。经交由大本营军政部议复请予赠恤，夏尔玛着追赠陆军上将，并照阵亡例第一表给予上将恤金，以彰义烈。此令。

（中华民国陆海军大元帅之印）

中华民国十三年七月廿四日

据《大元帅令》，载广州《陆海军大元帅大本营公报》第二十一号，一九二四年七月三十日

追赠吴斌令

（一九二四年七月二十四日）

大元帅令

　　大本营军政部长程潜呈："议复故前福建讨贼军总司令部参谋长吴斌，此次在大田遇难身死，情极可悯。查核事实相符，拟请追赠给恤"等语。吴斌着追赠陆军少将，并照少将阵亡例给予恤金，以彰忠烈。此令。

　　　　　　　　　　　　　　　　　　　（中华民国陆海军大元帅之印）

　　　　　　　　　　　　　　　　　　　中华民国十三年七月廿四日

　　　　　　　　　　　　　据《大元帅令》，载广州《陆海军大元帅大本营公报》第二十一号，一九二四年七月三十日

给廖仲恺的训令

（一九二四年七月二十四日）

大元帅训令第三七九号

　　令广东省长廖仲恺

　　为令遵事：据中央直辖第一军军长朱培德呈："据情转请取消通缉原案仰祈睿鉴事：顷据职军第一师师长王均呈称：'案据连县绅耆冯祖尧、龙裔亨、沈昌枬，商会长董莫宗照、李厚乾、邹中杰、谢惠初、王受高，县议会议员黄题榜、何仲章、王连贤、潘必先、黄世萱、张积梧、孔宪章、何秀峰、丘佐熙、熊有光、黄元香、陈清溪、林树藩、莫仕、张宇明、叶其芬、成肇修、赵惟清、何明生、成冀孟、黄庭经、欧阳昊、王景炘、邓应勋、黄汉波、林椿荣、张德徽、黄泰献、黎民仰、黄汉昌、彭徽儒、邓铨，中小学校长教员刘家宾、陈广材、邓鸣、莫安枢、王翠山、欧阳钦、罗彰善，保卫团总谭镇基、成续孟、张鹿鸣等呈称：为因公受累，联请察核转呈取消通缉，以免冤抑事：窃去岁六月间，沈军旅长黄公汉、叶青钱等人踞连县前，滇军中路第一独立旅长何克夫率部反攻，经旬未下，城中

居民因粮食已尽，危在旦夕。公举前县议会议长叶其森代表缒城往见何旅长，请其顾全城中生灵，俾免玉石俱焚。当时纯出自人民自动，与敌军本无关系。不意甫出城外，何旅长疑为受敌主使，立率队逮捕，留押讯办。迨敌军退走，经全城各界证明联请昭雪，当蒙核准，由连县商会会长刘剑虹具保省释。旋于八月间，该前议长与商会长因事远出，何旅长复疑为串通逃匿，呈请一并通缉，经奉核准通行在案。伏念该前议长与该商会会长秉性公正，夙负声望，向未投身军界，其无通敌行为，全县人士可保可结。年来连阳迭遭兵燹，该前议长等尤能不辞劳瘁，维持秩序，地方实受其赐。此次因公受累，实非其罪，邑人莫不冤之。现在事隔日久，案情早经大白。且查沈军近以输诚，所受嫌疑亦已消灭。公道所在，不敢壅于上闻。用敢披沥联陈，伏乞俯赐察核，转请大元帅暨省长核准，将该前议长叶其森、商会会长刘剑虹通缉一案通令取消，俾冤抑得伸，不胜屏营待命之至等情。据此，查县议会为一县之代表民意机关，议长叶其森当时受合城人民之请托，缒城往说，自属不得不然。若以为通敌，似乎太冤。且既经县商会长刘剑虹保释之后，又请一律通缉，此中周折不得而知。惟沈军早经输诚政府，奉命率师回桂，已无通敌之可言。而现在连城正绅因此之故，至今尚多远避未归，庶政俱废，即欲稍加整顿，亦往往扞格而难通。兹据前情，若不代为请命，则以后连城状况，必不堪设想。所有该公民冯祖尧等呈请转乞取消通缉叶其森、刘剑虹等前令各缘由，理合备文呈请俯赐察核，转呈大元帅即予明令取消通缉前案，实为公便’等情前来。理合据情备文呈请帅座俯赐衡核施行”等情。据此，当经指令“呈悉。叶其森等准予取消通缉，候令行广东省长通行知照可也。此令”印发外，合行令仰该省长即便查照办理。此令。

中华民国十三年七月廿四日

据《大元帅训令第三七九号》，载广州《陆海军大元帅大本营公报》第二十一号，一九二四年七月三十日

批叶恭绰请酌增员司指拨经费呈

（一九二四年七月二十四日）

大元帅指令第七九八号

令大本营财政部长兼盐务督办著〔叶〕恭绰

呈为盐务署事务日繁，拟请酌增员司、指拨经费等情由。

呈悉。现正厉行减政，盐务署事务应仍由该部派员兼办，以资撙节。所请酌增员司、指拨经费之处，着无庸议。此令。

（中华民国陆海军大元帅之印）

中华民国十三年七月二十四日

据《大元帅指令第七九八号》，载广州《陆海军大元帅大本营公报》第二十一号，一九二四年七月三十日

批徐绍桢请褒扬节妇李沈氏呈

（一九二四年七月二十四日）

大元帅指令第七九九号

令大本营内政部长徐绍桢

呈请褒扬节妇李沈氏由。

呈悉。准予题颁“节励松筠”四字匾额，并给予银质褒章，以示褒扬。仰即转给承领可也。此令。

中华民国十三年七月廿四日

据《大元帅指令第七九九号》，载广州《陆海军大元帅大本营公报》第二十一号，一九二四年七月三十日

追赠张荣光令

（一九二四年七月二十五日）

大元帅令

　　据大本营军政部长程潜呈："请将已故滇军第二军参谋张荣光追赠陆军少将，并照例给恤"等语。张荣光准予追赠陆军少将，并照少将积劳病故例给恤，以慰英灵。此令。

（中华民国陆海军大元帅之印）

中华民国十三年七月廿五日

据《大元帅令》，载广州《陆海军大元帅大本营公报》第二十一号，一九二四年七月三十日

追赠缪培堃令

（一九二四年七月二十五日）

大元帅令

　　据大本营军政部长程潜呈复："请将已故粤军团长缪培堃追加陆军少将衔，仍照上校例给恤"等语。缪培堃准予追加陆军少将衔，仍照上校积劳病故例给恤，以慰英灵。此令。

（中华民国陆海军大元帅之印）

中华民国十三年七月廿五日

据《大元帅令》，载广州《陆海军大元帅大本营公报》第二十一号，一九二四年七月三十日

着财政委员会筹拨焦易堂特别费令

（一九二四年七月二十五日）①

大元帅令

　　着财政委员会筹拨焦易堂特别费三千元。

据陈旭麓、郝盛潮主编，王耿雄等编：《孙中山集
外集》，上海，上海人民出版社一九九〇年七月出版

饬照规定减发各机关职员俸薪令

（一九二四年七月二十五日）

大元帅训令第三八一号

　　令大本营财政部长叶恭绰、大本营会计司司长黄昌谷

　　为令遵事：查以军饷浩繁，度支奇绌，曾经分令大本营直辖各机关，以及各
民政、财政机关所有职员俸薪，从八月一日起除已经减成发给者仍照旧支给外，
此外职员俸薪，凡在五百元以上者概以七成发给，在三百元以上者以八成发给，
在二百元以上者以九成发给各在案。亟应令知大本营财政部及会计司，从八月一
日起，凡发给各机关职员俸薪，概照上项规定减成发给，以昭核实而归划一。除
分令外，合行令仰该部司长即便遵照办理，仍将遵办情形具报查核。切切。此令。

（中华民国陆海军大元帅之印）

中华民国十三年七月二十五日

据《大元帅训令第三八一号》，载广州《陆海军大元
帅大本营公报》第二十一号，一九二四年七月三十日

---

　　①　时间为财政委员会第五十三次会议决案日期。

通饬各机关自八月份起减成给俸令

（一九二四年七月二十五日）

大元帅训令第三八二号

令大本营军政部长程潜、大本营财政部长叶恭绰、大本营建设部长林森、大本营内政部长徐绍桢、大本营外交部长伍朝枢、大本营秘书长谭延闿、大本营参谋长李烈钧、大本营参军长张开儒、大本营审计处处长林翔、大元帅行营秘书长古应芬、广东省长廖仲恺、禁烟督办鲁涤平、经界局督办古应芬、盐务督办叶恭绰、广东治河督办林森、广东电政监督黄桓、大本营航空局长陈友仁、大本营会计司司长黄昌谷、中央执行委员会、法制委员会、财政委员会、陆军军官学校校长蒋中正、国立广东大学校长邹鲁、大理院长兼司法行政事务吕志伊、广东兵工厂厂长马超俊、广州市市长孙科、管理粤汉铁路事务许崇灏、两广盐运使邓泽如、两广盐务稽核所经理宋子文、经理大本营军需处事宜胡谦、郑洪年

为令遵事：查以军饷浩繁，度支奇绌，曾经令行大本营会计司，将大本营参议、谘议、委员及秘书处、会计司人员等所有俸薪从八月一日起概行减成发给在案。惟查各机关人员薪俸，其已经减成发给者固多，其未经减成发给者亦复不少，亟应统筹办法，以归划一。限从八月一日起，所有大本营直辖各机关以及各民政、财政机关，除职员俸薪已经减成发给者仍照旧支给外，此各职员凡俸薪在五百元以上者概以七成发给，在三百元以上者以八成发给，在二百元以上者以九成发给，俾昭公允而免偏畸。除分令外，合行令仰该部长、秘书长、参谋长、参军长、处长、省长、督办、监督、局长、司长、委员会、校长、院长、厂长、市长、运使、管理、经理即便遵照办理，并转行所属一体遵照办理，仍将遵办情形具报查核。切切。此令。

（中华民国陆海军大元帅之印）

中华民国十三年七月二十五日

据《大元帅训令第三八二号》，载广州《陆海军大元帅大本营公报》第二十一号，一九二四年七月三十日

发下审计处预算书并饬大本营财政部长
叶恭绰汇编十三年度总预算令

（一九二四年七月二十五日）

大元帅训令第三八三号

　　令大本营财政部长叶恭绰

　　为令行事：据审计处长林翔呈称："为编造十三年度总预算仰祈鉴核备案事：窃查年度终结，应编造下年度岁出岁入总预算，呈请核定，以便照案支付。现在十二年度业已终结，谨将职处十三年度岁出经常费编造全年度预算书缮呈钧座，伏乞俯准备案。再职处规编预算，遵照本年七月一日奉钧帅第六六八号指令核准呈减经费办理，比较十二年计减一千九百八十元。至临时费预算，十二年度虽经前局长刘纪文编呈有案，但目下尚无临时支出，应俟将来有此项支出时再行编列呈核，合并呈明。是否有当，仍乞指令祗遵"等情。据此，除指令"呈悉。候将预算书发下一份与财政部汇编十三年总预算，呈候核定施行可也。其余一份存。此令"印发外，合行令仰该部遵照。此令。

（中华民国陆海军大元帅之印）

中华民国十三年七月二十五日

据《大元帅训令第三八三号》，载广州《陆海军大元
帅大本营公报》第二十一号，一九二四年七月三十日

饬转何总指挥准支上将薪并点验该部核实发饷令

（一九二四年七月二十五日）

大元帅训令第三八四号

　　令粤军总司令许崇智

　　为令行事：据大本营军政部长程潜呈称："奉钧座发下粤军总司令许崇智呈报

中央直辖福建各军总指挥处按月预算书，请察核训示呈一件，并奉批交军政部核定等因。附预算书一本。奉此，查表列各编制核与新定甲种军司令部编制大致相符，饷额亦系遵照现行饷章填报，该总指挥应照上将支薪，每月六百四十元。惟该处各师、旅、团、营、连实有官兵现员若干，枪炮若干，未据造具官兵花名枪炮种类清册，所报预算书是否相符，职部无案可稽，应由粤军总司令部先行点验酌量发给，庶库帑不至虚糜，饷糈无虞缺乏"等情。据此，当经指令"呈悉。查此案昨已谕令粤军总司令转饬何总指挥，将现在实有兵额暨必需伙食数目，报由该总司令覆核转报，以凭饬财政委员会筹拨的款。兹复据呈各情，何总指挥应准照上将支薪，余仍遵前谕办理。候令行粤军总司令转饬知照可也。原呈及预算书均存。此令"等语。除指令印发外，合行令仰该总司令即便遵照先行令饬切实办理，并转饬知照。此令。

（中华民国陆海军大元帅之印）

中华民国十三年七月二十五日

据《大元帅训令第三八四号》，载广州《陆海军大元帅大本营公报》第二十一号，一九二四年七月三十日

令财政委员会迅予筹拨江固舰官兵薪饷

（一九二四年七月二十五日）①

大元帅训令

据"江固"舰长卢善矩造送舰内任职官兵薪饷每月共一千九百七十六元，连同海册，令会照册列数目，迅予筹拨的款，由军需处提前发给。

据陈旭麓、郝盛潮主编，王耿雄等编：《孙中山集外集》，上海，上海人民出版社一九九〇年七月出版

---

① 时间为财政委员会第五十四次会议决案日期。

令财政委员会迅即核实照数筹交
江固舰应用器物经费

（一九二四年七月二十五日）①

大元帅训令

据"江固"舰长卢善矩呈，请发给舰内应用器物清册，令会迅即核实估计，照数筹交该舰长自行购制。

据陈旭麓、郝盛潮主编，王耿雄等编：《孙中山集外集》，上海，上海人民出版社一九九〇年七月出版

令财政委员会从速筹拨湘军给养费

（一九二四年七月二十五日）②

大元帅训令

据湘军总司令谭延闿呈称：以前方各军给养困难，无法应支，以致王得庆借口背叛降敌。请将职部先后呈请令饬财政委员会发给各款，从速筹拨，以固军心。令会查照速拨，免误戎机。

据陈旭麓、郝盛潮主编，王耿雄等编：《孙中山集外集》，上海，上海人民出版社一九九〇年七月出版

---

① 时间为财政委员会第五十四次会议决案日期。
② 时间为财政委员会第五十四次会议决案日期。

着保留安徽义地令

（一九二四年七月二十五日）

饬将美侨公司抵领原案撤销，依照徽地契管十亩零五如数保留。随由市厅指令财局办理。

据《安徽义地准予保留》，载一九二四年七月二十五日《广州民国日报》

批廖仲恺为所属广东图书馆等机关核减经费情形呈

（一九二四年七月二十五日）

大元帅指令第八〇三号

令广东省长廖仲恺

呈复所属广东图书馆等机关核减经费情形由。

呈、表均悉。所有广东图书馆暨东兴洋务局经费，均准照所拟减定数开支。仰即分别转饬知照。表存。此令。

（中华民国陆海军大元帅之印）

中华民国十三年七月二十五日

据《大元帅指令第八〇三号》，载广州《陆海军大元帅大本营公报》第二十一号，一九二四年七月三十日

批程潜复拟请赠恤故中华革命军
浙江司令长官夏尔玙呈

（一九二四年七月二十五日）

大元帅指令第八〇四号

令大本营军政部长程潜

呈复拟请赠恤故中华革命军浙江司令长官夏尔玙由。

呈悉。已有明令追赠给恤矣。仰即知照。此令。

（中华民国陆海军大元帅之印）

中华民国十三年七月廿五日

据《大元帅指令第八〇四号》，载广州《陆海军大元帅大本营公报》第二十一号，一九二四年七月三十日

李济深为广西抚河招抚使署取销日期呈

（一九二四年七月二十五日）

大元帅指令第八〇五号

令梧州善后处长李济深

呈报广西抚河招抚使署取销日期由。

呈悉。此令。

（中华民国陆海军大元帅之印）

中华民国十三年七月二十五日

据《大元帅指令第八〇五号》，载广州《陆海军大元帅大本营公报》第二十一号，一九二四年七月三十日

批程潜请追赠吴斌呈[1]

（一九二四年七月二十五日）

大元帅指令第八〇六号

令大本营军政部长程潜

呈请追赠故前福建讨贼军总司令部参议长吴斌以陆军少将，并照少将阵亡例

---

[1]　大本营军政部长程潜呈请追赠故前福建讨贼军总司令部参谋长吴斌以陆军少将，并照少将阵亡例给恤。

给恤由。

　　呈悉。已有明令追赠给恤矣。仰即知照。此令。

（中华民国陆海军大元帅之印）

中华民国十三年七月廿五日

据《大元帅指令第八〇六号》，载广州《陆海军大元
帅大本营公报》第二十一号，一九二四年七月三十日

批林翔缴该处十三年度岁出经常费预算书呈

（一九二四年七月二十五日）

大元帅指令第八〇七号

　　令大本营审计处处长林翔

　　呈缴该处十三年度岁出经常费预算书由

　　呈悉。候将预算书发交一份与财政部汇编十三年度总预算，呈候核定施行可也。其余一份存。此令。

（中华民国陆海军大元帅之印）

中华民国十三年七月二十五日

据《大元帅指令第八〇七号》，载广州《陆海军大元
帅大本营公报》第二十一号，一九二四年七月三十日

批程潜遵批核议中央直辖福建总指挥处
暨所辖部队官兵薪饷公费马干预算呈

（一九二四年七月二十五日）

大元帅指令第八〇八号

　　令大本营军政部长程潜

　　呈复遵批核议中央直辖福建总指挥处暨所辖部队官兵薪饷公费马干预算由。

呈悉。查此案昨已谕令粤军总司令转饬何总指挥，将现在实有兵额暨必需火〔伙〕食数目，报由该总司令覆核转报，以凭饬财政委员会筹拨的款。兹复据呈各情，何总指挥应准照上将支薪，余仍遵前谕办理。候令行粤军总司令转饬知照可也。原呈及预算书均存。此令。

（中华民国陆海军大元帅之印）

中华民国十三年七月二十五日

据《大元帅指令第八○八号》，载广州《陆海军大元帅大本营公报》第二十一号，一九二四年七月三十日

批程潜复湘军正兵陈楚俊一名遵令更正呈①

（一九二四年七月二十六日）

大元帅指令第八一一号

令军政部长程潜

呈复湘军正兵陈楚俊一名遵令更正由。

呈悉。此令。

（中华民国陆海军大元帅之印）

中华民国十三年七月廿六日

据《大元帅指令第八一一号》，载广州《陆海军大元帅大本营公报》第二十一号，一九二四年七月三十日

---

① 程潜呈称已遵令将被敌击伤落水得救的陈楚俊从《金竹坝战役阵亡官兵人员表》内抽出，核正备案。

批程潜复拟请追加粤军积劳病故
团长缪培堃陆军少将衔呈

（一九二四年七月二十六日）

大元帅指令第八一二号

　　令大本营军政部长程潜

　　呈复拟请追加粤军积劳病故团长缪培堃陆军少将衔，仍照上校例给恤由。

　　呈悉。已明令照准。仰即遵照办理并转令知照可也。此令。

　　　　　　　　　　　　　　（中华民国陆海军大元帅之印）

　　　　　　　　　　　　　　中华民国十三年七月廿六日

　　　　　　　据《大元帅指令第八一二号》，载广州《陆海军大元
　　　　　　帅大本营公报》第二十一号，一九二四年七月三十日

复程潜呈告已追赠给恤张荣光令

（一九二四年七月二十六日）

大元帅指令第八一三号

　　令大本营军政部长程潜

　　呈复：拟请追赠已故滇军第二军参谋张荣光陆军少将，并照少将积劳病故例给恤由。

　　呈悉。张荣光已明令准予追赠给恤矣。仰即遵照办理，并转令知照可也。此令。

　　　　　　　　　　　　　　（中华民国陆海军大元帅之印）

　　　　　　　　　　　　　　中华民国十三年七月廿六日

　　　　　　　据《大元帅指令第八一三号》，载广州《陆海军大元
　　　　　　帅大本营公报》第二十一号，一九二四年七月三十日

饬许崇灏赶筑小坪至兵工厂铁路令

（一九二四年七月二十七日）

令粤路总理许崇灏，赶紧筹筑由小坪至兵工厂之铁路一段，长约一咪里余，定期告竣，以利运输。

据《拟筑直通兵工厂铁路》，载一九二四年七月二十八日《广州民国日报》

着黄昌谷转知审计处审核行营庶务科报请核销十二年九月至十二月份支出情形令

（一九二四年七月二十八日）

大元帅训令第三八九号

令大本营会计司长黄昌谷

为令知事：前据该司长转呈行营庶务科长十二年九月份起至十二月底止支出计算书连同单据呈请核销前来。经发交审计处审查，据覆收支各数尚属相符，惟杂支栏内凉茶三元，未便以公款开支。又十月份蔬菜一单，浮支五毫，应即核减。其余一万二千七百五十三元五毫零五厘，请准如数核销等情。据此，应予照准。除指令外，合行令仰该司长查照转饬知照可也。此令。

（中华民国陆海军大元帅之印）

中华民国十三年七月二十八日

据《大元帅训令第三八九号》，载广州《陆海军大元帅大本营公报》第二十一号，一九二四年七月三十日

批程潜拟请优恤粤军故营长李时钦呈

（一九二四年七月二十八日）

大元帅指令第八一九号

　　令大本营军政部长程潜

　　呈覆拟请从优给予粤军故营长李时钦恤金由。

　　呈悉。准如所拟。即由该部行知大本营军需处查照办理，并咨行粤军总司令转知可也。此令。

中华民国十三年七月廿八日

　　　　据《大元帅指令第八一九号》，载广州《陆海军大元帅大本营公报》第二十一号，一九二四年七月三十日

批林翔审核会计司转呈行营庶务科十二年九月份至十二月份支出计算书等请准核销呈

（一九二四年七月二十八日）

大元帅指令第八二〇号

　　令大本营审计处处长林翔

　　呈覆审核会计司转呈行营庶务科十二年九月份至十二月份支出计算书等尚属相符，请准核销由。

　　呈悉。应照准。已令行会计司查照转知矣。此令。

（中华民国陆海军大元帅之印）

中华民国十三年七月二十八日

　　　　据《大元帅指令第八二〇号》，载广州《陆海军大元帅大本营公报》第二十一号，一九二四年七月三十日

着总参议等会同审查李根生死因令

（一九二四年七月二十九日）

　　着总参议、参军长、李医官、卫士队长、庶务科长会同审判李根生致死之由。此令。

孙文

据原件，台北、中国国民党文化传播委员会党史馆藏

饬各该机关呈报职员职务性质及俸给令

（一九二四年七月二十九日）

大元帅训令第三九一号

　　令大本营军政部长程潜、大本营内政部长徐绍桢、大本营财政部长叶恭绰、大本营建设部长林森、大本营外交部长伍朝枢、大本营秘书长谭延闿、大本营参谋长李烈钧、大本营参军长张开儒、大元帅行营秘书长古应芬、大本营审计处处长林翔、经理大本营军需处事宜胡谦、郑洪年、禁烟督办鲁涤平、盐务督办叶恭绰、经界局督办兼沙田清理处事宜古应芬、广东治河督办林森、广东电政监督黄桓、大本营会计司司长黄昌谷、大本营航空局局长陈友仁、广东省长廖仲恺、中央执行委员会、法制委员会、财政委员会、陆军军官学校校长蒋中正、国立广东大学校长邹鲁、大理院长兼管司法行政事务吕志伊、广东兵工厂厂长马超俊

　　为令遵事：查大本营前为节省公帑起见，曾经分令大本营直辖各部、处、署、局、司、会、校查明，如有在大本营及在大本营直辖各部、处、署、局、司、会、校兼职人员，除原职仍照现支额数支薪外，其所兼职之薪水，应即以二成发给各在案。乃各部、处、署、局、司、会、校认真查明办理者固多，其未认真查明办理者亦复不少，甚有延不呈报视等具文者，非再剀切诰令，无以重功令而昭核实。所有大本营直辖各部、处、署、局、司、会、校应再饬知各人员自行声报，现任

职务系属原职抑系兼职，除原职仍照现支额数支薪外，其兼职薪水概以二成发给。倘有隐匿不报，一经查觉，即将各该员分别加以惩戒，并限于文到十日内将各人员现任职务、分别系属原职抑系兼职、现支薪俸若干列具详表呈报查核。除分令外，合行令仰该部长等即便遵照办理。此令。

（中华民国陆海军大元帅之印）

中华民国十三年七月二十九日

据《大元帅训令第三九一号》，载广州《陆海军大元帅大本营公报》第二十一号，一九二四年七月三十日

准许崇智发行短期军需债券令

（一九二四年七月二十九日刊载）

孙文准许崇智发行短期军需债券，但不得超过原定额以外。

据《国内专电——香港七月二十九日电》，载一九二四年八月一日天津《大公报》

饬遴员兼管军车调用事宜令

（一九二四年七月三十日）

大元帅训令第三九二号

令大本营军政部长程潜

为令遵事：查广九路站时有军队往来，关于军车调用事宜，自应有管理机关以专责成。着由军政部遴派部员兼管理军车事宜，并由该管理员遴委该铁路人员数员兼军车委员，以重职责而维路政，仰即遵照办理。此令。

（中华民国陆海军大元帅之印）

中华民国十三年七月三十日

据《大元帅训令第三九二号》，载广州《陆海军大元帅大本营公报》第二十一号，一九二四年七月三十日

批林森遵办兼职人员减薪情形呈

（一九二四年七月三十日）

大元帅指令第八二五号

　　令大本营建设部长林森

　　呈覆遵办兼职人员减薪情形由。

　　呈悉。应再遵照第三九一号训令办理呈核。此令。

（中华民国陆海军大元帅之印）

中华民国十三年七月三十日

据《大元帅指令第八二五号》，载广州《陆海军大元
帅大本营公报》第二十一号，一九二四年七月三十日

批鲁涤平遵办兼差人员减薪情形呈

（一九二四年七月三十日）

大元帅指令第八二六号

　　令禁烟督办鲁涤平

　　呈覆遵办兼差人员减薪情形由。

　　呈悉。应再遵照第三九一号训令办理呈核。此令。

（中华民国陆海军大元帅之印）

中华民国十三年七月三十日

据《大元帅指令第八二六号》，载广州《陆海军大元
帅大本营公报》第二十一号，一九二四年七月三十日

批程潜办理兼职人员减薪情形呈

（一九二四年七月三十日）

大元帅指令第八二七号

令大本营军政部长程潜

呈复办理兼职人员减薪情形由。

呈悉。应再遵照第三九一号训令办理呈核。此令。

（中华民国陆海军大元帅之印）

中华民国十三年七月三十日

据《大元帅指令第八二七号》，载广州《陆海军大元帅大本营公报》第二十一号，一九二四年七月三十日

批林翔遵办兼职人员减薪情形呈

（一九二四年七月三十日）

大元帅指令第八二八号

令大本营审计处处长林翔

呈复遵办兼职人员减薪情形由。

呈悉。应再遵照第三九一号训令办理呈核。此令。

（中华民国陆海军大元帅之印）

中华民国十三年七月三十日

据《大元帅指令第八二八号》，载广州《陆海军大元帅大本营公报》第二十一号，一九二四年七月三十日

批财政委员会称该会兼职人员向不支领兼薪呈

（一九二四年七月三十日）

大元帅指令第八二九号

　　令财政委员会

　　呈报该会兼职人员向不支领兼薪由。

　　呈悉。此令。

　　　　　　　　　　　　　　　　（中华民国陆海军大元帅之印）

　　　　　　　　　　　　　　　　　中华民国十三年七月三十日

　　　　　　　　据《大元帅指令第八二九号》，载广州《陆海军大元

　　　　　　　　帅大本营公报》第二十一号，一九二四年七月三十日

批胡谦郑洪年遵办兼职人员减薪情形
并造送职员名额俸薪表呈

（一九二四年七月三十日）

大元帅指令第八三〇号

　　令经理大本营军需处事宜胡谦、郑洪年

　　呈报遵办兼职人员减薪情形，并造送职员名额俸薪表乞察核由。

　　呈、表均悉。表存。此令。

　　　　　　　　　　　　　　　　（中华民国陆海军大元帅之印）

　　　　　　　　　　　　　　　　　中华民国十三年七月三十日

　　　　　　　　据《大元帅指令第八三〇号》，载广州《陆海军大元

　　　　　　　　帅大本营公报》第二十一号，一九二四年七月三十日

批叶恭绰遵办兼差人员减薪情形呈

（一九二四年七月三十日）

大元帅指令第八三一号

　　令大本营财政部长兼盐务督办叶恭绰

　　呈覆遵办兼差人员减薪情形由。

　　呈悉。应再遵照第三九一号训令办理呈核。此令。

（中华民国陆海军大元帅之印）

中华民国十三年七月三十日

据《大元帅指令第八三一号》，载广州《陆海军大元帅大本营公报》第二十一号，一九二四年七月三十日

为黄桓请免支大本营技师薪水
饬大本营会计司司长黄昌谷令

（一九二四年七月三十一日）

大元帅训令第三九四号

　　令大本营会计司司长黄昌谷

　　为令遵事：据广东电政监督兼广州电报局局长黄桓呈称："窃桓于十三年三月间奉帅令任为大本营技师，曾支过薪水一个月，至四月十九日复奉帅令收管广东电话局，其后技师薪水即不再向会计司支领分文。现奉简任为广东电政监督兼广州电报局长，向章监督只支局长薪水，大本营技师原职薪水请仍免支"等情。据此，除指令"呈悉。所请免支大本营技师薪水一节，候令行会计司知照可也。此令"印发外，合行令仰该司长即便遵照办理。此令。

（中华民国陆海军大元帅之印）

中华民国十三年七月三十一日

据《大元帅训令第三九四号》，载广州《陆海军大元帅大本营公报》第二十一号，一九二四年七月三十日

批黄桓称该署所属职员并无兼职呈

（一九二四年七月三十一日）

大元帅指令第八三三号

令广东电政监督兼广州电报局局长黄桓

呈复该署所属职员并无兼职由。

呈悉。所请免支大本营技师薪水一节，候令〔行〕会计司知照可也。此令。

（中华民国陆海军大元帅之印）

中华民国十三年七月三十一日

据《大元帅指令第八三三号》，载广州《陆海军大元
帅大本营公报》第二十一号，一九二四年七月三十日

批叶恭绰指拨印花税充军需库券
本息基金情形乞备案呈

（一九二四年七月三十一日）

大元帅指令第八三五号

令大本营财政部长叶恭绰

呈报指拨印花税充军需库券本息基金情形，乞备案由。

呈悉。准予备案。此令。

（中华民国陆海军大元帅之印）

中华民国十三年七月三十一日

据《大元帅指令八三五号》，载广州《陆海军大元
帅大本营公报》第二十一号，一九二四年七月三十日

批林森遵办兼差人员减薪情形呈

（一九二四年七月三十一日）

大元帅指令第八三七号

　　令广东治河督办林森

　　呈复遵办兼差人员减薪情形由。

　　呈悉。应再遵照第三九一号训令办理呈核。此令。

（中华民国陆海军大元帅之印）

中华民国十三年七月三十一日

据《大元帅指令第八三七号》，载广州《陆海军大元帅大本营公报》第二十一号，一九二四年七月三十日

批法制委员会遵办兼差职员减薪情形呈

（一九二四年七月三十一日）

大元帅指令第八三八号

　　令法制委员会

　　呈复遵办兼差职员减薪情形由。

　　呈悉。应再遵照第三九一号训令办理呈核。此令。

（中华民国陆海军大元帅之印）

中华民国十三年七月三十一日

据《大元帅指令第八三八号》，载广州《陆海军大元帅大本营公报》第二十一号，一九二四年七月三十日

批廖仲恺遵办兼差人员减薪情形呈

（一九二四年七月三十一日）

大元帅指令第八三九号

　　令广东省长廖仲恺

　　呈覆遵办兼差人员减薪情形由。

　　呈悉。应再遵照第三九一号训令办理呈核。此令。

（中华民国陆海军大元帅之印）

中华民国十三年七月三十一日

据《大元帅指令第八三九号》，载广州《陆海军大元
帅大本营公报》第二十一号，一九二四年七月三十日

批古应芬遵办职员减成发薪情形乞备案呈

（一九二四年七月三十一日）

大元帅指令第八四〇号

　　令经界局督办兼办广东沙田清理事宜古应芬

　　呈报遵办职员减成发薪情形，乞备案由。

　　呈悉。准予备案。此令。

（中华民国陆海军大元帅之印）

中华民国十三年七月三十一日

据《大元帅指令第八四〇号》，载广州《陆海军大元
帅大本营公报》第二十一号，一九二四年七月三十日

批当日《广州民国日报》版面并送国民党中执委

（一九二四年八月一日）

编辑与记者之无常识一至于此，殊属可叹！汝下段明明大登特登我之"民权主义"，而上面乃有此响影录，其意何居？且引胡适之之言，岂不知胡即为辩护陈炯明之人耶？胡谓陈之变乱为革命。着中央执行委员会将此记者革出，以为改良本报之一事。

文批

送国民党中央执行委员会启

附：国民党中执委致广州特别市执委函

（一九二四年八月二日）

径启者：案奉总理发下批词一道，载在八月一日《广州民国日报》内，请烦查照办理，并将批词抄录缴还存案，及将办理情形具复，以便转呈总理察核。此致：广州特别市执行委员会。

计附日报一张。

中央执行委员会

邵之冲 汪精卫

据原件，台北、中国国民党文化传播委员会党史馆藏

批廖仲恺遵办职员减成发薪情形呈

（一九二四年八月一日）

大元帅指令第八四三号

令广东省长廖仲恺

呈覆遵办职员减成发薪情形由。

呈悉。此令。

（中华民国陆海军大元帅之印）

中华民国十三年八月一日

据《大元帅指令第八四三号》，载广州《陆海军大元帅大本营公报》第二十二号，一九二四年八月十日

批程潜复拟请将湘军阵亡副官漆兆追赠陆军少校并照例给恤呈

（一九二四年八月一日）

大元帅指令第八四四号

令大本营军政部长程潜

呈覆拟请将湘军阵亡副官漆兆追赠陆军少校，并照例给恤，乞训示祗遵由。

悉。准如所办理。此令。

（中华民国陆海军大元帅之印）

中华民国十三年八月一日

据《大元帅指令第八四四号》，载广州《陆海军大元帅大本营公报》第二十一号，一九二四年七月三十日

给程潜等的训令

（一九二四年八月二日）

大元帅训令第三九八号

令大本营军政部长程潜、广东省长廖仲恺、湘军总司令谭延闿、湘军总司令杨希闵、豫军总司令樊钟秀、桂军总司令刘震寰、中央直辖第一军军长朱培德、中央直辖第三军军长卢师谛、中央直辖第七军军长刘玉山、中央直辖赣军司令李

明扬、北伐第二军军长柏文蔚、北伐第三军军长胡谦、山陕讨贼军司令路孝忱

　　为训令事：据粤军总司令许崇智呈称："现据职部第一军军长梁鸿楷快邮代电称：'顷据徐汉臣向隶旄麾，久从患难。前年粤局改革，汉臣在三水首义，率队开赴江门，胁迫陈德春独立。由是罗、阳五邑咸应义师，汉臣不敢言劳，自问可告无罪。不谓当钧座未至江门之际，忽为宵小播弄，至汉臣不能自存。其时蜚语流传，未蒙当路明察，迫得暂时出走，待明衷曲。夫伯奇掇蜂，慈父犹且见疑；曾参杀人，贤母尚难自信。吴起望西河而泣下，屈原怀楚国而伤心。是以久切怀归，无由自达。此次汉臣旧部追从汉臣于患难之中，而不忘钧座须臾之顷，以故不避艰险，相率归来。此中孤诣苦心，无非表明心迹，誓戴旧主，生死不移，如何改编，悉惟钧命。现在候命有日，明令未颁，队号未定，所有关防旗帜服装等件，均未奉发。外间不明真相，将不知为何项军队，恐复因此飞短流长，其关系殊非细故。至于汉臣顶踵及部属官兵梦魂，皆钧座是依，以绝对服从总司令之命，此可指天而誓。用敢沥胆以陈，伏候示遵，不胜感激'等情。查徐汉臣在前日恩平战争正激之时，潜为内应，率部归来，实于此次战争关系最重。察其来意，实出至诚，当经鸿楷允将该部队编为一旅，仍任徐汉臣为该旅旅长，以劝来者。据称各节，亦系实情，应请钧座准照编为一旅，并任徐汉臣为该旅旅长，以昭激劝。仍请先予电委，俾专责成，无任翘企。再查徐汉臣上年曾奉大本营以嫌疑通缉有案，现已归义，乞并转呈请将通缉一案取消。合并附陈，是否有当，统候令遵等情。并据徐汉臣效日快邮代电略同前情，查徐汉臣前事虽有可议，今既已去逆效顺，而于恩平一役率先输诚，遂致逆众惶怖，仓皇遁走，既足将功折罪，自当略迹原情，应将通缉一案取消，以示我政府宽仁之德意。兹准前情，除另文呈请任用外，理合据情转呈钧座鉴核，伏乞宥其既往，责其将来，予以自新之机，以为补过之地。准将徐汉臣通缉一案通令取消，不胜感激待命之至"等情。据此，除指令"呈悉。徐汉臣准予取消通缉。候令行各军民长官饬属一体知照可也。此令"印发外，合行令仰该部长等即便遵照办理，并转饬所属一体遵照办理。此令。

　　　　　　　　　　　　　　　　　　中华民国十三年八月二日

　　　　　据《大元帅训令第三九八号》，载广州《陆海军大元帅大本营公报》第二十二号，一九二四年八月十日

批许崇智请取销徐汉臣通缉一案呈

（一九二四年八月二日）

大元帅指令第八四九号

令粤军总司令许崇智

呈请通缉取销徐汉臣通缉一案由。

呈悉。徐汉臣准予取消通缉。候令行各军民长官饬属一体知照可也。此令。

（中华民国陆海军大元帅之印）

中华民国十三年八月二日

据《大元帅指令第八四九号》，载广州《陆海军大元帅大本营公报》第二十二号，一九二四年八月十日

给李其芳的训令

（一九二四年八月二日）

着李医官其芳，往驻黄埔军官学校，训练救护队。此令。

孙文

中华民国十三年八月二日

据原件，台北、中国国民党文化传播委员会党史馆藏

为古应芬呈报兼职减薪事饬大本营会计司长黄昌谷令

（一九二四年八月四日）

大元帅训令第三九九号

令大本营会计司司长黄昌谷

为训令事：据大本营行营秘书长古应芬呈称："案奉钧令第三八二号令开：

'为令遵事：查以军饷浩繁，度支奇绌，虽经令行大本营会计司，对大本营参议、谘议、委员及秘书处、会计司人员所有俸薪从八月一日起概行减成发给，除原文有案邀免冗叙外，后开合行令仰该秘书长即便遵照办理，并转行所属一体遵照办理，仍将遵办情形具报查核。切切。此令'。复奉钧令第一二九号令开：'为令遵事：查大本营前为节省公帑起见，除原文有案邀免冗叙外，后开合行令仰该秘书长即便遵照办理。此令'各等因。奉此，自应遵照办理。查行营秘书长所辖者仅秘书一员，余均由大本营秘书厅调用，自帅座由东江返省后，秘书长所辖秘书李蟠经委香山县县长，其余各员均回大本营秘书厅供差，是秘书长久无直辖，员司不生兼差问题。自秘书长兼就经界局督办兼办广东沙田清理事宜，职当经面陈帅座不领秘书长薪俸，至兼办沙田清理事宜，其处长原薪亦不兼领，以省公帑。奉令前因，所有遵办兼职减薪情形，理合备文呈报鉴核，实为公便"等情。据此，除指令外，合行令仰该司长即便知照。此令。

（中华民国陆海军大元帅之印）

中华民国十三年八月四日

据《大元帅训令第三九九号》，载广州《陆海军大元帅大本营公报》第二十二号，一九二四年八月十日

批陈友仁就该局办理减成支薪情形呈

（一九二四年八月四日）

大元帅指令第八五一号

令航空局局长陈友仁

呈复该局办理减成支薪情形由。

呈悉。此令。

（中华民国陆海军大元帅之印）

中华民国十三年八月四日

据《大元帅指令第八五一号》，载广州《陆海军大元帅大本营公报》第二十二号，一九二四年八月十日

批程潜就该部减薪情形呈

（一九二四年八月四日）

大元帅指令第八五二号

　　令大本营军政部长程潜

　　呈复该部减成发薪情形由。

　　呈悉。此令。

（中华民国陆海军大元帅之印）

中华民国十三年八月四日

据《大元帅指令第八五二号》，载广州《陆海军大元
帅大本营公报》第二十二号，一九二四年八月十日

批古应芬遵办兼职减薪情形呈

（一九二四年八月四日）

大元帅指令第八五三号

　　令行营秘书长古应芬

　　呈报遵办兼职减薪情形由。

　　呈悉。据称各节甚属核实。候令行会计司知照。此令。

（中华民国陆海军大元帅之印）

中华民国十三年八月四日

据《大元帅指令第八五三号》，载广州《陆海军大元
帅大本营公报》第二十二号，一九二四年八月十日

批邓泽如遵令减薪情形呈

（一九二四年八月四日）

大元帅指令第八五四号

　　令两广盐运使邓泽如

　　呈报遵令减薪情形由。

　　呈悉。此令。

　　　　　　　　　　　　（中华民国陆海军大元帅之印）

　　　　　　　　　　　　　　中华民国十三年八月四日

　　　　　据《大元帅指令第八五四号》，载广州《陆海军大元帅大本营公报》第二十二号，一九二四年八月十日

批财政委员会遵令减薪情形呈

（一九二四年八月四日）

大元帅指令第八五五号

　　令财政委员会

　　呈覆遵令减薪情形由。

　　呈悉。此令。

　　　　　　　　　　　　（中华民国陆海军大元帅之印）

　　　　　　　　　　　　　　中华民国十三年八月四日

　　　　　据《大元帅指令第八五五号》，载广州《陆海军大元帅大本营公报》第二十二号，一九二四年八月十日

批马超俊遵令减薪情形呈

（一九二四年八月四日）

大元帅指令第八五六号

　　令广东兵工厂厂长马超俊

　　呈覆遵令减薪情形由。

　　呈悉。此令。

（中华民国陆海军大元帅之印）

中华民国十三年八月四日

据《大元帅指令第八五六号》，载广州《陆海军大元
帅大本营公报》第二十二号，一九二四年八月十日

批林翔遵办减薪情形呈

（一九二四年八月四日）

大元帅指令第八五七号

　　令大本营审计处处长林翔

　　呈覆遵办减薪情形由。

　　呈悉。此令。

（中华民国陆海军大元帅之印）

中华民国十三年八月四日

据《大元帅指令第八五七号》，载广州《陆海军大元
帅大本营公报》第二十二号，一九二四年八月十日

批林森办理邮信减资经过情形呈

（一九二四年八月四日）

大元帅指令第八五九号

令大本营建设部长林森

呈报办理邮信减资经过情形由。

呈悉。此令。

（中华民国陆海军大元帅之印）

中华民国十三年八月四日

据《大元帅指令第八五九号》，载广州《陆海军大元
帅大本营公报》第二十二号，一九二四年八月十日

批林森遵办广州市新范围内及省佛间
等地来往邮件减费情形呈

（一九二四年八月四至六日）①

大元帅指令第八六〇号

令大本营建设部长林森

呈报遵办广州市新范围内及省佛间等地来往邮件减费情形，乞察核示遵由。

呈悉。既据转呈：来往佛山及省佛间各处邮费减收办法，窒碍难行，应准免予减收。余如所拟办理。此令。

（中华民国陆海军大元帅之印）

中华民国十三年八月　日

据《大元帅指令第八六〇号》，载广州《陆海军大元
帅大本营公报》第二十二号，一九二四年八月十日

---

① 原令未署日期。《大元帅指令第八五九号》及《大元帅指令第八六二号》之发令日期分别为八月四日、八月六日，推定本件时间为四至六日之间。

饬各军不得截留新增商捐加二专款令

（一九二四年八月六日）

大元帅训令第四〇四号

　　令大本营军政部长程潜、湘军总司令谭延闿、滇军总司令杨希闵、桂军总司令刘震寰、豫军总司令樊钟秀、粤军总司令许崇智、中央直辖第一军军长朱培德、中央直辖第三军军长卢师谛、中央直辖第七军军长刘玉山、北伐军第二军军长柏文蔚、北伐军第三军军长胡谦、中央直辖赣军司令李明扬、山陕讨贼军司令路孝忱

　　为令遵事：据广东省长廖仲恺呈称："案据广东财政厅呈称：'窃维粤省财政历年收支相较，本属入不敷出，迨军兴以还，支出益增，不敷更巨，所有各属正杂税捐，复为驻防各军就近截留几尽，批解寥寥，遂致库空如洗，罗掘俱穷。职厅抵任后，察看情形，殊深焦灼，用是多方筹措，竭力支持，并分途设法疏通各军队，以冀统一财权。现虽逐渐进行，略有端绪，然旷日持久，争回之款，恐亦无多，所有军、学各费，与夫应支各项，刻不容缓，仍须另筹专款，俾济急需。查厘税加二、加五增收专款，均经办理有案，而各行商捐尚付阙如，自应援照一律增收加二专款，以应饷糈；且省河猪捐商人业经遵照办理，呈奉钧署核准令行批解在案；其余承办各捐商人，亦经分令遵办，第此项新增商捐加二专款，系属特别另筹，应由各该商人直接解厅核收，各处军队不得借口稍有截留，致误要需。所有职厅另筹商捐加二专款充饷缘由，理合呈请钧署察核，俯赐转呈大元帅令行各军总司令及军长转饬各路军队，嗣后对于职厅新增征收前项加二专款，均应由各商人直接解缴赴厅核收，不得稍有截留，及以印收抵解，以顾饷源。仍请指令祗遵，实为公便'等情。据此，查财政厅征收钱粮厘税饷捐，多由各军各就防地拨留充饷，以致省库收入日形短绌，即争回之款，亦属无多。该厅所陈，尚属实情。现拟援案就各行商捐增收加二、加五，以期拨支要需，对于各军划定充饷各款并无影响，而该厅得此新增收入，对于应支各费，自足应付，而资挹注。理合据情转呈钧座鉴核，恳准分行各总司令、各军长严饬各路军队，嗣后不得截收，并乞指令祗遵"等情。据此，应予照准。除指令外，合行令仰该部长等查照，严

饬所部一体遵照。切切。此令。

（中华民国陆海军大元帅之印）

中华民国十三年八月六日

据《大元帅训令第四〇四号》，载广州《陆海军大元帅大本营公报》第二十二号，一九二四年八月十日

批许崇智转蒋中正详陈长洲应兴革时宜呈

（一九二四年八月六日）

大元帅指令第八六二号

令粤军总司令许崇智

呈为转呈兼长洲要塞司令蒋中正详陈长洲应兴革时宜，乞核夺饬遵由。

呈悉。该司令所陈各节均中肯要，仰即由该总司令妥订办法，分别各有关系机关办理可也。此令。

（中华民国陆海军大元帅之印）

中华民国十三年八月六日

据《大元帅指令第八六二号》，载广州《陆海军大元帅大本营公报》第二十二号，一九二四年八月十日

批马超俊就恩开台长塘垌联团总局局长司徒燊
照章请领七九步枪三百杆呈①

（一九二四年八月六日）

大元帅〈指〉令第八六三号

令广东兵工厂厂长马超俊

---

① 恩、开、台即广东省恩平、开平、台山三县。

呈报恩开台长塘峒联团总局局长司徒檠照章请领七九步枪三百杆，请指令遵照由。

呈悉。该联团总局长请领步枪，既与《民团请领枪弹暂行章程》相符，应予照准。仰即转饬知照可也。此令。

（中华民国陆海军大元帅之印）

中华民国十三年八月六日

据《大元帅指令第八六三号》，载广州《陆海军大元帅大本营公报》第二十二号，一九二四年八月十日

批林森遵办减成发薪情形呈

（一九二四年八月六日）

大元帅指令第八六五号

令大本营建设部长林森

呈复遵办减成发薪情形由。

呈悉。此令。

（中华民国陆海军大元帅之印）

中华民国十三年八月六日

据《大元帅指令第八六五号》，载广州《陆海军大元帅大本营公报》第二十二号，一九二四年八月十日

批法制委员会遵办职员减薪情形呈

（一九二四年八月六日）

大元帅指令第八六六号

令法制委员会

呈报遵办职员减薪情形由。

呈悉。此令。

（中华民国陆海军大元帅之印）

中华民国十三年八月六日

据《大元帅指令第八六六号》，载广州《陆海军大元帅大本营公报》第二十二号，一九二四年八月十日

批廖仲恺呈请通令各军严饬所部不得截收
财厅新增商捐加二专款呈

（一九二四年八月六日）

大元帅指令第八七〇号

令广东省长廖仲恺

呈请通令各军严饬所部不得截收财厅新增商捐加二捐款由。

呈悉。准予通令各军长官严饬一体遵照，仰即转令知照可也。此令。

（中华民国陆海军大元帅之印）

中华民国十三十八月六日

据《大元帅指令第八七〇号》，载广州《陆海军大元帅大本营公报》第二十二号，一九二四年八月十日

批邓泽如林直勉请颁发筹饷得力人员
嘉禾章暨金银各等奖章呈

（一九二四年八月六日）

大元帅指令第八七一号

令中央筹饷会干事邓泽如、林直勉

呈请颁发筹饷得力人员嘉禾章暨金银各等奖章由。

呈悉。自中央筹饷会开办以来，裨益国计，实属不少。该干事等急公好义，

办事得力，深堪嘉许。所列捐输各人员，自应照章分别优奖，以资鼓励。各等奖章，仰该会按照名册具领转发可也。此令。

（中华民国陆海军大元帅之印）

中华民国十三年八月六日

据《大元帅指令第八七一号》，载广州《陆海军大元
帅大本营公报》第二十二号，一九二四年八月十日

批古应芬就李蟠等呈请饬令经界局
撤销加抽护沙费一案呈

（一九二四年八月六日）

大元帅指令第八七二号

令经界局督办兼办理广东沙田清理事宜古应芬

呈复李蟠等呈请饬令经界局撤销加抽护沙费一案，请毋庸置议由。

呈悉。该李蟠等所称各节既与事实不符，所请撤销征收护沙费，应毋庸议。仰即由该督办转饬知照可也。此令。

（中华民国陆海军大元帅之印）

中华民国十三年八月六日

据《大元帅指令第八七二号》，载广州《陆海军大元
帅大本营公报》第二十二号，一九二四年八月十日

批林翔就该处职员兼差人数呈

（一九二四年八月六日）

大元帅指令第八七三号

令大本营审计处处长林翔

呈报该处职员兼差人数由。

呈、表均悉。表存。此令。

（中华民国陆海军大元帅之印）

中华民国十三年八月六日

据《大元帅指令第八七三号》，载广州《陆海军大元帅大本营公报》第二十二号，一九二四年八月十日

准韦荣熙所呈任内开办费及收支计算书核销令

（一九二四年八月七日）

大元帅训令第四〇五号

令前北江商运局长韦荣熙

为令知事：前据该前局长呈送任内开办费及收支计算书请予核销，经发交审计处审核，呈覆尚属相符等情，自应准予核销。除指令备案外，合行令仰该前局长知照。至经垫各款，俟政府财政充裕再行发给，仰并遵照可也。此令。

（中华民国陆海军大元帅之印）

中华民国十三年八月七日

据《大元帅训令第四〇五号》，载广州《陆海军大元帅大本营公报》第二十二号，一九二四年八月十日

批林翔审核前北江商运局长韦荣熙呈送该局开办费及支付各计算书等尚属相符请准予核销呈

（一九二四年八月七日）

大元帅指令第八七七号

令大本营审计处长林翔

呈覆审核前北江商运局长韦荣熙呈送该局开办费及支付各计算书等，尚属相

符，请准予核销由。

呈悉。已如呈令饬知照矣。此令。

（中华民国陆海军大元帅之印）

中华民国十三年八月七日

据《大元帅指令第八七七号》，载广州《陆海军大元帅大本营公报》第二十二号，一九二四年八月十日

批林森送兼职人员减薪表乞鉴核呈

（一九二四年八月七日）

大元帅指令第八七九号

令广东治河督办林森

呈送兼职人员减薪表，乞鉴核由。

呈、表均悉。表存。此令。

（中华民国陆海军大元帅之印）

中华民国十三年八月七日

据《大元帅指令第八七九号》，载广州《陆海军大元帅大本营公报》第二十二号，一九二四年八月十日

为广东陆军测量局准由粤军总司令部统属
管理该局经费亦由该部领取转发饬
大本营参谋长李烈钧令

（一九二四年八月八日）

大元帅训令第四〇七号

令大本营参谋长李烈钧

为令遵事：据粤军总司令许崇智呈称：“呈为呈请事：窃查广东陆军测量局，

以军事上联带之关系，向归粤军总司令部统属管理。自上年军事骤变，始从权暂归省公署统辖，旋复改隶大本营参谋处。现粤军总司令部既已成立，为统一事权起见，似应仍由职部统属，以符原案，较为妥善。而该局原奉钧令核准拨发之经费，每日一百四十元，亦拟改由职部军需处代向各该拨款机关领取转发，以明统系。所有拟恳仍将广东陆军测量局准由职部统属管理，该局经费亦由职部领取转发各缘由，是否有当，理合具呈恭呈，仰祈睿鉴核准，明令饬遵，至为公便"等情前来。除指令"呈悉。准如所拟办理。除令行参谋处遵照外，仰仍由该总司令分行知照可也。此令"印发外，合行令仰该参谋长即便遵照。此令。

（中华民国陆海军大元帅之印）

中华民国十三年八月八日

据《大元帅训令第四〇七号》，载广州《陆海军大元帅大本营公报》第二十三号，一九二四年八月二十日

请拨款给虎门要塞伙食费令

（一九二四年八月八日）①

大元帅训令

据粤军许总司令呈：虎门要塞司令已奉改委陈肇英接充。但该部伙食无着，理合按照廖前任所列伙食预算，每月共银一万零二百零二元八毫，伏乞俯赐批交财政委员会议定机关拨款给领，以维军食。仰会遵照。

据陈旭麓、郝盛潮主编，王耿雄等编：《孙中山集外集》，上海，上海人民出版社一九九〇年七月出版

---

① 时间为财政委员会第五十七次会议决案日期。

关于中央银行资本额的指令

（一九二四年八月八日）

准《中央银行条例》，资本初次定〈一〉千万，募外债充之。

据《快信摘要——八日广州电》，载一
九二四年八月十二日长沙《大公报》

批许崇智请将广东陆军测量局准由该部统属管理
该局经费亦由该部领取转发呈

（一九二四年八月八日）

大元帅指令第八八二号

令粤军总司令许崇智

呈请将广东陆军测量局准由该部统属管理，该局经费亦由该部领取转发由。

呈悉。准如所拟办理。除令行参谋处遵照外，仰仍由该总司令分行知照可也。此令。

（中华民国陆海军大元帅之印）

中华民国十三年八月八日

据《大元帅指令第八八二号》，载广州《陆海军大元
帅大本营公报》第二十三号，一九二四年八月二十日

饬伍学熿严饬所属认真清理并编造开办经常费
支出计算书及表册具报再核令

（一九二四年八月九日）

大元帅训令第四一〇号

令卸任广东船民自治联防督办伍学熿

　　为令饬事：据大本营审计处处长林翔呈称："呈为呈报事：案奉钧座发交审计广东全省船民自治联防督办公署暨所属省河分局开办经常费支出计算书附属表册一案，遵查该署暨属局以前曾否编有预算呈请核准，职处无案可稽。现据造送该署支出计算书内，开办费备置船旗项下，料布余存六百匹变卖银三百八十六元四角九分，未于料价内扣除；又册列旗字、旗筒、布料三柱共银一百五十八元五角，未缴有单据；经常费内十二月份消耗一单银六元五角五分、粉牌等一单银一元一角、一月份邮费银八角、刻图章银六角、二月份刻木章三单共银二元二角五分、裱图等一单银二元零五分、四月份搬运费银二十六元，均未缴有商铺盖印单据。此外，各单据未贴印花者不少。又一、二、三等月津贴岭峤社稿费共银四十元，似不应在公费内开支。又三月特支按业息金佣耗等共银四百四十三元一角，不能列入经常费内，应行另案报销。至省河分局计算附属表册内，开办费与经常费并未分别编列，单据复强半不完。如薪俸、饷工等项有不盖名章者。不贴印花者，有全无领收字据者。杂费项下，不但多无单据，甚有如何支用并不开报者。种种未合，不胜枚举，实属无从核计。拟请令发该署切实另行编造，以符手续。除就表册逐项标签说明外，理合将奉发审计情形具文连同原表册据，呈请钧座察核施行"等情。据此，除指令"呈悉。据所报审核广东船民自治联防督办公署暨所属省河分局一案，既有种种不合情形，仰候令饬该卸任督办伍学熀，严饬该署人员及所属分局认真清理，另行编造，具报再核，以清手续可也。此令"外，合行令仰该卸任督办伍学熀即便遵照，务须督饬该署及所属分局人员切实认真清理，另行具报再核，以清手续。切切。此令。

（中华民国陆海军大元帅之印）

中华民国十三年八月九日

据《大元帅训令第四一〇号》，载广州《陆海军大元帅大本营公报》第二十三号，一九二四年八月二十日

饬派员接办邮电报纸检查令

（一九二四年八月九日）

大元帅训令第四一二号

　　令广东省长廖仲恺

　　为令遵事：据大本营军政部长程潜呈称："职部自去岁四月战事发生后，为防止军机泄漏及间谍通信起见，而有邮电、报纸检查委员之设立，其经费概列入临时预算内，由部长设法挪垫。本年三月，因经费支绌，无术筹措，曾呈请裁撤或另饬他机关接管。当奉指令以战事未停，应继续办理。每月所需经费及以前垫款，蒙令财政委员会筹拨，复经财政委员会议决照付。乃中央军需处忽然停办，此款未付分文，财政部经理军需后，竟将此案推翻，置之不理，迁延及今，犹未解决。新旧垫款，难期偿还，此后经费尤无着落，部长挪借已穷，无力维持，再四思维，惟有将此项人员裁撤，以轻负担。此后邮电、报纸或停止检查，或饬广东省长派员继续办理，出自钧裁。所有因经费困难裁撤邮电、报纸检查委员各缘由，理合呈报"等情。据此，除指令"照准。所有邮电等检查事宜，候令行广东省长派员接办可也。此令"印发外，合行令仰该省长查照办理。此令。

（中华民国陆海军大元帅之印）

中华民国十三年八月九日

据《大元帅训令第四一二号》，载广州《陆海军大元
帅大本营公报》第二十三号，一九二四年八月二十日

批程潜复拟请给予湘军制弹厂积劳病故
之会计主任周道恤金呈

（一九二四年八月九日）

大元帅指令第八八七号

　　令军政部长程潜

呈复拟请给予湘军制弹厂积劳病故之会计主任周道恤金由。

呈悉。准如所拟给恤。此令。

（中华民国陆海军大元帅之印）

中华民国十三年八月九日

据《大元帅指令第八八七号》，载广州《陆海军大元帅大本营公报》第二十三号，一九二四年八月二十日

批程潜复拟请赠恤湘军已故上尉连长刘慎呈

（一九二四年八月九日）

大元帅指令第八八八号

令大本营军政部长程潜

呈复拟请赠恤湘军已故上尉连长刘慎等情形由

呈悉。准如所拟给恤。此令。

（中华民国陆海军大元帅之印）

中华民国十三年八月九日

据《大元帅指令第八八八号》，载广州《陆海军大元帅大本营公报》第二十三号，一九二四年八月二十日

批程潜因经费困难拟裁撤邮电报纸检查委员呈

（一九二四年八月九日）

大元帅指令第八八九号

令大本营军政部长程潜

呈经费困难，拟裁撤邮电报纸检查委员，乞鉴核施行由。

呈悉。照准。所有邮电等检查事宜，候令行广东省长派员接办可也。此令。

（中华民国陆海军大元帅之印）

中华民国十三年八月九日

据《大元帅指令第八八九号》，载广州《陆海军大元帅大本营公报》第二十三号，一九二四年八月二十日

批林翔审核广东船民自治联防督办公署暨所属 省河分局开办经常费支出计算书等件一案呈

（一九二四年八月九日）①

大元帅指令第八九一号

令大本营审计处处长林翔

呈报审核广东船民自治联防督办公署暨所属省河分局开办经常费支出计算书等件一案，种种不合情形，乞令发该署切实另行编造等情由。

呈悉。据呈所报审核广东船民自治联防督办公署暨所属省河分局一案，既有种种不合情形，仰候令饬该卸任督办伍学熿，严饬该署人员及所属分局认真清理，另行编造，具报再核，以清手续可也。此令。

（中华民国陆海军大元帅之印）

中华民国十三年八月　　日

据《大元帅指令第八九一号》，载广州《陆海军大元
帅大本营公报》第二十三号，一九二四年八月二十日

批兼盐务督办叶恭绰为盐运署 暨稽核所裁减经费情形呈

（一九二四年八月九日）

大元帅指令第八九二号

令大本营财政部长兼盐务督办叶恭绰

呈覆盐运署暨稽核所裁减经费情形由。

---

① 原令未署日。《大元帅指令第八八九号》及《大元帅指令第八九二号》发令日期均为八月九日，故推定为八月九日。

呈、表均悉。据陈各节尚属核实，应准照办。表存。此令。

（中华民国陆海军大元帅之印）

中华民国十三年八月九日

据《大元帅指令第八九二号》，载广州《陆海军大元
帅大本营公报》第二十三号，一九二四年八月二十日

批许崇灏称粤汉路伕力工人
经已批准和济公司续办呈

（一九二四年八月九日）

呈悉。既据陈明该路伕力工人经已批准和济公司续办，应予照准备案，并候令行广东地方善后委员会知照可也。此令。

据《粤路伕力核准续办》，载一九
二四年八月九日《广州民国日报》

谕九江不准驻兵①

（一九二四年八月九日）

自八月九日以后，无论何军，均不能驻扎九江。九江治安，完全由九江人负责。

据《帅座对九江风潮办法》，载一九
二四年八月十一日《广州民国日报》

---

①　南海县九江镇军团发生冲突。孙文于八月九日在大元帅府召集滇军长官及九江旅省公会代表，磋商解决九江事件事宜。双方表示听从大元帅意见。

着取消商团买枪护照手令

（一九二四年八月十日）

着取消前项护照①，当即遵命通知海关，并批令该商团知照。

据《扣留私运军火案九志》，载一九二四年
八月二十一日《广州民国日报》（三）

令程潜取消前发军火入口护照

（一九二四年八月十日）

即取消前发军火入口护照，并通知税务司，禁止该军火起岸，听候发落。

《广东扣械潮》卷二，香港《华字日报》一九二四年编印

着蒋介石即饬江固舰将哈佛号商船监押来省

（一九二四年八月十日）

于大本营

着长洲要塞蒋司令即饬"江固"舰迅赴沙角附件，将载运军器已被扣留之船②监押来省，候处分。此令。

孙文

据《广州国民政府档案》，载中国第二历史档
案馆编：《中华民国史档案资料汇编》第四辑，
南京，江苏古籍出版社一九八六年九月出版

---

① 所称"前项护照"即前核准商团买枪之护照。
② 即丹麦"哈佛"号商船，其替广州商团私运枪械，为广州政府稽查扣留。

谕大本营秘书处将广东水灾
灾情邮电交广东省署令

（一九二四年八月上旬）

将北京万国道德总会上月廿七日请详示广东水灾灾情邮电一件，交广东省署核办。

据《廖省长为灾黎请命书》，载一九
二四年八月十一日《广州民国日报》

撤职查办蒋光亮令

（一九二四年八月十一日）

着将通敌之滇军第三军军长蒋光亮撤职查办，即任该军师长胡思舜为滇军第三军军长。

毛思诚编：《民国十五年以前之蒋介石
先生》第七册，一九三七年三月印行

追赠王维汉令

（一九二四年八月十一日）

大元帅令

大本营军政部长程潜呈："议复豫军故团长王维汉，于龙冈之役杀贼捐躯，拟请追赠陆军少将，仍照上校阵亡例给恤"等语。王维汉着追赠陆军少将，仍照上校阵亡例给恤，以彰忠烈。此令。

（中华民国陆海军大元帅之印）

中华民国十三年八月十一日

据《大元帅令》，载广州《陆海军大元帅大本
营公报》第二十三号，一九二四年八月二十日

饬各军严禁私造枪枝令

（一九二四年八月十一日）

大元帅训令第四一五号

　　令大本营军政部长程潜

　　为令行事：据广东兵工厂厂长马超俊呈称："窃维枪枝子弹，乃系杀人利器，私卖私铸，律有明条。查本省除有兵工厂之外，并无政府许可制造军实之特别机关。乃近有不法之徒，胆敢假借军队名义，私制七九步枪，并冒刊广东兵工厂制造字样，四出发售，以图厚利。或卖与民间，或接济匪徒，殊属胆大妄为，愍不畏法，若不严行禁止，为害地方，实非浅鲜。厂长有所听闻，不敢缄默，理合备文呈请察核，伏乞明令禁止，并通饬各军严拿究办，以儆效尤，而维地方"等情。据此，应予照准。合行令仰该部长通行各军遵照办理，并令饬该厂长知照可也。此令。

（中华民国陆海军大元帅之印）

中华民国十三年八月十一日

据《大元帅训令第四一五号》，载广州《陆海军大元帅大本营公报》第二十三号，一九二四年八月二十日

批程潜复拟请准给故少校飞行员陆露斯恤金呈

（一九二四年八月十一日）

大元帅指令第八九四号

　　令大本营军政部长程潜

　　呈覆拟请准给故少校飞行员陆露斯恤金由。

　　呈悉。准如所拟办理。此令。

（中华民国陆海军大元帅之印）

中华民国十三年八月十一日

据《大元帅指令第八九四号》，载广州《陆海军大元帅大本营公报》第二十三号，一九二四年八月二十日

批许崇清报告该厅职员遵令减薪情形呈

（一九二四年八月十一日）

大元帅指令第八九六号

　　令广东教育厅厅长许崇清

　　呈报该厅职员遵令减薪情形由。

　　呈、表均悉。表存。此令。

（中华民国陆海军大元帅之印）

中华民国十三年八月十一日

据《大元帅指令第八九六号》，载广州《陆海军大元
帅大本营公报》第二十三号，一九二四年八月二十日

批叶恭绰遵办减成发薪情形呈

（一九二四年八月十一日）

大元帅指令第八九七号

　　令兼盐务督办叶恭绰

　　呈报遵办减成发薪情形由。

　　呈悉。此令。

（中华民国陆海军大元帅之印）

中华民国十三年八月十一日

据《大元帅指令第八九七号》，载广州《陆海军大元
帅大本营公报》第二十三号，一九二四年八月二十日

批法制委员会送兼职人员遵令减成支薪表呈

（一九二四年八月十一日）

大元帅指令第八九八号

　　令法制委员会

　　呈送该会兼职人员遵令减成支薪表，乞察核由。

　　呈、表均悉。表存。此令。

（中华民国陆海军大元帅之印）

中华民国十三年八月十一日

据《大元帅指令第八九八号》，载广州《陆海军大元
帅大本营公报》第二十三号，一九二四年八月二十日

批张开儒送参军处参军副官曾否兼职表呈

（一九二四年八月十一日）

大元帅指令第八九九号

　　令大本营参军长张开儒

　　呈送该处参军副官曾否兼职表，乞察核由。

　　呈、表均悉。表存。此令。

（中华民国陆海军大元帅之印）

中华民国十三年八月十一日

据《大元帅指令第八九九号》，载广州《陆海军大元
帅大本营公报》第二十三号，一九二四年八月二十日

批黄昌谷称会计司职员并无兼差呈

（一九二四年八月十一日）

大元帅指令第九〇〇号

　　令大本营会计司司长黄昌谷

　　呈复该司职员并无兼差由。

　　呈悉。此令。

　　　　　　　　　　　　　（中华民国陆海军大元帅之印）

　　　　　　　　　　　　中华民国十三年八月十一日

　　　　　　　　据《大元帅指令第九〇〇号》，载广州《陆海军大元
　　　　　　　　帅大本营公报》第二十三号，一九二四年八月二十日

非奉帅令任何军队不得驻扎九江令

（一九二四年八月十二日）

　　为令遵事：查南海县属九江地方，自治素称完善，其地亦非防守地点。前因该处西北两乡械斗，西乡为求外援，遂招致滇军保旅①前往驻扎。此次军团互战，焚杀死伤，军民哀号相告，实非本大元帅所忍闻。仰杨总司令希闵克日将现驻九江军队悉行撤退，无庸派兵再往接防。并分行各军，嗣后无论何项军队，非奉本大元帅命令，不得擅往九江驻扎。并仰廖省长仲恺，立饬南海县转饬该乡，迅即整理民团，以维治安。此次开衅，保旅系以剿捕匪首吴三镜为名，致令地方蹂躏，吴三镜应由该县长严缉归案究办。除分令外，合行令仰该省长即便遵照。切切。此令。

　　　　　　　　　　　　据《九江不得驻兵之帅令》，载一九
　　　　　　　　　　　　二四年八月十二日《广州民国日报》

————————

　　①　保旅即滇军保荣光旅。

批马超俊就该厂兼职人员减薪情形呈

（一九二四年八月十二日）

大元帅指令第九〇一号

　　令广东兵工厂厂长马超俊

　　呈覆该厂兼职人员减薪情形由。

　　呈、表均悉。应准备案。表存。此令。

（中华民国陆海军大元帅之印）

中华民国十三年八月十二日

据《大元帅指令第九〇一号》，载广州《陆海军大元
帅大本营公报》第二十三号，一九二四年八月二十日

批林森遵办该部兼职人员减薪情形呈

（一九二四年八月十二日）

大元帅指令第九〇二号

　　令大本营建设部长林森

　　呈覆遵办该部兼职人员减薪情形由。

　　呈、表均悉。查阅表件，除该部在商标注册所暨权度检定所兼职人员曾经说明均未支给薪俸外，其余兼职人员并未声列在各兼职机关，薪俸是否以二成支领，应再明白列表呈核。原表发还。此令。

　　计发还原表一件。

（中华民国陆海军大元帅之印）

中华民国十三年八月十二日

据《大元帅指令第九〇二号》，载广州《陆海军大元
帅大本营公报》第二十三号，一九二四年八月二十日

批林森陈明该处特种情形乞准予照旧支薪呈

（一九二四年八月十二日）

大元帅指令第九〇三号

令广东治河督办林森

呈为陈明该处特种情形，乞准予照旧支薪由。

呈悉。该督办所聘外国工程师，经订有合同者，薪俸应毋庸照减。其他人员之薪水仍当遵照前令，以昭一律可也。此令。

（中华民国陆海军大元帅之印）

中华民国十三年八月十二日

据《大元帅指令第九〇三号》，载广州《陆海军大元帅大本营公报》第二十三号，一九二四年八月二十日

批伍朝枢送外交部兼职人员减薪表乞鉴核呈

（一九二四年八月十二日）

大元帅指令第九〇四号

令大本营外交部长伍朝枢

呈送该部兼职人员减薪表，乞鉴核由。

呈、表均悉。查阅表件，兼职减薪既甚核实，编列亦甚详明，足见该部长办事认真，仰即知照。表存。此令。

（中华民国陆海军大元帅之印）

中华民国十三年八月十二日

据《大元帅指令第九〇四号》，载广州《陆海军大元帅大本营公报》第二十三号，一九二四年八月二十日

饬中央银行发行之货币一律通用令

（一九二四年八月十三日）

大元帅训令第四一九号

令大本营财政部长叶恭绰、广东省长廖仲恺

为令遵事：据中央银行行长宋子文呈称："呈为职行定期发行货币，应请通令各征收机关及商民，交易一律通用，仰祈鉴核事：窃职行奉政府特准发行货币，现拟自八月十五日职行开幕日起开始发行，计分为壹圆、伍圆、拾圆、伍拾圆四种，由子文与副行长兼领发行科长黄隆生会同签名。所有公私款项出纳，自应一律通用，在公家征收机关，尤应专收职行货币，以示提倡。事关提倡职行货币信用，应请钧座明令各征收机关，所有征收田赋、厘捐、租税及其他公款，均一律收受职行货币。其报解公款者，非职行货币，概不收受。至商民交易，应准其照额通用，视与现金相等。并请令行财政部暨广东省长通饬各征收机关，并布告商民一律遵照。是否有当，理合呈请睿鉴训示祗遵"等情前来。当经指令"呈悉。候令行财政部及广东省长遵照办理可也。此令"等语。除指令印发外，合行令仰该部长、省长即便遵照。切切。此令。

（中华民国陆海军大元帅之印）

中华民国十三年八月十三日

据《大元帅训令第四一九号》，载广州《陆海军大元帅大本营公报》第二十三号，一九二四年八月二十日

撤销政治委员会决议设立统一训练处案谕

（一九二四年八月十三日）

八月六日，政治委员会决议设立统一训练处案撤销，仍以蒋中正办理军事训练，汪兆铭办理政治训练，俱以鲍罗庭为顾问，其军需供给则另设供给部。

据《中央政治委员会第四次会议纪录》，一九二四年八月十三日

批李烈钧饬查职员兼差以各员多奉派出勤
应俟声复到齐汇案呈

（一九二四年八月十三日）

大元帅指令第九〇八号

　　令大本营参谋长李烈钧

　　成为饬查职员兼差以各员多奉派出勤，应俟声复到齐汇案呈复，以昭核实由。

　　呈悉。照准。此令。

（中华民国陆海军大元帅之印）

中华民国十三年八月十三日

据《大元帅指令第九〇八号》，载广州《陆海军大元
帅大本营公报》第二十三号，一九二四年八月二十日

批廖仲恺为该署人员兼职情形呈

（一九二四年八月十三日）①

大元帅指令第九〇九号

　　令广东省长廖仲恺

　　呈复该署人员兼职情形由。

　　呈表均悉。查阅表册，尚属核实。惟查技士周少游名下并未列明有无兼差，
亦未列现支薪水若干；秘书黄季陆名下亦未列明有无兼差，应再明白声叙呈核。
原表发还。此令。

　　计发还原表册一本。

（中华民国陆海军大元帅之印）

中华民国十三年八月　　日

据《大元帅指令第九〇九号》，载广州《陆海军大元
帅大本营公报》第二十三号，一九二四年八月二十日

---

　　①　原令未署日。据《大元帅指令第九〇八号》和《大元帅指令第九一一号》（均为八月
十三日）酌定。

批程潜请赠恤豫军阵亡将官兵士呈①

（一九二四年八月十三日）

大元帅指令第九一〇号

　　令军政部长程潜

　　呈复拟请赠恤豫军阵亡将官兵士，乞鉴核示遵由。

　　呈悉。王维汉已有明令追赠给恤矣。余如所拟办理，仰即知照。此令。

（中华民国陆海军大元帅之印）
中华民国十三年八月十三日

据《大元帅指令第九一〇号》，载广州《陆海军大元
帅大本营公报》第二十三号，一九二四年八月二十日

批马超俊报香山黄梁镇田心沙田新村三乡保卫团
局长林善承等照章请领七九步枪三十枝呈

（一九二四年八月十三日）

大元帅指令第九一一号

　　令广东兵工厂厂长马超俊

　　呈报香山黄梁镇田心沙田新村三乡保卫团局长林善承等，照章请领七九步枪卅枝，乞察核令遵由。

　　呈悉。该保卫团局长林善承等请领枪枝，既与《民团请领枪弹暂行章程》相符，应予照准。仰即转饬知照可也。此令。

（中华民国陆海军大元帅之印）
中华民国十三年八月十三日

据《大元帅指令第九一一号》，载广州《陆海军大元
帅大本营公报》第二十三号，一九二四年八月二十日

---

①　程潜于是年八月六日呈报：龙冈一役，豫军团长王维汉及连长马占标等一四九员阵亡，一三六员受伤，请按章程恤赏。

批徐绍桢请褒扬贤母刘王氏呈

（一九二四年八月十三日）

大元帅指令第九一二号

　　令大本营内政部长徐绍桢

　　呈请褒扬贤母刘王氏由。

　　呈悉。准予题颁"懿行可风"四字，仰即转给承领可也。此令。

（中华民国陆海军大元帅之印）

中华民国十三年八月十三日

据《大元帅指令第九一二号》，载广州《陆海军大元
帅大本营公报》第二十三号，一九二四年八月二十日

批程潜复拟请将湘军遇害团长刘志等
照因公殒命例分别抚恤呈

（一九二四年八月十三日）

大元帅指令第九一三号

　　令大本营军政部长程潜

　　呈复拟请将湘军遇害团长刘志等，照因公殒命例分别抚恤由。

　　呈悉。准如所拟办理。此令。

（中华民国陆海军大元帅之印）

中华民国十三年八月十三日

据《大元帅指令第九一三号》，载广州《陆海军大元
帅大本营公报》第二十三号，一九二四年八月二十日

批吕志伊报大理院职员减成发薪情形呈

（一九二四年八月十三日）

大元帅指令第九一四号

令大理院长监管司法行政事务吕志伊

呈报该院职员减成发薪情形由。

呈悉。此令。

（中华民国陆海军大元帅之印）
中华民国十三年八月十三日

据《大元帅指令第九一四号》，载广州《陆海军大元
帅大本营公报》第二十三号，一九二四年八月二十日

批宋子文为该行定期发行货币乞令行财政部广东省长通饬各征收机关并布告商民一律通用呈

（一九二四年八月十三日）

大元帅指令第九一五号

令中央银行行长宋子文

呈为该行定期发行货币，乞发行财政部广东省长通饬各征收机关，并布告商民一律通用等情由。

呈悉。候令行财政部及广东省长遵照办理可也。此令。

（中华民国陆海军大元帅之印）
中华民国十三年八月十三日

据《大元帅指令第九一五号》，载广州《陆海军大元
帅大本营公报》第二十三号，一九二四年八月二十日

批财政委员会报该会兼职人员向未支领兼薪呈

（一九二四年八月十三日）

大元帅指令第九一六号

　　令财政委员会

　　呈报该会兼职人员尚未支领兼薪由。

　　呈、表均悉。表存。此令。

（中华民国陆海军大元帅之印）

中华民国十三年八月十三日

据《大元帅指令第九一六号》，载广州《陆海军大元
帅大本营公报》第二十三号，一九二四年八月二十日

批吕志伊报大理院职员原兼各职薪额
及实支数目简表呈

（一九二四年八月十三日）

大元帅指令第九一七号

　　令大理院长兼管司法行政事务吕志伊

　　呈报该院职员原兼各职薪额及实支数目简表，乞鉴核由。

　　呈、表均悉。表存。此令。

（中华民国陆海军大元帅之印）

中华民国十三年八月十三日

据《大元帅指令第九一七号》，载广州《陆海军大元
帅大本营公报》第二十三号，一九二四年八月二十日

饬褒扬彭素民谕

（一九二四年八月十四日）

彭素民生平事迹应准由《周刊》登载，仰即转行知照。所请给予恤金一次，暨设法维持彭素民家族给养经常费，均着由该会议定数目及办法，呈候核夺。

据《抚恤与褒扬之帅令》，载一九二四年八月十四日《广州民国日报》

饬广东省署转饬所属并布告商民
一体通用中央银行发行纸币令

（一九二四年八月十五日）

中央银行定于本月十五日始业。所有发行纸币，应饬征收各机关及布告各商民一体通用。

据《流通中央银行纸币之省令》，载一九二四年八月十八日《广州民国日报》

饬广东省署所属各机关应纯用中央银行纸币
收支存款应转存该行令

（一九二四年八月十五日）

中央银行今日开始营业。所有省署辖属各机关之出纳，应严令纯用中央银行纸币。收支一切存款，应转存中央银行。倘有不遵，以违令论。

据《流通中央银行纸币之省令》，载一九二四年八月十八日《广州民国日报》

批邓泽如林直勉请所给奖章应否按章分别更正查核名册中有与筹奖章程之规定相差过远者四十二员应否免奖呈

（一九二四年八月十五日）

大元帅指令第九一九号

令中央筹饷会干事邓泽如、林直勉

呈请所给奖章应否按章分别更正查核名册中有与筹奖章程之规定相差过远者，四十二员应否免奖由。

呈悉。据呈所称既经该会再三查核，意基忌分部聚义堂梁品三、梁士让等之奖章，着照所拟分别更正。其有与筹奖章程之规定不符者四十二员，自应一律免予给奖。此令。

（中华民国陆海军大元帅之印）

中华民国十三年八月十五日

据《大元帅指令第九一九号》，载广州《陆海军大元帅大本营公报》第二十三号，一九二四年八月二十日

批宋子文报暂行启用自刊木质印章日期附缴印章模型呈

（一九二四年八月十五日）

大元帅指令第九二四号

令中央银行行长宋子文

呈报暂行启用自刊木质印章日期附缴印章模型，请予备案由。

呈悉。准予备案。此令。

（中华民国陆海军大元帅之印）

中华民国十三年八月十五日

据《大元帅指令第九二四号》，载广州《陆海军大元
帅大本营公报》第二十三号，一九二四年八月二十日

中央银行呈拟借款利息办法准立案令

（一九二四年八月十六日）

大元帅训令第四二二号

令大本营财政部长叶恭绰

为令遵事：据中央银行行长宋子文呈："为借款利息应由政府指定谨拟办法仰祈鉴核事：窃职行资本，依条例规定由政府担任，并由政府订借国外债款毫银一千万元拨充，则借款本息自应由政府筹还。按照合同条件，前五年应由政府每年付息一次，须指拨的款六十万元，方足应付；自第六年起，除前项年息外，每年须筹还债本十分之二，计二百万元，亦应预备的款，以维国债信用。查国家收入，现只有造币厂余利一项尚未指拨用途，现以西纸价高，每月余利无多，按该厂预算，闻每月尚有余利六七万元可望，此后西纸价格渐落，余利必渐有把握。拟请明令指拨该项造币余利为职行借款还本付息之基金，由该厂按月拨交职行列收政府存款，以备届期付息还本之用。如荷核准，即乞令下财政部遵照办理，伏候训示祗遵"等情。据此，除指令"准予先行立案，候造币厂收获余利即可照办，已令行财政部知照矣。此令"印发外，合行令仰该部长知照。此令。

（中华民国陆海军大元帅之印）

中华民国十三年八月十六日

据《大元帅训令第四二二号》，载广州《陆海军大元
帅大本营公报》第二十四号，一九二四年八月三十日

批宋子文拟请明令指拨造币厂余利为该行借款还本付息基金呈

（一九二四年八月十六日）

大元帅指令第九二六号

　　令中央银行行长宋子文

　　呈拟请明令指拨造币厂余利为该行借款还本付息基金由。

　　呈悉。准予先行立案，俟造币厂收获余利即可照办。已令行财政部知照矣。此令。

（中华民国陆海军大元帅之印）

中华民国十三年八月十六日

据《大元帅指令第九二六号》，载广州《陆海军大元
帅大本营公报》第二十四号，一九二四年八月三十日

批吕志伊报潮汕非法设立高等审检分厅及经布告无效呈

（一九二四年八月十六日）

大元帅指令第九二七号

　　令大理院长兼管司法行政事务吕志伊

　　呈报潮汕非法设立高等审检分厅及经布告无效由。

　　呈悉。仰该院长通令各司法机关，并再布告人民周知可也。此令。

（中华民国陆海军大元帅之印）

中华民国十三年八月十六日

据《大元帅指令第九二七号》，载广州《陆海军大元
帅大本营公报》第二十四号，一九二四年八月三十日

着军政长官转饬所属及人民陈炯明
擅设非法法院之判决无效令

（一九二四年八月十六日刊载）

为令遵事：据大理院长吕志伊呈称："为呈报事：窃司法统一，各级法院应归职院统辖，其间断不容有非法设立之机关。讵陈逆炯明盘踞潮汕，久稽天讨，近复破坏司法，竟敢擅在潮汕地方设立高等审检分厅，以受理上诉各案件，此等分歧骈出机关，既非由职院依法设置，自不能认为正当成立。除由职院布告各该属人民，嗣后诉讼案件，仍应向广东高等审判厅上诉，及通令所属各厅庭，对于该分厅判决各案件，不得认为有效外，谨将潮汕非法设立高等审检分庭及经布告无效各缘由，呈报钧座察核，并请明令宣布其非法无效，以一法权"等情。据此，除指令"呈悉。该陈逆盘踞潮汕，不图自新，近又竟敢擅在潮汕设立高等审检分厅，受理上诉，希图破坏司法统一，此等非法机关，凡各该属人民，稍知大义者，决不能向此非法分厅上诉，该院长及所属各厅庭，以后对于非法分厅判决各案件，自不得认为有效，候明令宣布，以一法权可也"外，合行令仰军政各长官，转饬所属及人民一体遵照。此令。

据《统一司法权之帅令——宣布陈炯明设立法院之无效》，载一九二四年八月十六日《广州民国日报》

着叶恭绰核发内政部总务厅病故科员
谢撂恤金三百元令

（一九二四年八月十九日）

大元帅训令第四二六号

　　令大本营财政部长叶恭绰

　　为令遵事：据大本营内政部长徐绍桢呈称："窃职部总务厅科员谢撂才识谙

练，供职慎勤。本年因办理省外医生领照，特派该科员兼充佛山镇办理医生执照专员，时当盛暑，往来于省佛之间，昕夕从公，积劳成疾，于七月十七日身故。查去年七月财政部书记官谢俊廷在职病故，曾由该部请准颁发恤金二百四十元；本年四月职部科长陈庆森病故，曾由部长呈准颁给恤金四百元各在案。兹查该故员谢揩，原系留粤任用县知事，曾任钦县、灵山、徐闻知事，操守清廉，政绩卓著。现以部员在职病故，身萧条情殊可悯，拟恳比照前案给与一次过恤金三百元，理合具文呈请钧座察核，俯赐准饬下财政部照发，俾得早日殡葬，以昭激劝，实为公便"等情。据此，除指令"呈悉。准如所请给恤。候令财政部查照发给可也。此令"印发外，合行令仰该部长遵照即予发给为要。此令。

（中华民国陆海军大元帅之印）

中华民国十三年八月十九日

据《大元帅训令第四二六号》，载广州《陆海军大元帅大本营公报》第二十四号，一九二四年八月三十日

批徐绍桢为该部总务厅科员谢揩积劳身故请准给予一次恤金三百元呈

（一九二四年八月十九日）

大元帅指令第九三〇号

　　令大本营内政部长徐绍桢

　　呈为该部总务厅科员谢揩积劳身故，请准给予一次恤金三百元由。

　　呈悉。准如所请给恤。候令行财政部查照发给可也。此令。

（中华民国陆海军大元帅之印）

中华民国十三年八月十九日

据《大元帅指令第九三〇号》，载广州《陆海军大元帅大本营公报》第二十四号，一九二四年八月三十日

饬财政机关收入应解由中央银行存储提用令

（一九二四年八月二十日）

大元帅训令第四二七号

　　令大本营财政部长叶恭绰、大本营建设部长林森、兼盐务督办叶恭绰、广东省长廖仲恺、两广盐运使邓泽如

　　为令遵事：照得中央银行成立，所以整理国家经济，调剂社会金融，用意周详，立法美备，嗣后所有各财政机关收入，应解由该银行存储，随时提用。除分令外，合亟令仰该部长、督办、省长、运使即便遵照办理，并转饬所属一体遵照办理。切切。此令。

　　　　　　　　　　　　　　　　　　（中华民国陆海军大元帅之印）

　　　　　　　　　　　　　　　　　　中华民国十三年八月二十日

　　　　　　据《大元帅训令第四二七号》，载广州《陆海军大元帅大本营公报》第二十四号，一九二四年八月三十日

批叶恭绰遵办前两广盐运使伍汝康
办理补恤各程船损失一案情形呈

（一九二四年八月二十日）

大元帅指令第九三二号

　　令大本营财政部长兼盐务督办叶恭绰

　　呈报遵办前两广盐运使伍汝康办理补恤各程船损失一案情形，乞核示由。

　　呈悉。缴款准先列收，仍饬由伍前运使迅将办理情形咨由盐运使详查转呈核办。此令。

　　　　　　　　　　　　　　　　　　（中华民国陆海军大元帅之印）

　　　　　　　　　　　　　　　　　　中华民国十三年八月二十日

　　　　　　据《大元帅指令第九三二号》，载广州《陆海军大元帅大本营公报》第二十四号，一九二四年八月三十日

批刘震寰请严令禁烟督办仍照拨给养费呈

（一九二四年八月二十日）

大元帅指令第九三三号

令西路讨贼军总司令刘震寰

呈请严令禁烟督办仍照拨给养费由。

呈悉。准予令行禁烟督办查照办理可也。此令。

（中华民国陆海军大元帅之印）

中华民国十三年八月二十日

据《大元帅指令第九三三号》，载广州《陆海军大元帅大本营公报》第二十四号，一九二四年八月三十日

饬遵行中央地方税收划分办法令

（一九二四年八月二十一日）

大元帅训令第四三〇号

令大本营财政部长叶恭绰、广东省长廖仲恺

为令行事：案查前此政务会议提议，一切税捐仍交地方主管官厅直接办理，除印花税应归财政部经理外，其余糖捐、桑田、酒精、火柴各捐，均应由广东财政厅征收，业经议决，应即实行。除分令财政部、广东省长转饬财政厅照办外，仰该部长即便遵照转饬广东财政厅遵照，仍各将交收日期分报查核。此令。

（中华民国陆海军大元帅之印）

中华民国十三年八月二十一日

据《大元帅训令第四三〇号》，载广州《陆海军大元帅大本营公报》第二十四号，一九二四年八月三十日

饬谭延闿等查照并饬属迅行依式编造十三年度
预算书送财政部汇呈候核令

（一九二四年八月二十一日）

大元帅训令第四三二号

　　令湘军总司令谭延闿、粤军总司令许崇智、滇军总司令杨希闵、桂军总司令刘震寰、豫军总司令樊钟秀、大本营军政部长程潜、大本营财政部长叶恭绰、大本营建设部长林森、大本营内政部长徐绍桢、大本营外交部长伍朝枢、大本营秘书长谭延闿、大本营参谋长李烈钧、大本营参军长张开儒、大本营审计处处长林翔、广东省长廖仲恺、禁烟督办鲁涤平、经界局督办古应芬、盐务督办叶恭绰、广东治河督办林森、广东电政监督黄桓、大本营航空局长陈友仁、大本营会计司司长黄昌谷、法制委员会、财政委员会、陆军军官学校校长蒋中正、大理院长兼司法行政事务吕志伊、经理大本营军需处事宜胡谦、郑洪年、中央银行行长宋子文

　　为令行事：据大本营审计处处长林翔呈称："案查十二年度岁入岁出预算书，前经财政部厘定书式分行各机关依照编造，送部汇呈钧座核定，交处备查在案。十三年度预算，自应于会计年度开始以前查照前案办理。兹查新会计年度业已开始，所有岁入岁出预算书，除兵工厂曾经造送钧座核发下处外，其余各机关均付缺如，殊非慎重公帑之道。拟请令行各机关克日查照前定书式编造，仍送财政部汇呈核定，交存职处，以重度支而便审计。所请是否有当之处，理合呈恳鉴核施行"等情。据此，应予照准。除指令并分令外，合行令仰该□查照，并转饬所属迅行依式编造十三年度预算书送财政部汇呈候核。此令。

（中华民国陆海军大元帅之印）

中华民国十三年八月二十一日

据《大元帅训令第四三二号》，载广州《陆海军大元帅大本营公报》第二十四号，一九二四年八月三十日

批程潜遵办该部兼职人员减薪情形呈

（一九二四年八月二十一日）

大元帅指令第九三五号

　　令大本营军政部长程潜

　　呈覆遵办该部兼职人员减薪情形由。

　　呈、表均悉。表存。此令。

（中华民国陆海军大元帅之印）

中华民国十三年八月二十一日

据《大元帅指令第九三五号》，载广州《陆海军大元
帅大本营公报》第二十四号，一九二四年八月三十日

批叶恭绰遵办职员减薪情形呈

（一九二四年八月二十一日）

大元帅指令第九三六号

　　令大本营财政部长叶恭绰

　　呈报遵办职员减薪情形由。

　　呈悉。此令。

（中华民国陆海军大元帅之印）

中华民国十三年八月二十一日

据《大元帅指令第九三六号》，载广州《陆海军大元
帅大本营公报》第二十四号，一九二四年八月三十日

批廖仲恺遵令补列各员兼职情形呈

（一九二四年八月二十一日）

大元帅指令第九三七号

　　令广东省长廖仲恺

　　呈复遵令补列各员兼职情形，请予鉴核由。

　　呈、表均悉。表存。此令。

（中华民国陆海军大元帅之印）

中华民国十三年八月二十一日

据《大元帅指令第九三七号》，载广州《陆海军大元
帅大本营公报》第二十四号，一九二四年八月三十日

批林森为广东电政电话各机关遵令减薪情形呈

（一九二四年八月二十一日）

大元帅指令第九三八号

　　令大本营建设部长林森

　　呈报广东电政电话各机关遵令减薪情形由。

　　呈悉。此令。

（中华民国陆海军大元帅之印）

中华民国十三年八月二十一日

据《大元帅指令第九三八号》，载广州《陆海军大元
帅大本营公报》第二十四号，一九二四年八月三十日

批林森遵令补叙兼职人员减薪情形呈

（一九二四年八月二十一日）

大元帅指令第九三九号

令大本营建设部长林森

呈复遵令补叙兼职人员减薪情形由。

呈、表均悉。表存。此令。

（中华民国陆海军大元帅之印）

中华民国十三年八月二十一日

据《大元帅指令第九三九号》，载广州《陆海军大元
帅大本营公报》第二十四号，一九二四年八月三十日

批林翔请令行各机关依式编造十三年度
预算书送部汇呈候核呈

（一九二四年八月二十一日）

大元帅指令第九四〇号

令大本营审计处处长林翔

呈请令行各机关依式编造十三年度预算书送部汇呈，候核发备查以便审计由。

呈悉。准如所请。候令行各机关查照办理可也。此令。

（中华民国陆海军大元帅之印）

中华民国十三年八月二十一日

据《大元帅指令第九四〇号》，载广州《陆海军大元
帅大本营公报》第二十四号，一九二四年八月三十日

中国国民党中央执行委员会有关
容纳共产分子问题之训令

（一九二四年八月二十一日）①

本会前因党内共产派问题，建议总理召集中央执行委员会全体会议，以期妥筹解决。自八月十五日开会以来，综合中央监察委员之报告暨各级党部及各党员之提议或报告，经详细之讨论，为郑重之决议，呈请总理裁可，特发训令如左：

今年全国代表第一次大会发表宣言，说明中国之现状，同时对于此现状，以三民主义为根本解决方法。复制定最少限度之政纲，以求救济。全国以内凡具有革命之决心，不惜牺牲，以为国民而奋斗者，皆一致集于本党旗帜下。诚以构成中国现状之原因，实为军阀与帝国主义之互相勾结，此种恶势力酝酿既久，蔓延复广，欲谋扑灭，其事非易。大多数人民呻吟痛苦，而莫知其所以然；少数之谈政治者，又相率倾于保守与妥协，不知其症结之所在，或虽知之，而不敢献身从事。故凡属革命派，鉴于环境之艰窘与情势之危急，一方面须为国民前驱，以与恶势力奋斗，一方面须指导国民，毋入歧途，以成为恶势力之助长者。其责任至重，其需要共同努力亦至殷。虽在平日，思想派别或有参差，而对于中国之现状，既以认识，对于本党之主义与政纲，复以瞭知为中国革命所必由之途径及当然之步骤，则无疑无二。加入本党，以期集中势力，一致进行，此诚所谓同声相应、同气相求，不但休戚相关，抑亦生死相共，至诚结合，始终无间，庶于革命之责任，能负之以趋，凡在同志，所有同感者也。

中国共产党员之加入本党，其事远在改组以前。溯其加入之原因，在于灼知中国今日军阀与帝国主义勾结之现况，非国民革命，无由打破，而国民革命，惟本党负有历史的使命。非加入本党，无由为国民革命而尽力，且当国民革命时代，

---

① 日期据一九二四年八月二十一日《中央执委全体会议记录》。会议讨论通过了孙文主持中央政治委员会所拟《国民党内之共产派问题》及《中国国民党与世界革命运动之联络问题》（即本文）。

一心一德，惟本党之主义是从；其原有之共产主义，固不因之抛弃。而鉴于时势之关系，初不遽求其实现，故与本党主义亦无所冲突。至于加入本党以后，仍不脱离中国共产党，则以中国共产党为第三国际之一支脉，与国内角立之政党，性质不同，故其党员之跨党，亦与元年以来国内政党党员以跨党为风气者，异其旨趣。且本党为代表国内各阶级之利益而奋斗；中国共产党则于各阶级中之无产阶级，特别注意，以代表其利益。无产阶级在国民中为大多数，加以特别注意，于本党之主义精神，无所违反。中国共产党员李大钊等加入本党之始，曾以此意陈之总理，得总理之允许。全国代表大会第一次开会之际，有提出党员跨党问题者，及其决议，卒不执此以绳党内共产派，职此故也。

如上所述，则党内当不致因有共产派而发生问题。盖中国共产党在本党之外，其党员之加入本党者，本党以本党党员待遇之，未尝有所歧视。谓本党因有共产党员之加入，而本党主义遂以变更者，匡谬极戾，无持于辩。即谓本党因有共产党员之加入，而本党团体将以分裂者，亦有类于杞忧，证之本党改组以后发展情形，益可以无疑。其足以发生问题而有待于解决者，盖数月以来，迭次发现《中国社会主义青年团第弍次大会决议案及宣言》暨《青年团团刊第七号》等印刷品。前者发行于十二年八月二十五日，后者发行于十三年四月十一日。就于此等印刷品，党员之观察各有不同：其一，以为共产派加入本党之后，不应再加歧视本党之见，且李大钊同志于全国代表第一次大会曾郑重宣言，共产党员之加入本党，得谓之跨党，不得谓之党中有党。今按之此等印刷品所载，则显然为党团作用。应不许其存在。其二，则以为中国共产党于其党员加入本党之后，施以告诫，俾知对于本党何者当为，何者不当为，此不能视为恶意，毋宁谓出于善意。以此之故，而被以党团作用之称，实为过枉。此两种观察，既趋纷歧，遂致争议起于党内，谣言兴于党外，一时若甚嚣尘上。中央监察委员认为情节重大，故搜集证据，提出报告，并拟具办法，以期解决。各级党部及各党员亦相当贡献其所观察与判断。由此可知纠纷之由，实不外乎党团作用之一点。本会讨论结果，以为党内共产派所以有党团作用之嫌疑，由于此等印刷品，其性质非属于公开，而属于秘密。既属于秘密，则无论其对于本党怀有善意，抑怀有恶意，而常易被认为恶意。同志乎日相与戮力，其精神之浃洽，不外于理智之互浚与感情之相孚。而此等之秘密行为，实足为感情隔膜之导因。中国共产党之活动，其有关于国民革命者，本党实有周知之必要；否则对于国民革命，无从齐其趋向与步骤。中国共产党对于其党员之加入本党者，施以指导，俾知对于本党应如何尽力，尤于本党之党务进行、党员纪律有直接间接之关系，本党更不能不过问。倘使中国共产党关于此等决议不付之秘密，本会敢信党团作用之嫌疑，必无从发生，而今者补救之方法，亦惟对予此点而求处置。顾中国共产党员对于中国共产党之关系，有守秘密之必要，而中国共产党对于第三国际之关系，亦有守秘密之必要。本会有见于此，故决议在中央执行委员会政治委员会内，设国际联络委员会，其职务之一，即在直接协商中国共产党之活动，与本党有关系者之联络方法。如是则本党之最高党部一方面对于中国共产党，负保守其秘密之义务，一方面对于本党党员，负了解本党与中国共产党之关系之义务，党内之共产派所被党团作用之嫌疑，必无形消释，而党员之对于共产派，亦无所其猜忌。此本会为解决纠纷计，所愿自进而负此全责者也。

自经此决议之后，党内共产派问题，已告解决。凡我党员当知所负革命责任之重大，与同志间之感情固结，为团体生命所不可缺之条件，渊此争议，付之澹忘，惟相与努力于将来，以完成国民革命的工作，本会对于党员，不胜厚望。

于此犹有当为党员告者：党内共产派同志平日无论言论著作，往往有意的或无意的于国民革命之主张，不免参差，因面被其他党员之指摘，以为于参加国民革命之初衷，得毋刺谬，甚至有认为无诚意者。而诸党员对于共产派问题，又往往激昂过甚，逸于常轨，此皆所谓意气用事。本会于此不能不申以告诫：君子之过也，如日月之食焉，人皆见之；及其更也，人皆仰之。诸党员对于道义上，应有此觉悟，对于同志间关系，尤应有此忏悔。往者不可谏，来者犹可追。其各留神省察。

中国民党中央执行委员会全体会议民国十三年八月发表

罗家伦主编：《革命文献》第十六辑至十八辑精装合订本，台北，"中央"文物供应处一九八四年五月影印再版

中国国民党中央执行委员会
第二次全体会议决议①

（一九二四年八月二十一日）

本党中央执行委员会第二次全体会议，关于容纳共产党员之决议，其要如下：

一、现在中国处于半殖民地之下，各阶级中自有力求解放中国，要求独立，脱离帝国主义压迫之共同倾向，中国国民党即为代表此等阶级之共同倾向，从事于国民革命运动之三民主义政党。故凡属一切真正的革命分子，不问其阶级的属性为何，吾党皆应集中而包括之。

二、本党章程规定："凡志愿接收本党党纲，实行本党议决，加入本党所辖之党部，依时缴纳党费者，均得为本党党员。"故凡党员之行动，并未违反此章程之规定者，本党殊无干涉之必要。至于行动违反党纲、章程，不愿积极从事于三民主义之革命运动，既不反对军阀及帝国主义，又不赞助劳动平民者，则不问其思想上属何派别，概当以本党纪律绳之。

三、中国共产党，并非出于何等个人之空想，亦非勉强造作，以人力移植于中国者。中国共产党，乃中国正在发展之工业无产阶级自然的阶级斗争所涌现之政治组织。中国共产党之组织，既系如此，则自不能不为国际无产阶级政治组织之一部，即使吾人能以人力解散现存之中国共产党，中国无产阶级必不能随之消灭，彼等必将另行组织，故中国国民党对于加入本党之共产主义者，只能伺其行动是否合于国民党主义、政纲，而不问其他。因本党无论在任何地点、任何时间，只应就本党政纲与章程，以管理一切党员。共产主义者之接受本党党纲，而加入本党，即当视为本党党员以管理之。

据陈旭麓、郝盛潮主编，王耿雄等编：《孙中山集外集》，上海，上海人民出版社一九九〇年七月出版

---

① 中国国民党第一届二中全会自一九二四年八月十五日至二十三日在广州举行。二十一日中央全体会议讨论中央监察委员邓泽如、张继、谢持"检举共党不法案"。孙文主持中央政治委员会所拟《国民党内之共产派问题》及《国民党与世界革命运动的联络问题》通过决议。

饬蒋中正招募模范军令

（一九二四年八月二十二日）

转令军官学校校长蒋介石，招募精壮之兵士三千名实施训练，俾成为模范军，以为将来效力国家。

据《蒋介石招募模范军》，载一九二四年八月二十三日《广州民国日报》

批财政部盐务署请酌增员司指拨经费着无庸议呈

（一九二四年八月二十二日刊载）

呈悉。现正厉行减政，盐务署事务应仍由该部派员兼办，以资撙节，所请酌增员司，指拨经费之处，着无庸议。此令。

据《帅令不准盐务署指拨经费》，载一九二四年八月二十二日《广州民国日报》

着蒋校长于扣留械内照指定械
弹数拨交李廪将军使用令

（一九二四年八月二十三日）

着蒋校长将扣留之械内，交李廪将军驳壳枪壹百七十五枝、手机关枪十八枝及两项足用之子弹为甲车队之用。此令。孙文。

据原件，台北、中国国民党文化传播委员会党史馆藏

追赠杨朝元令

（一九二四年八月二十三日）

大元帅令

　　大本营军政部长程潜呈复："请准将已故中央直辖滇军第二军上校参军杨朝元追赠陆军少将，仍照上校例给恤"等语。杨朝元准予追赠陆军少将，仍照上校阵亡例给恤，以慰忠魂。此令。

　　　　　　　　　　　　　　　　　（中华民国陆海军大元帅之印）

　　　　　　　　　　　　　　　　中华民国十三年八月廿三日

　　　　　　　　据《大元帅令》，载广州《陆海军大元帅大本营公报》第二十四号，一九二四年八月三十日

饬广九铁路沿路防军保护直达客货车令

（一九二四年八月二十三日）

大元帅训令第四三三号

　　令大本营军政部长程潜

　　为令行事：据军政部次长胡谦呈："为呈请事：现据广九铁路总工程师蒲素柏函称：敝路由大沙头至石龙、由石龙至深圳两段，现下行车营业状况收入不敷开支，若无政府补助，对于运军费每日拨给三百元，则不能维持现状。刻闻政府不欲继续给款，现蒙贵次长对于规复直通客、货车一事，允于切实赞助。查现下所以不能规复直通客、货车者，因有障碍之事实数端，至上年因军事运输，各项车辆被军队毁坏，以至不堪言状，倘不得英段之赞助拨借大帮车辆与敝路，则决不能筹议规复直通快车。又香港政府不准英段车辆开致华界，恐该段车辆被扣留及发生骚扰车辆事项，若省政府能担保无上项事发生，则可通行。现下军政长官不准大沙头、石龙及石龙、深圳两段内之各车辆自由互驶过段，行车时刻亦由该军政长官等指定，且西路讨贼军在樟木头、深圳一段内对于客、货均征收附加费，

除是将往来英段之直通客、货车一概保护，免受此种苛待，否则虽规复直通客货，所得亦属有限也。现拟请英段准敝路每日开直通列车来往一次，全用华段之车辆凑成，只于深圳、九龙之间方用英段机车。现拟于本月二十六日起，按照时间表开行（附时间表一纸），希望试办若干时期后，倘能照常开行，并无军队之骚扰，即可恢复行旅与英段信仰敝路之心，英段当即拨借车辆以应需用。敝路请求政府赞助，俾直通列车得以开行，并恳担保沿路各军队对于列车之车辆不加以何种之骚扰，或延误列车时间，因列车按照时刻开行也。拟请一并严禁沿途军队征收附加费，及留难客、货等情事。敝路亟须设法整顿车务，以裕收入。除函商英段外，用特函请贵次长将上列各节呈明政府，并早日示复为感等情。据此，所称担保沿途各军队不骚扰或扣留车辆，及延误行车时间等事，自应由职商妥各军切实整理。至该总工程师蒲素柏所请规复通车直达九龙之处，应否照准，理合呈请察核，伏乞令遵"等情。据此，查该次长转呈广九铁路总工程师蒲素柏所请规复来往广九通车一节，应予照准，仰即转令该次长遵照，并转饬沿路各防军一体知照可也。此令。

（中华民国陆海军大元帅之印）

中华民国十三年八月二十三日

据《大元帅训令第四三三号》，载广州《陆海军大元帅大本营公报》第二十四号，一九二四年八月三十日

饬所有收入机关限收央行纸币令

（一九二四年八月二十三日）

大元帅训令第四三四号

令大本营财政部长叶恭绰、中央直辖滇军总司令杨希闵、湘军总司令谭延闿、粤军总司令许崇智、桂军总司令刘震寰、豫军讨贼军总司令樊钟秀、禁烟督办鲁涤平、广东省长廖仲恺、筹饷总局督办范石生、两广盐运使邓泽如、经界局督办兼广东沙田清理事宜古应芬、中央直辖第一军长朱培德、中央直辖第三军军长卢师谛、中央直辖第七军军长刘玉山、北伐讨贼军第二军军长柏文蔚、北伐讨贼军

第三军军长胡谦、山陕讨贼军司令路孝忱

为令遵事：查中央银行现已开始营业，所有政府收入机关，应限于收中央银行纸币，不准收各银号凭单及各种银毫。但各机关所收得之中央银行纸币，亦不得直接支用，务即将该项纸币交还中央银行兑换现洋，然后支给军饷及各种政费，使收入必收纸币，而支出则必支现洋，庶人民不致借口政府滥发纸币而有所怀疑。仰该部长等转饬所属一体遵照毋违。切切。此令。

（中华民国陆海军大元帅之印）

中华民国十三年八月二十三日

据《大元帅训令第四三四号》，载广州《陆海军大元帅大本营公报》第二十四号，一九二四年八月三十日

批叶恭绰报库券付息事宜改归中央银行办理呈

（一九二四年八月二十三日）

大元帅指令第九四五号

令大本营财政部长叶恭绰

呈报库券付息事宜改归中央银行办理，乞鉴核备案由。

呈悉。准予备案。此令。

（中华民国陆海军大元帅之印）

中华民国十三年八月二十三日

据《大元帅指令第九四五号》，载广州《陆海军大元帅大本营公报》第二十四号，一九二四年八月三十日

批蒋中正报办理减薪情形呈

（一九二四年八月二十三日）

大元帅指令第九四七号

令陆军军官学校校长蒋中正

呈报办理减薪情形由。

呈悉。此令。

（中华民国陆海军大元帅之印）

中华民国十三年八月二十三日

据《大元帅指令第九四七号》，载广州《陆海军大元帅大本营公报》第二十四号，一九二四年八月三十日

批蒋中正报该校人员兼职情形呈

（一九二四年八月二十三日）

大元帅指令第九四八号

令陆军军官学校校长蒋中正

呈报该校人员兼职情形由。

呈悉。此令。

（中华民国陆海军大元帅之印）

中华民国十三年八月二十三日

据《大元帅指令第九四八号》，载广州《陆海军大元帅大本营公报》第二十四号，一九二四年八月三十日

饬知黄昌谷呈送十三年一月暨二月份收支情形经审核准予核销令

（一九二四年八月二十五日）

大元帅训令第四三八号

令大本营会计司司长黄昌谷

为令知事：据大本营审计处处长林翔呈称："呈为呈覆事：案奉钧帅先后发下大本营会计司司长黄昌谷呈送该司庶务科十三年一月份暨二月份收支各项数目清

册对照表及收据粘存簿到处、饬令审计等因。奉此，经查该司长所送庶务科册列各数尚无浮滥，计十三年一月份共支出毫洋一万六千九百二十八元八毫八分七厘，二月份共支出毫洋一万五千五百八十元零二毫四分七厘。以上各数核与单据，均属相符，拟请准予如数核销。除将表册及单据簿留处备案外，理合具文连同原呈二件呈请钧帅察核示遵，实为公便"等情前来。除指令"呈悉。既据审查各数目均属相符，又无浮滥，应准予核销。候令行会计司知照可也。此令"印发外，合行合仰该司长即便知照。此令。

（中华民国陆海军大元帅之印）

中华民国十三年八月二十五日

据《大元帅训令第四三八号》，载广州《陆海军大元帅大本营公报》第二十四号，一九二四年八月三十日

饬发西路讨贼军由沪购运枪枝护照令

（一九二四年八月二十五日）

大元帅训令第四四○号

令大本营军政部长程潜

为令行事：据西路讨贼军总司令刘震寰呈称："呈为呈请事：窃职部补充军实，特由上海购办驳壳枪八百枝，分四期运省，每期计运二百枝。查军火入口关系重要，理合备文呈请钧座，伏乞批饬军政部照给护照四张，以利戎机，实为公便"等情。据此，除指令"准予饬部照给护照，所有该项枪枝于每期运到时，仰仍先行呈报备查。此令"印发外，合行令仰该部长查照发给可也。此令。

（中华民国陆海军大元帅之印）

中华民国十三年八月二十五日

据《大元帅训令第四四○号》，载广州《陆海军大元帅大本营公报》第二十四号，一九二四年八月三十日

批李福林枪毙著匪黎乃钧及交保省释黎桥伯等嫌疑犯
请发交军政部备案呈

（一九二四年八月二十五日）

大元帅指令第九五〇号

令粤军第三军军长李福林

呈报枪毙著匪黎乃钧及交保省释黎桥伯等嫌疑犯，请发交军政部备案由。

呈悉。准予交部备案。此令。

（中华民国陆海军大元帅之印）

中华民国十三年八月二十五日

据《大元帅指令第九五〇号》，载广州《陆海军大元帅大本营公报》第二十四号，一九二四年八月三十日

批鲁涤平派兵驻所协助禁烟乞令李福林
知照随时协助呈

（一九二四年八月二十五日）

大元帅指令第九五一号

令禁烟督办鲁涤平

呈为派兵驻所协助禁烟，乞令李军长福林知照随时协助等情由。

呈悉。候令行李军长转饬所属一体遵照，随时协助进行可也。此令。

（中华民国陆海军大元帅之印）

中华民国十三年八月二十五日

据《大元帅指令第九五一号》，载广州《陆海军大元帅大本营公报》第二十四号，一九二四年八月三十日

批林翔审查会计司长黄昌谷庶务科十三年一二两月份收支各项数目清册等件一案情形呈

（一九二四年八月二十五日）

大元帅指令第九五二号

令大本营审计处处长林翔

呈复审查会计司长黄昌谷呈送该司庶务科十三年一、二两月份收支各项数目清册等件一案情形，请准予核销，并附会计司原呈二件由。

呈悉。既据审查各数目均属相符，又无浮滥，应准予核销。候令行会计司知照可也。此令。

（中华民国陆海军大元帅之印）

中华民国十三年八月二十五日

据《大元帅指令第九五二号》，载广州《陆海军大元帅大本营公报》第二十四号，一九二四年八月三十日

批刘震寰购办枪枝分期运省请饬部照给护照呈

（一九二四年八月二十五日）

大元帅指令第九五三号

令西路总司令刘震寰

呈购办枪枝分期运省，请饬部照给护照由。

呈悉。准予饬部照给护照，所有该项枪枝于每期运到时，仰仍先行呈报备查。此令。

（中华民国陆海军大元帅之印）

中华民国十三年八月二十五日

据《大元帅指令第九五三号》，载广州《陆海军大元帅大本营公报》第二十四号，一九二四年八月三十日

批卢善矩呈将该舰薪饷煤炭归
粤军总司令部拨交呈

（一九二四年八月二十五日）

大元帅指令第九五四号

　　令江固舰舰长卢善矩

　　呈请将该舰薪饷煤炭归粤军总司令部拨交由。

　　呈悉。照准。候令行粤军总司令查照可也。此令。

（中华民国陆海军大元帅之印）

中华民国十三年八月二十五日

据《大元帅指令第九五四号》，载广州《陆海军大元
帅大本营公报》第二十四号，一九二四年八月三十日

饬许崇智江固舰所有薪饷煤炭归该部拨交令

（一九二四年八月二十五日）

大元帅训令第四四一号

　　令粤军总司令许崇智

　　为令遵事：据"江固"舰舰长卢善矩呈称："窃舰长自接事以来，迄今两月，职舰薪饷尚无着落，经将困苦情形呈报在案，曾奉帅令着财政委员会照册列数目指拨的款，由大本营军需处提前发给，惟至今日尚无切实办法。若长此以往，职舰伙食亦虞难继。舰长再四思维，若无善法，拟请将职舰所有薪饷、煤炭，以后归由粤军总司令部拨交，庶将来薪饷有着。是否有当，伏乞令遵"等情。据此，除指令照准外，合行令仰该总司令查照办理。此令。

（中华民国陆海军大元帅之印）

中华民国十三年八月二十五日

据《大元帅训令第四四一号》，载广州《陆海军大元
帅大本营公报》第二十四号，一九二四年八月三十日

批廖仲恺就□坑堡叶族乡长叶鸣君等
请价购密底五排枪五十枝等情呈

（一九二四年八月二十五日）

呈悉。该乡长叶鸣君等请领枪枝，既与《民团备价请领新枪暂行章程》相符，应予照准。除令行兵工厂照章给领外，仰即转饬台山县长饬行该乡长等知照可也。此令。

据《帅令准台山属民团领枪》，载一九二四年八月二十五日《广州民国日报》

批程潜覆请准将已故滇军参军
杨朝元追赠陆军少将呈

（一九二四年八月二十五日）

大元帅指令第九五五号

令大本营军政部长程潜

呈覆请准将已故滇军参军杨朝元追赠陆军少将等情由。

呈悉。已有明令追赠给恤矣。仰即遵照办理并转令知照可也。此令。

（中华民国陆海军大元帅之印）

中华民国十三年八月廿五日

据《大元帅指令第九五五号》，载广州《陆海军大元帅大本营公报》第二十四号，一九二四年八月三十日

批徐绍桢报该部人员原兼各职
并呈现支薪俸实数详表呈

（一九二四年八月二十六日）

大元帅指令第九五八号

　　令大本营内政部长徐绍桢

　　呈报该部人员原兼各职，并呈现支薪俸实数详表一纸由。

　　呈悉。表存。此令。

（中华民国陆海军大元帅之印）

中华民国十三年八月二十六日

据《大元帅指令第九五八号》，载广州《陆海军大元
帅大本营公报》第二十四号，一九二四年八月三十日

转饬南海县长代收九江烟酒两税
解缴滇军第三军作为饷糈令

（一九二四年八月二十五至二十七日）①

　　据中央直辖滇军第三军军长胡思舜呈称："案据职军第六师师长胡思清呈称：'查此次九江风潮，迭经先后电呈在案。惟九江烟、酒两税为国家正当收入，关系本军饷糈，业经径函南海李县长转饬代收陆续解送，以济军食，并经先行电呈在案，应请钧座察核，分别呈咨大元帅暨总司令、广东省长转饬南海县长遵照代收解缴，以符原议而救军食，并免派队征收，又生误会。是否之处，合呈请核

---

　　①　一九二四年九月二日《民国日报》称此令为《大元帅训令第四四三号》。按《大元帅训令第四四一号》及《大元帅训令第四四五号》发令日期，分别为八月二十五日及二十七日，故此令时间应在八月二十五至二十七日之间。

送'等情。据此，查职军前后方部队伙食，前经奉令自行筹给，且九江烟、酒两税早经指定拨充职军饷糈在案，应准照旧征收，以济军食。惟驻防部队现既调防，所拟责成南海县代收解送，俟后不再派队征收，免生误会，似属可行。理合备文呈请钧座察核，转饬南海县长遵照代收解缴，以符原案而济军食，实为公便"等情。据此，除指令函准外，合行令仰该省长转饬南海县长遵照办理。此令。

据《令南署收缴九江烟酒税》，载一九二四年九月二日《广州民国日报》（六）

饬晓谕商民照常复业令

（一九二四年八月二十七日）

大元帅训令第四四五号

令滇桂粤湘豫五总司令、广东省长

查此次商店罢市，系由奸人愚弄，且并未停业，其不得已而受挟制者实居多数。现已分令各军民长官，严谕一律照常复业。应由该总司令转饬所部切实保护，并严令各带兵官长约束军队，恪守纪律，担负责任实行保护，并由该总司令立即布告晓谕商民，以副本大元帅保安良善、维持治安之至意。除分令外，仰该总司令、省长即便遵照、知照并布告晓谕一体知照。此令。

（中华民国陆海军大元帅之印）

中华民国十三年八月二十七日

据《大元帅训令第四四五号》，载广州《陆海军大元帅大本营公报》第二十四号，一九二四年八月三十日

着吴铁城饬令警察侦缉散发诋毁政府传单
奸人从严究办令

（一九二四年八月二十七日）

查广州市近日发觉各种诋毁政府传单，日有数起。各区警察事前既不能防闲，

临时又不能制止，甚至任由奸人随街分送，或乘汽车飞派，均若视无睹，殊属有乖职守。仰该局长毋得再行玩视，即饬警察侦缉，分队四处巡逻。如见有此种行为，应即拘拿根究出处从严惩办，以遏乱萌。切切。此令。

据《昨日市内商店复业情形》，载一九二四年八月二十七日《广州民国日报》

转饬广九铁路军车处所拟维持广九铁路办法尚属可行仰即遵照办理令

（一九二四年八月二十七日）

据大本营军政部次长兼理广九铁路军车处事宜胡谦呈称："呈为财政竭绌，煤费难筹，谨拟办法，仰祈睿鉴事：除原文该处有案不录外，后开：如承采择，即乞批示并令行建设部转饬路局照办，不特财政从此减轻负担已也，如将来整理有效，除煤费、办公费尚有剩余时，请准每日尽先拨给三百元为北伐第三军给养，是否有当，伏乞示遵"等情，并附呈维持广九铁路办法九条前来。查核所拟各办法，尚属可行，仰该部长转饬该军车处遵照办理为要。至原呈所称，俟将来整理有效，除煤费办公费尚有剩余时，请准每日尽先拨给三百元为北伐第三军给养一节，应俟整理就绪，再行呈报核夺。仰□并饬遵办法九条抄发。此令。

据《整理广九路案之部令》，载一九二四年八月三十日《广州民国日报》

批叶恭绰遵办各征收机关收入解存中央银行呈

（一九二四年八月二十七日）

大元帅指令第九六四号

令大本营财政部长叶恭绰

呈报遵办各征收机关收入解存中央银行由。

呈悉。此令。

（中华民国陆海军大元帅之印）

中华民国十三年八月二十七日

据《大元帅指令第九六四号》，载广州《陆海军大元帅大本营公报》第二十四号，一九二四年八月三十日

批叶恭绰裁撤中央税捐整理处呈

（一九二四年八月二十七日）

大元帅指令第九六七号

令大本营财政部长叶恭绰

呈请裁撤中央税捐整理处，乞鉴核由。

呈悉。既据陈明中央税捐整理处无进行之必要，应准予裁撤。仰即知照。此令。

（中华民国陆海军大元帅之印）

中华民国十三年八月二十七日

据《大元帅指令第九六七号》，载广州《陆海军大元帅大本营公报》第二十四号，一九二四年八月三十日

着军民长官严谕商人照常复业
否则勒缴商团枪枝拿办首要令

（一九二四年八月二十八日）

查逆匪陈廉伯甘心从逆，阴谋叛乱，经政府查获证据与该逆党自行宣传，逆迹昭然，中外共见。迨事机败露，该逆潜逃，竟敢密遣党羽散布谣言，愚弄商团，诱胁商人罢市，不惜牺牲商民之生业，扰害市面之安宁，以图一逞，此而可忍，人道何存？此而可容，国纪何在？本大元帅素以宽大为怀，不忍株累。故前此再

三晓谕，准商团自行检举，允为发还所购枪枝。不意其受人挟持，公然有罢市之举。在商人素明大义，利害所迫或系一时被其迫胁，受其欺朦。政府为保全治安，伸张法纪，惟有实行正当之解决，以维大局而遏乱源。除一面分令军民长官，严谕商家，一律照常复业，切实保护外，所有商团订购之枪枝，查系此次实行罢市抵抗政府者，应即分别收没；其未罢市者，仍准发还，以昭惩劝。如仍有执迷不悟，抗不开市，并有叛乱行为者，惟有将该市区内商团枪枝，按数勒缴，并将首要严拿惩办，决不宽贷。除分令外，仰即遵照，并转饬所属知照。此令。

八月二十八日

据《解决扣械案之帅令》，载一九二
四年八月二十九日《广州民国日报》

着中央银行所发纸币每百元加税一元令

（一九二四年八月二十九日）

着中央银行由今日起，至再有命令之日止，将所发出之纸票每百元加税一元。此税款每日交大本营会计司收。此令。

据《帅令中央纸币加税》，载一九二
四年八月三十日《广州民国日报》

饬知财政委员会财政部将糖捐等交广东省财政厅后无力再拨付各机关经费及其他军费令

（一九二四年八月二十九日）

大元帅训令第四五〇号

令财政委员会

为令行事：据大本营财政部长呈称："为呈覆事：窃职部所有收入，前经指拨各项经费，拟具概算开列清单呈报钧座鉴核在案。兹于八月二十一日奉大元帅第四三〇号训令内开：'案查前次政务会议提议，一切税捐仍交地方主管官厅直接办理，除印花税应归财政部经理外，其余糖捐、桑田、酒精、火柴各捐均应由广东财政厅征收。业经议决，应即实行。除分令广东省长转饬财政厅照办外，仰该部长即便遵照，仍各将交收日期分报查核。此令'等因。奉此，自遵照办理。惟查酒精一项，原属奥加可类印花税，系援职部所办烟酒印花税之例并案办理，乃酒类印花税之一种，曾于本年三月三十日由部订定《施行奥加可类印花税章程》呈奉，大元帅第三二〇号指令准予备案各在案，而火柴检验证亦属于特种印花税之一。现时梧州业已开办，广东亦开办未久。今奉帅令，印花税应归财政部管理等因，则上两项税收既属于印花税，应否一律交厅，似尚须考虑。但既奉令，饬拟将广东火柴检验印花改为火柴捐，于本月二十八日先行交厅。惟梧州业已开办，若只此一隅仍留归部管，恐收入不足以供经费，自应将梧州一埠停办。至糖类捐系于七月二十八日开办，拟俟本月二十七日一个月期满，于二十八日移归财厅接办，以便收支款项划清界限，易于计算。此外，如糖类捐附加二成军费及桑田特别税，拟均于本月二十八日移归该厅接办。但有不得不声明者，职部收入本已指拨各项经费均经分行呈报有案。如省河及各属普通烟、酒两项印花税，已指定为短期军需库券还本付息基金，预计尚属不敷，正恃他种印花税以资挹注，而向在印花税项下开支之职部经费本已等于无着，现各项税收既奉令政归财厅接办，则职部对于指拨各机关经费及其他军费，实已无此财力应付，以后即无从担任。合并陈明"等情。据此，除指令"呈悉。已令行财政委员会查照矣。此令"印发外，合行令仰该会查照。此令。

（中华民国陆海军大元帅之印）

中华民国十三年八月二十九日

据《大元帅训令第四五〇号》，载广州《陆海军大元帅大本营公报》第二十四号，一九二四年八月三十日

批程潜复请追赠已故湘军所部队长岳云宾陆军少校并照例给予少校恤金呈

（一九二四年八月二十九日）

大元帅指令第九六八号

令大本营军政部长程潜

呈覆已故湘军所部队长岳云宾请追赠陆军少校，并照例给予少校恤金由。

呈悉。岳云宾准如所请追赠给恤。仰即遵照办理。此令。

（中华民国陆海军大元帅之印）

中华民国十三年八月廿九日

据《大元帅指令第九六八号》，载广州《陆海军大元帅大本营公报》第二十四号，一九二四年八月三十日

批刘文锦请省释任鹤年交该部效力呈

（一九二四年八月二十九日）

大元帅指令第九六九号

令大本营军政部长程潜

呈转呈湘军师长刘文锦请省释任鹤年交该部效力等情，乞察核由。

呈悉。照准。此令。

（中华民国陆海军大元帅之印）

中华民国十三年八月廿九日

据《大元帅指令第九六九号》，载广州《陆海军大元帅大本营公报》第二十四号，一九二四年八月三十日

批徐绍桢征收中西医生照费数目分别列表
请予备案并声明该款拨充部费情形呈

（一九二四年八月二十九日）

大元帅指令第九七一号

令大本营内政部长徐绍桢

呈报征收中西医生照费数目分别列表，请予备案，并声明该款拨充部费情形由。
呈悉。此令。

（中华民国陆海军大元帅之印）

中华民国十三年八月二十九日

据《大元帅指令第九七一号》，载广州《陆海军大元
帅大本营公报》第二十四号，一九二四年八月三十日

批叶恭绰遵令将地方税捐分期移归广东财政厅
直接管理暨声明部管财政情形呈

（一九二四年八月二十九日）

大元帅指令第九七五号

令大本营财政部长叶恭绰

呈覆遵令将地方税捐分期移归广东财政厅直接管理暨声明部管财政情形由。
呈悉。已令行财政委员会查照矣。此令。

（中华民国陆海军大元帅之印）

中华民国十三年八月二十九日

据《大元帅指令第九七五号》，载广州《陆海军大元
帅大本营公报》第二十四号，一九二四年八月三十日

批许崇智将大本营制弹厂改为粤军第一制弹厂
以符名实呈

（一九二四年八月二十九日）

大元帅指令第九七六号

　　令粤军总司令许崇智

　　呈将大本营中流砥柱制弹厂改为粤军第一制弹厂，以符名实由。

　　呈悉。准如所请办理，仰即知照。此令。

（中华民国陆海军大元帅之印）

中华民国十三年八月二十九日。

据《大元帅指令第九七六号》，载广州《陆海军大
元帅大本营公报》第二十四号，一九二四年八月三十日

裁撤大本营医官令

（一九二四年八月）

　　大本营医官一职可裁撤。

孙文

民国十三年八月

据原件，台北、中国国民党文化传播委员会党史馆藏

批徐绍桢请褒扬新会县耆绅李曜蓉呈

（一九二四年九月一日）

大元帅指令第九八〇号

　　令大本营内政部长徐绍桢

呈请褒扬新会县耆绅李曜蓉由。

呈悉。准予题颁"硕德纯行"四字，并给予银质褒章。仰即转给承领可也。此令。

（中华民国陆海军大元帅之印）

中华民国十三年九月一日

据《大元帅指令第九八○号》，载广州《陆海军大元帅大本营公报》第二十五号，一九二四年九月十日

批徐绍桢请褒扬文昌县节妇陈符氏呈

（一九二四年九月一日）

大元帅指令第九八二号

令大本营内政部长徐绍桢

呈请褒扬文昌县节妇陈符氏由。

呈悉。准予题颁"懿德贞型"四字，并给予银质褒章，仰即转给承领可也。此令。

（中华民国陆海军大元帅之印）

中华民国十三年九月一日

据《大元帅指令第九八二号》，载广州《陆海军大元帅大本营公报》第二十五号，一九二四年九月十日

着许崇智查核清查虎门要塞所属产业令

（一九二四年九月二日）

大元帅训令第四五三号

令粤军总司令许崇智

为令行事：据虎门要塞司令陈肇英呈称："窃查虎门要塞所属产业，自民国以来，历任司令屡将变卖，民人亦复侵占不少，几至荡然无存。不亟清查，殊非所

以保存公产之道。惟接受移交，关于各种案件类付缺如。现为尊重公产及图整顿起见，除切实分别查察各炮台、炮械、弹药、器具暨点验官长士兵外，对于要塞产业，如房屋、田亩、荒山、空地等项，拟即彻底清查。其经历任司令变卖，手续不合，及为人民侵占者，拟行一律追还，绘图立说呈请备案，以资永久保存。是否有当，理合备文呈请察核"等情。据此，合行令仰该总司令查核饬遵。此令。

（中华民国陆海军大元帅之印）

中华民国十三年九月二日

据《大元帅训令第四五三号》，载广州《陆海军大元
帅大本营公报》第二十五号，一九二四年九月十日

批程潜复拟请准予追赠参谋蒋楚卿陆军上校呈[①]

（一九二四年九月二日）

大元帅指令第九八五号

　　令大本营军政那〔部〕长程潜

　　呈复拟请准予追赠湘军参谋蒋楚卿陆军上校，照陆军战时恤赏章程积劳病故例给予中校恤金由。

　　呈悉。准如所拟办理。此令。

（中华民国陆海军大元帅之印）

中华民国十三年九月二日

据《大元帅指令第九八五号》，载广州《陆海军大
元帅大本营公报》第二十五号，一九二四年九月十日

---

　　① 大本营军政部长程潜呈复拟请准予追赠湘军参谋蒋楚卿陆军上校，照《陆军战时恤赏章程》积劳病故例，给予中校恤金。

着郑洪年将议决各事分告张作霖等手示

（一九二四年九月三日）

着秘书长留意，比对各电。雨亭、子嘉、玉虎①三处，应详告此间议决各事。

附一：郑洪年将叶恭绰来电代呈孙文

（一九二四年九月二日）

香密。沪宁车今确停，明晨必开火。奉②冬开大会议，此间空气渐比苏好。请呈帅座。绰。冬。洪年代呈。

九月三日下午

附二：郑洪年将叶恭绰来电代呈孙文

（一九二四年九月三日）

香密。本晨苏浙在黄渡开火③。祈呈帅座。绰。江。洪年代呈。

九月（三日）下午六点卅分

据原件，台北，中国国民党文化传播委员会党史馆藏

---

　　①　张作霖，字雨亭，时任奉天省督军、东三省保安总司令。卢永祥，字子嘉，时任浙江省督军。叶恭绰，字玉虎（亦作誉虎）。当时孙文以张作霖、卢永祥为盟友，时人称"反直三角同盟"。

　　②　指奉天。

　　③　一九二四年九月三日，江苏省督军齐燮元派兵沿沪宁线趋黄渡乡以攻上海，江浙战争（亦称苏浙战争）爆发。后来浙江兵败，十月十三日卢永祥通电下野赴日本。

给程潜的训令

（一九二四年九月三日）

大元帅训令第四五五号

　　令大本营军政部长程潜

　　据湘军总司令谭延闿呈称："为呈请事：案据职部湘军第一军军长宋鹤庚呈称：'窃查已故少将黄辉祖因积劳致疾，于七月十四日在马头行营病故各情，业经呈报并呈请发给埋葬运柩等费在案。查该故少将由前湖南兵目学校毕业，秉性刚果，奉职公忠，骁勇善战，兼娴韬略。民国初元追随职部，及今十有余年，驱汤、拒傅、逐张①、援鄂各役，无不亲临阵地，身先士卒。去岁湘局骤变，该故少将首率所部，进规长沙，嗣复追随钧座，转战于洙亭、渌口间，积劳婴疾，日咯血数升，而未尝言病。奉调援粤，旬日间败北虏数万众于南、始，今春复随职东征，河源、新丰两役，力疾前驱，厥功尤伟。入夏，军中疠疫盛行，死亡相继，故该少将忧患益深，病以加重，医药罔效，竟致不起。身后甚属萧条，妻室子女，嗷嗷待哺，情形尤为凄恻。用是序述前状，敬呈钧座转呈帅座，笃念前劳，厚赐恤金，并照阵亡例追赠中将，以尉忠魂，而励后死，不胜哀切，恳祷之至'等情。据此，查该故少将黄辉祖忠勇性成，改革以还，历著战功，值此敌焰方张之时，正资倚畀，竟于此次于役东江，积劳殒命，良用痛悼，理合据该军长录叙事略，备文转呈睿座鉴核，饬部从优议叙恤金，并照阵亡例追赠中将，以慰忠魂，而励来哲。所有请给故少将黄辉祖恤金暨追赠中将各缘由，是否有当，敬候指令祗遵"等情。据此，除指令"呈悉。候令饬军政部从优议恤可也。此令"外，仰该部长即便遵照。此令。

中华民国十三年九月三日

据《大元帅训令第四五五号》，载广州《陆海军大元
帅大本营公报》第二十五号，一九二四年九月十日

---

　　①　驱汤、拒傅、逐张，汤指汤芗铭，傅指傅良佐，张指张敬尧。

批谭延闿请优恤黄辉祖呈

（一九二四年九月三日）

大元帅指令第九八八号

令湘军总司令谭延闿

呈请从优赠恤积劳病故之少校黄辉祖由。

呈悉。候令饬军政部从优议恤可也。此令。

（中华民国陆海军大元帅之印）

中华民国十三年九月三日

据《大元帅指令第九八八号》，载广州《陆海军大元帅大本营公报》第二十五号，一九二四年九月十日

批古应芬请将登录局改为沙田登记局呈

（一九二四年九月四日）

呈及章程细则均悉。所请将登录局改为沙田登记局，事属可行，应准照办。惟查阅章程多采法律用语，事关行政范围，诚恐一般人民未尽事〔了〕解，转滋窒碍，且嫌含混。至登记簿一节，则应列入施行细则内，不必列入章程。仰该督办即便遵照。另行斟酌损益，妥拟简明赅括而又使人民易于事〔了〕解之章则，呈候核夺，是为至要。原章程及细则发还。此令。

据《帅令准设沙田登记局》，载一九二四年九月五日《广州民国日报》

宣告减轻监犯朱道孙等六十七名刑期令

（一九二四年九月五日）

大元帅令

　　广东高等检察厅检察长林云陔呈："监犯朱道孙等六十七名，均属情节可原，悛悔有据，拟请减刑"等语。本大元帅特宣告：将朱道孙减为四等有期徒刑一年十月，李荫堃减为四等有期徒刑一年十月，曾有减为四等徒刑一年三月，梁满减为监禁一年一月，梁荣减为五等有期徒刑十月，陶一民减为徒刑一年三月，李达初减为五等有期徒刑八月，冯德减为五等有期徒刑七月，梁永减为五等有期徒刑九月，曹春光减为五等有期徒刑十一个月，毕扬减为五等有期徒刑十一个月，黄荣减为五等有期徒刑九月，王全减为五等有期徒刑十月，张遵甫减为五等有期徒刑十月，李棣减为五等有期徒刑七月，林洪干减为五等有期徒刑五月，江振昌减为五等有期徒刑七月，张光耀减为五等有期徒刑七月，徐然减为徒刑二月，何彬减为徒刑二月，梁奀减为徒刑七月，罗义减为徒刑三月，毛拂扬减为徒刑三月，罗合和减为徒刑三月，钟标减为徒刑三月，李焕坤减为徒刑九月，刘才减为徒刑二月，周平减为徒刑三月，张耀忠减为徒刑四月，刘桂昌减为徒刑四月，邓逢减为徒刑四月，许有减为徒刑八月，冯少泉减为徒刑二月，刘照减为徒刑四月，赖业兴减为徒刑三月，李福来减为徒刑三月，曾水英减为徒刑四月，许德减为徒刑二月，区林减为徒刑二月，顾锦初减为徒刑一月，高檀减为徒刑二月，方少劳减为徒刑一月，魏登减为徒刑三月，关牡丹减为三等有期徒刑三年，陆黎氏减为三等有期徒刑三年一月，冯卢氏减为四等有期徒刑二年四月，葛杨氏减为徒刑一年一月，戴劳氏减为徒刑一年，梁张氏减为五等有期徒刑九月，冯朱氏减为五等有期徒刑九月，陈黄氏减为五等有期徒刑十月，蔡蓝氏减为五等有期徒刑十月，陈任氏减为五等有期徒刑九月，褖六妹减为五等有期徒刑九月，张吴氏减为五等有期徒刑九月，欧聂氏减为五等有期徒刑八月，黄林氏减为有期徒刑七月，张唐氏减为五等有期徒刑八月，李陈氏减为五等有期徒刑八月，黄李氏减为五等有期徒刑七月，卢氏减为五等有期徒刑六月，刘陈氏减为五等有期徒刑六月，邓李氏减为五等有期徒刑六月，陆赵氏减为徒刑三月，余潘氏减为徒刑七月，胡冯氏减为徒刑三月，陈亚贞减为徒刑六月，以昭矜劝。此令。

（中华民国陆海军大元帅之印）

中华民国十三年九月五日

据《大元帅令》，载广州《陆海军大元帅大本营公报》第二十五号，一九二四年九月十日

饬黄昌谷北伐在即所有薪俸一律停支令

（一九二四年九月五日）

北伐在即，所有各项薪俸一律停支。此令。

据《大元帅实行督师讨伐》，载一九二四年九月六日《广州民国日报》

着陈融转饬广州地方审判厅十二年先后借与高雷绥靖处毫银一千元准予报销令

（一九二四年九月五日）

大元帅训令第四五七号

令广东高等审判厅厅长陈融

为令行事：据高雷绥靖处处长林树巍呈称："现准广州地方审判厅咨开：'准贵处向敝厅挪借款项，经于十二年四月二十一日、六月九日、同月十一日先后挪交毫银一千元，取回印收在案。查敝厅向无公款余存，所储均系各案当事缴案暂存之款，讼案一经终结，即须将款给领。当时以贵处所需系军费，刻不容缓，故权宜暂行挪借。现在，敝厅收受新案甚少，各旧案已陆续清结，亟须将款分别发给，相应咨请贵处查照。希即将去年由敝厅挪借之毫银一千元如数归还，以清手续，至纫公谊'等由。准此。查职处部队去岁驻防高雷，适当申、邓两逆迭次入蔻〈寇〉，尔时军事紧急，粮饷断绝，政府既无款可领，就地又无款可筹，曾奉

帅座谕'暂向私人挪借，渡此难关，当由政府设法清还'等示。经于去岁向广州地方审判厅先后挪借过公款一千元，兹准咨催，自应照办。但职处伙食现尚不敷，实无余款可以归还，理合备文呈请帅座察核，俯准令饬广州地方审判厅将该款报销，俾清手续，实为公便"等情。据此，除指令照准外，合行令仰该厅长即便转饬广州地方审判厅查照可他〈也〉。此令。

（中华民国陆海军大元帅之印）

中华民国十三年九月五日

据《大元帅训令第四五七号》，载广州《陆海军大元帅大本营公报》第二十五号，一九二四年九月十日

批程潜复请抚恤湘军已故军医正邓宇清呈

（一九二四年九月五日）

大元帅指令第九九三号

令大本营军政部长程潜

呈复请抚恤湘军已故军医正邓宇清由。

呈悉。准如所请办理。此令。

（中华民国陆海军大元帅之印）

中华民国十三年九月五日

据《大元帅指令第九九三号》，载广州《陆海军大元帅大本营公报》第二十五号，一九二四年九月十日

批林树巍请准令广州地方审判厅
将借给该处款项报销呈

（一九二四年九月五日）

大元帅指令第九九四号

令高雷绥靖处处长林树巍

呈请准予广州地方审判厅将借给该处款项报销由。

呈悉。应照准。候令饬该厅查照可也。此令。

（中华民国陆海军大元帅之印）

中华民国十三年九月五日

据《大元帅指令第九九四号》，载广州《陆海军大元帅大本营公报》第二十五号，一九二四年九月十日

裁撤广东无线电报总局令

（一九二四年九月六日）

大元帅令

广东无线电报总局应即裁撤，所有该局事宜，着由广东电政监督管理。此令。

（中华民国陆海军大元帅之印）

中华民国十三年九月六日

据《大元帅令》，载广州《陆海军大元帅大本营公报》第二十五号，一九二四年九月十日

核议蠲免苛细捐税令

（一九二四年九月六日）

大元帅训令第四五八号

令广东省长廖仲恺、财政委员会

广东频年用兵，糈饷浩繁，前以军事紧急，度支匮乏，正供之外，议及税捐，各商民为国输将，热诚可尚。惟一念及人民负担之重，辄用不安。着财政委员会将从前所有征收各项税捐及附加军费，逐案核议，其涉于苛细者，均一律蠲免。由广东省长转饬各主管征收机关竭力举行，以示体恤而慰民望，并布告晓谕，咸使周知。切切。此令。

（中华民国陆海军大元帅之印）

中华民国十三年九月六日

据《大元帅训令第四五八号》，载广州《陆海军大元帅大本营公报》第二十五号，一九二四年九月十日

批程潜请赠恤西路阵亡连长余湘兰呈

（一九二四年九月六日）

大元帅指令第九九六号

　令大本营军政部长程潜

　呈请赠恤西路阵亡连长余湘兰由。

　呈悉。准如所请办理。此令。

中华民国十三年九月六日

据《大元帅指令第九九六号》，载广州《陆海军大元帅大本营公报》第二十五号，一九二四年九月十日

批林云陔为监犯朱道孙等六十七名
拟请分别减刑附呈减刑名表呈

（一九二四年九月六日）

大元帅指令第九九七号

　令广东高等检察厅检察长林云陔

　呈为监犯朱道孙等六十七名均属情节可原、悛悔有据，拟请分别减刑，附呈减刑名表，乞示遵由。

　呈、表均悉。已有明令分别准予减刑矣。仰即知照。表存。此令。

（中华民国陆海军大元帅之印）

中华民国十三年九月六日

据《大元帅指令第九九七号》，载广州《陆海军大元帅大本营公报》第二十五号，一九二四年九月十日

批廖仲恺报粤路伕力应准集贤总工会承办
请撤销前发许前总理备案指令呈

（一九二四年九月六日）

大元帅指令第九九八号

　　令广东省长廖仲恺

　　呈报粤路伕力应准集贤总工会承办，请撤销前发许前总理备案指令由。

　　呈悉。既据陈明和济公司种种办理不善，应准由集贤总工会承办，尚属实情。准予撤销前发许前总理①备案指令，仰仍转行知照可也。此令。

（中华民国陆海军大元帅之印）

中华民国十三年九月六日

据《大元帅指令第九九八号》，载广州《陆海军大元
帅大本营公报》第二十五号，一九二四年九月十日

命北伐各军不得擅移懈弛防守令

（一九二四年九月七日）

　　为令遵事：现在举行北伐，所有应行出发各部分军队业经令知准备定期开拔。其非奉命北伐各军，着仍就各原日防地驻扎，妥为布防，不得擅行移动及懈弛防守，是为至要。切切。此令。

据《帅令各军准备出发》，载一九二四年
九月十一日《广州民国日报》（临时特刊）

---

　　①　许前总理即粤汉铁路公司前总理许崇灏。

裁撤法制委员会及经界局令

（一九二四年九月八日）

大元帅令

　　法制委员会、经界局均着即裁撤。此令。

（中华民国陆海军大元帅之印）

中华民国十三年九月八日

据《大元帅令》①，载广州《陆海军大元帅大
本营公报》第二十五号，一九二四年九月十日

裁撤盐务署令

（一九二四年九月八日）

大元帅令

　　盐务署着即裁撤，所有该署应办事宜，着归并财政部办理。此令。

（中华民国陆海军大元帅之印）

中华民国十三年九月

据《大元帅令》，载广州《陆海军大元帅大本
营公报》第二十六号，一九二四年九月二十日

着蒋介石发朱培德部步枪千枝令

（一九二四年九月八日）

　　着蒋介石先发给朱培德部步枪壹千枝。此令

孙文

据原件，台北、中国国民党文化传播委员会党史馆藏

---

①　此令亦见九月十日《大本营公报》第二十六号。

批陈兴汉请赓续办理该路临时附加军费呈

（一九二四年九月八日）

大元帅指令第九九九号

　　令管理粤汉铁路事务陈兴汉

　　呈请庚〔赓〕续办理该路临时附加军费，乞鉴核由。

　　呈悉。准如所请办理。此令。

（中华民国陆海军大元帅之印）

中华民国十三年九月八日

据《大元帅指令第九九九号》，载广州《陆海军大元
帅大本营公报》第二十六号，一九二四年九月二十日

批古应芬请撤销沙田自卫另组织
党军改编团勇以扶助劳农呈

（一九二四年九月八日）

大元帅指令第一〇〇一号

　　令经界局督办兼办广东沙田清理事宜古应芬

　　呈请撤销沙田自卫，另由该督办组织党军改编团勇以扶助劳农等情由。

　　呈悉。所请事属可行。惟应如何切实进行，统筹兼顾，方不至违背农民自治之精神，而政府收入亦不至有所妨碍，仰即拟具办法呈候核夺可也。此令。

（中华民国陆海军大元帅之印）

中华民国十三年九月八日

据《大元帅指令第一〇〇一号》，载广州《陆海军大
元帅大本营公报》第二十五号，一九二四年九月十日

饬限期裁员减俸令

（一九二四年九月九日）

大元帅训令第四六〇号

令大理院长兼管司法行政事务吕志伊

为令饬事：现值出师北伐，军用浩繁，所有各项政费，亟应大加裁节，移缓济急。为此，令仰该院长兼管司法行政事务即便遵照，厉行裁员减俸，以每月支出适合收入为度。限令到三日内，将遵办情形暨减定经费数目列表具报查核，勿稍违延。至被裁各员，准予发给本年九份全薪，用示体恤，合并饬知。此令。

（中华民国陆海军大元帅之印）

中华民国十三年九月九日

据《大元帅训令第四六〇号》，载广州《陆海军大元帅大本营公报》第二十六号，一九二四年九月二十日

饬各部裁员减薪并规定各部经费限额令

（一九二四年九月九日）

大元帅训令第四六一号

令大本营内政部长徐绍桢、大本营军政部长程潜、大本营财政部长叶恭绰、大本营建设部长林森

为令饬事：现值出师北伐，军用浩繁，所有各项政费，亟应大加裁节，移缓济急。除分令外，为此令仰该部长即便遵照，厉行减员、减俸，以每部每月支出不超过四千圆为度。限令到三日内，将遵办情形暨减定经费数目列表报查，勿得稍有违延。至此次被裁各员，本年九月份俸给仍准照数全数支发，用示体恤，合并饬知。此令。

（中华民国陆海军大元帅之印）

中华民国十三年九月九日

据《大元帅训令第四六一号》，载广州《陆海军大元帅大本营公报》第二十六号，一九二四年九月二十日

饬禁烟督办裁员减俸令

（一九二四年九月九日）

大元帅训令第四六三号

　　令禁烟督办谢国光

　　为令饬事：现值出师北伐，军用浩繁，所有各项政费，亟应大加裁节，移缓济急。为此合仰该督办即便遵照，厉行裁员、减俸，限令到三日内，将遵办情形暨减定经费数目列表报查。此令。

　　　　　　　　　　　　　　（中华民国陆海军大元帅之印）

　　　　　　　　　　　　　中华民国十三年九月九日

　　　　　　　　　据《大元帅训令第四六三号》，载广州《陆海军大元帅大本营公报》第二十六号，一九二四年九月二十日

着逐案核议从前所有征收各项税捐及附加军费令

（一九二四年九月九日）①

大元帅训令

　　着将从前所有征收各项税捐及附加军费，逐案核议，其涉于苛细者，一律蠲免，由广东省长转饬各主管征收机关实力举行。

　　　　　　　　　据陈旭麓、郝盛潮主编，王耿雄等编：《孙中山集外集》，上海，上海人民出版社一九九〇年七月出版

―――――――――

　　①　时间为财政委员会第六十一次会议决案日期。

着减张遵甫徒刑并回复公权令

（一九二四年九月十日）

大元帅令

　　大理院长兼管司法行政事务吕志伊呈："监犯张遵甫前充总统府卫士，著有劳绩，既经原管长官王吉壬具出证明书属实，所犯案情亦属轻微，请准予减刑"等语。张遵甫着减处徒刑一年，并回复其公权，以昭矜劝。此令。

（中华民国陆海军大元帅之印）

中华民国十三年九月十日

据《大元帅令》，载广州《陆海军大元帅大本营公报》第二十六号，一九二四年九月二十日

批叶恭绰报盐运使署暨稽核所遵令减薪情形呈

（一九二四年九月十日）

大元帅指令第一〇〇四号

　　令财政部长兼盐务督办叶恭绰

　　呈报盐运使署暨稽核所遵令减薪情形由。

　　呈、表均悉。表存。此令。

（中华民国陆海军大元帅之印）

中华民国十三年九月十日

据《大元帅指令第一〇〇四号》，载广州《陆海军大元帅大本营公报》第二十六号，一九二四年九月二十日

批徐绍桢呈复遵令编造十三年度预算情形令

（一九二四年九月十日）

大元帅指令第一〇〇七号

令大本营内政部长徐绍桢

呈覆遵令编造十三年度预算情形由。

呈悉。此令。

（中华民国陆海军大元帅之印）

中华民国十三年九月十日

据《大元帅指令第一〇〇七号》，载广州《陆海军大元帅大本营公报》第二十六号，一九二四年九月二十日

批吕志伊请准予酌减前充卫士张遵甫徒刑
并回复其公权呈

（一九二四年九月十日）

大元帅指令第一〇〇八号

令大理院长兼管司法行政事务吕志伊

呈请据高检厅请监犯张遵甫前充卫士，着有劳绩经原管长官出具证明书，请准予斟减处徒刑一年，并回复其公权，乞示遵由。

呈悉。监犯张遵甫已有明令准予减刑矣。仰即知照。此令。

（中华民国陆海军大元帅之印）

中华民国十三年九月十日

据《大元帅指令第一〇〇八号》，载广州《陆海军大元帅大本营公报》第二十六号，一九二四年九月二十日

批吴稚晖等电①

（一九二四年九月上旬）

陈逆阴险，非至势穷力竭，岂肯宣布攻曹。

中国社会科学院近代史研究所、中华民国史研究室编：《中华民国史资料丛稿大事记》第十辑，一九二四年（中华民国十三年），北京，中华书局一九八六年出版

批古应芬遵办兼职人员减成支薪呈

（一九二四年九月十一日）

大元帅指令第一○一○号

令经界局督办兼办广东沙田清理事宜古应芬

呈报遵办兼职人员减成支薪等情由。

呈、表均悉。表存。此令。

（中华民国陆海军大元帅之印）

中华民国十三年九月十一日

据《大元帅指令第一○一○号》，载广州《陆海军大元帅大本营公报》第二十六号，一九二四年九月二十日

---

① 此系孙文在吴稚晖等劝与陈炯明和解并让其参加北伐的来电上批示。

批胡汉民等审查哈付轮船运载军火来粤一案情形请准将该轮放行呈①

（一九二四年九月十一日）

大元帅指令第一○一三号

令审查哪威运载军火船委员胡汉民等

呈复奉令审查"哈付"轮船运载军火来粤一案情形，请准将该轮放行，以示宽大由。

呈悉。既据审查该"哈付"轮船确无犯罪之意，应准予放行，以示宽大。候令行财政部、外交部分别转饬粤海关监督及广东交涉员遵照可也。此令。

（中华民国陆海军大元帅之印）

中华民国十三年九月十一日

据《大元帅指令第一○一三号》，载广州《陆海军大元帅大本营公报》第二十六号，一九二四年九月二十日

着蒋中正取消前将长枪交范军长收管之令令②

（一九二四年九月十二日）

前令交范军长长枪壹千枝，今因商团已就范围，当先发还商团，故当取消前令。此令。长洲要塞司令蒋。

孙文

民国十三年九月十二日

据原件，台北、中国国民党文化传播委员会党史馆藏

---

① "哈付"轮即"哈佛"轮，亦作"哈辅"轮。船主为丹麦商人，乃替广东商团载运军火来粤者。胡汉民等时任审查挪威运载军火船委员。

② 范军长即范石生。

着蒋中正分配各学校军队枪枝令

（一九二四年九月十二日）

着分给军官学校长枪六百杆，教导团长枪一千杆，干部学校、讲武学校长枪各二百杆，滇军第二军长范石生长、短枪各五百杆，桂军总司令刘震寰、豫军总司令樊钟秀长枪各五百杆。此令。

据毛思诚编：《民国十五年以前之蒋介石先生》第七册，一九三七年三月印行

饬知谢国光鲁涤平所呈十三年四月份
收支计算书等件准予核销令

（一九二四年九月十二日）

大元帅训令第四六九号

令禁烟督办谢国光

为令行事：前据该前督办鲁涤平呈送十三年四月份收支计算书等件请予核销，经发交大本营审计处审核，兹据呈覆，审核相符，尚无浮滥等情。据此，自应准予核销。除指令外，合行令仰该督办查照，并行转知可也。此令。

（中华民国陆海军大元帅之印）

中华民国十三年九月十二日

据《大元帅训令第四六九号》，载广州《陆海军大元帅大本营公报》第二十六号，一九二四年九月二十日

审核兵工厂十二年四至六月份收支情形令

（一九二四年九月十二日）

大元帅训令第四七〇号

令大本营军政部长程潜

为令行事：据大本营审计处处长林翔呈覆："案奉钧帅先后发交前广东兵工厂厂长朱和中呈送十二年四月份至六月份收支计算书暨附属表及证据粘存簿到处，饬令审计等因。奉此，窃查该厂长所送册列各数大致相符，惟查该册内列购买无烟药未有原铺单据，业经呈明帅座，旋奉指令准予核销，自应遵照办理。兹查四月份杂支栏内列绿茶盘、茶杯等件，共该银十四圆八毫九分，查核第五百五十号单据并无商店图章，且与第五百八十八号单据所列各件相同，似系重复，未便遽予核销。又查五月份修缮栏内列修建黑药厂上盖工料，该银一百八十元，查核第一千四百三十五号单据，实支银一百七十四圆五毫五分，比对实浮支银五元七毫五分，应即核减，以重公帑。以上两项共核减毫银二十一元三毫四分，计该厂十二年四月份支出毫银二万九千三百零三元一毫四分，除核减十四元八毫九分外，实核销毫银二万九千二百八十八元二毫五分。又五月份支出毫银六万二千零四十八元五毫八分六厘。除核减五元七毫五分外，实核销毫银六万二千零四十二元八毫三分六厘。又六月份支出毫银八万七千三百七十四元八毫四分四厘，核与单据亦属相符。以上各数均属核实，拟请准予核销。其核减之二十一元三毫四分，应请饬令该厂长列入新收款项，以清手续"等情。据此，除指令照准外，合行令仰该部长转饬遵照可也。此令。

（中华民国陆海军大元帅之印）

中华民国十三年九月十二日

据《大元帅训令第四七〇号》，载广州《陆海军大元帅大本营公报》第二十六号，一九二四年九月二十日

饬转保护铜鼓商埠测量及筑路令

（一九二四年九月十二日）

大元帅训令第四七一号

令大本营军政部长程潜、广东省长廖仲恺

为令饬事：据筹办铜鼓商埠委员陈宜禧面称："刻已着手测量及兴工筑路，请

饬该地军警切实保护，俾利进行"等情。据此，除分令外，合行令仰该部、省长即便遵照，转饬现住台山军队、香山县长督饬团警妥为保护可也。此令。

（中华民国陆海军大元帅之印）

中华民国十三年九月十二日

据《大元帅训令第四七一号》，载广州《陆海军大元帅大本营公报》第二十六号，一九二四年九月二十日

饬知林森铜鼓开埠筹备会无庸刊发关防令

（一九二四年九月十二日）

大元帅训令第四七二号

令大本营建设部长林森

为令饬事：据铜鼓开埠筹备委员李卓峰等呈称："为呈报筹备委员会成立并请颁发关防事。本年九月一日奉大元帅令开：'派李卓峰、伍大光、谢适群、徐希元、林子峰、陆敬科、薛锦标、徐绍桢为铜鼓开埠筹备委员。此令'等因。奉此，卓峰等遵于九月一日全体就职，暂假建设部为筹备会所。窃念开埠一举，头绪纷繁，对内对外关系綦重，拟请颁发关防一颗，俾资信守。所有呈报铜鼓开埠筹备委员会成立并请给关防各缘由，理合具文呈请察核施行"等情。据此，当经指令"呈悉。查该委员会系临时设立，事竣即须裁撤，可无庸刊发关防。如须与各机关行文，着即借用建设部印，俾昭信守可也。仍候行建设部知照。此令"等语，除指令印发外，合行令仰该部长即便知照。此令。

（中华民国陆海军大元帅之印）

中华民国十三年九月十二日

据《大元帅训令第四七二号》，载广州《陆海军大元帅大本营公报》第二十六号，一九二四年九月二十日

饬廖仲恺大本营财政部长叶恭绰
规画统一财政机关令

（一九二四年九月十二日）

大元帅训令第四七四号

令广东省长廖仲恺、大本营财政部长叶恭绰

为令行事：现在出师北伐，军费浩繁，馈饷转粮，亟须筹备巨款，以利师行。粤省财政情形已成弩末，开源节流，难收急效，惟有就现在财政收入机关实行统一，以提纲挈领之规，为集腋成裘之计，纪纲既立，效益自宏。着该省长、部长悉心规画，切实进行，以收饱腾之效，有厚望焉。此令。

（中华民国陆海军大元帅之印）

中华民国十三年九月十二日

据《大元帅训令第四七四号》，载广州《陆海军大元帅大本营公报》第二十六号，一九二四年九月二十日

批林翔审查禁烟督办署十三年四月份收支计算书表等
尚属相符请准核销呈

（一九二四年九月十二日）

大元帅指令第一〇一六号

令大本营审计处处长林翔

呈复审查禁烟督办署十三年四月份收支计算书表等，尚属相符，请准核销由。

呈悉。既据审查该督办署十三年四月份收支相符，尚无浮滥，应即准予核销。候令饬遵照可也。此令。

（中华民国陆海军大元帅之印）

中华民国十三年九月十二日

据《大元帅指令第一〇一六号》，载广州《陆海军大元帅大本营公报》第二十六号，一九二四年九月二十日

批林翔审查前兵工厂厂长朱和中十二年四月至六月份收支计算书表等件分别核销核减情形呈

（一九二四年九月十二日）

大元帅指令第一〇一七号

令大本营审计处处长林翔

呈覆审查前兵工厂厂长朱和中十二年四月至六月份收支计算书表等件，分别核销核减情形，请查核示遵由。

呈悉。照准。候令行军政部转饬遵照。此令。

（中华民国陆海军大元帅之印）

中华民国十三年九月十二日

据《大元帅指令第一〇一七号》，载广州《陆海军大元帅大本营公报》第二十六号，一九二四年九月二十日

批铜鼓埠筹备委员会呈报成立日期并请发给关防令

（一九二四年九月十二日）

大元帅指令第一〇一九号

令铜鼓埠筹备委员会

呈报成立日期并请发给关防由。

呈悉。查该委员会系临时设立，事竣即须裁撤，可无庸刊发关防。如须与各机关行文，着即借用建设部印，俾昭信守可也。仍候行建设部知照。此令。

（中华民国陆海军大元帅之印）

中华民国十三年九月十二日

据《大元帅指令第一〇一九号》，载广州《陆海军大元帅大本营公报》第二十六号，一九二四年九月二十日

着东江叛军悔悟自新通令

（一九二四年九月十三日）

大元帅令

　　曹锟、吴佩孚窃国弄权，残民以逞，数年以来，闽、粤、川、湘生民涂炭，曹、吴二贼实为祸首。近复启衅浙、奉，兵连祸结，本大元帅已明令诸将，出师北伐，并亲驻韶关，以资节制。东江叛军抗命经年，此时若能深思顺逆之辨，幡然悔悟，相率来归，本大元帅当许其自新；否则径率所部，驰赴福建，以为浙江声援，亦必许其以功自赎。兹特命东江征讨诸军撤惠州之围，并停止各路进攻，以示网开三面之意。内靖乡土，外挞狂寇，时不再得，法不再宽，凛之毋忽。此令。

　　　　　　　　　　　　　　　　（中华民国陆海军大元帅之印）

　　　　　　　　　　　　　　　　中华民国十三年九月十三日

　　　　　　　　据《大元帅令》，载广州《陆海军大元帅大本营公报》第二十六号，一九二四年九月二十日

饬东江叛军悔悟自新并命征讨诸军撤惠州之围通令

（一九二四年九月十三日）

大元帅令

　　曹锟、吴佩孚窃国弄权，残民以逞，数年以来，闽、粤、川、湘生民涂炭，曹、吴二贼实为祸首。近复启衅浙、奉，兵连祸结，本大元帅已明令诸将，出师北伐，并亲驻韶关，以资节制。东江叛军抗命经年，此时若能深思顺逆之辨，幡然悔悟，相率来归，本大元帅当许其自新；否则径率所部，驰赴福建，以为浙江声援，亦必许其以功自赎。兹特命东江征讨诸军撤惠州之围，并停止各路进攻，以示网开三面之意。内靖乡土，外挞狂寇，时不再得，法不再宽，凛之毋忽。此令。

　　　　　　　　　　　　　　　　（中华民国陆海军大元帅之印）

　　　　　　　　　　　　　　　　中华民国十三年九月十三日

　　　　　　　　据《大元帅令》，载广州《陆海军大元帅大本营公报》第二十六号，一九二四年九月二十日

饬程潜廖仲恺撤销火柴捐以维国货令

（一九二四年九月十三日）

大元帅训令第四七六号

令大本营军政部长程潜、广东省长廖仲恺

为令饬事：据广东财政厅长陈其瑗呈请撤销火柴捐等情前来。查火柴捐一项，原名火柴检验费，由财政部制定抽收章程，以部令公布施行，嗣移归广东财政厅办理，改易今名。既据呈称"苛细病民，自应即予撤销，以后无论何项机关及军队，对于土造火柴，永远不得巧立名目抽取捐款，以维国货而恤商艰"。除令广东省长转饬所属一体遵照并布告商民周知，军政部通令各军一体遵照外，合行令仰该省长转饬所属一体遵照，并布告商民周知，部长即便通行各军一体遵照。切切。此令。

（中华民国陆海军大元帅之印）

中华民国十三年九月十三日

据《大元帅训令第四七六号》，载广州《陆海军大元帅大本营公报》第二十六号，一九二四年九月二十日

饬江固舰划归粤军总司令部节制调遣令

（一九二四年九月十三日）

大元帅训令第四七七号

令粤军总司令许崇智

为令遵事：据"江固"舰长卢善矩呈称："窃职舰前以饷糈无着，经蒙俯准下情，饬由粤军总司令部请领，蒙按照拨给在案。惟职舰所需饷项、煤斤既由总司令给发，而节制调遣又直辖诸钧府，则将来请领饷煤，恐有窒碍之处。况职舰现须修理，所需修理经费，如无专属，谅难筹顾。舰长为此后给养、修船及事权起见，拟请仍划由总司令部节制调遣，俾有专属而一事权之处，是否有当，伏候

钧座察核示遵"等情。据此，除指令"呈悉。照准。候令行粤军总司令知照可也。此令"印发外，合行令仰该总司令即便遵照办理。此令。

（中华民国陆海军大元帅之印）

中华民国十三年九月十三日

据《大元帅训令第四七七号》，载广州《陆海军大元帅大本营公报》第二十六号，一九二四年九月二十日

批陈其瑗请明令撤销火柴捐呈

（一九二四年九月十三日）

大元帅指令第一○二○号

令广东财政厅长陈其瑗

呈请明令撤销火柴捐由。

呈悉。火柴捐既属苛细病民，自应即予撤销，以后无论何项机关及军队，对于土制火柴，永远不得巧立名目抽取捐款，以维国货而恤商艰。已令广东省长转饬所属遵照并布告商民周知，并令军政部转行各军一体遵照矣。仰即谕知该行商等可也。此令。

（中华民国陆海军大元帅之印）

中华民国十三年九月十三日

据《大元帅指令第一○二○号》，载广州《陆海军大元帅大本营公报》第二十六号，一九二四年九月二十日

谕吴铁城调警卫军随同北伐

（一九二四年九月十三日）①

调警卫军全部随同北伐。

据《公安局认拨警卫军饷额》，载一九二四年九月十七日《广州民国日报》

---

① 原谕未署日期。此为孙文赴韶督师之日期。

批叶恭绰为在容奇择地增设分口
以防偷漏请鉴核备案呈^①

（一九二四年九月十三日）

大元帅指令第一〇二二号

　　令大本营财政部长叶恭绰

　　呈报在容奇择地增设分口以防偷漏请鉴核备案由。

　　呈悉。准予备案。此令。

（中华民国陆海军大元帅之印）

中华民国十三年九月十三日

据《大元帅指令第一〇二二号》，载广州《陆海军大元
帅大本营公报》第二十六号，一九二四年九月二十日

批江固舰舰长卢善矩请仍归
粤军总司令节制调遣呈

（一九二四年九月十三日）

大元帅指令第一〇二三号

　　令江固舰舰长卢善矩

　　呈请仍归粤军总司令节制调遣由。

　　呈悉。照准。候令行粤军总司令知照可也。此令。

（中华民国陆海军大元帅之印）

中华民国十三年九月十三日

据《大元帅指令第一〇二三号》，载广州《陆海军大元
帅大本营公报》第二十六号，一九二四年九月二十日

---

　　①　九月十一日，财政部代理次长杨子毅代叶恭绰呈：来往香港—容奇渡船，所经各地（除伶仃关外）因无关卡，均未销号。拟在容奇择地设卡，以便验销，防止偷漏，而利税收。

批叶恭绰报告广东造币厂停铸日期呈

（一九二四年九月十三日）

大元帅指令第一〇二五号

令大本营财政部长叶恭绰

呈报广东造船厂停铸日期由。

呈悉。此令。

（中华民国陆海军大元帅之印）

中华民国十三年九月十三日

据《大元帅指令第一〇二五号》，载广州《陆海军大元帅大本营公报》第二十六号，一九二四年九月二十日

批马超俊称各部军官拟依照民团商团
领枪价格缴价领枪以充军实呈

（一九二四年九月十三日）

大元帅指令第一〇二六号

令广东兵工厂厂长马超俊

呈称各部军官拟依照民团商团领枪价格缴价领枪以充军实，请令遵由。

呈悉。准如所请办理，仰即知照。此令。

（中华民国陆海军大元帅之印）

中华民国十三年九月十三日

据《大元帅指令第一〇二六号》，载广州《陆海军大元帅大本营公报》第二十六号，一九二四年九月二十日

批程潜请追赠何才杰陆军上将
并照中将阵亡例给恤呈

（一九二四年九月十三日）

大元帅指令第一〇二七号

令大本营军政部长程潜

呈请追赠何才杰陆军上将，并照中将阵亡例给恤由。

呈悉。已有明令追赠给恤矣。仰即知照。此令。

（中华民国陆海军大元帅之印）

中华民国十三年九月十三日

据《大元帅指令第一〇二七号》，载广州《陆海军大元帅大本营公报》第二十六号，一九二四年九月二十日

追赠何才杰令

（一九二四年九月十五日）

大元帅令

大本营军政部长潜呈："议复广西总司令所部故第一军第二师师长何才杰，久历戎行，此次率师回桂，尤著战绩。讵于柳州附近地方遇匪，督战阵亡。拟请追赠陆军上将，照中将阵亡例给予恤金"等语。何才杰着追赠陆军上将，并照中将阵亡例给恤，以彰忠烈。此令。

（中华民国陆海军大元帅之印）

中华民国十三年九月十五日

据《大元帅令》，载广州《陆海军大元帅大本营公报》第二十六号，一九二四年九月二十日

批叶恭绰裁员减薪自应遵照办理
俟裁减定后另行列表呈报呈

（一九二四年九月十六日）

大元帅指令第一〇二九号

　　令大本营财政部长叶恭绰

　　呈复裁员减薪自应遵照办理，俟裁剪定后另行列表呈报由。

　　呈悉。此令。

　　　　　　　　　　　　　　　（中华民国陆海军大元帅之印）

　　　　　　　　　　　　　　中华民国十三年九月十六日

　　　　　　　据《大元帅指令第一〇二九号》，载广州《陆海军大元
　　　　　帅大本营公报》第二十六号，一九二四年九月二十日

批叶恭绰遵令将盐务署裁撤归并
财政部办理日期呈报呈

（一九二四年九月十六日）

大元帅指令第一〇三一号

　　令大本营财政部长叶恭绰

　　呈报遵令将盐务署裁撤归并财政部办理日期呈请察核备案由。

　　呈悉。此令。

　　　　　　　　　　　　　　　（中华民国陆海军大元帅之印）

　　　　　　　　　　　　　　　中华民国十三年九月十六日

　　　　　　　据《大元帅指令第一〇三一号》，载广州《陆海军大元
　　　　　帅大本营公报》第二十六号，一九二四年九月二十日

批林森遵令裁员减俸情形请备案呈

（一九二四年九月十六日）

大元帅指令第一〇三二号

　　令大本营建设部长林森

　　呈覆遵令裁员减俸情形请备案由。

　　呈悉。此令。

（中华民国陆海军大元帅之印）

中华民国十三年九月十六日

据《大元帅指令第一〇三二号》，载广州《陆海军大元帅大本营公报》第二十六号，一九二四年九月二十日

着陈友仁扩充航空局令

（一九二四年九月十六日）

　　着令航空局陈友仁，急促将该局大加扩充，并将铁甲车队亦直接拨归该局管辖。

据《飞机队将出发韶关》，载一九二四年九月十七日《广州民国日报》

饬准盐运使所拟督运办法令

（一九二四年九月十七日）

大元帅训令第四七八号

　　令大本营军政部长程潜

　　为令行事：据两广盐运使邓泽如呈称："窃查北伐计划现已实行，省配之盐，素以北柜运销湘、赣两省为数最多，湘、赣商贩又皆向以货物运粤易盐，回籍济

销。将来军行孔道，正当北柜销区，倘因军旅戒途，商贩别无保障，必至裹足不前，税饷实受影响，而运使筹济饷糈。又北平时更为繁迫，自应预先设法补救，庶免临时贻误。现经悉心筹度，拟具督运办法六条，并已妥加遴选委定曾镛为督运专员，李孝章、易钦吾为督运助理员，饬令分别住扎，认真办理，并规定专员一员，月薪二百元，公费一百元，助理员二员，月薪各八十元，预算每月薪水公费共计大洋四百六十元，均在本署收入盐税项下作正开支。似此临时所费无多，收效实非浅鲜，除督运专员另文呈请加委外，理合将拟定督运办法六条，缮具清折具文呈请俯准备案，并令行北路各军一体遵守，及饬行军政部颁给详细布告，发由运使转给督运专员张贴周知，仍乞指令祇遵"等情。据此，除指令照准备案外，合行将原折抄发，仰该部长即便查照，通行北路各军一体遵守，并颁发布告，给该运使转给张贴可也。此令。

（中华民国陆海军大元帅之印）

中华民国十三年九月十七日

据《大元帅训令第四七八号》，载广州《陆海军大元帅大本营公报》第二十六号，一九二四年九月二十日

饬各军信守军运时间勿任意延搁令

（一九二四年九月十七日）

大元帅训令第四七九号

令大本营军政部长程潜

为令遵事：据管理粤汉铁路事务陈兴汉呈称："窃职路前以北伐军兴各军队伍开拔次序亟须表列，当经呈请帅座准予分令遵照在案。乃日来各军调防及开拔，函由职路订期预备车辆，当以军用所关，迫将客货列车停开，以便腾出。但各军队伍往往愆期，以致将车辆久搁，对于交通车利两形窒碍，军运亦连带影响。且军运源源，甲军既延搁于前，乙军又挤拥于后，一经紊乱，调运更觉困难，理合再呈帅座鉴核，敬祈迅令各军务须信守军运时间，勿再任意延搁，俾利交通而维路序，实为公便"等情。据此，除指令"呈悉。所请事属可行，候令军政部通行

各军遵照可也。此令"印发外，合行令仰该部长即便遵照办理为要。此令。

（中华民国陆海军大元帅之印）

中华民国十三年九月十七日

据《大元帅训令第四七九号》，载广州《陆海军大元帅大本营公报》第二十六号，一九二四年九月二十日

批陈兴汉请迅令调防及开拔各军务须信守军运时间勿再任意延搁俾利交通而维路政呈

（一九二四年九月十七日）

大元帅指令第一〇三五号

令管理粤汉铁路事务陈兴汉

呈请迅令调防及开拔各军务须信守军运时间，勿再任意延搁，俾利交通而维路政由。

呈悉。所请事属可行。候令军政部通行各军遵照可也。此令。

（中华民国陆海军大元帅之印）

中华民国十三年九月十七日

据《大元帅指令第一〇三五号》，载广州《陆海军大元帅大本营公报》第二十六号，一九二四年九月二十日

批邓泽如拟具北江盐务督运办法并令北路各军遵守及饬军政部颁给布告呈

（一九二四年九月十七日）

大元帅指令第一〇三六号

令两广盐运使邓泽如

　　呈拟具北江盐务督运办法，请鉴核备案，并令北路各军遵令及饬军政部颁给布告由。

　　呈、折均悉。督运专员毋庸加委，余准如所拟备案。候令行军政部查照办理可也。折存。此令。

（中华民国陆海军大元帅之印）

中华民国十三年九月十七日

据《大元帅指令第一〇三六号》，载广州《陆海军大元

帅大本营公报》第二十六号，一九二四年九月二十日

批吕志伊遵令裁员减俸情形列表呈

（一九二四年九月十七日）

大元帅指令第一〇三七号

　　令大理院长兼管司法行政事务吕志伊

　　呈复遵令裁员减俸情形列表，呈请鉴核由。

　　呈悉。表存。此令。

（中华民国陆海军大元帅之印）

中华民国十三年九月十七日

据《大元帅指令第一〇三七号》，载广州《陆海军大元

帅大本营公报》第二十六号，一九二四年九月二十日

批叶恭绰为准财政委员会议决征收税款
凡收大洋以毫银缴纳者应加二五
补水征收已咨令各机关照办呈

（一九二四年九月十七日）

大元帅指令第一〇三八号

　　令大本营财政部长叶恭绰

呈报准财政委员会议决征收税款，凡收大洋以毫银缴纳者，应加二五补水征收，已咨令各机关照办，请察核备案由。

呈悉。准予备案。此令。

（中华民国陆海军大元帅之印）

中华民国十三年九月十七日

据《大元帅指令第一〇三八号》，载广州《陆海军大元帅大本营公报》第二十六号，一九二四年九月二十日

饬航空局调拨飞机赴韶令

（一九二四年九月十八日）

令饬航空局调拨军用飞机四架，克日派员驾驶赴韶，听候调遣。

据《令拨运飞机赴韶》，载一九二四年九月十九日《广州民国日报》

批叶恭绰遵令饬查伍汝康补恤程船一案呈

（一九二四年九月十八日）

大元帅指令第一〇四〇号

令大本营财政部长叶恭绰

呈遵令饬查伍前运使汝康补恤程船一案情据呈转，请鉴核令遵由。

呈悉。既据查明伍前运使汝康办理赔偿程船损失一案，尚无舞弊确据，应从宽免予置议。仰即知照。此令。

（中华民国陆海军大元帅之印）

中华民国十三年九月十八日

据《大元帅指令第一〇四〇号》，载广州《陆海军大元帅大本营公报》第二十六号，一九二四年九月二十日

令胡汉民取消通缉陈廉伯陈恭受并发还财产令

（一九二四年九月十九日）

陈廉伯、陈恭受既经通电拥护政府，着即取消通缉，并发还财产。仰该省长即行遵照执行。此令。

据周兴樑：《孙中山在平定广州商团叛乱前后的佚文》，载一九八八年六月二十八日《团结报》

咨请唐继尧即就副元帅职文

（一九二四年九月二十日刊载）

为咨行事：窃以大盗恣横，尚稽显戮。中原俶扰，群起义师。期集大勋，端赖贤哲。爰于九月十一日召集政务、军事联合大会，佥谓执事勤劳国家，功绩迭著，宜有崇号，以董戎行。用是推公为副元帅，式惟提絜〔挈〕之用，以成康济之勋。相应咨行，希即宣布就职，俾慰喁望。

据《大元帅咨请唐继尧就职》，载一九二四年九月二十日《广州民国日报》（三）

颁给陈安仁一等银质奖章证明

（一九二四年九月二十日）

大元帅为发给奖凭事

自逆贼叛国，挞伐用张，师行裹粮，需财孔亟，常赖海外侨胞踊跃输将，藉济财政之困，促成革命之功。凡兹义举，奖典应颁。兹据中央筹饷会汇报，查有陈安仁捐助军饷，合于奖章条例第八条规定，呈请给予一等银质奖章一枚。除准予发给一等银质奖章用示奖励外，合填给奖凭，以资证明。

右给陈安仁

中华民国十三年九月二十日

据陈旭麓、郝盛潮主编，王耿雄等编：《孙中山集外集》，上海，上海人民出版社一九九〇年七月出版

颁给李庆标一等银质奖章证明

（一九二四年九月二十日）

大元帅为发给奖凭事

自逆贼叛国，挞伐用张，师行裹粮，需财孔亟，常赖海外侨胞踊跃输将，藉济财政之困，促成革命之功。凡兹义举，奖典应颁。兹据中央筹饷会汇报，查有李庆标捐助军饷，合于奖章条例第八条规定，呈请给予一等银质奖章一枚。除准予发给一等银质奖章用示奖励外，合填给奖凭，以资证明。

右给李庆标

中华民国十三年九月二十日

据陈旭麓、郝盛潮主编，王耿雄等编：《孙中山集外集》，上海，上海人民出版社一九九〇年七月出版

颁给高云山二等银质奖章证明

（一九二四年九月二十日）

大元帅为发给奖凭事

自逆贼叛国，挞伐用张，师行裹粮，需财孔亟，常赖海外侨胞踊跃输将，藉济财政之困，促成革命之功。凡兹义举，奖典应颁。兹据中央筹饷会汇报，查有高云山捐助军饷，合于奖章条例第八条规定，呈请给予二等银质奖章一枚。除准

予发给二等银质奖章用示奖励外，合填给奖凭，以资证明。

右给高云山

中华民国十三年九月二十日

据陈旭麓、郝盛潮主编，王耿雄等编：《孙中山集外集》，上海，上海人民出版社一九九○年七月出版

颁给谭进二等银质奖章证明

（一九二四年九月二十日）

大元帅为发给奖凭事

自逆贼叛国，挞伐用张，师行裹粮，需财孔亟，常赖海外侨胞踊跃输将，藉济财政之困，促成革命之功。凡兹义举，奖典应颁。兹据中央筹饷会汇报，查有谭进捐助军饷，合于奖章条例第八条规定，呈请给予二等银质奖章一枚。除准予发给二等银质奖章用示奖励外，合填给奖凭，以资证明。

右给谭进

中华民国十三年九月二十日

据陈旭麓、郝盛潮主编，王耿雄等编：《孙中山集外集》，上海，上海人民出版社一九九○年七月出版

颁给郑受炳二等银质奖章证明

（一九二四年九月二十日）

大元帅为发给奖凭事

自逆贼叛国，挞伐用张，师行裹粮，需财孔亟，常赖海外侨胞踊跃输将，藉济财政之困，促成革命之功。凡兹义举，奖典应颁。兹据中央筹饷会汇报，查有郑受炳捐助军饷，合于奖章条例第八条规定，呈请给予二等银质奖章一枚。除准

予发给二等银质奖章用示奖励外，合填给奖凭，以资证明。

右给郑受炳

中华民国十三年九月二十日

据陈旭麓、郝盛潮主编，王耿雄等编：《孙中山集外集》，上海，上海人民出版社一九九〇年七月出版

颁给怡昌隆二等银质奖章证明

（一九二四年九月二十日）

大元帅为发给奖凭事

自逆贼叛国，挞伐用张，师行裹粮，需财孔亟，常赖海外侨胞踊跃输将，藉济财政之困，促成革命之功。凡兹义举，奖典应颁。兹据中央筹饷会汇报，查有怡昌隆捐助军饷，合于奖章条例第八条规定，呈请给予二等银质奖章一枚。除准予发给二等银质奖章用示奖励外，合填给奖凭，以资证明。

右给怡昌隆

中华民国十三年九月二十日

据陈旭麓、郝盛潮主编，王耿雄等编：《孙中山集外集》，上海，上海人民出版社一九九〇年七月出版

颁给骆连焕二等银质奖章证明

（一九二四年九月二十日）

大元帅为发给奖凭事

自逆贼叛国，挞伐用张，师行裹粮，需财孔亟，常赖海外侨胞踊跃输将，藉济财政之困，促成革命之功。凡兹义举，奖典应颁。兹据中央筹饷会汇报，查有骆连焕捐助军饷，合于奖章条例第八条规定，呈请给予二等银质奖章一枚。除准

予发给二等银质奖章用示奖励外，合填给奖凭，以资证明。

右给骆连焕

中华民国十三年九月二十日

尚明轩主编：《孙中山全集》第十一卷，北京，人民出版社二〇一五年六月出版

颁给刘宗汉三等银质奖章证明

（一九二四年九月二十日）

大元帅为发给奖凭事

自逆贼叛国，挞伐用张，师行裹粮，需财孔亟，常赖海外侨胞踊跃输将，藉济财政之困，促成革命之功。凡兹义举，奖典应颁。兹据中央筹饷会汇报，查有刘宗汉捐助军饷，合于奖章条例第八条规定，呈请给予三等银质奖章一枚。除准予发给三等银质奖章用示奖励外，合填给奖凭，以资证明。

右给刘宗汉

中华民国十三年九月二十日

据陈旭麓、郝盛潮主编，王耿雄等编：《孙中山集外集》，上海，上海人民出版社一九九〇年七月出版

颁给曾纪孔三等银质奖章证明

（一九二四年九月二十日）

大元帅为发给奖凭事

自逆贼叛国，挞伐用张，师行裹粮，需财孔亟，常赖海外侨胞踊跃输将，藉济财政之困，促成革命之功。凡兹义举，奖典应颁。兹据中央筹饷会汇报，查有曾纪孔捐助军饷，合于奖章条例第八条规定，呈请给予三等银质奖章一枚。除准予发给三等银质奖章用示奖励外，合填给奖凭，以资证明。

右给曾纪孔

中华民国十三年九月二十日

据陈旭麓、郝盛潮主编，王耿雄等编：《孙中山集外集》，上海，上海人民出版社一九九〇年七月出版

颁给何石安三等银质奖章证明

（一九二四年九月二十日）

大元帅为发给奖凭事

　　自逆贼叛国，挞伐用张，师行裹粮，需财孔亟，常赖海外侨胞踊跃输将，藉济财政之困，促成革命之功。凡兹义举，奖典应颁。兹据中央筹饷会汇报，查有何石安捐助军饷，合于奖章条例第八条规定，呈请给予三等银质奖章一枚。除准予发给三等银质奖章用示奖励外，合填给奖凭，以资证明。

右给何石安

中华民国十三年九月二十日

据陈旭麓、郝盛潮主编，王耿雄等编：《孙中山集外集》，上海，上海人民出版社一九九〇年七月出版

颁给何荫三三等银质奖章证明

（一九二四年九月二十日）

大元帅为发给奖凭事

　　自逆贼叛国，挞伐用张，师行裹粮，需财孔亟，常赖海外侨胞踊跃输将，藉济财政之困，促成革命之功。凡兹义举，奖典应颁。兹据中央筹饷会汇报，查有何荫三捐助军饷，合于奖章条例第八条规定，呈请给予三等银质奖章一枚。除准予发给三等银质奖章用示奖励外，合填给奖凭，以资证明。

右给何荫三

中华民国十三年九月二十日

据陈旭麓、郝盛潮主编，王耿雄等编：《孙中山集外集》，上海，上海人民出版社一九九〇年七月出版

颁给陈再喜三等银质奖章证明

（一九二四年九月二十日）

大元帅为发给奖凭事

自逆贼叛国，挞伐用张，师行裹粮，需财孔亟，常赖海外侨胞踊跃输将，藉济财政之困，促成革命之功。凡兹义举，奖典应颁。兹据中央筹饷会汇报，查有陈再喜捐助军饷，合于奖章条例第八条规定，呈请给予三等银质奖章一枚。除准予发给三等银质奖章用示奖励外，合填给奖凭，以资证明。

　　　　　　　　　　　　　　　　　　右给陈再喜

　　　　　　　　　　　　　　中华民国十三年九月二十日

据陈旭麓、郝盛潮主编，王耿雄等编：《孙中山集外集》，上海，上海人民出版社一九九〇年七月出版

颁给许大经三等银质奖章证明

（一九二四年九月二十日）

大元帅为发给奖凭事

自逆贼叛国，挞伐用张，师行裹粮，需财孔亟，常赖海外侨胞踊跃输将，藉济财政之困，促成革命之功。凡兹义举，奖典应颁。兹据中央筹饷会汇报，查有许大经捐助军饷，合于奖章条例第八条规定，呈请给予三等银质奖章一枚。除准予发给三等银质奖章用示奖励外，合填给奖凭，以资证明。

　　　　　　　　　　　　　　　　　　右给许大经

　　　　　　　　　　　　　　中华民国十三年九月二十日

据陈旭麓、郝盛潮主编，王耿雄等编：《孙中山集外集》，上海，上海人民出版社一九九〇年七月出版

颁给朱伟民三等银质奖章证明

（一九二四年九月二十日）

大元帅为发给奖凭事

自逆贼叛国，挞伐用张，师行裹粮，需财孔亟，常赖海外侨胞踊跃输将，藉济财政之困，促成革命之功。凡兹义举，奖典应颁。兹据中央筹饷会汇报，查有朱伟民捐助军饷，合于奖章条例第八条规定，呈请给予三等银质奖章一枚。除准予发给三等银质奖章用示奖励外，合填给奖凭，以资证明。

右给朱伟民

中华民国十三年九月二十日

据陈旭麓、郝盛潮主编，王耿雄等编：《孙中山集外集》，上海，上海人民出版社一九九〇年七月出版

颁给朱普元三等银质奖章证明

（一九二四年九月二十日）

大元帅为发给奖凭事

自逆贼叛国，挞伐用张，师行裹粮，需财孔亟，常赖海外侨胞踊跃输将，藉济财政之困，促成革命之功。凡兹义举，奖典应颁。兹据中央筹饷会汇报，查有朱普元捐助军饷，合于奖章条例第八条规定，呈请给予三等银质奖章一枚。除准予发给三等银质奖章用示奖励外，合填给奖凭，以资证明。

右给朱普元

中华民国十三年九月二十日

据陈旭麓、郝盛潮主编，王耿雄等编：《孙中山集外集》，上海，上海人民出版社一九九〇年七月出版

颁给许寿民三等银质奖章证明

（一九二四年九月二十日）

大元帅为发给奖凭事

自逆贼叛国，挞伐用张，师行裹粮，需财孔亟，常赖海外侨胞踊跃输将，藉济财政之困，促成革命之功。凡兹义举，奖典应颁。兹据中央筹饷会汇报，查有许寿民捐助军饷，合于奖章条例第八条规定，呈请给予三等银质奖章一枚。除准予发给三等银质奖章用示奖励外，合填给奖凭，以资证明。

右给许寿民

中华民国十三年九月二十日

据陈旭麓、郝盛潮主编，王耿雄等编：《孙中山集外集》，上海，上海人民出版社一九九〇年七月出版

颁给陈德熹三等银质奖章证明

（一九二四年九月二十日）

大元帅为发给奖凭事

自逆贼叛国，挞伐用张，师行裹粮，需财孔亟，常赖海外侨胞踊跃输将，藉济财政之困，促成革命之功。凡兹义举，奖典应颁。兹据中央筹饷会汇报，查有陈德熹捐助军饷，合于奖章条例第八条规定，呈请给予三等银质奖章一枚。除准予发给三等银质奖章用示奖励外，合填给奖凭，以资证明。

右给陈德熹

中华民国十三年九月二十日

据陈旭麓、郝盛潮主编，王耿雄等编：《孙中山集外集》，上海，上海人民出版社一九九〇年七月出版

颁给李源水三等银质奖章证明

（一九二四年九月二十日）

大元帅为发给奖凭事

自逆贼叛国，挞伐用张，师行裹粮，需财孔亟，常赖海外侨胞踊跃输将，藉济财政之困，促成革命之功。凡兹义举，奖典应颁。兹据中央筹饷会汇报，查有李源水捐助军饷，合于奖章条例第八条规定，呈请给予三等银质奖章一枚。除准予发给三等银质奖章用示奖励外，合填给奖凭，以资证明。

右给李源水

中华民国十三年九月二十日

尚明轩主编：《孙中山全集》第十一卷，北京，人民出版社二〇一五年六月出版

颁给朱定和三等银质奖章证明

（一九二四年九月二十日）

大元帅为发给奖凭事

自逆贼叛国，挞伐用张，师行裹粮，需财孔亟，常赖海外侨胞踊跃输将，藉济财政之困，促成革命之功。凡兹义举，奖典应颁。兹据中央筹饷会汇报，查有朱定和捐助军饷，合于奖章条例第八条规定，呈请给予三等银质奖章一枚。除准予发给三等银质奖章用示奖励外，合填给奖凭，以资证明。

右给朱定和

中华民国十三年九月二十日

尚明轩主编：《孙中山全集》第十一卷，北京，人民出版社二〇一五年六月出版

发给郑永三等银质奖章奖凭[①]

（一九二四年九月二十日）

大元帅为发给奖凭事

自逆贼叛国，挞伐用张，师行裹粮，需财孔亟，常赖海外侨胞踊跃输将，藉济财政之困，促成革命之功。凡兹义举，奖典应颁。兹据中央筹饷会汇报，查有郑永捐助军饷，合于奖章条例第八条规定，呈请给予三等银质奖章用示奖励外，合填给奖凭，以资证明。

（大元帅印）

中华民国十三年九月二十日

据"孙中山与香山华侨展"展品，二〇〇四年六月孙中山故居纪念馆（中山翠亨）举办

饬粤军总司令许崇智迅调黄明堂部克日出发参加北伐令

（一九二四年九月二十日）

大元帅训令第四八〇号

令粤军总司令许崇智

为令遵事：照得北伐出师，亟应增调劲旅，以厚兵力。合行令仰该总司令即便遵照，迅调黄明堂所部克日开赴韶关，候令出发。其原领伙食，仍由该总司令饬知五邑财政分处照旧发给，并将遵办情形迅报查考，毋延。切切。此令。

（中华民国陆海军大元帅之印）

中华民国十三年九月二十日

据《大元帅训令第四八〇号》，载广州《陆海军大元帅大本营公报》第二十六号，一九二四年九月二十日

---

① 郑永，香山濠头人，曾先后参加同盟会和国民党。

饬谭延闿节制调遣循军严德明部令

（一九二四年九月二十日）

大元帅训令第四八一号

令湘军总司令谭延闿

令遵事：据循军司令严德明呈称："窃职部于本月十三日随同联军各部由博罗开拔，于十四日下午四时抵石龙镇，暂在石龙棉花街驻扎，此后职部应调往何处，及担负何种任务之处，敬乞明令祗遵"等情。据此，除指令该军应拨归湘军总司令节制调遣外，合行令仰该总司令即便遵照办理。切切。此令。

（中华民国陆海军大元帅之印）

中华民国十三年九月二十日

据《大元帅训令第四八一号》，载广州《陆海军大元帅大本营公报》第二十六号，一九二四年九月二十日

谕范石生等商团须依法改组再按手续发还军械令

（一九二四年九月二十日）

前派范军长石生、李军长福林、廖师长行超办理还械事。现商团已进行第一条手续，惟仍须依照民国颁布《民团条例》改组。改组后即着范军长石生、李军长福林、廖师长行超按照政府手续办理，发还军械。

据《发还扣械之近讯》，载一九二四年九月二十二日《广州民国日报》

给范石生等的手令①

（一九二四年九月二十日）

　　前派范军长石生、廖师长行超与商团接洽发还枪械条件，现在商团已履行第一条手续，并应遵照《民团条例》改组。改组后着由范军长石生、李军长福林、廖师长行超负责按照政府所定手续，将枪械发还商团。此令。

右令滇军第二军军长范石生

孙文（大元帅章）

汉民代行（印）

十三年九月廿日

据原件，成都、四川省文史研究馆藏

限工团军及农人自卫军两部三日内赴韶训练令

（一九二四年九月二十日）

　　令调工团军暨农人自卫军两部，限于三日内赴韶训练，以便随同北伐。

据《令工农团军赴韶训练》，载一九二四年九月二十日《广州民国日报》

批谢国光遵令裁员减薪先行呈

（一九二四年九月二十日）

大元帅指令第一〇四二号

　　令禁烟督办谢国光

---

　　① 　此件与九月二十二日《广州民国日报》所刊载相同内容，文字略有不同。

呈为遵令裁员减薪先行呈覆由。

呈悉。该署原日开支为数过多，仰即遵令切实裁减，赶将预算编定，呈候核夺。此令。

（中华民国陆海军大元帅之印）

中华民国十三年九月二十日

据《大元帅指令第一〇四二号》，载广州《陆海军大元帅大本营公报》第二十六号，一九二四年九月二十日

批吕志伊送十三年度预算书请察核呈

（一九二四年九月二十日）

大元帅指令第一〇四三〈号〉

令大理院长兼管司法行政事务吕志伊

呈送十三年度预算书，请查核由。

呈及预算书均悉。预算书存。此令。

（中华民国陆海军大元帅之印）

中华民国十三年九月二十日

据《大元帅指令第一〇四三号》，载广州《陆海军大元帅大本营公报》第二十六号，一九二四年九月二十日

批严德明报随同联军已抵石龙此后应调往何处
及担负何种任务乞令遵呈

（一九二四年九月二十日）

大元帅指令第一〇四四号

令循军司令严德明

呈报随同联军已抵达石龙，此后应调往何处及担负何种任务，乞令遵由。

呈悉。该军应拨归湘军总司令节制调遣，仰候令行谭总司令知照可也。此令。

（中华民国陆海军大元帅之印）

中华民国十三年九月二十日

据《大元帅指令第一〇四四号》，载广州《陆海军大元
帅大本营公报》第二十六号，一九二四年九月二十日

批徐绍桢遵令裁员减薪情形呈

（一九二四年九月二十日）

大元帅指令第一〇四五号

令大本营内政部长徐绍桢

呈复遵令裁员减薪情形请察核示遵由。

呈悉。应仍遵前令切实核减，以每月支出不超过四千元为度。仰即遵照办理，仍将遵办情形呈报备查。此令。

（中华民国陆海军大元帅之印）

中华民国十三年九月二十日

据《大元帅指令第一〇四五号》，载广州《陆海军大元
帅大本营公报》第二十六号，一九二四年九月二十日

着廖仲恺取消对陈廉伯陈恭受之通缉令①

（一九二四年九月二十一日）

陈廉伯、陈恭受既经通电拥护政府，着即取消通缉，并发还财产。仰该省长即行遵照执行。此令。

据《取消通缉两陈之省令》，载一九二
四年九月二十二日《广州民国日报》

---

① 一九八八年六月二十八日《团结报》载周兴樑《孙中山在平定广州商团叛乱前后的佚文》亦收录此令，日期为一九二四年九月十九日。

着各军需工厂速解械弹用品赴韶应用令

（一九二四年九月二十一日）①

赶速将各种子弹、枪枝、用品解送韶城，以便分发各军领用。

据《大元帅北伐记》，载一九二四
年九月二十三日《广州民国日报》

饬审议仍由省库摊还市产变价借出军费办法令

（一九二四年九月二十二日）

大元帅训令第四八二号

　令大本营财政部长叶恭绰

　为令饬事：据广州市市长孙科呈称："为呈请鉴核令遵事。窃查市产变价项下借出之军费五百三十万一千八百九十一元，作为省库借入市款列账一案，经于本年四月十四日呈奉钧座第三四二号指令照准，并令行省长公署转饬财政厅遵照在案。嗣后本年六月七日，又奉省长公署第七四三号训令：转奉钧令，所有市产变价项下拨归军费，统由国库负担，俟大局统一，再由部筹还各等因。奉此，并于同年八月二十五日准广东财政厅咨开：查贵厅暨财政局与敝厅来往借款，截至本年八月十一日止，除先后在代办税验契等项扣抵拨还外，实长抵银三万一千九百六十二元六毫四仙。特开列清单，请饬局如数解还过厅，以凭饬库分别入收出支等因。当将全案转行财政局查拟具复去后，现据覆称：查财政厅所列清单内载钧厅暨职局与财政厅来往借款，截至本年八月十一日止，除先后扣抵拨还外，实长抵银三万一千九百六十二元六毫四仙。惟查职局账簿所载，则财政厅借款达六百余万元，除抵还外，尚欠五百余万元；此五百余万元，系由市产变价项下借出之军费，财政厅清单所未列入者。然此种借出之款，实缘军兴以来，饷糈紧急，万

---

　① 九月二十三日《广州民国日报》载："大元帅日前特电兵工厂……各厂、所长员奉令后，昨日已由粤汉专车解送一帮北上。"故本令发令日期应在九月二十二日之前，兹以二十二日为发令日期。

不获已，乃有投变市产之举。以广州市之财供临时军费之用，此非常之收入，全征诸市民者，而市民亦知此次负担虽重，将来可望还诸市库，以为改良市政建设之资，其利仍留诸市民，故咸踊跃投资，藉供军用。苟令归还无着，将何以对市民而裨市政。兹既奉帅令核准作为省库借入市款，由财政厅设法分期摊还于前。又奉省署训令转奉帅令由国库负担，俟大局统一，再由部筹还于后，则是拨过之军费，不患无着。然若由部筹还，须俟大局统一，国库充裕，乃克有济，时期久暂，殊难臆定。仍不若由财政厅负担，则代办税契款项下，自可陆续扣抵归还。且税契款之代办，市民咸知以税契之收入作抵还借款之用，于改良市政前途，亦可从容措施，虽所入非多，然藉此挹注，不无少补，庶不至借出之军费无着，而市库之收益有亏。一隅之见，未敢擅专，理合备文呈复察核，敬祈钧断施行，实为公便等情。据此，职厅复查此项由市产变价项下拨充之军费伍百余万元，既完全属诸市政收入，为改良市区之必不可少之需，如必俟统一后由部筹还，转觉虚悬无着，实无以慰市民之望，拟请钧座俯照前案，再赐令行广东省长公署转饬广东财政厅，将此项市产变价项下借出之军费五百余万元，仍由省库设法分期摊还，并准由财政局在代办税验契项下陆续扣抵，以符原案而清款目。是否有当，仍候指令祗遵，实为公便"等情。据此，除指令外，合行令仰该部长即便咨会广东省长，将该市长所请各节，是否可行，希详加审议，具覆核夺。此令。

（中华民国陆海军大元帅之印）

中华民国十三年九月二十二日

据《大元帅训令第四八二号》，载广州《陆海军大元帅大本营公报》第二十七号，一九二四年九月三十日

批孙科请再令行广东省长转饬财厅将市产变价
项下借出之军费仍由省库设法分期摊还并
准由财政局在代办税验契项下扣抵呈

（一九二四年九月二十二日）

大元帅指令第一〇四六号

　　令广州市市长孙科

呈请再令行广东省长转饬财厅将市产变价项下借出之军费仍由省库设法分期摊还，并准由财政局在代办税验契项下扣抵由。

呈悉。所请是否可行，候令财政部会同广东省长妥议复夺。此令。

（中华民国陆海军大元帅之印）

中华民国十三年九月二十二日

据《大元帅指令第一〇四六号》，载广州《陆海军大元
帅大本营公报》第二十七号，一九二四年九月三十日

批叶恭绰报编造总预算书情形并请通令各军民机关务须依限造送不得仍前玩视呈

（一九二四年九月二十二日）

大元帅指令第一〇四八号

令大本营财政部长叶恭绰

呈报编造总预算书情形，并请通令各军民机关务须依限造送，不得仍前玩视由。呈悉。候令行各军民机关一体遵照办理可也。仰即知照。此令。

（中华民国陆海军大元帅之印）

中华民国十三年九月二十二日

据《大元帅指令第一〇四八号》，载广州《陆海军大元
帅大本营公报》第二十七号，一九二四年九月三十日

给杨希闵等撤销面粉捐的命令

（一九二四年九月二十二日）

令饬滇、湘、桂三军总司令，即行撤销面粉捐，以重民食，并将遵令停收日期报查。

据《面粉捐已经撤销》，载一九二
四年九月二十二日《广州民国日报》

给姚雨平扩充部队的命令

（一九二四年九月二十三日）

着警备军长姚雨平将所部扩充，为追随帅营警戒之需。

据《姚雨平赴韶请命出发》，载一九二
四年九月二十四日《广州民国日报》

转饬各军将十三年度收支预算分别
依式造送以便汇编总预算令

（一九二四年九月二十三日）

大元帅训令第四八三号

令大本营军政部长程潜、大本营财政部长叶恭绰、大本营内政部长徐绍桢、大本营建设部长林森、大本营外交部长伍朝枢、大本营航空局长陈友仁、大本营审计处长林翔、大本营秘书长谭延闿、大本营参谋长李烈钧、大本营参军长张开儒、大本营会计司长黄昌谷、统一财政委员会、财政委员会经理大本营军需处事宜胡谦、郑洪年、广东省长廖仲恺、禁烟督办谢国光、大理院长兼管司法行政事务吕志伊

为令遵事：据大本营财政部长叶恭绰呈称："案奉钧府训令第三八三号开：'据审计处长林翔呈称：为编造十三年总预算仰祈鉴核备案事：窃查年度终结，应编造下年度岁入岁出总预算，呈请核定，以便照案支付。现在十二年度业已终结，谨将职处十三年度岁出经常费编造全年度预算书缮呈钧座，伏乞俯准备案。再职处现编预算，遵照本年七月一日奉钧帅第六六八号指令核准呈减经费办理，比较十二年计减一千九百八十元。至临时费预算，十二年度虽经前局长刘纪文编呈有案，但目下尚无临时支出，应候将来有此项支出时再行编列呈核，合并呈明。是否有当，仍乞指令祗遵，等情。据此，除指令"呈悉。候将预算书发交一份与

财政部汇编十三年总预算，呈候核定施行可也。其余一份存。此令"印发外，合行令仰该部遵照。此令'等因。正遵办间，又奉训令第四三二号开：'据大本营审计处长林翔呈称：案查十二年度岁入岁出预算书，前经财政部厘定书式分行各机关依照编造，送部汇呈钧座核定，交处备查在案。十三年度预算，自应于会计年度开始以前查照前案办理。兹查新会计年度业已开始，所有岁入岁出预算书，除兵工厂曾经造送钧座核发下处外，其余各机关均付阙如，殊非慎重公帑之道。拟请令行各机关克日查照前定书式编造，仍送财政部汇呈核定，交存职处，以重度支而便审计。所请是否有当之处，理合呈恳鉴核施行，等情。据此，应予照准。除指令并分令外，合行令仰该部长遵照，并转饬所属迅行依式编造十三年度预算书送财政部汇呈候核。此令'等因。先后下部。遵查每年度开始，编造收支总预算本，属财政部应有之职责，上年六月间经职部制定预算书式，咨行各机关编造，以便汇编收支总预算，嗣因造报者寥寥，遂至无从着手。窃维总预算之能否完成，全视各机关之能否依限造送为准。若有一部分未经造送，即致全案因而延搁，此上年办理总预算所以未能集事者，此也。兹奉训令前因，拟将各机关收入、各机关经费及各项军费分别汇编，除由职部咨行各机关将十三年度收支预算书分别造送外，拟并请钧座俯赐通令各军民机关遵照，所有此次办理预算，务须一体依限造送，不得仍前玩视，致碍进行。是否有当，伏候鉴核施行，并祈训示祗遵"等情。据此，除指令"呈悉。候令行各军民机关一体遵照办理可也。仰即知照。此令"印发并分令外，合亟令仰该部长、局长、处长、秘书长、参谋长、参军长、司长、委员会、经理、省长、督办、院长即便遵照。并转行各军、转饬所属一体遵照。对于此次办理预算，务须依限造送，毋稍延玩。切切。此令。

（中华民国陆海军大元帅之印）

中华民国十三年九月二十三日

据《大元帅训令第四八三号》，载广州《陆海军大元帅大本营公报》第二十七号，一九二四年九月三十日

饬在省河盐税项下带征广东大学经费令

（一九二四年九月二十四日）

大元帅训令第四八五号

令两广盐运使邓泽如

为令遵事：据国立广东大学校长邹鲁呈称："窃职校自筹备以底于成立，所有经过情形，先已禀请钧听。其间经费出入，数月来牵补挹注，剜欠殊多。前者奉令指拨之开办费及经常费各基金，如省外筵席捐、业佃保证照金暨税契带征各款，均以地方多故，或为各征收机关所挪用，或为驻防军队所截留，甚或人民抗征不能开办，故月来经费之收入，除九、拱两关厘费而外，余均畸零无几，殊不足以支持终日，无如校长摘要删繁，务求节俭。然职校为国家最高学府，若果太事简陋，则徒冒大学虚名，无以副钧座育才之本意，此校长所以旦夕遑遑而不能徒事司农仰屋之空叹。溯校长前在两广盐运使任内，韩江治河处艰于经费，曾奉准在潮桥盐税项下，每盐一百斤带收治河经费三毫，晚近嘉应大学开办，又于潮桥盐税项下带收大学经费每斤一文，均属畅行无碍。职校成立伊始，其设备之未周及扩张之待举，在在需有的款方能维系。拟援案在省河盐税项下，每盐一包即二百斤带收大洋四角，拨充职校经费，较之潮桥带收治河经费只及三分之二，较之潮桥带收治河大学两种经费只及其半数，潮桥二者，每盐一包共带收八毫，盐务毫无妨碍，省河每盐一包只带收四毫，决不至有所影响。似此公家正款既无丝毫损失，而职校一切措施，或不至受经济之奇穷而失其步骤。理合拟具省河盐税带收广东大学经费章程一纸，备文呈请鉴核，并恳转饬两广盐运使通令所属及分谕各盐商照办，仍请指令祗遵，实为公便"等情。据此，除指令"呈及章程均悉。所请着即照准，候令行两广盐运使遵照办理可也。章程存。此令"印发外，合将原章程抄发，仰该运使即便遵照办理。切切。此令。

计抄发原章程一件。

（中华民国陆海军大元帅之印）

中华民国十三年九月二十四日

据《大元帅训令第四八五号》，载广州《陆海军大元帅大本营公报》第二十七号，一九二四年九月三十日

着谭延闿等会同保管商团私运之军械令

（一九二四年九月二十五日）

大元帅令

　　商团未遵照条件改组以前，派谭延闿、杨希闵、许崇智、刘震寰会同保管私运之军械。

据《帅令联军将领会管私械》，载一九
二四年九月二十七日上海《民国日报》

饬杨希闵将火柴捐停收具报令

（一九二四年九月二十五日）

大元帅训令第四八八号

　　令广州卫戍总司令杨希闵

　　为令饬事：查前据广东财政厅长陈其瑗呈称："火柴捐苛细病民，请予撤销"前来。当经核准并令军政部通行各军，以后对于土造火柴，永远不得巧立名目抽取捐款，以维国货在案。兹经查得火柴检验所所长及各职员均经该部加委，所有收入，向系解缴该部以充军费。为此。令仰该总司令即将火柴捐一项遵令停收具报勿违。此令。

（中华民国陆海军大元帅之印）

中华民国十三年九月二十五日

据《大元帅训令第四八八号》，载广州《陆海军大元
帅大本营公报》第二十七号，一九二四年九月三十日

批邹鲁拟援案在省河盐税项下每盐一包带收 大洋四角拨充该校经费并拟具章程请饬 盐运使通令所属及分谕盐商照办呈

（一九二四年九月二十五日）

大元帅指令第一〇五四号

令国立广东大学校长邹鲁

呈拟援案在省河盐税项下每盐一包带收大洋四角拨充该校经费，并拟具章程，请饬盐运使通令所属及分谕盐商照办由。

呈及章程均悉。所请着即照准。候令行两广盐运使遵照办理可也。章程存。此令。

（中华民国陆海军大元帅之印）

中华民国十三年九月二十五日

据《大元帅指令第一〇五四号》，载广州《陆海军大元帅大本营公报》第二十七号，一九二四年九月三十日

批林森据广三铁路管理局局长陈兴汉 呈报遵令减成发薪情形呈

（一九二四年九月二十五日）

大元帅指令第一〇五八号

令大本营建设部长林森

呈据广三铁路管理局局长陈兴汉呈报遵令减成发薪情形，乞鉴核由。

呈悉。此令。

（中华民国陆海军大元帅之印）

中华民国十三年九月二十五日

据《大元帅指令第一〇五八号》，载广州《陆海军大元帅大本营公报》第二十七号，一九二四年九月三十日

饬周伯甘迅将任内经手收支各款列册移交令

（一九二四年九月二十六日）

大元帅训令第四九一号

令卸广三铁路局坐办周伯甘

为令遵事：据中央直辖滇军第三军军长胡思舜呈称："窃职军前警卫团长周伯甘在兼广三铁路局坐办任内，经手事件未完，当经呈请总司令部转呈钧座，请将该前坐办发回办理交代在案。现转奉指令开：'呈悉。查前滇军第三军警卫团长周伯甘违犯军纪，应静候发交军事裁判审结发落。既据呈该员尚有广三路局坐办任内经手未完事件，应即由该军长将该员经手各案卷检齐，呈候发军事裁判并案审理。所请将周伯甘饬交第三军先办交代之处，未便照准，仰即转令知照可也。此令'等因。奉此，正遵办间，又据现任广三铁路局坐办潘鸿图呈称：'窃鸿图奉委广三铁路管理局坐办，于本年八月十二日到局视事，业经呈报在案。查前任坐办周伯甘于八月九日业已离局，其任内收支各款，未准正式列账移交，只由会计课出纳股员廖鹏声将支存款项呈出，交由鸿图接管。按照新旧任交替手续，所有八月九日以前该前任欠发薪工及一切款目，鸿图原未便遽予补支，惟迭据各部分员司工役人等，以久未领薪，无以养赡，纷纷要求将旧任欠薪清发。时值罢市风潮正剧，工人方面团体素来固结，若不勉予维持，诚恐酿成联盟罢工等事，则车辆停行，收入乏绝，于商民交通与本军饷源固有妨碍。且虑牵涉大局，所关尤大。当经将情形面陈，祗奉钧谕许以从权办理。始将八月中下旬收入，先行挪支七月份全月及八月份上旬欠薪，俾资维系而安众情，业将收支各数列册呈报查核在案。现在罢市风潮已熄，大局粗定，仍恳迅赐檄饬周前坐办，将任内经手银钱账目迅速分别清理，以完手续而免牵混，实为公便'等情前来。查该前坐办任内经手收支各款，既未正式列账移交，则案卷帐目多所未符可想而知。非由该前坐办亲手办理交代，无从检呈。仰请钧座仍将该前坐办发回办理交代，一俟交代清楚，再将该员送请钧座发交军事裁判所，审结违犯军纪之罪。所有呈请发回办理交代缘由，理合具文呈请鉴核"等情。据此，除指令"呈悉。候令该卸坐办迅将任内经手收支各款列册移交，如查有亏挪情弊，可据实呈揭，以凭交饬军事裁判并案究追。所请发回办理交代之处，应毋庸议。此令"印发外，合亟命仰该卸坐办即便遵照。迅将任内经手收支款项列册移交，勿稍延误。切切。此令。

（中华民国陆海军大元帅之印）

中华民国十三年九月二十六日

据《大元帅训令第四九一号》，载广州《陆海军大元帅大本营公报》第二十七号，一九二四年九月三十日

批胡思舜称周伯甘在广三铁路局坐办任内经手收支各款一俟交代清楚再送请发交军事裁判所审结呈

（一九二四年九月二十六日）

大元帅指令第一〇六一号

令中央直辖滇军第三军军长胡思舜

呈称周伯甘在广三铁路坐办任内经手收支各款未正式移交，请仍将该前坐办发回办理交代，一俟交代清楚，再送请发交军事裁判所审结由。

呈悉。候令该卸坐办迅将任内经手收支各款列册移交，如查有亏挪情弊，可即据实呈揭，以凭交饬军事裁判并案究追。所请发回办理交代之处，应毋庸议。此令。

（中华民国陆海军大元帅之印）

中华民国十三年九月二十六日

据《大元帅指令第一〇六一号》，载广州《陆海军大元帅大本营公报》第二十七号，一九二四年九月三十日

饬留守胡汉民精简大本营机构令

（一九二四年九月二十八日）

前大本营参谋处、参军处着即取消，另行组织留守府副官处，缩小范围，节省经费。前之会计司、庶务科移并于韶关大本营。此令。留守胡汉民。

孙文

据原件，台北、中国国民党文化传播委员会党史馆藏

着李福林向商团提条件令

（一九二四年九月二十八日）

二十八日孙文令李福林向商团提两条件：（一）商团通电表明无请粤军攻广州事。（二）商团四日内代政府筹二十万元，于租捐内扣还。能照办即发回商团枪三四千枝。

据《快信摘要》，载一九二四年十月六日长沙《大公报》

裁撤后方参谋处参军处令

（一九二四年九月二十九日）

大元帅令

本大元帅现在督师北伐，所有后方参谋处、参军处着即裁撤。此令。

（中华民国陆海军大元帅之印）

中华民国十三年九月二十九日

据《大元帅令》，载广州《陆海军大元帅大本营公报》第二十七号，一九二四年九月三十日

饬知谢国光鲁涤平呈送十三年
五月份收支表件准予核销令

（一九二四年九月二十九日）

大元帅训令第四九五号

　　令禁烟督办谢国光

　　为令知事：据大本营审计处处长林翔呈称："奉发禁烟督办鲁涤平呈送十三年五月份收支清册及计算书表、单据簿等到处，饬令审查等因。奉此，窃查该督办所送册内各属承商按饷、借饷、牌照、药膏、罚款等项收入，共计毫洋一十四万三千九百七十九元九角零五厘。除支出该署本月份经常费二万三千一百一十二元七角三分六厘，及提偿四月份不敷三千五百二十二元五角一分四厘，暨拨交各军给养费、退还各处按饷等项一十一万六千二百六十七元二角八分，合共支出洋毫一十四万二千九百零二元五角三分。出入两抵，尚存毫洋一千零七十七元三角七分五厘。详核表册单据，尚属相符，各项开支亦颇核实，拟请准予核销"等情。据此，除指令"呈悉。既据审查，收支相符，应准核销。候令行禁烟督办查照转知。此令"印发外，合行令仰该督办查照并行转知可也。此令。

（中华民国陆海军大元帅之印）

中华民国十三年九月二十九日

据《大元帅训令第四九五号》，载广州《陆海军大元帅大本营公报》第二十七号，一九二四年九月三十日

给广东省长的命令

（一九二四年九月二十九日）

　　将《制定〈建国大纲〉宣言》五万份，着分发各县。

据《大元帅宣言分发各县》，载一九二四年九月三十日《广州民国日报》

给邓彦华的谕令

（一九二四年九月二十九日）

许代表抵省，甚慰。着即将花车回省迎接静仁代表来韶会谈。

据《邓彦华电》（九月二十九日），载中国第二历
史档案馆编：《中华民国史档案资料汇编》第四
辑，南京，江苏古籍出版社一九九一年六月出版

饬知林翔财政部长叶恭绰卸西江财政
整理处处长冯祝万呈报收支情形
及单据表册准予备案令

（一九二四年九月二十九日）①

大元帅训令第四九八号

令大本营审计处长林翔、大本营财政部长叶恭绰

为令饬事：据卸西江善后督办李济深呈称："窃据西江财政整理处长冯祝万呈报：'窃职处前奉钧署委任整理西江财政事宜，业于十二年八月二十五日组织成立。经将成立日期呈报钧署察核备案。现奉粤军总司令部训令开：西江财政整理处处长委江维华接理，仰该处长知照等因。奉此，遵于民国十三年五月二十七日将关防及处内一切案卷、文具、器物等项移交新任接收清楚。所有职处任内收支数目，除经于民国十三年一月印刷清册分送各军查照在案外，现将职处自成立日起至交代日止分别开列清册，并钉存各种单据，理合备文呈缴钧署察核备案，实为公便。仍候指令祗遵'等情。并缴清册及各军队领款单据到署。正在核办间，

---

① 原令未署日。《大元帅训令第四九五号》发令日期为九月二十九日，刊载此令之《陆海军大元帅大本营公报》一九二四年第二十七号之出版日期为九月三十日。酌标此令为二十九日。

复据该处呈报：'窃职处经费所有长员薪俸、兵伕饷项，每月应支定额经先后呈请钧署核准照支在案。现奉粤军总司令部训令开：西江财政整理处处长委江维华接理，仰该处长知照等因。奉此，遵于十三年五月二十七日将关防、案卷、文具、器物等项移交新任接收清楚，至职处任内经费，计自成立日起至交代日止，共领毫银二万五千五百八十七元一角三仙一文，共支毫银二万五千一百七十九元一角九仙八文，除支结存毫银四百零七元九角三仙三文。又职处自交代后，办理结束事务留用科员二名、录事一名、勤务兵一名，共支薪饷、杂费等毫银二百六十六元零三仙，除支尚结存毫银一百四十一元九角零三文，该结存款内有镍币一百元，系民国十二年八月二十六日由高要县钱粮项下解缴来处，尚未支出，市上已不通用。兹将该结存款项收支清册按月分别开列并粘存单据，理合备文连同册据一并呈缴钧署察核，伏乞准予报销，实为公便，仍候指令祗遵'等情。并缴清册、单据及结存镍币一百元、毫银四十一元九角零三文前来。据此，覆核数目，尚属符合。理合据情连同表册、单据及结存镍币一百元、毫银四十一元九角零三文，呈缴钧座察核，伏乞准予备案"等情。据此，当经指令"呈悉。既据核明数目相符，候将各项清册暨单据发交审计处存案备查，缴还余款，候令发财政部照数收入国库可也。此令"等语。除指令印发并分行外，合行令仰该处长即将发下清册暨单据存案备查可也。该部长即将发下余款镍币一百元、毫洋四十一元九角零三文收入国库可也。此令。

计发西江财政整理处自十二年八月至十三年五月收支清册十一本，各军队各机关领款单据共三千零八十五张。又自十二年八月至十三年六月经常临时费清册十一本，单据粘存簿十一本。

计发镍币一百元、毫银四十一元九角零三文。

（中华民国陆海军大元帅之印）

中华民国十三年九月　日

据《大元帅训令第四九八号》，载广州《陆海军大元帅大本营公报》第二十七号，一九二四年九月三十日

批孙科缴自十二年四月份起至十三年
九月十五日止收支军费总表呈

（一九二四年九月二十九日）

大元帅指令第一〇七〇号

令广州市市长孙科

呈缴自十二年四月份起至十三年九月十五日止收支军费总表，先行呈请鉴核由。

呈、表均悉。表存。此令。

（中华民国陆海军大元帅之印）

中华民国十三年九月二十九日

据《大元帅指令第一〇七〇号》，载广州《陆海军大元帅大本营公报》第二十七号，一九二四年九月三十日

批林翔审查禁烟督办鲁涤平呈送十三年
五月份收支计算书据等呈

（一九二四年九月二十九日）

大元帅指令第一〇七二号

令大本营审计处处长林翔

呈覆审查禁烟督办鲁涤平呈送十三年五月份收支计算书据等，尚属相符，请准核销由。

呈悉。现据审查，收支相符，应准核销。候令行禁烟督办查照转知可也。此令。

（中华民国陆海军大元帅之印）

中华民国十三年九月二十九日

据《大元帅指令第一〇七二号》，载广州《陆海军大元帅大本营公报》第二十七号，一九二四年九月三十日

戡乱讨贼计划

（一九二四年九月下旬）

分兵攻湘赣，以攻赣为主，攻湘为宾，其重要则主、宾均等。攻赣之师下豫南，一经攻击令即可破竹直下，必无劲敌以延时间，届时帅座当随军前进，以资督率而励士气。克赣后，顺流下皖，与浙沪联军会师金陵，击楫渡江，沿津浦线直捣贼巢；与奉军会合，此一路是主体。

程潜负责援湘，如赵恒惕知过迎程，则湘局可不战而定。现湘中可战、愿战之师，充其量仅唐、叶两师，叶镇湘西不能动，以唐生智一人之力，安能敌朝气勃勃之老将程潜云。程现有兵力四混成旅，帅座并定拨豫军、粤军、山陕军等随程征湘，再令沈鸿英、黄绍竑入郴、永助程。加之民心恶赵，舆论助程，则程此次返湘，必能于最短时期底定全湘无疑。

再者，驻扎黔边之川军熊克武、但懋辛、蔡钜猷、吴学显各军，由常德入鄂西荆襄，与川、滇、黔联军之出巫峡、夔万者会合，届时尤可操必胜也。

据《大元帅戡乱讨贼计捌》，载一九二四年九月二十七日上海《民国日报》

发还商团扣械令①

（一九二四年九月底）

商民结团，以图自卫，服从政令，巩安地方，政府夙加保护。前月挪威"哈辅"② 商轮运来大帮枪械，政府因商团团长陈廉伯瞒领护照，事有可疑；而港沪

---

① 广州革命政府与广州商团代表商谈发还扣械的过程中，陈廉伯躲在香港继续以还械问题为口实，煽动商团及商民反抗政府。为了揭穿商团头目的阴谋，孙文于九月底下令晓谕政府发还扣械的办法，令大本营秘书处致公开函给商团代表等。

② 又译作"哈佛"、"哈付"号。

各报、西报又纷传陈廉伯利用商团谋抗政府，故不能不将该项枪械扣留查办。一部分商民不明真相，致生误会。经令滇军军长范石生、师长廖行超妥为晓谕，复据陈廉伯、陈恭受先后沥情悔悟，并声明拥护政府之真诚，而该项枪械亦已查明，虽购运手续错误，实由商团备价购置，应即从宽准予发还。

惟陈廉伯于扣械之日，即赴香港，取消通缉以后仍不来省，以致商团负责无人，而商团代表数人又复行止仿佛、态度游移，对于还械手续，始终不肯与政府坦率商榷，以至迁延旬日。不逞之徒又得施其挑拨，飞短流长，无故自扰。政府不欲以少数代表不负责任之故，致各商民当前待决之事件久悬不决。为此订定办法，明白宣布：着省内外各商团，携同购械收据，赴民团统率处挂号，自挂号之日起，三日为限，将应领枪枝、子弹如数发给。

前据范石生、廖行超陈〔呈〕称：商团愿报效军费五十万元，于领枪时缴纳。政府此次查办目的，只在查明商团有无服从政府诚意，及该项枪械是否商团购置，此外无复苛求。惟当此大军北伐，饷情紧急，商团报效实际要需，着于领枪之际，每枪一枝附缴报效费五十元。仍着范石生、廖行超会同民团督办李福林派员监视发给，以资保护。此令。

据周兴樑：《孙中山在平定广州商团叛乱前后的
佚文》，载一九八八年六月二十八日《团结报》

饬蒋光亮将所部集中淡水会攻潮汕令

（一九二四年九月）

训令：一、将所部第三军及新编各部改编为北伐军。二、限五日内集中淡水，会同海军、飞军出海陆丰会攻潮汕。此令。蒋光亮。

孙文
民国十三年九月

据原件，台北、中国国民党文化传播委员会党史馆藏

着代答谭总司令延闿报告湘军拟
分三路经河源向老隆前进案

（一九二四年九月）①

代答：如此，则敌必退入赣南，后患无已。出三南，乃可断敌之联合，希望截得一大批子弹，此所谓入虎穴得虎子也。此似险而实安，其他实加三倍之艰苦，而又恐被各个之击破，似安而实危也。如各将领入敌地而杀人，我当同往也。

据谭延闿编：《总理遗墨》第三辑，出版时间不详

颁给黄馥生一等金质奖章及奖凭令

（一九二四年十月一日）

大元帅为发给奖凭事

自逆贼叛国，挞伐用张，师行裹粮，需财孔亟，常赖海外侨胞踊跃输将，藉济财政之困，促成革命之功。凡兹义举，奖典应颁。兹据中央筹饷会汇报，查有黄馥生捐助军饷，合于奖章条例第八条规定，呈请给予一等金质奖章一枚。除准予发给一等金质奖章用示奖励外，合填给奖凭，以资证明。

右给黄馥生

中华民国十三年十月一日

据陈旭麓、郝盛潮主编，王耿雄等编：《孙中山集外集》，上海，上海人民出版社一九九○年七月出版

---

① 原件未署日期。当在一九二四年九月。

颁给黄德源一等金质奖章及奖凭令

（一九二四年十月一日）

大元帅为发给奖凭事

　　自逆贼叛国，挞伐用张，师行裹粮，需财孔亟，常赖海外侨胞踊跃输将，藉济财政之困，促成革命之功。凡兹义举，奖典应颁。兹据中央筹饷会汇报，查有黄德源捐助军饷，合于奖章条例第八条规定，呈请给予一等金质奖章一枚。除准予发给一等金质奖章用示奖励外，合填给奖凭，以资证明。

右给黄德源

中华民国十三年十月一日

据陈旭麓、郝盛潮主编，王耿雄等编：《孙中山集外集》，上海，上海人民出版社一九九〇年七月出版

颁给郑螺生一等金质奖章及奖凭令

（一九二四年十月一日）

大元帅为发给奖凭事

　　自逆贼叛国，挞伐用张，师行裹粮，需财孔亟，常赖海外侨胞踊跃输将，藉济财政之困，促成革命之功。凡兹义举，奖典应颁。兹据中央筹饷会汇报，查有郑螺生捐助军饷，合于奖章条例第八条规定，呈请给予一等金质奖章一枚。除准予发给一等金质奖章用示奖励外，合填给奖凭，以资证明。

右给郑螺生

中华民国十三年十月一日

据黄警顽《南洋霹雳华侨革命史迹》，上海，文华美术图书公司一九三三年出版

颁给苏法聿二等金质奖章及奖凭令

（一九二四年十月一日）

大元帅为发给奖凭事

　　自逆贼叛国，挞伐用张，师行裹粮，需财孔亟，常赖海外侨胞踊跃输将，藉济财政之困，促成革命之功。凡兹义举，奖典应颁。兹据中央筹饷会汇报，查有苏法聿捐助军饷，合于奖章条例第八条规定，呈请给予二等金质奖章一枚。除准予发给二等金质奖章用示奖励外，合填给奖凭，以资证明。

右给苏法聿

中华民国十三年十月一日

据陈旭麓、郝盛潮主编，王耿雄等编：《孙中山集外集》，上海，上海人民出版社一九九〇年七月出版

颁给陈东平三等金质奖章及奖凭令

（一九二四年十月一日）

大元帅为发给奖凭事

　　自逆贼叛国，挞伐用张，师行裹粮，需财孔亟，常赖海外侨胞踊跃输将，藉济财政之困，促成革命之功。凡兹义举，奖典应颁。兹据中央筹饷会汇报，查有陈东平捐助军饷，合于奖章条例第八条规定，呈请给予三等金质奖章一枚。除准予发给三等金质奖章用示奖励外，合填给奖凭，以资证明。

右给陈东平

中华民国十三年十月一日

据陈旭麓、郝盛潮主编，王耿雄等编：《孙中山集外集》，上海，上海人民出版社一九九〇年七月出版

批许崇智于十月四日审理逆探
罗检成届期乞派员会审呈

（一九二四年十月二日）

大元帅指令第一○八二号

　　令粤军总司令许崇智

　　呈于十月四日审理逆探罗检成，届期乞派员会审由。

　　呈悉。已有手令派刘民畏届期前赴该部会审矣，仰即知照。此令。

（中华民国陆海军大元帅之印）

中华民国十三年十月二日

据《大元帅指令第一○八二号》，载广州《陆海军大元帅大本营公报》第二十八号，一九二四年十月十日

着广东省署以礼炮欢迎俄国巡舰令①

（一九二四年十月二日）

　　现有俄国巡舰到港，港政府尽礼欢迎，升炮二十一响。不日来省，我亦当尽礼举旗升炮。惟升炮之地当在长洲或南石头，或两处行礼炮，当以七生半粉包炮为宜，并先要通知人民，免致惊恐为要。并先派员往港与舰长约定时日可也。

据《准备欢迎俄国巡舰》，载一九二四年十月三日《广州民国日报》

---

　　① 苏俄政府派巡洋舰"波罗夫斯基"号，运载苏俄援助广州革命政府之顾问及大批军械——包括野炮、山炮、轻重机枪和各种长短枪八千多枝，于十月一日驶抵香港，并拟来广州。

命谭延闿等商办商人罢市问题

（一九二四年十月二日报载）

孙令与胡汉民、廖仲恺商办。

附：报载原文

（一九二四年十月二日报载）

省市二十三四日发见罢市传单颇夥，谓不达还械目的，牺牲在所不计。谭延闿、杨希闵、许崇智、刘震寰联名电孙文，迅解决此事。

据《快信摘要》，载一九二四
年十月二日长沙《大公报》

慎重民团私人领枪自卫手续令

（一九二四年十月四日刊载）

嗣后凡遇民团或私人领枪自卫，均应先由兵工厂会同民团统率处核明取具并无接济匪徒、寻仇械斗及转售、借用、移赠等弊切结，再由省长详加考察，加具切实按语，呈候核示，以昭慎重。

据《民团与私人领枪手续》，载一九
二四年十月四日《广州民国日报》

给请缨北伐之北江农团的指示

（一九二四年十月三日）

巩固后方，日加训练，扩充队伍，为北伐军之后盾。

据《大元帅北征记》，载一九二四年十月三日《广州民国日报》

追赠黄辉祖令

（一九二四年十月三日）

大元帅令

　　大本营军政部长程潜呈："议复已故少将黄辉祖，久经战役，卓著辛勤，积劳病故，殊堪悼惜，拟请追赠给恤"等语。黄辉祖着追赠陆军中将，仍照《陆军战时恤赏章程》第六章"积劳病故例"第四表给予少将恤金，以示优异，而慰英灵。此令。

　　　　　　　　　　　　　　（中华民国陆海军大元帅之印）

　　　　　　　　　　　　　　中华民国十三年十月三日

　　　　　　据《大元帅令》，载广州《陆海军大元帅大本
　　　　　　营公报》第二十八号，一九二四年十月十日

批程潜拟请追赠已故少将黄辉祖
陆军中将及给予少将恤金呈

（一九二四年十月三日）

大元帅指令第一〇八五号

　　令大本营军政部长程潜

　　呈覆拟请追赠已故少校黄辉祖陆军中将及给予少将恤金由。

　　呈悉。黄辉祖已有明令追赠给恤矣。仰即遵照办理，并转令知照可也。此令。

　　　　　　　　　　　　　　（中华民国陆海军大元帅之印）

　　　　　　　　　　　　　　中华民国十三年十月三日

　　　　　　据《大元帅指令第一〇八五号》，载广州《陆海军大
　　　　　　元帅大本营公报》第二十八号，一九二四年十月十日

着邓泽如购办毛毡令

（一九二四年十月五日）

着两广盐运使邓泽如，速购办棉衣、毛毡三万套，运韶关分发，倘一时不能备办，亦须先行预定毛毡一项。

据《帅令邓运使购备棉衣毛毡》，载一九二四年十月六日《广州民国日报》

饬各军政机关不得挪移国立 广东大学田赋附加经费令

（一九二四年十月六日）

大元帅训令第五〇二号

令大本营军政部长程潜、大本营财政部长古应芬、大本营外交部长伍朝枢、大本营内政部长徐绍桢、大本营建设部长林森、广东省长胡汉民、滇军总司令杨希闵、湘军总司令谭延闿、粤军总司令许崇智、豫军总司令樊钟秀、西路讨贼军总司令刘震寰、中央直辖第一军军长朱培德、中央直辖第三军军长卢师谛、中央直辖第七军军长刘玉山、北伐军第二军军长柏文蔚、北伐军第三军军长胡谦、中央直辖赣军司令李明扬、财政委员会、经理大本营军需事宜胡谦、郑洪年

为令遵事：据国立广东大学校长邹鲁呈称："查粤省各县田赋附加地方警学等费，照章不得超过正额百分之三十，其或已附加未达百分之三十之额，均一律加至百分之三十为率。除将原有警学各费照额扣出外，其余款拨为国立广东大学经费，由本年下忙十月十日开始征收起，凡粮户缴纳十三年分新粮，均须附加大学经费，所有各县原有附加之警学各费，以民国十二〈年〉度县地方预算曾经列报财政厅有案者为限。其未列入十二年度预算者，永远尽数归入大学经费，由各县按月径解，业经函请广东省长令行财政厅转饬各县遵照在案。惟是本校每筹各项

经费，均为军政暨民政各机关任意挪移截收，名为教育经费，实为军民各费，致使明令指定大学经费私〔丝〕毫不能收受，我西南最高学府因是未能发展，诚非意料所及，长此以往，自非设法制止，将何以副大元帅兴学育材之至意也？为此恳请大元帅分命军政暨民政各机关遵照转饬所属，将此项田赋附加百分之三十，由本年十月十日开始征收起，除各县于十二年度预算列报财政厅有案原有附加警学各费扣出外，其余款悉数径解大学经费，无论军饷如何困难，各机关不得挪移截收。各县亦不得以抵纳券及一切债票抵解，以维教育。所有拟将各县田赋附加拨为国立广东大学经费，及各军民机关不得挪移截收，亦不得将抵纳券债票抵解各缘由，理合备文呈请大元帅察核，准予分令军民各机关饬所属遵照，仍候指令祗遵"等情。据此，应予照准，除分令外，合行令仰该部长等即便转饬所属一体遵照。此令。

（中华民国陆海军大元帅之印）

中华民国十三年十月六日

据《大元帅训令第五〇二号》，载广州《陆海军大元帅大本营公报》第二十八号，一九二四年十月十日

批邹鲁请将各田赋附加拨为国立广东大学经费并通令军民机关不得挪移截收及抵解呈

（一九二四年十月六日）

大元帅指令第一〇八八号

令国立广东大学校长邹鲁

呈请将各田赋附加拨为国立广东大学经费，并通令军民机关不得挪移截收及抵解由。

呈悉。照准。已通令军政各长官遵照矣。此令。

（中华民国陆海军大元帅之印）

中华民国十三年十月六日

据《大元帅指令第一〇八八号》，载广州《陆海军大元帅大本营公报》第二十八号，一九二四年十月十日

批廖仲恺取消通缉黄伯耀案呈

（一九二四年十月六日）

大元帅指令第一〇八九号

令广东省长廖仲恺

呈覆通缉黄伯耀案情形由。

呈悉。据称黄伯耀通缉原因，系根据国会议员冯自由所缴调查附逆国会议员姓名单照案饬缉等语。现冯自由既函称黄伯耀并未列名伪选，请取销通缉，并由国会议员彭养光、张我华附函证明属实，应予取销通缉，以彰公道。仰即饬属遵照可也。此令。

（中华民国陆海军大元帅之印）

中华民国十三年十月六日

据《大元帅指令第一〇八九号》，载广州《陆海军大元帅大本营公报》第二十八号，一九二四年十月十日

批滇湘桂三军总司令裁撤战时军需筹备处呈

（一九二四年十月七日）

大元帅训令第五〇三号

令广东省长胡汉民、湘军总司令谭延闿、滇军总司令杨希闵、西路讨贼军总司令刘震寰

为令遵知事：查滇、湘、桂三军前因军费支绌，呈请设立战时军需筹备处，劝收捐款，藉济饷糈，当经准其试办在案。兹因行之既久，成绩甚少，流弊滋多，据杨总司令希闵、谭总司令延闿、刘总司令震寰合词请将战时军需筹备处机关裁撤，并将由该处创立名目所抽各种捐款一律撤销，以恤商困前来。具见该总司令等体恤商民，深知大体。除分令嘉奖外，合行令仰该省长即便转饬所属，并布告全省商民一体周知。此令。殊堪嘉尚，已由广东省长布告全省商民一体周知矣。

除分令外，合行令仰该总司令即便知照。此令。

（中华民国陆海军大元帅之印）

中华民国十三年十月七日

据《大元帅训令第五〇三号》，载广州《陆海军大

元帅大本营公报》第二十八号，一九二四年十月十日

饬公安局查禁商团传单令

（一九二四年十月八日）

　　查广州市近日发现各种诋毁政府传单，日有数起，各区警察事前既不能防闲，临时又不能制止，甚至任由奸人随街分送，或乘汽车飞派，均视若无睹，殊属有乖职守。仰该局长毋得再行玩视，即饬警察侦缉分队四处巡逻，如见有此种行为，应即拘拿跟究出处，从严惩办，以遏乱萌。切切。此令

据《公牍》（下），载秦孝仪主编：《国父全集》，

台湾，近代中国出版社一九八九年十一月出版

批徐绍桢遵令将本部预算再加
裁减并陈明经费困难呈

（一九二四年十月八日）

大元帅指令第一〇九〇号

　　令大本营内政部长徐绍桢

　　呈为遵令将本部预算再加裁减，并陈明经费困难情形由。

　　呈悉。刻值财政困难，各机关欠款，均须俟稍缓始能补发。至称该部已遵令将经费裁减，以后每月支出以四千元为限，请予指拨的款一节，候令财政委员会妥议筹拨可也。此令。

（中华民国陆海军大元帅之印）

中华民国十三年十月八日

据《大元帅指令第一〇九〇号》，载广州《陆海军大

元帅大本营公报》第二十八号，一九二四年十月十日

批杨希闵遵令取销土造火柴捐
并陈明其间复杂情形呈

（一九二四年十月八日）

大元帅指令第一〇九一号

令广州卫戍总司令杨希闵

呈报遵令取销土造火柴捐，并陈明其间复杂情形，请予明示由。

呈悉。查火柴捐前经令饬撤销，并于原令声明，以后无论何项机关及军队，均不得巧立名目，另议抽取。兹据呈称：每日收入不过五十元，即其苛细扰民，于公无裨，更可概见，应即赶紧遵令停收。至以后该部所需经费，应核实造具预算，呈候发交财政委员会妥议筹拨。至称据稽征员杨孝纯报告，曾接前广东财政厅长陈其瑗来函，谓火柴商人愿报效公礼万元一节，应饬稽征员将原函呈由该部转缴来府，以凭彻查严究。仰即分别遵照。此令。

（中华民国陆海军大元帅之印）

中华民国十三年十月八日

据《大元帅指令第一〇九一号》，载广州《陆海军大元帅大本营公报》第二十八号，一九二四年十月十日

批古应芬变通减收沙田登录费办法请察核备案呈

（一九二四年十月八日）

大元帅指令第一〇九七号

令兼办广东沙田清理事宜古应芬

呈报变通减收沙田登录费办法，请察核备案由。

呈悉。准予备案。此令。

（中华民国陆海军大元帅之印）

中华民国十三年十月八日

据《大元帅指令第一〇九七号》，载广州《陆海军大元帅大本营公报》第二十八号，一九二四年十月十日

饬蒋中正将所存团械交李福林发还商用令

（一九二四年十月九日）

　　据留守胡汉民电呈："民团督办李福林所拟发还团械办法三条：（一）由民团督办担任召集殷实商人筹备二十万元，由租捐项下拨还。（二）团械由民团统率处发还，共数五千枝。以上发还之数须由商团负责之人签字，不得异议。（三）团械发还之日，由商团通电解释以前误会，表明自卫心迹"等语。着即准照办理。仰该校长将所存团械交民团督办李福林依照所拟办法发还商团收领。此令陆军军官学校校长蒋中正。

据毛思诚编：《民国十五年以前之蒋介
石先生》第八卷，一九三六年三月印行

批古应芬遵令切实裁员减薪重新改组
该部情形附清折乙扣请鉴核施行呈

（一九二四年十月九日）

大元帅指令第二〇〇〇号

　　令大本营财政部长古应芬

　　呈报遵令切实裁员减薪，重新改组该部情形，附清折乙扣，请鉴核施行由。

　　呈、折均悉。该部长对于裁员、减薪切实奉行，节减之数悉符功令，殊堪嘉许。所拟改组该部内容各节，均尚妥协，应准予照办。清折存。此令。

（中华民国陆海军大元帅之印）

中华民国十三年十月九日

据《大元帅指令第二〇〇〇号》，载广州《陆海军大
元帅大本营公报》第二十八号，一九二四年十月十日

饬胡汉民等如商团罢市应出示
使西关佛山居民避开令

（一九二四年十月十日）

今日已电范、廖两将领，如商团果于明日罢市，则着彼等联名出示，令西关居民限三日离开西关境内，免遭不测。今并着省长如遇有罢市之事发生，亦当出示令西关及佛山居民限三日悉数离开此两地，免遭不测。此令省长胡汉民。

孙文

据原件，台北、中国国民党
文化传播委员会党史馆藏

批邓鼎封函

（一九二四年十月十日）

答并问：桂省究竟何人能胜任。

据原件，台北、中国国民党
文化传播委员会党史馆藏

批蒋介石责成胡许李严办商团电

（一九二四年十月十日）

代答并令：当着省长、总司令、民团统率处处长①，严行查办。

文

———————

① 省长、总司令、民团统率处处长分别指胡汉民、许崇智、李福林。

附：蒋介石原电

（一九二四年十月十日）

　　急。韶州孙大元帅钧鉴：密。顷据许总司令电话，言工团军及学生游街时，被商团击伤数人，现已了事云。而据鲍尔〔罗〕廷君来电话，言工团及学生被商团击毙数十人，现在尚有工团军潜伏各处，不敢出来者，属中正代问总理如何处置。中正之意，非责成许总司令及李登同严办商团不可。如何？乞覆。中正叩。灰〔戌〕。

据《蒋介石请严办商团致孙文密电暨孙文批》，载中国第二历史档案馆编：《中华民国史档案资料汇编》第四辑，南京，江苏古籍出版社一九九一年六月出版

着蒋介石悉运没收之商团子弹至韶关令

（一九二四年十月十一日）

　　着蒋介石将商团各种子弹悉运到韶关，听候发落。此令。

孙文

据原件，台北、中国国民党文化传播委员会党史馆藏

着革命委员会以会长名义便宜行事令

（一九二四年十月十一日）

　　着革命委员会委员用本会长名义便宜行事，用种种方法打消商团罢市，并立即设法收回关余。此令。

孙文

民国十三年十月十一日

据原件，台北、中国国民党文化传播委员会党史馆藏

饬谭延闿将陈纯侯等提案省释令

（一九二四年十月十二日）

大元帅训令韶字第八号

令湘军总司令谭延闿

为令行事：据旅省潮州善胡委员会呈称："窃查本月七日晨九句钟时，有湘军第一路司令陈方度派兵到潮州会馆楼上，将附设在内国民学校教员二名并职会委员陈纯侯、张文案、张精卫等概行捆拿，又到广安栈将潮民陈鲁野、陈荫三、方志超等拘拿，一时声势汹汹，莫名其故。旋经陈司令通知该馆董事李伟生，准将教员及张文案保释，惟陈纯侯、陈鲁野、陈荫三、方志超等四人则未准释放。闻系因第一路司令军队与潮梅警备司令陈宗鉴军队在从化冲突，疑及纯侯等与伊有所关连。当堂将纯侯刑讯，重责军棍七百，血射肉飞，惨不堪言。查陈委员纯侯一向在会办公，亦从未到从化地方及领宗鉴何等委任，虽与宗鉴有亲族之谊，究与两军冲突事情无干显然可见。伏查陈宗鉴、陈方度均属湘军辖下，彼此同一长官，纵有争持事件，甚易求请解决，较与他军交涉情形迥有不同，何须操切。不得已而为之，亦应拿后将人解送总部听候处分，讵能自行刑讯迫供，即令陈委员受刑不得，昏乱招供，讵能认为信谳，折服天下之心，无乃太不加斟酌尔。且以此等刑法施诸平民尚犹不可，况要施诸帅座派委之人乎。惨念陈委员纯侯在汕党部效劳《晨报》，供职有年，日事鼓吹，为吾党奋斗，致遭叛贼仇视，逃亡广州，近在柏军长文蔚充当秘书，月博十余金，以安家计，不意复用受此等非刑，嗟嗟弱质书生，何以堪此？伏乞钧座哀矜，准予训令谭总司令即日提案省释"等情。据此，合行令仰该总司令即将陈纯侯等提案省释。切切。此令。

（中华民国陆海军大元帅之印）

中华民国十三年十月十二日

据《大元帅训令韶字第八号》，载广州《陆海军大元帅大本营公报》第二十九号，一九二四年十月二十日

批林警魂报告香山治安如常电①

（一九二四年十月十二日）

　　当严行防〈备〉。如有煽动罢市之人，即行枪决，罢市之店即行充公，切勿姑息为要。文

附：林警魂原电

　　韶关大本营分送孙大元帅睿鉴：广州胡代帅兼省长、许总司令钧鉴：本日职属地方治安、商场秩序一切如常，请抒廑念。署香山县县长林警魂叩。侵。（印）

据《林警魂报告香山县属安静如常致大元帅等电及孙文批》，载中国第二历史档案馆编：《中华民国史档案资料汇编》第四辑，南京，江苏古籍出版社一九九一年六月出版

给各军的训令

（一九二四年十月十三日）

　　自吾党唱行革命以来，垂二十年，满洲政府固已颠覆，唯因军阀与帝国主义者狼狈为奸，致吾党终难达此素志。今北方友军为时势之转移，与大义之所在，同时并起，挞伐曹吴。卢永祥抗长江数省之敌于嘉杭；张作霖进攻旬日，殆占热河全部。罄曹吴之爪牙，已形左支右绌。各地向义之士皆在观□欲动，西南各省深知团结之必要，吾党内势更形巩固。此诚数年来未有之良好时机。吾党应集合全力，谋打破此恶劣军阀、再进而图之策。爰编建国军如下：

　　一、谭延闿所部编为建国湘军。

---

　　① 香山县县长林警魂是年十月十二日电呈：县属安静如常。孙文十三日在呈电上做了批示。

一、杨希闵所部编为建国滇军。

一、许崇智所部编为建国粤军。

一、刘震寰所部编为建国桂军。

一、沈鸿英所部编为广西建国军。

一、樊钟秀所部编为建国豫军。

一、朱培德所部编为建国第一军。

一、卢师谛所部编为建国第三军。

一、柏文蔚所部编为建国第二军。

一、刘玉山所部编为建国第七军。

一、何成濬所部编为建国鄂军。

一、李明扬、董福开所部编为建国赣军。

一、吴铁城所部编为建国警卫军。

一、邓彦华所部编为建国军大本营卫士队。

一、路孝忱所部编为建国山陕军。

一、黄明堂所部编为建国第四军。

一、唐继尧所部编为云南建国军。

一、熊克武所部编为建国川军。

一、唐继虞所部编为贵州建国军。

一、方声涛所部编为福建建国军。

上列各节，仰即迅速遵编，所有印信后发。未发之前，准用从前所颁发者。至其各部之编制，着准用原有建制编成之。

据第三十号，载广州《陆海军大元帅大本营公报》第三十号，一九二四年十月三十日

复电胡汉民着即宣布戒严并全权付托革命委员会令

（一九二四年十月十三日）

万急。广州胡留守鉴：侵电悉。△密。商人既如此，非大加惩创不能挽回大局。着即宣布戒严，停止一切法政、行政，付托全权于革命委员会，使便宜行事，

以应非常之变。各军既觉悟纵容商团之非，着令一致服从革命委员〈会〉命令，不得再事犹豫。切切。此令。孙文。元午。（中华民国十三年十月十三日）

据亲笔原件影印件，载谭延闿编：

《总理遗墨》第三辑，出版时间不详

饬通缉卷款潜逃之周东屏令

（一九二四年十月十四日）

大元帅训令第五一二号

令大本营军政部长程潜

为令遵事：据卸代理大本营参谋处主任余维谦呈称："呈为卷款潜逃请求通缉事：窃职备员公府，值李参谋长奉命使日，遂责由职主持处中一切事务：九月二十九日奉到明令，将参谋处裁撤等因，遵经赶办结束。乃查七月份薪饷，已由职处军事参议周东屏经手领过半数，而处中职员尚多未领，向其索取，该员藉口延宕，因而啧有烦言。职不得已，将其经手账目切实稽核，得悉账目含糊，弊端百出，正拟扣留，以明真相而维公款，讵该员畏罪情虚，竟于七日卷款远扬，不知去向。比即四处侦察，亦无踪迹，非严行侦缉，不足以肃官常而儆效尤。除将经过情形一面呈报李参谋长外，理合备文呈请睿座鉴核，令行各军队机关遵照，一体查拿归案究办"等情前来。除指令"呈悉。候令行军政部转行各军及广东省长严令通缉可也。此令"印发外，合行令仰该部长即便遵照办理。切切。此令。

（中华民国陆海军大元帅之印）

中华民国十三年十月十四日

据《大元帅训令第五一二号》，载广州《陆海军大元帅大本营公报》第二十九号，一九二四年十月二十日

饬知邹鲁省河盐税附加大学经费暂缓实行令

（一九二四年十月十四日）

大元帅训令第五一三号

令国立广东大学校长邹鲁

为令知事：据两广盐运使邓泽如呈称："呈为呈请事：案奉钧府第四八五号训令开：'据国立广东大学校长邹鲁呈请援案在省河盐税项下，每盐一包，即二百斤，带收大洋四角，拨充该校经费一案。除原文有案应免复赘外，后开：除指令呈及章程均悉，所请著即照准，候令行两广盐运使遵照办理可也。章程存。此令'印发外，合将原章程抄发，仰该运使即便遵照办理。切切。此令'计抄发原章程一件等因。奉此，遵查此项省河盐税，正在中央银行包缴期内，如果实行带收大学经费，究竟与该银行包缴盐税有无窒碍，自应先行会商妥办，以利推行。当经运使录令转函该银行宋行长子文核明见复，藉资考证在案。兹准宋行长复称：查广东大学经费支绌，自系实在情形，惟查盐税附加一节，关系重大，现在办理实多困难之点，不得不为贵署缕晰陈之。查敝行包缴盐税每日一万二千元，现在每日所收税项，实只三四千元，考其短绌原因，实因西江一带土匪抢劫，北江一带加抽军费，均在停运之中，且近日北江大军云集，每有封船拉夫之事；连州一带又因加抽军费，发生商会罢业之事；加之运商请求军队保护，伙食有费，办公有费，甚之赏恤有费，故运商之损失愈多，担负日重。种种困难，实难备述。而推销方面，北江有淮盐侵入，西江又私贩竞争，而运商成本加重，势将裹足不前，其结果必至商运失败，私销畅行，不特敝行包缴方面来日大难，即公家税收，恐亦大受影响，揆诸情势，实有不宜再加何种名目，以免发生阻力。子文窃以为，现在大军出发之际，饷需浩繁，若以加抽经费而影响税收，必至贻误大局，殊非缓急相需之道，在该校加抽经费固为教育方面切要之图，究系经常经费性质，若于此时着手进行，恐不特于事无补，且于军事进行有碍，税收前途，徒滋纷扰。拟请转呈大元帅从缓实行，容俟西北两江运销畅旺，届时再行揆情度势徐图施行。是否有当，相应函达贵署，请烦查照办理，实纫公谊等由。准此，所有省河盐税带收大学经费一节，应否从缓实行，理合录函转呈钧府鉴核，指令祗遵。如蒙核准缓行，并请令行邹校长一体查照，实为公便"等情。据此，查省河盐税附加大学经费，目前办理既多窒碍，自应暂缓实行，除指令照准外，合行令仰该校长即便知照。此令。

（中华民国陆海军大元帅之印）

中华民国十三年十月十四日

据《大元帅训令第五一三号》，载广州《陆海军大元帅大本营公报》第二十九号，一九二四年十月二十日

批邹鲁请明定校长薪额及筹办时交际费呈

（一九二四年十月十四日）

大元帅指令第二〇一二号

令国立广东大学校长邹鲁

呈请明定校长薪额及筹办时交际费由。

呈悉。校长准月支薪俸六百元，筹备期内准月支交际费三百元。仰即遵照。此令。

（中华民国陆海军大元帅之印）

中华民国十三年十月十四日

据《大元帅指令第二〇一二号》，载广州《陆海军大元帅大本营公报》第二十九号，一九二四年十月二十日

批余维谦为该处军事参议周东屏
卷款潜逃请予通缉呈

（一九二四年十月十四日）

大元帅指令第二〇一三号

令卸代理大本营参谋处主任余维谦

呈报该处军事参议周东屏卷款潜逃，请予通缉由。

呈悉。候令行军政部转行各军及广东省长严令通缉可也。此令。

（中华民国陆海军大元帅之印）

中华民国十三年十月十四日

据《大元帅指令第二〇一三号》，载广州《陆海军大元
帅大本营公报》第二十九号，一九二四年十月二十日

批邓泽如称省河盐税附加大学经费目前
办理颇多窒碍请示暂缓实行呈

（一九二四年十月十四日）

大元帅指令第二〇一四号

令两广盐运使邓泽如

呈为省河盐税附加大学经费，目前办理颇多窒碍，请示应否暂缓实行由。

呈悉。省河盐税附加大学经费，目前办理颇多窒碍，应准暂缓实行。仰候令行国立大学校长知照可也。此令。

（中华民国陆海军大元帅之印）

中华民国十三年十月十四日

据《大元帅指令第二〇一四号》，载广州《陆海军大元
帅大本营公报》第二十九号，一九二四年十月二十日

为平定商团叛乱着各军事武装统归蒋中正指挥令[①]

（一九二四年十月十四日）

兹为应付广州临时事变，未平定期内，所有黄埔陆军军官学校、飞机队、甲

---

① 十月十日商团在广州街头公然屠杀民众，且有演变成公开暴乱之势，孙文乃下决心戡乱，调集兵力予以镇压。据底本说明，孙文于十四日下达此令。十五日凌晨，商团军首先开枪挑衅，遭到各革命武装坚决反击，经过数小时激战后终于彻底平定了商团叛乱。

车队、工团军、农民自卫军、陆军讲武学校、滇军干部学校、兵工厂卫队、警卫军统归蒋中正指挥，以廖仲恺为监察，谭平山副之，此令。

〈着〉陆军军官学校校长蒋中正、航空局长陈友仁、甲车队长卢振柳、工团军团长施卜、农民自卫军主任罗绮园、讲武学校监督周贯虹、滇军干部学校校长周自得、兵工厂长马超俊、警卫军司令吴铁城〈仰即遵照〉。

据中央陆军军官学校校务委员会编：《中央陆军军官学校史稿》第一册，线装本，南京一九三六年出版

批古应芬请通令将各项税款因大洋补水改加二五增收之一成专款解缴以充北伐军费呈

（一九二四年十月十五日）

大元帅指令第二〇一七号

令大本营财政部长古应芬

呈请通令将各项税款，因大洋补水，改加二五，增收之一成专款解缴，以充北伐军费由。

呈悉。准如所请办理。仰即由部录案通行各征收机关一体遵照可也。此令。

（中华民国陆海军大元帅之印）

中华民国十三年十月十五日

据《大元帅指令第二〇一七号》，载广州《陆海军大元帅大本营公报》第二十九号，一九二四年十月二十日

批谭延闿遵令派军督运情形呈

（一九二四年十月十五日）

大元帅指令第二〇一九号

令湘军总司令谭延闿

呈报遵令派军督运情形，乞鉴核由。

呈悉。此令。

（中华民国陆海军大元帅之印）

中华民国十三年十月十五日

据《大元帅指令第二〇一九号》，载广州《陆海军大元帅大本营公报》第二十九号，一九二四年十月二十日

批杨虎电着寄回胡汉民审查①

（一九二四年十月十六日）

寄回留守审查。

据广东省社会科学院历史研究所藏原件照片，载广东省社会科学院历史研究所、中国社会科学院近代史研究所中华民国史研究室、中山大学历史系孙中山研究室合编：《孙中山全集》，北京，中华书局一九八六年出版

批示杨虎来电着拿办杜邓二人②

（一九二四年十月十六日）

寄回留守审查，杜、邓应拿禁候办。

据广东省社会科学院历史研究所藏原件照片，载广东省社会科学院历史研究所、中国社会科学院近代史研究所中华民国史研究室、中山大学历史系孙中山研究室合编：《孙中山全集》，北京，中华书局一九八六年出版

---

① 十月十六日，杨虎电呈："奉令警戒惠爱等路，并占领商团各公所，火起已派救护。"此为孙文在呈电上的批示。

② 十月十六日，杨虎电呈："敌团副杜、邓等自首请缴械，已令开拔西村附近待令。"此为孙文在呈电上的批示。

改讨贼靖国军为建国军令

（一九二四年十月十六日）

大元帅令

讨贼靖国军名目一律取销，均着改称建国军，以归划一。此令。

（中华民国陆海军大元帅之印）

中华民国十三年十月十六日

据《大元帅令》，载广州《陆海军大元帅大本营公报》第二十九号，一九二四年十月二十日

批邓泽如送北江盐务督运处经费预算表呈

（一九二四年十月十六日）

大元帅指令第二〇二三号

令两广盐运使邓泽如

呈送北江盐务督运处经费预算表由。

呈、表均悉。准予备案。此令。

（中华民国陆海军大元帅之印）

中华民国十三年十月十六日

据《大元帅指令第二〇二三号》，载广州《陆海军大元帅大本营公报》第二十九号，一九二四年十月二十日

饬详报诬陷归侨胡梓和案令

（一九二四年十月十七日）

大元帅训令第五一七号

　　令高雷讨贼军总司令兼高雷绥靖处处长林树巍

　　为令遵事：据中国国民党驻三藩市总支部总干事陈耀垣函呈称："顷据罗省分部部长胡俊函报：伊叔祖胡梓和向在美国经商，已登耳顺之年，始于今岁旋里，突遭土豪关公度因勒索竟向驻防开平县赤坎之高雷绥靖处长林树巍部诬良为匪，严刑拷打，勒款五千元，含冤饮恨，至今莫白等语。查胡梓和乃一老年侨商，旅囊颇裕，安有弃商为匪自蹈刑章之理？乃土豪借端勒索，侨商裹足，莫敢归国，诚非我总理保民如赤之本旨，用特敬函奉达，敬恳饬属查明究办，以彰国法而挽嚣风为幸。又中国国民党驻罗省分部部长胡俊代电称：华侨家叔祖胡梓和本年三月三十日由美抵粤省亲，藉图家庭乐叙，讵于五月二十一日惨被土豪关公度因勒索不遂，竟向驻防开平赤坎之高雷绥靖处长林树巍部诬为匪类，至被酷刑勒款半万，恶耗传来，不胜诧异。窃思家叔祖胡梓和乃系股实侨商，毫不非为，且年近耳顺，新回祖国，断无为匪之理，乃土豪关公度因强索不遂，恃其恶势，胆敢陷良为匪，揆之情理，岂得谓平？而处长林树巍遽为土豪所愚瞒，不加明察，谬以为事实，乃将胡梓和吊打滥罚，似此残忍，甚等于强盗，实为民国法律所不许，殊有玷钧座爱民以德之怀。且此风一开，效尤更多，将来归国华侨，人人亦处自危之地，相与裹足不敢来归，而土豪关公度不除，吾乡民将无遗类矣。俊与胡梓和系同血属，知此次被小人之谗，无辜受此奇冤，未便恝然。素仰钧座夙爱侨商，且政府亦有保护华侨之明条，迫得沥情电乞钧座，令林树巍所勒款吐出，或拨为政府军饷，及将其部林兆奇、古秘书、黄副官严加惩戒，以维革命军军纪。至于土豪关公度诬良为匪，罪有应得，万恳钧座迅令地方官将他按律正法，为地方除害，藉雪侨冤，以彰国法，而维民心，不胜迫切待命之至"各等情前来。合行令仰该处长即严饬所属，将该案原委办理情形详细呈报，以凭核办。

切切。此令。

（中华民国陆海军大元帅之印）

中华民国十三年十月十七日

据《大元帅训令第五一七号》，载广州《陆海军大元帅大本营公报》第二十九号，一九二四年十月二十日

批张继来电

（一九二四年十月十七日）

批：交中央执行委员会执行革除之。

附：张继原电

（一九二四年十月十四日）①

广东韶州大元帅钧鉴：自八月大会以来，共产派背行无忌，继耻与为伍，请解继党职兼除党籍为叩。张继。寒。

孙修福、喻春生：《新发现的中国国民党总理批文（三）》，南京《民国档案》二〇〇一年第三期

批程潜称鲁广厚刘德昌因公殒命拟请给少校恤金呈

（一九二四年十月十七日）

大元帅指令第二〇二四号

令大本营军政部长程潜

---

① 《民国档案》二〇〇一年第三期刊载之张继《总理批张继自沪上来电》，日期为"十三年十月十七日"。内容与此电大体相同，文字略有区别，兹附录如下："广东韶州大元帅钧鉴：自八月大会以来，共产派背行无耻，耻与为伍，请解党职并除党籍。"

呈称鲁广厚、刘德昌因公殒命，情殊可悯，拟请给少校恤金，以示矜恤等情由。呈悉。准如所拟给恤。此令。

（中华民国陆海军大元帅之印）

中华民国十三年十月十七日

据《大元帅指令第二〇二四号》，载广州《陆海军大元帅大本营公报》第二十九号，一九二四年十月二十日

着胡汉民令兵工厂查办员限期查报案情令

（一九二四年十月十九日）

电广州胡留守。密。着胡留守令兵工厂查办员，限于本月二十二日将案查明详报，若有疑似之间为被查办人不甘服者，务着两造限本月二十四日到韶，由本大元帅询明办理，不准久延，致误军机。切切。此令。

孙文

中华民国十三年十月十九日

据原件，台北、中国国民党文化传播委员会党史馆藏

批邓泽如送运盐护照乞盖印呈

（一九二四年十月十九日）

大元帅指令韶字第九号

令两广盐运使邓泽如

呈送运盐护照，乞盖印由。

呈悉。准如所请办理，护照发还。此令。

（中华民国陆海军大元帅之印）

中华民国十三年十月十九日

据《大元帅指令韶字第九号》，载广州《陆海军大元帅大本营公报》第二十九号，一九二四年十月二十日

着林翔将禁烟督办署本署额活支及各检查所十月份支付预算书查收备案令

（一九二四年十月二十日）

大元帅训令第五二○号

令大本营审计处长林翔

为令发事：据禁烟督办谢国光呈称："呈为呈赍本署本年九月份，及所属各检查所本年十月份经常费支付预算书并比较表，仰祈睿核备案事：窃职奉命接办禁烟事宜，对于用人、行政、无不力求减省。爰将原设厅、处取消，七科并为五科。所属各检查所其不扼要者，均皆裁撤，业经呈报在案。旋奉大府裁员减薪训令，复将薪金五百元以上奉令以七折发给者改为五折，三百元以上八折发给者改为六折，二百元以上九折发给者改为七折。总期款不虚糜，人无滥用，以副我钧座裁员、减政之至意。查本年九月份，本署经常费支付预算数共计二万零五百二十八元，较前任减少四千七百十三元二角；所属各检查所支付预算数，除九月份各职员未及裁汰仍照前任开支外，自十月起其支付预算数已减至二千六百六十三元，较前任减少五千三百八十九元，合计减少一万零一百零二元二角。此外则无再可节减之余地。除临时增设局、所并本署发生特别用费另文随时呈报外，理合备文连同本署九月份及所属各检查所十月份经常费支付预算书，及与前任本署支付预算数比较表，呈赍大府，伏乞察核，指令祗遵"等情。据此，当经指令"呈悉。查核所造预算，除所属各检查所经费已减至每月二千余元，以后应准按月照支外，其本署经费虽比以前减少，然月支仍在二万元以上。值此大军北伐、厉行减政之际，各部开支均减为四千元，该署亦当减益求减，挹注军需。惟九月份事属过去，姑准照表列之数开支。以后该署本署额活支并计每月应以一万元为限，不得稍有超越。仰即遵照办理，仍候将赍到本署九月份、各检查所十月份支付预算书各提一份发审计处备案，其余一份暨比较表均存。此令"等语。除指令印发外，合行检同原支付预算书，令仰该处查收备案。此令。

计发禁烟督办造赍本署九月份暨所属各检查所十月份支付预算书各一份。

（中华民国陆海军大元帅之印）

中华民国十三年十月二十日

据《大元帅训令第五二〇号》，载广州《陆海军大元帅大本营公报》第二十九号，一九二四年十月二十日

批谢国光送该署九月份及所属各检查所十月份支付预算书暨比较表呈

（一九二四年十月二十日）

大元帅指令第二〇三四号

令禁烟督办谢国光

呈为造送本署九月份及所属各检查所十月份支付预算书暨比较表，乞察核示由。

呈悉。查核所造预算，除所属各检查所经费已减至每月二千余元，以后应准按月照支外，其本署经费虽比以前减少，然月支仍在二万元以上。值此大军北伐、厉行减政之际，各部开支均减为四千元，该署亦当减益求减，挹注军需。惟九月份事属过去，姑准照表列之数开支。以后该署本署额活支并计每月应以一万元为限，不得稍有超越。仰即遵照办理，仍候将赍到本署九月份、各检查所十月份支付预算书各提一份令发审计处备案，其余一份暨比较表均存。此令。

（中华民国陆海军大元帅之印）

中华民国十三年十月二十日

据《大元帅指令第二〇三四号》，载广州《陆海军大元帅大本营公报》第二十九号，一九二四年十月二十日

准邹鲁呈将各县田赋附加拨为
国立广东大学经费令

（一九二四年十月二十一日）

大元帅令

　　据广东国立大学校长邹鲁呈，拟将各县田赋附加拨为国立广东大学经费，各军民机关不得将抵纳券债票抵解。除指令照准外，令仰转饬所属遵照。

据陈旭麓、郝盛潮主编，王耿雄等编：《孙中山集外集》，上海，上海人民出版社一九九○年七月出版

关于收缴商团枪械令二则

（一九二四年十月二十一日）

大元帅令

　　收缴商团枪械应汇存省长公署，俟新商团依法组织成立即全行发还，不得明分〔令〕没收。

又令

　　各处防军不得任意勒缴各县乡商团、民团枪械。

据《政府戡乱后之恩危并用》，载一九二四年十月二十三日上海《民国日报》

着财政委员会速筹款办冬衣令①

（一九二四年十月二十一日）②

大元帅手令

　　着财政委员会速筹款交邓泽如，即办棉衣三万套、毛毡三万张。

据陈旭麓、郝盛潮主编，王耿雄等编：《孙中山集
外集》，上海，上海人民出版社一九九〇年七月出版

饬约束士兵毋得滋扰市场令

（一九二四年十月二十一日）

大元帅训令韶字第十一号

　　令在韶各军长官

　　为令行事：据曲江商会会长刘瑞廷、商团团长何耀初铣日代电称："删日下午三时，有湘军第三军士兵往北门街杨顺益店短价强买，殴打商民，激动公愤，几酿事端。商团出队弹压，以免暴动而保商场，敝会长、团长等亦亲往肇事地方极力调停。旋蒙帅威派队前来镇慑，湘军随回营，商团亦即收队，风潮尽息，消患无形，实为地方之福。但现在大军云集，保无再滋事端，且闻有等士兵时出仇商之言，最易酿成恶感，伏乞令饬各军长官约束所部士兵，嗣后公平买卖，对于团体机关尤宜联络，以收军民亲善之效，大局幸甚，地方幸甚"等情。据此，除分令外，合行令仰该□严饬所部约束士兵，毋得滋扰市场，以肃军纪。切切。此令。

（中华民国陆海军大元帅之印）
中华民国十三年十月二十一日

据《大元帅训令韶字第十一号》，载广州《陆海军大
元帅大本营公报》第三十号，一九二四年十月三十日

---

　　①　财政委员会后议决："先办棉衣二万套，约需款五万元，由财政厅、盐运司、公安局会筹担任。"

　　②　时间为财政委员会第六十三次会议决案日期。

命财政委员会按月照拨内政部经费令

（一九二四年十月二十一日）①

大元帅训令

　　据内政部长徐绍桢呈，以该部经费困难情形，已遵令将经费裁减，每月以四千元为限，请予指定的款，按月照拨，令会妥筹。

　　　　　　　　　　　　　据陈旭麓、郝盛潮主编，王耿雄等编：《孙中山集外集》，上海，上海人民出版社一九九○年七月出版

着财政委员会迅于筹拨兵工厂制弹费

（一九二四年十月二十一日）

大元帅训令

　　着会迅于筹拨兵工厂制弹费，以利军行。

　　　　　　　　　　　　　据陈旭麓、郝盛潮主编，王耿雄等编：《孙中山集外集》，上海，上海人民出版社一九九○年七月出版

着财政委员会刻日拨付湘军六七八九等月应拨子弹费令

（一九二四年十月二十一日）

大元帅训令

　　据湘军总司令谭延闿呈，请严令财会刻日拨付六、七、八、九等月应拨子弹费十二万元，另发专征子弹一百万发，仰遵前令迅办。

　　　　　　　　　　　　　据陈旭麓、郝盛潮主编，王耿雄等编：《孙中山集外集》，上海，上海人民出版社一九九○年七月出版

---

　　①　时间为财政委员会第六十三次会议决案日期。

着财政委员会迅予筹拨裁员减薪费令

（一九二四年十月二十一日）

大元帅训令

据军政部长程潜呈称：奉令裁员减薪，当即遵办，并请发收来费二万元。旋奉指令开，候饬财会筹拨一万元等因。迄今半月仍未经财会筹拨分文，请另于财政收入机关指拨现款二万元，以便收束。令财政委员会查照前案，迅予筹拨。

据陈旭麓、郝盛潮主编，王耿雄等编：《孙中山集外集》，上海，上海人民出版社一九九〇年七月出版

批胡汉民为南海县长李宝祥钱粮加二
搭收纸币情形请缓办呈

（一九二四年十月二十一日）

大元帅指令第二〇三七号

令广东省长胡汉民

呈据财政厅据南海县长李宝祥呈为钱粮加二搭收纸币，窒碍难行情形，请缓办似可照准，请予备案由。

呈悉。准如所拟办理。此令。

（中华民国陆海军大元帅之印）

中华民国十三年十月二十一日

据《大元帅指令第二〇三七号》，载广州《陆海军大元帅大本营公报》第三十号，一九二四年十月三十日

着徐天深前赴大桥令

（一九二四年十月二十二日）

令参军处副官徐天深

　　兹派参军处副官徐天深前赴大桥，点验路孝忱所部山、陕军人数、枪枝数目，以便发给子弹。此令。

孙文

十三年十月廿二日午后一时于韶关大本营

据原件，台北、中国国民党文化传播委员会党史馆藏

饬转林树巍即来大本营效力令

（一九二四年十月二十二日）

　　急。广州胡留守。密。着林树巍即来大本营效力。此令。养酉。

孙文

中华民国十三年十月廿二日

据秦孝仪主编：《国父全集》第九册，

台北，近代中国出版社一九八九年版

饬各军协缉蔡荣初令

（一九二四年十月二十二日）

大元帅训令韶字第十二号

　　令各军长官

　　为令饬事：据中央直辖福建各军总指挥何成濬呈称："为呈请通缉事：案据职部第五师师长苏世安呈称：据职师十八团团长李雪一呈称：职团现据第一营营长叶标呈称：窃职营第三连连长蔡荣初相从有年，素能服务，近以军需困乏，屡生

烦言，迭经营长慰藉，讵彼冥顽无知，竟敢于九月十八夜十二时诱逼该连官兵携械潜逃。营长随据该连第一排长李国彬、第二排长张文、第三排长王志德率同尚未附逆之士兵二十四名报告，当即由营长亲率所部侦查，立即分派第一连就地严加防范，第二、四连四出追缉不获，天明始还。计被该逆诱逃双筒七九枪十一杆，粤造七九枪十三杆，粤造六八抢五杆，吹鸡枪一杆，子弹共三千九百八十颗，士兵伕四十五名，司务长一名，司书一名。计该逆等籍贯、年龄暨枪弹、服装数目，另单粘呈。窃查该逆转战赣闽，患难与共，人心叵测，防不及防，突反素昔之行，为忽来背叛之举动，实属罪无可逭。应恳俯赐转呈踩缉究办，以儆逃风而肃军纪。伏查尚未附逆之官兵，临乱不苟，深明大义，具见该排长等督率有方，应恳转请传令嘉奖，以昭激劝。营长对于此案既未能预防于事先，尤未能缉获于事后，疏忽之咎，责所难辞，应恳请赐予处分，所有仰恳转请严缉暨嘉奖并仰恳转请赐予处分各缘由，理合备文呈请察核指令祗遵等情。并附粘在逃官兵姓名、年籍暨挟带军装清单一纸到团。据此，除责成该营长赶紧侦缉，务获该逆等归案究办外，理合据情抄单转呈钧部察核，伏乞俯赐转呈通缉，并乞明令处分，以昭炯戒。是否有当，仍候指令，俾得转饬祗遵等情。据此，伏查该连长蔡荣初竟敢诱逼官兵挟械潜逃，实属目无法纪，除饬该管官长严行缉拿务获归案法办外，理合抄录该逃官兵姓名、年籍备文转呈鉴核，仰祈准予令饬各军协缉，实为公便"等情。据此，除指令"呈悉。候令行各军一体协缉"外，合行令仰该总司令、军长即便遵照，严饬所部一体协缉。在逃官兵姓名年籍表并抄发。此令。

（中华民国陆海军大元帅之印）

中华民国十三年十月二十二日

据《大元帅训令韶字第十二号》，载广州《陆海军大元帅大本营公报》第三十号，一九二四年十月三十日

批何成濬请令饬各军协缉在逃官兵呈

（一九二四年十月二十二日）

大元帅指令韶字第十三号

令中央直辖福建各军总指挥何成濬

呈请令饬各军协缉在逃官兵由。

呈悉。候令行各军一体协缉可也。此令。

（中华民国陆海军大元帅之印）

中华民国十三年十月二十二日

据《大元帅指令韶字第十三号》，载广州《陆海军大
元帅大本营公报》第三十号，一九二四年十月三十日

批国民党中执委转呈沈定一报告
浙江军事变动情形函

（一九二四年十月二十二日）

寄省国民党本部中央执行委员会。

附一：国民党中执委呈文

（一九二四年十月二十日）

敬呈者：顷由上海执行部转来浙江省党部执行委员沈定一报告该省军事变动情形，及党务收束计划函一件，理合抄录原文一份，备文呈请钧座鉴核，谨呈总理孙。

计呈抄录原函一件

中央执行委员会

中华民国十三年十月二十日

附二：国民党上海执行部致中执委函

（一九二四年十月七日）

中央执行委员会：顷接浙江省党部临时执行委员沈定一来函报告该省军事变

动情形，及党务收束计划，兹特抄录一通寄上，即希鉴核为荷。附抄原呈。

上海执行部

十月七日

附三：沈定一致国民党上海执行部报告节略

（一九二四年九月二十日）

中央执行委员会上海执行部公鉴：浙江局势已在我们浙军不能一致的顾虑中发生剧变了，现在将政局战况和本党部所处的现状分别报告，请转告广州中央（免得有函电虚设）并请随时指示进行方略

1. 原浙江一师师长潘国纲任第三军（浙江暂编一二两师合组）副总司令驻防闽赣，乘第一二军（四师十师合组）在浏长间阵线攻守时与闽赣联军私通，两日内不战而退，二百余里衢州方面天险尽失……

2. 已累次报告浙中长官，维虚能重视，吾党在苏浙交绥后本部即发起国民大会，大会中有决议毁王克敏家祠之主张……

3. 省党部正式成立的工作时在指挥各市县党部进行，期在依党务进行计划所规定的期间成立（一）经济问题根本扼住——中央依通过的预算款欠省部四千余元……

4. 省党部既感受此变故的厄运下□各党部亦同样的□的命运，省执行委员惟有竭尽可能的力量应付此特殊的突变，在经济方面……有略可松动的机会再进行，特此报告。

沈定一

十三年九月二十日

据原件，台北、中国国民党文化传播委员会党史馆藏

优恤伍学熀令

（一九二四年十月二十三日）

大元帅令

故大本营建设部次长伍学熀，志虑忠纯，才识谙练。历年革命，效力不遑。

上年擢授两盐运使，旋改任建设部次长，均能留心整顿，无忝厥职。倚畀方殷，遽闻溘逝。弥留之顷，犹殷殷以讨贼为念。披阅遗呈，曷胜悼惜。伍学熿着由内政部按照定例从优议恤，用示笃念老成之至意。此令。

（中华民国陆海军大元帅之印）

中华民国十三年十月廿三日

据《大元帅令》，载广州《陆海军大元帅大本营公报》第三十号，一九二四年十月三十日

饬省河筵席捐由中上七校经费委员会直接办理令

（一九二四年十月二十三日）

大元帅训令第五二八号

　　令财政委员会、广东省长胡汉民

　　为令遵事：据国立广东大学校长兼中上七校经费委员会主席邹鲁呈称："查省河筵席捐指定为中上七校经费，并由中上七校经费委员会直接管理，迭经政务会议议决有案。嗣因市厅请令变更办理，招商投承，由二十二万元之额超为九十万元，市厅遂以溢出原额，争此项筵席捐三分之一三十万元为市教育经费，其余三分之二为中上七校经费，经奉大元帅核准著为定案。现自永春公司于二月二十一日抽收起饷，至市厅收回办理以迄今日，共计七个月有奇，以年饷九十万元计算，每月应收七万五千元，则中上七校占三分之二，每月应得五万元，合七个月计应得三十五万元，现只收过一万六千二百五十七元四角九分，两相比较，相差太远。迭经派员前赴市厅取阅收支数目，惟未准市厅会计处抄录过会，无从查考，似此收入不能起色，无非由市厅办理不善，致令中上七校职教员新旧之积薪延欠未能清发，若不筹有妥善之方，终难期收良好之效，拟请将省河筵席捐交还中上七校经费委员会直接派员办理。至应拨市厅之教育经费及其他经费，须办理超过前政务会议议决批商之原案二十二万元为七校经费以外溢出二十二万元之数目，始能照三分之一分拨。恳请大元帅迅饬财政委员会、广东省长转行市厅遵照，将各月所征收筵席捐数目抄送到会，并饬现办省河筵席捐总办潘麟阁即日结束交会接办，

以维教育。所有拟请省河筵席捐由会直接办理，及依原案二十二万元以内悉归为七校经费，溢出二十二万之余额方能照三分之一拨市教育经费及其他经费各缘由，理合备文呈请核准令遵"等情。据此，除指令照准并分令外，合行仰该委员会查照办理，省长查照转饬办理。此令。

（中华民国陆海军大元帅之印）

中华民国十三年十月二十三日

据《大元帅训令第五二八号》，载广州《陆海军大元帅大本营公报》第三十号，一九二四年十月三十日

饬撤销沙田自卫局另组农民协会令

（一九二四年十月二十三日）

大元帅训令第五二九号

令广东省长胡汉民

为令遵事：据兼广东沙田清理事宜古应芬呈称：为遵令拟具撤销自卫办法恭呈仰祈睿鉴事：案奉大元帅第一一号指令：据督办呈请撤销沙田自卫组织，护沙军队改编团勇，以扶助劳农由一案，令开：呈悉。所请事属可行，惟应如何切实进行，统筹兼顾，方不至违背农民自治之精神，而政府收入亦不至有所妨碍，仰即拟具办法呈候夺可也，此令等因。奉此，自应遵照办理。查沙田自卫办理不善，实缘土豪劣绅藉充自卫局长董抽收捕费，图饱私囊，于沙所治安转至不顾，以至沙匪充斥，劫掠频闻，农民不能获益，转受其害。此时着手方法，应将各属原有沙田自卫局一律撤销，拟暂时就原日设局处所改组一农民协会，会中经费在护沙费项下拨给，其会长会董等由农民选举充任，官厅发给选举票，由农民自行选举，以各属沙捐清佃局为选举筹备处，于实行选举时再行遴员分赴各区指导。将来协会既设，凡有关于沙田兴革事宜，即由该会条陈径呈职处办理，是劣绅沙棍既已铲除，官民自无虞隔阂。至自卫局撤销后，各沙保护事宜自应由职处派队接办，将原日护沙游击队改名沙田保安营，借拨粤军若干营，连同护沙游击两大队编为沙田保安营，租赁轮船，装配炮械，置设统辖主任一员，管辖体察各沙情形，于

耕获时派赴各沙驻扎保护，总期萑苻敛迹，沙所乂安。复将各沙现有自卫团甄别收编，免被奸人利用，为患沙所。至于扼要处所酌设行营，俾便调遣，收获之后，轮调归营训练，使渐成劲旅，仍由各军官将三民主义随时宣传，使兵士灌输知识，并筹办农民义学，以期扩张党义，使一般农民咸知立国大本。至应征护沙费，照章由职处设局征收。每亩仍照征毫银六毫，此款备充保安营饷需暨拨给农民协会经费，在业佃只完原有护沙费，并不增加负担，且实受官厅保护之益，自无不乐从。农民既安居乐业，则各项征收亦将因而起色，如此办理，于农民自治精神固不至相背，于政府收入得以切实整理，期收实效，用副钧座统筹兼顾之至意。所有遵拟撤销自卫、扶掖农民编练保安营、兴办农民义学各缘由，是否有当，理合呈请大元帅察核，伏乞批示祗遵。如蒙俯准，并恳分令广东省长转饬广属有沙田各县县长，将各沙田自卫局撤销，归回职处办理，以一事权。至协会选举法，保安营编制，及驻扎地点，收入预算，容候分别详列表册呈核，合并陈明等情。据此，除指令照准外，合行令仰该省长查照转饬办理。此令。

（中华民国陆海军大元帅之印）

中华民国十三年十月二十三日

据《大元帅训令第五二九号》，载广州《陆海军大元帅大本营公报》第三十号，一九二四年十月三十日

批柏文蔚遵令改编情形乞鉴核呈

（一九二四年十月二十三日）

大元帅指令第二〇三九号

令建国第二军军长柏文蔚

呈报遵令改编情形，乞鉴核由。

呈悉。此令。

（中华民国陆海军大元帅之印）

中华民国十三年十月二十三日

据《大元帅指令第二〇三九号》，载广州《陆海军大元帅大本营公报》第三十号，一九二四年十月三十日

批邹鲁请省河筵席捐由中上七校
经费委员会直接办理呈①

（一九二四年十月二十三日）

大元帅指令第二〇四〇号

　　令国立广东大学校长兼中上七校经费委员会主席邹鲁

　　呈请省河筵席捐由会直接办理，并依原案尽先拨七校经费，其余额方照三分之一分拨市教育及其他经费由。

　　呈悉。照准。候分令财政委员会、广东省长办理可也。此令。

　　　　　　　　　　　　　　　　　（中华民国陆海军大元帅之印）

　　　　　　　　　　　　　　　　　中华民国十三年十月二十三日

　　　　　　　　　　据《大元帅指令第二〇四〇号》，载广州《陆海军大元帅大本营公报》第三十号，一九二四年十月三十日

批古应芬拟具撤销沙田自卫办法呈

（一九二四年十月二十三日）

大元帅指令第二〇四一号

　　令兼广东沙田清理事宜古应芬

　　呈拟具撤销沙田自卫办法，乞批示由。

　　呈悉。准如所拟办理。候令行广东省长查照饬遵可也。此令。

　　　　　　　　　　　　　　　　　（中华民国陆海军大元帅之印）

　　　　　　　　　　　　　　　　　中华民国十三年十月二十三日

　　　　　　　　　　据《大元帅指令第二〇四一号》，载广州《陆海军大元帅大本营公报》第三十号，一九二四年十月三十日

---

　　① 邹鲁时任国立广东大学校长兼中上七校经费委员会主席。呈内提出依原案尽先拨七校经费其余额方照三分之一分拨市教育及其他经费。

批刘景新请回绥主持讨贼并发给欠薪函

（一九二四年十月二十三、三十日）

寄中央执行委员办理并代答。

交中央执行委员会酌量办理。

文批。

附一：刘景新原函

（一九二四年十月二十一日）

为呈请事：窃景新近接归绥同志用药水写邮密电一件。文曰："鼎生兄转孙总理鉴：奉军直入，伪廷动摇，此间有卢旧部二千余、赵部一千余，均快枪，本社牧蓄用枪三百，李部马队五百，曾经各同志联成一气，组织党军四大队，预备扼京绥路线，助奉讨贼。刻由同志选举我兄任统军，赵明五、张立三、王合成、李统球任一二三四队长，务恳总理即日密任我兄及各队长，我兄即日回绥就职。又军事时期宣传为要，同志等按本党总章选举杜义、刘景新、赵明五、石善卿、吕居敬、郭牧裁六人为绥远全区执行委员。合并陈明，并请备案。绥远全区执行委员同叩"等情。窃景新前于民国六年联络同志吕居敬等组织新民牧蓄社于归绥西北之大榆树滩，其地荒野，绥远逆军不易顾及。今既有我义军之奋起，景新以廿余年之革命资格，义不容辞，吁恳我帅座迅饬内政部徐部长即日咨行财政部，速将景新在内政部供职之所欠薪俸提前扫数发给，以便前往。除原函致中央执行委员会备案外，理合呈请钧座训示祗遵，谨呈陆海军大元帅。

内政部科长　刘景新

中华民国十三年十月二十一日

附二：刘景新致国民党中央执行委员会函

（一九二四年十月二十三日）

径启者：新于本月廿日接到绥远九月十九日同志用药水写来邮电一件，除照抄原文外，相应函达，希予转呈总理公决备案，实纫公谊，此致中央执行委员会。

刘景新

计绥远来电乙件

十三年十月廿三日

附三：国民党绥远区执委致刘景新转孙文电

（一九二四年九月十九日）

鼎生兄转孙总理鉴：奉军直入，伪廷动摇，此间有卢旧部二千余、赵部一千余，均快枪，本社牧蓄用枪三百，新得马五百，曾经各同志联成一气，组织党军四大队，预备扼京绥路线，助奉讨贼。刻由同志选举我兄任统军，赵明玉、张立三、王会成、李统球任一二三四队长，务恳总理即日任命我兄及各队长，刻日回绥就职。又军事时期宣传为要，同志等按本党总章选举杜义、刘景新、赵明五、石善卿、吕居敬、郭牧裁六人为绥远全区执行委员。合并陈明，并请备案。绥远全区执行委员仝叩。

附四：国民党中执委致刘景新函

（一九二四年十一月十五日）

径启者：案奉总理交下执事呈称归绥同志组织党军讨贼，电请回绥主持其事，乞饬徐部长咨行财政部清发欠薪以便前往等情。呈一件。奉批"交中央执行委员会酌量办理，并代答"等因。奉此，十月三十日再准执事函送抄录绥远来电一件到会，当即提出本会第五十八次会议合并讨决议，所请碍难照准等由。相应遵批代答，并将决议函达，请烦查照为荷。此致刘科长景新。

中央执行委员会　　廖仲恺

邹　鲁

据原件，台北、中国国民党文化传播委员会党史馆藏

饬军电官电酌收电费令

（一九二四年十月二十四日）

大元帅训令第五三一号

　　令大本营军政部长程潜、大本营内政部长徐绍桢、大本营财政部长古应芬、大本营建设部长林森、大本营外交部长伍朝枢、大本营航空局长陈友仁、大本营审计处处长林翔、粤军总司令许崇智、湘军总司令谭延闿、滇军总司令杨希闵、豫军总司令樊钟秀、西路总司令刘震寰、广东省长胡汉民、建国第一军军长朱培德、建国第二军军长柏文蔚、建国第三军军长卢师谛、建国第四军军长黄明堂、建国第七军军长刘玉山、建国赣军司令李明扬、建国山陕军司令路孝忱、北伐第三军军长胡谦、禁烟督办谢国光、财政委员会、大本营军需总监

　　为令遵事：据广东电政监督兼电报局局长黄桓呈称："呈为呈请事：窃报局收入短绌，经费支出不敷，以致电政日坏，整理维难，实缘军电、官电多而商电、民电少。且各军事行政机关，以拍电可以记账不交线费，甚至例事、闲文亦交电局为之发表，此不惟影响电局收入，兼能窒碍报务，若不设法稍加限制，其何以裕经费而维交通？查商民拍电，普通本省每字收本线费大洋六分，另附加三分，计共九分，外省加倍。今拟所有军电、官电，本省每字收费大洋一分，外省每字二分，以资弥补。在各军政机关虽同财政支绌，然不至绝无收入，在职署则只有电费收入以资维持。况各电局办理往来电报所需电料及笔墨纸张寄送等费，为数不鲜，更难无米为炊，如军电、官电每字只收费一分至二分，各机关当能见谅，而不以为过取。如蒙俯准施行，通令各军遵照，庶电政赖以维持，藉资整顿。所有拟于军电、官电酌收线费缘由，理合备文呈请睿核，是否有当，伏乞指令祗遵，实为公便"等情前来。除指令"呈悉。准如所拟办理。候令行各军政机关长官饬

属一体遵照可也。此令"印发外，合行令仰该部长等即便遵照，以维电政而利交通。切切。此令。

（中华民国陆海军大元帅之印）

中华民国十三年十月二十四日

据《大元帅训令第五三一号》，载广州《陆海军大元帅大本营公报》第三十号，一九二四年十月三十日

饬免予处罚各属商团令

（一九二四年十月二十四日）

大元帅训令第五三二号

令广东省长胡汉民

为令饬事：前令广东省长饬广州市公安局长按照商团名册，责令每名罚缴毫银一百元，各该团除通缉陈廉伯等十一名外，一经遵缴，均免深究。其各属商团，尚无附乱行为，并免予处罚。此令。

（中华民国陆海军大元帅之印）

中华民国十三年十月二十四日

据《大元帅训令第五三二号》，载广州《陆海军大元帅大本营公报》第三十号，一九二四年十月三十日

饬保护未曾附乱各县商团令

（一九二四年十月二十四日）

大元帅训令第五三三号

令广东省长胡汉民

为令饬事：广州市商团业经缴械解散，佛山商团亦已缴械，其余各县商团与省佛商团并无关涉。本大元帅主张三民主义，无论士、农、工、商，一视同仁，各县商团既未附乱，应予一体保护。如有未奉命令擅缴团械者，定以违令扰民论

罪，仰广东省长咨会各总司令并分饬各县长遵照。此令。

（中华民国陆海军大元帅之印）

中华民国十三年十月二十四日

据《大元帅训令第五三三号》，载广州《陆海军大元帅大本营公报》第三十号，一九二四年十月三十日

批黄桓拟所有收费请通令各军政机关遵照办理呈①

（一九二四年十月二十四日）

大元帅指令第二〇四三号

令广东电政监督兼广州电报局局长黄桓

呈拟所有军电、官电本省每字收费大洋一分、外省每字二分以资弥补，请通令各军政机关遵照办理等情，乞核示祗遵由。

呈悉。准如所拟办理。候分行各军政机关长官饬属一体遵照可也。此令。

（中华民国陆海军大元帅之印）

中华民国十三年十月二十四日

据《大元帅指令第二〇四三号》，载广州《陆海军大元帅大本营公报》第三十号，一九二四年十月三十日

饬保护各处乡团令

（一九二四年十月二十五日）

大元帅训令第五三四号

令大本营军政部长程潜、广东省长胡汉民、粤军总司令许崇智、湘军总司令谭延闿、豫军总司令樊钟秀、滇军总司令杨希闵、西路讨贼军总司令刘震寰、建国第一军军长朱培德、建国第二军军长柏文蔚、建国第三军军长卢师谛、建国第

---

① 呈内称：所有军电、官电本省每字收费大洋一分、外省每字二分，以资弥补。

四军军长黄明堂、建国第七军军长刘玉山、建国赣军司令李明扬、建国山陕军司令路孝忱、北伐第三军军长胡谦

为令遵事：前因广州商团作乱，政府不得已以兵力平定之。各县商团无附乱行为者，已通令各县一律保护。至于各处乡团，与商团更无关系，断无牵涉之理，各处乡团服从政府，捍卫间阎，应受法令之保护，各宜安心尽职，无须惊疑。如造谣惑众者，定行究治不贷。为此合行令仰该部长、省长等即转饬所属一体遵照，并布告周知。切切。此令。

（中华民国陆海军大元帅之印）

中华民国十三年十月二十五日

据《大元帅训令第五三四号》，载广州《陆海军大元帅大本营公报》第三十号，一九二四年十月三十日

批刘震寰已令饬滇桂湘战时军需处第五分处将抽收面粉捐一案迅即撤销呈

（一九二四年十月二十五日）

大元帅指令第二〇四六号

令中央直辖西路讨贼军总司令刘震寰

呈覆已令饬滇、桂、湘战时军需处第五分处将抽收面粉捐一案迅即撤销由。

呈悉。此令。

（中华民国陆海军大元帅之印）

中华民国十三年十月二十五日

据《大元帅指令第二〇四六号》，载广州《陆海军大元帅大本营公报》第三十号，一九二四年十月三十日

批胡汉民遵令转饬广州市公安局
办理商团罚款情形呈

（一九二四年十月二十五日）

大元帅指令第二○四七号

令广东省长胡汉民

呈覆遵令转饬广州市公安局办理商团罚款情形由。

呈悉。此令。

（中华民国陆海军大元帅之印）

中华民国十三年十月二十五日

据《大元帅指令第二○四七号》，载广州《陆海军大
元帅大本营公报》第三十号，一九二四年十月三十日

批徐绍桢褒扬烈妇庾常氏呈

（一九二四年十月二十五日）

大元帅指令第二○四八号

令大本营内政部长徐绍桢

呈请褒扬烈妇庾常氏由。

呈〔悉〕。准予题颁"芬烈长存"四字。仰即转给承领可也。此令。

（中华民国陆海军大元帅之印）

中华民国十三年十月廿五日

据《大元帅指令第二○四八号》，载广州《陆海军大
元帅大本营公报》第三十号，一九二四年十月三十日

派徐天深协同宋总指挥专员
前往曲江提取开拔费等令

（一九二四年十月二十六日）

查曲江县应解湘军宋总指挥部开拔费及军用品等项，日久未据清解，殊属玩延。着派参军处副官徐天深协同宋总指挥专员，迅即前往曲江县守提该项开拔费、军用品等，务即遵照前令数目，克日扫解宋总指挥部核收具报，毋稍延误为要。此令。右令参军处副官徐天深。

孙文

中华民国十三年十月二十六日

据原件，台北、中国国民党
文化传播委员会党史馆藏

饬胡汉民转饬财政厅呈复何部防军
截收新增税捐令

（一九二四年十月二十六日）

大元帅训令第五三五号

令广东省长胡汉民

为令行事：据广东财政厅长古应芬呈："为呈请事：窃职厅前以所属各项收入多被防军截留，致库空如洗，无从因应，迫得别筹救济。当经拟具厘税捐务，分别加二加五征抽专款办法，先后呈奉钧座暨广东省长核准办理。嗣虞各属防军或尚未明此案缘委，一并截收。又经呈奉省长转奉钧令，准予通令各军遵照不得截留划抵各在案。方冀度支稍裕，现状暂维，讵开办以来，职厅收入仍属尠然，考厥缘因，不在人民之不乐意输将，亦不在各厘税厂局承商之不遵奉命令，而在各防军不体念政府艰困情形，贪多务得，仍予截收所致。查职厅各项正杂收入，原有者既不克保留，新增者又复连同截去，似此情形，以言财政统一，固属治丝而棼，以言新开收入，何异缘木而求？虽有善者，亦复何能为继。矧现时北伐师张，饷糈较前尤紧，苟因应稍延，坐失戎机，则咎将谁负。厅长职责所在，势难缄默，迫再披沥呈请钧座鉴核，伏乞俯赐再予通令各军长官严饬所属遵照，嗣后勿论如何，不准再将职厅此项新增厘税捐加二加五专款截留，俾得稍资挹注，而济饷粮，不胜急切屏营待命之至。所具呈各缘由，伏候迅赐指令祗遵"等情。据此，查广东财政厅新增税捐加二加五专款禁止截留一案，前经据该省长呈准通令各军一体遵照在案，兹据称该厅收入勘然缘因，不在人民不乐意输将，亦不在各厂局承商不遵命令，而在各防军贪多务得，仍予截收所致等语。究竟此项专款系何部防军截收，是否根据各属厂局承商报告，仰该省长即转饬该厅长将情形声叙呈复，以凭核办。此令。

（中华民国陆海军大元帅之印）

中华民国十三年十月二十六日

据《大元帅训令第五三五号》，载广州《陆海军大元帅大本营公报》第三十号，一九二四年十月三十日

饬赵师长成梁不得截留加二捐款令

（一九二四年十月二十七日）

大元帅训令第五三七号

令中央直辖滇军总司令杨希闵

为令遵事：据财政委员会主席委员胡汉民、古应芬呈称："窃于本月六日承准大本营秘书处第五三二号公函开：奉帅座交下滇军杨总司令转据赵师长成梁呈请暂准截留财政厅新增商捐加二专款，奉谕交会妥议办理等因。当于六月二十一日第六十三次常会时提出会议议决，财政厅现在收入只有此种捐款，碍难准予截留，应由会呈请大元帅令行杨总司令转饬赵师长成梁，不得将该项商捐截留等在案。除议决案另专案呈报外，理合备文呈请钧座鉴核，迅赐令行杨总司令转饬赵师长成梁，不得截留该项加二捐款，以重税款而维统一，实为公便"等情。据此，察

核所陈自属实情，除指令外，合行令仰该总司令即便遵照转饬赵师长成梁，不得截留该项加二捐款，以维税收统一。切切。此令。

（中华民国陆海军大元帅之印）

中华民国十三年十月二十七日

据《大元帅训令第五三七号》，载广州《陆海军大元帅大本营公报》第三十号，一九二四年十月三十日

批胡汉民古应芬称滇军杨总司令转据赵师长呈请暂准截留财厅新增商捐加二专款经议决碍难准予截留呈

（一九二四年十月二十七日）

大元帅指令第二〇四九号

令财政委员会主席委员胡汉民、古应芬

呈覆滇军杨总司令转据赵师长，呈请暂准截留财厅新增商捐加二专款一案，经议决，碍难准予截留，请令杨总司令转饬赵师长遵照由。

呈悉。准如所请。仰候令行杨总司令转饬赵师长遵照可也。此令。

据《大元帅指令第二〇四九号》，载广州《陆海军大元帅大本营公报》第三十号，一九二四年十月三十日

将旧模范监狱废址拨作展拓茔地之用令

（一九二四年十月二十七日刊载）

旧模范监狱废址，既不适于改建，其地适与七十二烈士墓道毗连，应准拨作展拓茔地之用，以昭崇报，而资观感。着广东省长转饬高等检察厅即行遵照拨交可也。

据《准拨烈士坟园之帅令》，载一九二四年十月二十七日《广州民国日报》

给大本营财政部的命令

（一九二四年十月二十八日）

孙中山令财部发行一、五、十、五十、〈一〉百，五种票币〈一〉千万〈元〉充军用。

据《专电》，载一九二四年十月二十八日长沙《大公报》

饬北伐军饷需统由军需总监核发令

（一九二四年十月二十八日）

大元帅训令韶字第十三号

令大本营财政部长古应芬、广东省长胡汉民

大军北伐，需费浩繁，必先统一收支，始能应付悉当。此后所有北伐军队饷需，均由大本营军需总监核发，其原领款项，着财政部、广东省长一律解交大本营会计司，以便支付。此令。

（中华民国陆海军大元帅之印）

中华民国十三年十月二十八日

据《大元帅训令韶字第十三号》，载广州《陆海军大元帅大本营公报》第三十号，一九二四年十月三十日

饬一切款项由会计司收管军需总监支发令

（一九二四年十月二十八日）

大元帅训令韶字第十四号

令各军长官、会计司、军需总监

现在大军北伐，军需支付，宜有统一办法，以专责成。此后大本营一切款项，应由会计司负收管之责，军需总监负支发之责。所有北伐部队应领款项，一律解交会计司，由军需总监核实发给。此令。

（中华民国陆海军大元帅之印）

中华民国十三年十月二十八日

据《大元帅训令韶字第十四号》，载广州《陆海军大元帅大本营公报》第三十号，一九二四年十月三十日

饬发给方参谋长杂费手令

（一九二四年十月二十八日）

着会计司发给方参谋长杂费壹千元。此令。

孙文

中华民国十三年十月二十八日

据原件，台北、中国国民党文化传播委员会党史馆藏

专解省佛商团罚款令

（一九二四年十月二十九日）

省、佛商团罚款，务于电到三日内收清，专解来韶，毋得移作别用。

据一九二四年十月三十一日《广州民国日报》

饬遵照公开路款议决案令

（一九二四年十月二十九日）

大元帅训令韶字第十五号

令西路讨贼军总司令刘震寰、湘军总司令谭延闿、滇军总司令杨希闵、大本

营会计司司长黄昌谷

为令遵事：据管理粤汉铁路事务陈兴汉呈称："窃职路前拟具救济养路办法呈请帅座核示。旋准大本营秘书处函开：顷奉大元帅交下贵管理呈一件。奉谕：所呈尚属可行。着先商之各提款机关，再行呈报核办。财政收支统一，前已明令各机关遵照在案。查呈内尚列有建设部向该公司每日提款二百元，殊不合手续，应即日截止。现在大本营需款浩繁，着将该款径解韶关大本营会计司应用等因。奉此。除录谕函知建设部外，相应函达查照办理等由。准此。当经分函提款各机关查照，并于十月二十一日在南堤小憩公同会议，理合将议决案呈报帅座鉴核，是否有当，仍候指令祗遵"等情。据此，除指令"呈及议决案均悉。准如所议办理。候令行各机关遵照可也。此令"印发外，合行令仰该总司令、司长即便遵照。此令。

计钞发公开路款议决一件。

（中华民国陆海军大元帅之印）

中华民国十三年十月二十九日

附：公开路款议决案

十月二十一日下午七时假座南堤小憩会议公开路款议决案。

列席者：滇军总司令部参谋长周自得、湘军总司令部军需正龙安华、西路讨贼军总司令部军需处宋主任、大本营会计司司长黄昌谷、管理粤汉铁路事务陈兴汉。

议决三项：

（一）每日粤汉铁路收入车利，暂以四六支配，军费占四成，养路费占六成。

（二）军费每日大本营一千三百元，滇军总部一千元，西路讨贼军总部五百元，建部二百元（已并入大本营会计司收）。

以上四处额数将每日所收四成之款平均支配，但滇军总部每日所分之款连同附加费不及一千元，则由大本营会计司应派之款内填足（非常时期不在此例），余归会计司收。

（三）附加军费系临时专案，与路款无关，仍照原案办理。

据《大元帅训令韶字第十五号》，载广州《陆海军大元帅大本营公报》第三十号，一九二四年十月三十日

批陈兴汉救济养路办法公开路款议决案呈

（一九二四年十月二十九日）

大元帅指令韶字第十六号

令管理粤汉铁路事务陈兴汉

呈报救济养路办法公开路款议决案，乞鉴核令遵由。

呈及议决案均悉。准如所议办理。候令行各机关遵照可也。此令。

（中华民国陆海军大元帅之印）

中华民国十三年十月二十九日

据《大元帅指令韶字第十六号》，载广州《陆海军大元帅大本营公报》第三十号，一九二四年十月三十日

批丘汉宗请派专员办理中国国民党江西支部函①

（一九二四年十月三十日）

中央执行委员会办理。

十月三十日

附：丘汉宗原呈

军政时期，军行所至，即党部亦应成立，先给赣州次第设立。凡服务者必加

---

① 原函称"……军政时期，军行所至，即党部亦应成立，先给赣州次第设立。凡服务者必加入本党，庶使人知所趋，请派专员办理中国国民党江西支部"。

入本党，庶使人知所趋。请派专员办理中国国民党江西支部。

孙修福、喻春生：《新发现的中国国民党总理
批文（三）》，《民国档案》二〇〇一年第三期

着中央银行定期取消贵币百元加一之税令

（一九二四年十月）①

大元帅令

　　着中央银行行长由十一月一日起，取消中央银行贵币每百元加一之税。此令。

据《中央银行通告》，载一九二四
年十一月四日《广州民国日报》

着各收入机关将北伐军伙食给养费等
悉交大本营会计司令

（一九二四年十月）②

　　为令遵事：所有各收入机关担任北伐军伙食给养等费，着于十一月起悉数交大本营会计司收，由会计司解交建国北伐军总司令支配。除分令外，仰即遵照办理。切切。此令。

据《北伐军费由会计司收解，帅令着于十一月
起》，载一九二四年十一月十日《广州民国日报》

---

①　该令既称自十一月一日起实施，本令当在十月。

②　令称十一月办理，发令时间应在十月。

广州商团事件后给各地乡团布告

（一九二四年十月下旬）

前因广州商团作乱，政府不得已以兵力平定之。各县商团无附乱行为者，已通令各县一律保护。至于各处乡团，更无关系，断无牵涉之理。为此特行布告：各处乡团服从政府，捍卫闾阎〔阎〕，应受法令之保护。各宜安心尽职，无须惊疑。如造谣惑众者，定行究治不贷。

据周兴樑：《孙中山在平定广州商团叛乱前后的佚文》，载一九八八年六月二十八日《团结报》

命胡汉民将缴枪罚款之事克日办妥以安善良令

（一九二四年十月下旬）

大元帅令

此次广州商团变乱，各埠商团间有联同罢市，希图响应情事。本大元帅于省城逆团敉平后，不欲多事株累，经电胡省长对于逆迹昭著者，勒令缴枪罚款外，其他不事深究。现仍应责令胡省长将缴枪罚款之事，克日办妥，以安善良。并不许各军对于商团擅行罚款，致滋纷扰。除分令外，仰即转饬所属知照。

据《帅令保护良善商团》，载一九二四年十一月四日《广州民国日报》

饬南番顺剿匪司令协同剿匪并即撤销护商机关令

（一九二四年十一月一日）

大元帅训令第五四一号

令建国湘军总司令谭延闿、建国滇军总司令杨希闵、建国桂军总司令刘震寰、建国粤军总司令许崇智、建国豫军总司令樊钟秀、建国第一军军长朱培德、建国第二军军长柏文蔚、建国第三军军长卢师谛、建国第四军军长黄明堂、建国第七军军长刘玉山、建国山陕军司令路孝忱、建国赣军司令李明扬、南番顺剿匪司令李福林

为令饬事：据广东省长胡汉民呈称："查近日省乡交通梗塞，商货停滞，直接使商人停止营业，间接影响国家税收。揆厥原因，一由各江匪患未清，来往船只时被劫扰；一由各军滥设机关，抽收各种货捐护费，商人苦于征敛重叠，负担过巨，遂致相戒裹足。虽经省长随时咨饬营县严剿匪徒，制止苛抽，并迭奉帅令撤销私设护商机关，严禁勒抽捐费。然匪徒此拿彼窜，出没靡常，各私设征收机关亦随撤随复，莫可究诘。现在冬防将届，又值筹办广州市善后之际，自应将匪患设法弭息，蠲除烦苛，以便商旅而维治安。兹由广州市善后委员会议决严剿各江股匪，规复艘舰，严禁各军抽收货捐及保护费等项。并准该会伍主席朝枢函请执行前来，省长复加查核，该委员会议决各节，实系目前切要之图，拟请帅座颁发明令，责成南、番、顺剿匪司令迅速协同江海防各舰将各江股匪一律剿缉尽绝，并饬江防司令赶将艘舰规复，一面令行各军总司令即日将所部滥设之护商机关实行撤销，禁止抽收各种货捐及保护费，违者得由剿匪司令作为匪徒剿办，庶交通可期恢复，商货得以流通，于地方善后前途裨益匪浅"等情。据此，当经指令"呈悉。各江匪风不靖，军队沿途苛征，直接为害商旅，间接妨碍税收，自非严行剿办申禁，不能使交通恢复、商货流通。善后委员会议决各项，洵能洞见症结，知所先务。仰候令行南、番、顺剿匪司令，责令协同江海防各舰严剿各江股匪，克期肃清。一面仍由该省长转饬江海防舰司令遵知，责成江防司令赶将艘舰规复，并候通令各军，即日将所部滥设之护商机关实行撤销，不得再行抽收货捐及保护费，违者即由剿匪司令作为土匪剿办可也。此令"等语。除指令印发并分令外，合行令仰该总司令即便转饬所属一体遵照、军长即便转饬所属一体遵照、司令即便遵照办理。切切。此令。

（中华民国陆海军大元帅之印）

中华民国十三年十一月一日

据《大元帅训令第五四一号》，载广州《陆海军大元帅大本营公报》第三十一号，一九二四年十一月十日

批胡汉民请严剿各江股匪严禁各军抽收货捐呈

（一九二四年十一月一日）

大元帅指令第二○五二号

令广东省长胡汉民

呈请严剿各江股匪，规复艆舰，严禁各军抽收货捐及保护费，以利交通由。

呈悉。各江匪风不靖，军队沿途苛征，直接为害商旅，间接妨碍税收，自非严行剿办申禁，不能使交通恢复、商货流通。善后委员会议决各项，洵能洞见症结，知所先务。仰候令行南、番、顺剿匪司令，责令协同江海防各舰严剿各江股匪，克期肃清。一面仍由该省长转饬江海防舰司令遵知，责成江防司令赶将艆舰规复，并候通令各军，即日将所部滥设之护商机关实行撤销，不得再行抽收货捐及保护费，违者即由剿匪司令作为土匪剿办可也。此令。

（中华民国陆海军大元帅之印）

中华民国十三年十一月一日

据《大元帅指令第二○五二号》，载广州《陆海军大元帅大本营公报》第三十一号，一九二四年十一月十日

批许崇智枪决逆探罗检成日期呈

（一九二四年十一月一日）

大元帅指令第二○五五号

令粤军总司令许崇智

呈报枪决逆探罗检成日期由。

呈悉。此令。

（中华民国陆海军大元帅之印）

中华民国十三年十一月一日

据《大元帅指令第二○五五号》，载广州《陆海军大元帅大本营公报》第三十一号，一九二四年十一月十日

各财政机关一元以上概收中央货币令

（一九二四年十一月一日）

令广东省长胡汉民

即行转令各财政机关，以后收入一元以上者，概要收中央货币，不得再收现洋及其他银号凭单。至各军支出，则须将中央纸币携往中央银行换取毫洋，然后发给，不得以中央纸币在市面行使。

据《一元以上概收中央纸币》，载一九二四年十一月三日《广州民国日报》

批巴达维亚同志来电

（一九二四年十一月一日收到电文）

答：国民党力量尚未足，为党员者，当要努力宣传，扩张〈党〉势，切勿以时变而稍摇进行。本总理有北行之举，乃应北方同志要求，以期值此可促党务进行一大步，并非有妥协之意味也。政府之进程，须靠兵力而定。

孙文

并照此意发一秘密通告于各党部

附：国民党巴达维亚支部来电

（一九二四年十月三十一日）

总理钧鉴：直系大溃，冯吴相杀，本支部遵照全国大会决议，国民党当依此最小限度政纲为原则组织政府案，及总理训告同志打销妥协手段之演说，一致呈请总理速组政府，实施政纲。巴达维亚支部执行委员会。卅。

（十一，一，三点到）

据原件，台北、中国国民党文化传播委员会党史馆藏

饬厘定各种厘税底价开投令

（一九二四年十一月三日）

大元帅训令第五四三号

令大本营军政部长程潜、粤军总司令许崇智、滇军总司令杨希闵、湘军总司令谭延闿、桂军总司令刘震寰、豫军总司令樊钟秀、建国第一军军长朱培德、建国第二军军长柏文蔚、建国第三军军长卢师谛、建国第四军军长黄明堂、建国第七军军长刘玉山、建国山陕军司令路孝忱、建国赣军司令李明扬、建国北伐第三军军长胡谦、广东省长胡汉民

为令饬事：军兴以后，广东各种厘税多由各军招商承办，比较以前，短收甚巨，良由各军长官不悉情况，致为奸商所欺蒙，使公家受其损害。现定各种厘税，悉归广东财政厅，克日厘定底价开投，以期收入增多。至原日指定由各该厘税项拨给各军之给养费，仍照原数支给，其开投增加之款，应由财政厅存储汇解，以供军用。除令广东省长转饬财厅遵办并分令各军外，合行令仰该部长等即便转饬所属一体遵照。切切。此令。

（中华民国陆海军大元帅之印）

中华民国十三年十一月三日

据《大元帅训令第五四三号》，载广州《陆海军大元帅大本营公报》第三十一号，一九二四年十一月十日

饬由军需总监发给北伐各军饷项令

（一九二四年十一月三日）

大元帅训令第五四五号

令军需总监胡谦、建国军北伐总司令谭延闿

为令饬事：所有北伐各军饷项，应概由前方军需总监发给，无庸在后方支领。除令北伐各军、军需总监外，合行令仰该总监即便遵照，总司令即便转饬北伐各

军一体遵照。此令。

（中华民国陆海军大元帅之印）

中华民国十三年十一月三日

据《大元帅训令第五四五号》，载广州《陆海军大元帅大本营公报》第三十一号，一九二四年十一月十日

批李卓峰等送组织条例乞核准呈①

（一九二四年十一月三日）

大元帅指令第二〇六二号

令铜鼓开埠筹备委员李卓峰等

呈送组织条例，乞核准由。

呈及条例均悉。准如所拟施行。条例存。此令。

（中华民国陆海军大元帅之印）

中华民国十三年十一月三日

据《大元帅指令第二〇六二号》，载广州《陆海军大元帅大本营公报》第三十一号，一九二四年十一月十日

谕黄昌谷随同北上

（一九二四年十一月三日）

孙先生召见黄昌谷谓："我现在决定到北京去从事和平统一，借此机会，可以在北京继续讲民生主义，你的行止怎么样呢？可不可以同去写民生主义呢？……如果再有功夫，还要讲五权宪法。你一定要放弃现在的任务，同我到北京去记述三民主义和五权宪法吧"。

据张益弘：《三民主义之考证与补遗》，载陈锡祺主编：《孙中山年谱长编》下册，北京，中华书局一九九一年八月出版

---

① 李卓峰等系指李卓峰、伍大光、陆敬科、徐希元、谢适群、林子峰、薛锦标、徐绍桢。

给大本营副官处的命令

（一九二四年十一月三日）

准备行装，定六日搭俄舰赴沪。指指〔令〕伍朝枢、廖仲恺、汪精卫、邹鲁及陈友仁等四秘书随行。

据《快信摘要》，载一九二四年
十一月十二日长沙《大公报》

着留守府秘书处将海图一箱交蒋校长令

（一九二四年十一月四日）

着留守府秘书处，将海图一箱交黄埔蒋校长收。此令。（可送军官学校筹备处）。

孙文

据原件，台北、中国国民党
文化传播委员会党史馆藏

着范克将所部与北伐部队会合令

（一九二四年十一月四日）

着范克将苏、浙、皖等处革命同志带来与北伐部队会合。此令。

孙文

中华民国十三年十一月四日

据原件，台北、中国国民党
文化传播委员会党史馆藏

北上前责成广东军民长官肃清余孽绥靖地方通令

（一九二四年十一月四日）

大元帅令

前以曹琨〔锟〕、吴佩孚祸国殃民，罪在必讨，故亲率诸军由韶入赣，以期北向中原，与天下共除残贼。连日迭接奉天张总司令捷电，暨北京冯玉祥、王承斌、胡景翼、孙岳诸将领来电，知曹、吴所凭藉之武力摧残殆尽，友军义勇奋发，海内闻之，莫不欣慰。此时余孽未靖，固当悉予扫除；而根本之图，尤在速谋统一，以从事建设，庶几分崩离析之局得以收拾，长治永安之策得以实施。本大元帅权衡轻重，决定即日北上，共筹统一建设之方略。所有肃清余孽、绥靖地方一切事宜，仍责成留守暨各军总司令、广东省长妥善办理，仰军民人等一体知悉。此令。

（中华民国陆海军大元帅之印）

中华民国十三年十一月四日

据《大元帅令》，载广州《陆海军大元帅大本营公报》第三十一号，一九二四年十一月十日

饬谭延闿全权办理北伐事宜令

（一九二四年十一月四日）

大元帅令

本大元帅现因统一建设等要务，启行北上，除仍由大本营总参议胡汉民留守广州代行大元帅职权外，所有大本营关于北伐事宜，着由建国军北伐总司令谭延闿全权办理，北伐各军概归节制调遣。此令。

（中华民国陆海军大元帅之印）

中华民国十三年十一月四日

据《大元帅令》，载广州《陆海军大元帅大本营公报》第三十一号，一九二四年十一月十日

命古应芬重申限收中央银行纸币令

（一九二四年十一月四日）

大元帅训令第五十六号

　　查政府收入机关限收中央银行纸币，不得收各种毫银，前经明令通行遵照在案。诚恐日久玩生，合再令仰该部长即便严饬所属财政机关一体遵照。嗣后对于所有收入各款，在一元以上者，务须恪守前令，限收中央银行纸币，毋得违玩。除分令外，仰即遵照办理。切切。此令。

　　　　　　　　　　　据《各机关收用中央银行纸币》，载一九
　　　　　　　　　　　二四年十一月二十一日《广州民国日报》

批徐绍桢请褒扬寿妇董姚氏呈

（一九二四年十一月四日）

大元帅指令第二〇六四号

　　令大本营内政部长徐绍桢

　　呈请褒扬寿女董姚氏由。

　　呈悉。准予题颁"共和人瑞"四字匾额，并给银质褒章一枚。仰即转发承领。此令。

　　　　　　　　　　　　（中华民国陆海军大元帅之印）

　　　　　　　　　　　　中华民国十三年十一月四日

　　　　　　　　　　　据《大元帅指令第二〇六四号》，载广州《陆海军大元
　　　　　　　　　　　帅大本营公报》第三十一号，一九二四年十一月十日

批沈鸿英着手遵编广西建国军情形呈

（一九二四年十一月四日）

大元帅指令第二○六六号

令广西总司令沈鸿英

呈报着手遵编广西建国军情形由。

呈悉。此令。

（中华民国陆海军大元帅之印）

中华民国十三年十一月四日

据《大元帅指令第二○六六号》，载广州《陆海军大元
帅大本营公报》第三十一号，一九二四年十一月十日

除逆迹昭著商团予以缴枪罚款外其他不事深究令

（一九二四年十一月四日刊载）

大元帅令

此次广州商团变乱，各埠商团间有联同罢市，希图响应情事，本大元帅于省
城逆团敉平后，不欲多事株累，经电胡省长对于逆迹昭著者勒令缴枪罚款外，其
他不事深究，现仍应责令胡省长将缴枪罚款之事，克日办妥，以安良善，并不许
各军对于商团擅行罚款，致滋纷扰。除分令外，仰即转饬所属各军知照。

据《帅令保护良善商团，不许各军擅行罚款》，
载一九二四年十一月四日《广州民国日报》

饬谭延闿秘书处呈送十二年十一月份至十三年九月份暨电报室收支表册单据经核准予核销令

（一九二四年十一月六日）

大元帅训令第五四九号

　令大本营秘书长谭延闿

　为令知事：据大本营审计处处长林翔呈复称："窃奉帅座交下大本营秘书处呈送十二年十一月份起至十三年九月份止，秘书处暨电报室收支表册单据，令饬审查核销等因，计发呈文一件、表册二本、单据簿三本。奉此。遵查该处收入部分：自十二年十二月至十三年八月，在大本营会计司领过毫洋二万五千六百元，又十二年十二月至十三年七月收入粤汉铁路公司毫洋五万四千五百元，又十三年二月至七月收入两广盐运署毫洋二万七千元，又收入杂款毫洋一千四百六十五元二毫二仙，合计收入毫洋一十万零八千五百六十五元二毫二仙。其支出部分：自十二年十一月至十三年九月止，支秘书处职员俸给共毫洋一十万零二千七百七十三元八毫三仙，又十二年十二月至十三年八月支电报室员生薪饷共毫洋五千七百七十五元，合计支出毫洋一十万零八千五百四十八元八毫三仙。收支对抵，尚盈余毫洋一十六元三毫九仙。列数明晰，核与原呈数目均无错误，复证以各月份付款单据，亦属相符。拟请准予核销。表册单据留存备案"等情。据此，除指令准予核销外，合行令仰该秘书长查照。此令。

（中华民国陆海军大元帅之印）

中华民国十三年十一月六日

据《大元帅训令第五四九号》，载广州《陆海军大元帅大本营公报》第三十一号，一九二四年十一月十日

批林翔审核大本营秘书处暨电报室
收支表册单据相符请准予核销呈

（一九二四年十一月六日）

大元帅指令第二〇七三号

令大本营审计处处长林翔

呈覆审核大本营秘书处暨电报室收支表册单据相符，请准予核销由。

呈悉。准予核销。已令饬知照矣。此令。

（中华民国陆海军大元帅之印）

中华民国十三年十一月六日

据《大元帅指令第二〇七三号》，载广州《陆海军大元
帅大本营公报》第三十一号，一九二四年十一月十日

批徐绍桢呈送征收医生照费数目表
请予备案并声明该款拨充部费令

（一九二四年十一月七日）

大元帅指令第二〇七七号

令大本营内政部长徐绍桢

呈送征收医生照费数目表，请予备案，并声明该款拨充部费由。

呈悉。此令。

（中华民国陆海军大元帅之印）

中华民国十三年十一月七日

据《大元帅指令第二〇七七号》，载广州《陆海军大元
帅大本营公报》第三十一号，一九二四年十一月十日

北伐各军不得在省设立后方办事处令

（一九二四年十一月七日）

除北伐总司令部准在广州设立外，所有北伐各军均不得在省设立后方办事处，以符功令，而促北伐军之进行。

据《北伐各军不得在省设办事处》，载一九二四年十一月八日《广州民国日报》

着北伐各军前进令

（一九二四年十一月七日）

孙阳令北伐各军向前开动。

据《国内专电》，载一九二四年十一月十一日上海《申报》（四）

派李翊东前往赣州令

（一九二四年十一月八日）

大元帅令

派李翊东前往赣州办理要事。此令。

孙文

中华民国十三年十一月八日

据原件影印件，载一九八八年二月二日北京《团结报》

裁撤前方参军处令

（一九二四年十一月八日）

大元帅训令第五五六号

　　令建国军北伐总司令谭延闿、大本营会计司司长林直勉

　　为令遵事：前方大本营经费着定为每月限支一万元为度，所有前方参军处着即裁撤，参谋各员酌予裁减，着谭总司令遵照办理。除分令外，仰该总司令、司长查照。此令。

（中华民国陆海军大元帅之印）

中华民国十三年十一月八日

据《大元帅训令第五五六号》，载广州《陆海军大元帅大本营公报》第三十一号，一九二四年十一月十日

着大本营会计司发给杂费手令

（一九二四年十一月八日）

　　着会计司发给杂费六百元交陆科长代支。此令。

孙文

中华民国十三年十一月八日

据中山大学藏手迹原件，载广东省社会科学院历史研究所、中国社会科学院近代史研究所中华民国史研究室、中山大学历史系孙中山研究室合编：《孙中山全集》，北京，中华书局一九八六年出版

饬发伍学熀恤金及治丧费令①

（一九二四年十一月十日）

大元帅训令第五六〇号

　　令大本营财政部长古应芬

　　为令遵事：据大本营内政部长徐绍桢呈："为遵令议恤恭祈鉴核事。案准大本营秘书处第五六九号公函开：奉大元帅令，故大本营建设部次长伍学熀，志虑忠纯，才识谙练，历年革命，效力不遑。上年擢授两广盐运使，旋任建设部次长，并代行部务，均能留心整顿，无忝厥职，倚畀方殷，遽闻溘逝，弥留之际，犹殷殷以讨贼为念，披阅遗呈，曷胜悼惜。伍学熀着由内政部按照定例从优议恤，用示笃念老成之至意。此令等因。由处录令函达到部，部长伏查该故建设部次长伍学熀，志虑忠纯，才识谙练，效力革命，国尔忘家，自应遵令从优议恤，以励来兹。惟现行文官恤金令系民国三年颁发，其中条款与革命政府时代情形不尽相合，该故次长受命于艰危之际，毁家纾难，懋著勋劳，自与寻常积劳捐躯者不同，拟请从优比照部长月支俸，给予一次过两个月恤金二千元，并特令颁给治丧费一千元，以示崇德报功之意。如蒙俞允，即乞令饬财政部分别照发。所有遵拟故建设部次长代行部务伍学熀恤典缘由，是否有当，理合具文呈请钧座察核，指令祗遵"等情。据此，除指令"呈悉。准如所拟办理。候令行财政部遵照可也。此令"印发外，合行令仰该部长遵照办理。此令。

　　　　　　　　　　　　　　　　（中华民国陆海军大元帅之印）

　　　　　　　　　　　　　　中华民国十三年十一月十日

　　　　　　　　据《大元帅训令第五六〇号》，载广州《陆海军大元帅大本营公报》第三十一号，一九二四年十一月十日

---

① 徐绍桢在任内呈报此事，然徐氏在十一月三日奉准辞职。

批徐绍桢遵拟故建设部次长伍学熿恤典请令施行呈

（一九二四年十一月十日）

大元帅指令第二〇八五号

　　令大本营内政部长徐绍桢

　　呈覆遵拟故建设部次长伍学熿恤典，请令施行由。

　　呈悉。准如所拟办理。候令行财政部遵照可也。此令。

（中华民国陆海军大元帅之印）

中华民国十三年十一月十日

据《大元帅指令第二〇八五号》，载广州《陆海军大元
帅大本营公报》第三十一号，一九二四年十一月十日

批朱和中函着中央执行委员会严颁纪律约束党报

（一九二四年十一月十日）

　　着中央执行委员严颁纪律，禁止本党各报之狂妄。

中华民国十三年十一月十日

附：朱和中原函

（一九二四年十一月十日）

大元帅钧鉴

　　上海《民国日报》及《新青年》出言不慎，致招是非，影响前途甚巨。请钧座以总理名义，发令本党：言论须有齐一之步调，不得自由谩骂，紊乱政纲。是否有当，伏候钧裁。朱和中叩。

据影印原稿，载罗家伦主编：《国父批牍
墨迹》，台北，中国国民党中央委员会党
史史料编纂委员会一九五五年十一月出版

裁撤豫鲁招抚使令

（一九二四年十一月十一日）

大元帅令

　　豫鲁招抚使着即裁撤，所部军队拨归豫军总司令改编。此令。

（中华民国陆海军大元帅之印）

中华民国十三年十一月十一日

据《大元帅令》，载广州《陆海军大元帅大本营
公报》第三十二号，一九二四年十一月二十日

饬北伐各军不得在后方设立机关令

（一九二四年十一月十一日）

大元帅训令第五六一号

　　令建国军北伐总司令谭延闿

　　为令遵事：北伐军除北伐总司令外，不得设机关于后方。为此令仰该总司令
即便转饬北伐各军一体遵照。此令。

（中华民国陆海军大元帅之印）

中华民国十三年十一月十一日

据《大元帅训令第五六一号》，载广州《陆海军大元帅
大本营公报》第三十二号，一九二四年十一月二十日

谕中执委开会不足法定人数时应以常委会代行令

（一九二四年十一月十一日）

　　现在中央执行委员在广州人数甚少，如开会不足法定人数时，应以常务委员

会代行各事，将来提交中央执行委员会追认。

孙文

据原件，台北、中国国民党
文化传播委员会党史馆藏

批陈铣曹浩森来电请求汇款接济谕①

（一九二四年十一月十一日）

前由熊学员式辉领去之一千五百元，该两学员既未分用，着财会即予酌量筹汇接济。

据陈旭麓、郝盛潮主编，王耿雄等编：《孙中山集
外集》，上海，上海人民出版社一九九〇年七月出版

命按月酌量支给豫军后方维持费谕②

（一九二四年十一月十一日）③

豫军后方维持费，着先拨二千元，余照案按月酌量支给。

据陈旭麓、郝盛潮主编，王耿雄等编：《孙中山集
外集》，上海，上海人民出版社一九九〇年七月出版

---

① 陈铣、曹浩森系留日陆军大学学生，来电要求汇款接济。由大本营秘书处奉孙文谕致函财政委员会。

② 大本营秘书处奉孙文谕致函财政部。

③ 时间为财政委员会第六十四次会议决案日期。

批黄桓呈报电报费提价令

（一九二四年十一月十一日）①

大元帅训令

据广东电政监督兼〈电〉报局长黄垣〔桓〕呈，以收入短绌，经费支出不敷，拟所有军电、官电本省每字收费大洋一分、外省每字二分，以资弥补。除指令准如所拟办理，仰会遵照。

据陈旭麓、郝盛潮主编，王耿雄等编：《孙中山集外集》，上海，上海人民出版社一九九〇年七月出版

批胡汉民中央执行委员会函

（一九二四年十一月十一日）

函送总理于批朱和中函一件，请遵照办理，并电知上海党部留心取缔狂妄言论。

十三年十一月十一日

据中国第二历史档案馆：《新发现的中国国民党总理批文（三）》，载南京《民国档案》二〇〇一年第三期

批古应芬设立检查出口谷米
总分局请鉴核施行呈

（一九二四年十一月十二日）

大元帅指令第二〇八九号

令大本营财政部长古应芬

---

① 时间为财政委员会第六十四次会议决案日期。

呈报设立检查出口谷米总分局，请鉴核施行由。

呈悉。照准。此令。

（中华民国陆海军大元帅之印）

中华民国十三年十一月十二日

据《大元帅指令第二〇八九号》，载广州《陆海军大元
帅大本营公报》第三十二号，一九二四年十一月二十日

着胡汉民转饬广州公安局核办
各军在省垣设办事处者令

（一九二四年十一月十二日）

令广东省长转饬广州公安局，详为切查各军师长以下仍在省垣设有办事处等
名义者，呈复以凭核办。

据《帅令详查驻市军队》，载一九二
四年十一月十三日《广州民国日报》

饬黄骚广东兵工厂十二年七至九月份
收支簿据经核相符准予核销令

（一九二四年十一月十三日）

大元帅训令第五六五号

令代理广东兵工厂厂长黄骚

为令行事：据大本营审计处处长林翔呈复："审查该厂前厂长马超俊呈送十二
年七月份至九月份收支等簿据，数目相符。拟请准予核销"等情。除指令准予核
销外，合行令仰该厂长即便知照。此令。

（中华民国陆海军大元帅之印）

中华民国十三年十一月十三日

据《大元帅训令第五六五号》，载广州《陆海军大元帅
大本营公报》第三十二号，一九二四年十一月二十日

批林翔为兵工厂长马超俊呈送十二年
七月份至九月份收支等簿据
数目相符请准予核销呈

（一九二四年十一月十三日）

大元帅指令第二○九二号

令大本营审计处处长林翔

呈复兵工厂长马超俊呈送十二年七月份至九月份收支等簿据数目相符，请准予核销由。

呈悉。准予核销。候令行广东兵工厂知照可也。此令。

（中华民国陆海军大元帅之印）

中华民国十三年十一月十三日

据《大元帅指令第二○九二号》，载广州《陆海军大元
帅大本营公报》第三十二号，一九二四年十一月二十日

批胡汉民转呈选举事务委员黄子聪等为市长
选举依照暂行条例非一月不能蒇事
经公同会议决以最速期间举办呈

（一九二四年十一月十四日）

大元帅指令第二○九七号

令广东省长胡汉民

呈为转呈选举事务委员黄子聪等，呈为市长选举依照暂行条例，非一月不能蒇事，经公同会议决以最速期间举办拟定清单，请鉴核由。

呈及清单均悉。准〈照〉所拟办理。清单存。此令。

（中华民国陆海军大元帅之印）

中华民国十三年十一月十四日

据《大元帅指令第二〇九七号》，载广州《陆海军大元帅大本营公报》第三十二号，一九二四年十一月二十日

饬令徐绍桢知照大本营财政部
无法筹拨内政部欠薪一万元令

（一九二四年十一月十四日）

大元帅训令第五六六号

　　令大本营内政部长徐绍桢

　　为令行事：据大本营财政部长古应芬呈称："窃奉钧座第五四八号训令内开：饬筹拨内政部欠薪一万元等因。奉此，查职部现在每月收入只有爆竹印花一项，均已指定用途，并无丝毫余款，昨经本月八日于未能代筹内政部经费案内呈复在案。且查职部于郑洪年次长去粤时已呈准钧座，不复由部再担任各机关款项。即职部自裁员减薪后，其前任欠发各员薪俸为数亦复不菲，皆因限于收入无从支付，盖事属无可如何，常亦为员司所共谅也。所有内政部欠薪实无闲款可拨缘由，理合呈复钧鉴"等情。据此，除指令"呈悉。仰侯令行内政部知照可也。此令"印发外，合行令仰该部长即便知照。此令。

（中华民国陆海军大元帅之印）

中华民国十三年十一月十四日

据《大元帅训令第五六六号》，载广州《陆海军大元帅大本营公报》第三十二号，一九二四年十一月二十日

批古应芬称内政部欠薪实无款可拨呈

（一九二四年十一月十四日）

大元帅指令第二〇九八号

令大本营财政部长古应芬

呈复内政部欠薪实无款可拨由。

呈悉。仰候令行内政部知照可也。此令。

（中华民国陆海军大元帅之印）

中华民国十三年十一月十四日

据《大元帅指令第二〇九八号》，载广州《陆海军大元帅大本营公报》第三十二号，一九二四年十一月二十日

裁撤内地侦探队令

（一九二四年十一月十五日）

大元帅令

大本营内地侦探队着即裁撤。此令。

（中华民国陆海军大元帅之印）

中华民国十三年十一月十五日

据《大元帅令》，载广州《陆海军大元帅大本营公报》第三十二号，一九二四年十一月二十日

裁撤中央军需总监令

（一九二四年十一月十五日）

大元帅令

　　中央军需总监着即裁撤。此令。

（中华民国陆海军大元帅之印）

中华民国十三年十一月十五日

据《大元帅令》，载广州《陆海军大元帅大本营
公报》第三十二号，一九二四年十一月二十日

批徐绍桢请褒扬广东番禺县捕属节妇张俞淑华呈

（一九二四年十一月十五日）

令大本营内政部长徐绍桢

　　呈请褒扬广东番禺县捕属节妇张俞淑华由。

　　如呈。题颁"节孝仁慈"四字匾额，仰即转给承领，并由部撰拟褒词，呈候
核定加给，用示褒扬。此令。

（中华民国陆海军大元帅之印）

中华民国十三年十一月十五日

据《大元帅指令第二一〇号》，载广州《陆海军大元帅
大本营公报》第三十二号，一九二四年十一月二十日

批革命纪念会请拨给公地建设烈士孤儿院
乞令广东省长转饬市政厅照章迅速妥办呈

（一九二四年十一月十七日）

令革命纪念会

　　呈请拨给公地建设烈士孤儿院，乞令广东省长转饬市政厅照案迅速妥办由。

　　呈悉。照准。候令行广东省长转饬市政厅照案迅速妥办可也。此令。

（中华民国陆海军大元帅之印）

中华民国十三年十一月十七日

据《大元帅指令第二一一二号》，载广州《陆海军大元帅大本营公报》第三十二号，一九二四年十一月二十日

饬速妥办烈士孤儿院地址及永远基金令

（一九二四年十一月十七日）

大元帅训令第五六九号

　　令广东省长胡汉民

　　为令遵事：据革命纪念会呈称："窃查职会干事赵士觐，前于中国国民党党务讨论会提出筹设烈士孤儿院一案，业经议决呈请钧座俯准执行。又前中国国民党广东支部长邓泽如等，查有广州市小北郊外东自四区三分署侧桥边沿大道以西即听泉山馆地址全部，南自城门口城基沿至八角井以北，西自大小西竹等冈以东，北自宝汉茶寮以南，有官田及能仁寺、三元宫等处寺庙产业百余亩，为前清咸同年间恶僧、劣道串同衙署吏役私擅据有。及宣统年间，复为小北一带土豪串同僧道书吏等私相授受，巧立名目，瞒骗官厅，强占投税管业，实行霸据，经沥情呈请钧座令派干员专办，将该地契照调验，果属确实，即行拨充，以一半为建筑烈士孤儿院地址，以一半为该院永远基金，业奉令行查办理各在案。乃迄今日久，

尚属虚悬，职会以事关重要，必应举办，愿竭棉力负其全责。拟请钧座令行广东省长转饬广州市政厅迅速妥办，勿稍宕延，庶先烈遗孤获沾仁泽，实为公便"等情。据此，除指令"呈悉。照准。候令广东省长转饬市政厅照案迅速妥办可也。此令"印发外，合行令仰该省长即便遵照转饬办理。切切。此令。

（中华民国陆海军大元帅之印）

中华民国十三年十一月十七日

据《大元帅训令第五六九号》，载广州《陆海军大元帅
大本营公报》第三十二号，一九二四年十一月二十日

批程潜为该部印信被火焚毁暂行摹刊
应用请饬另铸颁发呈

（一九二四年十一月十七日）

令大本营军政部长程潜

呈报该部印信被火焚毁，暂行摹刊应用，请饬另铸颁发由。

呈悉。该部所刊印信准予暂行钤用，余如所请办理。印模存。此令。

（中华民国陆海军大元帅之印）

中华民国十三年十一月十七日

据《大元帅指令第二一一四号》，载广州《陆海军大元
帅大本营公报》第三十二号，一九二四年十一月二十日

批中央执行委员会廖仲恺邹鲁函[①]

（一九二四年十一月十七日）

批：着中央执行委员会严颁纪律，禁止各报狂妄等因。奉此。另寄第八十九

---

① 函称：总理发下朱和中呈一件，内称沪《民国日报》及《新青年》出言不慎。

号通告一束，请公转本党并留心指导。

十三年十一月十七日

据中国第二历史档案馆《新发现的中国国民党总理批
文（三）》，载南京《民国档案》二〇〇一年第三期

饬各军毋得藉词截收各税捐厘费加二专款令

（一九二四年十一月十八日）

大元帅训令第五七一号

令建国滇、粤军总司令杨希闵、许崇智

为令遵事：据广东省长胡汉民呈称："呈为呈复事：前奉钧座第五三五号训令开：据广东财政厅长古应芬呈：为呈复事，奉钧署第一七四号训令开，案奉大元帅第五三五号训令，除原文有案邀免冗叙外，后开：兹据称该厅收入尠然，缘因不在人民之不乐意输将，亦不在各厂局承商不遵命令，而在各防军贪多务得，仍予截收所致等语。究竟此项专款系何部防军截收，是否根据各属厂局承商报告，仰该省长即转饬该厅长将情形声叙呈复，以凭核办等因。奉此，遵即转行财政厅遵照办理在案。现据该厅将所属收入加二各厘税捐务被各防军截收者，分别列表呈请核办等情前来。除令复外，理合备文连同该厅现缴原表一份呈请钧座鉴核办理，仍乞指令祗遵"等情。并附缴被各军截收税捐厘费加二专款表一册前来。当经指令"呈表均悉。候照表分别令行各该军长官转饬各该军不得截留可也。此令"等语。除指令印发外，合行令仰该总司令即按照表列各关、厂、捐、局地点分饬该所属各截收军队，嗣后应一律恪奉功令，将所有各税捐厘费加二专款，悉交由财政厅收管，毋得藉词截收，致碍财政统一。原表抄发。此令。

（中华民国陆海军大元帅之印）

中华民国十三年十一月十八日

据《大元帅训令第五七一号》，载广州《陆海军大元帅
大本营公报》第三十二号，一九二四年十一月二十日

批古应芬请重颁禁令通饬各军总司令
分行所属不得擅将轮渡封用呈令

（一九二四年十一月十八日）

令兼广东财政厅长古应芬

　　呈请重颁禁令，通饬各军总司令分行所属不得擅将轮渡封用等情由。

　　呈悉。准如所请。候令行各军总司令遵照并转行所属一体遵照可也。此令。

（中华民国陆海军大元帅之印）

中华民国十三年十一月十八日

据《大元帅指令第二一二二号》，载广州《陆海军大元
帅大本营公报》第三十二号，一九二四年十一月二十日

饬各军不得擅封各江轮渡令

（一九二四年十一月十八日）

大元帅训令第五七二号

　　令建国粤军总司令许崇智、建国滇军总司令杨希闵、建国湘军总司令谭延闿、建国桂军总司令刘震寰、建国豫军总司令樊钟秀

　　为令遵事：据兼广东财政厅长古应芬呈称："现据航政局长李思辕呈称：'窃查各江轮船渡船，关系交通，至为紧要。年来军事频兴，盗风猖獗，航业凋零，实达极点，几经维持，仅保现状。而军队在省河一带封用船只之事，常有发生，各航商闻风畏避，将所有轮渡纷纷停歇，不敢驶泊省河，不特交通顿受影响，国课立形短绌，尤恐不肖之徒，乘机假名索诈，实于船政前途，大有妨碍。局长为维持交通国课而杜弊端起见，合行仰恳钧厅俯赐转呈大元帅，重颁禁令，通饬各军总司令分行所属，严予取缔。如非因公必要，不得擅将各江轮渡封用，倘万不得已，宜向商船公会订约雇用，以杜滥冒，庶于国课、交通，两无妨碍。是否有

当，理合具文呈请察核，伏乞指令祗遵’等情前来。查核该局长所请，系为维持交通顾全国课起见，似应照准。据呈前情，除指令外，理合具文呈请大元帅察核，俯赐重颁禁令，通饬各军总司令分行所属严予取缔，如非因公必要，不得擅将各江轮渡封用，倘万不得已，只可向商船公会订约雇用，免碍交通，用维船课。是否有当，伏候指令祗遵，实为公便”等情。据此，除指令并分令外，合行令仰该总司令即便遵照，并转行所属一体遵照，嗣后非遇要公，不得擅封各江轮渡，倘该部须用轮渡时，只可向商船公会订约雇用，以维航业而重国课。切切。此令。

（中华民国陆海军大元帅之印）

中华民国十三年十一月十八日

据《大元帅训令第五七二号》，载广州《陆海军大元帅大本营公报》第三十二号，一九二四年十一月二十日

饬将每日收支数目分款列表报告留守府备核令

（一九二四年十一月十八日）

大元帅训令第五七五号

令大本营财政部长古应芬、两广盐运使邓泽如、两广盐务稽核分所经理宋子文、广州市政厅厅长李福林、广州市政厅财政局长、广东全省民产保证处处长李纪堂、禁烟督办谢国光、大本营会计司司长林直勉、广东全省沙田清理处处长江维华、广东印花税分处处长宋子文、广东全省烟酒公卖局局长伍嘉诚、粤海关监督范其务、广东筹饷总局总办范石生、广三铁路局长陈兴汉、管理粤汉铁路事宜陈兴汉

为令遵事：查各财政征收机关向例有旬报、月报，以资比较而便考核。现在军需浩繁，更应详密稽核，以期收入增加，饷糈有赖，着各财政征收机关自本年十一月十六日起，将每日经征收入及支出各数目，按日分款列表报告留守府备核。其十一月一日至十五日收支各数目，仍汇列一并补报。事关整理财政，其各懔遵

毋违。除分令外，仰该□即便转饬所属一体遵照即便遵照。切切。此令。

（中华民国陆海军大元帅之印）

中华民国十三年十一月十八日

据《大元帅训令第五七五号》，载广州《陆海军大元帅大本营公报》第三十二号，一九二四年十一月二十日

批胡谦报该部副官余云卿办理残废官兵报销册及支销单据清册请予备案并饬发登《大本营公报》及《广东公报》呈

（一九二四年十一月十八日）

令前代理军政部次长胡谦

呈报该部副官余云卿办理残废官兵报销册及支销单据清册，请予备案，并饬发登《大本营公报》、《广东公报由》。

呈悉。支销尚属核实，准予备案，并将报销册发交公报照刊可也。此令。

（中华民国陆海军大元帅之印）

中华民国十三年十一月十八日

据《大元帅指令第二一二三号》，载广州《陆海军大元帅大本营公报》第三十二号，一九二四年十一月二十日

批谢国光准予题颁匾额①

（一九二四年十一月十八日刊载）

大元帅指令

令禁烟督办谢国光：呈悉。准予题颁"急公好义"四字匾额，仰即转给承

---

① 禁烟督办谢国光以万益公司愿捐饷三万七千元为报效军费，具呈帅府恳于嘉奖以示优异。

领。并由该督办传谕嘉奖，以资激励可也。此令。

据《帅令嘉奖万益公司》，载一九二
四年十一月十八日《广州民国日报》

裁撤建安督办令

（一九二四年十一月十九日）

大元帅令

建安督办着即裁撤。此令。

（中华民国陆海军大元帅之印）

中华民国十三年十一月十九日

据《大元帅令》，载广州《陆海军大元帅大本
营公报》第三十二号，一九二四年十一月二十日

饬各认饷机关按数筹缴令

（一九二四年十一月十九日）

大元帅训令第五七八号

令大本营军需总局局长罗翼群、禁烟督办谢国光、广东财政厅厅长古应芬、两广盐运使邓泽如、广东筹饷总局总办范石生、朱军长培德转连阳乐昌四县①、管理粤汉铁路事务陈兴汉

为令遵事：现在建国军北伐各部队陆续前进，所有后开各认饷机关原日应拨各部队之款，于本月二十一日起，概行缴交大本营军需总局收付，以归统一，而利军行。各该认饷机关，务各按照原日认解数目，极力筹足解缴，毋稍蒂欠贻误。

---

① 连阳乐昌四县，指广东省属连县、连山、阳山、乐昌。

除分令外，仰即遵照。数目单抄发。此令。

（中华民国陆海军大元帅之印）

中华民国十三年十一月十九日

据《大元帅训令第五七八号》，载广州《陆海军大元帅大本营公报》第三十二号，一九二四年十一月二十日

饬北伐部队军饷统由军需总局支付令

（一九二四年十一月十九日）

大元帅训令第五七九号

令韶关大本营、建国湘军总司令谭延闿、建国第一军军长朱培德、建国第二军军长柏文蔚、建国第三军军长卢师谛、建国第七军军长刘玉山、建国鄂军湖北招讨使何成濬、建国赣军司令李明扬、建国桂军第六师师长廖湘芸、建国山陕军司令路孝忱、建国豫军总司令樊钟秀、大本营军需总局局长罗翼群

为令遵事：现在财政困难，所有建国军北伐各部队军饷，亟应统一收支，以便筹画而利支付。除各部军饷仍暂照原日所领额数按日发给外，如收入间有不敷时，应由大本营军需按数匀拨，以昭平允。以后北伐各部队军饷，即向大本营军需请领，其原日令由各机关拨付之款，及由各部队就所在防地自筹之款，概行拨交大本营军需总局统收支付，以一事权而专责成。除分令外，仰即遵照。此令。

（中华民国陆海军大元帅之印）

中华民国十三年十一月十九日

据《大元帅训令第五七九号》，载广州《陆海军大元帅大本营公报》第三十二号，一九二四年十一月二十日

饬拨款建立倪烈士映典纪念碑令

（一九二四年十一月十九日）

大元帅训令第五八〇号

令广东省长胡汉民

为令遵事：据革命纪念会呈称："呈为呈请事：窃查民国纪元前一年辛亥正月初三日广东新军之役，倪烈士映典多所戮力。及举义时，敌军拒战，倪烈士单骑至牛王庙说敌附义，被乱枪集击，遂及于难。其奋不顾身，为国流血，忠勋实足千古，表扬先烈，后死之责也。应请钧座核准拨款六百元，就烈士殉难地点建立纪念碑，以垂永久而资景仰。理合备文呈请鉴核施行，不胜屏营待命之至"等情前来。除指令"呈悉。照准。候令行广东省长转饬财政厅照数拨给可也。此令"印发外，合行令仰该省长即便遵照。切切。此令。

（中华民国陆海军大元帅之印）

中华民国十三年十一月十九日

据《大元帅训令第五八〇号》，载广州《陆海军大元帅大本营公报》第三十二号，一九二四年十一月二十日

饬胡汉民查复广州市长选举工界选举地点择定情形令

（一九二四年十一月十九日）

大元帅训令第五八一号

令广东省长胡汉民

为令遵事：据广州工人代表会执行委员会呈称："查《广州市市长选举暂行条例》第二十一条第二项工界在广东总工会或总工会择定之地点之规定。查市长选举问题，我工人占市民之大多数，且为政治实力之中心，对于选举问题，岂能放弃？惟选举条例所载：工界市长选举会设在广东总工会或总工会择定之地点，殊堪诧异。窃思市长选举，以广州市民为限，广州总工会之组织，其范围包含广东，其不可者一也；现在广州工会隶属于广东总工会者寥寥无几，若以总工会选举会办事处必不能号召各工会，使之共同组织，则选举前途，必为少数人所把持，其不可者二也。职会为广州多众工人最高之机关，广州工会隶属于敝会者共计一百三十余团体，据理言之，工界选举总办事处当由本会组织毫无异议，职会经于本月十五日召代表大会决议，对于广东总工会或总工会所择工界选举总办事处一律否认。理合备文呈请钧座察核，恳请克日修正广州市市长选举暂行条例第二十

一条第二项，明令颁布，以昭核实，实为公便"等情。据此，除指令"呈悉。所陈是否可行，候令行广东省长查明情形呈候核办可也。此令"印发外，合行令仰该省长即便遵照，迅速查明呈复。切切。此令。

（中华民国陆海军大元帅之印）

中华民国十三年十一月十九日

据《大元帅训令第五八一号》，载广州《陆海军大元帅大本营公报》第三十二号，一九二四年十一月二十日

批谢国光为万益公司自愿将抵余
按饷悉数报效军饷请予嘉奖呈

（一九二四年十一月十九日）

大元帅指令第二一二五号

令禁烟督办谢国光

呈报万益公司退办暨自愿将抵余按饷悉数报效军饷，请予嘉奖，并称该局退办后禁烟事宜仍在进行中等由。

呈悉。准予题颁"急公好义"四字匾额，仰即转给承领。并由该督办传谕嘉奖，以资激励可也。此令。

（中华民国陆海军大元帅之印）

中华民国十三年十一月十九日

据《大元帅指令第二一二五号》，载广州《陆海军大元帅大本营公报》第三十二号，一九二四年十一月二十日

批革命纪念会请拨款六百元就倪烈士映典
殉难地点建立纪念碑呈

（一九二四年十一月十九日）

大元帅指令第二一二六号

令革命纪念会

请拨款六百元，就倪烈士映典殉难地点建立纪念碑由。

呈悉。照准。候令行广东省长转饬财政厅照数拨给可也。此令。

（中华民国陆海军大元帅之印）

中华民国十三年十一月十九日

据《大元帅指令第二一二六号》，载广州《陆海军大元
帅大本营公报》第三十二号，一九二四年十一月二十日

批广州工人代表会执行委员会称市长选举
总工会不能代表全体请改正条文呈

（一九二四年十一月十九日）

大元帅指令第二一二七号

令广州工人代表会执行委员会

呈称市长选举总工会不能代表全体，请改正条文由。

呈悉。所陈是否可行，候令行省长查明情形，呈候核办可也。此令。

（中华民国陆海军大元帅之印）

中华民国十三年十一月十九日

据《大元帅指令第二一二七号》，载广州《陆海军大元
帅大本营公报》第三十二号，一九二四年十一月二十日

饬古应芬姑准两广盐运使邓泽如所拟
俟合约期满另再续约时当遵以
大洋加二五水缴纳税款令

（一九二四年十一月二十日）

大元帅训令第五八四号

　　令大本营财政部长古应芬

　　为令知事：据两广盐运使邓泽如呈称："呈为呈请核示事：窃本年十一月十四日奉钧府第二〇九五号指令：据使署呈为省河盐税不能照加二五补水，乞予核示由。奉令开：'呈悉。大洋补水改加二五，事关通案，万难变更。仰仍遵照财政部通令办理，勿任商人借口包缴要求减轻。此令'等因。奉此，自应遵照办理。惟使署现在与商人所订按日依额包缴盐税合约，系承历任运使因地方多故，运道梗塞，核减税率之后，近更因罢市风潮，虽经恢复交易原状，而市面银根尚未能照常周转，运销仍然停滞。故商人所认包缴税率，每盐一包仅得小洋四元六毫，以视向章每包加一五，大洋五元实只认到原定税率八成。今若以加二五，大洋五元饬商按照八成缴纳，恐该商借口负担过重，于订定合约期内要请退办，必致牵动全盘收入支出，于大局殊有关系。兹拟请于现届商人包缴盐税约内暂免置议，一俟下月十二月五日止，商人包缴满约后，如议订续办时，当即遵照部令，以大洋加二五水，饬商筹议办理，以符通案。奉令前因，所有拟请于现届商人包缴盐税满约后即遵部令，以大洋加二五水饬缴税款各缘由，理合具文呈请钧府鉴核，指令祗遵，实为公便"等情前来。除指令"呈悉。该运使与商人所订按日依额包缴盐税合约，是否在大洋补水改加二五通案之前成立，来呈未据声叙，未免含混。但既称一俟下月十二月五日止，商人包缴满约后如议订约续办时，当遵通案办理等情，姑准如拟办理。除令知财政部外，仰即遵照可也。此令"印发外，合行令仰该部长即便知照。此令。

（中华民国陆海军大元帅之印）

华民国十三年十一月二十日

据《大元帅训令第五八四号》，载广州《陆海军大元帅

大本营公报》第三十二号，一九二四年十一月二十日

饬制止滇军第二师截收加二专款令

（一九二四年十一月二十日）

大元帅训令第五八五号

令建国滇军总司令杨希闵

为令遵事：据广东财政厅长古应芬呈称："现据承办省河猪捐维兴公司商人钟恒昇暨广州西税厂合兴公司商人陈振等呈称：现奉滇军第二师司令部训令，饬将加二抽收专款拨解该部充饷等因，呈请核示办理等情前来。并据省河补收土丝两厘厂承商先后以前情具报前来。查厘税项下征收加二专款一案，系奉钧座核准由厅专案办理，无论何项机关不得截留，历经办理有案。嗣以各属专款均被驻军截收，又经职厅呈请钧座严饬各军不得截收，以符原案而应支付又在案。况此项专款，业经职厅指定用途，如病兵医药、湘豫军给养，及其他煤费暨种种开支，均所从出。职厅原有各种收入，已尽为各军截收，则职厅各种要需，从何应付？职厅拿管财政，责有专司，倘或贻误，谁尸其咎？据呈前情，除咨行批复外，理合具词，仰恳钧座俯赐严令滇军总司令即廖师长行超，嗣后对于厘税专款，不得截收，拨过之款，如数提还解库，俾资挹注而维原议。所有吁恳严令滇军第二师不得截收省河猪捐、广州西税、省河补抽局省河土丝厂加二专款各缘由，理合具文呈请鉴核示遵"等情。据此，除指令"呈悉。准予令行滇军总司令转令第二师长查照制止。此令"印发外，合行令仰该总司令查照转饬办理。此令。

（中华民国陆海军大元帅之印）

中华民国十三年十一月二十日

据《大元帅训令第五八五号》，载广州《陆海军大元帅

大本营公报》第三十二号，一九二四年十一月二十日

批刘震寰为遵令改称建国桂军日期请备案呈

（一九二四年十一月二十日）

大元帅指令第二一三一号

令建国桂军总司令刘震寰

呈报遵令改称建国桂军日期，请备案由。

呈悉。此令。

（中华民国陆海军大元帅之印）

中华民国十三年十一月二十日

据《大元帅指令第二一三一号》，载广州《陆海军大元帅大本营公报》第三十二号，一九二四年十一月二十日

批邓泽如请于现届商人包缴盐税满约后即遵令以大洋加二五水饬缴税款呈

（一九二四年十一月二十日）

大元帅指令第二一三三号

令两广盐运使邓泽如

呈请于现届商人包缴盐税满约后，即遵部令以大洋加二五水饬缴税款由。

呈悉。该运使与商人所订按日依额包缴盐税合约，是否在大洋补水改加二五通案之前成立，来呈未据声叙，未免含混。但既称一俟下月十二月五日止，商人包缴满约后如议订约续办时，当遵通案办理等情，姑准如拟办理。除令知财政部外，仰即遵照可也。此令。

（中华民国陆海军大元帅之印）

中华民国十三年十一月二十日

据《大元帅指令第二一三三号》，载广州《陆海军大元帅大本营公报》第三十二号，一九二四年十一月二十日

批古应芬请令行滇军总司令制止第二师
不得截收省河各捐税加二专款呈

（一九二四年十一月二十日）

大元帅指令第二一三五号

　　令广东财政厅长古应芬

　　呈请令行滇军总司令制止第二师不得截收省河各捐税加二专款由。

　　呈悉。准予令行滇军总司令转令第二师师长查照制止可也。此令。

（中华民国陆海军大元帅之印）

中华民国十三年十一月二十日

据《大元帅指令第二一三五号》，载广州《陆海军大元
帅大本营公报》第三十二号，一九二四年十一月二十日

裁撤海军陆战队司令潮梅守备司令等职缺令

（一九二四年十一月二十日刊载）

大元帅命令

　　中央直辖第一、第二两师指挥、中央直辖第三师、大本营直辖陆军第四旅、中央直辖第一混成旅、中央直辖讨贼军赣军第一混成旅、大元帅直辖讨贼军司令、海军陆战队司令、连阳绥靖处处长、北方讨贼军第一路司令、湖南讨贼军第二路司令、湖南讨贼军第三路司令、中央直辖东路警备军第一路司令、三罗警备司令、湖梅守备司令均着即裁撤。此令。

据《大元帅命令》，载一九二四年
十一月二十日《广州民国日报》

饬广东省长迅令广州市政厅督饬公安局
再在该市续征租捐一月令

（一九二四年十一月二十一日刊载）

为令饬事：自军兴以来，饷需浩繁，经于上年在广州市内筹集租捐，藉济军用。嗣于本年复行借租一月，均能踊跃缴纳，凡此经过情形，具见好义急公，至为嘉许。惟现在各军云集，先后出发，军事计划，一时倘难结束，而前方之应付，后方之准备，悉皆需款孔殷，着广东省长迅令广州市政厅督饬公安局，再在该市续征租捐一月，听候分配指拨。市民爱国，始终不渝，本兹热诚，以竟全功，实所厚望，仰即遵照，分饬办理。此令。

据《帅令续收租捐一月》，载一九二四
年十一月二十一日《广州民国日报》

饬知林直勉该司及庶务科十三年三月份
收支计算书及附属表等准予核销令

（一九二四年十一月二十二日）

大元帅训令第五八七号

令大本营会计司长林直勉

为令行事：据大本营审计处处长林翔呈称："案奉钧帅发交大本营会计司长黄昌谷呈送该司及庶务科十三年三月收支计算书暨附属表及证据粘存簿到处，饬令审计等因。奉此，查核该司长所送会计司及庶务科收支册列各数，尚无浮滥。计十三年三月份该司收入各财政机关拨解毫洋九万四千一百元，连同二月份结存该司及庶务科卫士队存款共计六千九百三十一元九角九分七厘，合计收入毫洋十万零一千零三十一元九角九分七厘。支出各机关职员薪俸及购置等费，共计毫洋八万四千八百五十五元五角六分八厘。收支比对，应结存毫洋一万六千一百七十六元四角二分九厘。证以表簿，核数亦属相符，拟请准予如数支销。除将计算书表簿留处备案外，理合具文连同原呈一件，呈复钧帅察核示遵，实为公便"等情。据此，除指令准予核销外，合行令仰该司长知照。此令。

（中华民国陆海军大元帅之印）

中华民国十三年十一月二十二日

据《大元帅训令第五八七号》，载广州《陆海军大元帅
大本营公报》第三十三号，一九二四年十一月三十日

批林翔审核会计司司长黄昌谷十三年三月份收支计算书暨附属表及证据粘存簿等件数目相符请准予核销呈

（一九二四年十一月二十二日）

大元帅指令第二一三八号

令大本营审计处处长林翔

呈覆审核会计司司长黄昌谷十三年三月份收支计算表暨附属表及证据粘存簿等件，数目相符，请准予核销由。

呈悉。准予核销。仰候令行会计司知照。此令。

（中华民国陆海军大元帅之印）

中华民国十三年十一月二十二日

据《大元帅指令第二一三八号》，载广州《陆海军大元
帅大本营公报》第三十三号，一九二四年十一月三十日

着广东财政厅粤汉铁路等如数
将北伐军费解缴会计司令

（一九二四年十一月二十二日刊载）

为令遵事：查北伐各军部队军饷，业经令行改由大本营军需总局统收解付，以资统一而便支配，并分令各担负北伐军军费机关遵办在案，其原日应行解缴大本营会计司之款，如财政厅粤汉路局及照前令，由市政厅暨财政局拨归财政厅收拨等项，应解拨之数目，仰各极力筹拨，务须按日如数解缴会计司，以凭支付，毋得藉词延欠，致误要需，切切。此令。

据《北伐军费须按日缴足》，载一九二四年十一月二十二日《广州民国日报》

饬水陆各军保护食米运输令

（一九二四年十一月二十五日）

大元帅训令第五八九号

令建国粤军总司令许崇智

为令遵事：据米糠行养和堂呈称："敝行宝和、五丰等号由港购运糠米六千余担，分载'彭满利'、'英顺隆'两舨由'雁山'轮船拖运来省。讵巧日午后五时驶至虎门斜西口附近，突被匪轮两艘拦途截劫，发炮轰击，'雁山'轮船开足马力，始获脱险，途遇兵舰报请追缉，舰上员兵置诸弗理。该拖轮逃脱后，匪轮即将两舨骑劫，着令开赴中塘。开行未几，旋遇'亚细亚'轮船经过，疑为兵舰，遂将舨上银物军械劫掠一空，并每舨掳去船伴一人，始行逃去。现两舨深恐匪轮再来，星夜驶返威远炮台寄舶，多数糠米虽获保全，然非遇'亚细亚'轮船，则所有货物势难幸免。查粤省米食，向赖外洋接济，虎门为入省孔道，炮台密迩，乃盗匪猖獗尚复如是，设非实力保护，货物运输危险殊甚，商人血本所关，必至裹足不前，民食前途，更将何赖。迫得据情沥陈钧座，伏乞迅令水陆各军警严行保护，并追赃起掳，究缉匪犯，以伸法纪而维商业"等情前来。查粤省米食向赖外洋接济，海陆各道，稍有不靖，关系民食非浅，据呈前情，合行令仰该总司令即便严饬水陆各军分道保护，以维商运而利民生。切切。此令。

（中华民国陆海军大元帅之印）

中华民国十三年十一月二十五日

据《大元帅训令第五八九号》，载广州《陆海军大元帅大本营公报》第三十三号，一九二四年十一月三十日

饬军政机关不得免缴筵席捐令

（一九二四年十一月二十六日）

大元帅训令第五九三号

令建国军滇军总司令杨希闵、建国军湘军总司令谭延闿、建国军粤军总司令许崇智、建国军桂军总司令刘震寰、建国军豫军总司令樊钟秀、广东省长胡汉民、大本营军政部长程潜、大本营财政部长古应芬、大本营内政部长徐绍桢、大本营外交部长伍朝枢、大本营建设部长林森、建国军第一军军长朱培德、建国军第二军军长柏文蔚、建国军第三军军长卢师谛、建国军第七军军长刘玉山、建国军赣军司令李明扬、建国军山陕军司令路孝忱、建国军北伐第三军军长胡谦、财政委员会、大本营航空局长陈友仁

为令行事：据国立广东大学校长邹鲁呈称："窃省河筵席捐自奉钧令拨回职会自办后，经于本月十四日设所开收，各酒楼菜馆等尚多遵章缴纳，惟间有一二商店，凡数元以上的筵席称军人定购，不肯纳捐，加以质问，则出各机关免捐字据以为抵抗。兹据稽查员缴呈核办前来，忖思凡属宴会，动则万钱下箸，军界长官断无吝此区区之捐款故违定章，难保非奸商取巧、假托、吞瞒。惟市内军队如云，其直接间接之亲故，何止恒河沙数。若乞得片纸只字便可免捐，固无以示公平，且商店藉一瞒百，流弊更不胜问，长此以往，势必收入愈微，教费将无从挹注。鲁为维持学款起见，合行仰恳大元帅俯准通令军政各机关，嗣后如有宴会，须一律附加

教育经费，不得给用免捐字据，致各店藉以瞒吞，并令行广东省长布告各酒楼菜馆等遵照，对于此项捐款，务饬负责抽收，所有各界免捐字据，概作无效，否则作包庇违抗论，从严处罚，以维教费而杜取巧。是否有当，理合具文连同各机关免捐字据五纸，呈请鉴核令遵"等情。据此，除指令"呈悉。照准。候通令军政各机关一体遵照可也。此令"。并分令印发外，合行令仰该总司令等一体遵照。此令。

（中华民国陆海军大元帅之印）

中华民国十三年十一月二十六日

据《大元帅训令第五九三号》，载广州《陆海军大元帅大本营公报》第三十三号，一九二四年十一月三十日

批邹鲁请通令军政各机关一律维持筵席捐附加教育经费不得发用免捐字据呈

（一九二四年十一月二十六日）

大元帅指令第二一四二号

令国立广东大学校长邹鲁

呈请通令军政各机关一律维持筵席捐附加教育经费不得发用免捐字据由。

呈悉。照准。候通令军政各机关一体遵照可也。此令。

（中华民国陆海军大元帅之印）

中华民国十三年十一月二十六日

据《大元帅指令第二一四二号》，载广州《陆海军大元帅大本营公报》第三十三号，一九二四年十一月三十日

饬余辉照遵照改编具报令

（一九二四年十一月二十七日）

大元帅训令韶字第二十二号

令前北伐讨贼第三军第一旅旅长余辉照

为训令事：案查该军前经令饬开拔来韶，听候点验改编，并经令派差遣郁昆楼前往点验各在案。兹据该差遣报称：业经点验完毕，并呈缴清册查核前来。据此，查该军兵额未足，应令改编赣军独立旅，准设旅部及第一团团部。其第一团团长应兼第一营营长，不必另设营部，其第二营亦准其暂行成立，每营准先编两连，嗣后如有增加队伍或枪枝，务先补足第一团额数，每团概以三营为定制，每营以四连或三连为定制，每连以八十一杆枪数为准，俟大本营颁发定章后，再行严定编制。仰即赶速遵照办理，并限于二日内将改编完毕情形具报，以待后命，勿延。切切。此令。

（中华民国陆海军大元帅之印）

中华民国十三年十一月二十七日

据《大元帅训令韶字第二十二号》，载广州《陆海军大元帅大本营公报》第三十三号，一九二四年十一月三十日

给刘玉山的训令

（一九二四年十一月二十七日）

大元帅训令第五九七号

令建国第七军军长刘玉山

为令遵事：据报建国第七军第三师师长陈天太，于本月二十三日上午一时，率领便装兵士数十人，暗携枪械，围击现任广西全省绥靖处会办黄绍竑于广州东亚酒店，伤毙人命等情。正核办间，旋据建国第七军前敌全体官兵代电呈称："黄绍竑通北祸桂，逆迹昭彰。去年我联军惠州退却，该逆在梧预备独立，桂省父老莫不闻知。当本军奉令南征，师次都城，该逆竟诱同友军四面袭击，致被缴械。在本军之存亡关系尚轻，在政府威信丧失无余。经呈报大元帅并通电各友军在案。今曹、吴已倒，统一可期。我革命政府为处理广西全省政治，故有刘总司令长桂之命。黄逆竟敢一面派使滇唐，密为结合；一面电请林虎，授以机宜。既不入党，又不受命，阴怀鬼域〔蜮〕，人所共知。昨该逆潜行来粤，运动收容，无非欲暂保实力，徐图狡逞。明知该逆反复无常，不为我革命政府效力，设使任

其存在，不独广西将来之祸，适足为政府无穷之患。职等特于梗晚①派少数步兵歼除此獠，盖不欲以兵惊扰市廛也。不料竟被脱逃，由武装警察解送粤军总司令部。想我胡留守、总司令、军长、师长定能顾全政府威信，押令将本军当日被缴枪炮交回，俾为国驰驱，尽我天职。顾念本军白马誓师，频年转战，不败于敌，而败于奉令出防同属革命旗帜之友军，是黄逆背叛政府，罪实当诛。此次予以薄惩，上存政府威信，下慰阵亡将士英魂。公仇私愤，迫而出此。该逆倘从此彻底觉悟，为革命政府效力，职等亦既往不咎；倘仍怙恶不悛，当再以白刃相见，誓不共生。伏乞许总司令予以严密拘留，并乞胡留守、各总司令主持公道，迫切陈词。伏乞亮察"等情。并盖有中央直辖第七军第三师师长印前来。查与所报正属相符，该陈天太擅自率众劫杀友军官长，惨毙人命，扰乱治安，实属胆大妄为，弁髦法纪。除明令革职外，合行令仰该军长即严行惩办，呈复核夺。切切。此令。

（中华民国陆海军大元帅之印）

中华民国十三年十一月二十七日

据《大元帅训令第五九七号》，载广州《陆海军大元帅大本营公报》第三十三号，一九二四年十一月三十日

追赠沈寅宾令

（一九二四年十一月二十八日）

大元帅令

大本营军政部长程潜呈："故中央直辖赣军司令部上校副官长沈寅宾，此次奉命东征，在新丰御匪阵亡，殊堪悯悼。拟请追加陆军少将衔，仍照上校阵亡例给予恤金"等语。沈寅宾着追加陆军少将衔，仍照上校阵亡例给恤，以彰忠烈。此令。

（中华民国陆海军大元帅之印）

中华民国十三年十一月二十八日

据《大元帅令》，载广州《陆海军大元帅大本营公报》第三十三号，一九二四年十一月三十日

---

① 梗晚，即二十三晚。

批革命纪念会请准予投变旧模范监狱上
盖充七十二烈士坟园建筑费呈

（一九二四年十一月二十八日）

大元帅指令第二一六九号

令革命纪念会

呈请准予投变旧模范监狱上盖充七十二烈士坟园建筑费由。

呈悉。照准。此令。

（中华民国陆海军大元帅之印）

中华民国十三年十一月二十八日

据《大元帅指令第二一六九号》，载广州《陆海军大元
帅大本营公报》第三十三号，一九二四年十一月三十日

批胡汉民遵令饬财政厅拨款
建立倪烈士映典纪念碑呈

（一九二四年十一月二十八日）

大元帅指令第二一七二号

令广东省长胡汉民

呈复遵令饬财政厅拨款建立倪烈士映典纪念碑由。

呈悉。此令。

（中华民国陆海军大元帅之印）

中华民国十三年十一月二十八日

据《大元帅指令第二一七二号》，载广州《陆海军大元
帅大本营公报》第三十三号，一九二四年十一月三十日

批程潜请追加中央直辖赣军上校副官长沈寅宾
以陆军少将衔仍照上校阵亡例给恤呈

（一九二四年十一月二十八日）

大元帅指令第二一七四号

　　令大本营军政部长程潜

　　呈请追加故中央直辖赣军上校副官长沈寅宾以陆军少将衔，仍照上校阵亡例给恤由。

　　呈悉。已有明令追赠给恤矣。仰即知照。此令。

（中华民国陆海军大元帅之印）

中华民国十三年十一月二十八日

据《大元帅指令第二一七四号》，载广州《陆海军大元
帅大本营公报》第三十三号，一九二四年十一月三十日

批古应芬请令行粤军总司令制止截留新增专款呈

（一九二四年十一月二十八日）

大元帅指令第二一七五号

　　令大本营财政部长古应芬

　　呈请令行粤军总司令制止截留新增专款由。

　　呈悉。已令行粤军总司令转饬制止矣。此令。

（中华民国陆海军大元帅之印）

中华民国十三年十一月二十八日

据《大元帅指令第二一七五号》，载广州《陆海军大元
帅大本营公报》第三十三号，一九二四年十一月三十日

批任应岐王之屏盗用关防捏造改隶豫鲁
招抚使节制呈文请予注销呈①

（一九二四年十一月二十九日）

大元帅指令韶字第三十三号

令建国豫军总指挥兼第二混成旅旅长任应岐

呈报该部书记官王之屏盗用关防，捏造改隶豫鲁招抚使节制，呈文请予注销由。

呈悉。准予注销。此令。

（中华民国陆海军大元帅之印）

中华民国十三年十一月二十九日

据《大元帅指令韶字第三十三号》，载广州《陆海军大元帅大本营公报》第三十三号，一九二四年十一月三十日

黄埔军官学校第一期学生潘学吟毕业证书

（一九二四年十一月三十日）

中国国民党陆军军官学校毕业证书：

兹有本校第一期步兵科学生潘学吟修业期满，成绩及格，特给证书。

总理　孙文

校长　蒋中正

党代表　廖仲恺

中华民国十三年十一月三十日

据《广东发现黄埔一期毕业证书》影印原件，载一九八五年二月十六日《团结报》

---

① 任应岐时任建国豫军总指挥兼第二混成旅旅长。王之屏时任该部书记官。

批程潜辞职及恳拨偿还欠债呈

（一九二四年十一月）

枪枝准带往前线，其余学校改革事宜由中央执行委员会酌夺办理。文批。

附：程潜原呈

（一九二四年十一月）

呈为呈请事：窃职为培养党军人才起见，于去年十一月创办陆军教导团一所，曾经呈奉批准，嗣因招收各处中小学毕业生甚多，而各军亦多，欲挑送军官加入，经改为陆军讲武学校，并经呈准立案各在卷。查自开办迄今，已阅八月，所需经常临时各费，虽曾奉钧令指定财厅月拨若干及由中央执行委员会酌助若干，然每因经济方面之事实变迁，不能如数以与，而校中伙食薪俸及必需之教育用品等费则刻不容缓，四处挪扯，积累至今亏负已达一万数千圆之巨。而每日必需之费仍相逼而至，职力本棉薄，现又奉命远征，更难兼顾，不得已只有恳请钧座另简贤能接任校长，以资维持。至所亏之数皆系欠负各商店债务，应请钧座指定的款陆续拨还以全信用。又已经毕业之第三、四两队学生，除发交各军外，尚有百数十名现经带赴行营，拟编为教导团，俾为改良军队之模范。惟现仅有新枪二百余枝，不敷应用，拟请将现存职校之步枪百六十枝提交该团，藉资训练，仍请另拨步枪二百支交与陆军讲武学校，于是则各得其用而收效愈宏矣。所有职校办理困难请简校长接替及恳拨偿还欠债提交枪枝各缘由是否有当，理合备文呈请察核，指令祗遵，不能待命之至。谨呈。

大元帅　　孙

陆军讲武学校校长　程潜

中华民国十三年十一月　　日

据原件，台北、中国国民党文化传播委员会党史馆藏

裁撤赣军总指挥令

（一九二四年十二月一日）

大元帅令

中央直辖赣军总指挥着即裁撤。此令。

（中华民国陆海军大元帅之印）

中华民国十三年十二月一日

据《大元帅令》，载广州《陆海军大元帅大本营公报》第三十四号，一九二四年十二月十日

取消通缉李耀汉令

（一九二四年十二月一日）

大元帅训令第六二号

令大本营军政部长程潜、代理大本营内政部长谢适群、广东省长胡汉民、建国湘军总司令谭延闿、建国滇军总司令杨希闵、建国粤军总司令许崇智、建国桂军总司令刘震寰、建国豫军总司令樊钟秀、建国第一军军长朱培德、建国第二军军长柏文蔚、建国第三军军长卢师谛、建国第七军军长刘玉山、建国第四军军长黄明堂、建国山陕军司令路孝忱、建国赣军司令李明扬

为令行事：十二年五月二十三日通缉李耀汉命令，应即取消。仰各军政长官饬属一体知照办理。除分令外，合令仰知照。此令。

（中华民国陆海军大元帅之印）

中华民国十三年十二月一日

据《大元帅训令第六二号》，载广州《陆海军大元帅大本营公报》第三十四号，一九二四年十二月十日

饬知柏文蔚遵令停止拆变令

（一九二四年十二月一日）

大元帅训令第六〇三号

令广东省长胡汉民

为令知事：据建国第二军军长柏文蔚呈："为呈复事：现奉大元帅第五九号训令内开：除原文有案邀免复叙外，下开合行令仰该军长即转饬所属立刻停止拆变，并分别查究，以杜滋扰而维民业等因。奉此，窃查此事其中即有纠葛，自应遵令即行停止拆变，并分别查究，奉令前因，理合备文呈复"等情。据此，除指令外，合行令仰该省长转饬知照。此令。

（中华民国陆海军大元帅之印）

中华民国十三年十二月一日

据《大元帅训令第六〇三号》，载广州《陆海军大元
帅大本营公报》第三十四号，一九二四年十二月十日

批柏文蔚遵令饬属停止拆变民业并分别查究呈

（一九二四年十二月一日）

大元帅指令第二一八一号

令建国第二军军长柏文蔚

呈遵令饬属停止拆变民业，并分别查究由。

呈悉。此令。

（中华民国陆海军大元帅之印）

中华民国十三年十二月一日

据《大元帅指令第二一八一号》，载广州《陆海军大元
帅大本营公报》第三十四号，一九二四年十二月十日

批许崇智遵令整理西江财政造送十三年九月份收支报告表请鉴核呈

（一九二四年十二月一日）

大元帅指令第二一七八号

令粤军总司令许崇智

呈报遵令整理西江财政造送十三年九月份收支报告表，请鉴核由。

呈悉。表存。此令。

（中华民国陆海军大元帅之印）

中华民国十三年十二月一日

据《大元帅指令第二一七八号》，载广州《陆海军大元帅大本营公报》第三十四号，一九二四年十二月十日

批宋子文送收支各款数目清册请察核备案呈

（一九二四年十二月一日）

大元帅指令第二一八二号

令广东印花税分处处长宋子文

呈送收支各款数目清册，请察核备案由。

呈及清册均悉。准予备案。清册存。此令。

（中华民国陆海军大元帅之印）

中华民国十三年十二月一日

据《大元帅指令第二一八二号》，载广州《陆海军大元帅大本营公报》第三十四号，一九二四年十二月十日

伍廷芳应予国葬令

（一九二四年十二月三日）

大元帅令

　　前外交总长兼财政总长广东省长伍廷芳，功在国家，应准予举行国葬典礼，以昭隆异。所有关于该项典礼应行事宜，着内政部查取成例，分别咨行办理。此令。

（中华民国陆海军大元帅之印）

中华民国十三年十二月三日

据《大元帅令》，载广州《陆海军大元帅大本营公报》第三十四号，一九二四年十二月十日

追赠柳大训令

（一九二四年十二月三日）

大元帅令

　　大本营军政部长程潜呈："议复故建国湘军第三军第三十二团团长柳大训转战湘粤，迭著勋劳，随军东征，积劳病故，核与事实相符。拟请追赠陆军少将，仍给予上校恤金"等语。柳大训着追赠陆军少将，并给予上校恤金，以彰忠荩，而励来兹。此令。

（中华民国陆海军大元帅之印）

中华民国十三年十二月三日

据《大元帅令》，载广州《陆海军大元帅大本营公报》第三十四号，一九二四年十二月十日

饬知谭延闿秘书处呈报十三年十月份
收支表册单据审核相符准予核销令

（一九二四年十二月三日）

大元帅训令第六〇五号

　　令大本营秘书长谭延闿

　　为令遵事：据大本营审计处处长林翔呈称："案奉帅座交下大本营秘书处呈报民国十三年十月份收支表册单据，令饬审核等因。计发支出决算册一本，收支对照表一扣，单据粘存簿一本，原呈一件。奉此，遵查该处十月份收入部分：计领到大本营会计司长毫洋七千一百元，又上月流存镍币二十元零五毫六仙。其支出部分：计支薪俸毫银五千零五十元，支杂役工饷毫银三百一十七元一毫九仙四文，支文具印铸、邮电、购置、杂支等项共毫银一千七百三十一元四毫四仙，合计毫银七千零九十八元六毫三仙四文。收支对抵，盈余毫银一元三毫六仙六文、镍币二十元零五毫六仙。列数明晰，与原呈数目均无错误，复证以付款单据，亦属相符。拟请准予核准支销，除表册单据留存敝处备案外，所有奉发审核缘由是否有当，理合连同原呈备文呈请钧座鉴核，伏乞指令祗遵"等情。据此，除指令准予核销外，合行令仰该秘书长知照。此令。

　　　　　　　　　　　（中华民国陆海军大元帅之印）

　　　　　　　　　　中华民国十三年十二月三日

　　　　　据《大元帅训令第六〇五号》，载广州《陆海军大元帅大本营公报》第三十四号，一九二四年十二月十日

批程潜请追赠湘军第一军第一师军需处长成汉
以陆军上校并给予上校恤金呈

（一九二四年十二月三日）

大元帅指令第二一八七号

令大本营军政部长程潜

呈请追赠故湘军第一军第一师军需处长成汉以陆军上校，并给予上校恤金由。

呈悉。准如所拟追赠给恤。仰即遵照办理。此令。

（中华民国陆海军大元帅之印）

中华民国十三年十二月三日

据《大元帅指令第二一八七号》，载广州《陆海军大元帅大本营公报》第三十四号，一九二四年十二月十日

批程潜请追赠故湘军团长柳大训
以陆军少将仍给予上校恤金呈

（一九二四年十二月三日）

大元帅指令第二一八九号

令大本营军政部长程潜

呈请追赠故湘军团长柳大训以陆军少将，仍给予上校恤金由。

呈悉。已有明令追赠给恤矣。仰即知照。此令。

（中华民国陆海军大元帅之印）

中华民国十三年十二月三日

据《大元帅指令第二一八九号》，载广州《陆海军大元帅大本营公报》第三十四号，一九二四年十二月十日

批林翔审核大本营秘书处十三年十月份

收支表册单据均属相符请准予核销呈

（一九二四年十二月三日）

大元帅指令第二一九一号

令大本营审计处处长林翔

呈复审核大本营秘书处十三年十月份收支表册单据，均属相符，请准予核销由。呈悉。准予核销。候令大本营秘书处知照。此令。

（中华民国陆海军大元帅之印）

中华民国十三年十二月三日

据《大元帅指令第二一九一号》，载广州《陆海军大元帅大本营公报》第三十四号，一九二四年十二月十日

饬知林直勉该司呈送十三年四月份

收入表簿经核相符准予核销令

（一九二四年十二月四日）

大元帅训令第六〇七号

令大本营会计司司长林直勉

为令行事：据大本营审计处处长林翔呈称："案奉钧府发交大本营会计司司长黄昌谷呈送该司及庶务科十三年四月份收支计算书暨附属表及证据粘存簿到处，饬令审计等因。奉此，遵查该司长所送会计司及庶务科收支册列各数，尚无浮滥。计十三年四月份该司收入各财政机关拨解毫银五万三千六百元，连同三月份结存该司及庶务科卫士队存款，共计收入毫银六万九千七百七十六元四角二分九厘。支出各机关职员薪俸及购置等费，共计毫银六万零九百四十七元九角三分四厘。核对收支各数，应结存毫银八千八百二十八元四角九分五厘。列数明晰，证以表

簿，均属相符，拟请准予如数核销。除将计算书表簿留处备查外，理合具文连同原呈一件呈复钧帅察核示遵，实为公便"等情。据此。除指令准予核销外，合行令仰该司长即便知照。此令。

（中华民国陆海军大元帅之印）

中华民国十三年十二月四日

据《大元帅训令第六〇七号》，载广州《陆海军大元帅大本营公报》第三十四号，一九二四年十二月十日

批黄骚报告接收情形呈

（一九二四年十二月四日）

大元帅指令第二一九三号

令代理广东兵工厂厂长黄骚

呈报接收情形由。

呈悉。此令。

（中华民国陆海军大元帅之印）

中华民国十三年十二月四日

据《大元帅指令第二一九三号》，载广州《陆海军大元帅大本营公报》第三十四号，一九二四年十二月十日

批林翔请准予核销会计司十三年四月份
收支计算书等件呈

（一九二四年十二月四日）

大元帅指令第二二〇〇号

令大本营审计处处长翔

呈请准予核销会计司十三年四月份收支计算书等件由。

呈悉。准予核销。候令行会计司知照。此令。

（中华民国陆海军大元帅之印）

中华民国十三年十二月四日

据《大元帅指令第二二〇〇号》，载广州《陆海军大元
帅大本营公报》第三十四号，一九二四年十二月十日

裁撤禁烟督办令

（一九二四年十二月五日）

大元帅令

禁烟督办着即裁撤。此令。

（中华民国陆海军大元帅之印）

中华民国十三年十二月五日

据《大元帅令》，载广州《陆海军大元帅大本
营公报》第三十四号，一九二四年十二月十日

裁撤筹饷总局督办会办令

（一九二四年十二月五日）

大元帅令

广东筹饷总局督办、会办，均着即裁撤。此令。

（中华民国陆海军大元帅之印）

中华民国十三年十二月五日

据《大元帅令》，载广州《陆海军大元帅大本
营公报》第三十四号，一九二四年十二月十日

着合并筹饷总局禁烟督办署为广东全省筹饷总局令

（一九二四年十二月五日）

大元帅令

　　广东筹饷总局、禁烟督办署着即合并为广东全省筹饷总局。此令。

（中华民国陆海军大元帅之印）

中华民国十三年十二月五日

据《大元帅令》，载广州《陆海军大元帅大本营公报》第三十四号，一九二四年十二月十日

特派胡汉民致祭伍廷芳之葬礼令

（一九二四年十二月五日）

大元帅令

　　故前外交总长兼财政总长广东省长伍廷芳举行国葬，特派大本营总参议胡汉民前往致祭。此令。

（中华民国陆海军大元帅之印）

中华民国十三年十二月五日

据《大元帅令》，载广州《陆海军大元帅大本营公报》第三十四号，一九二四年十二月十日

饬知刘裁甫准予酌留国税拨充该县自治经费令

（一九二四年十二月五日）

大元帅训令第六一一号

　　令台山县长刘裁甫

为令行事：据大本营财政部长古应芬呈称："现奉帅座第五九八号训令开："据台山县长刘栽甫呈请，自本年十二月起，将台山收入国家税准予酌留半数，拨充自治经费一案，除原文有案邀免冗叙外，后开：查案关动支国库，应由财政部议复再行核夺，仰该部长即便遵照核议具复可也。此令'等因。奉此，伏查地方自治，国库拨款补助，各国具有先例。台属自治，既奉帅座特许试办，该县长所请酌留国家税拨充自治经费之处，如能于现在所解各款不至短绌，似可照准，俾资整顿。奉令前因，理合备文呈复察核施行"等情。据此，除指令外，合行令仰该县长即便知照。此令。

（中华民国陆海军大元帅之印）

中华民国十三年十二月五日

据《大元帅训令第六一一号》，载广州《陆海军大元帅大本营公报》第三十四号，一九二四年十二月十日

批谢适群报故伍总长举行国葬期请特派大员前往致祭呈

（一九二四年十二月五日）

大元帅指令第二二○二号

令大本营内政部次长代理部务谢适群

呈报故伍总长举行国葬期，请特派大员前往致祭由。

呈悉。已令派大本营总参议胡汉民前往致祭矣。仰即知照。此令。

（中华民国陆海军大元帅之印）

中华民国十三年十二月五日

据《大元帅指令第二二○二号》，载广州《陆海军大元帅大本营公报》第三十四号，一九二四年十二月十日

批程潜请各照原级给予湘军
中校营长孙谋等恤金呈①

（一九二四年十二月五日）

大元帅指令第二二〇五号

　　令大本营军政部长程潜

　　呈复拟请各照原级给予湘军中校营长孙谋等恤金由。

　　呈悉。准如所拟给恤。仰即知照。此令。

（中华民国陆海军大元帅之印）

中华民国十三年十二月五日

据《大元帅指令第二二〇五号》，载广州《陆海军大元帅大本营公报》第三十四号，一九二四年十二月十日

批古应芬核议台山县长刘栽甫呈请将台山收入
国家税酌留半数充自治经费情形呈

（一九二四年十二月五日）

大元帅指令第二二〇七号

　　令大本营财政部长古应芬

　　呈复核议台山县长刘栽甫，呈请将台山收入国家税酌留半数充自治经费情形由。

　　呈悉。仰候令行台山县长知照可也。此令。

（中华民国陆海军大元帅之印）

中华民国十三年十二月五日

据《大元帅指令第二二〇七号》，载广州《陆海军大元帅大本营公报》第三十四号，一九二四年十二月十日

---

　　①　孙谋等指是年七月先后在东江军次积劳病故的湘军第一军第九师第二十五团第一营中校营长孙谋、第九师师部中校副官长张明鉴、第九师第一旅旅部少校副官黄超白等三人。

追赠盛延祺令

（一九二四年十二月六日）

大元帅令

　　大本营军政部长程潜呈："议复前海军驻汕舰队指挥兼'肇和'军舰舰长盛延祺，为国效忠，不幸遇害。核与事实相符，拟请追加海军中将衔，仍照海军少将给予恤金"等语。盛延祺着追加海军中将衔，仍照海军少将例给恤，以彰忠烈。此令。

（中华民国陆海军大元帅之印）

中华民国十三年十二月六日

据《大元帅令》，载广州《陆海军大元帅大本营公报》第三十四号，一九二四年十二月十日

批程潜请追加盛延祺海军中将衔
仍照海军少将例给恤呈

（一九二四年十二月六日）

大元帅指令第二二〇八号

　　令大本营军政部长程潜

　　呈复拟请追加盛延祺以海军中将衔，仍照海军少校例给恤由。

　　呈悉。已有明令追赠给恤矣。仰即知照。此令。

（中华民国陆海军大元帅之印）

中华民国十三年十二月六日

据《大元帅指令第二二〇八号》，载广州《陆海军大元帅大本营公报》第三十四号，一九二四年十二月十日

批李福林送民产保证局收支数目表乞鉴核呈

（一九二四年十二月六日）

大元帅指令第二二〇九号

　　令广州市市长李福林

　　呈送民产保证局收支数目表，乞鉴核由。

　　呈、表均悉。表存。此令。

（中华民国陆海军大元帅之印）

中华民国十三年十二月六日

据《大元帅指令第二二〇九号》，载广州《陆海军大元
帅大本营公报》第三十四号，一九二四年十二月十日

饬各军事机关装设电话均应照章缴费令

（一九二四年十二月八日）

大元帅训令第六一二号

　　令大本营军政部长程潜

　　为令遵事：据广东电话总局局长陆志云呈称："查职局自开办以来，所有常年经费，向未列入行政支出预算案内，不能领取库款，历年所恃以挹注者，惟用户之月费及装机等费是赖。顾自商团叛乱，焚毁杆线甚多，因此报请销号者二百余户，月中收入顿形短绌，局中经费已有不可维持。况修理杆线需款逾万，筹划规复几费经营，无如各军事机关每多不明实情，以为职局有供给机料之义务，纷纷函请装设电话，不缴线费。或不相谅，责备诸多；或先允缴纳，后又食言。甚至供职军事机关人员，于其住宅装设亦尤而效之，实觉穷于应付。惟有吁恳帅座迅赐通令各总司令、各军长转饬所属知照，嗣后装设电话必须照章缴纳装费，及按月照交月费，以维局务。是否有当，理合备文呈请察核，伏乞指令祗遵"等情。

据此，除指令"呈悉。照准，候令饬军政部转行各军一体遵办可也。此令"印发外，合行令仰该部长即便遵照办理。此令。

（中华民国陆海军大元帅之印）

中华民国十三年十二月八日

据《大元帅训令第六一二号》，载广州《陆海军大元
帅大本营公报》第三十四号，一九二四年十二月十日

批陆志云请通令各军嗣后装设电话必须照章
缴纳装费及按月照交月费以维局务呈

（一九二四年十二月八日）

大元帅指令第二二一二号

令广东电话总局局长陆志云

呈请通令各军嗣后装设电话，必须照章缴纳装费及按月照交月费以维局务由。呈悉。照准。候令饬军政部转行各军一体遵办可也。此令。

（中华民国陆海军大元帅之印）

中华民国十三年十二月八日

据《大元帅指令第二二一二号》，载广州《陆海军大元
帅大本营公报》第三十四号，一九二四年十二月十日

批程潜请追赠西路讨贼军警卫团代团长刘策
以陆军上校仍给予中校恤金呈

（一九二四年十二月八至十日之间）

大元帅指令第二二二二号

令大本营军政部长程潜

呈请追赠西路讨贼军故警卫团代团长刘策以陆军上校，仍给予中校恤金由。

呈悉。准如所拟追赠给恤。仰即知照。此令。

（中华民国陆海军大元帅之印）

中华民国十三年十二月三日①

据《大元帅指令第二二二二号》，载广州《陆海军大元帅大本营公报》第三十四号，一九二四年十二月十日

批邓泽如送《广东北江盐务督运处护运军队暂行章程》请备案呈

（一九二四年十二月十日）

大元帅指令第二二二五号

令两广盐运使邓泽如

呈送《广东北江盐务督运处护运军队暂行章程》，请备案由。

呈及章程均悉。准予备案。章程存。此令。

（中华民国陆海军大元帅之印）

中华民国十三年十二月十日

据《大元帅指令第二二二五号》，载广州《陆海军大元帅大本营公报》第三十四号，一九二四年十二月十日

饬驻防各军协助台山县自治令

（一九二四年十二月十一日）

大元帅训令第六一八号

令广东省长胡汉民、粤军总司令许崇智

---

①　原令署十二月三日，疑有误。该件呈文时间为十二月六日。查大元帅指令第二二一二号及第二二二三号，发令日期分别是十二月八日、十日，故此令发令时间应为十二月八日至十日间。

为令行事：据台山县长刘栽甫呈称："为呈请事：案于民国十三年三月九日奉广东省长公署第二号训令开：'现奉大元帅发交该县长刘栽甫折陈整顿台山县自治办法五条，奉批特许试办台山自治事宜，着省长照此折所拟各条咨照各军司令长官、各财政机关查照，协助施行为要等因。奉此，自应遵照办理，除呈复暨分别咨行查照外，合行令仰该县长即便遵照，并转饬该管所属一体协助具报，毋违。此令'等因。并印发原呈暨自治办法五条下县。奉此，伏查职县自治事宜，遵经按序渐进，第自治根苗甫当萌芽，一切设施端赖维护，窃念职县驻防各军长官，义切同舟，自当仰体钧意予以协助，俾自治事业克底于成。理合将栽甫呈蒙特许自治办法五条，连同原呈再行备缮清折一扣呈缴帅座鉴核，俯赐令行粤军许总司令转行驻防各军一体协助，实为德便"等情。据此，应予照准，除令行粤军总司令查照办理、广东省长转令知照外，合行令仰该省长、总司令查照令行办理可也。此令。

（中华民国陆海军大元帅之印）

中华民国十三年十二月十一日

据《大元帅训令第六一八号》，载广州《陆海军大元帅大本营公报》第三十五号，一九二四年十二月二十日

批程潜为郭兆龙等议恤呈

（一九二四年十二月十一日）

大元帅指令第二二三一号

令大本营军政部长程潜

呈覆湘军总指挥部秘书兼译电主任郭兆龙应照中校例给恤，书记官黄家唐、黄家右、余炳昌等应照少校例给恤由。

呈悉。均准如所拟给恤。仰即知照。此令。

（中华民国陆海军大元帅之印）

中华民国十三年十二月十一日

据《大元帅指令第二二三一号》，载广州《陆海军大元帅大本营公报》第三十五号，一九二四年十二月二十日

通饬各军政机关不得提用洋布匹头厘费
并着桂军总司令部派兵保护以重学款令

（一九二四年十二月十二日）

大元帅训令第六二一号

　　令大本营军政部长程潜、大本营财政部长古应芬、大本营内政部长谢适群、大本营建设部长林森、广东省长胡汉民、广州卫戍总司令杨希闵、大本营军需总局局长罗翼群、广东全省筹饷总局局长罗翼群、建国粤军总司令许崇智、建国湘军总司令谭延闿、建国滇军总司令杨希闵、建国豫军总司令樊钟秀、建国桂军总司令刘震寰、建国第一军军长朱培德、建国第二军军长柏文蔚、建国第三军军长卢师谛、建国第七军军长刘玉山、建国赣军司令李明扬、建国山陕军总司令路孝忱、建国北伐第三军军长胡谦、财政委员会

　　为令遵事：据国立广东大学校校长邹鲁呈称："为呈请事：窃查全省进口洋布匹头厘费，前奉钧座核准每月所收饷费由承商径解职校，全数拨充大学经费，并奉令行广东省长转饬协隆公司遵照在案。现据该承商陈称：敝商承办进口匹头厘金，已租赁本市西堤兴隆大街五十四号三楼地方为稽征处所，惟现在冬防吃紧，掳劫频闻。敝局收款机关，非有兵士驻局保护，诚恐歹人假冒军队，横加骚扰，于征收前途必至大生窒碍，迫得陈请转呈大元帅察核，迅赐指派军队开赴敝局，常川驻守，用保无虞等情前来。查核所陈系属实情，理合转陈察核，伏恳指定得力部队派赴该厘局切实保护，如有强徒横加索占情事，即由驻局队兵电报其总部加派大兵弹压，以策万全。并请通令各军政机关对于此项厘费收入不得索借提用，以重学款。是否有当，并候指令祗遵"等情前来。除指令"呈悉。候令行各军政机关遵照办理，并着建国桂军总司令酌派军队妥为保护可也。此令"印发外，合行令仰该部长等即分别遵照，并转饬所属一体遵照办理。切切。此令。

（中华民国陆海军大元帅之印）

中华民国十二月十二日

　　据《大元帅训令第六二一号》，载广州《陆海军大元帅大本营公报》第三十五号，一九二四年十二月二十日

批邹鲁请派队保护全省进口洋布匹头
厘局并通令各军政机关不得索借
提用此项厘费以重校款呈

（一九二四年十二月十二日）

大元帅指令第二二三七号

　　令国立广东大学校校长邹鲁

　　呈请派队保护全省进口洋布匹头厘局，并通令各军政机关不得索借提用此项厘费以重校款由。

　　呈悉。候令行各军政机关遵照办理，并着建国桂军总司令部酌派军队妥为保护可也。此令。

（中华民国陆海军大元帅之印）

中华民国十三年十二月十二日

据《大元帅指令第二二三七号》，载广州《陆海军大元
帅大本营公报》第三十五号，一九二四年十二月二十日

批代理部务谢适群拟就节妇张俞淑华
褒词请核定加给由

（一九二四年十二月十三日）

大元帅指令第二二三九号

　　令大本营内政部次长代理部务谢适群

　　呈称拟就节妇俞淑华褒词，请核定加给以示褒扬由。

　　呈悉。准予所拟，锡以褒词。仰即转给承领。褒词并发。此令。

（中华民国陆海军大元帅之印）

中华民国十三年十二月十三日

据《大元帅指令第二二三九号》，载广州《陆海军大元
帅大本营公报》第三十五号，一九二四年十二月二十日

批古应芬为广东印花分处长宋子文拟请改定凭折
账簿税额应自十四年一月二十五日起实行呈

（一九二四年十二月十三日）

大元帅指令第二二四〇号

令大本营财政部长古应芬

呈为广东印花分处长宋子文拟请改定凭折账簿税额，应自十四年一月二十五日起实行由。

呈悉。准如所拟施行。仰即转饬知照。此令。

（中华民国陆海军大元帅之印）

中华民国十三年十二月十三日

据《大元帅指令第二二四〇号》，载广州《陆海军大元
帅大本营公报》第三十五号，一九二四年十二月二十日

着中国国民党北京执行部及市党部通令党员
共济时艰在宣传上不得措词失检令①

（一九二四年十二月十四日）

近闻本党党员暨各团体对余入京筹备欢迎，至所感谢。惟闻所发传单有措词失检，如打倒某某云云，殊为不当。余此次入京，奉持主义以与各方面周旋，对于现执政及奉天国民军各方面均有向来友谊上之关系，前已由最高党部训令党员，严定同志军、友军、敌军之分别。今若对于友军人物不能以诚恳之词互相勉励，良非本党应取之态度。着北京执行部及市党部通令党员，对于此种传单一律禁止。

---

① 一九二四年十二月十八日上海《民国日报》刊登的《孙先生训练党员》，内容与此篇相同，只有个别文字稍有出入。

其各团体有用此种传单者，亦应随时劝止，以期永维友谊，共济时艰。

据《孙中山对党员之严重训令》，载一九
二四年十二月十四日天津《大公报》

饬知余和鸿该司呈送十三年五月份收支计算书等
经核相符准予核销令

（一九二四年十二月十五日）

大元帅训令第六二四号

　　令大本营会计司司长余和鸿

　　为令行事：据大本营审计处处长林翔呈称："案奉钧府发交大本营会计司司长黄昌谷呈送该司及庶务科十三年五月份收支计算书暨附属表及证据粘存簿到处，饬令审计等因。奉此，查该司长所送会计司及庶务科收支册列各数，尚无浮滥，计十三年五月份该司收入各财政机关拨解毫银七万六千六百元，连同四月份结存该司及庶务科卫士队存款，共计收入毫银八万五千四百二十八元四毫九分五厘。支出各机关经费暨各职员薪俸及购置等费，共计毫银七万七千一百六十一元九毫八分二厘。核对收支各数，应结存毫银八千二百六十六元五毫一分三厘。证以表簿，核与单据，亦属相符，拟请准予如数核销。除将计算书表簿留处存查外，理合具文连同原呈一件，呈复钧帅鉴核示遵，实为公便"等情。据此，除指令准予核销外，合行令仰该司长即便知照。此令。

（中华民国陆海军大元帅之印）
中华民国十三年十二月五日

据《大元帅训令第六二四号》，载广州《陆海军大元帅
大本营公报》第三十五号，一九二四年十二月二十日

批胡汉民称准粤军总司令咨请将广东无线电报局
拨归粤军总司令部管辖请核示呈

（一九二四年十二月十五日）

大元帅指令第二二四四号

令广东省长胡汉民

呈称准粤军总司令咨请将广东无线电报局拨归粤军总司令部管辖，请核示由。

呈悉。准将广东无线电局拨归粤军总司令管辖，仰仍转行知照。此令。

（中华民国陆海军大元帅之印）

中华民国十三年十二月十五日

据《大元帅指令第二二四四号》，载广州《陆海军大元帅大本营公报》第三十五号，一九二四年十二月二十日

批吴铁城拟具残废官兵纪念章样式
请鉴核示遵呈

（一九二四年十二月十五日）

大元帅指令第二二四六号

令广州市公安局局长吴铁城

呈为拟具残废官兵纪念章样式，请鉴核示遵由。

呈悉。准如所拟办理。此令。

（中华民国陆海军大元帅之印）

中华民国十三年十二月十五日

据《大元帅指令第二二四六号》，载广州《陆海军大元帅大本营公报》第三十五号，一九二四年十二月二十日

批胡汉民转据公安局局长所送办理资
遣残废官兵表册乞鉴核令遵呈

（一九二四年十二月十五日）

大元帅指令第二二四七号

令广东省长胡汉民

呈为转据公安局局长呈送办理资遣残废官兵表册，乞鉴核令遵由。

呈及表册均悉。准如所请办理，仰即转饬知照。表册存。此令。

（中华民国陆海军大元帅之印）

中华民国十三年十二月十五日

据《大元帅指令第二二四七号》，载广州《陆海军大元帅大本营公报》第三十五号，一九二四年十二月二十日

批林翔称大本营会计司及庶务科十三年五月份
收支册列各数相符拟请准予核销呈

（一九二四年十二月十五日）

大元帅指令第二二四九号

令大本营审计处处长林翔

呈覆大本营会计司及庶务科十三年五月份收支册列各数相符，拟请准予核销由。

呈悉。准予核销。候令行会计司知照。此令。

（中华民国陆海军大元帅之印）

中华民国十三年十二月十五日

据《大元帅指令第二二四九号》，载广州《陆海军大元帅大本营公报》第三十五号，一九二四年十二月二十日

批余和鸿为接收会计司卷宗款项情形请备案呈

（一九二四年十二月十六日）

大元帅指令第二二五三号

令大本营会计司司长余和鸿

呈报接收会计司卷宗款项情形，请备案由。

呈悉。此令。

（中华民国陆海军大元帅之印）

中华民国十三年十二月十六日

据《大元帅指令第二二五三号》，载广州《陆海军大元帅大本营公报》第三十五号，一九二四年十二月二十日

着郑润琦等办理广宁绥辑善后事宜令

（一九二四年十二月十六日）

前派大本营铁甲车队开赴广宁保护农会，剿办匪徒，续经第三师派兵一营前往当地协同动作，该匪徒不难平定。惟此次调兵全为护卫农民、清除土恶，务使横霸乡曲、损人肥己者绝迹销声，不为农害。凡属良民毋许侵扰丝毫，用符政府捍卫人民之本意。兹为顾全地方秩序起见，特派蔡县长鹤鹏、彭特派员洴、廖委员乾五，并请郑师长即派高级副官一人前往广宁，会同蔡、彭、廖三委员组织委员会办理该地方绥辑善后事宜，并将情形随时具报，事完之后各队须即当调回原防，毋得违误。

四会郑师长、广宁蔡县民、铁甲车队廖党代表乾五、彭特派员洴均鉴

中华民国十三年十二月十六日

据一九二六年八月《犁头周报》第十二期

批李福林起获被掳之岭南大学学生
并饬属踩缉逃匪情形呈

（一九二四年十二月十七日）

大元帅指令第二二五九号

　　令建国军粤军第三军军长李福林

　　呈报起获被掳之岭南大学学生，并饬属踩缉逃匪情形由。

　　呈悉。该军长缉匪起掳，破案迅速，足见办事认真，殊堪嘉奖。仰即知照。此令。

（中华民国陆海军大元帅之印）
中华民国十三年十二月十七日

据《大元帅指令第二二五九号》，载广州《陆海军大元
帅大本营公报》第三十五号，一九二四年十二月二十日

批谢国光遵令裁并定期移交请察核备案呈①

（一九二四年十二月十七日）

大元帅指令第二二六〇号

　　令卸禁烟督办谢国肖

　　呈为遵令裁并定期移交，请察核备案由。

　　呈悉。准予备案。此令。

（中华民国陆海军大元帅之印）
中华民国十三年十二月十七日

据《大元帅指令第二二六〇号》，载广州《陆海军大元
帅大本营公报》第三十五号，一九二四年十二月二十日

---

　　①　所谓"裁并"系指筹饷总局与禁烟督办署合并为广东全省筹饷总局一事。

裁撤海军练习舰队司令及海军三舰整理事宜令

（一九二四年十二月十八日）

大元帅令

　　海军练习舰队司令及海军三舰整理事宜着一并裁撤，所有海军事务着建国粤军总司令派员管理。此令。

（中华民国陆海军大元帅之印）

中华民国十三年十二月十八日

据《大元帅令》，载广州《陆海军大元帅大本营公报》第三十五号，一九二四年十二月二十日

饬伤废官兵应由各军自行体察办理令

（一九二四年十二月十八日）

大元帅训令第六二八号

　　令大本营军政部长程潜

　　为令遵事：查凡有伤废官兵，本应由各该军长官自行办理，前选据残废官兵湛海清、杨桂秋等呈恳乞予恩准资遣前来，为格外体恤起见，经令饬广州市公安局长分别点验，列级资遣，已办理结束在案。以后即不得援以为例。如有伤废官兵，应由各该军长官自行体察情形办理，不得再由各该残废官兵更行呈请资遣，以昭慎重而杜流弊。合亟令仰该部长即便遵照，转行各军一体遵照为要。此令。

（中华民国陆海军大元帅之印）

中华民国十三年十二月十八日

据《大元帅训令第六二八号》，载广州《陆海军大元帅大本营公报》第三十五号，一九二四年十二月二十日

批伍朝枢为谢国葬故外交部总长伍廷芳典礼呈

（一九二四年十二月十八日）

大元帅指令第二二六二号

令大本营外交部长伍朝枢

呈谢国葬故外交部总长伍廷芳典礼由。

呈悉。此令。

（中华民国陆海军大元帅之印）

中华民国十三年十二月十八日

据《大元帅指令第二二六二号》，载广州《陆海军大元帅大本营公报》第三十五号，一九二四年十二月二十日

批吴铁城据残废官兵杨桂秋等呈请补验呈

（一九二四年十二月十八日）

大元帅指令第二二六七号

令广州市公安局长吴铁城

呈据残废官兵杨桂秋等呈请补验可否援案资遣列入第二期办理由。

呈及清册均悉。查办理资遣残废官兵，应一次即行结束。据呈前情，为体恤起见，姑准补验资遣，但以后即不得援以为例。如有伤废官兵，应由各该军长官自行体察情形办理，并已令军政部分行各军长官一体遵照矣。仰即知照。清册存。此令。

（中华民国陆海军大元帅之印）

中华民国十三年十二月十八日

据《大元帅指令第二二六七号》，载广州《陆海军大元帅大本营公报》第三十五号，一九二四年十二月二十日

批程潜因滇军兵站部广九运输站上校站长赵国泰
积劳病故请照《陆军战时恤赏章程》
例给予上校恤金呈

（一九二四年十二月十八日）

大元帅指令第二二七二号

令大本营军政部部长程潜

呈覆拟请准予滇军兵站部广九运输站上校站长赵国泰，积劳病故，照陆军战时恤赏章程例给予上校恤金由。

呈悉。准如所拟办理。此令。

（中华民国陆海军大元帅之印）

中华民国十三年十二月十八日

据《大元帅指令第二二七二号》，载广州《陆海军大元帅大本营公报》第三十五号，一九二四年十二月二十日

饬知鲁涤平呈送十三年六七八月份收支清册
及计算书表单据簿等经核相符准予核销令

（一九二四年十二月十九日）

大元帅训令第六三一号

令卸禁烟督办鲁涤平

为令知事：据大本营审计处处长林翔呈称："呈为呈复事：案奉钧帅发下禁烟督办鲁涤平呈送十三年六、七、八等月份收支清册及计算书表、单据簿暨各检查所计算书簿据等件，饬令审查等因。奉此，窃查该卸督办所送六、七、八三个月收支清册内，各属承商按饷、借饷、牌照及检查所检查证费等项收入，共计四十

三万四千六百零二元五角八分四厘，及五月份结存一千零七十七元三角七分五厘，合共毫洋四十三万五千六百七十九元九角五分九厘。除支出该署及各检查所六、七、八等月份经常费八万九千二百七十五元九角六分，暨拨交各军给养费、退还各处按饷借饷等项，合共支出毫洋三十四万六千零六十五元九角。出入两抵，尚存毫洋三百三十八元零九分九厘。列数明晰，证以各月份表册单据，尚属相符，拟请准予核销。除将计算表、单据簿留处备案外，理合具文连同原呈一件，呈请钧帅鉴核示遵，实为公便"等情前来。除指令"呈悉。准予核销。候令行该卸督办知照可也。此令"印发外，合行令仰该卸督办即便知照。此令。

（中华民国陆海军大元帅之印）

中华民国十三年十二月十九日

据《大元帅训令第六三一号》，载广州《陆海军大元帅大本营公报》第三十五号，一九二四年十二月二十日

饬限期呈报粤汉铁路经费人事详表令

（一九二四年十二月十九日）

大元帅训令第六三二号

令暂行代理粤汉铁路事务王棠

为令遵事：案查前以该路积弊甚深，冗员太多，经令饬将每月支出经费情形暨职员名额薪水分别列具详表，统限于文到三日内呈送到府，以凭核办在案。兹已逾限，竟未据呈送到府，殊属藐玩，为此严令该代管理即便遵照，限于文到二日内，即将上项表册呈送，不得故违。切切。此令。

（中华民国陆海军大元帅之印）

中华民国十三年十二月十九日

据《大元帅训令第六三二号》，载广州《陆海军大元帅大本营公报》第三十五号，一九二四年十二月二十日

批林翔审核卸禁烟督办鲁涤平十三年六七八等月收支清册及计算书表单据簿暨各检查所计算书簿据数目相符请准予核销呈

（一九二四年十二月十九日）

大元帅指令第二二七三号

令大本营审计处处长林翔

呈覆审核卸禁烟督办鲁涤平十三年六、七、八等月收支清册及计算书表单据簿暨各检查所计算书簿据，数目相符，请准予核销由。

呈悉。准予核销。候令行该卸督办知照可也。此令。

（中华民国陆海军大元帅之印）

中华民国十三年十二月十九日

据《大元帅指令第二二七三号》，载广州《陆海军大元帅大本营公报》第三十五号，一九二四年十二月二十日

批程潜请照积劳病故例给予湘军第五军军部三等军需正陈洪蔚少校恤金呈

（一九二四年十二月十九日）

大元帅指令第二二七五号

令大本营军政部长程潜

呈请照积劳病故例给予湘军第五军军部三等军需正陈洪蔚少校恤金由。

呈悉。准予所拟办理。此令。

（中华民国陆海军大元帅之印）

中华民国十三年十二月十九日

据《大元帅指令第二二七五号》，载广州《陆海军大元帅大本营公报》第三十五号，一九二四年十二月二十日

批古应芬奉令办理谷米出口接济华侨
被税务司强牵条约擅行制止请饬
交涉员向税务司解释呈

（一九二四年十二月十九日）

大元帅指令第二二七六号

　　令大本营财政部长古应芬

　　呈为奉令办理谷米出口接济华侨被税务司强牵条约擅行制止，请饬交涉员向税务司解释由。

　　呈悉。候令行外交部转饬特派广东交涉员妥为办理可也。此令。

（中华民国陆海军大元帅之印）

中华民国十三年十二月十九日

据《大元帅指令第二二七六号》，载广州《陆海军大元帅大本营公报》第三十五号，一九二四年十二月二十日

批王棠请加收客货车费二成清理员司欠薪呈

（一九二四年十二月十九日）

大元帅指令第二二七七号

　　令暂行代理粤汉铁路事务王棠

　　呈请加收客货车费二成清理员司欠薪由。

　　呈悉。仰仍迅遵前令，将该路每月支出情形即职员名额、薪水分列详表呈送，以凭核办。所请加车费、清欠薪之处，着暂毋庸议。此令。

（中华民国陆海军大元帅之印）

中华民国十三年十二月十九日

据《大元帅指令第二二七七号》，载广州《陆海军大元帅大本营公报》第三十五号，一九二四年十二月二十日

饬准恩平县田赋附加免缴大学经费令

（一九二四年十二月二十日）

大元帅训令第六三五号

　　令广东省长胡汉民

　　为令行事：据建国粤军总司令许崇智呈："据恩平县县长黄其藩呈称：案奉钧部第七四七号训令开：本年十月七日奉大元帅训令第五〇二号内开，为令遵事：据国立广东大学校长邹鲁呈称：查粤省各县田赋附加地方警学等费，照章不得超过正额百分之三十，其或有附加未达百分之三十之额，均一律加至百分之三十为率。除原文有案邀免全录外，后开：除分令外，合行令仰该县长遵照等因。奉此，当查县属田赋，地方附加适达正额百分之三十，惟此项三成附加，向系保卫总团经费，其中能拨若干解为大学经费，无凭悬揣。当经县长令饬县团总局查明呈复去后，兹据该局局长梁锡庆等呈复称：查县属田赋之三成附加地方税，系因民国初年解散民军，盗贼猖獗，爰集绅商学界，公同议决倡办自治联团，案奉前县长甄批准，指定该三成粮捐专属募团经费，不得移挪别用。迨民国六年奉省宪明令，筹设保卫团局，以助警力之不足，邑人随将自治联团局改组保卫团局，并由县转呈备案，蒙准附加三成粮捐，照旧拨归团局，历安无异。民国十一年正式县议会成立，保卫局附设议会，现议会停顿，团局犹存。去年马县长莅新，适际时局纠纷，迅令绅等改组县团总局，并将该款照拨募团经费。忖思恩平贫瘠，附加三成粮捐外别无团费可筹。奉令前因，理合备文呈复县长，伏乞据情转呈列宪察核，以维团务而符原案等情。据此，理合具文呈请察核转呈，实为公便等情。据此，理合据情转呈钧帅察核，伏候训示祗遵"等情。据此，除指令"呈悉。该县附加田赋加三，既经拨充团费有案，应准免予拨解大学经费，以符原令。候令行广东省长转行知照。此令"印发外，合行令仰该省长查照分别转知。此令。

　　　　　　　　　　　　　　　　　　　　（中华民国陆海军大元帅之印）

　　　　　　　　　　　　　　　　　　中华民国十三年十二月二十日

　　　　　据《大元帅训令第六三五号》，载广州《陆海军大元帅大本营公报》第三十五号，一九二四年十二月二十日

批许崇智为恩平县田赋加三已拨充团费有案
不能拨解大学经费呈

（一九二四年十二月二十日）

大元帅指令第二二七九号

令建国粤军总司令许崇智

呈据恩平县长呈该县田赋加三已拨充团费有案不能拨解大学经费，乞令遵由。

呈悉。该县附加田赋加三，即经拨充团费有案，应准免予拨解大学经费，以符原令。候令行广东省长转行知照。此令。

（中华民国陆海军大元帅之印）

中华民国十三年十二月二十日

据《大元帅指令第二二七九号》，载广州《陆海军大元帅大本营公报》第三十五号，一九二四年十二月二十日

由粤来京人员不得任官职令

（一九二四年十二月中旬）

凡由粤来京人员，不准在北京任一官一职，否则，以不遵守党纪论。

据刘成禺：《先总理旧德录》，载一九四七年十二月《国史馆馆刊》创刊号

着许总司令派员接理飞鹰舰舰务令

（一九二四年十二月二十三日）

大元帅令

"飞鹰"军舰舰务着建国军粤军总司令许崇智派员接理。此令。

（中华民国陆海军大元帅之印）

中华民国十三年十二月二十三日

据《大元帅令》，载广州《陆海军大元帅大本营公报》第三十六号，一九二四年十二月三十日

饬准加收车费二成令

（一九二四年十二月二十三日）

大元帅训令六三七号

令暂行代理粤汉铁路事务王棠

为令遵事：前据该代管理呈："以准董事局议决，拟自十二月二十五日起至十四年二月二十五日止，所有收入客、货车费加收二成，以两个月为期"等情。当经指令仰仍遵前令将该路每月支出暨职员额薪分别列表呈核，所请着暂毋庸议在案。兹据该代管理呈送每月支出职员额薪折表前来，业经令饬分别裁减切实整理在案。查车费加收二成，既经董事局议决，事属可行。仰该代管理仍依前案，于十二月二十五日起至十四年二月二十五日止，所有收入客、货车费即加收二成，以两个月为期。此项收入，除以发给被裁职员薪水一月外，其余应列为附加车费二成收入项下，逐日解存中央银行，听候指定用途，并将该项收入逐日列表呈报备查。切切。此令。

（中华民国陆海军大元帅之印）

中华民国十三年十二月二十三日

据《大元帅训令第六三七号》，载广州《陆海军大元帅大本营公报》第三十六号，一九二四年十二月三十日

批程潜请照积劳病故例给予湘军军务处
少校处员邹光烈少校恤金呈

（一九二四年十二月二十三日）

大元帅指令第二二八三号

令大本营军政部长程潜

呈请照积劳病故例给予湘军军务处少校处员邹光烈少校恤金由。

呈悉。准如所拟给恤。仰即知照。此令。

（中华民国陆海军大元帅之印）

中华民国十三年十二月廿三日

据《大元帅指令第二二八三号》，载广州《陆海军大元帅大本营公报》第三十六号，一九二四年十二月三十日

批程潜请给予滇军干部学校同中校编修官
陈见龙中校恤金呈

（一九二四年十二月二十三日）

大元帅指令第二二八六号

令大本营军政部长程潜

呈请给予滇军干部学校同中校编修官陈见龙中校恤金由。

呈悉。准如所拟给恤。仰即知照。此令。

（中华民国陆海军大元帅之印）

中华民国十三年十二月廿三日

据《大元帅指令第二二八六号》，载广州《陆海军大元帅大本营公报》第三十六号，一九二四年十二月三十日

批王棠送该路每月支出经费情形
暨职员名额薪水折表呈

（一九二四年十二月二十三日）

大元帅指令第二二八九号

令暂行代理粤汉铁路事务王棠

呈为遵令造送该路每月支出经费情形暨职员名额薪水折表，乞鉴核由。

呈及清折、表册均悉。查核支出经费及职员名额薪水，诸多冗滥，亟应先事清厘，藉资整顿。该路董事局长应改为月薪四百元，总理月薪应改为五百元，协理四百元。公务处、商务调查课、编辑股、收发股、掌卷股、缮校股，均着裁撤，所有事务分别归并总务处检查课、文牍课办理，惟车上稽查四名准仍留用。该路既有文牍课员，办稿员应即裁撤。会计文牍股股长、机务处文牍股长、车务处文牍股长，均着裁撤。除总务处外，各处课股，均不得有文牍股长名目，只能酌用文牍书记。处长、课长、股长之外，不得再设副处长、副课长、副股长、副主任等名目。养路处处长及正工程司月薪，均应改为三百六十元。毕业生名目，应即裁撤。如需用上项专门人才，须另定职务名称，另候核准委派。路警处侦查，着全裁撤，归并该处稽查办理。所有此次被裁职员，均发给薪水一月。所有十一月以前存薪，及留职各员十一月以前存薪，均应俟该路财政稍裕，再行呈请核发。此外如印刷所、电报课，亦冗员甚多。其他类此者，尚不一而足。仰该代管理除遵照上项命令裁员减薪外，并须迅速彻查支出经费，如有浮滥，现存员司军警杂役名额薪水。如有冗滥，即须大加裁减，切实整理，随时具报查核，务期事归实际，款不虚糜，以维路政，毋得稍有含混、延匿情事。切切。此令。清折、表册存。

（中华民国陆海军大元帅之印）

中华民国十三年十二月二十三日

据《大元帅指令第二二八九号》，载广州《陆海军大元帅大本营公报》第三十六号，一九二四年十二月三十日

批古应芬请注销政府与电力公司一切权利案呈

（一九二四年十二月二十五日）

大元帅指令第二二九五号

令大本营财政部长古应芬

呈请注销政府与电力公司一切权利案由。

呈悉。照准。此令。

（中华民国陆海军大元帅之印）

中华民国十三年十二月二十五日

据《大元帅指令第二二九五号》，载广州《陆海军大元
帅大本营公报》第三十六号，一九二四年十二月三十日

饬知谭延闿秘书处呈送十三年十一月份
印铸支出表册单据经核相符准予核销令

（一九二四年十二月二十七日）

大元帅训令第六四〇号

令大本营秘书处秘书长谭延闿

为令知事：案据大本营审计处长林翔呈称："为呈复事：案奉帅座交下大本营秘书处呈送民国十三年十一月份关于印铸支出表册单据，令饬审查等因，除镍币四十三元六角已奉帅谕仍存秘书处外。计发支出决算册一本、收支对照表一扣、单据粘存簿一本、原呈一件。奉此，遵查该处十一月份收入部分：计领到会计司毫银八百五十元，又上月流存毫银一元三角六仙六文、镍币二十元零五毫六仙，合计共收入八百七十一元九毫二仙六文。其支出部〈份〉，计支印铸费毫银八百二十元零一毫八仙，杂支费毫银八元六角，合计支出毫银八百二十八元七毫八仙。收支对抵，应盈余四十三元一毫四仙六文，除上月流存并九月份汇报数内之镍币

四十三元零六仙外，仍余毫银八仙六文。列数尚无错误，核与原呈，数目亦属相符，即支出各款证以单据，均无讹误。拟请准予核销。除表册单据留存职处备查外，所有奉发审核缘由是否有当，理合备文连同原呈一件，呈请钧帅鉴核，伏乞指令祗遵"等情。据此，除指令"呈悉。应准核销。已令行秘书处知照。此令"印发外，合行令仰该秘书长即便知照饬遵。此令。

（中华民国陆海军大元帅之印）

中华民国十三年十二月二十七日

据《大元帅训令第六四○号》，载广州《陆海军大元帅大本营公报》第三十六号，一九二四年十二月三十日

饬转各军协助保护禁烟署运输令

（一九二四年十二月二十七日）

大元帅训令第六四一号

令大本营军政部长程潜、广东省长胡汉民、梧州善后处处长李济深、粤海关监督范其务、梧州海关监督李子峰

为令遵事：据禁烟督办谢国光①邮电称："现据大本营禁烟督办署专运局局长廖应义元日快邮代电称：窃查职局奉准章程有第十二条'本局输运膏料所经地方或货仓所在，由督办署咨请军警关卡及其他各机关保护协助。如有藉端留难，或征收任何名目资款，或加以其他妨碍，由督办署实力制止。倘或因而致令损失，并负责追还'等语之订定。兹查西江流域肇庆、都城等河面均有驻军设置之检查所，对于原料之运经该处者，征收检查费若干，职局现经开办，行将开始运输，而运输所经不任若何负担，既经章程明白规定，自应依照办理。惟是时当开办之初，凡对各机关与有关系之事件，亟须知会普遍，庶免发生误会，应请钧署邮电呈报大元帅通令知照，并通致广东省长及梧州各埠军政警关各机关查照，转饬所

---

①　按禁烟督办已于十二月初裁撤，禁烟督办署亦奉令与广东筹饷总局合并为广东全省筹饷总局，本案为谢国光任内未竟之案，谢亦于十二月五日派任为广东全省筹饷总局副监督。

属一体知照，俾资保障而利巡行。临电不胜迫切待命之至等情。据此，自应据情转电，伏恳大元帅察核，并请军政警关各机关查照，令饬所属协助保护"等情。据此，除指令"呈悉。照准，候令行军政部、广东省长、梧州善后处、粤海关监督、梧州海关监督分别饬属一体协助保护可也。此令"印发并分令外，合行令仰该部长即便转行各军，一体协助保护，以重烟禁。此令。

（中华民国陆海军大元帅之印）

中华民国十三年十二月二十七日

据《大元帅训令第六四一号》，载广州《陆海军大元帅大本营公报》第三十六号，一九二四年十二月三十日

批林翔审核大本营秘书处十三年十一月份
支出单据表册数目相符请准予核销呈

（一九二四年十二月二十七日）

大元帅指令第二三〇四号

令大本营审计处处长林翔

呈复审核大本营秘书处十三年十一月份支出单据表册数目相符，请准予核销指令祗遵由。

呈悉。应准核销。已令行秘书处知照。此令。

（中华民国陆海军大元帅之印）

中华民国十三年十二月二十七日

据《大元帅指令第二三〇四号》，载广州《陆海军大元帅大本营公报》第三十六号，一九二四年十二月三十日

批林翔审查兵工厂十二年十月份至十二月份
书表册簿单据稍有不符请令饬将核减
之数列入新收项下余准核销呈

（一九二四年十二月三十日）

大元帅指令第二三一六号

令大本营审计处处长林翔

呈覆审查兵工厂十二年十月份至十二月份书表册簿据稍有不符，请令饬将核减之数列入新收项下，余准核销由。

呈悉。准如所拟办理。候令兵工厂遵照可也。此令。

（中华民国陆海军大元帅之印）

中华民国十三年十二月三十日

据《大元帅指令第二三一六号》，载广州《陆海军大
帅大本营公报》第三十六号，一九二四年十二月三十日

饬交涉谷米出口接济华侨令

（一九二四年十二月）

大元帅训令第六三三号

令大本营外交部长伍朝枢

为令遵事：据大本营财政部长古应芬呈称："呈为呈报事：现据职部检查出口谷米总局局长周少棠呈称：'窃职局奉令办理检查谷米出口事宜，业经呈报组织成立，并咨行军政机关暨水陆要塞税关厘厂各在一案。昨据本市安记店商人到局领照，运载丝苗米八千斤出口，经核准照发，讵税务司不予验放，经职局再将奉令办理缘由函达税务司，并饬检查员李眷商前赴该关妥为交涉，兹据检查员复称：本日往见税务司，据说：禁止谷米出口，系根据前清光绪二十八年中英续订禁米

出口条例第十四款办理，现在尚未奉到总税务司命令，碍难放行等语。理合将交涉情形，呈报察核等情。据此，查职局此次奉令办理检查上等丝苗谷米出口，系为接济华侨起见，与普通贩运谷米出口有别，该税务司竟强牵条约擅行制止，于我国政府威信实有妨碍，理合据情呈报钧座察核，伏乞转呈帅座，并令饬广东交涉专员提出交涉，维持我政府威信，以恤侨胞而裕税饷，实为公便'等情。据此，查运谷米出口接济华侨粮食一案，系奉钧座交办，自应遵照办理。昨经行令粤海关监督转行税务司，如遇米商持职部运照者，即验明照数相符，立予放行在案。据呈前情，理合呈请钧座察核，俯赐转饬交涉员向税务司明白解释，实为公便"等情前来。除指令"呈悉。候令行外交部转饬特派广东交涉员妥为办理可也。此令"印发外，合行令仰该部长即便遵照办理，并将交涉情形具报。此令。

（中华民国陆海军大元帅之印）

中华民国十三年十二月日

据《大元帅训令第六三三号》，载广州《陆海军大元帅
大本营公报》第三十五号，一九二四年十二月二十日

各部加设次长令

（一九二四年）

各部政务日繁，宜加设次长以佐理一切。此令。

孙文

民国十三年

据原件，台北、中国国民党文化传播委员会党史馆藏

饬裁减机关撙节政费令

（一九二四年）

大元帅训令

现值出师北伐，军饷浩繁，亟应裁减机关，撙节政费，以应急需，所有着即

暂行裁撤，应如何结束保管之处，著该主管长官妥速议办。早日实行。此令。

据原件，台北、中国国民党文化传播委员会党史馆藏

批廖仲恺书

（一九二四年）①

由财政部长交厅办理便可，不必再来请准也。文批。

并照致财部长通融办理，务以适当条件相宜为主。文批。

据广东文物展览会编：《广东文物》影印
原件，香港中国文化协进会一九四一年出版

饬各种厘税仍归财政厅厘定底价开投令

（一九二五年一月九日）

大元帅训令第六号、第七号

　　令广东省长胡汉民、建国滇军总司令杨希闵

　　为令行事：据兼广东财政厅长古应芬呈称："为呈请事：现准建国滇军总司令咨开：查前奉大元帅令开：军兴以后，广东各种厘税，多由各军招商承办，比较以前短收甚巨，良由各军长官不悉情况，致为奸商所欺蒙，使公家受其损害。现定各种厘税，悉归广东财政厅克日厘定底价开投，以期收入增多。至原日指定由各该厘税项下拨给各军之给养费，仍照原数支给，其开投增加之款，应由财政厅存储汇解，以供军用。除令广东省长转饬财政厅遵办并分令各军外，合行令仰该总司令即便转饬所属一体遵照等因，当经通令各部队一体遵照在案。兹据第二师师长廖行超呈称：案奉钧部第二八五号训令开：除原文有案邀免冗叙外，后开合行令仰该师长即便转饬所属一体遵照。此令等因。奉此，窃查职部自奉命东下援

---

　　①　时间不详。据书中"现时军需财政万分棘手之秋"酌定为一九二四年。

粤，迄今已届两载，其间转战东、北两江，军需繁浩，欠饷不少。厥后省河补抽厘厂及西税黄沙数处税款，虽划由职部直接截收，以维军食，但收入甚尠，支配恒虞不敷。而先后补充部队，添购军实，亦属费用颇繁。而清欠饷一层，实无力兼顾。迤值罢市潮生之后，收入更形锐减，全师给养，竭蹶时虞。虽支绌万分，只好勉力筹维，以尽军人守土卫民之职，藉报钧座特达之知。此中困难情形，想亦早蒙洞察。兹奉前令，自应遵循，惟念时局多艰之秋，军糈难筹之会，全师命脉关系实深，且职部直辖各征收机关，承办期间或先或后，一时移转，手续颇烦，全部一切开支，均按日仰给各厂，稍或迟间时日，即不免庚癸之呼。拟恳垂念万不获已之苦衷，将财政厅所拟另行招商承办一节，转咨该厅将职部所收各机关，由职部直接办理，以维现状而济军食。至于所得款项，无论多寡，均率由旧章，由职部出给印收转缴到厅，以资稽核。是否有当，理合备文呈复，伏乞察核办理，深为德便等情到部。查该师所呈各节，尚属实情，相应咨请查照等由。准此，查帅令开投各种厘税，原饬本厅主办，本应遵照执行，惟前以军饷紧急，周转为难，间与各厂承商于饷外另行订借款项，为数甚巨，清理需时，现在尚无开投之意。准咨滇军第二师廖师长拟将原截收各厘税厂自行开投，似与钧令悉数归厅招承原意相违，抑办理纷歧，转碍正饷，准咨前由，除咨复外，理合呈请钧座察核，俯赐令行该军总司令转饬所属，将厘税处理权限悉数交回职厅，以便随时整顿，因应度支，实为公便。是否有当，伏祈指令祗遵"等情前来。查各种厘税，业经明令悉归广东财政厅厘定底价开投在案，据呈各节，除令行杨总司令仍饬所属一体遵照前令办理以裕公帑外，合行令仰该省长即转饬该厅长知照。仰该总司令仍饬所属一体遵照前令办理以裕公帑为要。切切。此令。

（中华民国陆海军大元帅之印）

中华民国十四年一月九日

据《大元帅训令第六号、第七号》，载广州《陆海军大元帅大本营公报》第一号，一九二五年一月十日

批卢振柳请准予该队少尉排长张宏远
附葬陆军忠烈祠坟地呈

（一九二五年一月九日）

大元帅指令第二二号

　　令甲车队队长卢振柳

　　呈请准予该队少尉排长张宏远附葬陆军忠烈祠坟地以慰英魂由。

　　呈悉。准如所请办理。仰即转行知照。此令。

（中华民国陆海军大元帅之印）

中华民国十四年一月九日

据《大元帅指令第二二号》，载广州《陆海军大
元帅大本营公报》第一号，一九二五年一月十日

批林直勉请将此次加收二成车利悉数
支发截留员司欠薪以恤下情呈

（一九二五年一月九日）

大元帅指令第二三号

　　令管理粤汉铁路事务林直勉

　　呈请将此次加收二成车利悉数支发裁留员司欠薪，以恤下情由。

　　呈悉。准如所请办理。此令。

（中华民国陆海军大元帅之印）

中华民国十四年一月九日

据《大元帅指令第二三号》，载广州《陆海军大
元帅大本营公报》第一号，一九二五年一月十日

着胡汉民严饬所委专员会同驻军
迅收佛山商团罚款报解令

（一九二五年一月十日）

令广东省长胡汉民、建国滇军总司令杨希闵

　　查佛山商团罚款一案，迭经令行广东省长派员会同驻佛山军队催收在案。事经多日，解报款项，核与应收数目相差甚巨。若非该驻防军队协助不力，即系省委办理不善，似此延玩，殊属有碍要需。除分令外，合亟令仰该省长即行严饬所委专员会同驻佛军队切实办理，迅将应收罚款无即收齐，扫数报解，限日结束，毋得再事瞻徇。是为至要。

据《严限催收佛商团罚款》，载一九二五年一月十二日《广东七十二行商报》

批程潜为湘军第三军军部书记谢其新
应照积劳病故例给予少校恤金呈

（一九二五年一月十日）

大元帅指令第三十号

　　令大本营军政部长程潜

　　呈覆湘军第三军军部故书记谢其新应照积劳病故例给予少校恤金由。

　　呈悉。准如所拟给恤。仰即知照。此令。

（中华民国陆海军大元帅之印）

中华民国十四年一月十日

据《大元帅指令第三十号》，载广州《陆海军大元帅大本营公报》第一号，一九二五年一月十日

批程潜为已故湖南衡州金库出纳课主任
廖达岳拟请照少校阶级给予恤金呈

（一九二五年一月十日）

大元帅指令第三一号

令大本营军政部长程潜

呈覆已故湖南衡州金库出纳课主任廖达岳，拟请照少校阶级给予恤金由。

呈悉。准如所拟给恤。仰即知照。此令。

（中华民国陆海军大元帅之印）

中华民国十四年一月十日

据《大元帅指令第三一号》，载广州《陆海军大
元帅大本营公报》第一号，一九二五年一月十日

批古应芬拟将不动产典卖契据一律贴用印花呈

（一九二五年一月十日）

大元帅指令第三三号

令大本营财政部长古应芬

呈拟将不动产典卖契据一律贴用印花，请察核备案由。

呈悉。准予备案。此令。

（中华民国陆海军大元帅之印）

中华民国十四年一月十日

据《大元帅指令第三三号》，载广州《陆海军大
元帅大本营公报》第一号，一九二五年一月十日

饬准湘军在曲江借款抵完田赋令

（一九二五年一月十三日）

大元帅训令第十一号

令广东省长胡汉民

为令行事：据建国军湘军总司令谭延闿呈称："为据情转呈事：案据曲江马坝团丘润生呈称：'呈为呈请事：窃此次湘军第二、第三两军在马坝向各绅商共筹借银八千九百七十二元正。兹特详细列表呈明，恳请转呈大元帅核准，令饬曲江县改换印收，准抵完十四、十五两年田赋，以恤民困，实为公便'等情。据此，理合呈请帅座令曲江知事将职军借款八千九百七十二元换给印收，准抵完十四、十五两年田赋，以清手续而恤民艰"等情。据此，应予照准，除指令外，合行令仰该省长转令遵照。此令。

（中华民国陆海军大元帅之印）

中华民国十四年一月十三日

据《大元帅训令第十一号》，载广州《陆海军大元帅大本营公报》第二号，一九二五年一月二十日

批胡汉民称小北郊外公地建设烈士孤儿院一案
已令财政局会同沈委员复勘明确
妥为办理具报呈

（一九二五年一月十三日）

大元帅指令第三七号

令广东省长胡汉民

呈复拨小北郊外公地建设烈士孤儿院一案，已令财政局会同沈委员复勘明确，

妥为办理具报，请鉴核由。

呈悉。此令。

（中华民国陆海军大元帅之印）

中华民国十四年一月十三日

据《大元帅指令第三七号》，载广州《陆海军大元帅大本营公报》第二号，一九二五年一月二十日

批谢国光十三年九月一日接办起至十二月三十一日止收支四柱总册请鉴核备案呈

（一九二五年一月十三日）

大元帅指令第三八号

令卸禁烟督办谢国光

呈赍十三年九月一日接办起至十二月卅一日止收支四柱总册，请鉴核备案由。呈、册均悉。准予备案。册存。此令。

（中华民国陆海军大元帅之印）

中华民国十四年一月十三日

据《大元帅指令第三八号》，载广州《陆海军大元帅大本营公报》第二号，一九二五年一月二十日

批黄桓一月七日将无线电局事务及公件移交杨少河接收清楚请察核备案呈

（一九二五年一月十三日）

大元帅指令第四一号

令广东电政监督兼广州电报局局长黄桓

呈报一月七日将无线电局事务及公件移交杨少河接收清楚，请察核备案由。

呈悉。准予备案。此令。

（中华民国陆海军大元帅之印）

中华民国十四年一月十三日

据《大元帅指令第四一号》，载广州《陆海军大元帅大本营公报》第二号，一九二五年一月二十日

批邹鲁送该校前高师第十一届各科学生毕业成绩表报告表请察核准予毕业并准由校印发毕业证书呈

（一九二五年一月十三日）

大元帅指令第四五号

令国立广东大学校长邹鲁

呈送该校前高师第十一届各科学生毕业成绩表、报告表，请察核准予毕业并准由校印发毕业证书，乞令遵由。

呈、表均悉。准予毕业。仰即由该校印发毕业证书可也。表存。此令。

（中华民国陆海军大元帅之印）

中华民国十四年一月十三日。

据《大元帅指令第四五号》，载广州《陆海军大元帅大本营公报》第二号，一九二五年一月二十日

饬程潜等转饬所属限由十四年元月二十六日起一律实行军用手折令

（一九二五年一月十六日）

大元帅训令第一三号

令军政部长程潜、建国滇军总司令杨希闵、建国湘军总司令谭延闿、建国粤

军总司令许崇智、建国桂军总司令刘震寰、建国第一军军长朱培德、建国第二军军长柏文蔚、建国第三军军长卢师谛、建国第四军军长顾忠琛、建国第七军军长刘玉山、建国北伐第三军军长胡谦、建国赣军司令李明扬、广东警卫军司令吴铁城

为令遵事：据广州市联军军警督察处督办杨希闵呈称："呈为呈请事：窃职处自奉令开办以来，已经分区派队日夜严密巡查。惟查广州市面友军林立，军民杂处，良莠不分。每一次抢案发生，不谓假冒军人，即谓某军串劫。此风若不整顿，何以维持久远？但开办伊始，防范宜周，立法倘能从严，稽查较易识别。兹拟驻省各军实行军用手折。如果拿获盗匪，如身怀手折者，知其确系何项军人，分别办理；身无手折者，自系冒军匪徒，当极刑严办，而昭炯戒，既可以保全军人名誉，又可以分别匪徒。是实行军用手折一事，殊关重要，为此呈请帅座察核，准予通令各军，限期一体实行军用手折，分给士兵，俾便稽查，实为公便"等情前来。除指令"呈悉。所称各节，对于军纪治安，均有裨益，候令行驻省各军，限期由本月二十六日起一律实行军用手折，分给各士兵，以便稽查而维军誉可也。此令"印发外，合行令仰该部长、总司令、军长、司令即便转饬所属一体遵照，毋违。切切。此令。

（中华民国陆海军大元帅之印）

中华民国十四年一月十六日

据《大元帅训令第一三号》，载广州《陆海军大元帅大本营公报》第二号，一九二五年一月二十日

饬知程潜残废官兵予以资遣如仍在医院逗留
不得重复发给令

（一九二五年一月十六日）

大元帅训令第十四号

令大本营军政部长程潜

为令遵事：据广州市公安局局长吴铁城呈称："现准中央陆军第一医院院长李

济汶函开：案奉军政部第三三二号指令开：据前代理该院院长倪世璜呈一件，呈转留院残废兵高东旸等呈称：前发给孙成阁等之款，系慰劳调养费，并非资遣费，请准给川资回籍，以免流离失所，乞批示祗遵由。呈悉，据称该残废兵高东旸等呈请准给川资回籍，以免流离失所，查核尚属实情，仰该院长即将该兵等姓名及残废事实列册，径送广州市公安局办理可也。此令等因。奉此，相应造册呈送贵局长，烦为查照办理，希将残废兵高东旸等沿照前例，资遣回籍，以免流离失所等由。查此案前奉钧帅训令，孙成阁等十三名已经资遣，如查有仍在医院逗留者，亦不得重复发给等因。现经遵照办理，惟现准该医院来函所称，与钧令互有抵触，究竟当时军政部所发之款是否资遣费，抑系慰劳调养费，未奉将原卷移交，职局无从悬揣。现既准函前由，可否准予照案资遣之处，理合具文呈请察核，伏祈指令祗遵，俾便办理，实为公便"等情。查办理资遣残废官兵一案，前据该部胡次长面称孙成阁等十三名业经资遣，并由陆军第一医院抄出孙成阁等名单一纸，交由查明该案委员转呈前来。经令饬公安局孙成阁等十三名已经资遣，如查有仍在医院逗留情事，亦不得重复发给在案。除指令所请碍难照准并候令行军政部撤销原批外，合行令仰该部长即便遵照，将该项原批撤销，并转饬中央陆军第一医院知照。此令。

（中华民国陆海军大元帅之印）

中华民国十四年一月十六日

据《大元帅训令第十四号》，载广州《陆海军大元帅大本营公报》第二号，一九二五年一月二十日

批吴铁城为中央陆军第一医院院长李济汶
函请资遣残废兵回籍呈

（一九二五年一月十六日）

大元帅指令第四七号

令广州市公安局局长吴铁城

呈称准中央陆军第一医院院长李济汶函请资遣残废兵高东旸等回籍，请令

遵由。

呈悉。案查前据军政部胡次长面称：残废官兵孙成阁等十三名业经资遣，并由陆军第一医院抄出孙成阁等名单一纸，交由查明该案委员转呈前来。经令饬该局孙成阁等十三名已经资遣，如查有仍在医院逗留者，亦不得重复发给在案。据呈前情，除令饬军政部撤销原批外，高东旸等既经给资遣散，所请碍难照准。仰即遵照，并转行知照。此令。

（中华民国陆海军大元帅之印）

中华民国十四年一月十六日。

据《大元帅指令第四七号》，载广州《陆海军大元帅大本营公报》第二号，一九二五年一月二十日

批杨希闵请通令各军限期一律实行军用手折呈

（一九二五年一月十六日）

大元帅指令第五十号

令广州市联军军警督察处督办杨希闵

呈请通令各军限期一律实行军用手折分给士兵，俾便稽查由。

呈悉。所称各节，对于军纪治安，均有裨益，候令行驻省各军，限期由本月二十六日起一律实行军用手折，分给各士兵，以便稽查而维军誉可也。此令。

（中华民国陆海军大元帅之印）

中华民国十四年一月十六日

据《大元帅指令第五十号》，载广州《陆海军大元帅大本营公报》第二号，一九二五年一月二十日

饬知胡汉民铜鼓开埠筹备委员会主席李卓峰等核议赤溪县绅商等对于开埠争执情形令

（一九二五年一月十七日）

大元帅训令第十六号

令广东省长胡汉民

为令行事：据铜鼓开埠筹备委员会主席李卓峰、伍大光呈称："案奉钧座训令第六〇八号内开：据广东省长胡汉民呈称：现据赤溪县长吴明皆呈称：现据职县第一二三区保卫团局董杨莘溪、李长春、吴焕廷等暨全体局董联同绅商学各界代表陈用敏等呈称：为瞒准开埠擅夺主权，恳请转呈撤销原案，以维主权等情。除原文有案邀免重录外，后开：合将地图令发该委员会遵照，妥议具复，以凭核办。此令。计发地图二份等因。奉此，主席等当经召集全体委员悉心核议，查原呈大意略分三点：（一）铜鼓应否开埠？（二）开埠章程应如何审订？（三）铜鼓开埠，赤溪人民应否过问？关于第一点，原呈有'陈宜禧等拟择铜鼓区开辟商埠，由斗山驳车直达铜鼓，此为绝大经营，宏兴商业，谁不乐观厥成'之语，是该绅商对于开埠一举并非反对，可以概见。关于第二点，原呈云：查阅原呈招商简章第一条称，禀准中国政府备案，划出新宁与赤溪毗连之铜鼓角地方作为自治特别区域，招各国投资开作通商口岸，定名为铜鼓埠云云，于领土主权大有妨碍，诚如原呈所云。然主席等查陈宜禧条陈开辟铜鼓商埠，原呈奉帅令交建设、外交、内政三部审查。经三部呈复，谓其章程不甚适用。嗣奉钧批'着由建设、外交、内政三部会同广东省长组织委员会筹备开埠大纲及埠中行政条例，余可付托公司承办。此批'等因。奉此，是开埠章程当然以筹备委员会呈奉钧座核准之大纲为准，陈宜禧原拟章程绝无适用之余地。该绅商等原呈所谓主权尽失一节，殆指陈宜禧原呈而言，未免鳃鳃过虑。关于第三点，主席会同各委员细阅该绅商等所呈赤溪县图及广东陆军测量局所绘赤溪县图，铜鼓确为赤溪县辖境，不在台山区域范围之内，揆诸地主之谊，铜鼓开埠，赤溪人民应有过问之权。陈宜禧原呈只云台山与赤溪毗连之铜鼓角地方，而不及赤溪一字，殊属含混。该绅商等谓为不独攘夺铜鼓，且并将赤溪全属而消灭之，虽属过激之论，然陈宜禧忽视地方人民公意，致贻人以口实，究不无专擅之嫌。此主席等核议该绅商等原呈之情形也。主席等奉命筹备开埠，督促进行，战战兢兢。惟思勉竭驽贻，积极办理，只以兹事体大，章制纷繁，博采旁搜，大费时日。容将参酌中外法制，体察地方情形，容纳人民意见，草拟大纲，呈候核定，以期仰副钧座通商惠工之至意。所有奉令议复缘由、主席等暨全体委员公同核议意见相同，理合具文呈复察核"等情。据此，除指令"呈悉。核议各节尚属妥协。候令行广东省长知照并转饬知照可也。此令"印发外，合行令仰该省长即便知照并转饬知照。此令。

（中华民国陆海军大元帅之印）

中华民国十四年一月十七日

据《大元帅训令第十六号》，载广州《陆海军大元帅大本营公报》第二号，一九二五年一月二十日

饬广九铁路限期造报进支公款清册令

（一九二五年一月十七日）

大元帅训令第十八号

令大本营军政部长程潜

为令遵事：据报：广九路军车管理处现在应进公款，系大本营规定，由财政厅每日拨支煤炭银四百元。广九铁路规定每日拨交车利半数，约银八九十元，应支公款，每日约需煤炭十吨，合银二百元，每日约需薪公等费三十八元，以上进支比对，每日约盈余银二百五十元，每月合共约盈余银七千四五百元等情。查该军车管理处向无报销，非切实整理，无以节公帑而重计政，为此令仰该部长即便遵照转饬该处，限于文到五日内，将进支公款分别详列清册，呈由该部转呈核办，勿稍延玩。切切。此令。

（中华民国陆海军大元帅之印）

中华民国十四年一月十七日

据《大元帅训令第十八号》，载广州《陆海军大元帅大本营公报》第二号，一九二五年一月二十日

批李卓峰伍大光奉令核议赤溪县绅商等
对于铜鼓开埠之争执情形呈

（一九二五年一月十七日）

大元帅指令第五七号

令铜鼓开埠筹备委员会主席李卓峰、伍大光

呈复奉令核议赤溪县绅商等对于铜鼓开埠之争执情形，乞察核由。

呈悉。核议各节尚属妥协。候令行广东省长知照并转饬知照可也。此令。

（中华民国陆海军大元帅之印）

中华民国十四年一月十七日

据《大元帅指令第五七号》，载广州《陆海军大元帅大本营公报》第二号，一九二五年一月二十日

给卫士队长及甲车队长的命令

（一九二五年一月十九日）

大元帅令第十三号

着前方卫士队长及甲车队长关于广宁绥缉事宜，悉听广宁军事委员会指挥。此令。

据绮园：《回忆》，载一九二六年八月十八日《犁头周报》第十三期

委派谢星继职务令

（一九二五年一月十九日）

大元帅令第十五号

卫士队队长卢振柳着即回省报告，所有前方卫士队长职务暂由卫士队第一连

连长谢星继代理。此令。

上令卫士队第一连连长谢星继

据绮园：《回忆》，载一九二六年
八月十八日《犁头周报》第十三期

饬知林直勉转知前任补送欠缴表册嗣后造来
并按清单签出各节更正以昭核实令

（一九二五年一月二十日）

大元帅训令第十九号

管理粤汉铁路事务林直勉。为令行事：据大本营会计司司长余和鸿呈称："案查前奉钧座发下粤汉铁路收支表：十一月一日至十五日表一张，又十二月一日至二十七日表二十一张，共二十二张，当即遵照查核。惟查欠缴十一月十六至三十日表一十五张，又查现缴各表内有不合表式之处，兹逐条签出，另列清单连同原表共二十二张呈请察核。应如何办理之处，仍候令遵并请饬知该铁路嗣后照办"等情。据此，除指令"呈悉。候令行粤汉铁路林管理转知前任补送欠缴表册，并嗣后呈送表册须按照清单签出各节更正造具，以昭核实可也。此令"印发外，合将原签清单抄发，仰该管理即便遵照办理。切切。此令。

（中华民国陆海军大元帅之印）

中华民国十四年一月二十日

据《大元帅训令第十九号》，载广州《陆海军大元帅大本营公报》第二号，一九二五年一月二十日

饬北伐经费机关应统解军需总局令

（一九二五年一月二十日）

大元帅训令第二十号

令大本营军需总局局长罗翼群等

为令遵事：查北伐军军费，前经令行各负担机关，将应解军费，缴由大本营军需总局转解在案。现关于此项军费，亟待支配，合再令仰各负担北伐军军费机关，务遵前令，将应行负担之解款，统解大本营军需总局，以便通筹支配，毋得任由各军自行截留，以重饷需。除分令外，仰即遵照办理。切切。此令。

（中华民国陆海军大元帅之印）

中华民国十四年一月二十日

据《大元帅训令第二十号》，载广州《陆海军大元帅大本营公报》第二号，一九二五年一月二十日

批余和鸿查核粤汉铁路收支表情形请鉴核呈

（一九二五年一月二十日）

大元帅指令第六一号

令大本营会计司司长余和鸿

呈复查核粤汉铁路收支表情形，请鉴核令遵由。

呈悉。候令行粤汉铁路林管理转知前任补送欠缴表册，并嗣后呈送表册须按照清单签出各节更正造具，以昭核实可也。此令。

（中华民国陆海军大元帅之印）

中华民国十四年一月二十日

据《大元帅指令第六一号》，载广州《陆海军大元帅大本营公报》第二号，一九二五年一月二十日

批代理部务谢适群请褒扬寿民李能昭呈

（一九二五年一月二十日）

大元帅指令第六二号

令大本营内政部次长代理部务谢适群

呈请褒扬寿民李能昭，请核示由。

呈悉。准予题颁"共和人瑞"四字，并给予银质褒章一枚，仰即转给承领。此令。

（中华民国陆海军大元帅之印）

中华民国十四年一月二十日

据《大元帅指令第六二号》，载广州《陆海军大元
帅大本营公报》第二号，一九二五年一月二十日

饬各军在市内逮捕人犯应有
正式命令方得会警执行令

（一九二五年一月二十二日）

大元帅训令第二十三号

令大本营军政部部长程潜等

为令遵事：据广州市联军军警督察处督办杨希闵呈称："本年一月十三日据公安局长吴铁城代电称：'现在冬防吃紧，虽军警联络防范，严密巡察，而匪徒冒军掳劫，以及搜查骚扰、私擅逮捕等案，仍日有所闻，实于地方治安大有妨碍。兹职局为防微杜渐起见，拟请钧处严定章制，此后凡军队在市内逮捕人犯，搜查店户，无论何项军队，均须一律先报由钧处核准，发给会警逮捕搜查命令，随即知会该管警区验明命令，立派员警协同办理，以昭慎重。不得以口头会同岗警，便可执行，而各岗警亦不得凭一面之词会同办理。如无命令，即系私擅逮捕搜查，各区分署不得会同办理，际此场合，应即飞报钧处及职局派拨军警驰往制止，庶足以杜伪冒而防流弊。管蠡之见，如蒙采择，仰恳咨行各军通饬所部一体查照办理，并请指令职局转饬各警区遵照施行，实为公便'等情。据此，查近日冒军掳劫之案，时有所闻，若非设法严防，殊不足以保治安而全军誉。该局长所陈各节，防范颇称周密，尚可采择施行，而于防务前途得收分别真伪之效。嗣后无论何军逮捕人犯，须有该军高级长官及职处给有此项命令方得执行，除指令公安局转令各区署查照施行外，用特备呈钧座俯予核准，通饬各军查照办理，切实施行，是否有当，尚乞批示祗遵"等情。据此，除指令照准外，合行令仰该总司令等即便

遵照办理，并转饬所属一体遵照办理。切切。此令。

（中华民国陆海军大元帅之印）

中华民国十四年一月二十二日

据《大元帅训令第二十三号》，载广州《陆海军大
元帅大本营公报》第二号，一九二五年一月二十日

饬知范其务宏远堂商人陈其明呈称委实并无漏税尚属实情应撤销处罚原案从宽免究令

（一九二五年一月二十三日）

大元帅训令第二五号

令粤海关监督范其务

为令遵事：据宏远堂商人陈其明呈称："呈为委无漏税，乞免处罚，恳将原案撤销，以恤商艰而安商业事：窃前奉粤海关监督署分函各店，指为瞒漏出入口税，应照章以二十倍处罚等因。敝行金以各家之货来自上海等埠，俱经前途上海各关查验核收全税，复有红照通知粤海关税务司照收半税。迨船货到省，由关验明货色重量均属相符，即发饷单交与各店照此完纳，当将并无漏税情形，据实呈明在案。伏思各店运来之货既经上下关一再查验明确，又有红照为凭，今各店悉照前途报关之数及由关核定之税报缴，安有瞒税之理？迫得再叩台阶，伏乞俯念商业艰难，准将全行补税处罚原案，迅令粤省长转粤海关监督撤销，并将各号本单簿据各项悉数发还，以安商业，实为德便"等情前来。查年来大局不宁，兵灾迭见，本大元帅每念商业凋零，至为悯恻。该商所称各节尚属实情，仰该监督即将原案撤销，从宽免究，并将该堂各号本单簿据悉数发还，以恤商艰。切切。此令。

（中华民国陆海军大元帅之印）

中华民国十四年一月二十三日

据《大元帅训令第二五号》，载广州《陆海军大元
帅大本营公报》第三号，一九二五年一月三十日

将广州中国国民党中央执行委员会内
之政治委员会移至北京之口谕①

（一九二五年一月二十六日）

令将广州中央执行委员会内之政治委员会移至北京。

据《中山病状较有进步》，载一九
二五年二月三日北京《顺天时报》

批胡汉民为南海九江镇各界呈保
请予撤销通缉吴三镜案呈

（一九二五年一月二十七日）

大元帅指令第七五号

　　令广东省长胡汉民

　　呈报南海九江镇各界呈保请予撤销通缉吴三镜案情形，请鉴核由。

　　呈悉。准如所请，仰即知照。此令。

（中华民国陆海军大元帅之印）

中华民国十四年一月二十七日

据《大元帅指令第七五号》，载广州《陆海军大元
帅大本营公报》第三号，一九二五年一月三十日

---

　　①　此为一月二十六日上午，孙文未住入协和医院前对汪兆铭、陈友仁之口谕。据《国父年谱》（增订本）是日条载："先生患肝癌之消息传出后，同志咸感震惊。众皆觉此后各同志所肩负之责任愈重，故当晚即在北京召开政治委员会会议。此一政治会议，本为先生在广州时所组成，自任主席。将入医院之日，自知病势沉重，不能躬亲庶务，而政治委员又分散各地，胡汉民、廖仲恺在广州，戴传贤、邵元冲甫衔命去沪（旋即回北京），仅汪兆铭一人随侍。乃加派于右任、吴敬恒、李煜瀛、陈友仁、李大钊五人为政治委员。"

批居正拟请冯玉祥拨给款额函①

（一九二五年一月二十八日来函）②

焕兄③大鉴：

　　请求二件：

　　一、朱克刚君定于日内回家，请给川资贰百元。（孙批：给壹百元）

　　一、吉住医院，朱和初欠医费六十七元。（孙批：照给）

　　均乞代呈，批核示遵。

居正上　一月二十八日

（孙签署：文）

据原件，南京、中国近代史遗址博物馆藏

批郑洪年所呈名单④

（□□□□年九月三日来呈）

　　酌量发表。

---

　　①　居正时任中国国民党中央执行委员会委员、大元帅大本营参议，一九二五年初赴北京探视卧病的孙中山，顺带委托他设法将此函交给中华民国国民军总司令冯玉祥。居正还请孙文对其内容予以"批核"（此函末行即对孙而写），孙文乃在函中提出审批意见。文中批语及署名位置不变，但由编者在其前加"孙批"或"孙签署"字样，用黑体字排印。

　　②　作批日期不详，居正函亦无年份，今据上注所述定为一九二五年。

　　③　冯玉祥，字焕章。

　　④　郑洪年于九月三日呈报大元帅孙文，开列的名单分三页纸书写，第一页为大本营秘书处用笺，共计十二人。开出这份名单用意不明，且无年份。孙文的毛笔批语见于来呈信封。

附：来呈名单

刘成禺　陈　群　宋镇华　唐支厦　许行怿　梁醉生

唐尧钦　陈嘉祐　蔡钜猷　陈渠珍　吴剑学　谢国光

据原件，台北、中国国民党
文化传播委员会党史馆藏

饬将周少棠赖铭光解送高检厅执行刑期令

（一九二五年二月二日）

大元帅训令第三十三号

令建国粤军总司令许崇智

为令遵事：据大本营秘书黄子聪呈称："前奉钧命派往粤军总司令部会同审讯前大本营制弹厂职官周少棠、赖铭光互控舞弊一案，经遵令往粤军总司令部军法处传集两造到案，迭次审讯明白：赖铭光吞没军需券五千元，犯侵占公务上管有物行为，按照新刑律，实犯第三百九十二条之规定，故判定执行刑期三年，所吞之款，仍着追缴给领；周少棠犯有私造军械，盗卖子弹、军米行为，按照新刑律，实犯第二百五条及第三百九十二条之罪，应依照同律第二十三之规定，执行刑期三年零四个月，并责成将售去军米所得款项五百零七元七毫如数追缴归公。谨将审讯周少棠、赖铭光情形恭缮判决书一份呈缴察核，所拟是否有当，伏乞指令祗遵，并令行粤军总司令部遵照，实为公便"等情。并抄呈粤军总司令部军事判决书一扣前来。据此，除指令"呈悉。准如所拟判决。并候令行粤军总司令即将该犯周少棠、赖铭光解送广东高等检察厅执行刑期可也。此令"印发外，合行令仰该总司令遵照，即将该犯周少棠、赖铭光解送广东高等检察厅执行刑期，并将遵办情形报查。此令。

（中华民国陆海军大元帅之印）

中华民国十四年二月二日

据《大元帅训令第三十三号》，载广州《陆海军大
元帅大本营公报》第四号，一九二五年二月十日

批黄子聪会审周少棠赖铭光互控舞弊案情形
请鉴核并令粤军总司令部遵照执行呈

（一九二五年二月二日）

大元帅指令第八九号

令大本营秘书黄子聪

呈报会审周少棠赖铭光互控舞弊案情形，请鉴核并令粤军总司令部遵照执行由。

呈悉。准如所拟判决。并候令行粤军总司令即将该犯周少棠、赖铭光解送广东高等检察厅执行刑期可也。此令。

（中华民国陆海军大元帅之印）

中华民国十四年二月二日

据《大元帅指令第八九号》，载广州《陆海军大元帅大本营公报》第四号，一九二五年二月十日

对宋庆龄口谕

（一九二五年二月二日）

静江、哲生到时，先偕汪精卫、吴稚晖、李石曾五人入见。

据《孙中山病状与孙科抵京》，载一九二五年二月八日上海《申报》

饬知里昂中法大学海外部定为国立广东大学海外部令

（一九二五年二月六日）

大元帅训令第三八号

令广东省长胡汉民

　　为令遵事：据国立广东大学校长邹鲁呈称："案查去年六月间，准广东财政厅第三九一号公函开：现准财政委员会公函内开：本月十日准咨以粤省留学外洋各生及烈士家属学费，苦无的款可付。查九、拱两关收入有带收加二费一项，月计可得六七千元，又诚兴公司屠羊捐每月五百元，拟将此项改充特定教育经费，并由盐运使署每月提拨四千元，拟具简章送请公议见复。并准广东大学筹备处邹处长来函，以邓运使处昨与商订留学经费，运署每月可拨二千元各等由先后到会。经于本月二十四日第四十五次常会提出合并讨论，议决盐运使署照拨二千元，九、拱两关加二费约共六七千元，自八月份起交邹校长转汇，其支配办法，另由财厅订定函邹校长查照等因在案。除函盐运使自八月份起照案拨二千元交邹校长转汇外，相应函达查照，所有诚兴公司屠羊捐每月五百元，及九、拱两关加二费约共六七千元，应请照案支配订定办法函邹校长查照，并复会备案为荷等由。准此，查九、拱两关带收加二税费，及诚兴公司屠羊捐暨由运署照案每月拨银二千元，既经议决指定为留学经费专款，自应查照议案由厅订定，每月给留日学生学费五千元，里昂大学学生学费四千元，林君复留学费五百元，暨上海烈士家属特别费及学费六百二十八元三毫三仙三文，均由贵校长于前项收入款内按月拨汇，以资接济。除函粤海关税务司转饬九、拱两关，将每月带收加二税费，尽数如期径解查收，取具印收缴厅，以凭饬库补入收支，并函复财政委员会备案外，相应函请贵校长烦为查照办理，并希派员前赴九、拱两关妥为接洽是荷等由。并同年六月间准财政委员会函同前由过校。准此，查九、拱两关带收加二税费，及诚兴公司屠羊捐暨运署指拨等款内拨一部每月四千元为里昂中法大学之广东大学海外部学生学费，业由职校将九、拱两关按月所解带收加二税费照案摊派分别汇寄在案。窃查里昂中法大学广东大学海外部设立之初，原定为广东大学海外部之一，前因广东大学一时未能成立，海外部学生无从附丽，以致经费异常缺欠。自去年职校成立后，里昂中法大学学生即请依照原案作为职校海外部之一，将经费列入职校预算，嗣后由校接济等情。当时因财政委员会以此款为职校海外部经费，既归职校经理，故未呈请定案。但以前经理手续系属代办性质，名实尚未相符，兹为确定名义及权责起见，用再呈请钧座定案，并请明令将里昂中法大学之广东大学海外部为国立广东大学海外部之一，现有经费数目永远定为职校海外部经费之一，列入职校出入预算，其现有经费的款，不得拨作别用，并永远以指定各项的款每月所收多寡，按照财政厅十三年第三九一号公函所定职校海外部经费及其他特定教育经费数目比例摊分，如将来其他特定教育经费须增加时，均宜另行筹拨，不得将职校海外部经费应得之额变更。至以后管理职校海外部经费，及派遣监督学生等事，悉由职校全权办理。在职校已可因于需要派遣何科学生及何国留学，使学术日见发达，在学生亦不至因经费而辍学，庶乎正名定义，事权统一，不特校务日渐增进，而于海外部学生亦不至有被迫离校情事之发生。所有拟请明令将里昂中法大学海外部依照原案定为国立广东大学海外部之一，及确定管理权责，并永远不能将现有经费的款内应得之额变更各缘由，理合备文呈请钧座察核，准予照办，并令行广东省长遵照分行财政厅、教育厅遵照，及里昂中法大学协会查照，仍祈指令祗遵"等情。据此，除指令照准外，合行令仰该省长即便遵照，并转行财政厅、教育厅遵照，及里昂中法大学协会查照。切切。此令。

（中华民国陆海军大元帅之印）

中华民国十四年二月六日

据《大元帅训令第三八号》，载广州《陆海军大元帅大本营公报》第四号，一九二五年二月十日

批邹鲁请明令将里昂中法大学海外部定为国立广东大学海外部之一及确定管理权责呈

（一九二五年二月六日）

大元帅指令第一〇四号

令国立广东大学校长邹鲁

呈请明令将里昂中法大学海外部依照原案定为国立广东大学海外部之一及确定管理权责，永远不能将现有经费变更，祈令遵由。

呈悉。应予照准。候令行广东省长遵照，并转行财政厅、教育厅暨里昂中法

大学协会查照可也。此令。

（中华民国陆海军大元帅之印）

中华民国十四年二月六日

据《大元帅指令第一〇四号》，载广州《陆海军
大元帅大本营公报》第四号，一九二五年二月十日

饬东征讨逆各军严申纪律令

（一九二五年二月十二日）

大元帅训令第四五号

令建国粤军总司令许崇智、建国滇军总司令杨希闵、建国桂军总司令刘震寰

为令行事：东江自陈逆盘踞以来，民生凋敝，商旅萧条，蹂躏情形，惨不忍述。现在大军分道进讨，幸赖将士用命，所向克捷，肃清余孽，奠定闾阎，计日可待。惟师行所至，军律宜严，本大元帅轸念民艰，尤厪怀抱，应由该总司令严饬所部申明纪律，对于作战区域，不得稍有滋扰。所有被灾人民，应随时督同地方官妥为抚恤，务期军民安堵，迅奏肤功，以副本大元帅伐罪吊民之至意，有厚望焉。此令。

（中华民国陆海军大元帅之印）

中华民国十四年二月十二日

据《大元帅训令第四五号》，载广州《陆海军大
元帅大本营公报》第五号，一九二五年二月二十日

饬知罗翼群朱培德着各机关迅解应行负担
北伐军费已饬连阳乐昌四县遵办令

（一九二五年二月十三日）

大元帅训令第四七号

令大本营军需总局局长罗翼群

为令行事：据建国第一军军长朱培德呈称："案奉钧座训令开：'查北伐各军军费，前经令行各负担机关将应解军费缴由大本营军需总局转解在案。现关于此项军费亟待支配，合再令仰各负担北伐军费机关务遵前令，将应行负担之解款统解大本营军需总局，以便通筹支配，勿得任各军自行截留，以重饷需。除分令外，仰即遵照办理。切切。此令'等因。奉此，除已遵照转饬连阳乐昌四县遵办外，理合备文呈复，伏乞睿核"等情。据此，除指令外，合行令仰该局长知照。此令。

（中华民国陆海军大元帅之印）

中华民国十四年二月十三日

据《大元帅训令第四七号》，载广州《陆海军大元帅大本营公报》第五号，一九二五年二月二十日

批朱培德遵令转饬连阳乐昌四县将应行负担之解款统解大本营军需总局呈

（一九二五年二月十三日）

大元帅指令一二〇号

　　令建国第一军军长朱培德

　　呈复遵令转饬连阳乐昌四县将应行负担之解款统解大本营军需总局由。

　　呈悉。候令行军需总局知照。此令。

（中华民国陆海军大元帅之印）

中华民国十四年二月十三日

据《大元帅指令一二〇号》，载广州《陆海军大元帅大本营公报》第五号，一九二五年二月二十日

批许崇智送十三年十二月份收支报告表呈

（一九二五年二月十六日）

大元帅指令第一二一号

令建国粤军总司令许崇智

呈送十三年十二月份收支报告表由。

呈、表均悉。表存。此令。

（中华民国陆海军大元帅之印）

中华民国十四年二月十六日

据《大元帅指令第一二一号》，载广州《陆海军大
元帅大本营公报》第五号，一九二五年二月二十日

批林云陔称奉省长令将五等以下有期徒刑
及轻罪犯人编册送公安局拨充
佚役惟事关释放人犯呈

（一九二五年二月十六日）

大元帅指令第一二四号

令广东高等检察厅检察长林云陔

呈称奉省长令将五等以下有期徒刑及轻罪犯人编册送公安局拨充佚役，惟事关释放人犯，理合呈请鉴核令遵由。

呈悉。查释放人犯充当夫役，有碍司法独立。所请各节着毋庸议。此令。

（中华民国陆海军大元帅之印）

中华民国十四年二月十六日

据《大元帅指令第一二四号》，载广州《陆海军大
元帅大本营公报》第五号，一九二五年二月二十日

批程潜将陆军第二医院归并第一医院办理及核减经费情形呈

（一九二五年二月十六日）

大元帅指令第一三○号

令大本营军政部长程潜

呈报将陆军第二医院归并第一医院办理及核减经费情形，请核示由。

呈悉。所陈事属可行，应准照办。此令。

（中华民国陆海军大元帅之印）

中华民国十四年二月十六日

据《大元帅指令第一三○号》，载广州《陆海军大元帅大本营公报》第五号，一九二五年二月二十日

饬查复粤汉路被控舞弊案情形令

（一九二五年二月十七日）

大元帅训令第五一号

令代理大本营建设部次长李卓峰

为令遵事：案查前令该代次长查明粤汉铁路被控舞弊案呈复核办，久未据呈报到府，曾经谕催克日呈复在案。何以仍延不呈复，仰该代次长遵于文到三日内，将查明情形汇案呈报，以凭核办，勿再延宕。切切。此令。

（中华民国陆海军大元帅之印）

中华民国十四年二月十七日

据《大元帅训令第五一号》，载广州《陆海军大元帅大本营公报》第五号，一九二五年二月二十日

批李福林围缴理教乡劫匪始末情形请饬该乡农会将劫匪霍九等解案并令滇军保旅长查明罗布等匪曾否准予投效并将该匪所部缴械遣散呈①

（一九二五年二月十七日）

大元帅指令第一三二号

令建国粤军第三军军长李福林

呈复围缴理教乡劫匪始末情形，请饬该乡农会将劫匪霍九等解案，并令滇军保旅长查明罗布等匪曾否准予投效，并将该匪所部缴械遣散由。

呈悉。候令行国民党农民部长及滇军总司令分别饬遵可也。此令。

（中华民国陆海军大元帅之印）

中华民国十四年二月十七日

据《大元帅指令第一三二号》，载广州《陆海军大元帅大本营公报》第五号，一九二五年二月二十日

饬知廖仲恺建国滇军总司令杨希闵分别饬令顺德理教乡农民协会将劫匪霍九等解案究办滇军旅长保荣光查明罗布等匪曾否准予投效令

（一九二五年二月十八日）

大元帅训令第五三号

令中国国民党农民部长廖仲恺、建国滇军总司令杨希闵

为令遵事：据建国粤军第三军军长李福林呈称："呈为呈复事：现奉帅座侵日

---

① 二月十二日孙文令李福林查报本案。

快邮电开：'刻据中国国民党农民部长廖仲恺函称：顺德理教乡昨日被福军围攻，经已电达在案。今晨据该乡人来报，昨晚业被攻进入乡，焚劫甚惨，乡民流离，请予拯救等情。并据该乡农会代表霍秀石等面称：军队攻入该乡时，伤毙会员数人，请从严惩办各等情。究竟该军何故围攻理教乡？又何故仇视农会人员？仰该军长即电令顺德县驻防军队，先停止军事行动，再呈明核办，勿稍姑纵为要'等因。奉此，窃查理教乡匪徒霍九、霍容等伙党持械到贺丰乡焚劫财产屋宇，伤毙多命一案。选据贺丰乡事主廖远在、廖接暨乡民廖耆芳、廖卓芳等到部呈请追赃缉匪等情。当即分令李旅长群、黄旅长相查明分别办理在案。正在查办之际，旋奉粤军总司令训令第一零零号开：'据南海县民廖耆芳等以冒军焚劫，伤毙多命，请分饬营县缉凶究办等情，具呈到部。当批：呈悉。据称理教乡著匪霍九等伙党，焚劫伤毙多人，实属凶悍已极。仰候分令南、番、东、顺、香①剿匪司令暨南海、顺德两县，迅即严缉本案赃匪，务获究给②具报，此批在词③。除批揭示暨分令外，合将原呈抄发。仰该司令即便遵照批开事理，从速妥办具报毋违。切切。此令'等因。遵即饬令李、黄两旅长遵照办理。去后，本月二日，据第十七旅旅长李群呈称：案奉钧部令开，奉粤军总司令部训令开：理教匪徒焚劫、伤毙贺丰廖姓屋宇、财物、人命一案。后开：仰即遵照切实办理，毋稍玩延为要等因。至一月二十七、八等日，选据贺丰著民廖远在等来部报称：连日霍九等纠集外匪百数十人，意图作第二次洗劫。民乡乞派大队围剿，以安良懦等情。职当即先行知会黄旅长相、邓县长雄，饬令李营长建宏率领张连长文俊所部兵士共百余人，驰往理教乡查办。去后，现据李营长呈称：职部于本月一日拂晓，甫抵理教村前，即有匪党多人放枪先击我军，势甚凶悍。我军奋勇前进，奈为河水阻隔，不能飞渡。该乡形势险要，均为匪徒预先握守，且枪械亦非常犀利。旋查确著匪张歪嘴裕、罗布等党羽约数百人潜聚乡内，致有如此剧烈抵拒。此次围捕相持竟日，伤毙匪党多人。我军伤兵士七名，毙四名，伤排长一员，失去七九枪四杆，请拨大队及加派大炮前来援助等情。据此，窃查霍九等召集著匪张歪嘴裕、罗布等党羽数百

---

① 南、番、东、顺、香即广东南海、番禺、东莞、顺德、香山五县。

② "究给"应为"究办"。

③ "在词"应为"在案"。

人抗拒围捕，声势浩大。伤毙我官兵多人，非严行剿办何以寒匪胆而靖地方。惟该乡环海，形势险要，施以炮击又恐玉石俱焚；若持放任主义，势必至养痈贻患，亦殊非保护地方之计。究应如何办理之处，理合据情呈报钧座察核，指令祗遵，实为公便等情前来。职军长以劫匪霍九等，召集著匪张歪嘴裕、罗布等党羽数百人，潜聚乡内，抗拒围捕，伤毙官兵多人，声势浩大，竟至军队不能进村搜捕，可谓凶悍已极。当将一切详情呈报许总司令察核在案。仍在候令办理之际，复据廖耆芳等呈称：理教乡匪徒近日愈聚愈众，四出掳劫，横行无忌，并挟民等呈控之嫌，声言寻仇报复，再来焚劫。乞即加派大队将匪党缴械击散，以安良善等情。及据探报称：张裕、罗布等匪仍聚理教乡内，愈聚愈众等语。职军长以该匪等伙党抗拒围捕，伤毙官兵，仍复愍不畏法，胆敢号召党羽凭险自固。当此东江军事紧急之际，诚恐养痈贻患，设想何堪。迫得饬令李旅长群就近派拨驻防官山部队，并知会黄旅长相前往相机剿办。去后，兹据李旅长呈称：理教乡匪徒抗拒围捕，伤毙我军官兵一案，职遵奉钧令即饬赵团长承烈、罗团长家驳各率所部共四百人，另派员前往知会黄旅长协同会剿。去后，兹据赵、罗两团长报告称，我军于十一日午前八时行抵牛墟附近，匪等分踞碉楼丝偈及散布乡外各要隘，先行射击我军。我军屡次冲锋，为深涌阻隔，不能前进，相持三四小时，匪等极力抵抗，势转剧烈，请示办法等情前来。职旅长据报后，当即加派大炮一门前往协助。旋据赵、罗两团长报称：我军与匪战至正午十二时，匪仍据险顽抗，当堂轰毙我兵士数人。迫不获已，乃下令发炮扑灭碉楼丝偈。匪等见险要已失，无可凭借，始相率向乐从方面逃窜，仅在丝偈内拿获嫌疑匪犯黄国华等四名。是役阵亡兵士八名，伤十二名。匪党亦有伤亡。理合将是日围捕情形及获犯黄国华等呈解钧部核办等情。据此，除派员讯明黄国华等，分别办理，另文呈解外，理合据情转呈察核，并派赵团长回省面陈一切，伏候训示各等情。此职军长办理此案之始末情形也。伏查李旅于本月一日前往该乡围捕，因匪党踞险抵抗，枪械犀利，乡之四围均有深涌环绕，匪党弹密如雨，以致未能冲锋进乡。剧战数时，附近乡邻共闻共见。讵该乡农民协会歌日、虞日等邮电竟捏称李旅打入乡中，逐家搜劫，失去财物、衣服、首饰不下十余万，颠倒事实，无非欲借此以卸其聚匪拒捕之罪。至张歪嘴裕、罗布等系南、顺一带掳劫积匪，犯案累累，不可胜数。该处绅耆曾悬赏数千金购缉。

去年冬截劫来往官山省城"维瑞"电轮，轰毙西人二名，尤为猖獗之极。该匪以职部踩缉严密，无地容身，乃啸聚党羽，瞒请滇军保旅长荣光准予投诚，充当民军首领，仍复四出骚扰。该匪党羽顷被职部击散，附近乡邻罔不额手相庆。窃思此次理教霍九、霍容等因总司令部查缉有案，乃召集张、罗两匪以图自卫。而张、罗两匪又因职部踩缉严密，乃利用军籍，借势对击我军以为快意。该乡农民自知召匪拒捕，伤毙官兵，恐贻重祸，于是捏造事实，随处呼冤，实欲借词以为卸责地步。要之，理教霍九等焚劫查缉有案之匪，张裕、罗布等系著名掳劫迭缉未获之匪。该乡农民乡中有匪不能解办，内匪纠集外匪抗拒围捕，事前既不报缉，临事亦不制止，及至酿成拒捕伤毙官兵重案。仍复伪造事实，希图卸罪。其愚可怜，而其罪实无可原。职军长典兵十年，对于桑梓乡邻，素持爱护主义，何况农民协会多属本党同志，何致故为仇视而偏与之为难。奉电前因，理合将办理本案始末情形呈复帅座，恳请饬令该乡农民协会将劫匪霍九等解案究办，并请令饬滇军保旅长查明罗布等匪曾否准予投效，迅将该匪所部缴械遣散，地方幸甚"等情前来。除指令"呈悉。候令行国民党农民部长及滇军总司令分别饬遵可也。此令"印发外，合行令仰该部长、总司令即便遵照办理。切切。此令。

（中华民国陆海军大元帅之印）

中华民国十四年二月十八日

据《大元帅训令第五三号》，载广州《陆海军大元帅大本营公报》第五号，一九二五年二月二十日

着黄子聪审计处处长林翔清查财政部收支数目令

（一九二五年二月十九日）

大元帅训令第五六号

　　令大本营秘书黄子聪、大本营审计处处长林翔

　　为令遵事：据财政委员会主席委员胡汉民、古应芬呈称："窃于本月十日第七十六次常会时承准大本营财政部长提议：派员清查各机关收支数目，以便公布一

案。当议决由会呈请大元帅派员协同审计处先行清查财政部收支数目后，再由财政部委员会同清查大本营、广东省长公署及广州市政厅所辖征收机关，并大本营及广东省长公署所辖各司法机关收支数目，列表公布，以示财政公开之意等因在案。除汇录议案呈报察核备案外，理合专案呈请钧座鉴核施行，并乞指令祗遵，实为公便"等情。据此，除指令准如所议施行并分令外，合并令派该秘书即便协同大本营审计处先行清查财政部收支数目，大本营秘书黄子聪协同该处先行清查财政部收支数目①，仰该处长即便遵照，协同清查，随将办理情形分别具报查核，是为至要。此令。

（中华民国陆海军大元帅之印）

中华民国十四年二月十九日

据《大元帅训令第五六号》，载广州《陆海军大元帅大本营公报》第五号，一九二五年二月二十日

饬余和鸿从二月十一日起所有暂留前方参谋参军两处人员每月薪津暨军需总局经费统由该司分别照案发给令

（一九二五年二月十九日）

大元帅训令第五八号

令大本营会计司司长余和鸿

为令遵事：案据大本营军需总局局长罗翼群呈："以现韶州大本营虽告结束，惟前方参军、参谋两处每月薪津及职局经费，每日由盐运使署拨付之一百六十元，现经奉令改解大本营会计司核收。应请由本月十一日起将前方参军、参谋两处每月薪津及职局之经费，令饬该司分别给领，照案办理"等情。除指令外，合行令仰该司长遵照，从本月十一日起，所有暂留前方参谋、参军两处人员每月薪津暨

---

① 此句似属衍词。

大本营军需总局经费，统由该司分别照案发给。切切。此令。

（中华民国陆海军大元帅之印）

中华民国十四年二月十九日

据《大元帅训令第五八号》，载广州《陆海军大元帅大本营公报》第五号，一九二五年二月二十日

批罗翼群请将前方参军参谋两处薪津
及该局经费饬会计司分别发给呈

（一九二五年二月十九日）

大元帅指令第一三七号

令大本营军需总局局长罗翼群

呈请由本月十一日起将前方参军、参谋两处薪津及该局经费饬会计司分别发给，并拟恳将该局裁撤归并北伐军总部或会计司办理由。

呈悉。所有暂留前方参军、参谋两处人员应领薪津及该局经费，已令饬会计司分别照案发给。现在军事未终，军需重要，自应赓续办理。所请将该局裁并各节，着勿庸议。此令。

（中华民国陆海军大元帅之印）

中华民国十四年二月十九日

据《大元帅指令第一三七号》，载广州《陆海军大元帅大本营公报》第五号，一九二五年二月二十日

批胡汉民古应芬议决派员清查各机关
收支数目请鉴核施行呈

（一九二五年二月十九日）

大元帅指令第一四一号

令财政委员会主席委员胡汉民、古应芬

呈报议决派员清查各机关收支数目，请鉴核施行由。

呈悉。准如所议施行。已令派大本营秘书黄子聪协同审计处先行清查财政部收支数目矣。仰即知照。此令。

（中华民国陆海军大元帅之印）

中华民国十四年二月十九日

据《大元帅指令第一四一号》，载广州《陆海军大元帅大本营公报》第五号，一九二五年二月二十日

着杨希闵完全取消该军独立旅勒令
商民黄奕楠所签字据并出示发贴
黄祥华店内以安商业令

（一九二五年二月二十日）

大元帅训令第五九号

令建国滇军总司令杨希闵

为令饬事：据广州商号黄祥华店东黄伯臣呈称："窃民父黄奕楠被滇军独立旅部杨旅长拘留，旋奉滇军总部令行提释。该旅长奉令后，知计不得逞，复缮备字据洋洋千言，迫令民父签名据内。民父惊惶过度，年老心忙，急图脱身，所签字据内幕若何至今懵然。该旅部架祸有心，仍恃得有迫签字据，犹复派兵驻店，未允罢休。幸蒙杨总司令洞察隐衷，立饬撤退驻兵，复回营业。仰见爱护人民，保全商务，五中感激，莫可言宣。无如是非已白，疑案未消，究竟当日旅部勒签字据用意奚若，至今思之不寒而栗。若不迅予吊消，后患堪虞。况民店黄祥华在市开业数十余年，商场贸易早著信用，疑案所关，影响极大。用特具呈，呈请帅座令行滇军总司令准予销案，并出示发贴民店，以安商业而定人心，无任感激待命之至"等情。据此，查此案该总司令办理本甚得宜。惟该商以字据未销，虑成后患，亦有不得已之苦。据呈前情，合行令仰该总司令即便遵照，将当日旅部勒令黄奕楠所签字据完全取销，并出示发贴该黄祥华店内，以安商业。仍具报查核。

切切。此令。

（中华民国陆海军大元帅之印）

中华民国十四年二月二十日

据《大元帅训令第五九号》，载广州《陆海军大
元帅大本营公报》第五号，一九二五年二月二十日

着古应芬如数拨交建国桂军总司令部
故代团长刘策应得恤金四百元
转给该故员亲属具领令

（一九二五年二月二十一日）

大元帅训令第六十号

令大本营财政部长古应芬

为令饬事：据建国桂军总司令刘震寰呈称："窃前据职军警卫团长刘震华呈请赠恤已故代团长刘策一案，业经据情转呈睿鉴核示在案。除原文有案邀免冗录外，旋准大本营军政部衡字第一五五号咨开：案查贵总司令呈请赠恤所部警卫团已故代团长刘策一案，前奉大元帅发交本部核议。拟请追赠陆军上校，仍照《陆军战时恤赏章程》第六章积劳病故例，按第四表给予中校恤金，具文呈复大元帅核示在案。兹奉指令内开：呈悉。准如所拟追赠给恤。仰即知照。此令等因。奉此，相应咨达，请烦查照为荷等由到部。当经咨请该部查照，迅将该项恤金发给下部，以便转给。去后，至今数月未准咨给。查该故代团长家属今尚羁留在粤，状殊窘寒。迭据该故员家属陈情恳切，实堪悯悼不已。冒渎钧听，仰祈俯赐令由广东财政厅查照军政部议照《陆军战时恤赏章程》第六章积劳病故例，按第四表给予中校一次恤金四百元，俾便转给该故员亲属具领，运柩回籍安葬，以慰忠魂。是否有当，伏候指令祗遵"等情。据此，除指令外，合行令仰该部即便遵照，将该故代团长刘策应得恤金四百元，如数拨交建国桂军总司令部转给该故员亲属具领。

切切。此令。

（中华民国陆海军大元帅之印）

中华民国十四年二月二十一日

据《大元帅训令第六十号》，载广州《陆海军大元
帅大本营公报》第六号，一九二五年二月二十八日

饬妥为办理维瑞商船枪击滇军士兵事件令

（一九二五年二月二十一日）

大元帅训令第六一号

令大本营外交部长伍朝枢

为令饬事：据建国滇军总司令杨希闵呈称："案据职军兵站部长张鉴藻呈称：'本月十五日午后八时呈准令派警卫第一大队第三中队长杨烈，率武装士兵解运军需物品运赴前方，讵料船到河边，有维瑞商船见本部兵士携带武器，误认为来封彼船，突开枪轰击，击毙我军士张汉贤、陈太平、余汉卿等三名，除张汉贤外，余二名尸身均沉入水中。又伤兵士魏正家、李雄、黄云、田中和等四名，势极沉重，恐亦不起。并抢去快枪四支，排长李家宝危迫跳入水中，赖电船救护未死。据跑回兵士来报，当即派队援救，并请公安局队伍协缉。讵队伍未到，而该商船自知理屈，畏罪远扬。拟请通令严缉，并赏恤伤亡兵士，以惩凶暴而雪冤抑'等情前来。复据警卫大队长李柱呈同前情，当即一面派队绕道截缉，一面派职部副官长龚义方到肇事地点切实调查，据复无异，并称该船暗藏武器甚多，居心叵测，怙有洋人护符，以为人莫予毒，藐国法如弁髦，视人命如草芥，实属凶顽乐祸，胆大妄为，亟应严行惩究，以伸国法等情。据此，除通令暨咨行协缉外，理合呈请钧座俯赐令行各军，将该'维瑞'船主通缉究办，以张国法而伸冤抑，并饬外交部向沙面领事团交涉，禁止洋商不得庇护我国此等逞凶奸商，以免军民互斗，滋生事端，深为公便"等情。据此，除指令候令外交部妥为办理外，合行令仰该

部即便遵照办理。此令。

（中华民国陆海军大元帅之印）

中华民国十四年二月二十一日

据《大元帅训令第六一号》，载广州《陆海军大元
帅大本营公报》第六号，一九二五年二月二十八日

批总司令刘震寰请发给已故代团长刘策恤金呈

（一九二五年二月二十一日）

大元帅指令第一四二号

令建国桂军总司令刘震寰

呈请发给已故代团长刘策恤金由。

呈悉。已令饬财政部发给矣。仰即知照。此令。

（中华民国陆海军大元帅之印）

中华民国十四年二月廿一日

据《大元帅指令第一四二号》，载广州《陆海军大元
帅大本营公报》第六号，一九二五年二月二十八日

批古应芬奉令查核大理院长吕志伊呈请
划拨大市街旗产抵充院费一案情形呈

（一九二五年二月二十一日）

大元帅指令第一四三号

令大本营财政部长古应芬

呈复奉令查核大理院长吕志伊呈请划拨大市街旗产抵充院费一案情形由。

呈悉。候令行大理院知照可也。此令。

（中华民国陆海军大元帅之印）

中华民国十四年二月二十一日

据《大元帅指令第一四三号》，载广州《陆海军大元
帅大本营公报》第六号，一九二五年二月二十八日

批杨希闵枪决掳犯高秩可白云鹏请备案呈

（一九二五年二月二十一日）

大元帅指令第一四五号

　　令广州市联军军警督察处督办杨希闵

　　呈报枪决掳犯高秩可、白云鹏，请备案由。

　　呈悉。准予备案。此令。

（中华民国陆海军大元帅之印）

中华民国十四年二月二十一日

据《大元帅指令第一四五号》，载广州《陆海军大元帅大本营公报》第六号，一九二五年二月二十八日

批杨希闵请通缉维瑞船主并饬外交部
向领事团交涉呈

（一九二五年二月二十一日）

大元帅指令第一四九号

　　令建国滇军总司令杨希闵

　　呈请通缉维瑞船主并饬外交部向领事团交涉由。

　　呈悉。候令外交部妥为办理可也。此令。

（中华民国陆海军大元帅之印）

中华民国十四年二月二十一日

据《大元帅指令第一四九号》，载广州《陆海军大元帅大本营公报》第六号，一九二五年二月二十八日

命程潜将黄文高追赠给恤并崇祀湖南烈士祠令

（一九二五年二月二十四日）

大元帅训令第六五号

　令大本营军政部长程潜

　　为令遵事：据建国军滇军总司令杨希闵呈称："案准焦达人、徐绍桢等函开：窃以报国捐躯，固志士救亡之本旨；而昭忠追祀，实国家扬善之良模。所以效死者得妥英灵，生者愈知其感奋也。兹有黄公文高，号星耀，籍属湖湘之浏阳县。生而颖异，长负奇节，里有纠纷者，得公至一语则立解，其见重于乡望也如此。好观史鉴，每览祖士雅〔稚〕击楫之壮、文信国殉难之烈，慨然曰：如是不愧华胄之人民也。当时丁红羊之后，清慈禧后垂政，凡防汉族之再起者日益密，而次蹶兴之志士，其沦胥者日益甚。公研思振兴汉族之道，日夕焦谋，不得其策。每当其义忿不可遏止之时，其驱满革命之辞，多流露于言表。闻者多骇然掩耳而避，盖惧涉法网以罗系之也。公于是叹秦政之专酷，悲华胄之沦伏，乃感忆博浪椎击之不成，留侯不遇圯上老人，慎行忍性，韩仇安可复乎。遂乃刻意励行，翩然改辙，思所以成其志。清光绪中叶，投身江南营伍，以精敏沉毅之材，擢至江浙提标副营营官。公至是手绾兵符，革命之念，日益奋发。丁未岁清光绪三十三年，公乡人焦君达峰至海上谋义举，知公夙为同志，乃介绍入同盟会。戊申岁三十四年正月，公担任运动江浙盐帮，民军首领夏重民、余孟亭等于江浙交界等处发难，意在与焦君等联合倾陷金陵，取为根据，以为号召推倒清廷。讵事机不密，为满督端方侦悉，警戒江宁，并檄调江浙等处之兵兜围松江、嘉兴、太湖等发难义军。以众寡悬殊，夏、余迭遭挫败，退至松属枫泾，部属悉行击散。二月，夏、余被逮，抄获公给之革命证书及接济子弹之证据，于是满督转饬提署之缇骑至矣。三月八日，公得密音，知事败露，乃笑曰：我为种族忘身，实余平生素志，惟所愿未伸，系余遗恨，岂能囚首待系，俾满奴辈以升官之大欲乎。九日晨，咽服生金，凄然长逝于任所，亡年四十九岁。弥留时遗书嘱其长子炳荣曰：我为种族革命殒身，惜志未偿，汝当继之以成。惟覆巢之下，安容完卵，宜速遁沪上，待机以成予未竟之志，斯为孝矣。是时其长君炳荣已充江南提标营教练官，随军枫泾。得父书，遵即潜遁。其家属幸得刘提督刚才、余游击质斌设法以保全之，公之坟墓现尚厝松江松堤之侧。公于殉难之事，松江提署府县均有案可稽。呜呼，公于革命之志未竟，室家经已倾覆，其次三两子迩时尚幼，孤孀薄祜，远滞异乡，曩目击其凄怆之状者，莫不心酸隐痛，慨其义烈之行。而公因悲种族之沦胥，起谋革命，颠覆清廷，以至身丧家倾之事实也。其长君炳荣遁沪，后思继父志，遂奔走宁、鲁、湘、闽、粤各省军界，历充光复军敢死队队长、山东中华革命军东北军第五部队部长、湘东义军第一支队副司令、十年北伐讨贼军第六路第四梯团长、闽省讨贼军第七路指挥官，现任滇军、湘军总部谘议官。公次子炳南，毕业粤军第二军教导团，充滇军兵站中队长。三子英杰毕业滇军干部学校，充滇军第二军排长等职务，均著劳绩。屡思上书一呈乃父为国捐躯义烈之事，因以职既非崇，而昔知执友又各远隔一方，以致公之义烈久湮而未彰。今达梯、达人等多系当年昔于闻见之人，重以公长君炳荣之请，窃以国家有褒扬之典，而公殁未蒙奖祀之荣。今政局既趋和平，达梯、达人等谊同袍泽，不忍湮汨公昔蹶谋汉族殒身之志节，谨将公当日之殉难缘由，用特函请贵总司令查照，准予备案，敬请转呈大元帅核准，按照《民国烈士殉国例》议恤褒扬，并请转咨湖南省政府备案，将黄公文高名讳送湖南省烈士祠崇祀，以慰忠魂，而昭激劝，并附黄公文高遗像一纸等由。准此，理合备文呈请帅座鉴核，俯准案照《民国烈士殉国例》褒扬，并请转知湖南省政府备案，将黄公文高送入湖南烈士祠崇祀，以慰忠烈，而资鼓励"等情。据此，除指令"呈悉。查此案曾由湘军总司令呈请褒扬，经军政部议复，已照准追赠黄文高以陆军中校，并给予中校恤金矣。所请转知湖南省政府备案，并崇奉湖南烈士祠一节，候再令饬军政部转行知照可也。此令"印发外，合行令仰该部长即便遵照，将黄文高殉难事迹追赠给恤案由，分别转行湖南省政府备案，并崇祀湖南烈士祠，以彰义烈，而示来兹。此令。

（中华民国陆海军大元帅之印）

中华民国十四年二月廿四日

据《大元帅训令第六五号》，载广州《陆海军大元帅大本营公报》第六号，一九二五年二月二十八日

批程潜请追赠黄文高以陆军中校
并给予中校恤金呈

（一九二五年二月二十四日）

大元帅指令第一五〇号

令大本营军政部长程潜

呈覆拟请追赠黄文高以陆军中校，并给予中校恤金，以昭义烈由。

呈悉。准如所拟追赠黄文高以陆军中校，并给予中校恤金。仰即知照。此令。

（中华民国陆海军大元帅之印）

中华民国十四年二月廿四日

据《大元帅指令第一五〇号》，载广州《陆海军大元帅大本营公报》第六号，一九二五年二月二十八日

批杨希闵请褒扬黄文高并崇奉湖南烈士祠呈

（一九二五年二月二十四日）

大元帅指令第一五二号

令建国滇军总司令杨希闵

呈请准照民国烈士殉国例褒扬黄文高，并请转知湖南政府备案，并崇奉湖南烈士祠由。

呈悉。查此案曾由湘军总司令呈请褒扬，经军政部议复，已照准追赠黄文高以陆军中校，并给予中校恤金矣。所请转知湖南省政府备案，并崇奉湖南烈士祠一节，候再令饬军政部转行知照可也。此令。

（中华民国陆海军大元帅之印）

中华民国十四年二月廿四日

据《大元帅指令第一五二号》，载广州《陆海军大元帅大本营公报》第六号，一九二五年二月二十八日

饬迁让番禺学宫以备广东大学修整宿舍令

（一九二五年二月二十五日）

大元帅训令第六七号

　　令建国湘军总司令谭延闿

　　为令遵事：据国立广东大学校长邹鲁呈称："案查番禺学宫拨定为职校学生寄宿舍，业于去年六月间呈请钧座第六一六号指令内开：呈请指拨番禺学宫堂屋为大学学生寄宿，并令行驻在军队迁出等语由，呈悉照准。候令行广东省长转饬广州市政厅、番禺县分别遵照备案，并令行谭总司令、卢军长即将该部所驻堂屋让移，以备各生寄宿可也。此令。等因在案。查番禺学宫西边乡贤祠、日新斋、节孝祠等房屋，前经中央直辖第三军所部驻扎，由职校向卢军长磋商，遵令让移归为职校学生寄宿舍，本拟即行动工修整，因湘军所驻学宫中座一时尚未让出，故暂延搁。现查湘军病院经已迁出，而湘军讲武堂又设在学宫中座，并连同前卢军长所部驻扎学宫西边之乡贤祠、日新斋、节孝祠等处已让移为职校宿舍，一并占驻，致职校不能修葺，殊非我大元帅兴学育才之至意。谨将湘军讲武堂占驻前卢军长所部驻扎学宫西边之乡贤祠、日新斋、节孝祠等处已让移为职校宿舍情形，理合备呈请钧座察核，迅予令行湘军总司令转饬湘军讲武堂遵照，先将学宫西边乡贤祠等处让还职校修整，以维教育。仍候指令祗遵"等情。据此，除指令"呈悉。候令行湘军总司令转饬克日迁让，以备该校修整宿舍可也。此令"印发外，合行令仰该总司令即便转饬遵照尅日迁让，以维教育。切切。此令。

　　　　　　　　　　　　　　　　（中华民国陆海军大元帅之印）

　　　　　　　　　　　　　中华民国十四年二月二十五日

　　　　　据《大元帅训令第六七号》，载广州《陆海军大元帅大本营公报》第六号，一九二五年二月二十八日

饬开用专车应遵照《军人乘车办法》规定办理令

（一九二五年二月二十五日）

大元帅训令第六八号

令大本营军政部长程潜、北伐军总司令谭延闿、建国滇军总司令杨希闵、建国湘军总司令谭延闿、建国粤军总司令许崇智、建国桂军总司令刘震寰、建国第一军军长朱培德、建国第二军军长柏文蔚、建国第军军长刘玉山、建国北伐第三军军长胡谦、建国豫军第二师师长陈青云、建国赣军司令李明扬、广东警卫军司令吴铁城

为令饬事：据管理粤汉铁路事务林直勉呈称："呈为呈请事：案查职路前以各部队动辄借口军事强迫开用专车，以致耗费既多，窒碍尤甚。曾请嗣后如无该部最上级长官正式命令，不准专开，呈请分令遵照一案，业奉帅座第七四号指令，准予令行军政部通知各军队长官饬属一体遵照等因。乃日久玩生，仍有强迫专开或无票乘车情事，昨经拟具《军人乘车办法》，其第一条声明：凡开专车，须由大本营或各军总司令以正式印文或电报详叙开往地点、开车时刻及官兵、伕役数目，有无行李若干，方能照开等语。呈奉帅座第一四号指令照准，仰候通令各军一体遵照等因各在案。现据车务处转据韶州郭段长电称：今晚大本营徐副官由韶州开用专车返省，约历二十一点钟，站长布告将本月十七号应行第十一次车取消，因无多余机车，故将行十一次之机车移用等语。查开用专车，原为迅赴戎机起见，自不能无故滥开，计开用一次，约耗费煤炭三百六十元，机油杂项六十元，夜间开行专车，则更须补发二十五处之车站全部薪工三百余元，设若漫无限制强迫滥开，则职路现状益形难支。倘于日间开用专车计，其损失更大，如此次徐副官开用专车一次，是日十一次客货列车因而停上，综其所受损失，已达三四千元，内以四成拨支军饷，是政府方面亦损失不少。伏查职路收支已难适合，若长此以往不予限制，不独职路因而破产停车，而于奉令提拨之款势必无着，复影响于正当军事运输尤大，职心所谓危，难安缄默，理合具文呈请帅座鉴核，伏恳切实另行妥定开用专车办法，通令各机关转饬所属一体遵照。至此次徐副官强迫开行专车，职路并未奉有帅座命令，前项损失应否着令赔偿，并以后开用专车所需一切费用，

务恳明白规定，准在每日所提四成车利款内提回一半，以资弥补，庶路政军车均可维持。是否有当，仍候示违"等情。据此，当经指令"呈悉。以后凡开用专车，均应遵照《军人乘车办法》第一条规定办理，如无大本营或各军总司令正式印文或印电，无论何人，均不得强迫开用专车，违者准由该管理指名呈请究办，仰候通令各军转饬所属一体遵照。至以后如何部开用专车，所需一切费用，准即在该部应领所提四成车利内提回一半，以资弥补。至徐副官开用专车事，在《军人乘车办法》未实施以前，姑且免赔损失，合并饬知。此令"等语。除指令印发并通令外，合行令仰该部长即便转饬所属一体遵照。切切。此令。

（中华民国陆海军大元帅之印）

中华民国十四年二月二十五日

据《大元帅训令第六八号》，载广州《陆海军大元帅大本营公报》第六号，一九二五年二月二十八日

批邹鲁请迅令湘军总司令转饬湘军讲武堂遵照先将番禺学宫西边乡贤祠等处让还该校修整以维教育呈

（一九二五年二月二十五日）

大元帅指令第一六二号

令国立广东大学校长邹鲁

呈请迅令湘军总司令转饬湘军讲武堂遵照先将番禺学宫西边乡贤祠等处让还该校修整，以维教育由。

呈悉。候令行湘军总司令转饬克日迁让，以备该校修整宿舍可也。此令。

（中华民国陆海军大元帅之印）

中华民国十四年二月二十五日

据《大元帅指令第一六二号》，载广州《陆海军大元帅大本营公报》第六号，一九二五年二月二十八日

批林直勉请切实规定开用专车办法呈

（一九二五年二月二十五日）

大元帅指令第一六三号

令管理粤汉铁路事务林直勉

呈请切实规定开用专车办法，并恳以后开用专车所需费用准在政府所提四成车利内扣回一半，以资弥补由。

呈悉。以后凡开用专车，均应遵照《军人乘车办法》第一条规定办理，如无大本营或各军总司令正式印文或印电，无论何人，均不得强迫开用专车，违者准该管理指名呈请究办，仰候通令各军转饬所属一体遵照。至以后如何部开用专车，所需一切费用，即在该部应领所提四成车利内扣回一半，以资弥补。至徐副官开用专车，事在《军人乘车办法》未实施以前，姑准免赔损失，合并饬知。此令。

（中华民国陆海军大元帅之印）

中华民国十四年二月二十五日

据《大元帅指令第一六三号》，载广州《陆海军大元帅大本营公报》第六号，一九二五年二月二十八日

批林直勉修理该路枕木等项需款甚巨请继续办理
前准董事局议决加收二成车利之期
以此款拨作购料修路之用呈

（一九二五年二月二十六日）

大元帅指令第一六四号

令管理粤汉铁路事务林直勉

呈报修理该路枕木等项需款甚巨，请继续办理，前准董事局议决加收二成车利之期，以此款拨作购料修路之用，请察核示遵由。

呈悉。准予继续加收二成车利，即以该款储为购料修路之用可也。此令。

（中华民国陆海军大元帅之印）

中华民国十四年二月二十六日

据《大元帅指令第一六四号》，载广州《陆海军大元帅大本营公报》第六号，一九二五年二月二十八日

饬将占用电线归还嗣后务须遵照制定线路办理令

（一九二五年二月二十七日）

大元帅训令第七四号

令建国滇军总司令杨希闵、建国桂军总司令刘震寰、建国粤军总司令许崇智、陆军军官学校校长蒋中正

为令饬事：据广东电政监督兼广州电报局长黄桓呈称："窃自我军进攻东江，肃清广九铁路后，职署即派员工将广九铁路各电线修理，业经陆续修妥恢复交通。现据石龙电报局马电称：查广州至石龙一线系本局用，二线系桂军用，三五两线系大本营用，四线系粤军用；至石龙到香港之一线系粤军用，二线系桂军电报用，三线系桂军电话用；除各军借用，已无广港直达线，乞通知各军取回，俾得将线放直等情。据此，查敌军败退时，将电线电杆破坏几尽，职署几经艰难，竭力筹措，耗巨额之材料，需多日之工程，始行修复。诚以省港电报不通，则地方商务影响甚大，公私交受其困，今幸修复，得便中外之交通，而帅座北京行辕与广州大本营及省署来往电报，亦不至如前迟滞。乃各军队只图一方之便利，将职署电线自行占用，以至各方交通皆为窒碍，若不定一统筹兼顾之办法，则电局与各军双方均属无益。现惟有仍照前时办法，指定广州至石龙之第三、五线拨归大本营应用，第一、二、四线留为电局所用；又石龙至深圳之第三线拨与军队应用，第一、二线留为电局所用；如是则各军与前方相通电话可由大本营电信队总机转驳，自于双方无碍，拟请帅座通饬各军查照办理"等情。据此，查所拟办法，于各方交通均能兼顾，除指令并通令外，合行令仰该总司令、校长即便转饬所部一体遵照，将自行占用电线交还电局，以后通电，务遵该监督指定线路办理，以免妨碍

交通。切切。此令。

（中华民国陆海军大元帅之印）

中华民国十四年二月二十七日

据《大元帅训令第七四号》，载广州《陆海军大元
帅大本营公报》第六号，一九二五年二月二十八日

饬撤销砖瓦炉泥运输保护处停止抽费以恤商艰令

（一九二五年二月二十七日）

大元帅训令第七五号

令广州卫戍总司令杨希闵

为令饬事：据广州总商会会长邹殿邦、副会长胡颂棠呈称："呈为藉名保护重抽害商据情转恳令行撤销仰祈睿鉴事：窃据承办广、肇、惠三属红砖瓦窑台炮经费协成公司商人李彬具词投称：现准广州省河砖瓦炉泥运输保护处函开：查保护处之成立，系据窑商前以河道梗塞，盗匪蔓延，有碍窑业前途，呈奉广州卫戍总司令核准，并令行教导团遴委梦尘为处长在案。自维才菲能鲜，膺兹艰巨，陨越堪虞，第关为国卫商，虽历劳怨亦在不计，故于奉委后将设处任事、启用钤记及拟订保护收费简章各由，次第呈奉核准公布商民一体知照。惟此项保护费系抽自制造砖瓦烬泥之生科，并非抽诸熟砖者。查贵公司所办之台厘，乃于砖瓦烧熟之后，售出时然后有抽出门之台厘，其中各公司之有名义略同而性质显异，但是收费之手续，照本处规定，乃系托交窑店代为收取者。所采办法，不知内容者，最易疑为与贵公司之经费有互相抵触及损碍重收之处，际此国家多事之秋，难保无奸宄潜伏，希图破坏治安及扰惑人心之辈，稍一不慎，必至枝节横生，两方皆蒙不利，不得不郑重声明贵公司知悉。本处系奉宪令受商民之请而设，无非使盗匪销声，民安衽席，以仰副层宪除暴安良之至意。敝处除派队及兵轮分巡各河道，对于制造生砖瓦炉工场并运载船只认真保护外，兹特函达贵公司查照，希勿误会，实纫公谊等由前来。查敝行砖瓦原料，系以泥质制成，原有台炮经费每两抽银五分，去年四月间又奉加五征收，抽收之数，此别行为最重；又查该保护处收费简

章第二条，无论系何种商人制成之物，届查验时标准，系以各窑内窑炉大小之容量，及出口推算为征收标准。又第三条声明，凡物之多少大小，悉照重量伸算，但重量指未经烧熟者为标准各等语。是该处定章，显系收抽生货，谓非重抽，何以内解。年来敝行窑户迭受兵燹、盗贼、水灾种种损失，商务衰落，不堪言状，现各属窑户投称，均谓重征聚敛，情实不甘，人有歇业罢工之意，若果成为事实，不特敝公司饷源有碍，且牵累制砖工人逾万失业，似非政府体念劳工卫饷恤商之至意。且前伏读大元帅通令禁止各军勒收保护费有案，现该处声明抽收保护费，实与帅令显有抵触，理合投请贵总会迅予据情转请省长暨财政厅长咨会广州卫戍总司令，将核准立案之砖瓦炉泥运输保护处撤销，以免重征而碍饷源等情。计粘广州省河砖瓦炉泥运输保护处布告一纸前来。查砖瓦炉营业，原以泥质制成样胚，再行烧熟乃成出品，其未熟时所谓生货，即窑业家所称砖坯，不足成为用品，与他种之生熟品物有别，实无抽费之可言，今以保护为名，抽及砖瓦炉泥，按之禁止勒收保护费之帅令显相违背。且查该保护处布告后，列抽费简章内载，以各窑店窑炉大小之容量之出品推算为征收标准等语，是表面上虽抽自生货，实际上仍征之窑户，未免重抽害商，据投前词，所抽保护费既属商情未协，自未可违令强抽，致滋苛扰。理合据情转陈帅座察照，迅赐令行广州卫戍总司令转饬该处长，立将砖瓦炉泥运输处撤销，勿得抽费，以恤商艰，而符通令，仍恳指令饬知，实叨德便"等情。据此，查各军勒收保护费，早经通令禁止，据呈前情，亟令仰该总司令即将所设广州省河砖瓦炉泥运输保护处撤销，停止抽费，以恤商艰，仍将遵办情形报查。切切。此令。

（中华民国陆海军大元帅之印）

中华民国十四年二月二十七日

据《大元帅训令第七五号》，载广州《陆海军大元帅大本营公报》第六号，一九二五年二月二十八日

饬裁撤联军总指挥部及军政部所辖医院令

（一九二五年二月二十七日）

大元帅训令第七六号

令广东省长胡汉民

为令遵事：据兼广东财政厅长古应芬呈称："呈为呈请事：窃照军事病院原为疗治伤病之所，惟病兵实数，每难稽核。其属于各军者，尚有该军长官监督，流弊尚少，其属于公共者，每多有名无实之弊。似应分别裁撤，以纾财力而节虚糜。查联军务病院，经已陆续裁撤收束，现尚存在者，加联军医院及野战病院，统计病兵不过百余人，每人每日伙食、医药等照二毫半算，不过百元，便足支配，乃现在每日须支发二百元；又军政部陆军病院，除死者已殓埋，愈者陆续出院及资遣回籍外，现时留医者不满二百人，计每日约支百元，已属有盈无绌，乃现在每日仍要求请发二百二十元。以日计之，为数虽微，累月计之，其数颇巨，当此库款奇绌，罗掘几穷，苟有可裁节之方，似宜设法裁节，以免政府为难。厅长查各军多设有后方病院。用敢据实陈明，拟请大元帅令行联军总指挥部及军政部，饬令将所辖医院于三月十日前一律裁撤，并由大本营指派副官前往各医院，将所有伤兵分送各军后方病院，如各军后方病院不能容纳时，则分送市立医院，或公医院收养疗治，所需医药等费，由市立公医等院逐日按名到厅请领，庶病兵既得所医调，而公家亦可稍节糜费，不无裨益。是否有当，仍候察核令遵"等情前来。查核厅长所呈各节，尚属实情，应予照准。除分令联军总指挥部及军政部遵照办理外，仰该省长即转饬该厅知照。切切。此令。

（中华民国陆海军大元帅之印）

中华民国十四年二月二十七日

据《大元帅训令第七六号》①，载广州《陆海军大元帅大本营公报》第六号，一九二五年二月二十八日

命程潜等将联军所辖医院一律裁撤令

（一九二五年二月二十七日）

大元帅训令第七七号

令大本营军政部长程潜、滇粤桂联军前敌总指挥杨希闵

---

① 《大元帅训令第七七号》饬令大本营军政部长程潜、滇粤桂联军前敌总指挥杨希闵，裁撤所辖医院，伤兵分送后方医院治疗。

为令遵事：据兼广东财政厅长古应芬呈称："呈为呈请事：窃照军事病院原为疗治伤病之所，惟病兵实数，每难稽核。其属于各军者，尚有该军长官监督，流弊尚少，其属于公共者，每多有名无实之弊。似应分别裁撤，以纾财力而节虚糜。查联军各病院，经已陆续裁撤收束，现尚存在者，如联军医院及野战病院，统计病兵不过百余人，每人每日伙食、医药等照二毫半算，不过百元，便足支配，乃现在每日须支发二百元。又军政部陆军病院，除死者已殓埋，愈者陆续出院及资遣回籍外，现时留医者不满二百人，计每日约支百元，已属有盈无绌，乃现在每日仍要求请发二百二十元。以日计之，为数虽微，累月计之，其数颇巨。当此库款奇绌，罗掘几穷，苟有可裁节之方，似宜设法裁节，以免政府为难。厅长查各军多设有后方病院，用敢据实陈明，拟请大元帅令行联军总指挥部及军政部，饬令将所辖医院于三月十日前一律裁撤，并由大本营指派副官前往各医院，将所有伤兵分送各军后方病院。如各军后方病院不能容纳时，则分送市立医院，或公医院收养疗治，所需医药等费，由市立公医等院逐日按名到厅请领，庶病兵既得所医调，而公家亦可稍节糜费，不无裨益。是否有当，仍候察核令遵"等情前来。查该厅长所呈各节，尚属实情，应予照准。除分令联军总指挥部及军政部遵照办理外，仰该省长即转饬该厅知照。切切。此令。

（中华民国陆海军大元帅之印）

中华民国十四年二月廿七日

据《大元帅训令第七七号》，载广州《陆海军大元帅大本营公报》第六号，一九二五年二月二十八日

饬所有机关人员因公乘车往来
须先购票方准上车令

（一九二五年二月二十八日）

大元帅训令第七八号

令大本营建设部长林森等各行政机关首长

为令饬事：据管理粤汉铁路事务林直勉呈称："窃查职路乘车票费向有规定，

无论官军、商民、员司、工役均应照章购票，方准乘车，迭经通告在案。迩来仍有仅凭襟章、咭片或寻常函件任意乘车，军界固属居多，而各行政机关员司、工役亦复不少。更有包揽搭客、私运货物，视职路为其供给之机关，人人可得自由来往，不须购票，货物上下，亦得任意为之，藉以从中渔利。直勉视事后，查有前项情弊，即经严饬各主管员司认真稽查，逐渐整理，讵其多有不服干涉者。若欲强令购票，往往以属重要职员可以不购。伏查全国铁路通行定章，仅有军人乘车半费记账，并无其他机关重要职员亦可半费记账之条。今竟违章搭车，习以为常，职路固有负担军政各费为数甚巨，而每日必须之煤油、杂项、工资、薪水专恃所得六成车利，尚不敷支，其全路枕木烂已大半，购换则力有未能，自应开源节流，切实整顿，所有行政各机关在职人员因公往来，若再任令不购车票，是为全国铁路所不许。且复损失车利，现状固难维持，即军政要需，亦复受其影响。除《军人乘车办法》，业已呈奉帅座核准，通令各军总司令饬属一体遵照，现在行政各机关员司工役乘车不购车票，应请一并禁示，以祛恶习。用特具文呈请帅座察核，俯予照准令行各机关转饬所属一体遵照，嗣后如有因公乘车往来，务须一律先购车票，方准上车，以维路政"等情。据此，除指令"呈悉。各行政机关人员因公乘车不购车票，既为铁路章程所不许，自未便再任积习相沿，损及军政要需，候即通令禁止可也。此令"印发并通令外，合行令仰该部长即便转饬所属一体遵照。此令。

（中华民国陆海军大元帅之印）

中华民国十四年二月二十八日

据《大元帅训令第七八号》，载广州《陆海军大元帅大本营公报》第六号，一九二五年二月二十八日

批林直勉请通令各行政机关人员乘车务须购票呈

（一九二五年二月二十八日）

大元帅指令第一七六号

令管理粤汉铁路事务林直勉

呈请通令各行政机关人员，嗣后乘车务须购票由。

呈悉。各行政机关人员因公乘车不购车票，既为铁路章程所不许，自未便再任积习相沿，损及军政要需，侯即通令禁止可也。此令。

（中华民国陆海军大元帅之印）

中华民国十四年二月二十八日

据《大元帅指令第一七六号》，载广州《陆海军大元帅大本营公报》第六号，一九二五年二月二十八日

颁给陆军军官学校第一期学生贾伯涛卒业证书

（一九二五年三月一日）

卒业证书

本校第一期学生贾伯涛，按照本校规定步兵科教育修学期满，考试及格，特给证书。

海陆〔陆海〕军大元帅、陆军军官学校总　理　孙　文

校　长　蒋中正

党代表　廖仲恺

中华民国十四年三月一日给

据原件，北京、中国国家博物馆藏①

嘉奖前敌将士务尽速清除残寇奠定粤疆令

（一九二五年三月二日）

大元帅令

前以曹、吴祸国，出师北伐，尽撤东江之防，原示网开三面，冀其悔悟来归。

---

①　该馆尚藏有同日颁给的第一期学生蔡昇熙（后改名蔡申熙）等卒业证书原件，除填写不同姓名外其余文字完全相同，未收录。

乃陈逆炯明、叶举、洪兆麟等依附曹、吴，怙恶作乱，始唆商团叛变，继率残余图逞，扰及宝安、东莞、石龙一带，人民不堪荼毒。本大元帅为国戡乱，爰命将兴师，深赖将帅戮力，士卒用命，不旬月间迭克名城要隘，潮汕指日可下。着前敌各军长官传谕嘉奖，激励有众，务于最短期间肃清残寇，奠定粤疆，本大元帅有厚望焉。此令。

（中华民国陆海军大元帅之印）

中华民国十四年三月二日

据《大元帅令》，载广州《陆海军大元帅大本营公报》第七号，一九二五年三月十日

批林森派员测勘东江河道情形呈

（一九二五年三月二日）

大元帅指令第一八二号

令兼督办广东治河事宜林森

呈覆派员测勘东江河道情形由。

呈悉。仰仍派员测勘明确，赶紧设法开浚，以利军行。此令。

（中华民国陆海军大元帅之印）

中华民国十四年三月二日

据《大元帅指令第一八二号》，载广州《陆海军大元帅大本营公报》第七号，一九二五年三月十日

批杨希闵枪决杀人犯罗灿云日期呈

（一九二五年三月三日）

大元帅指令第一八四号

令广州市联军军警督察处督办杨希闵

呈报枪决杀人犯罗灿云日期，请予备案由。

呈悉。此令。

（中华民国陆海军大元帅之印）

中华民国十四年三月三日

据《大元帅指令第一八四号》，载广州《陆海军大元帅大本营公报》第七号，一九二五年三月十日

饬汪精卫劝阻胡汉民北上令

（一九二五年三月三日）

本人病况渐有起色，毋劳探视，幸勿轻离职守。

据《国内专电》，载一九二五年三月三日天津《大公报》

特派廖仲恺驰往东江慰劳前敌将士令

（一九二五年三月五日）

大元帅令

陈逆扰乱，于兹六年。前因曹、吴祸国，出师北伐，尽撤东江之防，原冀网开三面，促其悔悟。乃该逆怙恶不悛，狡焉思逞，率其残部来犯，宝安、东莞、石龙一带，人民不堪荼毒，本大元帅万不获已，乃命将兴师，拯民水火。深赖将帅戮力，士卒用命，旬月之间迭克名城，潮汕底定，本大元帅嘉慰之余，弥念劳苦。兹特派大本营参议廖仲恺驰往东江慰劳前敌各军，现在敌军屡败，精锐尽失，乘胜穷追，易就殄灭，务各努力前进，扫清余孽，用竟全功，有厚望焉。此令。

（中华民国陆海军大元帅之印）

中华民国十四年三月五日

据《大元帅令》，载广州《陆海军大元帅大本营公报》第七号，一九二五年三月十日

批范其务请将该署流交玉器移送慰劳会竞卖
以为慰劳军人之用呈

（一九二五年三月五日）

大元帅指令第一九二号

令粤海关监督范其务

呈请将该署流交玉器移送慰劳会竞卖以为慰劳军人之用，乞令遵由。

呈悉。准如所请办理。此令。

（中华民国陆海军大元帅之印）

中华民国十四年三月五日

据《大元帅指令第一九二号》，载广州《陆海军大
元帅大本营公报》第七号，一九二五年三月十日

饬潮汕所有案件应归广东高等审检两厅办理令

（一九二五年三月七日）

大元帅训令第八七号

令大理院长兼司法行政事务吕志伊、广东省长胡汉民

为令行事：查陈逆盘踞潮汕，历有年所，曾在澄海擅设高等审检分厅，实属
违法病民。现义师既克潮汕，自不容非法机关存在，澄海高等审检分厅着即取销，
所有案件应仍归广东高等审检两厅分别办理。除分令外，合行令仰该院长、省长
即便遵照，并转饬广东高等审检两厅遵照办理。切切。此令。

（中华民国陆海军大元帅之印）

中华民国十四年三月七日

据《大元帅训令第八七号》，载广州《陆海军大
元帅大本营公报》第七号，一九二五年三月十日

批程潜请恤赠副官谷超群等呈

（一九二五年三月九日）

大元帅指令第一九七号

　　令大本营军政部长程潜

　　呈议复建国军攻鄂总司令程潜，呈请恤赠副官谷超群等一案，请察核令遵由。呈悉。准如所拟办理。仰即由部转行知照可也。此令。

（中华民国陆海军大元帅之印）

中华民国十四年三月九日

据《大元帅指令第一九七号》，载广州《陆海军大
元帅大本营公报》第七号，一九二五年三月十日

饬各军将旧存废枪拨交广东大学备用令

（一九二五年三月十日）

大元帅训令第九一号

　　令建国北伐军总司令谭延闿、建国滇军总司令杨希闵、建国粤军总司令许崇智、建国湘军总司令谭延闿、建国桂军总司令刘震寰

　　为令饬事：据国立广东大学校长邹鲁呈称："窃查学校设备体操一科，不仅训练学子之体魄与精神，要亦军国民教育所由寄。职校对于体操一门，原分普通及兵式两种。第兵式操法当采用正式枪械，而后教授上庶不至徒托空言。顾正式枪械为职校所无，因之授课时不免稍形缺点。查各军连年作战，所存废枪为数必多，此项枪枝苟用之以作战则不足，若用之为操具则颇合宜，理合呈请钧座俯赐准予令行各军总司令，饬将所有旧存废枪，择其较为完好者，各检集一百或数十枝，径缴大本营转发职校应用"等情。据此，除指令"呈悉。所请将各军废枪拨作该校教授体操之用，事属可行。仰候通令各军径行拨交该校备用可也。此令"印发

并通令外，合行令该总司令即便遵照。此令。

（中华民国陆海军大元帅之印）

中华民国十四年三月十日

据《大元帅训令第九一号》，载广州《陆海军大
元帅大本营公报》第七号，一九二五年三月十日

饬取消水上区巡查费免滋扰累令

（一九二五年三月十日）

大元帅训令第九三号

令广州市军警督察处督办杨希闵

为令饬事：广州市驳载总工会会长黄党、轮船商会代表何文玉、货船协会代表黄耀、盘运货船公会代表苏谓、沙泥艇工人联合会代表李运全、东西堤全体沙艇代表梁耀全、东西堤紫洞艇代表邓养等联名呈称："呈为违令横征，民不堪命，联请令行撤销以培元气而重民生事：现阅广州市联军军警督察处水上区巡查所监督曾鲁、所长李启元通布内开：奉广州市联军军警督察处督办杨委令开：广州市区沿河船艇往来复杂，致易逗遛匪类。若非查缉维严，殊不足以资保卫而策治安，当此防务吃紧，仰速组织认真办理。遵即成立总所于长堤适中地点，并于东西堤、鸭墩关、南石头、芳村、花地、泮塘口各设分所，日夜派队沿河严密梭巡，缉捕盗匪，制止冒军封船，务达保卫安宁，奸宄无从匿迹。惟经资既巨，手续复繁，当经拟具规则呈奉督办指令暂行征收费款，一俟经费有着，应即取销等因。本所及各分所定于三月四日开办，派队乘船沿河巡查，如有奸匪滋扰、冒军封船及存贮违禁物品等事，立即报知本所或巡查队严行拿究，此后尔等船户，尽可安居乐业，诚恐未及周知，特字通布等因。查其抽收办法，区分入口、湾泊两种，如入口者甲等十元、乙等五元、丙等三元、丁等二元，船之类别曰盐船、柴船、木船、省港货船、轮渡、戏船、生果船、煤船、乡渡、鱼船；其湾泊者甲等十元、乙等五元、丙等三元、丁等二元、戊等一元，船之类别曰合昌大船、紫洞艇、驳载、货艇、煤艇、疍铺艇、沙艇，此外孖冷艇、大厅艇、横水渡三项暂从缓办。阅悉

之余，惊骇万状。窃以航业一途，年来遭时多故，地方俶扰不宁，生意已极冷淡，益以生活程度日高，救死惟恐不赡，安有此余力顾及捐款。即如日前办理之船舶税契，莫不疾首蹙额，咸相告语：无力遵办，恳请转求豁免。今此事尚未解决，又增此重大捐款，不啻驱之而就死地。按其抽法，不以年月计，而以人口计，实无此境，不知各渡船艇由省近各埠而来者日常数次，虽尽将所得货客水脚缴纳，亦不足供此巡查经费，是其所抽多于上年拟抽之航运费及附加二成军费十倍，且细小如沙艇，亦须勒抽，不能幸免，何异掠乞儿篮而攫饭食，实于政体有妨。查上年曾奉大元帅明令禁止各军队于各江渡船巧立名目，抽收各捐，违则以军法从事通行遵照有案。乃阅时未久，该水上区巡查所又举办各渡船艇巡查费，实则巧立名目，暴敛横征，有违帅令。迭据各渡商船户人民以前情环求，请与船舶税契一并邀恩豁免，以苏民困前来。会长等查核所称，尚属实在情形，事关商民疾苦，何敢安于缄默，用敢联同具词呈请帅座察核，伏乞俯念船民生计艰难，不堪再事抽剥，迅赐令行联军军警督察处杨督办，将水上区巡查经费及船舶税契一律撤销，俾留一线生机，无任屏营待命之至一等情。据此，查军队巧立名目，抽收杂捐，迭经严令禁止在案，据呈前情，合行令仰该督办遵照，立将暂收水上区巡查经费取销，免滋扰累，勿稍违延。仍将遵办情形报查。切切。此令。

（中华民国陆海军大元帅之印）

中华民国十四年三月十日

据《大元帅训令第九三号》，载广州《陆海军大元帅大本营公报》第七号，一九二五年三月十日

批杨培椿杨名遂函

（□□□□年□□月□□日）

存记。

附：杨培椿杨名遂原函

（□□□□年一月十六日）

中山先生钧鉴：昨午叩谒，辱承训诲，荣幸无已。生等准于明晚十二时搭"山东"轮起程赴滇，拟将原有之《滇声报》极力扩张（《滇声报》系生等手内组织，所发言论在滇均得各界信仰），鼓吹民生主义，使滇中父老子弟知先生济世苦心与天同体，非一般醉心利禄者所能梦见，以此意酝酿于先庶利倡实力于后也。又拟向第一师师长张子贞处严密计议，俾示意省中于明年选举议员特加注意，极积进行。盖张君与培椿谊属至亲，凡有所谋成败利钝皆痛痒相关，故一切机密重要皆得与闻，刻行期既定，如有训示之处即祈饬价传知，无任待命之至，肃此敬叩

崇安不既

云南杨培椿、杨名遂同叩

一月十六日

据原件，台北、中国国民党文化传播委员会党史馆藏

批钱铁权函

（□□□□年□□月□□日）

酌答。

附：钱铁权原函

（□□□□年四月十四日）

中山先生大鉴：复启者。昨赐来龙生、风生两君之华翰，内云英士先生之事，拜诵之余经即将来示转录函达内埠各分部筹集，俟其各分部函复如何进行再为呈

报，或集有成数，定必电汇就是。草此专候旅安。

四月十四午

弟铁权上

据原件，台北、中国国民党文化传播委员会党史馆藏

批日人今井嘉幸函

（□□□□年八月十二日）

汉民拟稿作答问候。

据原件，台北、中国国民党文化传播委员会党史馆藏

批答民国大学学生

（□□□□年□□月□□日）

代答民国大学学生：问明籍贯年龄，在校几年，已攻何学，再欲致力何学，他日欲从事何业，所志在何，一一答复。

据原件，台北、中国国民党文化传播委员会党史馆藏

着分兵攻取赣南手谕

（□□□□年□□月□□日）

着即分兵攻取赣南，以固韶防而联湘粤之交通，至要。

文

据谭延闿编：《总理遗墨》第一辑，一九二八年五月校印①

---

① 校印时间据谭延闿跋。

批答审慎进剿勿贻累良民

（□□□□年□□月□□日）

代答如右：有匪在当可进剿，否则当要审慎，切勿贻累良民。

据谭延闿编：《总理遗墨》第三辑，出版时间不详

批大本营兵站总监部函

（□□□□年□□月□□日）

答：已陆续设法，务望稍为坚持。

据谭延闿编：《总理遗墨》第三辑，出版时间不详

批宋渊源函

（□□□□年□□月□□日）

代答：此事碍难办到，当俟军事结束，另有任用。

据谭延闿编：《总理遗墨》第三辑，出版时间不详

批东路讨贼军第三军军司令部函

（□□□□年□□月□□日）

已先由行营金库发给贰千余，当在省指定机关由九月十一日起筹拨。

文批

据谭延闿编：《总理遗墨》第一辑，一九二八年五月校印

批洪承德名片[①]

（□□□□年□□月□□日）

此人可对滇军宣传主义，着中央执行委员会委以名义，以利进行。

文

据原件，台北、中国国民党文化传播委员会党史馆藏

谕交杨友棠款带南京

（□□□□年□□月□□日）

交杨友棠带南京三万元。

孙文经手

据原件照片，载中国国民党中央委员会党史委员会编订：《国父全集补编》，台北，中国国民党中央委员会党史委员会一九八五年六月初版

给邓愚公收据

（□□□□年□□月□□日）

收到邓愚公来港纸壹万元整。此据。

孙文

七月七日

据原件，台北、中国国民党文化传播委员会党史馆藏

---

① 洪承德，字孟邻，云南人，国立北京大学法学士。

批三藩市民国维持总会寄转日本东京赤坂
灵南坡头山满方请居觉生函

（□□□□年□□月□□日）

批：答书说明指印一则如下：全国人民必有赞成共和而宣誓注册者，乃得名之曰国民。他日革命成功，全国人民亦当以指模为识别，以防假借革命党也。希明白解说，使同党一致遵行。

十二月三日

据中国第二历史档案馆：《新发现的中国国民党总理批文（一）》，载南京《民国档案》二〇〇一年第一期

批唐君勉呈①

（□□□□年□□月□□日）

着军事股秘书查明，酌量办理。

据中国第二历史档案馆：《新发现的中国国民党总理批文（一）》，载南京《民国档案》二〇〇一年第一期

---

① 原呈曰："呈述与张辉瓒招募绿林，致被王得庆诬以勾引兵士逮补〔捕〕收获，备受痛苦等情，以明心迹。"

批陈家鼎函①

（□□□□年□□月□□日）

无答。书照送去可也。

一月十八日

据中国第二历史档案馆：《新发现的中国国民党总理
批文（一）》，载南京《民国档案》二〇〇一年第一期

批李希莲函②

（□□□□年□□月□□日）

着本部干部酌量办理，并代答。

四月十七日

据中国第二历史档案馆：《新发现的中国国民党总理
批文（一）》，载南京《民国档案》二〇〇一年第一期

批安健荐人函

（□□□□年□□月□□日）

存查。

---

① 原函曰："近与刘人熙、刘伯远、经以致复介绍美资筹办矿业，特奉上均利矿业公司筹备简章一份，乞指导。另转奉刘蔚庐荣哀录一本，并乞赐学说小册十部。"

② 原函曰："报告赴奉经过：（1）意大利械事未成。（2）吉林党事已允办理，日期由我方定。（3）学潮事，学生已回，无问题。（4）条陈共同合作事，兵〔滨〕江方面，柏烈武；黄河方面，刘荣棠；山西方面，阎与陈伯生各方联络，已允诺赞许。（5）委派徐君清和为本党参议，或吉林支部长，或其他名义。"

附：安健原函

（□□□□年九月四日）

中山先生钧鉴：蜀人黄辛木前留学东京时奔走党事，颇力吾人，宗旨纯洁，殊堪嘉许。兹奉沧伯令任东京四川留学生经理员，主旨在接洽一般后进青年，以图扩充党事。素稔先生为吾国各界领袖，言论主张足以范围一般学生之思想，明由蓉起程时即拟先在沪谒见先生祈求指导，特丐健以函绍介，兹专此以付辛木，为渠求谒，祈赐接见，并祈于必要时授与以有益之计划，□渠有所遵循，不致与平日主张有背驰之处为幸。肃烦道安。

安健鞠躬
九月四日

据原件，台北、中国国民党文化传播委员会党史馆藏

批唐继尧藉聆明教函

（□□□□年□□月□□日）

循例作答。

附：唐继尧原函

（□□□□年十月十三日）

中山先生大鉴：久疏笺候，歉念交深。兹回敝署谘议厅长杨蓁赴日留学，嘱其顺道晋谒台阶，代申积愫，并于时事有所陈述，藉聆明教，幸赐延纳，无任企驰。敬颂勋祺，诸惟澄察。

唐继尧敬启
十月十三日

据原件，台北、中国国民党文化传播委员会党史馆藏

批秘书陈群为储存及借贷各款情形如何办理呈

（□□□□年□□月□□日）

现尚无办法，一俟筹款有着当先拨还就是。

附：陈群原呈

（□□□□年□□月三日）

先生钧鉴：海云托李朗如君来云前呈报储存及借贷各款情形如何办理，前呈经钧令批"要件存"，应如何办理，伏乞钧示。原函附呈。

陈群谨呈

据原件，台北、中国国民党文化传播委员会党史馆藏

批孙洪伊致徐谦廖仲恺请接济电

（□□□□年□□月□□日）

速汇款接济。

附：孙洪伊原电文

（□□□□年□□月二十五日）

季龙、仲恺两兄鉴：曹段相约，李、陈、冯、王、范皆软化，段氏复出，所图无不失败，然事机倘来莫能预定，力所能至仍策进行。此间极困，几不能维持现状，望即商请先生速为接济，不胜盼企。洪伊。有。

据原件，台北、中国国民党文化传播委员会党史馆藏

批笹川洁来函

（□□□□年□□月□□日）

元冲拟复。

附：笹川洁原函

（□□□□年□□月□□日）

中山先生阁下：径启者。仆扶桑下士，报界滥竽，栗碌半生，粗具常识，窃计欧战终了后，全球经济竞争断以亚洲为集中点，自非我中日两国国民群策群力谋所以自卫势必不适于生存，此则我两国国民不可不同时觉悟者也。仆不揣固陋，期以言论鼓吹之力介绍期旨于贵国国民，顾以语言文字之殊异，不特普通了解为不可□转，恐因缘而生误会，故为避此困难计，惟有以完全贵国报纸贡献于贵国国民，凡所论到一切，取超然态度为公平正大之主张，是则仆所敢自信，亦本社同人所能共信者也。惟本报诞生伊始，将出与社会相见，宜必得当代名公九鼎一言之重，凤仰大君子扶持舆论备极热心，倘蒙宠以琅玕光其篇幅，将两国国民一致抃嘉又不独敝拍荣幸而已。专肃奉复，祗烦公安。

笹川洁

据原件，台北、中国国民党文化传播委员会党史馆藏

批《宗社党之布置》文①

（□□□□年□□月□□日）

交军事部存案。

据原件，台北、中国国民党中央文化传播委员会党史馆藏

---

① 《宗社党之布置》内文开篇云：总机关部设在哈尔滨，其余北京、大连、山海关、青岛、上海均设有支部，但北京支部设在西单牌楼辟才胡同玉禄家，以载涛为主任，玉禄为副主任，所有一切交涉均由玉禄接洽然后转告载涛。至于大连、山海关、青岛、上海各机关部不知其设在何处，据玉禄云，大连、山海关支部之主任是铁良，上海、青岛支部之主任是□王，然未与之接洽，一切确否不敢预期……